THE CUSTODIANS

Beyond Abduction

Af Dolores Cannon

Översättning av:
Freja Sørensen

P.O. Box 754 Huntsville, AR 72740
WWW.OZARKMT.COM

©Copyright 1999, Dolores Cannon
Dansk oversættelse – 2025

Alle rettigheder forbeholdes. Ingen del af denne bog, hverken helt eller delvist, må reproduceres, overføres eller anvendes i nogen form eller på nogen måde – elektronisk, fotografisk eller mekanisk – herunder fotokopiering, optagelse eller gennem noget informationslagrings- og hentningssystem, uden skriftlig tilladelse fra Ozark Mountain Publishing, bortset fra korte citater i litterære artikler og anmeldelser.

For tilladelser, serialisering, forkortelser, bearbejdninger eller for at få adgang til vores katalog over andre publikationer, skriv til:
Ozark Mountain Publishing, P.O. Box 332, West Fork, AR 72774
Attn.: Tilladelsesafdeling

Library of Congress Cataloging-in-Publication Data
Cannon, Dolores (1931 - 2014)
The Custodians / af Dolores Cannon
Undersøgelser gennem hypnose af formodede tilfælde af bortførelser af rumvæsener.
Tolv års UFO/ekstraterrestrisk forskning fra 1986 til 1998 udført af Dolores Cannon.

1. UFO'er. 2. Ekstraterrestriske væsener. 3. Hypnose.
I. Cannon, Dolores, 1931 – 2014 II. UFO/Ekstraterrestriske III. Titel

ISBN: 978-1-962858-92-2

Coverdesign: Victoria Cooper Art
Bogens sæt i Times New Roman
Bogsdesign: Nancy Vernon
Udgivet af:

P.O. Box 754
Huntsville, AR 72740-0754
Trykt i USA

To ve skiltes i en skov,
og jeg…
jeg tog den, som blev brugt mindre,
og det
har gjort hele forskellen.

— Robert Frost (1875–1963)

Indholdsfortegnelse

SEKTION ÉT

1 - En ændring af retning	3
2 - Kondenseret eller forvrænget tid	21
3 - Ting er ikke altid, hvad de synes at være	51
4 - Skjulte informationer i drømme	81
5 - Begravede minder	136
6 - Biblioteket	189
7 - Rumvæsenerne taler	224

SEKTION TO

8 - Kontakt med et lille gråt væsen	271
9 - Bortført fra motorvejen	309
10 - Den fremmede base inde i bjerget	339
11 - Energilægen	365
12 - Janice møder sin rigtige far	389
13 - Den ultimative oplevelse	413
14 - Undersøgelse af undersøgeren	453
15 - Konklusionen	498
Forfatterprofil	505

SEKTION ÉT

The Custodians

KAPITEL 1
En ændring af retning

Da jeg først begyndte at arbejde med regressiv hypnose og terapi for tidligere liv i 1979, havde jeg aldrig forestillet mig de usædvanlige steder og situationer, som denne vej ville føre mig til. I de følgende år har den ført mig ind i nogle mærkelige afveje. Jeg har haft nogle utrolige eventyr, mødt nogle fascinerende mennesker fra fortidens skyggeverden og hentet værdifuld information, der blev anset for at være tabt for evigt. Den blev bragt frem i lyset gennem den utrolige praksis med regressiv hypnoseteknikker. Min tid var udelukkende dedikeret til at udforske fortiden og skrive bøger om mine opdagelser. Min umættelige nysgerrighed, min glubende forskningslyst og min trang til viden fejede mig med og bar mig videre på en konstant søgen. Jeg var ikke bekymret for hypnose anvendt på nutidige situationer, medmindre det kunne bruges til at løse en persons problemer i livet. Problemer, der opstod fra fobier eller helbredsproblemer forårsaget af virkningerne af et tidligere liv, eller karmiske forbindelser, der blev videreført og påvirkede nutidige familiære forhold. Jeg brugte kun den standardform for hypnose, som handler om forståelse og kontrol af vaner (rygning og overspisning osv.), hvis det blev inkorporeret med regression til tidligere liv. Den teknik, jeg udviklede, satte automatisk forsøgspersonen i en tidligere livssituation. Således fokuserede jeg ikke på deres nuværende liv.

Alt dette ændrede sig, da jeg ved et uheld blev introduceret til fænomenet UFO-bortførelser. Mine eventyr tog en helt anden og uventet drejning. Døre blev åbnet, og jeg fik lov til at få et glimt af en verden, som andre mente burde forblive skjult i den uklare mørke af det ukendte. Nogle siger, det er bedre ikke at grave i ting, som vores menneskelige sind sandsynligvis ikke er i stand til at forstå. Men hvis viden og forståelse er til stede, vidste jeg, at jeg ville være nødt til at søge og stille mine uudtømmelige spørgsmål. Enhver ny forskningsvej præsenterer altid en udfordring for mig, og det er en udfordring, jeg ikke kan ignorere. Men min indtræden i dette forskningsfelt afveg fra min normale kurs og ville kræve ændring af min teknik og tilpasning til nye omstændigheder. Jeg har altid haft interesse for UFO'er, de såkaldte "flyvende tallerkener". Jeg har læst meget af litteraturen om fænomenet og blev mest imponeret af Betty og Barney Hill-sagen, da den blev introduceret i 1960'erne (The Interrupted Journey). Dette var den første såkaldte "bortførelse" sag. Der var mange ting i den rapport, der overbeviste mig om, at Hills havde en ægte oplevelse. For eksempel virkede den tilsyneladende telepatiske kommunikation og de ikke-fjendtlige intentioner fra de fremmede væsener fuldstændig plausibel for mig. Jeg læste også, hvad kritikerne havde at sige om de mærkelige hændelser på vores himmel, som ikke kunne forsvinde stille og roligt.

Efter at have vejet fordele og ulemper var jeg privat overbevist om, at der skete noget virkeligt, som ikke kunne forklares med skeptikernes rationelle og logiske tænkning. Måske var hele emnet aldrig ment at være logisk og simpelthen forklaret. Måske var de fremmedes taktik netop at gøre det, de endte med at gøre: få mennesket til at undre sig og overveje det umulige.

Selv som teenager i slutningen af 1940'erne og begyndelsen af 1950'erne, da de første "flyvende tallerken"-beretninger blev offentliggjort og blev mødt med offentlig latterliggørelse, fortsatte jeg med at tænke, at der måske kunne være noget om det. Gennem årene har jeg opretholdt en passiv interesse ved at læse og holde mig opdateret om de nyeste udviklinger. Men jeg havde aldrig engang tænkt, at jeg ville tage en aktiv del i forskningen og ende med at kommunikere direkte med fremmede fra en anden eksistenssfære. Måske havde mine års arbejde med det mærkelige forberedt mig grundigt på den eventuelle møde, for da det skete, var jeg ikke forbløffet, vantro eller bange. Jeg var nysgerrig. Dette er blevet mit varemærke, "nysgerrighed", og det skulle tjene mig godt, når det kom til at udtrække information.

Jeg blev introduceret til UFO-forskning og -undersøgelse i maj 1985. Min ven, Mildred Higgins, inviterede mig til at deltage i et statsmøde med medlemmer af MUFON (Mutual UFO Network), som skulle afholdes i hendes hjem i Fayetteville, Arkansas. Mildred var assisterende direktør for staten Arkansas. Hun vidste om min interesse for det mærkelige og usædvanlige og tænkte, at jeg måske ville kunne lide at møde nogle af de undersøgere og andre interesserede

The Custodians

mennesker. Selvom det ikke var i mit felt af hypnotisk regression til tidligere liv, tænkte jeg, at det ville være interessant at stille spørgsmål om nogle af de UFO-sager, jeg havde læst om.

Ved mødet lærte jeg, at MUFON er den største og mest respekterede UFO-undersøgelsesorganisation og har medlemmer verden over. Da jeg mistænkte, at de fleste mennesker ved mødet ville være videnskabeligt orienterede, tænkte jeg, at det ville være bedst ikke at nævne mit arbejde. Det blev stadig betragtet som absurd af mange, og jeg tager mit forskningsarbejde alt for alvorligt til at åbne mig for latterliggørelse. På det tidspunkt blev mit arbejde udført privat, og få vidste, hvad jeg undersøgte.

Walt Andrus, den internationale direktør for MUFON, var til stede, og jeg fandt ham at være en snakkesalig og demonstrativ mand, der tilsyneladende havde fakta om enhver UFO-sag opbevaret i sin hukommelse til øjeblikkelig genkaldelse. Jeg blev imponeret af hans viden om sagerne, mange af dem som han personligt havde undersøgt.

En anden mand, som skulle få en dybtgående indflydelse på min fremtidige forbindelse med UFO'er, gjorde ikke det store indtryk ved vores første møde. Lucius Farish var så stille, at den gennemsnitlige person næppe ville have lagt mærke til ham. Han lyttede opmærksomt og syntes at absorbere information som en svamp. Jeg ved nu, at han lærer mere på denne måde end ved at være i centrum. Han udgiver det månedlige UFO Newsclipping Service og har øjeblikkelig adgang til de nyeste UFO-informationer fra hele verden.

Før dette møde var slut, følte jeg mig mere tryg ved de mennesker, der var til stede, og afslørede, at jeg var hypnotisør, der arbejdede inden for forskning i tidligere liv. Jeg forventede, at de ville afvise mig, da dette bestemt ikke ville blive betragtet som en "videnskabelig" tilgang. Men til min overraskelse sagde Walt, at hypnose kunne være et værdifuldt redskab, og at ethvert redskab, der hjalp med at afsløre information, helt sikkert ville blive velkommen.

Efter mødet etablerede jeg kontakt med Lucius Farish. Han var støttende over for mit arbejde og latterliggjorde det ikke, som jeg ellers havde frygtet. Et år gik, før jeg fik min første oplevelse inden for UFO-hypnoseforskning. Omtrent samtidig udkom Whitley Striebers bog Communion. Budd Hopkins' bog Missing Time havde været ude i nogen tid, men jeg var for optaget af mit eget arbejde til at læse nogen af dem. Ved en tilfældighed gav min agent mig i maj 1986

The Custodians

en kopi af Striebers bog og foreslog, at jeg skulle læse den, da den indeholdt beretninger om hypnotisk regression relateret til UFO'er.

Samtidig ringede Lucius (eller Lou, som han kaldes af venner) og fortalte mig, at der ville være endnu et årligt møde i Higgins' hus i Fayetteville. Han var blevet kontaktet af en kvinde, der mente, hun var blevet bortført af rumvæsener og ønskede at gennemgå en hypnotisk regression. Han ville vide, om jeg ville udføre det. Selvom jeg ikke havde nogen erfaring inden for dette område, mente han, at jeg kunne håndtere det. Når alt kommer til alt, var det sjældent at finde nogen, der havde erfaring med denne slags ting (især i Arkansas). Han sagde, at de fleste psykiatere og psykologer ikke ønskede at arbejde med det, fordi det lå uden for deres ekspertiseområde. Det at vide, hvordan man udfører hypnose, var ikke tilstrækkeligt som kvalifikation. Man skulle føle sig tryg ved at arbejde med det ukonventionelle, så man ikke blev forstyrret af det, der dukkede op, og samtidig være i stand til at gennemføre en objektiv undersøgelse. Jeg opfyldte bestemt den kvalifikation. Jeg havde arbejdet så længe inden for det bizarre og paranormale, at jeg ikke troede, jeg ville finde noget, der ville overraske mig. Hvis jeg kunne håndtere en mand, der døde ved eksplosionen af en atombombe (A Soul Remembers Hiroshima), eller overvære korsfæstelsen af Kristus (Jesus and the Essenes), burde jeg være bedre forberedt end de fleste undersøgere til at håndtere bortførelser af mennesker af rumvæsener fra det ydre rum.

Til mødet var der omkring 30 mennesker til stede, og jeg bekymrede mig om, hvorvidt dette var det rette miljø til at udføre en regression af denne type. Det var bestemt ikke den afslappede atmosfære, der var mest befordrende for en vellykket hypnose. I mit arbejde plejer jeg at tage hjem til forsøgspersonen, og sessionen udføres i absolut privathed. Nogle gange kan der være vidner til stede, men det er altid med personens samtykke (ofte er det folk, de selv ønsker skal være der), og normalt er de få i antal. Atmosfæren er ekstremt vigtig for at få personen til at føle sig tryg. Jeg sagde til Lou, at dette ville være som at sætte kvinden på udstilling i en guldfiskebowle. Jeg vidste ikke, hvordan hun ville reagere på at have så mange mennesker til stede, og jeg tænkte, at publikum helt sikkert ville påvirke resultaterne.

Jeg var også i al hemmelighed bekymret, fordi denne type sag lå uden for min normale praksis. Jeg var ikke sikker på, hvordan jeg

The Custodians

skulle gribe det an. Mine metoder skubber automatisk forsøgspersonen tilbage til et tidligere liv. Jeg ville være nødt til at ændre og tilpasse mine arbejdsmetoder for at forhindre hende i at gå tilbage i fortiden og i stedet koncentrere mig om begivenheder i dette liv. Da jeg havde brugt mange variationer af min teknik, vidste jeg, at jeg kunne finde en metode, der ville fungere. Jeg ville blot være nødt til at ændre min fremgangsmåde, men jeg vidste ikke, hvilke konsekvenser eller resultater det ville få. Mine andre metoder var fuldstændig forudsigelige, selvom der altid vil være en sjælden person, der nægter at følge mønsteret. I sådanne tilfælde må hypnotisøren lære at tilpasse sin teknik. I dette tilfælde ville der ikke være tid til at øve eller udvikle en ny metode. Det skulle gøres ved forsøg og fejl, ved at tage det, som det kom. Med et rum fyldt med mennesker, der observerede, var betingelserne ikke ideelle til eksperimentering. Derfor blev sessionen med den unge kvinde udført med en vis ængstelse, ikke på grund af emnet, men på grund af ændringen af mit pålidelige arbejdsgrundlag. Jeg bevægede mig igen ind i et ukendt område, hvor resultaterne var usikre af mange grunde.

Forbløffende nok fungerede afvigelsen i min teknik meget effektivt, og vi opnåede en stor mængde information. De tilstedeværende vidste ikke, at dette var første gang, jeg forsøgte mig med denne type sag, fordi sessionen forløb så gnidningsfrit. For mig var det en skelsættende sag, der åbnede døren til UFO-efterforskning. Det var min første introduktion til de små grå væsener, der fjernede mennesker fra deres hjem om natten, de tests, der blev udført ombord på rumskibe, stjernekort og møder, der rakte tilbage til barndommen. Det var også første gang, jeg blev konfronteret med den frygt og det traume, som forsøgspersonen oplevede. Disse følelser var så gennemtrængende, at de emotionelle reaktioner blokerede for at få information. Den unge kvinde kunne kun rapportere, hvad hun så og hørte. Hun kunne ikke finde svar på de mange spørgsmål, jeg stillede. Alt dette vakte blot min interesse og nysgerrighed yderligere. Jeg vidste, at jeg kunne udvikle en metode til at omgå den emotionelle tilstand og lade underbevidstheden give svarene. Denne metode havde fungeret i andre sager, fordi underbevidstheden indeholder alle informationer. Jeg så ingen grund til, at det ikke også kunne fungere her, så snart jeg udarbejdede en metode.

The Custodians

Jeg arbejdede allerede med det mærkelige og det bizarre, fordi kontakten med Nostradamus fandt sted samme år (1986). Dette førte til sidst til, at jeg skrev trilogien Conversations With Nostradamus over de næste tre år. Således skræmte mærkelige og usædvanlige begivenheder eller ukendt territorium mig ikke. Tværtimod vækkede det min journalistiske nysgerrighed og lyst til at vide mere.

Det var efter midnat, da jeg forlod mødet for at tage hjem. Jeg brød mig ikke om tanken om at køre hjem ad min øde landevej på dette tidspunkt af natten efter denne slags oplevelse. Al den nye og mærkelige information strømmede tilbage i mit sind. Jeg følte mig meget mistænksom og kiggede forsigtigt op på himlen gentagne gange under den ensomme køretur. Betød denne regression, at der virkelig var væsener derude, som havde kontakt med mennesker? Hvad hvis de vidste, at jeg netop havde gennemført denne session? Måske overvågede de mig i dette øjeblik. Disse tanker skabte en meget ubehagelig rejse. Klokken var omkring ét om natten, da jeg med stor lettelse kørte ind i min indkørsel. Jeg vidste, at jeg ønskede at udforske dette felt yderligere, men jeg vidste også, at jeg skulle forholde mig til mine egne, meget menneskelige følelser omkring rumvæsener, der interagerer med mennesker. Naturligvis vækkede det frygt i mig. Vi er blevet forudindtaget gennem mange års horrorfilm, der fremstiller fremmede som mærkelige og skræmmende væsener, der har til hensigt at overtage verden. Disse skabninger er altid blevet fremstillet som en trussel, ikke som hjælpere. Hvordan kunne jeg forhindre, at disse følelser blev overført til den person, jeg arbejdede med? Jeg var fuldt ud bevidst om, at når en person er i hypnotisk trance, er de langt mere følsomme over for alt, inklusive hypnotisørens sindstilstand.

Denne sag åbnede døren til at arbejde med andre lignende sager. Det var det typiske bortførelsesscenarie, der var blevet gentaget så ofte, at det nu var blevet almindeligt. Mens jeg arbejdede, så jeg et mønster tage form, og når dette mønster gentog sig igen og igen, vidste jeg hurtigt, om jeg arbejdede med en ægte sag eller en fantasi. Forsøgspersonen så altid de små grå væsener med store øjne, og forskellige typer medicinske tests blev udført. Af og til blev en mere menneskelig skikkelse set i rummet under testen. Ofte blev mærkelige, insektlignende væsener observeret. Der var altid det buede rum, bordet, det skarpe lys placeret over bordet og brugen af ukendte instrumenter. Ofte var der computere eller maskiner et sted i rummet.

Og mange gange blev personen vist et stjernekort eller en bog, før de forlod fartøjet. De fik altid at vide, at de ville forstå og huske bogen, når tiden var rigtig. Mange sager involverede den første kontakt i barndommen; alderen ti syntes at være en afgørende periode. Jeg fandt endda nogle tilfælde, der strakte sig gennem tre generationer. Moderen og bedstemoderen til forsøgspersonen rapporterede modvilligt lignende besøg og hændelser. Dette gav mig indtryk af et laboratorieeksperiment, hvor flere generationer blev studeret og overvåget over en lang periode.

I løbet af denne tid arbejdede jeg sammen med Phil og modtog den information, der senere blev til min bog Keepers of the Garden. Nogle af brikkerne begyndte at passe sammen. Den bog diskuterede teorien om de gamle astronauter og om, hvordan jorden blev befolket af væsener fra det ydre rum. Jeg lærte, at de havde overvåget os siden livets begyndelse på jorden. Hvad kunne være mere naturligt end, at rumvæsener stadig overvågede os og fulgte vores udvikling? For mig var dette årsagen til de tests og undersøgelser, der blev udført, men de måtte gøres i hemmelighed, så personens liv ikke blev påvirket. I Keepers of the Garden fik jeg at vide, at den ideelle situation ville være, at personen ikke huskede noget som helst og blot fortsatte deres normale liv. Men jeg fandt tilfælde af mennesker, der huskede traumatiske og smertefulde begivenheder, ofte gennem drømme snarere end bevidste minder. Jeg blev fortalt, at kemikalier og forurening i vores atmosfære, samt stoffer, medicin og alkohol i personens krop, kunne påvirke hjernens kemi. Dette ville få dem til at huske brudstykker af oplevelsen, men de huskede den i en forvrænget form, farvet af følelser. De huskede ikke den faktiske begivenhed. Deres bevidste sind ændrede oplevelsen til et følelsesmæssigt ladet minde. Min opgave ville være at komme forbi den bevidste følelsesmæssige barriere og tale direkte til underbevidstheden, som jeg havde gjort i mit tidligere arbejde, fordi jeg vidste fra erfaring, at svarene var gemt dér. Når den bevidste sinds emotionelle indflydelse blev fjernet, kunne sandheden om begivenheden komme frem.

HVORFOR?

Mange efterforskere studerer kun observationer og fysiske spor såsom landingssteder og stopper der. Andre efterforskere fokuserer kun på bortførelser og går ikke videre. Jeg startede med disse områder, men er nu nået ud over dem. Jeg har fået glimt af et meget større billede, som kun nu begynder at komme til overfladen: et billede, som vores menneskelige sind knap nok kan forstå. Det kunne være det største billede, der nogensinde er blevet vist for menneskeheden: historien om, hvem vi er, hvor vi kom fra, og hvor vi er på vej hen. Er vi klar til at lære hemmelighederne bag vores egen historie?

Flere forfattere og forskere inden for dette UFO-fænomen er generelt enige om, at de fremmede væsener ser ud til at være involveret i en form for genetisk manipulation, med eller uden vores samtykke. Det ser også ud til, at de ikke handler udelukkende ud fra en egoistisk, klinisk motivation, men snarere udfører ordrer fra en højere myndighed. På samme måde som personalet på et hospital ofte virker upersonlige, mens de udfører deres forskellige tests og undersøgelser. Hvor mange gange har vi mødt den samme ligegyldighed, når vi ønskede at vide årsagen til en hospitalsundersøgelse? Når vores børn udviste den samme frygt og nysgerrighed, tysede vi dem ved at sige, at lægen har brug for at vide noget, som de ikke ville forstå, og at de blot skulle være stille og gøre, som lægen sagde – det ville slet ikke gøre ondt. Selv hvis vi kendte årsagen til testene, tog vi os ikke tid til at forklare den for barnet, fordi vi troede, at det kun ville skabe frygt, og at barnet alligevel ikke ville forstå det. Så vi forsøgte at holde barnet roligt, indtil det nødvendige arbejde var gjort. Men ofte hører vi bagefter: "Men mor, du sagde, at det ikke ville gøre ondt, og det gjorde det." Dette skaber en følelse af mistillid, som om de er blevet løjet for. I nogle tilfælde fører dette til en frygt for læger, sygeplejersker eller hospitaler. Måske undervurderer vi også barnet og antager, at det ikke har den mentale kapacitet til at forstå, når det måske faktisk har det.

De fremmede væsener udviser den samme holdning, som om de behandler et barn eller en person med begrænset intelligens, som alligevel ikke ville forstå det, selv hvis det blev forklaret for dem. De bortførte reagerer på samme måde som vores børn gør, ved at sige, at rumvæsenerne ikke har nogen ret til at behandle dem på denne måde. De siger, at de fremmede ikke respekterer dem og ikke engang gider at forklare, hvad der egentlig foregår.

Hvis disse undersøgelser og test finder sted i et stort omfang og involverer mange, mange mennesker, ser jeg det som værende

The Custodians

sammenligneligt med den kølige og distancerede holdning, der ofte findes på et overfyldt hospital, hvor hundredvis af identiske tests udføres hver dag. Efter et stykke tid bliver disse tests så rutinemæssige og dagligdags, at personalet ikke længere føler noget behov for at forklare. Der er ikke nok tid og ikke nok interesse i at kommunikere med hver enkelt patient. Så når en sjælden medarbejder tager sig tid til at trøste og berolige, bliver deres venlighed husket og skiller sig ud blandt de tilsyneladende ligeglade, maskinlignende arbejdere. Jeg tror derfor ikke nødvendigvis, at de fremmedes holdning er en bevidst mangel på respekt for os som individer, men snarere den samme kliniske distance, som kommer af overarbejde og at være overvældet af rutineopgaver.

Mange forskere har også kæmpet med at forstå årsagerne bag disse tests og undersøgelser. Flere forskellige teorier og forklaringer er blevet fremført, og endnu flere vil komme i fremtiden. Hver person, der er involveret i dette usædvanlige felt, vil udvikle deres egne teorier om, hvad der foregår, baseret på deres egen forskning samt deres livserfaringer, tankegang og forventninger.

Mange mener, at der foregår en form for genetisk manipulation eller ingeniørarbejde, med forskellige mål for øje. Nogle mener, at vores art er en overlegen race, der næsten har nået sin perfektion, og at de fremmede måske kommer fra en mangelfuld eller døende race. Måske har de på en eller anden måde mistet evnen til at reproducere sig selv og har derfor brug for vores arts sæd og æg for at hjælpe med at videreføre deres egen race. De håber at opnå dette ved at blande sig med os, enten fysisk eller klinisk, og skabe menneske-rumvæsen-hybrider. Denne idé vækker rædsel blandt mennesker, og derfor ser vi enhver, der har dette mål, som værende lige så skræmmende.

Mine teorier er dog anderledes. Jeg tror ikke, at de gør dette for deres egen skyld, men for vores. Selvfølgelig har vi set, at der er flere forskellige typer af væsener involveret, og der kan være nogle negative typer, der gør disse ting for deres egen vinding. Men jeg tror, at disse er i mindretal – de er afvigerne eller rebellerne blandt UFO-grupperne. Som jeg forklarede i min bog Keepers of the Garden, er der en højere magt på spil, som dirigerer en plan, der blev udformet for vores verden længe før det første menneske dukkede op på vores planet. Denne masterplan blev udtænkt og udført ved hjælp af metoder langt ud over vores fatteevne. De fremmede væsener blev tildelt ansvaret for at udføre forskellige trin i dette projekt. Hver havde ansvaret for deres egen lille del og havde faktisk ikke nogen kontrol over helheden. Det samlede omfang var sandsynligvis også uden for deres forståelse. Da de skabte liv på vores planet, plejede det og formede det over årtusinder, var det kun et job – en opgave. De har måske haft lignende opgaver på andre planeter på forskellige stadier af deres udvikling. Når enkelte væsener døde, blev deres arbejde fortsat af andre. Dette var et projekt med ekstremt lang tidshorisont, orkestreret med en minutiøs sans for detaljer. Tid var ikke en faktor – kun det endelige mål: skabelsen af en art med overlegne fysiske og mentale evner. Et sådant projekt kunne ikke fuldføres natten over, og der var altid muligheden for, at selv en så nøje udformet plan kunne gå galt. Det ville have været umuligt at forudse enhver tænkelig omstændighed.

Problemet opstod, da en meteor styrtede ned på Jorden og introducerede organismer, der var fremmede for vores planet. I deres eget miljø havde de været harmløse. Men da de blev introduceret i Jordens uberørte atmosfære, formerede og muterede de sig til en ustyrlig trussel mod den spæde menneskelige race. Dette skabte sygdom i menneskekroppen. Den oprindelige plan havde været at skabe et perfekt, sygdomsfrit legeme med en lang levetid. Der var stor sorg, da denne uforudsete udvikling blev opdaget, og der blev afholdt et møde på det højeste niveau i rådet for at beslutte, hvad der skulle gøres. Der var meget tristhed og beklagelse over, at det store eksperiment var slået fejl. Men det blev besluttet, at eftersom så meget arbejde allerede var blevet gjort, ville det være bedre ikke at kassere hele eksperimentet. I stedet besluttede de at forsøge at minimere skaden og fortsætte ved at foretage justeringer og gå videre med det, de stadig havde at arbejde med.

I de tidlige dage, da mennesket udviklede sig, var der konstant pleje, beskæring og manipulation af arten. Genmanipulation og genetisk ingeniørarbejde har været en del af vores art helt fra begyndelsen. Det er ikke noget nyt. Det er grunden til, at vi overhovedet er her og ikke lever i en hule og kæmper for at overleve i vildmarken. De fremmede væsener har omhyggeligt avlet og påvirket udviklingen af vores hjerner og gradvist introduceret de utrolige psykiske evner og intuitive følelser, der er almindelige blandt dem. Efterhånden som mennesket udviklede sig væk fra den dyriske

The Custodians

fase og blev i stand til at håndtere sit eget liv og sine anliggender, fik de fremmede væsener ikke længere lov til at have den samme indflydelse. Det er blevet understreget, at dette er planeten for fri vilje, og det er en streng universel lov, at fri vilje skal respekteres.

Opgaven som gartner blev ændret til værge. Mennesket blev givet mange redskaber og viden til at gøre deres liv lettere, og derefter måtte den nye art klare sig selv. Hvis de begik fejl og misbrugte den viden, de havde fået, var det deres ret at gøre det, så længe de ikke krænkede andres rettigheder uden for deres egen planet. De fremmede væsener var under strenge love om ikke at gribe ind. Selvfølgelig fortsatte studiet af menneskeheden. Eksperimentet måtte kontrolleres fra tid til anden for at se, hvordan det udviklede sig og tilpassede sig sine omgivelser. Korrigeringer blev foretaget på passende tidspunkter gennem genmanipulation. Hvis dette har fundet sted siden tidernes begyndelse, hvorfor skulle det så ikke stadig finde sted? Hvis de handler under autoritet af en højere magt, som vi ikke engang kan begynde at forstå, hvem er vi så til at sige, at de ikke har ret til at gøre det? Vi siger ikke til en mor, at hun ikke har ret eller autoritet til at tage sig af sit barn. Jeg ser det som den samme logik.

Efterhånden som mennesket udviklede sig, påvirkede det sin omgivelser i en sådan grad, at det i høj grad påvirker deres kroppe. Jeg tror ikke, det er en tilfældighed, at efterhånden som menneskets omgivelser gennemgår disse truende forandringer, er testene og undersøgelserne fra de fremmede væsener steget i antal. Selvfølgelig er de interesserede i, hvad mennesket gør ved sin krop. De har altid været interesserede. Hvad kunne være mere naturligt end at forsøge at korrigere og tilpasse mennesket til at kunne håndtere alt det "stof," vi hælder ud i vores atmosfære? Hvis dette inkluderer genmanipulation for at producere et menneske, der er bedre i stand til at tilpasse sig, så lad det være sådan. Jeg tror, at de stadig forsøger at rette op på den skade, der blev forvoldt for æoner siden, da meteoren introducerede sygdom i deres eksperiment. Jeg tror, at de stadig forsøger at bringe os tilbage til den oprindelige vision og plan: et sygdomsfrit menneske, der er i stand til utrolige bedrifter og har en utrolig levetid.

I Keepers of the Garden fortalte jeg om et andet projekt, der muligvis gik ud på at skabe et perfekt menneske, der skulle leve på en planet, som forberedes et sted i kosmos. En chance for at starte forfra i et rent miljø, efter at denne planet er blevet forurenet til et punkt, hvor der ikke er nogen vej tilbage – måske gennem en atomkrig eller lignende. Jeg tror, dette er én mulighed, men det behøver ikke være den eneste.

Jeg havde en mærkelig oplevelse i efteråret 1988. Om natten havde jeg en tydelig og ukendt fornemmelse af, at en hel blok af information på en eller anden måde var blevet indsat i mit hoved. Oplevelsen havde ingen af de karakteristika, der kendetegner en drøm. Mens det skete, vågnede jeg nok til at forstå informationen. Jeg vidste, at det var et koncept, ikke specifikke sætninger eller idéer, og at det var blevet placeret i min hjerne som en hel og præcis enhed. Jeg har ofte hørt mine forsøgspersoner tale om at modtage koncepter, som de måtte bryde ned i sprog for at kunne forstå dem. Jeg kunne nu sætte pris på, hvor svært det måtte være for dem. Dette var min første – og eneste (tror jeg!) – oplevelse af denne slags. Jeg vidste, at konceptet handlede om en forklaring på UFO-væsenernes adfærd, deres motiver osv. Jeg vidste, at det var den forklaring, der skulle inkluderes i min bog om UFO-sager, som jeg endnu ikke engang var begyndt på. Jeg havde ikke bevidst overvejet dette spørgsmål om, hvorfor de fremmede væsener brugte genmanipulation, fordi jeg på det tidspunkt var optaget af den sidste redigering af første bind i Conversations With Nostradamus-trilogien. Jeg var blot ved at samle information, som jeg forventede en dag ville blive til en bog om mine erfaringer med UFO'er.

Det var et koncept, en idé og en forklaring, der adskilte sig fra alt, hvad jeg tidligere havde hørt udtrykt af andre forfattere om dette emne. Det virkede meget vigtigt, at jeg huskede indholdet, og der blev lagt vægt på, at dette var den information, jeg havde søgt efter. Jeg havde ikke tid til at analysere det, fordi det var for mangefacetteret. Men jeg vidste, at jeg ville være i stand til at huske det til den næste dag, hvor jeg kunne skrive det ind i computeren. Jeg faldt i søvn igen, og da jeg vågnede næste morgen, følte jeg en mærkelig fornemmelse i mit hoved. Inden jeg var helt vågen, strømmede informationsblokken tilbage med samme intensitet som aftenen før. Dette var ikke normalt, for som regel forsvinder drømmemateriale hurtigt efter opvågning og er vanskeligt at genkalde, selv i form af billeder. Dette var ikke i billeder, men i filosofiske tanker. Igen blev det understreget, at det var vigtigt at huske det og skrive det ned. Jeg vidste, at jeg skulle få det ind i computeren, før det forsvandt. Selvfølgelig kommer hverdagens gøremål altid i vejen. Den første opgave den dag var at konservere ferskner fra vores lille frugthave sammen med min datter. Modne ferskner venter ikke, selvom mit sind var distraheret af information, der kredsede rundt i mit hoved. Da den sidste krukke var forseglet og sat på bordet til afkøling, havde jeg endelig tid alene til at arbejde med computeren.

Den næste udfordring var naturligvis at finde ud af, hvordan jeg skulle omsætte det til ord. Dette er ofte den sværeste del, fordi et koncept kan være helt og fuldstændigt og modstå den nedbrydning, der er nødvendig for at omdanne det til sprog. Men jeg ville gøre forsøget, vel vidende at jeg sandsynligvis ville miste nogle af nuancerne. Det var en interessant idé, en forklaring, som jeg kunne bygge bogen op omkring og styre mod disse forudbestemte konklusioner. Selvom en sådan bog på det tidspunkt var uden form og substans, og kun en svag skygge i baggrunden af mit sind. Disse begyndelsesstadier måtte ligge i dvale i mine arkiver i ti år, før de blev til virkelighed. I 1998 havde jeg samlet en enorm mængde information til at danne en bog, men den fulgte stadig præcist det koncept, der blev givet til mig i 1988.

KONCEPTET

Det gik op for mig, at manipulationen af gener blev udført for vores beskyttelse, for bevarelsen af vores art, for at garantere vores overlevelse. Hvis man ser på det på denne måde, er det en handling af stor venlighed og vidner om en enorm hengivenhed for vores velfærd. I Nostradamus-bøgerne understreges det, at der er en reel mulighed for, at vores livsform kan blive ødelagt. Det blev forudset, at der er en mulighed for, at Jorden vil tippe på sin akse. Under en sådan katastrofe ville der være død forårsaget af mange faktorer: oversvømmelser, jordskælv, vulkanudbrud, massive tidevandsbølger – enhver form for katastrofe, både kendte og ukendte for mennesket. Efterfølgende ville der være død forårsaget af sygdom og sult. Enhver, der overlevede, ville skulle være ekstremt robust. Jeg har fuld tillid til den menneskelige race. Jeg tror, vi har evnen til at overleve. Jeg tror, ligesom Nostradamus gør, at dette ikke ville være verdens ende, men enden på vores verden, som vi kender den. Det ville være en fuldstændig forandring af vores livsform, men mennesket har en vidunderlig evne til at genvinde det, de anser for vigtigt i deres liv. Dette er noget, jeg ikke bryder mig om at tænke på, og som jeg ikke ønsker at betragte som en mulighed, men mange eksperter har været enige om, at muligheden eksisterer. Måske ser de fremmede væsener blot ud i fremtiden og forsøger at forudse enhver mulighed. De ønsker ikke at blive taget på sengen igen. Gennem genmanipulation og ingeniørarbejde skaber de måske ikke blot et menneske, der kan fungere i et forurenet miljø med en krop, der kan modstå kræft og andre sygdomme forårsaget af disse ændringer, men også en person, der kan tilpasse sig en ny livsstil fyldt med enorm stress. En af forsøgspersonerne i denne bog så sig selv i en scene fyldt med syge og døende mennesker, hvor hun forsøgte at hjælpe på enhver mulig måde. Hun var selv ikke syg og var ude af stand til at blive syg. Hendes opgave var at hjælpe andre. Måske er hun en del af den nye generation, der er designet til dette formål – at kunne modstå de ødelæggelser, som en forskydning af Jorden og de store kriser, der kunne følge, ville medføre.

Den teori, jeg har udviklet ud fra de informationer, jeg har modtaget, er, at de fremmede væsener er ekstremt interesserede i vores velfærd som art, fordi de har været vores vogtere i årtusinder. De har ikke tænkt sig at opgive os nu. Nogle mennesker bliver forberedt til at overleve på en anden planet, som er ved at blive gjort klar til at blive befolket af sygdomsfrie individer. Den er designet til at føles velkendt, så der ikke vil være nogen stor omvæltning, når folk begynder en ny livsstil – eller en fortsættelse af den gamle – i et nyt og uberørt miljø. Andre forberedes muligvis på at overleve her på Jorden, efter at katastrofale ændringer gør størstedelen af menneskeheden ude af stand til at fungere. Jeg tror, at når vi i fremtiden er i stand til at se alle de forskellige facetter af dette fænomen, vil vi indse, at disse væsener ikke skal frygtes, men i stedet hilses velkommen som vores forfædre, vores brødre, vores vogtere. Deres formål i den store plan vil til sidst blive forstået og stå krystalklart for menneskeheden.

OBSERVATIONER

Siden jeg blev eksponeret for denne mere radikale måde at tænke på, har jeg bemærket, at jeg observerer tingene omkring mig på en anden måde. Det har påvirket den måde, jeg ser på mine medmennesker, den måde, de lever deres liv på, og hvordan disse liv forholder sig til hinanden i en global sammenhæng. Når jeg lægger mærke til disse ting, bliver logikken bag vogter-teorien klarere og mere plausibel i mit sind.

I en fjern fremtid er det meget sandsynligt, at vi selv vil påtage os rollen som vogtere af en anden planet. Ideen er ikke blot mulig, den er meget sandsynlig. Mennesket er et nysgerrigt væsen, ligesom de fremmede væsener uden tvivl var, da de begyndte deres projekt med at tage vare på Jorden. Det er utænkeligt for mig, at når mennesket engang har perfektioneret rumrejser og overvundet de enorme afstande mellem vores verden og de stille, døde verdener derude, at vi blot ville efterlade dem, som vi fandt dem: døde og livløse. I den fjerne fremtid ville mennesket have viden til at introducere liv som et eksperiment. Det ville begynde med simple, rudimentære stadier – enkle celler – for at se, hvad der kunne vokse i de givne betingelser, hvad den ur-primeval "suppe" ville kunne understøtte. Efter megen eksperimentering ville dette føre til introduktion af mere komplekse livsformer eller genetisk ændrede organismer, der kunne tilpasses miljøet. Jeg kan ikke forestille mig, at mennesket med sin iboende nysgerrighed ville handle anderledes. Det ville ræsonnere, at det ikke kunne gøre nogen skade. Planeten havde ikke noget liv til at begynde med, eller måske kun den mest basale cellulære struktur. Således ville mennesket have en gold planet, moden til eksperimentering, klar og ventende som en legeplads for fremtidens videnskabsfolk til at afprøve livsformernes tilpasning. Hvem kunne det overhovedet skade? Det ville give mulighed for at anvende metoder, der var forbudt på Jorden, fordi der ikke ville være sådanne begrænsninger på en fremmed verden. Mennesket ville naturligvis være under en regerings eller i det mindste en overordnet myndigheds vejledning og instruktion. Det ville følge ordrer fra en større plan, fordi det ville være alt for komplekst for en enkelt videnskabsmand at håndtere alene. Derefter ville der være behov for pleje, beskæring og genetisk tilpasning, så at sige, for at hjælpe de udviklende livsformer med at tilpasse sig. Disse rutineopgaver ville blive udført af de mindre uddannede (eller endda af robotter), fordi det blot ville indebære at følge instruktioner. Dette private projekt, kendt eller ukendt af befolkningen på hjemplaneten, kunne udvikle sig over utallige år og

The Custodians

blive videreført af generationer af videnskabsfolk, der betragtede den "nye" verden som alt for værdifuld til at stoppe eksperimenteringen.

Disse videnskabsfolk ville lære en utrolig mængde ny information, som utvivlsomt kunne anvendes til at forbedre levevilkårene for menneskene på Jorden. Projektet kunne ikke opgives, hvis det samtidig bidrog til hjemplanetens udvikling.

Over en uoverskuelig tidsperiode ville livet blive etableret og begynde at udvikle sine egne karakteristika. Måske ville livsformer fra Jorden blive introduceret og krydset genetisk for at tilpasse sig. Til sidst kunne et intelligent væsen opstå. Det ville naturligvis blive hjulpet på vej gennem genmanipulation og introduktion af træk fra vores egen race. Begejstringen ville brede sig gennem videnskabens verden, når nye opdagelser blev præsenteret. Den resulterende skabning ville måske bære nogle af vores karakteristika, men ville sandsynligvis ikke være en nøjagtig kopi, da den ville være nødt til at tilpasse sig sit miljø. Dens øjne, åndedrætssystem og kredsløb kunne være forskellige, men den ville stadig blive betragtet som en humanoid, selvom den måske ikke ville kunne overleve på Jorden. Hvis skabningen begyndte at udvise fejl, der var i modstrid med hovedplanen, ville projektet så blive opgivet, og livsformen destrueret? Jeg tror det ikke. Jeg tror, at mennesket stadig vil besidde nok af den guddommelige ånd til at betragte alt liv som helligt, selv det liv, det selv har skabt. Jeg tror, at det ville forsøge at hjælpe arten med at tilpasse sig fejlene eller tillade den at blive en evolutionær blindgyde og uddø af sig selv.

Når den dominerende art udviklede sig og begyndte at udvise tegn på civilisation, ville overvågningen derefter blive reduceret. De ville ikke have brug for konstant opsyn. Desuden ville det være et interessant eksperiment at se, hvordan de nye skabninger ville udvikle sig på egen hånd. Hvilke typer moral ville de udvikle? Ville de være opfindsomme? Ville de være krigeriske? For at forstå vores egen race ville vi føle os forpligtede til at lade disse skabninger udvikle sig selvstændigt og undersøge, hvilke egenskaber der opstår naturligt, og hvilke der er tillærte. Men de ville ikke blive efterladt helt alene. En rådgiver ville komme for at leve blandt dem og undervise dem i måder at forbedre deres liv på. Denne rådgiver ville blive behandlet og tilbedt som en gud, selv længe efter han var vendt tilbage til sin hjemplanet. Han måtte jo have været en gud, for han besad så vidunderlige kræfter

The Custodians

og viden. Der ville blive givet instruktioner om fødevareindsamling og overlevelsesmetoder. Men for at studere den mentale udvikling kunne rådgiveren ikke gribe ind. Når viden var givet, måtte den bruges, som den nye skabning besluttede. Hvis der var for meget indblanding, kunne eksperimentet blive fuldstændig ødelagt. Der er åbenlyst alt for mange forskellige faktorer til at nævne her, men dette ville være det generelle scenari.

Det ville være et fortsat eksperiment og ville aldrig blive forladt af hjemplaneten. Gennem de følgende generationer ville det fortsat blive opført i historiens annaler. Der ville altid være "Vogtere" til at observere og holde optegnelserne opdateret. Der ville naturligvis være nogle af disse nye væsener, som ville blive overvåget tættere for at se, hvordan genetikken udviklede sig, og hvordan de blev påvirket af deres miljø. Hvis der opstod problemer, kunne disse afhjælpes med ændringer. Jeg tror ikke, vi ville betragte dette som indblanding, fordi væsnet under ideelle forhold ikke ville være klar over, at der var gjort noget, og kunne fortsætte sit liv upåvirket. Det ville være bedre på dette avancerede stadie af eksperimentet, at videnskabsmanden forblev bag glasset i laboratoriet for at forblive uopdaget. Meget ligesom sjældne fugle, der opdrættes i fangenskab. Efter at ægget klækkes, bærer dyrepasserne groteske fuglemasker eller hætter, så ungen ikke identificerer sig med mennesker. Forskernes teori er, at hvis fuglen identificerer sig med mennesker, kan den ikke eksistere i naturen. Den må identificere sig med sine egne.

Men hvad nu hvis arten tog en anden drejning og begyndte at bruge sin nyfundne viden til at fremkalde krig? Hvad nu hvis disse krigshandlinger blev så dybtgående, at arten skabte våben med frygtelig kraft? Hvad hvis de brugte deres nye opfindelser på hensynsløse måder, der truede med at ødelægge ikke kun dem selv, men hele deres verden? Ville de få lov til det? Jeg tror det ikke. Hvis eksperimentet var blevet beskyttet og plejet gennem utallige århundreder, ville det så blive opgivet, eller ville vi tage chancen og gribe ind på det tidspunkt? Det ville være et gigantisk problem, og beslutningen ville sandsynligvis ligge hos det højeste regeringsniveau på Jorden. Det kunne blive besluttet at tillade dem at gøre, hvad de ønskede, som det ultimative klimaks af eksperimentet. Men ville vi tillade, at alt gik tabt? Måske kunne vi tage celler og producere kloner, så vi havde nogle eksempler på arten på Jorden eller kunne starte forfra på en anden gold planet. Vi ville sandsynligvis ikke tillade, at alt arbejdet gik tabt. Men jeg tror, at hvis arten truede med total ødelæggelse af deres planet, ville vi være nødt til at gøre noget for at forhindre det, fordi det kunne forårsage følger i hele solsystemet og måske endda nærliggende stjerner og galakser. Det måtte ikke tillades; det ville skabe for meget forstyrrelse. På det tidspunkt tror jeg, vi endelig ville være nødt til at bryde den gyldne regel om ikke-indblanding og gøre os kendte. Vi ville endelig fortælle arten, at vi var deres skabere, deres vogtere og deres beskyttere gennem tidernes løb. Hvordan ville det blive modtaget? Ville vi blive troet? Ville det gøre nogen forskel?

Dette scenarie lyder som science fiction, men hvordan ved vi med sikkerhed, at det ikke vil ske? Hvordan kan vi vide med sikkerhed, at det ikke allerede er sket – ikke kun her på vores Jord, men måske på utallige planeter i hele universet? Så længe nysgerrigheden eksisterer, vil mennesket søge. Så længe han fortsætter sin søgen, vil der ikke være nogen grænser for, hvad han kan opnå. Universet er, og har altid været, hans hjem. Dette er en vigtig egenskab, som vi har arvet fra vores skabere og vores vogtere. Det er uden tvivl en vigtig egenskab, vi vil videreføre til kommende generationer, uanset om det er på denne planet eller et andet sted.

Viden er intet værd, hvis den ikke kan deles.

KAPITEL 2
Kondenseret eller forvrænget tid

Mange efterforskere har undersøgt tilfælde af "manglende tid", hvor flere timer forsvinder uforklarligt, uden at personen er bevidst om tidsrummet. Jeg vil senere i denne bog diskutere flere sådanne tilfælde. Men jeg har opdaget et koncept, som jeg finder endnu mere mærkværdigt: tilfælde af kondenseret tid. Det vil sige, hvor begivenheder finder sted på langt kortere tid, end det normalt ville tage. Begge fænomener er selvfølgelig eksempler på, hvordan tid på mystisk vis bliver forvrænget fra deltagerens perspektiv.

Vi er begrænsede af at være fanget i vores opfattelse af lineær tid. Det er blevet sagt, at vi måske er den eneste planet i universet, der har opfundet en måde at måle noget på, som ikke eksisterer. Jeg er blevet fortalt mange gange i mit arbejde, at tid kun er en illusion – en opfindelse af mennesket. De fremmede væsener har ikke dette koncept, og de har fortalt mig, at mennesket aldrig vil kunne rejse i rummet, før han overvinder sin fejlagtige opfattelse af tid. Dette er et af de største problemer, der holder mennesket fanget på Jorden. Selvom vi måske forstår dette ud fra et psykologisk synspunkt, er det svært, hvis ikke umuligt, for vores menneskelige sind at acceptere. Vi er fuldstændig indlejret i tid, og vores liv er opbygget af og målt i minutter, timer, dage, uger, måneder og år. Jeg ser ingen måde, hvorpå vi kan undslippe dette koncept og stadig fungere i vores normale daglige verden. Vi tror, at ting skal bevæge sig fra punkt A til punkt B i en bestemt rækkefølge inden for et bestemt tidsrum. Der kan ikke være nogen afvigelser eller sideveje, fordi de ikke passer ind i vores trossystem. Derfor er vores fokus meget snævert. Alt, hvad der ligger uden for dette fokus, siges at være umuligt, og derfor kan det ikke ske, det kan ikke eksistere.

Men hvad hvis vi boede på en planet, der drejede omkring sin sol på en anden måde – hvordan ville vi så måle tid? Hvad nu hvis der altid var dagslys eller konstant mørke? Hvad hvis planeten havde to sole? Ville de måle tid på en anden måde, eller ville de beslutte, at der ikke var behov for en sådan besværlighed? Hvad med væsener, der rejser i rumskibe i lange perioder, svævende gennem rummet uden referencepunkter til at skelne dag fra nat og ingen grund til at markere årstider og år? Det er ikke underligt, at de ikke forstår vores behov for tid og ofte ikke kan give mening af det. Under lignende og endnu mere radikale omstændigheder ville vi måske også beslutte, at tid ikke tjente noget formål, og at det var meningsløst at fastholde det så strengt.

Uden disse begrænsninger har de været frie til at opdage andre dimensioner og eksistensplaner, som er skjult for os af vores stive tidsstruktur. Med disse opdagelser har de fundet måder at dematerialisere og rematerialisere alt, hvad de ønsker at transportere. De kan glide og bevæge sig gennem sprækker og revner til andre dimensioner lige så let, som vi går gennem en dør. Selvfølgelig har de måske gjort dette længe før vores forfædre boede i huler, og vi ville have meget at indhente. Men vi vil aldrig finde disse sprækker, før vi fjerner skyklapperne, der fortæller os, at det er umuligt. Hvis en anden humanoid art har opdaget vejen, så er det også muligt for os. Hvis de gennem vores eksistens har fodret os mentalt med den nødvendige information gennem eoner, så forsøger de måske nu at videregive os hemmelighederne om, hvordan vi kan opløse tidens barrierer og vise os, hvor de gyldne døre befinder sig.

Der ser ud til at være mange metafysiske koncepter, der er lette for den fremmede tankegang, men næsten umulige for mennesket at forstå. Den traditionelle videnskabelige UFO-efterforsker ville foretrække, at det hele forblev simpelt: hvis de ikke kan se det, måle det, røre ved det eller skille det ad, eksisterer det ikke. De føler sig mere komfortable med idéen om at rejse et bestemt antal kilometer i timen for at nå den nærmeste stjerne og forsøge at udvikle en brændstofkilde, der kan udføre opgaven. Men det er langt sværere for dem at forstå konceptet om at rejse gennem tankekraft og bevæge sig ind og ud af dimensioner. Løsningen på UFO-gåden er ikke længere simpel. Jo dybere vi graver i mysteriet, jo mere komplekst og tankevækkende bliver det. Måske er det derfor, vi først nu får adgang til disse alternative tanker. I fortiden måtte vores menneskelige sind vænne sig til idéen om, at rumvæsener rejser i UFO'er på en måde, vi kunne forstå – for eksempel ved hjælp af en eller anden form for konventionel brændstofkilde, der kunne overskride lysets hastighed for at overholde fysikkens love, som vores videnskabsmænd forstod dem.

The Custodians

Vi er blevet "fodret med en ske" gennem årene, og har kun fået så meget information, som vi kunne håndtere på det givne tidspunkt. Når vi vænnede os til hver del af konceptet og idéen ikke længere skræmte os, fik vi en mere kompleks brik i puslespillet. Jeg tvivler stærkt på, at vi nogensinde vil forstå det fulde billede, ligesom vi ikke kan forvente, at en småbørn forstår geometri eller calculus. Derfor vil vi sandsynligvis aldrig få den fulde viden. Jeg er blevet fortalt adskillige gange, at jeg ikke skal forvente, at alle mine spørgsmål vil blive besvaret. Nogle former for viden ville være som medicin, mens andre ville være som gift – de ville skade mere, end de ville gavne. Så jeg tager det, jeg får, og jeg har fundet ud af, at når jeg analyserer og forsøger at forstå koncepterne, bliver jeg givet endnu mere at fordøje. Men det ser aldrig ud til at være mere, end jeg kan håndtere. Dette er måden, jeg har skrevet mine bøger på – ved at forsøge at præsentere disse idéer på en måde, som folk kan forstå. Derfor vil der i denne bog være koncepter, jeg ikke tidligere har præsenteret. Der er meget ukendt territorium, der venter på at blive udforsket, og jeg håber at tage denne rejse.

Vi siger, at disse væsener og deres fartøjer ikke opfører sig i overensstemmelse med fysikkens love, som vi kender dem. Vi siger, at de gør ting, der er "unaturlige." Dette er den største kilde til skepsis omkring deres eksistens. Men jeg tror, vi vil opdage, at de ikke er et unaturligt fænomen – men et naturligt et. De kan simpelthen følge en ny lov om fysik, som vi endnu ikke har opdaget. Den er ny for os – men for dem er den helt naturlig.

Ifølge de oplysninger, jeg har modtaget, er UFO-fartøjerne i stand til at forsvinde fra syne eller fra radarskærme osv., fordi de pludselig ændrer deres vibrationsfrekvens. Hvis du observerer, hvordan bladene på en roterende ventilator eller propel forsvinder, efterhånden som rotationshastigheden øges, vil du få en grov idé om, hvordan det fungerer. Vi, der lever i den fysiske verden på Jorden, vibrerer med en langsommere frekvens. Dette vil blive forklaret mere detaljeret i min bog Convoluted Universe. Mange af disse væsener lever ikke på andre planeter, men i andre dimensioner. I disse dimensioner findes der mange andre verdener (nogle fysiske, andre ikke), som nogle gange eksisterer side om side med vores, men vibrerer med en hurtigere frekvens. Ofte er vi fuldstændig uvidende om hinandens eksistens. De mere avancerede civilisationer i disse andre verdener er blevet bevidste om os og kommer ofte hertil for at observere. For at gøre dette må de sænke deres vibrationsfrekvens. Det er blevet beskrevet som smertefuldt for dem at gøre dette og at opretholde den lavere frekvens i længere tid. Det kan således have den modsatte effekt på mennesker, der træder ind i disse dimensioner. Vores vibrationsfrekvens ville blive forhøjet og skulle derefter sænkes igen ved tilbagevenden.

Mange af disse væsener har udviklet sig til et punkt, hvor de er ren energi og ikke længere har brug for fysiske kroppe. De kan dog manifestere kroppe, når det er nødvendigt for at interagere med mennesker. Jeg kunne ikke forstå, hvorfor væsener, der er ren energi, ville have brug for rumskibe til at rejse i. Måske bærer de ikke blot deres miljø med sig – tyngdekraft, atmosfære osv. – for at opretholde liv, men også deres vibrationsfrekvens.

Der er mange tilfælde, hvor mennesker er blevet taget ombord på de mindre fartøjer uden varige fysiske bivirkninger. Måske er det derfor. Fartøjerne træder ind i og fungerer inden for vores vibrationsfrekvens, og menneskene kan tilpasse sig denne. De små grå væsener rapporteres oftest at være til stede på disse mindre fartøjer. De er en type klonede eller fabrikerede væsener, der tydeligvis kan fungere lettere ved disse frekvenser end de andre typer væsener. De blev skabt i deres skaberes billede – de høje grå væsener – for at kunne komme til Jorden og udføre rutineopgaver. De prøver, der tages fra mennesker, dyr, planter osv., bliver derefter bragt til de store fartøjer til laboratorieanalyse. Der har ikke været lige så mange rapporterede tilfælde af mennesker, der er blevet taget ombord på de større fartøjer eller "moderskibe". Disse er normalt placeret højt oppe i vores atmosfære, fordi de er for store til nemt at lande. Men nu tror jeg, at de også vibrerer på en anden frekvens, der gør dem usynlige. Måske kan væsenerne ombord ikke så let tilpasse sig de langsommere vibrationer og foretrækker at forblive i et mere komfortabelt miljø. For at et menneske kan træde ind i disse fartøjer, skal dets molekyler justeres, og dets vibrationsfrekvens øges. De kan fungere sådan i en begrænset tid, men det kan ikke opretholdes på ubestemt tid, da kroppen ellers ville desintegrere. Ved tilbagevenden sker en kompliceret og vanskelig proces, hvor personens krop bliver justeret igen og vibrationsfrekvensen sænkes. Dette kan resultere i forvirring, desorientering, midlertidig lammelse og fysiske symptomer (såsom

The Custodians

blå mærker), mens kroppen kommer sig efter chokket i sit system. Dette kunne forklare, hvorfor der ikke har været lige så mange tilfælde af mennesker, der er blevet taget ombord på de større skibe. Oplevelsen med de mindre skibe og de små grå væsener er langt mere almindelig. Den gennemsnitlige person kan måske ikke tilpasse sig de fysiske ændringer, der er nødvendige for at få denne oplevelse.

I 1998 vendte den sidste amerikaner tilbage til Jorden fra den fælles sovjetisk-amerikanske mission ombord på den kredsende rumstation MIR. Han sagde, at den største tilpasning var at vænne sig til den overvældende vægt af sin fysiske krop efter at have været vægtløs så længe. Tidsmangel-fænomener er ikke altid, hvad de ser ud til at være. Det antages ofte, at en person, der oplever tab af tid, direkte har været i kontakt med rumvæsener eller UFO'er, især hvis der blev observeret et lys (eller fartøj) samtidig. Jeg har dog fundet ud af, at dette ikke altid er tilfældet. I mange tilfælde har personen blot fortrængt en ubehagelig eller traumatisk oplevelse, som intet havde at gøre med rumvæsener. Disse oplysninger kan nøjagtigt hentes frem, når trancen er dyb nok til at kontakte underbevidstheden direkte. Underbevidstheden indeholder alle minder og vil rapportere, hvad der faktisk skete, uden den bevidste sinds emotionelle forvrængning. Jeg fortæller altid efterforskere, at de ikke må drage forhastede konklusioner, når personer rapporterer om mistet tid eller andre oplevelser, der ser ud til at passe ind i UFO-mønstre. Søg altid efter den enkleste forklaring først, inden man overvejer de mere komplekse. I mange tilfælde er den simple forklaring den korrekte. Af en eller anden grund foretrækker nogle mennesker dog den mere komplekse forklaring på begivenheder i deres liv: "Jeg oplevede mistet tid, så jeg må være blevet taget ombord på et UFO." Ved en mystisk psykologisk proces kan denne abstrakte forklaring være lettere at acceptere end en mere jordnær, men ubehagelig forklaring. I en af mine sager havde en mand tydeligvis oplevet mistet tid, og det involverede faktisk kontakt med rumvæsener – men det var et tilfælde af at være på det forkerte sted på det forkerte tidspunkt.

Tom ønskede at undersøge en periode med mistet tid, der fandt sted i 1972 i Massachusetts, og som altid havde naget ham. Han havde været til et forretningsmøde hjemme hos en klient. Der var andre til stede, og de havde fået serveret et meget fint måltid. Efterhånden som aftenen skred frem, blev det sent, og en af kvinderne inviterede ham til at overnatte i hendes lejlighed i stedet for at tage hjem til sin by.

Mens kvinden kørte den aften, huskede Tom at have set et klart lys på himlen over nogle træer. Det gjorde hende nervøs. Han huskede intet andet, før han vågnede næste morgen i hendes lejlighed. Han havde ikke indtaget nogen form for stoffer eller alkohol, og han kunne aldrig forklare den manglende tid. Kort tid efter flyttede kvinden væk, og han vidste aldrig, hvor hun tog hen. Han huskede hende som en mærkelig kvinde; hun var ikke venlig eller særlig kommunikativ.

Under hypnose vendte han tilbage til oplevelsen, huskede den præcise dato for hændelsen og beskrev det lækre måltid. Han gav mange detaljer, som hans bevidste sind havde glemt – mange af dem ikke relevante for det, vi ledte efter, men det viste, at al informationen var der og let tilgængelig. Kvindens navn var Stella, og han sagde, at hendes bil var en ny 1972 Pontiac Firebird. Det var næsten midnat, da de kørte ad en landevej til hendes lejlighed, og han gengav deres samtale. Så så han, hvad han troede var en ildkugle eller et "stjerneskud" ud af øjenkrogen. De observerede, hvordan lyset på himlen blev kraftigere og tilsyneladende nærmede sig.

Pludselig gik bilens motor ud, og bilen standsede midt på vejen. Stella blev bange, men mærkeligt nok reagerede Tom anderledes. Han følte sig pludselig meget træt og var ved at falde i søvn. Dette var bestemt ikke en normal reaction. Jeg vidste, at hans underbevidsthed var vågen og kunne besvare spørgsmål.

Hans underbevidsthed fortalte mig, at både han og Stella sov, og at et skarpt lys omgav bilen og trængte ind gennem vinduerne. Bilens døre åbnede sig, og deres sovende kroppe blev fjernet fra bilen. Jeg spurgte: "Hvem tog dem ud?"

"De ligner mennesker. En mand har brunt hår, og den anden har blondt hår. De tager os bare ud af bilen, og de undersøger bilens indre. Så kigger de på os. De har en ting, som de holder over os. Og så sætter de os tilbage i bilen igen."

Han sagde, at de havde holdt hans bevidstløse krop oprejst og bevæget et instrument op og ned ad hans krop. Det lavede en kliklyd, når de manøvrerede det. Jeg antog, at han ville være tung for dem at løfte på den måde. Han sagde, at han nok var, men de gjorde det med lidt anstrengelse.

Jeg spurgte om en beskrivelse af instrumentet. "Det ser slankt ud som en tv-antenne, omkring tretten eller fjorten tommer lang, med spoler af ledning omkring det. Og det blinker i farver, næsten neon grøn til en rig lilla blå. Farverne omgiver instrumentet, når det passerer over en person, og jeg kan høre en kliklyd. Jeg ved ikke, hvad det er til."
De blev derefter sat tilbage i bilen. Motoren kørte nu, og de kørte ned ad vejen. Mændene og lyset var væk. Stella sagde: "Åh, jeg må være faldet i søvn et øjeblik. Jeg må virkelig være træt." Tom følte også, at han havde døsset af. Stella kiggede derefter på sit ur og blev forskrækket, da hun så tiden. "Åh, min Gud! Klokken er halv tre! Forlod vi ikke derfra omkring tolv? Åh, jeg ved det ikke. Vi må hellere komme afsted." De afskrev det begge, mens de kørte til hendes lejlighed. Tom følte sig meget træt, som om han var drænet for energi og udmattet. Han døste under resten af køreturen. I lejligheden bad hun ham være stille for ikke at vække naboerne. Hun viste ham sit værelse, og han kollapsede helt på sengen. Han kunne ikke huske noget andet, før telefonen vækkede ham næste morgen.

Jeg spurgte hans underbevidsthed, om den vidste grunden til undersøgelsen med det mærkelige instrument. Den svarede: "Ja, jeg ved hvorfor. Det var på grund af Stella. Hun arbejder for et firma syd for Boston, der forbereder militære hemmeligheder til krigen i Vietnam. Og hun har adgang til alle forskellige typer information. Jeg tror, de virkelig ville have informationen fra hende, ikke så meget fra mig. Jeg var bare der på et tidspunkt, hvor de kontaktede hende. De overvåger hende, og hun er sandsynligvis blevet kontaktet mange gange i sin fortid. Jeg vidste, at noget var galt, fordi hun altid virkede på kanten. Hun er mistænksom og får ikke let venner. Hun har også flyttet meget. Før hun boede i Massachusetts, boede hun i Californien, før det boede hun på Hawaii, og før det i Japan. Hun har rejst over hele verden."

D: *Gjorde de det samme med hende med instrumentet?*
T: Jeg kunne ikke se, hvad de gjorde med hende, fordi de gjorde dette med mig. Men jeg ved, at de gjorde noget andet. De har en form for kontakt med hende.
D: *Hvad var formålet med det instrument?*

The Custodians

T: Det var noget, der lignede et kat-scanning-type instrument, som vi har nu. Det undersøgte mine vitale funktioner. Det målte også mine hjernebølger. De påvirker mennesker via hjernebølger. Men disse mennesker var ikke dårlige. De var ikke kolde eller uden følelser, de overvågede bare hende, fordi de var bange for, at hun kunne være involveret i noget. Det er lidt som spionage. Det er en af grundene til, at de ville overvåge hende, fordi hun ved meget information. Stella har en grad i radio-bakteriologi og en PhD i elektrisk engineering. Hun er en meget intelligent kvinde.

D: *Forsøgte de at få information fra hende på denne måde?*

T: Nej. De ved allerede alt, hvad hun ved, fordi de kan læse hendes tanker. Men hun er vigtig for dem af en eller anden grund. Jeg ved det ikke.

D: *Hvorfor ville de være bekymrede, hvis hun var involveret i spionage? Hvad ville det betyde for dem?*

T: Hun havde det problem. Hun var blevet kontaktet af mennesker, der repræsenterede de sovjetiske bloklande. De ville give hende hundrede tusinde dollars, men hun tog aldrig imod tilbuddet. Hun flyttede.

D: *Er disse væsener bekymrede for, at hun kan blive involveret i spionage? Er det det, du mener?*

T: Nej, de var ikke bekymrede for, at hun ville blive involveret i spionage eller noget sådan. Hun er en af de personer, de overvåger, det er alt. Og hun har adgang til alle forskellige typer videnskabelige afhandlinger og ting af denne art. Det er derfor, hun bliver overvåget.

D: *Denne information, du fortæller mig om hende, er det noget, du vidste, eller er det noget, du lige har lært?*

T: Nå, jeg vidste, at hun havde en grad. Og jeg vidste, at hun arbejdede for et firma uden for Boston. Og at det havde noget at gøre med elektrisk engineering. Jeg vidste ikke, at hun var involveret i spionage.

D: *Så dette er noget, du lige har fundet ud af om hende, som du ikke vidste på det tidspunkt?*

T: Ja. Hun er virkelig generet af denne overvågning, og det er derfor, hun rejser over hele verden. Hun prøver at slippe væk fra dem. Hun forlod snart efter det. Jeg gætter på, at hun flyttede fra Massachusetts, fordi jeg ikke kunne komme i kontakt med hende.

The Custodians

D: Så du så hende ikke igen?
T: Nej, hun måtte tage til ... (pause, og så overraskelse) Houston. Stella blev overflyttet til Houston. Det var derfor, hun forlod.
D: Okay. Har du nogensinde haft en oplevelse som denne igen efter den dato, med lyset eller noget som helst?
T: Nej, aldrig igen. Det var eneste gang.

Jeg syntes, dette var interessant, fordi det var et tilfælde af mistet tid, hvor subjektet ikke var genstand for væsnernes opmærksomhed. Der var god plads her til fantasi, hvis subjektet havde haft lyst, men hændelsen fokuserede ikke engang på ham. Det er også interessant, at han sagde, at han aldrig havde haft en lignende hændelse. Hvis han havde forestillet sig det, kunne han nemt have udvidet det. Som det var, var der ingen uddybning overhovedet.

Jeg stødte på tre tilfælde i 1988 og 1989, der antydede en forvrængning af tid, og måske endda bevægelse ind i en anden dimension.

I sommeren 1987 placerede Lou Farish en lille annonce i en lokal gratis supermarkedavis, hvor han bad folk, der havde haft usædvanlige hændelser relateret til UFO'er, om at ringe til ham. Det var første og eneste gang, han placerede en sådan annonce. En kvinde ved navn Janet ringede til ham for at fortælle om en mærkelig hændelse natten før i hans område. Kvinden var meget tilbageholdende og ønskede ikke at identificere sig selv. Hun fortalte ham, at hun havde kørt fra Little Rock til sit hjem, som lå forbi Conway-området, på kun femten minutter. Da det normalt er en distance på cirka 50 miles, tog turen normalt 45 minutter. Der var ingen trafik på den firebanede motorvej hele vejen, hvilket var meget usædvanligt. Da hun kom hjem, lavede hendes hunde et frygteligt larm, hvilket ikke var normalt for dem. Lou sagde, at det så ud til, at vi havde et tilfælde af kondenseret tid snarere end manglende tid. Det eneste, der kunne knytte det til UFO'er, var, at kvinden havde set et kæmpestort, klart lys over nogle træer under hændelsen. Hun var en forretningskvinde, der ikke ønskede at blive identificeret og virkede flov over at tale om det.

Lou gik derefter til hendes hjem for at tale med hende. Han fandt Janet at være en ekstremt jordnær person, der aldrig havde læst eller været interesseret i UFO'er på nogen måde. Hun var sikker på, at der måtte være en sund fornuft og en logisk forklaring på, hvad der var sket, hvis der overhovedet var noget. Men hun havde svært ved at forklare, hvordan tiden kunne være gået hurtigt, og lyset på himlen. Lou spurgte, om hun ville være villig til at gennemgå hypnose, men hun var meget imod det. Jeg sagde til ham, at han ikke skulle presse det, men lade hende tage sin egen beslutning. Men hvis det var muligt, ville jeg gerne mødes med hende.

Fra tid til anden i det næste år havde han lejlighedsvis kontakt med hende. Hun prøvede at finde alle mulige mærkelige forklaringer på lyset, selv at der kunne have været nogen i træerne med spejle, der rettede lys opad. Forklaringerne var mere mærkelige end selve hændelsen. Men hun forsøgte desperat at finde en forklaring, hun kunne acceptere. Hun rapporterede også at have mærkelige drømme af præcognitiv art og udviste psykiske tendenser for første gang i sit liv.

Lou forsøgte hele tiden at arrangere et møde mellem os, men det lykkedes ikke. Hver gang var hun optaget af noget andet, der var vigtigere for hende, som regel noget, der havde at gøre med hendes forretning. Åbenbart var oplevelsen, selvom den havde rystet hende, ikke af overordnet betydning for hende.

Det var nok godt, at denne tid gik, for da jeg først hørte om hendes sag, var ideen om kondenseret tid en ny underlighed. Men i den mellemliggende periode stødte jeg på to andre sager, som havde en tydelig lighed, og jeg tænkte, at der måske var en forbindelse. Mest markant Valeries og Eddies, som blev rapporteret i dette kapitel.

Mit møde med Janet fandt endelig sted under Ozark UFO-konferencen i Eureka Springs i april 1989. Hun havde modvilligt accepteret at deltage, og Lou introducerede os. Hun sagde, at der var mindst 30 andre ting, hun hellere ville have gjort den weekend, og at deltage i denne konference ikke var en af dem. Hendes interesse var simpelthen ikke til stede. Hun havde lyttet intenst til talerne og kigget på billeder og lysbilleder, men intet virkede som hendes egen oplevelse, så hun tænkte bare, at det var spild af tid. Vi satte os i lobbyen, mens størstedelen af deltagerne var til konferencen, så vi kunne have en privat samtale.

Janet var en meget attraktiv blondine, meget meget en dame, sofistikeret, men ikke overdrevet. Godt klædt på og gav indtryk af at være vant til at blande sig med et velhavende, veluddannet publikum.

The Custodians

Alligevel virkede hun meget venlig og gav ikke indtryk af at være snobbet. Hun slappede tydeligt af med mig og begyndte straks at fortælle sin historie. Det virkede næsten som en lettelse at få det sagt. Hun syntes at fornemme, at jeg ikke ville latterliggøre hende, men var der for at hjælpe hende. Hun besluttede sig for endelig at forfølge det, fordi hun for nylig havde haft flashbacks, der tilføjede ekstra detaljer, og dette plagede hende. Hun var sikker på, at der var en logisk forklaring, og var overbevist om, at når hun fandt den, ville det stoppe med at plage hende. Hun gav nøje og præcist alle detaljerne.

Jeg var sikker på, at hun havde tjekket den mærkelige hændelse med kondenseret tid, og det havde hun. Hun virkede som typen, der ønskede at bekræfte hver eneste detalje for at tilfredsstille sin egen nysgerrighed. Hun havde allerede dobbelt-tjekket med flere personer, der bekræftede, hvornår hun forlod en restaurant i Little Rock den aften. Det var omkring midnat, da hun kørte på 1-40 og kørte ned ad motorvejen, indtil hun kom til vejen, der drejede af til hendes hjem. Der er kun én vej ind eller ud af det område, og der er altid trafik, uanset hvilken tid på dagen eller natten det er. Hun er meget bekendt med hver drejning og kurve og kender hvert hus langs vejen, da hun kører den rute næsten hver dag. Men den nat virkede alt mærkeligt og anderledes. Der var ingen stjerner, og hun bemærkede, at det var ekstremt stille. Der var ikke engang lyden af cikader. Hun bemærkede tydeligt, at der ikke var lys i nogen af husene, ikke engang de udvendige kviksølvslys, der altid er tændt. Hun vidste, at hun kendte dette område meget godt, og der var altid lys i husene, som kunne ses på lange afstande. Der var ingen lyd og ingen tegn på liv. Der var ingen trafik, hvilket hun betragtede som meget usædvanligt.

Så så hun objektet. Det var kæmpestort, hængende lige over trætoppen foran hende til højre. Det var en enorm aflang form, og glødede i en meget distinkt lys orange farve. Gløden var indeholdt i formen og strømmede ikke udad. Der var ingen mærker, ingen vinduer, ingen konturer eller andre lys, kun den solide orange aflange form. Da hun først så det, troede hun, at det var solen, der gik ned, og gløden og farven kom fra reflektion fra skyerne. Selvom solen var gået ned flere timer før, var dette den første forklaring, der kom til hendes sind. Så tænkte hun på muligheden for et meteorfald eller nordlys. Hun forsøgte at associere det med noget logisk, selvom hun aldrig havde set noget som det i sit liv. Hun nedsatte hastigheden på bilen til

The Custodians

krybe fart for at kigge på det. Normalt ville det have været farligt på grund af den mængde trafik, der normalt er på den vej.

Mens bilen kørte langsomt, var Janet hypnotiseret af det kæmpestore lys. Hun så derefter et objekt på vejen foran hende, som hun troede var et dødt dyr. Da hun kom tættere på det, stoppede hun bilen for at kigge på det. Hun blev forbløffet over at se, at det var en helt almindelig huskat, frosset i en usædvanlig position. Den sad på sine bagben, hårrejsende, poterne i luften og stirrede op på det samme objekt, der havde fanget hendes opmærksomhed. Dyret var ikke dødt, men grotesk frosset i denne mærkelige position og stirrede på objektet; næsten i en tilstand af suspenderet animation. Dette var det eneste tegn på liv, hun stødte på, hvis man kan kalde det det.

Hun fortsatte langsomt med at køre og stirrede stadig på objektet. Så, da hun var tættere på det, forsvandt det på en usædvanlig måde. De øverste og nederste kanter lukkede langsomt og efterlod et mørkt rum over træerne. De to kanter kom sammen og blinkede ud. Hun demonstrerede med sine hænder, og jeg fik indtrykket af et kæmpestort øje, der blot lukkede sine øjenlåg. Jeg spurgte hende for at være sikker på, at det ikke bare var bevæget sig lavere bag træerne og forsvundet. Hun sagde, at hvis det havde været tilfældet, ville hun have set lyset gennem træerne, når det sænkede sig. Hun var sikker på, at de øverste og nederste kanter simpelthen kom sammen, og lyset var slukket. Der er en mulighed for, at objektet måske stadig var der, men nu i en mørk tilstand. Da der ikke var stjerner, kunne objektet derefter være blandet ind i mørket. Uanset hvad der skete, speedede hun op og kørte videre hjem, mere forvirret end nogensinde. Hun sagde, at hun aldrig følte frygt, kun ærefrygt og undren. Hendes beregnende sind havde forsøgt at finde ud af, hvad det var.

Da hun kørte ind i sin indkørsel, begyndte hendes renrasede hunde, som var indelukket i et stærkt bygget bur, at få anfald. De gøede og hylede, kløede og bed i hegnet og forsøgte at komme ud. Hun sagde, at de aldrig havde opført sig sådan før, da racen normalt var meget mild. De gøede normalt ikke engang, når hun eller nogen anden kom ind i indkørsel. Men den aften, da hun ankom, gik de helt amok. Jeg spurgte, om hun havde lagt mærke til noget usædvanligt på bilen eller på sig selv, og hun sagde, at hun ikke havde.

Da hun kom ind i huset, blev hun overrasket over at se klokken. Hun gik rundt i huset og tjekkede alle urene mod sit ur, og de sagde

The Custodians

alle det samme. Hun var kommet hjem alt for hurtigt. Hun estimerede det til at være femten minutter, hvilket ville have været umuligt, især i den langsomme hastighed, hun kørte med. Hun vækkede sin mand og bad ham fortælle hende, hvad klokken sagde, og mindede ham om at huske næste dag, hvornår hun var kommet hjem.

Janet sagde, at hun begyndte at få flashbacks relateret til hændelsen. Hun huskede, at noget streakede over vejen lige foran bilen, da hun først så objektet. Samtidig var der et pludseligt lysglimt midt på vejen. Hun beskrev det som noget, der lignede en spejling, der pludselig vendte og lavede et glimt af lys. Hun havde svært ved at beskrive det, men det mindede hende om refleksionerne i en spejlabyrint i et karnevals "fun house".

Vi havde aldrig en hypnosesession, selvom jeg er overbevist om, at der var mere i historien. Hun ville ikke udforske hændelsen yderligere, fordi hun havde sit liv i orden. Hun var meget involveret i sin forretning og ville ikke have noget, der kunne tage hendes opmærksomhed væk fra det eller skabe forvirring i hendes liv. Hun ville betragte hændelsen som en kuriositet, selvom hun sandsynligvis aldrig ville forstå det, og fortsætte med sit liv. Det vigtigste ved mit arbejde er, at personen fortsætter med at leve et normalt liv. Jeg prøver at hjælpe dem med at forstå eventuelle oplevelser og integrere dem i deres liv. Hvis ideen om at afdække mere forstyrrer dem, er det bedst at lade det være. Jeg har også fortalt folk, der leder efter en hypnosesession af nysgerrighed, at nogle gange kan de opdage ting om sig selv, de ønsker, de havde ladet være. Og når informationen er afdækket, kan den ikke bare skubbes tilbage igen. I dette tilfælde var Janet sandsynligvis meget klog, fordi hun ikke ønskede at skabe forstyrrelse i sit omhyggeligt organiserede liv. Det er sådan, det bør være. Jeg respekterer mine kunders ønsker.

I begge de følgende tilfælde havde subjekterne levende bevidste minder om hændelsen. Disse minder blev forstærket, og flere detaljer blev afsløret under hypnose.

Eddie var en manuel arbejder i tredjverne, som var tilbageholdende med endda at tale om sin oplevelse. Han gjorde det kun på opfordring fra sin kæreste. Genert og tydeligt nervøs, følte han sig ubehagelig med båndoptageren. Jeg satte den på bordet og sagde til ham, at han om et øjeblik ville glemme, at den overhovedet var der.

The Custodians

Når man interviewer folk, er det let at glemme detaljer, og optageren sikrer, at historien er nøjagtig. Det bekræfter også bevidste minder og adskiller dem fra minder, der afsløres gennem hypnose. Da vi talte, slappede han af og blev snart ubevidst om maskinen.

Han rapporterede en hændelse, der fandt sted næsten tyve år før, da han var en 17-årig gymnasieelev, der boede i et landligt landbrugssamfund i Missouri. Efter at have besøgt en ven i byen, var han på vej hjem i sin gamle lastbil. Det var sent om natten på en landlig grusvej, hvor husene er få og langt imellem. Da han først så lyset, troede han, det var en udendørs kviksølvsbelysning, som var ny i området. Nogle af bønderne havde udskiftet de glødelamper, de havde, med disse, men det var på et sted, han ikke var vant til at se et lys. Da han nærmede sig det, blev han mere og mere opmærksom på, at det ikke var et udendørs gårdlys, fordi det blev lysere og var højere oppe i himlen. Det bevægede sig hen imod ham, indtil det stoppede over ham, og derefter fulgte det lastbilen, mens han kørte. Han stak hovedet ud af vinduet for at kigge på det. Cirka en halv mil fra hjemmet bevægede det sig pludselig foran ham og svævede over en gruppe træer. På det tidspunkt kunne han se, at det var en stor linseformet genstand. Der var orange lys på indersiden, og et roterende bånd drejede sig omkring midten, hvilket fik lysene til at blinke. Bunden af det var i metalfarve. Hans nysgerrighed fik ham til at stoppe lastbilen ved foden af bakken. Han gik ud og satte sig på lastbilens motorhjelm for at kigge på det mærkelige objekt. Det virkede mærkelig for ham, at han ikke var bange, men han antog, at det var fordi han var opvokset på landet og havde tilbragt meget tid udendørs. Mens han sad på lastbilens motorhjelm og kiggede, kom et blåt lys ud fra bunden af objektet og lyste op i toppen af træerne under det. Det svævede helt stille, og selvom båndet roterede, var der ingen lyd. Han skønnede størrelsen af objektet til at være cirka så bredt som det rum, vi sad i, hvilket ville gøre det omkring 25 fod.

Han sad der i et estimeret femten til tyve minutter og så på det. I løbet af denne tid skete der en anden mærkelig ting. En nabo-familie kom forbi i deres slidte pickup: to voksne og en bunke små børn, der boede omkring tre miles fra hans hjem. Børnene sad alle bagpå lastbilen. Eddie viftede med armene og pegede opad og forsøgte desperat at få deres opmærksomhed. Han vidste, at de måtte se ham, fordi hans lastbil delvist var i vejen. Men de kørte videre uden at

The Custodians

bremse. Han sagde, at det næsten var som om han var usynlig. Senere fristedes han til at spørge dem, hvorfor de ikke stoppede, men han kunne ikke få sig selv til at tale med nogen om hændelsen. Da han kom hjem, løb han op ad trappen og skreg. Hans forældre sov, og han skræmte dem ved at vække dem så pludseligt. Han fik dem til at gå hen til vinduet og kigge ud, men lyset var blevet reduceret til størrelsen af et kviksølv-damplys. På et øjeblik blinkede det ud og forsvandt. Uanset hvad hans forældre så, var det en bleg sammenligning med det store fartøj, han havde set.

I løbet af hele året var der mange observationer i området, nogle set af politiet, men han hørte aldrig om en så tæt som den, han selv havde oplevet. Han kunne ikke få sig selv til at tale om det, fordi han var bange for latterliggørelse. "Jeg var den slags barn, der ikke havde brug for den slags opmærksomhed." Jeg kunne forstå denne følelse, fordi jeg også bor i et isoleret landdistriktsområde, og man er meget opmærksom på, hvad ens naboer synes om en.

Han sagde: "Jeg har været nødt til at leve med dette i årevis og tænke, at jeg nok bare er skør, eller at jeg havde en psykisk grund til at skabe denne historie. Selvom det ikke er sandt. Jeg så den ting. Det har været en kamp. Ikke at ville omfavne idéen om, hvad jeg så, eller indrømme, hvad det var. Den ting var så tæt på, at jeg vil sige, at en god stærk luftbøsse kunne have ramt den. Hver gang jeg forsøgte at fortælle nogen, følte jeg dybt nede, at personen nok ville synes, jeg var skør. Jeg ville bare ikke udsætte mig selv for den type reaktion."

Dette er den samme følelse, mange mennesker har, når de rapporterer, hvad de har set. Eddie havde aldrig læst nogen bøger om UFO'er før denne hændelse. Som en landdreng var han mere interesseret i jagt og fangst. Det var år, før han kiggede i bøger og forsøgte at finde noget, der lignede det, han havde set. "Jeg følte en slags identitet. Jeg fandt brudstykker af det, men der var ikke noget, der lignede, hvad jeg oplevede."

Jeg fik indtrykket af, at Eddie syntes at være ubehagelig ved at afsløre så meget, som han gjorde. Jeg tror, han følte, at han stadig kunne blive latterliggjort, og han ville ikke sætte sig i den situation. Jeg fik indtrykket af, at det tog meget for ham at fortælle mig, en fremmed, om noget, han havde holdt skjult i alle de år.

Han følte sig nu afslappet nok til at gå med til hypnose. Jeg lavede en aftale for næste uge for at se, om vi kunne få flere detaljer.

The Custodians

Der blev ikke tilføjet meget under hypnosen. Han havde husket hændelsen nøjagtigt. Jeg besluttede at spørge Eddies underbevidsthed om flere detaljer, som hans bevidste sind ikke ville have kendskab til. Hvis emnet er i en dyb nok trance, kan dette gøres, og ofte vil overraskende svar komme frem. Jeg ville vide, om der var noget, der var sket, som Eddie ikke var bevidst om. Hans svar var, at der havde været en infusion. Han var blevet givet fragmenter, stykker, bits af information. Og han havde fået en retning. Han blev ved med at referere til infusion, og da jeg spurgte, hvad han mente, brugte han et ord, der var ukendt for mig. Jeg kan kun stave det fonetisk: contruvering. Ordet gav ikke mening for mig, og han sagde også, at han ikke vidste, hvad det betød. Han sagde, at brudstykkerne af information kom fra fartøjet og ville hjælpe med hans ekspansion og vækst. Det var en fysisk ting, og informationen blev optaget af cellerne i hans krop, selvom han ikke vidste, hvad informationen var.

Mange mennesker har tænkt, at fordi de har haft en observation, har de måske også haft en bortførelsesoplevelse, de ikke husker. Jeg har fundet ud af, at det ikke altid sker. I nogle tilfælde er observationen simpelthen nok, fordi subliminal information overføres uden fysisk kontakt. Det hele sker på et underbevidst niveau. Derfor har mange mennesker, der tror, de kun har haft en observation, faktisk haft meget mere, og er blevet påvirket på måder, de ikke kunne have forestillet sig.

Jeg spurgte, hvorfor dette var sket for Eddie, og svaret var, at han var sårbar. Han var impressionabel og naiv, og det gjorde kontakten lettere. Det var sværere at nå igennem til folk, der er mere materialistisk orienterede eller verdensorienterede. Jeg blev fortalt, at "sårbar" eller "uskyldig" var gode beskrivelser af lette kontakter. Og overraskende nok, var det ikke vigtigt, om personen troede på disse objekter, fordi målet var at få individets opmærksomhed. Indbyggerne i objektet søgte efter en åbning, en måde at komme ind i væsenet, personens kerne, så et frø kunne plantes.

Jeg var nysgerrig på, hvilken slags frø han mente, og han gav et mærkeligt svar: "Frøet af deres væren, af deres enhed. Jeg er ikke adskilt. Enhed, ikke to, men én. Frøet, eller idéen, bliver plantet i psyken gennem lysinfusion. Det er i cellerne, hukommelsen om enhed. Det kan blive plantet hvor som helst der er en åbning. Vi er alle ét med dem. Vi er ikke skabt som to, men som én. De vil have os til at forstå dette, og på denne nat havde han mulighed for at se os. Han var en god kandidat til at implantere information i." Der var åbenbart andre tidspunkter i Eddies liv, hvor han ubevidst blev undervist. Da lektionerne og konceptet blev overført direkte til hans underbevidsthed, havde han ingen bevidst hukommelse af dem. Han kunne kun huske usædvanlige oplevelser, der involverede dyr, der opførte sig på en unormal måde. Kontakten forekom som regel gennem dyrenes øjne, fordi dyrene var villige deltagere og kunne bruges på denne måde. Eddie så, gennem elementet af overraskelse, enhedens ånd i dyrets øjne. I nogle tilfælde var det ikke et rigtigt dyr, men en illusion. Dette blev gjort for at finde de sårbare steder i mennesker. "Mennesket må være stille. Mennesket må stoppe sin verden." De kunne få folk til at se noget, der ikke var der, gennem elementet af overraskelse. De tager folk på sengen. Men jeg tænkte, folk er jo ikke på vagt hele tiden.

Svaret var: "Du ville blive overrasket. Folk er altid på vagt. Vi skal finde måder at tage personen på sengen på. Når personen fokuserer på noget, et fartøj eller et dyr, når vi får deres opmærksomhed, kan vi stoppe deres verden. Så kan infusionen finde sted. Vi bruger overraskelseselementet. Hvis personen er i gang med deres normale, daglige rutine, kan vi ikke få deres opmærksomhed eller fokus, og det virker ikke. Deres opmærksomhed skal på en eller anden måde afledes."

Jeg sagde, at det betød, at væsenerne konstant måtte overvåge for at finde disse små revner. Han sagde, at de gør det. Dette kunne også være en forklaring på, hvorfor de virker usynlige for folk, der ikke er involveret i oplevelsen. Deres verden er ikke blevet stoppet.

Han sagde: "Ikke kun kunne dyr bruges til at opnå dette, men også drømme. I dette tilfælde ville de være kontrollerede drømme og have usædvanlige karakteristika. Klare drømme, den type der er mere virkelige end normalt. Mange gange er de ledsaget af fysiske fornemmelser gennem hele drømmen. Disse forbliver, indtil personen vågner op. Mange gange kan de være farverige drømme eller skræmmende drømme, men drømme med usædvanlig karakter. Det betyder ikke noget, hvad drømmen handler om. Den vil være mere levende og have livligheden, selv efter de vågner op. Drømmen kan have en frygtfølelse, fordi personen, der drømmer, nogle gange skal tages på sengen, på samme måde som personen, der er vågen, skal

The Custodians

tages på sengen. Frygt er den mest magtfulde følelse, og kan til tider bruges til at skabe stoppet af verden, både i den drømmende og den vågne. Ved at skabe en stærk følelse er det lettere for os at komme i kontakt. Overraskelselementet og frygtelelementet udløser opvågningen. Frygt bruges kun midlertidigt, og skal bruges korrekt. Frygt er kun en åbning, men nogle mennesker holder fast i den. For mange mennesker er det lettere at forstå end budskabet. De har egentlig ikke nogen grund til at frygte, men de vil holde fast i den følelse. Mange mennesker kræver meget frygt for at stoppe deres verden, men det er deres eget valg."

D: *Det ser ud til, at væsenerne bruger følelser på måder, vi ikke forstår.*
E: Vi har brugt følelser på måder, vi ikke forstår.
D: *Så er der virkelig intet at være bange for?*
E: Nej. Det er en mild opdeling af skallen. Der er ikke noget skade intentioneret.

Den mærkelige del af denne oplevelse vedrørende lastbilen fuld af folk er også blevet gentaget i nogle af mine andre sager. Oplevelsen var åbenbart kun ment for Eddie, fordi de andre mennesker var uvidende om det enorme skib over deres hoveder, og også uvidende om Eddie. Dette var meget usædvanligt. Jeg bor på landet, og hvis man ser nogen parkere ved siden af landevejen, stopper man altid for at se, om de har brug for hjælp. Dette er kun almindelig høflighed, fordi husene er langt imellem på landet, og hjælp kan være svær at finde. Man ville aldrig passere en strandet nabo. Det så ud til, at han var usynlig for dem, fanget i sin egen lille tidsbølge, hvor ingen andre blev påvirket. En virkelig privat oplevelse.

Efter at have vågnet op, huskede Eddie nogle mærkelige hændelser med dyr. En gang mens han hjalp sin far på marken, kørte han traktoren, da en due fløj ned og landede på hans højre underarm. Han følte, at noget skete på det tidspunkt, fordi det var så chokerende. En anden gang sad han i et majsmark, da en coyote kom hen og begyndte at gå rundt om ham i cirkler. Dette var meget usædvanligt, fordi coyoter normalt vil undgå mennesker. I en anden hændelse, mens han var ude at jage i skovene, tillod en hjort ham at gå hen og røre ved den. Den havde ingen frygtsfølelse overhovedet. På disse tidspunkter

The Custodians

følte han, at noget skete, der langsommeliggjorde ham. Det fik ham til at se på tingene på en anderledes måde.

Der er mange historier i UFO-sager, hvor folk rapporterer, at dyr opfører sig på usædvanlige måder. Whitley Streiber kalder nogle af disse tilfælde for "skærmindrømme," hvor personen ser en illusion af et dyr for at dække over, hvad der virkelig er der. Jeg tror, at disse viser, at kontakten ikke nødvendigvis behøver at være fysisk eller dramatisk. Det behøver ikke at være faktisk kontakt med et fremmed væsen. Det ser ud til, at det kan ske, når man mindst venter det, på meget subtile måder. Det efterlader et levende indtryk på den bevidste sind, men noget mere profunt sker på det underbevidste niveau, mens sindet er distraheret og ikke overvåger input.

Jeg, selv, havde en usædvanlig hændelse med en ugle, som jeg aldrig har glemt, mest på grund af hændelsens mærkværdighed. Jeg kan ikke huske datoen, men jeg ved, det var vinter, og jeg tror, det var før jeg blev fuldt involveret i UFO-materiale, fordi jeg ikke lagde nogen vægt på det, før emnet om "skærmindrømme" kom op senere. Dette ville placere det omkring 1988. Jeg kørte hjem meget sent om natten, godt efter midnat, fra et af mine metafysiske gruppemøder i en anden by. Jeg bor i en meget isoleret situation højt oppe på et skovdækket bjerg i Ozark-bjergene. Isolationen generer mig ikke; på grund af min konstante rejseaktivitet og foredrag bruger jeg meget tid i de store travle byer i verden. Efter så meget hektisk aktivitet nyder og værdsætter jeg min ensomhed, når jeg kommer hjem. Der er kun omkring fem huse i de fire miles, det tager mig at køre op ad mit bjerg. Mit hus ligger en mile fra den nærmeste nabo, så vejen er meget mørk, og jeg er vant til at se vilde dyr i området om natten.

Jeg var kørt op til toppen af bjerget og var lige passeret min sidste nabos port. Da jeg nærmede mig mit hus, ved grænsen, hvor mit land begynder, fangede mine forlygter et kæmpe uglesilhuet, der stod midt på vejen. Jeg kørte lige hen til den, og den ville ikke bevæge sig. Den stod bare der, tilsyneladende hypnotiseret af mine forlygter. Dens hoved var på højde med fenderens top, så jeg kunne se den og dens store, urørlige øjne ganske klart. Jeg hujede og kom tættere på den. Jeg ville ikke skade den, bare få den til at flytte sig fra vejen. Den vendte sig derefter og fløj meget lavt mod jorden med et stort vingefang og satte sig lige uden for rækkevidde af mine forlygter. Jeg nærmede mig den igen, og den ville ikke bevæge sig, før jeg kom helt

39

The Custodians

op til den. Så fløj den en kort afstand, satte sig ned og vendte sig mod bilen. Dette fortsatte hele vejen til min port. Den ville stoppe på forskellige steder foran min bil og bare stirre ubevægeligt på mig. Hver gang tog det flere sekunder at få den til at bevæge sig. Jeg lo, fordi det virkede meget mærkeligt. Jeg var ikke bange for den. Jeg blev ved med at tale til den og bede den venligst om at flytte sig, da jeg ikke ville køre over den. Jeg kunne have kørt over den flere gange, fordi den ikke ville flytte sig, før jeg kom helt op til den og hujede. Dette forsinkede mig betydeligt, da den stoppede og så fløj lavt til jorden, satte sig igen. Endelig fløj den sidste gang til den anden side af indkørslen og stod bare der, mens jeg drejede ind.

Jeg fortalte min svigersøn om dens mærkelige opførsel, og han syntes, det var usædvanligt, fordi ugler ikke opfører sig sådan. Han fanger og jager og er bekendt med dyrenes opførsel i vores skove. Han sagde også, det lød som en meget stor ugle.

Senere, da emnet om skærmindrømme, især dem der involverer ugler, blev nævnt, syntes jeg det var morsomt. Jeg troede ikke, det kunne have været en af disse, fordi jeg ikke følte nogen frygt, kun underholdning. Desuden vidste jeg bestemt, at der ikke var nogen "manglende tid", fordi jeg tjekkede klokken, da jeg kom ind og blev oppe et stykke tid efter.

Det var år senere, i oktober 1996, at hændelsen kom tilbage til mig med en anelse bekymring. Jeg havde lige afsluttet en foredragsturné rundt i Skotland og Nordengland. Jeg havde et par dage i London, hvor jeg kunne slappe af uden nogen forpligtelser, før jeg fortsatte til Dorset i det sydlige England for at tale på en konference. Min idé om afslapning er nok ikke, hvad den gennemsnitlige person ville ønske at gøre. Men jeg benyttede fritiden til at gå på Naturhistorisk Museum i London. Museer og biblioteker er mine yndlingssteder. Jeg vandrede i timevis fra hovedhallen, hvor den kæmpe rekonstruktion af et dinosaur står, til sideværelserne, hvor hver art af dyr er udstillet i glasmontrer. Det var i fuglerummet, hvor jeg blev taget på sengen. I et skab var alle arter af ugler udstillet. Det, der chokerede mig og sendte kuldegysninger ned ad ryggen, var, at ingen af dem var så store som den, jeg så på den forladte vej for år tilbage. Ingen af dem kunne have været set over fenderen på min bil. Da jeg stirrede på dem i undren og forvirring, strømmede spørgsmål ind i mit sind. Hvad var det egentlig, jeg så den nat på vejen? Havde jeg en lignende oplevelse som dem, jeg undersøgte? Skete der noget andet den nat? Jeg troede aldrig på det på det tidspunkt og betragtede det bare som en nysgerrighed. Men nu ved jeg, at hvis noget andet virkelig skete, var det en mild og let forberedelse til det arbejde, jeg senere skulle udføre, og det var bestemt ikke noget at frygte. Jeg siger ikke, at det var et eksempel på kontakt med udenjordiske væsener. Jeg siger bare, at det bærer en uhyggelig lighed med de sager, jeg siden har undersøgt. Hvis intet andet, rejser det spørgsmål i mit sind. Andre steder i denne bog siger de, at det kan ske på et øjeblik, når de først har din opmærksomhed. Det er mærkeligt, hvordan mange ting måske sker for os uden vores bevidste viden.

Jeg undersøgte en anden sag, der fandt sted i byen Little Rock, hvor en kvinde var på vej til arbejde på en travl motorvej under myldretiden. Hun så et kæmpe kapsel-formet fartøj, der pludselig dukkede op lige foran hende på himlen. Hun troede, det ville få trafikken til at stoppe brat. I stedet fortsatte alt som normalt. Der var joggere, der løb forbi på fortovet, og hun vinkede og råbte desperat til dem fra sin bil. Hun forsøgte at få deres opmærksomhed og pegede opad. De fortsatte med at jogge, som om hun var usynlig. Hun trak sin bil over til kanten og så fartøjet lave flere dramatiske bevægelser, før det fløj væk. Ingen andre lagde mærke til det, selvom det var kæmpestort. Hun blev ikke bortført, og der skete ikke andet under hændelsen.

Jeg undersøgte en sag i 1997, halvvejs rundt om verden i England, som var identisk på alle måder. Har disse væsener evnen til at skabe en individuel oplevelse, som ingen andre må være vidne til? En lignende sag vil blive undersøgt mere detaljeret senere i denne bog.

Tilsyneladende sker der en masse for os på andre niveauer. Det bliver kun ubehageligt for os, når noget sker, der bringer det til vores bevidste sind. Jeg føler, at eftersom vi for det meste ikke er opmærksomme på det, og vi alligevel ikke kunne gøre noget ved det, burde vi ikke bekymre os om det. Det ville være for nemt at blive paranoid. Forhåbentlig er der en plan for det hele, som vi en dag vil opdage; en metode til galskaben, så at sige.

Disse hændelser virker dog som en anden type oplevelse end Janets. Eddies verden havde stadig bevægelse i den. Janets gjorde ikke. Verden omkring hende var stoppet, mens hendes private verden fortsatte. Det var næsten som om hun bevægede sig hurtigere end den dimension, hun normalt levede i. Alt i denne verden syntes at stoppe, fordi den bevægede sig med en langsommere vibration. Det var næsten som om hun gled og gled gennem dimensioner. Den følgende sag er et andet eksempel.

Da Valerie først fortalte mig om sin UFO-oplevelse, var jeg ikke særligt interesseret, fordi jeg endnu ikke arbejdede intensivt med det område. Det virkede som en almindelig observation, indtil hun begyndte at genfortælle nogle usædvanlige omstændigheder. I vinteren 1988, da denne session fandt sted, var jeg blevet mere involveret i efterforskninger. Jeg besluttede at spørge mere ind til sagen, så jeg kunne få en optegnelse af den. Nu kan jeg se, at den relaterer sig til de to tilfælde af forvrænget tid, som jeg allerede har rapporteret.

Val, en kvinde i trediverne, var frisør i en lille by tæt på. Jeg tog til hendes hus på hendes fridag og bad hende gentage sin oplevelse for båndoptageren. Det fandt sted omkring 1975, mens hun boede på kanten af Fort Smith, Arkansas, en by af moderat størrelse på den centrale vestlige side af staten. Nogle venner havde været på besøg, og klokken var to om morgenen, da de fleste af dem var taget hjem. Der var én pige tilbage, som Val skulle køre tilbage til hendes lejlighed i byen. Hun kørte ned ad nogle sidegader og var på vej mod motorvejen, da hun først så den mærkelige genstand. Det var en stor, lysende, hvid glødende ting, der var større end månen. Val trak over til siden af vejen, så de kunne se på den. De var ikke langt fra en militærbase og tænkte, at det måske havde noget at gøre med militære natøvelser. Det havde en paraply-lignende form, så hun troede, det måske var en faldskærm, men det blev hurtigt klart, at det ikke var noget så normalt som det. Mens de kiggede, skød det pludselig hen imod dem og svævede over bilen. Skræmt satte Val bilen i bakgear, vendte om og kørte mod byen. Da hun nåede motorvejen, bevægede den hvide glødende genstand sig og holdt tempo med dem på passagersiden af bilen. Den bevarede ikke nogen særlig form. Den syntes at ændre sig, men forblev et meget hvidt, lysende, glødende lys. Hun kørte hurtigere, beslutsom på at nå byen så hurtigt som muligt. Så bemærkede hun et mærkeligt fænomen. Der var ingen trafik i nogen af sporene, og ingen lys. (Dette lød påfaldende lig Janet's oplevelse.) Den usædvanlige situation fortsatte, da hun drejede fra

The Custodians

motorvejen og kørte ind i byen. Hun så derefter, at gadelamperne gik ud en efter en, da hun nærmede sig dem, og alligevel kunne hun se for at køre. Ingenting bevægede sig, hverken græsset eller træerne. Der var kun en mærkelig stilhed. De så ingen hunde, ingen katte, ingen andre biler, ingen mennesker, ingen lys i nogen af husene. Det var som om, de var de eneste mennesker i verden, en mærkelig "twilight zone"-følelse. Hun beskrev det som at være i et vakuum: ingen lyd, ingen bevægelse, intet. Gadelamperne var slukkede i det område, de kørte igennem, men der var et blødt, strålende lys, der kom fra et eller andet sted ovenover dem. De var besluttede på at komme et sted hen, hvor der var andre mennesker. De kørte forbi et stort indkøbscenter, hvor der var en døgnåben restaurant. Genstanden svævede derefter over centret. Da de kørte forbi restauranten, bemærkede de, at der ikke var noget liv at se, selvom den var åben 24 timer i døgnet. Der var ingen lys og ingen mennesker overhovedet. Da de kørte videre, mødte de ikke nogen biler eller så nogen mennesker. Selvom det var sent, var der normalt altid nogen på gaderne i byen.

Af desperation besluttede de at tage til en vens kontor i centrum. Han arbejdede ofte sent om natten, og de vidste, han ville være der. Da de kom ind på kontoret, vendte deres verden tilbage til det normale. De fortalte ham ikke den egentlige grund til, at de var kommet, og de besøgte ham bare et stykke tid. Val tog derefter sin ven med til hendes lejlighed.

Da hun var på vej mod motorvejen for at vende hjem, dukkede objektet op igen, næsten som om det havde ventet på hende. Alt var normalt, mens de var på kontoret og da de kørte til lejligheden. Men nu var lyset tilbage igen, og det fulgte med dem på førersiden af bilen. Da hun hastede hjem og kørte ind i sin indkørsel, spedte objektet sig hurtigt væk og forsvandt i nattehimlen. Val sagde, at den måde, det kom hurtigt ind i starten på, og den måde, det hurtigt forsvandt på, bestemt fik det til at virke som om, det var kontrolleret.

Efter diskussionen besluttede vi at prøve en hypnosesession for at finde flere detaljer om hændelsen. Hun begyndte straks at huske små ting i detaljer: pigens navn (som hun ikke kunne huske bevidst), den præcise tid de forlod huset, mærket og året på hendes bil og det faktum, at hun var irriteret over at skulle køre pigen hjem så sent om natten. Hun trak mærkbart vejret hurtigere og var ophidset, mens hun genfortalte den oprindelige observation af objektet og den desperate køretur mod byen. Hun sagde til sin ven: "Det er dumt, at vi kører hurtigt sådan her. Hvis det vil have os, kan det få os." Hun forsøgte at komme til byen, hvor der ville være andre mennesker, så hun kunne få vidner. Hendes beskrivelse af hændelserne var meget tæt på hendes bevidste minder.

V: Vi ved, at hvis vi kan komme ind til Fort Smith, så vil der være nogen. Der er altid en patruljevogn nær indkøbscentret. Der er altid folk, der spiser på Sambo's. Vi skal jo alligevel forbi der. Det er virkelig mærkeligt. Der bevæger sig ikke noget. Der er ingen biler. Der er ingen dyr. Der er ingenting. Det er uhyggeligt. Det føles som om vi er i et tidsvrid, som om vi er i et twilight zone. Men gadelamperne... det virker som om der er gadelamper foran os, men... der er ingen gadelamper, når vi er der. Det er som om noget sker med strømmen. Vi kommer til området ved indkøbscentret, og det er lige over bygningerne. Jeg vil gerne tro, det er månen, men en mærkelig måne. Det kan ikke være det, fordi den ændrer form.

D: *Hvilke former ændrede den sig til?*

V: Jeg kan ikke sige det præcist. Den var ikke rund som en måne. Den var mere oval, men den havde ingen skarpe linjer. Den var lysende og hvid. – Og i Sambo's er der ingen inde.

D: *Kan du høre motoren på din bil?*

V: Nej. Vi kan ikke høre noget. Jeg tror, vores hjerter hamrer så hurtigt. (Ler)

Hun sagde, at da hun vågnede, kunne hun virkelig mærke, at hendes hjerte bankede hurtigere, som om hun oplevede det igen med alle de fysiske symptomer.

V: Alt bortset fra os virker som om det er i et tidsvrid. Bilen virker. Vi kan høre hinanden. Bilen er en bil. Men der er ingen andre lyde. Det er meget stille. Det er bare meget mærkeligt.

De så ikke én bil eller noget tegn på liv hele vejen. Da de besluttede at tage til hendes vens kontor og drejede ind på gaden, hvor han var, vendte alt tilbage til det normale. Der var lys, som der burde være. På kontoret blev de fristet til at fortælle hendes ven den skøre historie, men det virkede for absurd, da alt var normalt der. Efter hun havde sat pigen af ved hendes lejlighed og drejede mod motorvejen på vej hjem, vendte objektet tilbage, og atmosfæren fra twilight zone kom tilbage. Igen var der ingen lyde, ingen biler, ingen lys og ingen mennesker, selvom alt havde været normalt på kontoret.

V: Jeg er nødt til at køre hjem. Så... det gør jeg. Og jeg har stadig dette lys, der følger med mig. Det virker ikke dårligt, men det er skræmmende. Det er en mærkelig ting, der sker. – Jeg fik Glinda til at love, at hun ikke ville fortælle nogen. Jeg ville ikke have, at de skulle tro, jeg var skør. Jeg ville ikke blive låst væk. Jeg fik hende til at love, at hun ikke ville fortælle nogen. – Jeg kom hjem, og da jeg drejede ind i min indkørsel, kiggede jeg på lyset. Og det gik bare "whoosh" væk fra mig, lige så hurtigt som det var kommet første gang. Og forsvandt ud af syne.

De fleste af hendes minder under hypnosen var de samme som hendes bevidste minder. Jeg vidste, at den eneste måde, jeg kunne få yderligere information på, var at bede om at tale med hendes underbevidsthed. Jeg bad derefter den om at forklare, hvad der skete under den tid, hun kørte og havde den mærkelige følelse af ingen lys eller bevægelse.

V: Undersøgelsen. Det var en observation af denne enhed. Hun blev observeret gennem hele sin rejse. Turen fandt virkelig sted. Men skibet observerede og indsamlede energimønstre og lavede tests, mens hun kørte sin bil.
D: Hvordan bliver det opnået?
V: Åh, det er ikke svært.
D: Blev hun fysisk taget?
V: Nej. Udstyret er teknisk meget avanceret og langt rækkevidde. Faktisk sker det ofte, at tests eller observationer bliver lavet uden at det fysiske køretøj bliver fjernet.
D: Hvad er formålet med sådanne undersøgelser?
V: Det er bare informativt. Det er ikke dårligt.
D: Hvorfor følte hun, at hun var i et tidsvrid?
V: Hun var i et tidsvrid.

The Custodians

D: *Kan du være mere specifik?*
V: Energien og strømmen, der var en del af overførslen af mønsteret, påvirkede hendes opfattelse af mønsteret. Det påvirkede hendes opfattelse af hendes omgivelser, som om tiden var stoppet.
D: *Men alligevel følte hun, at hun virkelig kørte.*
V: Og det gjorde hun.
D: *Og hun troede, hun var bevidst om sine omgivelser.*
V: Ja. Men du ved nu, at flere ting sker på mere end ét niveau, Dolores. Og at mange ting kan ske samtidigt. Du ved det.
D: *Jeg bliver mere og mere opmærksom på det.*
V: Og det er bare endnu et eksempel på et samtidigt fænomen.
D: *Jeg er nysgerrig på det faktum, at der ikke var nogen lys, og ingen biler eller noget. Mener du, at tiden faktisk stoppede uden for hendes umiddelbare miljø?*
V: Ja, men det påvirkede ikke resten af verden. Strømmen, der forudgik disse begivenheder, simpelthen stoppede hændelserne i den direkte bane. Forstår du?
D: *Jeg prøver at forstå. Som om alt var frosset?*
V: Ja. Men det var så kortvarigt, at det ikke påvirkede noget.
D: *Så andres liv blev ikke påvirket overhovedet?*
V: Rigtigt.
D: *Men var der virkelig ingen lys?*
V: Ja, der var virkelig ingen lys i et øjeblik.
D: *Og dette blev forårsaget af energien?*
V: Ja, det er korrekt.
D: *Ville andre have lagt mærke til, at der ikke var lys?*
V: Nej. Dette mønster, denne observation, skete kun med denne ene person. Og hendes ven.
D: *Så hvis nogen var ude og kiggede på det, ville livet for dem have fortsat som normalt?*
V: Tidsaspektet var, at der ikke var nogen udenfor, der kiggede ind.
D: *Mener du, at der ikke var nogen der?*
V: Der var ingenting. Det var så hurtigt, så kort, så øjeblikkeligt, at det var, som om det ikke fandtes.
D: *Så på det øjeblik var der ikke nogen andre involveret i dette scenarie.*
V: Det er rigtigt.

The Custodians

D: *Så tiden blev kondenseret? (Ja) Så faktisk gik der mindre tid, end hun troede. (Ja) Så i stedet for et tidsforløb, var det en tidskondensering.*

V: Ja. For hende føltes det, som om det varede meget længe, men det gjorde det ikke.

D: *Og i det øjeblik, hvad blev transmitteret?*

V: En observation af sjælens hukommelsesmønstre. Lys udsendt. Betingelser for begreber. Tanker. Tankegang. Hvad den menneskelige konditionering er, i forhold til deres evne til at modtage og transmittere. Og konflikten mellem mønstrene, der er sat i den bevidste sind gennem konditionering og træning. Og virkeligheden af, hvem disse væsener er. Forstår du?

D: *Var der en udveksling af information begge veje?*

V: Der var en udveksling, som førte til forståelsen af, at en af de ting, hun har været klar over, er, at selvom det var meget skræmmende, var det en enorm gave. Det var en gave, for at sige det sådan. Det var en anerkendelse af mere, end samfundets begreber tillod. Og en anerkendelse af et større liv. Og mere end hvad der er.

D: *Var der også et samspil mellem veninden? Jeg mener, skete det for begge personer?*

V: Det er svært at sige, hvad nudging gjorde for den anden. Jeg kan tale mere direkte for denne ene. Åbenbart var observationen ikke kun relateret til køretøjet, men også til den, der var sammen med hende. Det ville virke rimeligt. Ellers ville hun have været alene. Så det var en analogi, og en samling af information.

D: *Men var der også en udveksling? Med andre ord, udsendte væsenerne også information?*

V: Ja, på et dybere niveau. Ikke på et bevidst niveau.

D: *Men der var ingen skade.*

V: Nej. Nej. Det er ikke skadeligt.

D: *Det er, hvad nogle mennesker tror, at det er skadeligt.*

V: Ja, men de mennesker er fortabt i en drømmetilstand. De er i rod, i forvirring, på mange måder.

D: *Nå, kan du fortælle mig om skibet, eller væsenerne, der indsamlede denne information?*

V: Nej. Jeg kunne fortælle dig, at de var gode. Og at det lys, der glødede, var repræsentativt for det lys, der glødede.

D: *Og information blev overført til hende til brug i hendes liv?*

47

The Custodians

V: Ja. Der kom en indre viden om det, som faktisk generede hende på grund af hendes frygt.

D: Men det er kun menneskeligt at være bange for det, vi ikke forstår.

V: Ja, men hun kan godt lide at være modig.

D: *Var der nogen særlig grund til, at hun blev udvalgt, eller var det bare, fordi hun var det rette sted på det rette tidspunkt?*

V: Mange lyse sjæle, som dette lys bliver overført til, bliver på en måde 'plukket op', så at sige, 'beamet op'. Disse sjæle forbinder sig med deres brødre, med deres søstre, med andre væsener fra Gud, selv før deres bevidsthed er blevet opvakt.

D: *Så det var ikke bare, fordi hun var der. Der var mere af en plan bag det?*

V: Der er altid en plan.

D: *Jeg har arbejdet med nogle mennesker, der har haft oplevelser siden barndommen.*

V: Og var det, fordi de bare var der?

D: *Nej, ikke i deres tilfælde.*

V: Nej. Tror du, det gælder for nogen som helst?

D: *Jeg ved det ikke. Jeg prøver at lære. Men åbenbart var det godt. Det var til hendes fordel.*

V: Det var til hendes fordel. Alt har at gøre med, hvordan vi bruger det, og hvad vi gør med det.

D: *Og det var godt, at hun også overførte information, som de sandsynligvis kunne bruge i deres forståelse.*

V: Åh, ja. Deres forståelse er udover. Der er kommet meget information ind i denne ene. Men information bliver normalt 'skubbet' frem fra en anden viden.

D: *Noget har generet mig. Jeg synes kun, jeg har haft kontakt eller oplevelser med positive oplevelser. Men jeg har hørt om andre, der har haft negative oplevelser. Er det fordi, der også er negative væsener?*

V: Jeg er ikke af den mening. Jeg mener, at grunden til, at de er tynget af negative ideer og historier, er, at det kommer fra den bevidsthed, der giver de historier. At det er så farvet af hele deres egen skabelse.

D: *Så du tror, frygt og lignende følelser har farvet deres opfattelse?*

The Custodians

V: Selvfølgelig. Frygt er den eneste ting – og listen, der kommer under frygt – der skaber det, der er mørkt, som er negativt, som er mindre end kærlighed, liv og Gud.

D: Tror du, de faktisk har haft oplevelser, men deres bevidste sind opfattede dem som negative?

V: Jeg tror, det er muligt, men så er jeg ikke alvidende.

D: Så vil spørgsmålet også blive stillet, hvis det bevidste sind kan blive narret til at tro, det er en negativ oplevelse, kan det så også blive narret til at tro, det er en positiv oplevelse?

V: Nej. Det kan ikke blive narret til at tro, det er en positiv oplevelse. Du ser, her er forskellen. Det, vi opfatter som positivt, opfatter vi som godt, vi opfatter det som Gud. Det, vi opfatter som negativt, er illusionen. Drømmetilstanden. Så, hvis vi opfatter det som positivt, som godt, som Gud, så er vores opfattelser korrekte. Hvis vi opfatter det som negativt, så kan det have været negativt, men kun på den måde, det er blevet vendt. Måden, det er blevet opfattet og brugt på. Mangel på forståelse. Forstår du?

D: Ja. Dette er, hvad jeg tror. Undtagen at nogle mennesker tror, de er blevet skadet af disse væsener.

V: Der er nogle mennesker, der tror, de er blevet skadet af disse andre væsener, og af deres nabo, af deres ven, og alligevel er det deres opfattelse. Vi må forstå og komme til et sted med viden om, at alt er godt. Og at hvis vi opfatter det ud fra frygt, kan det kun være negativt. Frygt farver og ændrer. Jeg kan kun fortælle dig, hvad min dybeste sjæl siger. Og den dybeste sjæl siger, at hvis vi reagerer ud fra frygt, vil det være negativt.

D: Måske er det derfor, jeg kun har været involveret i positive oplevelser.

V: Jeg tror, du er blevet godt valgt.

D: Jeg har også hørt om genetiske eksperimenter og genetisk engineering. Og at nogle af resultaterne ikke ser ud til at være menneskelige.

V: Jeg tror, at de genetiske eksperimenter finder sted på denne planet, men de finder sted med menneskene. Mennesket går ud over sin spiritualitet.

D: Det er et interessant koncept. Mener du, at der er mennesker på Jorden, der eksperimenterer langs disse linjer?

49

The Custodians

V: Ja, men det vil ikke blive tilladt at fortsætte. Den information, jeg har, er, at der faktisk er væsener fra andre planeter på denne jord, der tjener menneskeheden. De er avancerede på mange måder i forhold til menneskene. Mennesket er en medskaber med Gud, skaberen. Og i sin skabelse kan han skabe alt, hvad hans sind tillader ham. Og det bliver skabt ud af kærlighed eller frygt. Den, der kommer fra et andet sted, en anden planet, vores brødre og søstre, kommer ud af kærlighed. Ud af kærlighed til menneskeheden, til denne planet Jorden, og til universet selv. De kommer på et tidspunkt, hvor vi har brug for dem. De kommer på et tidspunkt, hvor vi er ved at vågne op.

Val's underbevidsthed sagde, at hun aldrig havde haft et faktisk fysisk møde med fartøjet eller væsenerne. Den eneste kontakt var dette informationsudveksling.

Da Val blev vækket, huskede hun den første del, fordi det var en meget virkelig genoplevelse af hændelsen. Men hun havde ingen hukommelse af den sidste del, samtalen med hendes underbevidsthed. Hun lyttede til den del af båndet og blev overrasket over, hvad hun havde sagt. Dette er meget typisk. Når underbevidstheden giver information, vil emnet ikke huske det. Det lyder altid, som om en anden enhed taler, og det refererer altid til den krop, den bebor, i tredje person (han eller hun), i stedet for "jeg". Det er altid meget adskilt, og kan derfor være analytisk og objektivt.

KAPITEL 3
Ting er ikke altid, hvad de synes at være

Whitley Streiber var den første forfatter, der brugte udtrykket "skærmminder" i forbindelse med UFO'er og udenjordiske væsener. Dette er et minde om en hændelse eller en ting, der ikke er præcis. Noget er blevet pålagt over det, der faktisk sker, og sindet fortolker det anderledes. Ofte bliver det fortolket på en sikrere og mildere måde, så personen ikke bliver bange eller traumatiseret. Da jeg hørte om dette, mistænkte jeg, at det var en del af det underbevidste sindets forsvarssystem, dets metode til at beskytte psyken mod noget, det anser for at være skadeligt at huske eller at se i sin virkelige form. Ofte involverer disse skærmminder dyr. Jeg har haft flere tilfælde, hvor dette ser ud til at være sket, hvor et "overlay," som jeg kalder det, er blevet lagt over den faktiske scene. Af en eller anden grund er ugler ofte fremtrædende i dette fænomen. I Keepers of the Garden blev Phil forskrækket en sen aften på en vej, da en ugle fløj hen over vejen og derefter hen over hans bil. Under hypnose opdagede vi, at det slet ikke var en ugle, men et udenjordisk fartøj med små væsener på vejen, som tvang ham til at stoppe. Hans underbevidste sind havde skjult scenen på en blødere måde, så han ikke ville huske, hvad der faktisk var sket.

I det tilfælde, jeg er ved at relatere, ser det ud til, at "overlay"-minder er involveret med forsvundet tid. Jeg havde kendt Brenda i flere år, og hun var den primære forbindelse i mit arbejde med Nostradamus. Vi var meget involveret i dette arbejde, da jeg også begyndte at arbejde som UFO-efterforsker ved at bruge hypnose i mistænkte bortførelse-sager. En dag i januar 1989, da jeg tog til hendes hus til vores regelmæssige session, ville hun fortælle mig om en usædvanlig hændelse, der fandt sted i marts 1988. Hun syntes, det var mærkeligt, men af en eller anden grund havde hun ikke nævnt det for mig før. Hun troede, jeg ville være interesseret, nu hvor jeg blev mere involveret i UFO-fænomenet. Hun vidste ikke, om det var relateret til UFO'er eller udenjordiske væsener, men det involverede bestemt forsvundet tid og en ugle.

The Custodians

Hun kørte hjem fra arbejde i Fayetteville, en tur der normalt tog omkring en halv time, og hun var indenfor synsvidde af sit hus ude på landet, da hændelsen fandt sted. Solen var gået ned, men det var endnu ikke helt mørkt. Hun kom rundt om en sving, og der sad en ugle midt i hendes vej. Det var ikke den normale type brune ugler, der normalt ses i vores område. Den var strålende hvid med sølvfarvede højdepunkter på brystet, og dens øjne var meget sorte. Den var absolut smuk, og hun satte farten ned, så hun ikke ville ramme den. Hun antog, at det var den type, der kaldes en "sne-ugle", som normalt ses i koldere klimaer som Canada eller de nordlige stater. En zoologisk ven fortalte mig senere, at det er muligt at se en sne-ugle i Arkansas i vintermånederne, men der burde ikke være nogen så sent som i foråret. Dette ville have været en sjælden hændelse, hvis det var en rigtig ugle.

Da hun først så den, sad den med ryggen mod hende, men den vendte hovedet for at kigge på hende. Så fløj den op og fløj direkte mod lastbilen. Dens vingefang var så bredt som forruden. Den skræmte hende, og da den fløj over taget på lastbilen, drejede Brenda sig om for at kigge ud af bagruden. Men der var intet, ingen tegn på uglen, ingen tegn på noget fugl. Da Brenda vendte sig om og kiggede ud af forruden igen, blev hun chokeret over at se, at det var blevet mørkt. Hun tænkte, at det virkelig var blevet mørkt hurtigt. Helt forvirret måtte hun tænde for sine forlygter for at køre den sidste kvartmil til sit hus. Da hun kom ind i huset, kiggede hun instinktivt på uret. I stedet for at være omkring kl. 17:30, som det skulle have været, var det næsten 19:00. Hvad var der sket med en og en halv time? Hun var sikker på tidspunktet, hun forlod arbejdet, fordi hun normalt ikke arbejdede overtid før sommeren.

Hun syntes, det var en mærkelig hændelse, og hun havde hørt, at nogle gange når noget mærkeligt sker, er noget blevet blokkeret fra din bevidste hukommelse.

Jeg spurgte, om hun havde bemærket noget andet, der var anderledes. Det vigtigste, hun huskede, var, at hun havde en mærkelig effekt på elektriske apparater i flere dage efterfølgende. Dette var sket nogle gange før. Hun kan ikke bære et ur på grund af hendes elektriske felt, eller hvad det nu er. Men denne gang var effekterne meget mere intense og varede længere. Denne gang fungerede alt elektrisk ikke ordentligt. I flere dage ville hendes TV gå ind og ud af fokus, hver gang hun bevægede sig. På arbejdet blev computeren ved med at flippe, og ure og regnemaskiner gjorde mærkelige ting, de ikke burde gøre. Hun tænkte, at hendes elektriske felt var mere i kontakt med apparaterne end normalt, og hun var mere følsom over for lyd. Hendes naturlige hørelse strækker sig ud i de højere frekvenser, der ligger uden for normal hørelse. Hun kan høre højere frekvenser, og i flere dage var hun især følsom overfor disse højere frekvenser, som de fleste mennesker ikke kan høre. Telefonen var en af de mærkeligheder. Hun sagde, at den laver et højfrekvent bip lige før den begynder at ringe, og de fleste mennesker hører ikke det. Så hun besvarede telefonen, før den begyndte at ringe. Dette forvirrede hendes chef, der sagde: "Venligst, Brenda, slappe af. Lad telefonen ringe, før du svarer."

Hun kunne også høre en højfrekvent skrig, som visse sikkerhedssystemer laver i butikker. Det lød så højt for hende, at det gjorde ondt i hendes trommehinder, selvom ingen andre kunne høre det. Hun prøvede at undgå at gå i indkøbscentret, indtil tingene vendte tilbage til det normale.

Hjemme, hvis hun tog et ur for at trække det op, var det nok til at ødelægge uret. På arbejdet var urene elektriske, og hun behøvede ikke at røre ved dem. Bare det at være i samme rum med dem var nok til at få dem til at gøre mærkelige ting. De urene kom aldrig helt tilbage til normal funktion. Uret på mikrobølgeovnen på arbejdet skabte også et problem. Det afgav høje bip, når hun begyndte at trykke på timeren. Hun behøvede ikke at røre ved det, hun skulle bare strække sig hen imod det. Disse mærkelige effekter på elektriske apparater fortsatte i fire dage og aftog derefter.

Vi besluttede at dedikere denne session til at finde ud af, hvad der skete i den mistede tid, hvis der overhovedet skete noget, i stedet for at udføre vores sædvanlige eksperimenter med Nostradamus. Hun troede ikke, det ville genere hende, hvis hun fandt ud af, at noget utraditionelt var sket.

Da vi startede sessionen, tog jeg hende tilbage til slutningen af marts 1988, og hun gik straks ind i scenen, hvor hun kørte sin lastbil hjem. Undervejs talte hun om dagens arbejde og at hun var bekymret for sin mor, som for nylig havde været ude for en bilulykke. Disse var hendes tanker, mens hun kørte. Hun var også træt og ivrig efter at komme hjem, tage et varmt bad og slappe af.

Hun var næsten hjemme, da hun kom rundt om et sving og så noget stå midt på hendes vej. Hun stoppede lastbilen, så hun ikke ville køre over det. I hendes bevidste hukommelse af begivenheden troede hun kun, hun havde langsomt sænket farten, men nu sagde hun, at hun helt havde stoppet. En anden overraskelse var, at det, hun så på vejen, ikke var en ugle.

D: *Hvad er det på vejen?*
B: Det er svært at sige. Jeg formoder, at hvis vi levede i gamle tider, ville jeg kalde det en engel.
D: *(Overrasket) En engel?*
B: Et væsen fra et højere plan måske? Jeg ser en mand stå midt på min vej. Han lyser hvidt... overalt. Og hans tøj ser også ud til at være hvidt.
D: *Mener du, at lyset er som en aura omkring ham?*
B: Lidt. (Hun havde svært ved at forklare.) Det er lidt som et sort-hvidt billede, der er blevet lidt overeksponeret. Du ved, meget lysfarvet overalt og hvidt, der stråler ud fra det.
D: *Det er ikke som et lys fra en lampe?*
B: Nå, det er svært at beskrive, for det er lidt som det, og det er også lidt som en aura. Og lidt som et overeksponeret billede, eller alle dem blandet sammen.
D: *Og hans tøj er også hvidt?*
B: I det mindste ser det sådan ud for mig. Det kan være, jeg ikke kan opfatte farverne korrekt, fordi han har så meget lys omkring sig. Selv hans hår lyser hvidt.
D: *Kan du se, hvordan hans træk ser ud?*
B: Det er svært at gøre, fordi der er så meget lys. Efter bedste evne, tror jeg, at hans træk ligner klassiske græske træk, som man ser på klassisk græsk skulptur. Meget jævnt, med en flad pande og en flot lige næse, og meget afbalancerede træk.
D: *Hvor høj er han?*
B: Seks fod, måske seks fod to.
D: *Han er stor så.*
B: Han er en god størrelse, ja. Han står der og kigger rundt. Og jeg kan se stråler komme ud fra hans øjne. Når han kigger mod mig, kan jeg ikke se dem. Men når han kigger til siden, ser jeg disse stråler komme ud fra hans øjne. Jeg ved ikke, hvad formålet med

The Custodians

disse stråler er. Og han ser mig. Jeg har stoppet, så jeg ikke ville ramme ham. Jeg ville ikke gøre ham nogen skade. Og han kom hen til lastbilen. Da han gik rundt mod førersiden, lavede han en gestus over lastbilen. Han viftede med hånden kun én gang. (En bevægelse med hendes venstre hånd, en langsom vift.) Han gjorde det parallelt med lastbilens motorhjelm, og så svejede han hånden op parallelt med forruden. Hans hånd var cirka seks til otte tommer over lastbilen, da han gjorde det.

Tilsyneladende var det, hvad hendes bevidste sind optog som uglen, der fløj lavt over lastbilen. Det var tydeligt, at det falske billede af den hvide ugle kom fra hendes bevidste sind, for i trance havde hun ingen tøven med at identificere det som en person. Hun nævnte aldrig én gang en ugle.

B: Og jeg rullede vinduet ned for at se, om han havde brug for et lift eller noget.

Det virkede som en mærkelig reaktion at se sådan en usædvanlig person. Det ville have været normalt, hvis det var en fysisk menneske, men det var det ikke. Den forventede reaktion ville have været at starte motoren og komme væk derfra. Det virkede bestemt usædvanligt at rulle vinduet ned for at tale med den lysende væsen. Tydeligvis inspirerede det ikke frygt hos hende, og hun følte sig ikke i fare. Jeg spurgte hende, om det generede hende.

B: Det var mærkeligt, men jeg var nysgerrig på, hvem han var og hvad han gjorde. Og jeg tænkte, at hvis han havde onde hensigter, ville han allerede have "zappet" mig. Jeg tænkte, med alt det lys omkring ham og lyset, der kom ud af hans øjne, hvis han ville "zappe" mig fra der, hvor han stod, kunne han sikkert.
D: Så du er ikke bange for ham.
B: Nå, jeg var lidt nervøs, måske lidt ængstelig. Men jeg var ikke panikslagen eller noget. Og jeg spurgte ham, om han havde brug for hjælp, eller om han havde brug for et lift et sted. Og han sagde: "Åh, velsigne dig, barn. Jeg værdsætter dit tilbud. Mit transportmiddel er lige derovre." Han pegede mod en bakke, der var ved vejen.

The Custodians

D: Kan du se noget?
B: Nej. Jeg så bare bakken. Der er en del cedertræer på den. Ud fra hans gestus fik jeg følelsen af, at hvis der var noget der, så var det på den anden side af bakken, måske lige over toppen. Hvor det ville være ude af syne alligevel.

Jeg har kørt den vej mange gange på vej til Brendas hus. Og efter denne oplevelse lagde jeg særlig mærke til den bakke. Den ligger ikke langt fra vejen midt i en landmandsmark. Der er nogle træer på toppen, og der er ingen huse i nærheden. Men den er ikke særlig høj, så et fartøj kunne ikke være meget stort, hvis det gemte sig bag den ude af syne fra vejen. Medmindre han også havde gjort det usynligt for mennesker.

B: Jeg spurgte ham: "Hvem er du? Jeg kan ikke undgå at bemærke, at dit udseende er anderledes end mit. Er du en udenjordisk besøgende, eller er du fra et højere plan?" Og han sagde, at han var fra ældste-rådet. Jeg spurgte ham: "Hvad er dette råd? Råd er normalt til at rådgive eller lede en gruppe eller noget." Og han sagde, at forskellige besøgende havde været forskellige steder på Jorden og havde bragt modsatrettede rapporter om, hvor langt Jorden var udviklet. Der er en gruppe, der er for åben kontakt med menneskeheden, og der er en anden gruppe, der er for at lade menneskeheden leve i uvidenhed, som det er nu. Og da han er en del af ældste-rådet, besluttede de, at han skulle komme alene for at se, hvordan tingene stod på Jorden. Det er en slags hemmelig mission, en opgave, man kunne kalde det. Så de ville have mere information til at basere deres beslutning på, om de skulle lade Jorden forblive i uvidenhed, eller om de skulle kontakte menneskeheden og bringe dem ind i lys, sundhed og viden.

D: Er det det, du mente med "uvidenhed"?
B: Nå, selvom menneskeheden formoder, og nogle ønsker og drømmer om, at der er udenjordisk liv, er det for det meste, så vidt de officielle myndigheder i regeringene er bekymret, ikke sådan. Det er det, de mener med uvidenhed, ved ikke at acceptere denne kendsgerning. De har overvejet at kontakte menneskeheden på en måde, de kunne håndtere, der også ville bevise uden tvivl, at der

er udenjordisk intelligens. Og de lever deres eget liv, indtil menneskeheden indhenter nok til at kunne slutte sig til dem.

D: *Kommunikerer han med dig ved at tale ord?*

B: Ikke rigtigt. Jeg gætter på, man kunne kalde det "vokaliseret telepati." Jeg kunne høre ham meget klart, som om han talte, men hans mund bevægede sig ikke. Jeg antager, at han projicerede sine tanker mod mit sind, men jeg kunne opfatte det som en meget behagelig lydende stemme.

D: *Hvad skete der så?*

B: Han sagde, at han måtte fortsætte med det, han gjorde, og at jeg skulle tage hjem. Der var intet, jeg kunne gøre for at hjælpe ham. Så viftede han med hånden én gang foran mine øjne. Og da han gjorde det – jeg antager, med de mentale kræfter, han havde – kunne jeg ikke længere se ham. Og jeg huskede ikke længere oplevelsen, som den var sket.

D: *Jeg undrer mig over, hvorfor han var der midt på vejen?*

B: Jeg fandt aldrig helt ud af det. Jeg fik indtrykket af, at han havde været rundt forskellige steder og observeret menneskeheden og alt, hvad der skete. Og jeg fik følelsen af, at han var nysgerrig på, hvad der ville ske, hvis han mødte en almindelig menneske på vejen. Om jeg ville panikke og forsøge at løbe væk, eller blive bange og prøve at skade ham eller noget lignende.

D: *Nå, der er nok mennesker, der ville have gjort det.*

B: Det er sandt. Men jeg gætter på, at man ville sige, at han tog et gennemsnitligt stikprøve. Han viste sig for forskellige mennesker her og der og fik dem derefter til at glemme oplevelsen. Men han tog notater om deres reaktioner på hans udseende. For at få en idé om, hvordan menneskeheden generelt ville reagere på definitiv viden om udenjordisk liv.

D: *Da han var ved siden af lastbilen, kunne du så se flere detaljer om ham?*

B: Nå, alt var meget hvidt og lysende. Hans tøj var grundlæggende løst og behageligt. Ret ligesom en kaftan med en poncho over eller noget sådan. Og han havde et bånd bundet omkring sin talje. Hans tøj så ud til at have flere lommer og små rum, så han kunne bære ting med sig. Og det så ud, som om han havde stofstøvler på sine fødder, og selvom stoffet var omkring en tomme tykt, så ud som om det var fleksibelt og blødt. Han havde flydende kapper på, men to eller tre lag, så det så ud, som om han ville være varm, for den tid på året. Det så ud som om de var lavet af fint spundet uld eller noget lignende.

D: *Havde han hår?*

B: Åh, ja. Det så ud som lige hvidt hår, trimmet foran og måske skulderlængde bagpå. Han var så lysende, at jeg ikke rigtig kunne sige, om han havde nogen særlige farver omkring sig. Hans hud og hår så hvide ud, og hans øjne så sølvfarvede ud. Og han var barberskægget.

D: *Havde han stadig stråler, der kom ud af hans øjne?*

B: Nej, ikke når han talte til mig. Men når han kiggede rundt på landskabet, havde han stråler, der kom ud af hans øjne.

D: *Men intet ved det var skræmmende. Det var bare mærkeligt.*

B: Virkelig mærkeligt, men jeg nød det virkelig, fordi han virkede ikke til at have noget imod, at jeg stillede spørgsmål.

D: *Hvilke andre spørgsmål spurgte du ham?*

B: Jeg spurgte ham, om der virkelig var liv derude, eller om det bare var ønsketænkning fra min side. Og han sagde: "Ja, der er virkelig liv derude, og det er meget varieret." Der er mange forskellige typer liv med alle mulige udseender og evner. Og flere forskellige racer af væsner ser frem til, at mennesker endelig udvikler pålidelige rumfartøjer, så vi kan slutte os til dem og blive en del af det galaktiske samfund. Og han sagde, at forskellige racer har særlige karakteristika. Nogle er mere belligerende end andre, og nogle racer har en tendens til at være lette og humoristiske. Og så sagde han noget, som jeg syntes var mærkeligt, men også lovende. Han sagde: "Men I vil lære alt om det om et stykke tid." Så jeg tolkede det som, at måske inden for min levetid vil menneskeheden række ud mod stjernerne.

D: *Jeg undrer mig over, hvor dette råd er beliggende? Spurgte du ham om det?*

B: Han sagde, at det ikke havde nogen bestemt placering. De mødtes ganske enkelt, hvor alle medlemmerne besluttede. Jeg fik indtrykket af, at der var et bestemt rumskib, der var deres. Det er et meget stort skib, og de plejede at mødes på dette skib oftest for at føre deres forretning. Men rådsmedlemmerne er fra alle forskellige planeter for at repræsentere flere forskellige racer.

D: *Men du sagde, at han havde menneskelige træk.*

The Custodians

B: Ja, han lignede menneske. Jeg spurgte ham: "Liv derude i stjernerne, kommer det i alle mulige umulige former og træk, eller er de grundlæggende humanoide?" Han sagde, at vi ville finde liv på begge måder: ligesom os, men en smule anderledes, og så totalt anderledes, at det ville være svært at tro, at de virkelig er intelligent liv.

D: Du sagde, at du så hans hænder. Så de ud som menneskehænder?

B: De var meget store, med lange fingre. På et klaver kunne han nemt spænde en tolvte eller trettende uden at anstrenge sig, på samme måde som jeg kan spænde en niende eller tiende. (Hun brugte sin baggrund som pianist til at lave en sammenligning.) Og hans fingre var lange i forhold til størrelsen på hans hænder. Men det bedste jeg kan huske, havde han samme antal fingre som os. Og da han bar flydende tøj, kunne jeg ikke fortælle, om der var nogen fysiske træk, der var forskellige fra os. Det vigtigste, jeg lagde mærke til, var, at han var større end gennemsnittet. Men så tænkte jeg, at hvor han kom fra, havde de måske en højere standard for sundhed. Så folk ville sandsynligvis nå en større gennemsnitsstørrelse.

D: Mener du, at han var højere eller bare større?

B: Bare større. Højere, bredere skuldre, store hænder. Han havde smukke tænder. Jeg tror ikke, han nogensinde har været hos en tandlæge i sit liv. Han virkede meget klog og mild. Og han sagde, at en af de ting, der skræmte nogle af de andre racer, er vores tendens til at være noget aggressive og måske en smule belligerente nogle gange. Han sagde, at hvis vi kan lære at kontrollere dette, vil vores fremtid være meget lys.

Dette virkede til at være de eneste informationer, hun kunne give om den mærkelige oplevelse. Jeg vidste, at jeg altid kunne få mere ved at tale direkte med hendes underbevidsthed. Så jeg bad om at tale med hendes underbevidsthed. Jeg har aldrig fået afvist adgang.

D: Jeg er nysgerrig på denne væsen, hun så. Virkelig, så han ud som hun beskrev ham?

B: Virkelig, han lyste på den måde, hun beskrev. Men der var nogle synlige fysiske forskelle, som han fik hende til at glemme, eller ikke at se fra starten. Jeg gætter på, at man kunne sige, at han havde kastet en charme over sig selv, så han ville fremstå fuldt menneskelig.

D: Kan du fortælle mig, hvordan han så ud i virkeligheden?

B: Hans hår var hvidt og flydende, og længere end hun huskede, og hans hårgrænse var mere tilbagetrukket. Han havde en meget skarp enke-spids, hvor hun opfattede ham som at have en lige hårgrænse som en ung mand. Og han havde store hænder, men de var knoglede, og hans fingre havde et ekstra led i dem. I stedet for at fingrene sluttede, som vores gør, var det som om det midterste led var blevet gentaget. Hvor de bøjede sig anderledes end vores fingre gør.

D: Hvor mange fingre havde han?

B: Han havde fire fingre, men han havde også en dobbelt tommelfinger.

D: (Dette var en overraskelse.) En dobbelt tommelfinger? Hvad mener du?

B: To tommelfingre. Hans hånd var længere end vores, fordi den havde flere knogler i den. Han havde en tommelfinger i den normale position og en anden ovenover. Der var masser af plads til to tommelfingre, før fingrene begyndte. (Alt dette blev ledsaget af håndbevægelser.)

D: Så han havde to tommelfingre og fire fingre, i alt seks fingre.

B: Ja, på hver hånd. Med lange, smalere negle end vores. Ved bunden, hvor neglebåndet er, var det en meget skarp U-form i stedet for at være firkantet som vores.

D: Var hans ansigt anderledes?

B: Det så hårdere ud, end hun huskede. Han indså, at hun måske ville finde hans udseende skræmmende. Hans øjne var meget store og stirrende, på grund af den kraft, der udgik fra dem, med meget buskede øjenbryn ovenover. Og faktisk var hans øjne helt hvide. Der var ingen iris eller pupil at se.

D: Jeg har set blinde mennesker, der ser sådan ud. Er det det, du mener?

B: Ja. Undtagen at denne hvide farve lyste med lys, på grund af kraften, der udgik fra ham.

D: Hvad med hans andre træk?

B: Hans andre træk så ganske normale ud. Hans kinder var ret skræmmende, hævede indad. Og han havde en meget stærk

The Custodians

kæbelinje. Det var svært at sige noget om hans ører, fordi hans hår dækkede dem.

D: Og hans hud var faktisk hvid?

B: Jeg tror ikke, den var det. Der var så meget lys, der lyste, at det var svært at sige, hvilken farve det egentlig var. Men på grund af kontrasten mellem hans hår og hans hud, og mellem hans øjne og hans hud, ser det ud til, at hans hud var mørkere. Men det lyste med lys, så det så lysere ud, end det virkelig var.

D: Havde han en næse og mund som vores?

B: Ja. Han havde en næse og en mund, men det er svært at sige, om tænderne var de samme, fordi han åbnede ikke sin mund, når han talte. Han talte ved at projicere sine tanker.

D: Men hun så tænder.

B: Fordi billedet, hun så, ville lejlighedsvis smile. Og det rigtige billede var meget alvorligt.

D: Så hans ansigt havde ikke udtryk.

B: Åh, det havde udtryk, men det involverede aldrig at vise tænderne. Han ville løfte øjenbrynene og vippe hovedet og sådan noget, men det involverede aldrig at smile. Hans ansigt så ud til at være mere smalt foran. Måden hans ansigt skråner ind i hans mund var skarpere og smalere end vores ansigter. Vore er lidt flade sammenlignet.

D: Bar han de slags tøj, hun beskrev?

B: Han bar tøj, men de var meget mere komplekse end hun beskrev. Han havde meget metalværk og sådan noget indarbejdet i sit tøj.

D: Hvad var det for?

B: Forskellige instrumenter og sådan noget. Noget af det var bare pynt. Noget repræsenterede hans rang. Og noget af det var fjernbetjeninger til et skib og sådan. Dette var i hans tøj, i hans bælte. Han havde noget som en bandolér, der krydsede hans bryst (hendes håndbevægelser indikerede, at der var to stropper), der var fyldt med metalting.

D: Instrumenter og sådan noget, sagde du?

B: Mere som knapper og switches og ting. Og det så ud som små flasker, men de havde alle formål. Det var ikke bare dekorativt. Hvis det var instrumenter, var de meget miniaturiserede.

D: Så selv tøjet var anderledes, end hun troede, det var.

The Custodians

B: De var ligesom det, med flydende ærmer og sømkant. Hun så bare ikke instrumenterne og hvad hun ville kalde de "dingser." Han tillod ikke, at hun så "dingserne."

D: *Var der en grund til det?*

B: Ja, fordi menneskeheden er teknologisk umoden. Og hvis de bliver udsat for for meget fremmed avanceret teknologi for hurtigt, kan det være katastrofalt.

D: *Mennesket prøver altid at lære nye ting. Mener du, vi ikke kunne forstå det eller håndtere det, eller hvad?*

B: Ikke kunne håndtere det. Det ækvivalente fra Jordens historie ville være, når sømænd opdagede en ny ø i Stillehavet og gav høvdingen en pistol som gave. Høvdingen var stolt af sin gave og viftede med den og sagde, "Hej, se hvad jeg har." Og det gik ved et uheld af og sårede nogen, fordi han ikke havde viden om, hvordan man tager sig af det og bruger det.

D: *Jeg tænker på ordet "disciplin."*

B: Nej, det er ikke den rette fornemmelse. Han havde ikke forståelsen af, hvordan noget bør anvendes. Fordi når du forstår, hvordan noget bør anvendes, kommer disciplinen naturligt.

D: *Så de mener, det er bedre ikke at vise os for meget på én gang.*

B: Præcis. Vi betragtes som en intelligent art og er meget nysgerrige. Og de ved, at hvis vi ser noget og husker det, vil vi forsøge at finde ud af, hvad vi så, og derefter forsøge at rekonstruere det.

D: *Havde han virkelig stråler, der kom ud af hans øjne?*

B: Ja. Den måde, deres maskineri er konstrueret på, gør det muligt at arbejde gennem kroppen, ikke kun gennem maskinerne. Det kan også bruge kroppen. Og strålerne, der kom ud af hans øjne, kunne have været fra en maskine, der scannede landskabet for at analysere, hvad tingene var lavet af, eller det kunne have været stråler fra en maskine, der var indstillet til at finde et bestemt element i noget. Der er mange forskellige ting, det kunne have været.

Det lød meget som de tilfælde i min bog, Legacy From the Stars, hvor maskineri og krop blev kombineret. I nogle tilfælde var kroppen forbundet, så den kunne styre rumskibet ved at bevæge musklerne. Mange af de aliens i den bog blev bogstaveligt talt en del af deres skib.

The Custodians

Jeg tænkte, det kunne være en uhyggelig forlængelse af de nye Virtual Reality-spil, hvor maskine og krop arbejder sammen. Dette virkede nu som et tilfælde af ikke én, men to "overlejringer." Den enkle version af ugle, som hendes bevidste sind huskede, var helt anderledes end de to, der blev præsenteret under hypnose. Tilsyneladende har disse udenjordiske væsener evnen til at få os til at opfatte ting på mange måder. Kun hypnose kan afsløre, hvad der virkelig ligger under overfladen. Kan vi nogensinde vide, hvad der er virkeligt og hvad der er en illusion?

D: *Det virker mærkeligt, at han ikke vidste, at hun ville komme med i sin lastbil.*
B: Men det vidste han.
D: *Åh? Jeg troede, han blev overrasket.*
B: Nej. Det var hende, der blev overrasket. Han vidste, at hun ville komme. Og hun var én, han ville have kontakt med.
D: *Var der en grund til, at han ville have kontakt med hende?*
B: Ja. De ældstes råd holder øje med bestemte personer på Jorden, så når tiden er inde til at kontakte menneskeheden, vil disse blive kontaktet først, hvis det sker inden for deres livstid. I flere århundreder har de gjort dette. En af de mennesker, de mente var den mest lovende, var Leonardo da Vinci. Så som generationerne kommer og går, er der bestemte personer, de holder øje med. I tilfælde af, at det sker i deres generation, har de allerede besluttet, hvem de vil kontakte først.
D: *Var der noget særligt ved hende, som gjorde, at de holdt øje med hende?*
B: De leder efter en kombination af egenskaber i de mennesker, de gerne vil kontakte først. Folkene skal være meget intelligente. (Det passer på Brenda, fordi hun har en IQ, der svarer til et geni.) Og være åbne for at lære nye ting. (Hun er bestemt åben for nye idéer, ellers ville hun aldrig have accepteret vores mærkelige eksperimenter.) Samt være åndeligt avanceret og i kontakt med højere planer. En person, der forsøger at forbedre sig selv og som er åben for nye ting. En, der, selvom de har forhindringer i deres liv, overvinder dem på en positiv måde uden at påvirke andre negativt. Nogle mennesker overvinder deres forhindringer ved at nedbryde de mennesker, der er omkring dem. Men det er ikke den

type person, de ønsker. De ønsker personer, der overvinder deres forhindringer gennem positive midler.

D: Holder de kontakt med disse personer eller holder de øje med dem gennem hele deres liv?

B: Ja. De holder øje med dem hele livet. Og fra tid til anden kontakter de dem. Nogle gange lader de dem huske, men oftest skyder de deres hukommelse, så de ikke komplicerer deres hverdag.

D: Er Brenda blevet kontaktet før?

B: Ja, det er hun. Især da hun var et lille barn, men hun husker det ikke. De kontaktede hende for at hjælpe hende med at begynde at forberede sig, i tilfælde af at tiden kommer i hendes livstid.

D: Den samme type væsen?

B: Nogle gange et væsen som dette, og nogle gange et væsen med et andet udseende, fordi det ville være en fra en anden race af væsener. Men det ville normalt være en, der var i tæt kontakt med de ældstes råd. De arbejder sammen.

D: Hvordan holder de øje med nogen? Folk flytter rundt så meget. Hvordan kan de finde dem?

B: De er i stand til at opfatte dine mentale udstrålinger. Og din aura er meget synlig for dem. Desuden er nogle af disse individer så højt udviklede, at de kan opfatte på højere planer, end mennesker kan. Så når de først ved, hvordan din aura og dit højere selv og dine mentale udstrålinger ser ud, er det meget nemt at finde dig, fordi alle er unikke, og ingen er like. De har maskiner, der hjælper med dette. De indtaster informationen i maskinen og beder den om at scanne denne planet. Hvor er denne person med sådan-og-sådan type aura, sådan-og-sådan type mentale udstrålinger? Og maskinen finder frem til lokationen.

D: Så de skulle ikke gøre noget fysisk ved hendes krop for at finde hende.

B: De behøver ikke gøre noget fysisk ved hendes krop hver gang. Nu første gang de kontaktede hende, da hun var et barn på ni år, indokinerede de hende. Det er lidt som en vaccination, kan man sige. Det er svært at forklare.

D: Jeg tænker på en sprøjte eller noget lignende.

B: Ja, det er meget lig det. Og nogle gange vil denne indoktrinering efterlade et ar eller et eller andet mærke på huden. De indokinerer et stof i kroppen, der hjælper med at skærpe sanserne. Det hjælper

The Custodians

med at gøre personen mere følsom overfor esper-evner, fordi de evner er meget vigtige i det galaktiske samfund.

D: *Det er et mærkeligt ord for mig. "Asper"-evner?*
B: Det er et meget almindeligt ord. Det er bare en anden måde at henvise til alle de ekstra-sensoriske evner.
D: *Jeg tænkte på aspirationer.*
B: Du tænker på det forkerte ord. (Hun staver det.) "Esper", esper-evner.
D: *Det er et ord, jeg ikke kender.*
B: Hun kender det. Det er derfra, jeg fik det.
D: *Åh, du fik det fra hendes ordforråd. – Nå, hvor i kroppen ville de give denne indoktrinering?*
B: I hendes tilfælde var det her, hvor denne knude er på hendes venstre underarm.

Brenda holdt sin arm op, og jeg kunne se en meget lille knude.

D: *Hvordan blev det givet?*
B: Det blev givet om natten, mens hun sov. Og hvis du spørger hende, når hun er vågen, vil hun fortælle dig, hvornår det skete, fordi det virkede meget mærkeligt på det tidspunkt, det dukkede op.
D: *Blev et instrument brugt?*
B: Ja. Det ser ud til at være noget som en sølvfarvet tube. Og enden, de trykker mod armen, ser flad ud eller måske let buet indad. Men når du trykker det mod armen, perforerer noget i tuben huden og indokinerer stoffet i blodbanen. Men det gør ikke ondt.
D: *Men det efterlader en lille bump?*
B: Når det heler, efterlades der en bump, hvor de gav indoktrineringen. Når hun er vågen, kan hun beskrive, hvordan den først dukkede op, og hvordan den helbredte. Og ud over stoffet, de indokinerer, ser det ud til, at der også er en lille sølvfarvet kugle. Men det er faktisk et meget lille instrument, der hjælper deres maskiner med at holde styr på personen, fordi det tuner ind på deres mentale udstrålinger. Og hvis der bliver taget kontakt i den persons livstid, kan de aktivere denne "ting", de har efterladt i kroppen. Så vil det også fungere som en slags oversætter. Så hun kan projicere sine tanker og kommunikere, og høre deres tanker. Og hvis der bruges vokal kommunikation, vil hun kunne forstå dem, selvom de taler

et ukendt sprog. Når lyden rammer hjernen, vil det blive omdannet til forståelige symboler, som hun kan forstå. Denne ting i hendes krop vil være i stand til at gøre dette. Jeg kalder det sølv-typen, fordi det ser sådan ud. Det er ikke egentlig lavet af sølv. Det er måske en ottendedel tomme i diameter, og det er placeret i hendes underarm, under bumpen, hvor de gav indoktrineringen. Det er mellem de to knogler, radius og ulna, dernede i musklen. Det blev injiceret med indoktrineringen. De gør det på én gang, så de ikke behøver at komme fysisk til hendes bolig igen. De kan så holde øje med hende gennem deres instrumenter.

D: *Er der andre fremmede objekter i hendes krop?*

B: Ikke på nuværende tidspunkt.

D: *Var der på et tidspunkt?*

B: Ikke hvad jeg ved, men der er mulighed for, at der måske bliver sat noget i hendes krop i fremtiden af forskellige årsager.

D: *Er dette objekt i hendes arm årsag til fysiske problemer?*

B: Nej, og det burde det ikke være.

D: *Hvad med røntgen? Kunne det finde dette?*

B: Det kunne måske, selvom det er usandsynligt. Den måde, det er positioneret mellem de to knogler på, vil en af knoglerne sandsynligvis blokere for udsynet af det på røntgenbilledet. De prøver at placere disse, så de vil være svære at finde, fordi de ikke ønsker, at de bliver fjernet. Den måde, de er installeret på, kan man sige, gør, at de kan transmittere til en nærliggende nerve for at få kontakt med hjernen.

D: *Jeg har hørt om andre mennesker, der har ting i deres hoved.*

B: Noget kunne blive sat i hendes hoved i fremtiden, hvis lejligheden byder sig. Men for nuværende foretrækker de ældstes råd, at dem, de holder øje med, er helt frie agenter.

D: *Hvad er formålet med at sætte noget i hovedet?*

B: Jeg er ikke sikker. Af de forskellige racer og grupper af menneskeheden, der er i det galaktiske samfund, har de forskellige mål og forskellige mål. Og de bruger forskellige instrumenter. Så de kunne kontakte menneskeheden på forskellige måder. Selvom kontakten bør koordineres gennem de ældstes råd, bruger nogle af disse grupper deres egne instrumenter i stedet for de, som de ældstes råd godkender.

The Custodians

D: Mener de ældste råd, at det er i orden, at de gør disse ting? Er det ikke imod deres regler eller noget?
B: Nogle af dem er imod reglerne, og nogle af dem er det ikke. Det afhænger af, hvordan det bliver gjort, og om der bliver forvoldt nogen skade på emnet. Også hvad slags effekt det har på emnet.
D: Kan du se, hvordan de væsener ser ud, der satte dette i hendes arm, da hun var ni år gammel?
B: De var en meget mild type mennesker. Det er svært at se, hvordan de ser ud, fordi det var om natten, da de gjorde det. De er forskellige fra den person, hun så på motorvejen. For det første havde de ikke noget hår på hovederne. Deres hoveder var meget glatte. Og de ser ud til at være lidt sølvfarvede. Deres hænder var anderledes, fordi de har tre fingre og en tommelfinger. De er ikke så store som den person, hun så på motorvejen. Disse mennesker har tendens til at være langbenede og slanke, meget delikat bygget. De har mørke øjne, men det er alt, hvad jeg kan sige, fordi deres ansigter er i skygge. Men de har tendens til at være langlemmede og tynde, og de ser udmagrede ud efter menneskelige standarder, fordi de er så tynde.
D: Du sagde, at disse er en mild folk?
B: Ja. De har stor intellektuel nysgerrighed. Og de gør dette på instruktion fra de ældstes råd. Og de ældstes råd, som du vil huske, omfatter mange væsener fra mange forskellige racer. Der er et uendeligt antal typer væsener, fordi der er så meget variation i livet, når du ser på universet som helhed. Bare i denne galakse er der mange forskellige typer levende væsener, der har forskellige udseender, forskellige kulturer, forskellige evner, forskellige måder at se tingene på, forskellige måder at bygge tingene på. Når du ser, hvordan nogle af racer ser ud, kan du forstå, hvordan de forskellige legender om gnomer og elver og sådan opstod. Fordi i gamle tider var besøgende nogle gange ikke så forsigtige, og nogen ville se dem uden at få deres hukommelse udrøget, og det ville starte et rygte om mennesker med et bestemt udseende. Så når du hører disse legender om mennesker, der enten er ekstremt høje og grotesk udseende eller meget små og delikate, er de meget sandsynligt fra nogle af disse forskellige racer, der har besøgt i fortiden.

D: *Er det de ældste råd, der fortæller disse andre væsener at gå og gøre disse ting?*
B: Det er sådan, det burde være.
D: *Det sker ikke altid på den måde?*
B: Ikke altid, nej. Men de prøver at holde det koordineret gennem de ældstes råd for at gøre mindst mulig skade.
D: *Jeg finder ud af, at flere og flere mennesker har haft kontakt med disse forskellige væsener, end vi først troede.*
B: Ja, fordi tiden for åben kontakt med Jorden er tættere på end nogensinde før. Og det er helt muligt, at det kan ske i livstiden af den nuværende generation af dem, de har holdt øje med. De håber virkelig på det, fordi mange er ivrige efter, at menneskeheden skal slutte sig til det galaktiske samfund.
D: *Vi har hørt om folk, der siger, de blev bortført. Ved du noget om det?*
B: Nu er det sandt, at de lejlighedsvis vil foretage en nærmere fysisk undersøgelse af et menneske for at holde styr på, hvordan medicinsk videnskab er fremskredet, og hvordan mennesker stadig udvikler sig. De ønsker at være forberedt på den type mennesker, der vil være, når menneskeheden slutter sig til det galaktiske samfund. Fordi når dette sker, ønsker de at tilbyde udryddelse af sygdomme. For at gøre det skal de først undersøge mennesker, så de kan udvikle kurene til de forskellige sygdomme. Derefter kan de tilbyde os kurene, når de åbent kontakter os.
D: *Det giver mening. Hvordan udføres disse fysiske undersøgelser?*
B: Normalt med lys og bestemte typer af energi. Ligesom vi bruger røntgenbilleder til at undersøge knogler. De har forskellige frekvenser af energi, der kan undersøge bestemte ting i kroppen og fortælle dem, hvordan form det er i, eller hvilket udviklingstrin det er på.
D: *Bliver dette gjort i personens hjem i deres seng?*
B: Nej, de måtte tage dem med til et af deres skibe, hvor de har deres instrumenter opsat. Disse instrumenter udsender specifik energi for at undersøge specifikke ting i kroppen. Og da der er så mange af dem, er de ikke lette at transportere. De kunne sandsynligvis foretage en delvis undersøgelse i dit hjem, men det ville ikke være så grundigt, som de kunne gøre ombord på deres skib.
D: *Dette er, hvad jeg tror, folk kalder bortførelser.*

The Custodians

B: Det er ikke ment som en bortførelse. Hvis de skulle bortføre dem, ville de tage dem med til skibet, flyve væk og aldrig bringe dem tilbage til Jorden igen. Dette er bare en undersøgelse, så de kan fortsætte med at indsamle den information, de har brug for. Og som modtagelse vil menneskeheden tilbyde det galaktiske samfund vores individuelle præstationer: vores nysgerrighed, vores intellekt, vores kærlighed til kunst og musik. Og den måde, vi kan lide at bygge ting og finde løsninger på problemer. Det er det, vi kan bidrage med til det galaktiske samfund.

D: *Jeg har også hørt, at nogle af disse forskellige væsener virker kolde, som om de ikke har nogen følelser.*

B: Nogle af dem virker sådan, simpelthen fordi de koncentrerer sig om intellektuelle aktiviteter, så de har ikke nogen grund til at vise følelser. Og nogle af væsenerne er bare naturligt reserverede og stoler mere på telepati for at udtrykke deres følelser i stedet for fysiske gestikulationer.

D: *Jeg har talt med mennesker, der har meget frygt efter at have set disse væsener.*

B: Ja. Og det er uheldigt, fordi de betyder virkelig ikke noget ondt for os. De, der føler sådan frygt, er som regel mennesker, der ikke er så åbensindede, som de kunne være, eller ikke er forberedt på oplevelsen. Og så i stedet for at tænke på det som noget vidunderligt og en ny oplevelse at værdsætte, tænker de i stedet på sene natte monsterfilm og væsener med store øjne, der kommer efter dem. (Jeg grinede.) Og så bliver de bange.

D: *Det er en helt normal menneskelig reaktion, ikke?*

B: Det afhænger. Hvis mennesket er blevet trænet fra barndommen af til at reagere på den måde, så ja, det er en normal reaktion. Men hvis de er blevet trænet fra barndommen af til at reagere med undren og nysgerrighed i stedet. Det afhænger af, hvilken eksponering de får for sådanne ting, når de er børn. Og hvilken holdning deres familie har.

D: *Der har været snak om folk, der har set smukke blonde væsener. Tror du, de er virkelige, eller er de bare en form for illusion?*

B: Der er en race af væsener, der har hvidt hår, og nogle er meget smukke. Dette væsen, som hun så, var medlem af den race. Og så kunne det være, at de har set disse mennesker. Men samtidig var der sandsynligvis et element af illusion for at få dem til at fremstå smukkere, så folk ikke ville være bange. De er lavet til at se smukke ud i menneskelige termer, så de vil reagere mere positivt.

D: *Det giver mening. Mennesker er grundlæggende frygtsomme væsener.*

B: Det behøver ikke at være sådan.

D: *Jeg har et par flere spørgsmål. Da hendes lastbil blev stoppet på vejen, og væsenet talte til hende, hvad hvis nogen andre var kommet forbi? Ville de have set dette væsen?*

B: De ville ikke have set væsenet eller hendes lastbil. De ville have kørt forbi hende, for vejen var lige der, men de ville ikke have været opmærksomme på at passere hende. De ville have troet, at de bare kørte lige frem, fordi de ikke ville have set hverken hende eller væsenet.

D: *Jeg undrede mig over, om de kunne have ramt bilen, fordi hun var stoppet på vejen.*

B: Nej, de ville bare have kørt rundt om hende og fortsat, men de ville aldrig have vidst, at det skete.

D: *Hvordan blev det opnået?*

B: På samme måde, som det blev opnået, da hun så en anden fremtoning af det væsen. Han ændrede hendes opfattelse af, hvad hun så. De kan gøre dette med ethvert menneske. Så de ændrer bare deres opfattelse af, hvad de ser. Hvis nogen var kommet forbi, ville de i stedet for at se en lastbil stoppet på vejen med nogen, der talte til chaufføren, have set en tom vej. Og de ville bare have kørt videre.

D: *Ja, præcis. Og de arrangerer det sådan, så ingen bliver skadet i processen.*

B: Rigtigt. Fordi de ikke ønsker at skade nogen.

D: *Men alligevel, under denne oplevelse, som hun havde i marts, var der et faktisk fysisk væsen der, men han ændrede ikke kun hendes opfattelse af ham, han blokerede også hendes hukommelse og indsatte billedet af uglen. Er det korrekt?*

B: Ja, som en beskyttelse, både for hende og for ham. Han ønskede at være i kontakt med hende, men han ville ikke komplicere hendes liv. Så han fik hende til at opfatte, at hun havde set en meget smuk ugle på vejen. På den måde påvirker det ikke hendes liv rigtig meget. Men samtidig ændrede han hendes opfattelse af, hvordan hun så ham, så det ville være en mildere oplevelse for hende. Så

The Custodians

hun ville være mere åben for oplevelsen. Fordi hvis hun havde set ham i sin sande form, kunne hun have haft et stærkere element af frygt. Han forsøgte at gøre det så behageligt som muligt for hende.
D: *Det giver mening. Men det vil ikke genere hende at huske det sådan, vil det?*
B: Nej, slet ikke. Hun har et så stort ønske om at huske det. Og jeg synes, det er godt. Jeg tillader det selv. Hun bør huske alt dette, når hun vågner op, fordi det vil hjælpe hende med at fortsætte med at forberede sig til, når tiden kommer. Hun er klar til denne information. Det er derfor, hun huskede uglen, så hun kunne bruge de teknikker, der er tilgængelige, til at fremkalde disse informationer. Og så vil hun huske alt.
D: *Brenda sagde, at hun i dagene efter oplevelsen havde problemer med sin hørelse, og noget påvirkede elektriske apparater og sådanne ting. Hvad forårsagede disse ting?*
B: På grund af hendes interaktion med dette væsen, havde hendes aura absorberet noget ekstra energi. Meget af denne energi blev brugt i hendes krop, men der var stadig noget overskud. Og hendes aura kastede denne overskydende energi af sig, lidt som usynlige lyn, kan man sige. Som et resultat var hendes ører ringende og lavede mærkelige ting. Og hun hørte meget høje lyde. Og med at have denne ekstra energi omkring sin krop, interfererede det med funktionen af elektriske ting.
D: *Var dette bare på grund af at være i nærheden af dette væsen?*
B: Det var på grund af, at hun er modtagelig overfor højere energier. Derfor er hun og hendes aura åbne for højere energier. Og da hun var i nærheden af dette væsen, ud over at absorbere åndelig og mental viden fra ham, absorberede hun også noget aurisk energi. Der var overskydende energi, som ikke kunne bruges med det samme, og derfor var der disse bivirkninger. Det er som, når du sender for meget elektricitet gennem en ledning, får du et lyn.
D: *Påvirkede det hendes helbred på nogen måde?*
B: Ikke negativt, nej. Den ekstra energi i hendes krop hjalp med nogle helingsprocesser, der var i gang, fordi der altid sker heling i kroppen. Så det interfererede ikke med noget, der skulle gøres. Det var bare et spørgsmål om at påvirke hendes hørelse lidt og påvirke elektriske ting omkring hende. Hun blev ikke alt for forskrækket, for i størstedelen af hendes liv har hun påvirket ure

omkring sig. Og i et stykke tid, da hun gik i gymnasiet, påvirkede hun også automatautomater. Og hun har altid haft sensitiv hørelse. Så disse effekter forskrækkede hende ikke, for de var ligesom ting, der var sket før. Men de var stadig lidt forskellige og lidt mere intense. Effekten på hendes hørelse kommer og går, nogle gange kun i et par minutter, for en del af en dag, eller som den gang, hvor det varede i flere dage. Det var det, der irriterede hende så meget, fordi hun var vant til, at effekten på hendes hørelse forsvandt hurtigt. Nu, i hendes tilfælde, er effekten, hun har på ure og tidstagere, en permanent effekt, der er speciel for hende.

D: *På grund af hendes energifelt?*

B: Delvist på grund af hendes energifelt, hendes psykiske evner, og delvist på grund af den måde, hun opfatter tid på.

D: *Hvad mener du?*

B: De fleste mennesker i hendes kultur, på grund af den måde, de er blevet opdraget på, er meget bevidste om tid. Om minutter, timer og "Åh, jeg skal være der om fem minutter." På grund af hendes interesser og den måde, hun blev opdraget på, udviklede hun en mere holistisk syn på tid: at tænke i termer af årstider og århundreder, i stedet for minutter og timer. Så da hun har et andet syn på tid, har det en effekt på tidstagere omkring hende. Hun lever tid på en anden hastighed, så at sige.

Efter sessionen optog jeg hendes bevidste minder.

D: *Dit underbevidste sagde, at når du vågnede, ville du fortælle mig om din underarm.*

B: Om knolden på min arm? (Hun knappede op og trak ærmet op.) Den har været der, siden jeg var ni år gammel, så det ville være næsten tyve år.

Knolden var placeret cirka en tomme og en halv under hendes albueled på indersiden af hendes venstre underarm. Den var cirka størrelsen og udseendet af et vorte, men den var glat og havde en lyserød farve. Vorter er normalt ru. Jeg rørte ved den, og den føltes ikke solid under, som en vækst eller cyste ville være.

B: Jeg tror, der kunne være en tendril forbundet til en nerve, fordi nogle gange, hvis jeg gnider den på en bestemt måde, føler jeg stikken ned i mit håndled.

D: Kan du huske, hvornår den opstod?

B: Lige præcis. Thanksgiving-weekenden 1969. Vi var taget til min bedstemors hus for Thanksgiving. På det tidspunkt boede vi i Houston, og min bedstemor boede i Louisiana. Vi skulle rejse tilbage til Houston søndag, og den morgen, da jeg vågnede, lagde jeg mærke til, at et puffet sted var steget op på min arm i løbet af natten.

D: Var det som et insektbid?

B: Nej, slet ikke. Det var hvidt, som en luftbobbel under huden, hævet som en kuppel, men meget puffet.

D: Jeg tænker på et blodblister, men det er normalt blodfarvet.

B: Det var mere som en vandblister, bortset fra at den ikke havde væske indeni. Det var ikke klart, men meget hvidt og ru i teksturen. Da jeg vågnede og opdagede det, var det kun omkring en kvart tomme på tværs. Men i løbet af dagen fortsatte det med at sprede sig og vokse. Det var på størrelse med en mønt ved middagstid. Det var højere end en blister, cirka tre gange højere, end det er nu. Jeg viste det til min mor og bedstemor, og de kunne ikke finde ud af, hvad det var. Det gjorde ikke ondt, men det prikkede lidt. Jeg vidste, det ikke var et edderkoppebid. Der var ingen rødme og ingen smerte. De besluttede sig for ikke at pille ved det, og at det nok ville gå væk. Da vi kørte hjem den dag, bemærkede jeg, at det fortsatte med at vokse. Næste morgen, da jeg vågnede for at tage i skole, var det på størrelse med en kvart. Til sidst, da jeg vågnede på den tredje dag, var den puffede del væk. Jeg havde et åbent sår på min arm, størrelsen af en halvtredser. Midten af det var, hvor denne bump er nu. Det så ud, som når du skader dit knæ og ved et uheld gnider skorpen af, og du har blod og væske og væske. Og det fortsatte med at skorpe over og sprække og flyde. Og omkring kanterne af såret var det hævet som en kant. Det blev sådan i omkring tre uger. Det var et åbent sår, og meget smertefuldt og ømt inde i kanten af denne cirkel. Til sidst begyndte det langsomt at krympe. Imens tørrede det ind, så det var som en skorpede sår. Det tog omkring seks til otte uger at krympe. Det begyndte at gå ind, men kanten forblev et stykke tid. Jeg holdt et bandage på det for at undgå at støde det.

D: *Hvis det var så stort som en halvtredser, virker det, som om det ville have efterladt et ar.*

B: Ja, det ville man tro. Men det krympede ind, indtil det blev meget lille. Og så en morgen, da jeg vågnede, så jeg, at der var vokset et lag hud over det. Og da det helbredte, var det grundlæggende sådan, som det er i dag, bare denne lille bump. Der plejede at være en lille gren, der stak ud til den ene side, som faldt af et par år senere, men den lille bump forbliver grundlæggende den samme. Af og til klør det, og sommetider vil den øverste hudlag skalle af, især hvis jeg har været ude i solen.

D: *Gik du nogensinde til lægen med det?*

B: Ja, det gjorde jeg, og lægen kunne ikke finde ud af, hvad det var. Det eneste, han kunne tænke sig, var en slags svampeinfektion fra en katteklo, men jeg havde ikke været i nærheden af nogen katte. Det har været det samme i nitten år, og har ikke forårsaget nogen problemer, bortset fra at det lejlighedsvis klør eller prikker.

Så den lille bump på Brendas arm synes at være et mysterium. Der er sandsynligvis ingen måde, vi kan finde ud af, om der virkelig var en enhed implanteret i hende for nitten år siden, eller om den stadig er der. Så længe den ikke forårsager nogen fysiske problemer, er det nok bedst at lade den være, og den vil fortsat forblive et mysterium. Nogle mennesker vil have implanter fjernet, når de opdager dem. Men jeg er af den opfattelse, at hvis de udenjordiske vil have dem der, vil de bare erstatte dem.

Disse mærkelige tilfælde skete ikke kun i mine tidlige undersøgelsesdage i 1980'erne. Jeg vil inkludere et nyligt tilfælde, der viser udenjordiske væseners evne til at skabe en illusion i en meget større skala end individuelle dyr.

I 1997 havde Clara skrevet og ringet flere gange og bedt om en session. Der er nu så mange mennesker, der ønsker sessioner, at jeg er stoppet med at gøre dem derhjemme. Jeg tager ikke nye emner, medmindre jeg skal holde et foredrag i den by, hvor de bor, og kun hvis jeg har tid. Jeg er stoppet med at gøre dem på den dag, jeg skal

The Custodians

holde et foredrag. Jeg synes, energien bliver delt, hvis jeg gør for mange forskellige ting på foredragsrejserne. Jeg holder kun sessioner på dage, hvor der ikke er meget andet planlagt. Clara sagde, at hun først havde mødt mig på Shanti Cristo-konferencen i Santa Fe, New Mexico, i december 1996. På den konference havde jeg kun sessioner med folk, der havde lavet aftaler på forhånd, så der var ikke tid til at planlægge andre. Jeg plejer at sige til folk, at de vil blive sat på min liste, og næste gang jeg er i den by, kan vi planlægge en aftale. Derfor huskede jeg ikke Clara eller vores samtale. Hun fandt ud af, at jeg skulle være i Hollywood i maj 1997 til en konference, så hun ringede og bad om en aftale. Hun bor nær San Francisco, men var villig til at køre til Hollywood. Under de omstændigheder følte jeg, at jeg ikke kunne afslå hende.

Konferencen viste sig at være en katastrofe. Mangel på offentlighed og planlægning var de vigtigste årsager. Selvom talerne alle var til stede, var der ingen deltagere. Flere taler blev aflyst, fordi der ikke var noget publikum. Det var den værste konference, jeg nogensinde har deltaget i, men som et resultat havde jeg mere tid til rådighed, end jeg havde forventet. Min ven Phil gjorde turen til en sightseeing-tur og viste mig Hollywood, som jeg havde ønsket at se, siden jeg var teenager og drømte drømme i et mørklagt biograf. Jeg havde aldrig haft tid til virkelig at se det før, da jeg altid var begrænset til hotellet eller konferencecenteret. Når mine foredrag var færdige, gik jeg altid direkte til lufthavnen. Vi besluttede at gøre det bedste ud af en dårlig situation, og jeg nød virkelig at se den glamourøse side af byen. Så da Clara kom til mit hotelværelse til sessionen, var jeg afslappet og havde masser af tid til at tilbringe med hende.

Clara er en attraktiv blondine i fyrrerne, tilsyneladende aktiv, intelligent og i god form. Under samtalen før sessionen, når jeg forsøger at finde ud af, hvad problemet eller grunden til sessionen er, sagde hun, at det, der bekymrede hende mest, var et episode af manglende tid, som var sket et par år før. Hun tager lejlighedsvis til Hawaii for konferencer relateret til sit arbejde. Denne gang kørte hun på øen Maui. Det var næsten tusmørke, men stadig lyst, og hun ledte efter et hotel, hun havde set på tidligere ture. Det lå på stranden, og hun ville spise aftensmad der og nyde udsigten til havet. Mens hun kørte og ledte efter det, opdagede hun, at hun var kørt forbi indgangen. Hun besluttede at køre lidt længere for at finde et sted at vende og køre tilbage. Denne del af øen havde frodig tropisk vækst og palmetræer, der skygger for den tosporede vej. Et par huse lå langt tilbage fra vejen og var skjult for synet. Hun fandt endelig en indkørsel at vende i, selvom hun mentalt bemærkede, at hun aldrig havde set den før, når hun kørte samme rute. Da hun kørte ind, fandt hun sig selv i et lille boligområde bestående af modulhuse. De lå blandt palmetræerne i meget behagelige omgivelser. Hun kørte sin bil ind og var ved at vende den rundt. Og det var det sidste, hun kunne huske.

I næste øjeblik fandt hun sig selv på den anden side af øen og kørte ned ad en travl vej med fire spor. Det var nu mørkt, og hun havde ingen idé om, hvordan hun var kommet derhen.

Et år senere, da hun vendte tilbage til den samme ø for en anden konference, kørte hun ned ad den samme vej for at finde gruppen af huse, af ren nysgerrighed, fordi den mærkelige hændelse aldrig forlod hendes hukommelse. Hun kørte hele området igennem, og selvom hun fandt hotellet igen, fandt hun aldrig boligudviklingen med modulhuse. Dette havde forvirret hende lige siden, og var det, der fik hende til at bestille en session. Hun ville finde ud af, hvad der skete den nat, og hvordan hun på så mystisk vis kom til den anden side af øen uden at huske at have kørt derhen.

Hun viste sig at være et fremragende emne. Jeg havde ingen problemer med at få hende hurtigt i en dyb trance, og hun var meget snakkesalig, efter at hun var kommet ind i scenen. Det blev lettere, fordi hun huskede datoen for hændelsen. Jeg førte hende tilbage til marts 1994, da hun var på øen Maui i Hawaii. Hun fandt sig selv stående foran sit hotel, Maui Sun, på vej til at gå gennem glasdørene. Hun var lige ankommet til en årlig workshop, hvor hun kunne kombinere afslapning med arbejde. Hun beundrede de enestående farver på blomsterne, der omgav hotellet.

D: Nå, du har nu tjekket ind på hotellet. Og jeg vil have, at du bevæger dig videre til den nat, du skulle til den restaurant, du gerne ville spise på. Er det på samme hotel eller et andet hotel?
C: Et andet hotel.
D: Er det meget langt væk?
C: Hmmm, måske et par miles. To eller tre miles. Jeg har aldrig været der for at spise før. Jeg har bare kørt forbi. Det ligger lige på vandet, hvor mit hotel er lidt oppe på bakken. Og jeg har virkelig

The Custodians

ønsket at opleve at sidde på hotellet med vinduerne helt åbne, og høre vandet brage på stranden. Jeg har gerne villet tage derhen i lang tid, men det er bare aldrig sket.

D: Nå, kører du derhen nu? (Ja) Hvad tid på dagen er det?

C: Det er lige ved at blive tusmørke. Jeg ved ikke, hvad klokken er, men det er ligesom skumring.

D: Og du tror, det bliver mørkt snart?

C: Hmmm, sandsynligvis. Jeg tænker ikke meget over det.

D: Nå, du nærmer dig, hvor hotellet er. Fortæl mig, hvad du gør.

C: Jeg kører på South Keyhey (fonetisk) Road. Og det bliver mørkere. Det er svært at se, fordi der ikke er nogen gadelamper. Og jeg kører forbi Astland. Det er et rigtig stort sted, og jeg misser den indkørsel. Det er en cirkel. Der er mange træer. Og indkørslen virker som ... ja, ikke camoufleret, men jeg misser den. (Frustreret) Jeg kan bare ikke se den. Så jeg kører videre for at finde et sted at vende og køre tilbage, fordi jeg virkelig vil spise middag på det hotel. (I denne del virkede det til tider, som om hun talte til sig selv, mens hun kørte, og så også svarede på mine spørgsmål.) Jeg kører. Og jeg finder dette sted ... okay. Jeg ser dette sted. Det er en cul-de-sac. Ja, det ser ud som et godt sted at vende. Hmmm. Jeg har aldrig set dette sted før. (Forvirret) Hmmm. Der er smukke palmetræer og blomster. Og der er et hegn, men et, som jeg kan se igennem. Og der er alle slags ... (havde svært ved at beskrive) modulhuse, eller huse som ... meget fancy mobilhuse. Ja, okay, dette er ... et smukt sted.

D: Og finder du et sted at vende der?

C: Ja. Det er som en cul-de-sac, og jeg vender min bil. (Blødt) Og jeg ser disse klare lys. (Pause, så forvirring.) Det er som ... blændende lys.

D: Hvor er de?

C: (Hendes vejrtrækning blev hurtigere.) De kommer ned fra himlen. Og det er ... det er ... lidt som en tragt af lys. En tragt, med den brede ende ned mod mig. Det er som ...(Forvirret)

D: Med spidsen pegende opad?

C: Ja. Det er næsten som solen, hvordan man ser igennem træerne dette klare, klare lys. Og jeg føler en masse meget kraftig energi fra dette lys. (Dybe vejrtrækninger)

D: Er det et solidt lys?

C: Det er som stråleglød. Strømme af lys.
D: *Ude fra bunden?*
C: (Det var tydeligt på hendes stemme og hendes vejrtrækning, at hun oplevede noget usædvanligt og mildt foruroligende.) Fra bunden, ja.
D: *Kører du stadig i din bil?*
C: Nej! Jeg er bare. Jeg er bare.
D: *Hvad mener du?*
C: (Med vantro) Det føles som om jeg er en del af dette lys.
D: *Er du stadig i din bil?*
C: Nej. Jeg føler, at jeg svæver. Og som om jeg er en del af lyset. (Dybe vejrtrækninger.) Jeg er bare lys. Det føles som en transcendens af tid og lys. Som om jeg bevæger mig. Jeg er på vej et sted hen, men jeg ved ikke, hvor jeg er på vej hen. Og det er okay.
D: *Er det en følelse af bevægelse?*
C: Ja. Af at svæve. Af at bevæge mig. (Hun var tydeligt opslugt af oplevelsen.) Gennem farver, gennem tid, gennem rum, gennem …. (Dybe vejrtrækninger.) Det er meget behageligt. Som gennem tid og rum.
D: *Men farver er alt, hvad du kan se?*
C: (Langsomt) Farver og gyldent lys. Og det er meget fredeligt. (Hun lod vejret ud på en meget afslappet måde. Hun fortsatte med at trække vejret dybt og komfortabelt.) Følelsen er, at jeg er alt, og alt er mig. Alt, hvad der er, er der. Alt, hvad der er, er her. Alt, hvad der er, er.

Jeg vil stoppe transskriptionen af denne session på dette punkt, fordi den snart begyndte at involvere komplicerede begreber. Hele sessionen vil blive rapporteret i min bog Convoluted Universe, hvor jeg vil udvide teorier og begreber, som denne bog kun vil berøre. Det vil være efterfølgeren, som vil uddybe hjernespindende ideer. Det er tilstrækkeligt at sige, at Clara ikke blev transporteret til et rumfartøj, men til en planet i en anden dimension. Jeg inkluderer denne sag her for at vise, hvordan selv omgivelser kan fremstå som en illusion.

I slutningen af sessionen kommunikerede jeg med hendes underbevidsthed.

The Custodians

D: *Er du i stand til at forklare, hvad der skete, da hun kørte ned ad vejen på Hawaii og stødte på det boligområde?*
C: Hun blev sendt dertil på det tidspunkt og på det sted, fordi det var det sted, der materialiserede sig for hendes fordel. Efterfølgende var det ikke passende, at hun vendte tilbage til det specifikke sted. Så hun blev ført til et sted, hun kendte på den vej. Så bilen ville være der, og hun ville vide, hvordan hun skulle komme til det sted, hun var på vej hen.
D: *Så tilbagevenden måtte finde sted på et bestemt sted på Hawaii på det tidspunkt?*
C: Ikke nødvendigvis. Det var bare et sted, hvor hun følte sig tryg i sin fysiske krop. Og det sted (boligområdet), der blev skabt for hende, var et sted med stor skønhed for hende. Og det var et sted, hvor hun kunne være helt og fuldstændigt afslappet, så overføringen kunne finde sted.
D: *Så hendes fysiske krop blev bragt tilbage til bilen, og bilen blev fysisk taget til den anden vej?*
C: Det er korrekt. Det blev simpelthen dematerialiseret og derefter materialiseret tilbage på et andet sted.
D: *Er det almindeligt at flytte biler og mennesker fra et sted til et andet?*
C: Åh, ja. Åh, ja.
D: *Det sker ofte, så?*
C: Meget ofte, meget ofte.
D: *Når det sker, bliver den fysiske krop så også dematerialiseret og rematerialiseret? (Ja) Og der sker ingen skade på kroppen?*
C: Ingen skade. Det bliver ren energi.
D: *Og hun og køretøjet blev bare flyttet fra et sted til et andet.*
C: Det er korrekt.
D: *Så da hun vågnede, jeg burde måske sige, da hun igen blev bevidst, var hun på et andet sted på øen.*
C: Rigtigt.
D: *Og kørte på det tidspunkt. (Ja) Og hun havde ikke noget minde om, hvad der skete indtil nu.*
C: Det er rigtigt.
D: *Er det første gang, det er sket i hendes liv som Clara?*
C: Det er sket mange gange. Men denne gang var hun på et sted og et tidspunkt i sit liv, hvor hun var åben for at undersøge, hvad der

79

skete, og hvordan det kunne være sket. De andre gange var ikke et tidspunkt, hvor hun var klar til at få en forståelse. Eller hun var ikke på et vækstår i sit jordiske fysiske liv, hvor hun kunne forstå, hvad der skete.

D: Så dette var en tid, hvor noget usædvanligt skete, og fik hende til at huske det.
C: Det er korrekt.
D: Er det okay for hende at vide informationerne nu?
C: Ja. Hun skal vide informationerne. Hun har længtes efter at vide informationerne. Hun vil forstå det nu.
D: Og det kan være en fordel, fordi vi ønsker ikke nogen skade overhovedet.
C: Ja. Det er til at være en glædelig fordel for hende.

Jeg bad så underbevidstheden om at træde tilbage, og jeg fik Claras personlighed til at inkorporere sig fuldt tilbage i hendes krop. Udgivelsen eller ændringen er altid mærkbar, fordi emnet trækker vejret dybt på dette tidspunkt. Jeg orienterede hende til nutiden og bringte hende tilbage til fuld bevidsthed.

Så tingene er ikke altid, hvad de ser ud til at være. Kan vi nogensinde være sikre på, at det, vi ser og oplever, er virkeligt? I det mindste ser det ud til at blive gjort på en subtil og blid måde, så den eneste effekt vil være nysgerrighed, og derefter (normalt) afvisning af hændelsen som en særhed. Det ville ikke gavne at frygte noget så harmløst, især hvis der ikke er nogen måde at forudse en sådan hændelse på, og bestemt ikke nogen måde at kontrollere det.

MYSTERIET FORTSÆTTER,
OG FORTSÆTTER MED AT DYBE.

KAPITEL 4
Skjulte informationer i drømme

Hvornår er en drøm ikke en drøm? Hvornår er den en faktisk hukommelse, som er overskygget af det underbevidste, så det virker som en drøm? Hvad er en drøm egentlig? Hvordan kan vi nogensinde vide forskellen? Og er det i det hele taget vigtigt for vores velvære at kende forskellen? Måske er sådan noget bedre at lade være med at røre ved. I mit arbejde rapporterer mange mennesker ikke om fysiske kontakter med udenjordiske eller syn af rumfartøjer. I stedet bliver de ofte plaget af mærkelige og usædvanligt levende drømme. Disse er ofte drømme, der har en anden kvalitet ved sig, og drømme, de ikke kan glemme. Vi har alle, fra tid til anden, bemærkelsesværdigt klare og skarpe drømme, der virker meget virkelige. Og vi er som regel glade for, at de ikke er virkelige. Vi har også drømme, vi husker lang tid efter, de har fundet sted. Dette er en normal del af vores skyggeverden, som vi kalder "søvn", og det er ofte vores underbevidstheds metode til at fortolke begivenheder i vores vågne liv. Det er også en måde, hvorpå underbevidstheden forsøger at levere information til os gennem symboler. Hvad gør drømme om UFO'er, udenjordiske eller rumrejser anderledes? Og hvorfor skulle vi overhovedet være opmærksomme på dem? Jeg har altid sagt: "Hvis det ikke er i stykker, så reparer det ikke!" Hvis personen fungerer normalt og ikke har nogen hukommelse, der skaber problemer, er det bedre at lade det være og behandle det som en interessant nysgerrighed. Der er ingen grund til at gøre livet mere kompliceret bare for nysgerrighedens skyld. Husk, når du først åbner den æske, kan du ikke lukke den igen. Du kan ikke glemme det, du bringer frem som en hukommelse. Og det kan påvirke dit liv for altid efterfølgende.

Jeg ønsker altid, at mine emner bliver påvirket på en positiv måde af de informationer, der afsløres gennem hypnotisk terapi. Så hvis nogen information bliver afsløret gennem udforskning af personens drømme, skal det inkorporeres i deres liv på en positiv måde, så de kan håndtere det og vende tilbage til at leve et normalt liv. Denne samme regel gælder for mennesker, der har bevidste minder om interaktion med udenjordiske. Dette liv er det vigtigste af alle, og de skal fortsætte med at leve det så normalt som muligt. Så det er terapeutens ansvar at hjælpe dem med at håndtere alt, hvad der afsløres, og sætte det i perspektiv.

I min bog Between Death and Life fandt vi ud af, at sjælen (eller ånden) faktisk aldrig sover. Kun kroppen bliver træt, og sjælen ville blive meget ked af at vente på, at kroppen vågnede op. Så mens kroppen sover, tager vores sjæl eller ånd, den virkelige del af os, på mange eventyr. Den kan rejse til åndeverdenen for at mødes med de store lærere og guider, for at få råd eller lære flere lektioner. Den kan også rejse til andre dele af vores verden eller endda bevæge sig ud til andre verdener og dimensioner. Disse rejser huskes nogle gange i glimt, især i den almindelige drøm om at flyve. Den essentielle del af os vender altid tilbage til kroppen, når det er tid til at vågne, fordi den er forbundet med "sølvledningen." Denne navlestreng bliver ikke afbrudt før kroppens fysiske død frigør ånden.

Før jeg begyndte på UFO-undersøgelser, havde jeg aldrig tænkt på, at den fysiske krop faktisk kunne rejse et sted hen under søvntilstanden. Når alt kommer til alt, ville kroppen vågne op, hvis den blev flyttet, ikke? Dette har været en del af min uddannelse for at undersøge disse andre mærkelige muligheder. I disse tilfælde har jeg forsøgt at stille omhyggelige spørgsmål for at sikre, at oplevelsen var en faktisk fysisk oplevelse, og ikke en åndelig oplevelse uden for kroppen. De kan være ens, men beskrivelsen er forskellig. I en OBE (Out of Body Experience) kan personen huske fornemmelsen af at forlade deres krop. Ofte kan de kigge ned og se deres sovende krop ligge på sengen. De beskriver deres genindtræden i den tomme skal efter deres rejse. De beskriver ofte at have set "sølvledningen", navlestrengen der forbinder ånden til kroppen. Nogle gange beskriver de en rykken-fornemmelse, når ledningen trækker dem tilbage, hvis de har været væk for længe. I mit arbejde har jeg opdaget, at det er muligt for kroppen at eksistere uden at sjælen konstant er til stede i den. Den vedligeholdes af en livskraft til stede i det fysiske, men den kan ikke fortsætte med at eksistere uendeligt uden sjælens tilstedeværelse.

Den anden oplevelse, af at den faktiske fysiske krop rejser, beskrives anderledes. Min første sag af denne type var en vidunderlig

The Custodians

sort mand, John Johnson, en psykolog, som ofte rejste med mig for at interviewe personer, der mistænktes for at være blevet bortført. I de tidlige dage af min undersøgelse var alt nyt. Jeg følte, vi pløjede ny jord. Jeg havde endnu ikke opdaget de mønstre, som jeg nu observerer. Dette kommer først efter at have undersøgt mange sager. Da jeg ikke var psykolog, stolede jeg på Johns ekspertise, da vi gennemførte første gangs interview med folk, der troede, de havde haft oplevelser med udenjordiske. Han stillede spørgsmål, jeg aldrig ville have tænkt på, spørgsmål, der afslørede noget om emnets mentale sundhed og deres familie. Nogle gange, når vi satte os i bilen for at køre hjem, sagde han, at emnet var forstyrret, og han mistænkte misbrug i deres fortid. I andre tilfælde mistænkte han, at personen fantasere eller søgte opmærksomhed. Jeg fik uvurderlige lektioner, mens jeg lærte fra ham om nogle af de tegn, man skal kigge efter. Mest af alt ville han sige, at familien var normal og syntes at have haft en oplevelse, de troede var virkeligt. Hvis han syntes, det var værd at følge op på, arrangerede vi at vende tilbage, og enten han eller jeg udførte hypnosen. Jeg satte stor pris på Johns hjælp og rådgivning under de tre år, vi arbejdede med disse sager. Han rejste mange mil med mig for at undersøge disse usædvanlige emner, på trods af hans svage hjerte, som forårsagede ham megen smerte. Det virkede ofte som om han tog hjertemedicin som slik, men han sagde, at det at arbejde med mig var det, der holdt ham i gang. Vores samarbejde ophørte først, da John døde af hjertesvigt i 1990 i en alder af 53.

Kort efter, at jeg mødte John i 1987, fortalte han mig om sin egen mærkelige oplevelse, som han gerne ville udforske under hypnose. Det var sket i 1981, mens han var på en rejse i Egypten. Han delte værelse med en fremmed (arrangeret af turen) på et hotel i Kairo. Han kunne ikke huske noget om natten, bortset fra at han vågnede op og stod overfor den anden mands seng, hvilket naturligvis fik manden til at vågne op. Han kunne ikke huske, hvordan han var kommet op, eller hvordan han var kommet dertil. Alt, hvad han kunne huske, var noget om et blåt lys. Jeg foreslog, at han måske havde søvngået. Det er meget almindeligt at gøre det, hvis man forsøger at sove et fremmed sted, især hvis man er træt efter en rejse. Han havde tænkt over den forklaring, men forkastet den, fordi han ikke havde nogen historie med søvngang. Han var sikker på, at han var taget et sted hen, og han ønskede, at jeg skulle hjælpe ham med at finde ud af, hvor.

Før vi begyndte sessionen, betroede han mig, at han var bekymret for, at hans hjerte kunne give ham problemer, mens han var i trance. Han nævnte symptomer, som jeg skulle være opmærksom på og bringe ham ud af trance, hvis de opstod. Jeg fortalte ham, at jeg var overbevist om, at intet af den slags ville ske, og jeg havde ret. Han gik gennem sessionen uden problemer. Da jeg vidste, at han var hypnotisør, var jeg sikker på, at det ikke ville være svært at få ham under hypnose. Fordi han kendte procedurerne, gav han mig sin fulde samarbejde.

Når han var i trance, tog jeg ham tilbage til den dag, han ankom til Egypten. Han var netop steget af flyet og var ved at gå gennem tolden. Når jeg arbejder med sager, der involverer det nuværende liv, kan der være en vis ængstelse forbundet med at huske begivenheden. Mange hypnotisører siger, at emnet vil opleve angst ved at vende tilbage til tidspunktet for begivenheden. Jeg har dog ikke oplevet nogen modstand, når jeg tager emnet, ikke til den præcise tid for begivenheden, men før begivenheden fandt sted. På denne måde kan du "snige dig ind gennem bagdøren" og lede op til det bagfra. Efter at han havde genoplevet at være i lufthavnen og gå gennem tolden med turgruppen, flyttede jeg ham frem til hans hotel. Han gav detaljerede beskrivelser af hotellet og det måltid, han spiste, før han gik til sin seng. Han var så træt fra den lange rejse, at han ikke havde problemer med at falde i søvn.

Som jeg har sagt før, sover underbevidstheden aldrig. Den er altid opmærksom på, hvad der sker. Jeg vidste, at hvis noget var sket i løbet af natten, ville underbevidstheden fortælle mig om det. Hvis det kun var en drøm eller søvngang, ville underbevidstheden også fortælle mig det.

D: *Skete der noget usædvanligt i løbet af natten?*

Johns svar kom som en overraskelse for mig. "Jeg blev kaldt ud."

D: *Kan du forklare, hvad du mener?*
J: Jeg blev kaldt ud, og jeg forlod gennem taget, gennem loftet i værelset.

The Custodians

På det tidspunkt antog jeg, at han beskrev en OBE (out-of-body experience). "Gør du det ofte?"

J: Jeg har gjort det af og til.

D: *Du sagde, at nogen kaldte på dig. Ved du, hvem det var?*

J: Nej. Jeg genkender ikke den stemme. Jeg har aldrig hørt den stemme før.

Jeg bad ham beskrive, hvad der skete.

J: Jeg svæver op. Og jeg svæver gennem objekter, gennem faste materialer. Jeg har gjort det før.

John befandt sig derefter i et svagt oplyst, cirkulært rum. Han stod foran en enorm glødende hvid plade. Den anslåede størrelse var 15 fod høj og 8 fod bred. Han følte, at han ikke var alene i rummet, men hans opmærksomhed var rettet mod den store sten. "Jeg studerer blokken. Der er lektioner inkorporeret i blokken."

D: *Har du set den blok før?*
J: Den specifikke blok, nej. Men jeg har set andre objekter. Ikke i krystalform, men jeg har set andre objekter med skrift på dem.
D: *Kan du dele med mig, hvad det står?*
J: Nej. Jeg kan ikke huske, hvad det er. Så snart jeg læser det, glemmer jeg det.
D: *Men det er vigtigt, at du læser det, og så er der en anden del af dig, der husker det? (Ja) Er det derfor, du blev kaldt derhen, for at læse det?*
J: Jeg antager, at det var en del af min grund til at være der. En anden grund er at lære.

Jeg prøvede at få ham til at dele noget af skrifterne med mig, men uden held.

J: Jeg kan ikke huske det. Jeg lærer det, og på et brøkdel af et sekund har jeg glemt det. Det bliver en del af mig.

I ét tilfælde stod han foran stenen og studerede den, og i det næste øjeblik var han tilbage i sit hotelværelse. "Jeg er tilbage i mit værelse. Jeg er ikke i min seng. Min seng er derovre. Jeg er ved en anden seng." Jeg antog stadig, at han havde haft en OBE-oplevelse. "Så rejste du dig bare op, når du kom tilbage til kroppen, eller hvad?"

J: Jeg kom ikke tilbage til kroppen. Kroppen var med mig.

Dette overraskede mig og tog mig på sengen, da det var første gang, jeg havde hørt om dette. "Du mener, din fysiske krop gik gennem loftet? Er det ikke lidt usædvanligt?"

J: (Helt som en selvfølge) Nej. Jeg går nogle gange gennem væggene.

D: *Jeg mener, hvis nogen kiggede på sengen den nat, ville din fysiske krop have ligget der? (Nej) Ved du, hvordan det var muligt at gøre det?*

J: Teleportation.

D: *Gjorde du det på egen hånd?*

J: Nej, jeg kan ikke gøre det med min egen vilje. Når jeg blev kaldt ud, blev det muligt.

Dette rystede mig lidt. Jeg havde svært ved at finde på fornuftige spørgsmål.

D: *Dette rundcirkulære rum, du fandt dig selv i, var det et fysisk solidt rum?*

Jeg tænkte, det måske kunne have været på det åndelige plan, måske på skolerne eller Hallen af Læring, som beskrevet i Between Death and Life.

J: Ja, det er solidt.

D: *Din krop var solid? Og gulvet, væggene og alt i det rum var solidt?*

J: Ja, de er alle solide.

D: *Ved du, hvor det rum var placeret?*

J: Nej. Men jeg kan fortælle dig, hvad jeg ser i rummet. (Han visualiserede det igen.) Når jeg står og ser på pladen, er der paneler til højre og et gelænder. Panelerne er forhøjede måske 24

tommer fra hovedgulvet, og der er en gangbro. Der er paneler og
målere. Jeg forstår dem ikke. Jeg bliver ikke vist dem. Jeg ser dem
bare, når jeg scanner rummet.

D: Er der noget, du kan sammenligne dem med?

J: Jeg kan ikke sige det. Jeg ser målerne og dialsene fra afstand.

D: Er gelænderet rundt om siden af rummet?

J: Ja, det omgiver rummet. Denne del af rummet, jeg er i, er som et
sænket rum. Det er lavere end resten af rummet. Jeg føler en
tilstedeværelse, men jeg kan ikke se i den retning. Der er meget
lidt belysning i rummet. Den største lyskilde virker at være denne
krystalplade. Jeg ser noget lilla (peger derovre), men jeg ved ikke,
hvad det er.

D: Har du været i dette sted før?

J: Jeg har været mange steder. Jeg ved ikke, om jeg har været i dette
særlige rum før. Det er nyt for mig. Jeg kender ikke vejen rundt.
Jeg er ikke bekendt med dette rum. Jeg har været i mange rum.
Måske var det bare én gang i dette rum, der var nok. Jeg har været
i mange kamre, kun én gang.

D: Hvad med stedet, hvor rummet er, har du været der før?

J: Jeg ved det ikke. Jeg ser kun rummet. Jeg er ikke andre steder. Når
jeg kom hertil, kom jeg til rummet. Når jeg går, går jeg fra
rummet. Jeg går ikke andre steder.

D: Hvor længe har du været rundt i disse forskellige steder?

J: Hele mit liv.

D: Men du sagde, de ikke var de samme. Hvordan var de forskellige?

J: Nogle gange er jeg i en auditorium. Nogle gange er jeg i et mindre
rum. Nogle gange er jeg i et bibliotek. Nogle gange har jeg bare
en følelse af bevægelse. Det kan være en svævende fornemmelse,
eller en accelererende hastighed, som jeg svæver. Tidligere, når
jeg gjorde det, var det fordi jeg ikke havde andet at lave på det
tidspunkt. Jeg havde ikke noget at lære. Jeg havde ikke noget
arbejde at gøre, så jeg var på min egen. Følelsen af frihed kan være
opkvikkende. Nogle gange på disse små rejser ser jeg væsener. De
ligner mennesker. De er døde, men de var mennesker. De er døde
kun i den forstand, at de ikke længere er af denne verden.

Disse steder lyder mere som den åndelige verden, hvor sjælen
rejser om natten (og mellem livene) for at studere og lære.

D: *Var det din fysiske krop, der oplevede dette?*
J: Nogle gange var det min fysiske krop. Nogle gange var det min astrale krop. Det er svært at sige, hvornår disse oplevelser var fysiske, fordi der ikke er nogen måde at bekræfte den information på. Denne oplevelse i Egypten involverede bestemt min fysiske krop.
D: *Jeg antager, at det er meget ligesom, fordi i begge tilfælde er din intelligens til stede. (Ja) Når du havde denne oplevelse med at gå gennem væggene og loftet i din fysiske krop, hvordan føltes det?*
J: En fornemmelse kun af bevægelse, bare bevægelse. Jeg kan ikke huske det. Jeg er bare der. Jeg ved ikke, hvad jeg gjorde.
D: *Men da du kom tilbage og fandt dig selv ved din roommates seng, så du så noget usædvanligt i rummet?*
J: Jeg så en blå stråle komme fra loftet.
D: *Klar blå?*
J: Nej, nej. Lyseblå. Den er lidt mørkere end et robinsæg.
D: *Hvad tror du, lyset var?*
J: Hvad tror jeg, det var? Det var en rutschebane. Det var ikke rigtig en rutschebane. Men jeg ser en rutschebane, som om den blev gjort tilgængelig for mig at komme tilbage i rummet. Jeg kan se det nu. Det kommer fra loftet til gulvet, og er cirka tre fod i bredden. Det førte mig tilbage i rummet. Det har noget at gøre med nedbrydningen af kroppens molekyler. Jeg kan ikke komme på nogen anden måde at udføre den opgave på.
D: *Hvor tror du, lyset kom fra?*
J: Jeg har ingen idé. Men jeg var i det, da jeg gik ud, og da jeg kom tilbage. Det giver en følelse af pleje. Det er et godt lys.
D: *Hvor længe varede det i rummet?*
J: Lige længe nok til at jeg kunne se det, og så var det væk. Og jeg fandt mig selv tilbage i rummet stående ved den anden seng, som om jeg var blevet afsat der. Det fik min roommate til at vågne op, men jeg havde intet hukommelse af, hvordan jeg kom derhen.

Da det så ud til, at vi ikke kunne få yderligere information om oplevelsen, instruerede jeg ham i at forlade scenen, han var på. Jeg førte ham tilbage til nutiden (1988). Før sessionen havde John bedt mig om at finde ud af, hvad der var galt med hans helbred. I andre sessioner har jeg bedt hans underbevidsthed om at fortælle os, hvad der var galt med kroppen, og foreslå behandlinger. Det har altid været gjort på en upersonlig og distanceret måde, som om det drejede sig om en tredjeperson. Denne korte del viser, hvor objektiv underbevidstheden virkelig kan være.

D: *(Jeg talte til Johns underbevidsthed.) Han er bekymret over problemer, han har med sin fysiske krop. Ville du være i stand til at scanne hans krop og fortælle os om nogle af disse problemer?*
J: Jeg er ikke dyb nok til at udføre den scanning. Den scanning kræver en dybde, der gør det muligt at cirkulere gennem alle organerne i kroppen. Jeg har ikke opnået den dybde. Jeg har ikke fuldstændig konditionering til at opnå den dybde.
D: *Ville underbevidstheden kunne kigge på kroppen objektivt og give os nogle informationer alligevel? Det behøver ikke at være grundigt. Vi vil sætte pris på alt, du kan fortælle os.*
J: Ja. (Pause) For øjeblikket... det hjerte er ved at dø. Det vil stoppe en dag... snart.

Hans fuldstændige upåvirkede objektivitet overraskede mig. "Er det det vigtigste problem i kroppen?"

J: Ja. Det holder kroppen i gang.
D: *Er der noget, John kan gøre for at hjælpe tilstanden? Har du nogle forslag?*
J: (Eftertrykkeligt) Nej. Når hans tid kommer, går han.
D: *Der er ingenting, han kan gøre for at hjælpe det?*
J: Nej, nej. Der er ingenting, han vil gøre. Han er tilfreds. Han har accepteret det.

Jeg gav forslag til velvære og sundhed, men jeg vidste, at disse ville være forgæves. Hvis underbevidstheden var positiv om, at der ikke var noget håb om bedring, så ville der ikke være noget, der kunne gøres af dødelige. Da John vågnede, huskede han intet af, hvad hans underbevidsthed havde sagt. Dette er ofte tilfældet. Subjektet kan huske noget af sessionen, men den del, hvor jeg taler med deres underbevidsthed, er blank. Jeg tænkte, det ville være bedst at lade John høre det fra sig selv, når han afspillede båndoptagelsen.

The Custodians

I stedet ville han gerne beskrive, hvad han huskede om rummet. Det meste af det var det samme som i sessionen. "Jeg kunne ikke se dials og målere og tingene klart, fordi jeg måske var tyve fod væk. Det var et stort rum, og det var højt. Du ved, det lyder skørt, men på et tidspunkt undrede jeg mig over, om jeg var inde i Jorden. Seriøst. En ting, der fik mig til at tænke på det, var, at væggene var klippede, som sten. Faktisk var det mere som en hule. Gulvet virkede også som sten."

En uge senere ringede John for at diskutere sessionen, efter han havde haft mulighed for at lytte til båndoptagelsen. Det første, han sagde, var, at han ikke kunne tro, at hans fysiske krop blev taget fra det rum. Han kunne ikke tro, at det skete med nedbrydning af molekylerne eller på nogen anden måde. Han grinede, da han sagde det, og jeg grinede med ham og sagde: "Hej, det er dig, der sagde det, ikke mig." Han sagde, at han ville tro på det, hvis han hørte en anden sige det, men ikke sig selv. Han gjorde virkelig en joke ud af det, men jeg havde en mistanke om, at han vidste nok om hypnose til at forstå, at det måtte være sandt, ellers ville han ikke have sagt det. Han forsøgte bare at retfærdiggøre det for sig selv, som alle de andre, der har disse oplevelser. De vil forsøge at finde alternative forklaringer, så deres bevidste sind kan acceptere det. Så det ser ud til, at det ikke betyder noget, selvom du er en efterforsker og er bekendt med teknikkerne og hypnose i sig selv, er reaktionen den samme.

John arbejdede med døende hospitalspatienter og forsøgte at forberede dem på den verden, de var på vej ind i. Han gjorde meget godt, før det var tid for ham at tage den rejse selv. Og så, som hans underbevidsthed sagde, ville hans hjerte simpelthen stoppe. Jeg lærte meget af John om efterforskningsprocedurer. Jeg vil altid savne hans råd, men jeg er taknemmelig for, at jeg fik lov til at kende ham i den korte tid.

Johns oplevelse viste vanskeligheden ved at skelne mellem møder med udenjordiske væsener og astralrejse. Jeg begyndte at være opmærksom på mine emners usædvanlige drømme, mens jeg arbejdede med Phil på min bog Keepers of the Garden. Han havde ingen bevidste minder om møder med udenjordiske væsener, kun traumatiske drømme. Når vi undersøgte disse, fandt vi faktiske mødeoplevelser, der gik tilbage til hans barndom. Nogle af de detaljer, vi afslørede, etablerede et mønster, jeg ville se gentaget igen og igen.

The Custodians

At jeg overhovedet mødtes med Carrie er for langt ude til at blive betragtet som en tilfældighed. Min ven Connie havde nævnt sin langvarige kunstnerven, der boede i Houston. Carrie havde haft mærkelige drømme og (angiveligt) visioner, der tyder på kontakt med udenjordiske væsener. Connie tænkte, at jeg måske kunne arbejde med hende, men det virkede meget usandsynligt, da Carrie boede så langt væk. Hun blev holdt på en kort snor, da hendes mand ikke lod hende rejse væk hjemmefra. Hun havde ikke besøgt Connie, siden hun flyttede til Arkansas, selvom Connie var en gammel og kær ven. Så trådte den mærkelige tilfældighed ind for at bringe os sammen. Connie tog til Houston for at besøge Carrie og blev dødelig syg. Den eneste måde, hun kunne vende hjem til Arkansas, var, at Carrie skulle køre hende. Under omstændighederne gav hendes mand hende tilladelse, og hun gennemførte rejsen.

Connie ringede til mig en tirsdag aften, efter hun var kommet hjem. Hun ville have mig til at komme til hendes hus for at møde Carrie, så hun kunne diskutere sine oplevelser, og måske få en regression. Hun vidste, at hun aldrig ville være i vores område igen, så det ville være hendes eneste chance for at mødes med mig. Jeg skulle af sted torsdag morgen til en konference i Little Rock, så onsdag var den eneste ledige dag. Vi mødtes den dag til aftensmad, og derefter bad jeg hende fortælle mig om sine oplevelser til båndoptageren. Hun havde minder om drømme forbundet med udenjordiske væsener, men hun ville primært finde ud af noget om en ud-af-kroppen oplevelse og en vision, hun blev vist. Det havde haft stor indflydelse på hendes liv, selvom andre mennesker gjorde grin med det. Jeg sagde, at jeg ville arbejde på alt, hvad hun ville. Jeg mente, det var vigtigere at hjælpe hende, end at finde et andet interessant stykke information vedrørende UFO'er.

Oplevelsen af at være ude af kroppen fandt sted i 1978, da hun forberedte sig på at gå i seng. Hun vidste, at hun endnu ikke sov. Hun havde taget sin natkjole på og sad på sengekanten, da hun hørte en dyb stemme fra hjørnet af rummet, der sagde, "Carrie, kom med mig!"

"Og han sagde det ikke højt. Det ramte lige her," pegede hun på sin pande. "Og jeg følte mig som et vådt håndklæde. Du ved, hvordan et håndklæde føles, når du lægger det i vand, og løfter det op, og det hele klistrer sammen og bliver tungt? Så følte jeg mig bare svæve op og ud af min krop. Og pludselig svævede jeg med denne grålige,

The Custodians

tågede, formløse, intethedsagtige ting. Da jeg kom ud af mig selv, så jeg det. Det var denne tågede ting uden form, og den havde sorte øjne. Dybe, kærlige øjne. Og pludselig var vi ikke i rummet længere. Vi svævede op over alt." Fra dette perspektiv blev Carrie vist fem scener i rækkefølge. De syntes at relatere sig til fremtidige begivenheder i hendes liv, og hun blev vist dem i tidsmæssig rækkefølge. For mig virkede de fulde af symbolik, ligesom den type, vores underbevidsthed bruger i drømme. Over årene siden denne oplevelse, var nogle af begivenhederne allerede kommet til at finde sted i Carries liv, bortset fra den, der havde gjort det største indtryk, og som havde forårsaget den største frygt og forvirring. Hun havde aldrig været i stand til at glemme det.

Hun så en vandmasse. Hun kunne ikke bestemme, om det var en sø eller et hav, men der var bakker og træer, der kom ned til vandkanten. Hun svævede over det og kiggede ned på det. Vandet havde en grønlige farve og var i voldsomt oprør, som om det var fra en storm. Hele himlen var grønlig, og der var store bølger. Så så hun tusindvis af døde fisk flyde med maven op i vandet. To hvide fugle fløj over vandet, da de pludselig faldt ned fra himlen.

Derefter blev hun vist en delvist ødelagt by. Der var hundreder og hundreder af mennesker i forskellige stadier af sygdom. Og hun så sig selv blandt dem, fodrende dem og forsøgende at tage sig af dem. Ordene kom ind i hendes hoved: "Og nogle kan spise, og for nogle vil det blive til eddike i deres mund." For mig lød dette bibelsk. Under denne sekvens vidste hun, at hun ikke var syg, og hun vidste, at hun ikke kunne blive syg.

Da hun protesterede, "Hvorfor mig?" kom svaret. "Dette blev ikke vist for dig for at du skulle frygte. Vær ikke bange. Dette var grunden til, at du blev sendt til Jorden. Du skal være forberedt på disse kommende tider." Det blev derefter gentaget, "Vær ikke bange," tre eller fire gange.

Carrie fortsatte. "Så pludselig fandt jeg mig selv tilbage i mit rum siddende på sengen. Jeg kiggede for at se, om min mand var vågen, og han lå der og snorkede. Og jeg rystede, mens jeg kiggede rundt i rummet. Intet havde ændret sig. Jeg rejste mig op og gik ud i stuen, røg en del af en cigaret og slukkede den. Jeg svedte. Jeg var livrædd. Jeg var ikke bange for, hvad jeg havde set, jeg var bange, fordi jeg

The Custodians

vidste, at jeg ikke sov. Jeg vidste ikke, hvad der var sket, men jeg kravlede til sidst i seng og faldt i søvn.

"Næste morgen ringede jeg til fire eller fem præster. Jeg startede med det, og troede, at noget var kommet for at fortælle mig om fremtiden. Nå. Jeg fandt hurtigt ud af, at de ikke var dem, jeg skulle have ringet til. Deres første forslag var, at noget mentalt var galt med mig. Så jeg lærte hurtigt, at der er nogle ting, man ikke kan tale med andre om. Jeg vidste, det ikke var en drøm. Jeg var bange i to eller tre år, fordi jeg vidste, disse ting ville ske. Det var ikke noget, jeg troede ville ske, men jeg vidste, det ville ske. Det hjalp ikke, da nogle af de første begivenheder begyndte at finde sted."

Hun nævnte, at denne oplevelse var den primære, hun gerne ville udforske under hypnose. Hun var sikker på, at de andre (udenjordisksuggestive) oplevelser var "bare drømme," selvom de var uhyggeligt levende. Jeg opfordrede hende til at fortælle mig om dem alligevel, bare for optegnelsens skyld.

Hun beskrev en drøm, eller "mareridt," der var så levende, at hun aldrig havde glemt den. Den fandt sted i begyndelsen af september 1963, da hun var en nittenårig studerende på et universitet i Texas. I "drømmen" befandt hun sig i et buet rum mellem rækker af inkubatorer. Hun kaldte dem inkubatorer, fordi de havde babyer i dem, men de var ikke som nogen babyer, hun nogensinde havde set før. Hun havde tegnet billeder af dem og sagde, at hun ville sende dem til mig. Babyerne havde store hoveder og store øjne, hvilket var i skarp kontrast til deres små, rynkede kroppe. De var helt nedsænket i væske, og hun vidste, at de voksede i den. Babyerne kommunikerede med hinanden gennem deres sind, og de havde et stort ordforråd af sofistikerede ord. Babyerne i de forskellige inkubatorer så ud til at være på samme udviklingsstadie. Deres hud var luminescerende, perleagtig, hvidlig og virkede næsten gennemsigtig.

En kvinde kom derefter ind i rummet og tabte en kapsel på gulvet. Den lignede en tidsfrigivelses-kapsel, bortset fra at den var klar. Denne blev lagt i væsken for at få babyerne til at vokse. Jeg troede, hun mente, at kapslen indeholdt noget, der blev tilsat væsken for at hjælpe babyen med at udvikle sig, men hun understregede, at kapslen var babyen.

"Det var som frøet, der voksede babyen. De satte kapslen i væsken, og så voksede babyen ud af den kapsel og fortsatte med at

The Custodians

vokse. Men hun tabte denne på gulvet. Så jeg bøjede mig ned og samlede kapslen op og puttede den i min lomme. Jeg ville gerne fortælle nogen om det og vise dem det, fordi jeg vidste, at det var sådan, de gjorde det. Så var der andre mennesker i rummet, der sagde, at jeg ikke burde have kapslen. Jeg var bange, fordi de var vrede på mig. På det tidspunkt vågnede jeg."

Carrie fortsatte, "Anyway, det var min drøm, og jeg har aldrig glemt den. Jeg havde stumper af den samme drøm hele tiden, mens jeg gik på college. Jeg havde følelsen af, at jeg arbejdede i dette børnehjem om natten i stedet for at sove. Ikke underligt, at jeg var træt, når jeg vågnede. Jeg ved ikke, om dette er UFO-relateret. Jeg er en kunstner. Jeg er en kreativ person. Det kunne være det, eller det kunne bare være drømme. Hvis vi har sessionen, husker jeg måske ikke noget mere end det, jeg har fortalt dig om alt dette."

Connie sad med til sessionen sammen med sin ven. Carrie gav mig de omtrentlige datoer, hun gerne ville fokusere på, og vi blev enige om at forsøge at dække alle hændelserne, hvis det var muligt. Jeg vidste fra tidligere erfaringer, at hvis hændelserne kun havde været drømme, ville underbevidstheden fortælle os det. Vi ville ikke vide det, før hun blev regressiv til datoerne. Carrie viste sig at være et fremragende emne, der hurtigt gik i en dyb trance-tilstand. Jeg tog hende til aftenen med de ud-af-kroppen-visioner, engang i den sidste uge af juli 1978. Selvom hun ikke bevidst kunne huske datoen, leverede hun straks den præcise dato under hypnose: 26. juli.

Hun beskrev, hvordan hun var ved at gøre sig klar til at gå i seng den aften, da hun blev oprørt. Hun råbte, som om hun var bange, og begyndte derefter at hulke åbenlyst. Jeg gav beroligende forslag, så hun kunne fortælle mig, hvad der foregik. Hulken stoppede, og mellem snøftene forklarede hun, at hun pludselig følte sig meget tung, og følelsen var skræmmende. Alt var meget mørkt, og hun kunne ikke se noget. Så var der noget, der sagde hende, at hun ikke skulle være bange, og hun blev omsluttet af en stor følelse af kærlighed. Så ændrede mørket sig til grå, og gradvist begyndte scener at komme til syne. Hun så ud til at svæve over scenerne, og det var en usædvanlig følelse. Hun var klar over, at en enhed var sammen med hende, men den fremstod som en grå, tåget ting uden form og substans. Det eneste, der var genkendeligt, var store øjne, og selv de syntes at svæve ind og

The Custodians

ud af fokus. De scener, der blev vist af hendes fremtid, var identiske med hendes minder om dem. Der blev ikke tilføjet nye detaljer.

Den scene, der forstyrrede hende mest, var den sidste med de døende mennesker i den store by. Hun græd, og hendes stemme dirrede, da hun beskrev scenen. "Det er trist. Der er så mange mennesker, der dør. Nogle af dem bliver ikke raske, uanset hvad jeg gør. Jeg giver dem noget. Og jeg holder dem i mine arme, og jeg rører ved dem. Og nogle af dem dør alligevel. Det gør ondt i mig at se dette. Jeg kan ikke hjælpe dem alle. Jeg giver dem noget, som den tågede ting sagde til mig. Det er en slags mad. Jeg ved ikke, hvordan de blev syge. Men de hænger fra balkoner. Og deres hud har en mærkelig farve. De er grålige, gule eller blå. De ser bare syge ud. Det er grimt, og alle er korthårede og tynde." Hun græd: "Jeg er ikke tynd. Jeg kan ikke blive syg. Han sagde, jeg ikke kunne blive syg. Jeg skal tage mig af de andre mennesker. Nogle af dem bliver hjulpet, og nogle bliver ikke. Der er bare så mange af dem. Jeg tror ikke, det var en krig, der gjorde dem syge. Det var en slags nukleart noget. Jeg ved ikke, om det var vand, eller hvad der skete med dem. Det var som en sky, men der var ikke nogen krig. Det var som en storm. Det er nok det, der dræbte de fisk, jeg så også. Det havde noget at gøre med vand, som regn."

Hun blev så følelsesladet, at jeg tænkte, det ville være bedst at fjerne hende fra scenen med håbløs fortvivlelse, som hun ikke kunne gøre noget ved. "Jeg kan ikke hjælpe dem alle," insisterede hun, "men de græder, de græder. Der er så mange, der er syge. Jeg kender ikke nogen af dem. Jeg genkender ikke nogen. Men jeg føler så meget medlidenhed for dem, og jeg elsker dem." Hun protesterede: "Jeg ved ikke, hvorfor det er mig. Hvorfor gør jeg det? Den tågede ting siger til mig, at jeg ikke skal være bange for det. Jeg blev sendt til Jorden for dette. Jeg ved ikke, hvorfor mig. – Åh, han har smukke øjne. Jeg føler så meget kærlighed fra ham. Så er det som om, han rørte mig på panden, men han havde ikke nogen fingre. Og pludselig var jeg tilbage i min krop. Jeg rejste mig og gik ud af det rum."

Hun stirrede ud af vinduet på den mørke nattehimmel og røg nervøst en cigaret og prøvede at finde mening i oplevelsen. "Jeg ved, jeg ikke drømte. Jeg har aldrig drømt, mens jeg har siddet oppe. Jeg husker alt. Han sagde, jeg skulle huske det. Det skal virkelig ske, men jeg ved ikke hvor."

The Custodians

Da hun var så oprørt, tænkte jeg, det ville være bedst at vi gik videre til den næste oplevelse. Det var åbenbart, at vi ikke kunne få flere oplysninger om det alligevel. Efter at have beroliget hende og givet afslappende forslag, førte jeg hende tilbage til september 1963, da hun var studerende på college. Hun vendte straks tilbage til den tid og beskrev sit kollegieværelse i detaljer og talte om hendes værelseskammerat, som også var hendes bedste veninde. Jeg bad hende derefter om at gå til den nat, hun havde haft den mærkelige drøm om babyer. Hun begyndte straks at beskrive, hvad hun så.

C: Jeg er i et rum. Og jeg er som en ... candy striper.
D: En candy striper?
C: Ja. Du ved, de piger, der arbejder på hospitaler.
D: Hvad får dig til at tro, at du er som en af dem?
C: Fordi jeg er i et børnehjem. Der er babyer. Jeg har forklæde med lommer. Det er derfor, jeg ser ud som en candy striper.– Men jeg er bange for babyerne.
D: Hvorfor skulle du være bange for en baby?
C: Fordi de ser sjove ud. De har store øjne. Og de er virkelig kloge.
D: Hvordan ved du, at de er kloge?
C: Fordi de taler til hinanden.
D: Med deres munde?
C: Nej. De er i vand. Hele vejen op over deres hoveder. De er nedsænket i vandet. Det er som om, de tænker på hinanden, men jeg kan vide, hvad de tænker. En af dem ved, jeg har kapslen. Og den vil fortælle.
D: Hvilken kapsel taler du om?
C: Den, der faldt på gulvet. Det er bare en helt almindelig kapsel. Det er som en pille. Og man kan se igennem den.
D: Er der ikke noget indeni den?
C: Nå, der er noget indeni, men du kan også se igennem det. Jeg kan ikke se, hvad det er.
D: Du sagde, at en af dem siger, den vil fortælle?
C: (Som et barn) Uh-huh. Den vil sladre om mig. Og den er vred på mig. Jeg kan høre det i mit hoved.

Carrie beskrev beholderne, der holdt babyerne, som noget der lignede kar med rundede kanter. De var lavet af et materiale, der

The Custodians

mindede om klar plast. Hun vidste, at det var anderledes end plast, men ikke hårdt som glas. Der var mange af dem i rummet. Hun forsøgte at tælle dem og mente, der var mindst femten, måske så mange som siebten af disse beholdere. De stod på noget, fordi hun kunne kigge ned i dem uden at bøje sig. "Og de er alle forbundet med et klart rør. Det er det, der holder vandet fyldt. Röret går til alle sammen: mellem hver og ind i den ene og så den anden, som en slange. Det kommer ud af væggen, hvor der er knapper, du drejer og knapper, du trykker på. Jeg ved ikke, hvad de betyder. Jeg har ikke noget med den del at gøre. Denne dame kommer ind og drejer på knapperne og sørger for, at babyerne har det godt. Hun kan lide babyerne og taler med dem. Mit job er at holde øje med babyerne, tage sig af dem. Jeg skal tjekke vandet. Der er en temperatur eller noget på siden, som jeg skal tjekke. Babyerne har store hoveder og en lille krop. Jeg kan ikke lide dem. De er grimme."

D: Er de altid i vandet?
C: Uh-huh. Jeg har aldrig set dem uden for vandet.
D: Har du set dette før?
C: Selvfølgelig. Mange gange. Det er derfor, jeg kan arbejde der.

Hun beskrev damen som en helt normal menneske, men med et strengt og alvorligt udseende. "Hun er min chef, men jeg kan ikke lide hende. Hun er streng. Men hun er ikke den store chef."

D: Hvem er den store chef?
C: Mændene i det andet rum.
D: Ved du, hvordan han ser ud?
C: Jeg er ikke sikker. Jeg går ikke ind der.
D: Er der andet møbel eller noget i rummet?
C: Jeg kan ikke se nogen møbler. Det er kun babyerne i disse beholdere. Jeg skal gå op og ned mellem babyerne. Jeg skal tjekke temperaturen og vandet og sørge for, at det er højt nok. Nogle af babyerne har deres øjne lukket, og nogle har dem åbne. De ligner alle hinanden. Grimme. Nogle af beholdere er tomme. Der lægger man pillen.
D: Kan du fortælle, hvordan det bliver gjort?

The Custodians

C: Hun lægger pillen i ca. en tomme vand. Lægger noget vand under den gennem røret. Og så hælder hun noget andet i vandet, men jeg ved ikke, hvad det er. Hun tager det med sig. Det er i en lille flaske. Og hun lægger en knivspids af noget i, ligesom når man laver mad, man lægger en knivspids af det og en knivspids af det. Så lægger hun kapslen i. Så opløses det, og babyen begynder at vokse.

D: *Tager det lang tid?*

C: Nej. Jeg er ikke helt sikker på, hvor lang tid det tager, fordi jeg ikke er der hele tiden. Men jeg ved, det tager ikke særlig lang tid.

D: *Tror du, det er menneskebørn?*

C: Nej, fordi de er grimme. De ville være syge, hvis de var mennesker.

D: *Hvad tror du, de er?*

C: Jeg ved det ikke.

D: *Har du nogensinde været udenfor dette rum?*

C: Ja. Jeg ved ikke, hvor vi er, men det er stort.

D: *Ville det være som et hospital?*

C: (Pausen, derefter forsigtigt.) Jeg ved det ikke. Lidt, tror jeg. Det er som noget militært.

D: *Hvorfor føler du, det er militært?*

C: Du skal tage ordrer. Du kan bare ikke gå, hvor du vil.

D: *Hvordan kommer du derhen?*

C: Du vågner bare op, og der er du.

D: *Hvor lang tid bliver du der?*

C: Åh, i det mindste over natten.

D: *Hvad gør du, når du forlader der?*

C: Du går i søvn. Du vågner op. Og det er en drøm.

D: *Du sagde, du har gjort det her mange gange?*

C: Åh ja! Jeg tror, siden jeg var fjorten eller femten. De lader ikke alle tage sig af babyerne. Jeg ved ikke, hvordan jeg kommer herhen. Men jeg skal arbejde med babyerne.

D: *Du har ikke noget valg?*

C: Nej. Du kan ikke forlade det rum.

D: *Ved du, hvad de gør med babyerne?*

C: De vokser op og bliver mennesker. Og de er sjove at se på.

D: *Har du set, hvad de voksne ser ud som?*

C: De er høje, og rigtig tynde. De har lange arme. Jeg har ikke set dem tæt på.

The Custodians

D: Hvordan ser deres ansigter ud, når de er voksne?
C: Lige som da de var babyer. Grimme. De har store øjne. Og en tynd kæbe, næsten ingen. Og deres øjne ... deres øjne er som olie. De ændrer farve. De er sorte, og de er våde.
D: Hvilke farver ændrer de sig til?
C: Lilla, blå, som olie.
Tilsyneladende lignende en oliepøl med farvevariationer i.
D: Hvad farve er deres hud, når de er voksne?
C: Jeg tror de voksne babyer ser sjove ud, lilla, grå, syg-udseende. Babyerne er næsten som om, du kan se igennem deres hud. Så gennemsigtige, du kan se deres årer. Og det er lidt sådan for de voksne også.
D: Bærer de nogen tøj, når de er voksne?
C: Jeg kan ikke sige. Han er tynd dog. Hans arme er lange. De hænger langt ned på hans ben. Da jeg så ham, var han langt væk. Han stod øverst på trappen og kiggede ned.
D: Har dette rum trapper?
C: Nej. Det var udenfor rummet. Du kan ikke gå udenfor rummet. Det var ud ad døren, hvor du ikke må gå. Jeg kiggede, da damen gik ud ad døren.
D: Det lyder som om, den del må være større.
C: Det er det. Det er stort.
D: Så han var for langt væk til at se hans hænder. Kan du fortælle, hvor mange fingre de har ved at kigge på babyerne?
C: Babyernes fingre er rigtig lange. Og de har en tommelfinger, men den er sat sjovt på deres hånd. Den er længere oppe ved håndleddet.
D: Hvor mange fingre har de?
C: Jeg ... jeg hader at røre ved en.
D: Har du været nødt til at røre ved dem?
C: Ja. Du skal rette dem ud i vandet. Hvis de bliver vendt forkert, skal du bare række ned og vende dem, så deres hoveder ligger tilbage. Så de ikke vender sig om og bliver viklet. De ligger på deres arm eller noget på den forkerte måde, fordi deres kroppe ikke virker. Jeg skal lægge hænderne i vandet for at vende dem. Og vandet føles mærkeligt, næsten som om der er et smøremiddel i det. Det

er mit job, men de kan ikke lide mig meget. De stirrer bare på dig nogle gange.

D: Hvor kommer disse babyer fra? Har de mødre og fædre? (Dette var et spørgsmål, Carrie havde skrevet ned, før vi begyndte sessionen.)

C: De kommer fra en kapsel.

D: Hvor kommer kapslen fra?

C: Nogen laver den.

D: I et andet rum eller hvad?

C: Det må være. Det er ikke her.

D: Hvordan ved du, de er i den kapsel?

C: Fordi de begynder at vokse ud af kapslen, med et lille hoved og en lille krop.

D: Ved du så, hvorfor de vokser disse babyer?

C: Jeg ved det ikke. Jeg tager bare mig af babyerne. De skader ikke noget. De vokser bare op og bliver mennesker. Store, sjove mennesker.

D: Har du set dem, når de tages ud af vandet?

C: Nej. Jeg får ikke lov til at holde dem så.

D: Så du ved ikke, hvordan du kommer til dette sted? Du vågner bare der? Og så går du i søvn og vågner op i din egen seng om morgenen? (Ja) Og du ved aldrig, hvornår du skal gå igen?

C: Nej, du ved det ikke.

Det blev mere og mere tydeligt, at jeg ikke kunne få flere informationer om dette, fordi hun ikke forlod det rum. Jeg afsluttede sessionen og bragte hende tilbage til fuld bevidsthed. Det var tydeligt fra hendes krops- og ansigtstegn, at hun var i en meget dyb tilstand. Hun rørte sig slet ikke. Kun hendes ansigt viste udtryk. Selv når hun græd, gjorde hun ingen andre bevægelser. Da jeg begyndte at tælle hende ud af transe, blev hun opmærksom på sin fysiske krop igen og rystede og hoppede mærkbart. Efter hun var fuldt vågen, havde hun ingen hukommelse af sessionen overhovedet.

Efter at hun var helt vågen, fik jeg hende til at følge en suggestion, jeg havde givet hende, om at tegne et billede af babyerne. Carrie var en dygtig professionel kunstner og havde tegnet billeder af dem efter de oprindelige drømme. Hun lavede nu en grov skitse, som jeg senere sammenlignede med de kopier, hun sendte mig. Der var nogle få forskelle, som hun forklarede, mens hun tegnede skitsen. Når hun tegnede hånden på den voksne væsen, tegnede hun tre fingre og sagde, at hånden næsten var lige så lang som underarmen. I hendes oprindelige tegning havde hun fire fingre. Denne gang sagde hun, at de tre fingre føltes rigtige, og hun ville lade det være sådan. Da hun tegnede billedet af inkubatorerne, sagde hun, "Denne gang har jeg lyst til at tilføje noget her på siderne. Det er som om, der er noget, der forbinder dem. Jeg satte det ikke i den oprindelige tegning." Mens hun tegnede tankerne og de tilknyttede slanger, udbrød hun pludselig og sagde, "Åh! Jeg husker lige. Jeg satte mine hænder i det vand."

Vi grinede. Dette var tydeligvis en detalje, som hun ikke huskede fra den oprindelige "drøm", og det frastødte hende. Det sidste billede, hun tegnede, var væsenet, som hun havde fanget et glimt af, da den anden kvinde åbnede døren. Det stod øverst på nogle trapper og havde et lys bag sig, så hun kunne ikke få klarhed over træk og ansigt. Men hun vidste, at dette var en af babyerne i voksenform. Da hun var på college, havde hun malet et billede af denne voksne, der stod øverst på en spiraltrappe og kiggede ned på en gruppe mennesker. Hun vidste ikke, hvor ideen kom fra. Hun kaldte det "Dante's Inferno", og hun vandt en pris for det. Selvom hun havde maleriet i flere år, kan hun ikke finde det nu. Da hun nu skitserede billedet for mig, havde hun indtrykket af, at det ikke var en trappe, men snarere en slags lysstråle (måske spiralt formet, som i billedet, hun havde tegnet af skibets indre). Hun lovede at sende kopier af de andre tegninger, hun havde lavet fra hukommelsen, selvom det nu så ud til, at vi havde flere detaljer, end der var i de oprindelige.

Jeg forlod Connies hus ved midnat med Carrie, som stadig stillede spørgsmål om sessionen. Jeg fortalte hende, at Connie måtte forklare det for hende. Jeg måtte hjem, da jeg skulle køre til Little Rock næste morgen for en konference. Jeg vidste, at jeg ikke ville være hjemme før klokken et om morgenen, men det var det hele værd at tale med denne kvinde.

I årene siden denne hændelse har jeg fundet ud af, at nogle andre efterforskere har fået kopier af babybilledet. Nogle af dem siger, det er et eksempel på menneske-udenjordisk hybrideksperimentering, men den teori går totalt imod, hvad Carrie sagde under hypnose. Hun insisterede på, at babyerne ikke var menneskelige, men udenjordiske. Den tegning, hun sendte mig af skibets indre, indikerer, at hun må

The Custodians

have været udenfor rummet på et tidspunkt under denne vedvarende oplevelse.

Jeg har vist disse billeder ved mine foredrag i de sidste par år. Jeg har altid beskrevet den tegning som interiøret i et kæmpe moderskib med mange niveauer. Nu, mens jeg skriver dette, undrer jeg mig over, om der kunne være en anden forklaring. Kunne hun have været i en underjordisk eksperimentel facilitet? Tankerne kom til mig på grund af hendes omtale af et militærlignende miljø og det faktum, at der var en anden tilsyneladende menneskelig arbejder der. Hun sagde aldrig, hvor det var, kun at hun vågnede der. Hun kunne aldrig sige, hvordan hun blev transporteret dertil. Jeg har antaget, at det var et moderskib, fordi det i min erfaring var det eneste, der kunne være stort nok til at huse en sådan facilitet. Nu begynder jeg at tvivle.

Carries vision af katastrofesituationen er blevet gentaget gennem andre emner, ikke i nøjagtige detaljer, men med beskrivelser af lignende scenarier, som om noget drastisk var sket med Jorden. Jeg har endda haft lignende tilfælde i fremmede lande, mens jeg lavede UFO-regressioner, fra folk, der ikke kender til amerikanske "tendenser" på dette område. Min postkasse vidner også om, at mange mennesker har haft lignende visioner, gennem slående livagtige drømme, udenfor-kroppen-oplevelser og blot flashes af indsigt. Hvor kommer disse scener og visioner fra? Er de virkelige glimt af fremtiden? Eller er de sandsynligheder og muligheder på tidslinjerne, som beskrevet af Nostradamus i min trilogi Samtaler med Nostradamus? Hvis de er mulige fremtider, kan de så påvirkes og ændres af menneskets sind? Er det grunden til, at de afsløres for os?

Da jeg ringede til Carrie for at spørge om tilladelse til at bruge hendes historie i denne bog, fortalte hun mig, at hun for omkring fem år siden var gået til en psykolog på grund af et urelateret personligt problem. Under deres sessioner fortalte hun om den mærkelige drøm. Psykologens forklaring var, at Carrie må være blevet seksuelt misbrugt som barn. Det betød ikke noget, at Carrie ikke havde nogen hukommelse om noget misbrug, det måtte være svaret. Carrie kunne ikke se forbindelsen, og det kunne jeg heller ikke, da der ikke var nogen seksuelle konnotationer i "drømmen" eller visionerne. Nogle psykologer og psykiatere, når de bliver konfronteret med noget usædvanligt, vil i stedet for at udforske en anden forklaring ikke afvige

The Custodians

fra "bogen". I deres uddannelse kan der ikke være nogen anden forklaring.

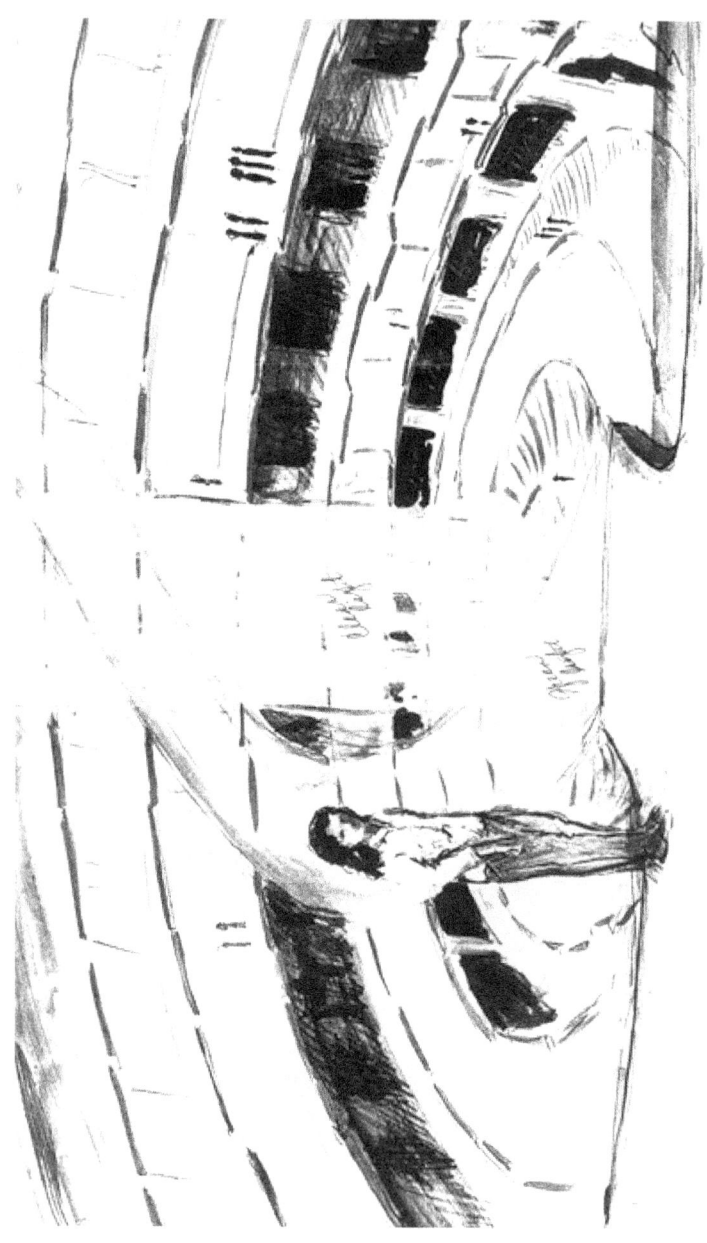

"Tegning af Carrie af venstre side af skibet."

The Custodians

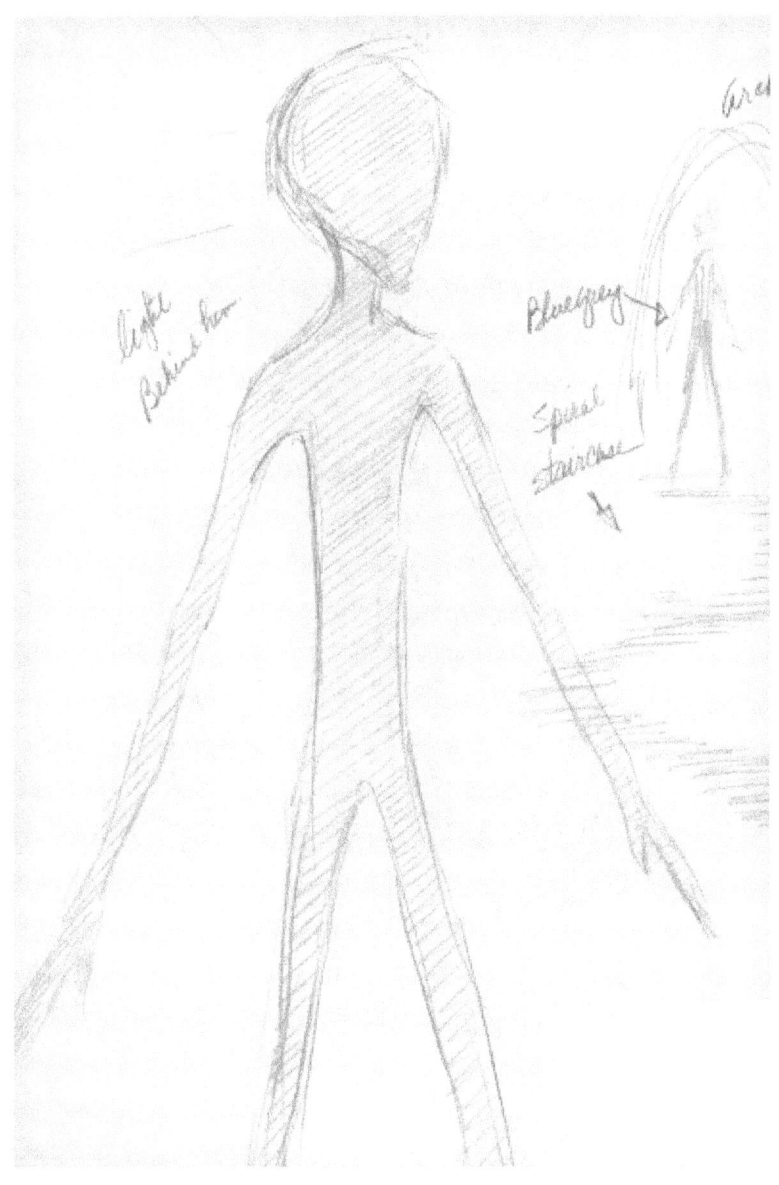

"Carries tegning af silhuetten af aliens."

The Custodians

Carries tegning af børneværelset inde i det fremmede skib.

"Carries tegning af en af aliens."

The Custodians

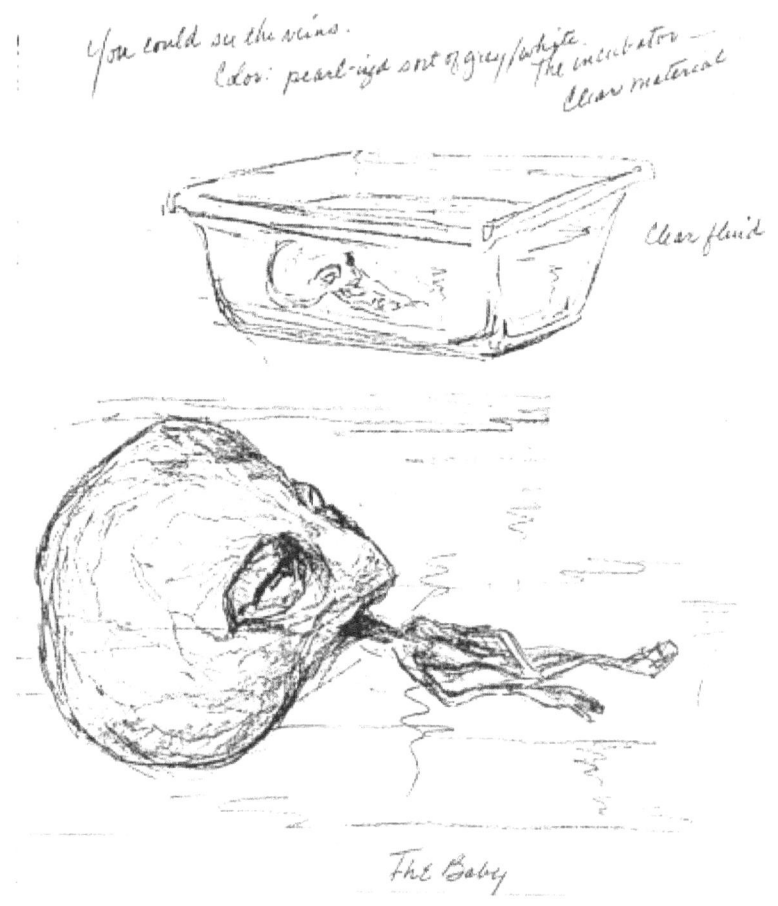

"Carries tegning af alien-babyen."

Min ven, LeeAnn, var endnu et tilfælde af information, der blev skjult i en drømmelignende tilstand. Hun var en kvinde i begyndelsen af fyrrerne, der underviste børn med læringsvanskeligheder i Florida. Hendes mor og far var gamle venner af mig, og hun kom hvert år til Arkansas for at besøge dem. Hun havde været interesseret i psykiske fænomener og mere for nylig i metafysik. Hendes forældre forstod ikke noget af dette, så når hun kom på besøg, brugte vi meget tid

The Custodians

sammen på at diskutere disse ting. På dette tidspunkt, i sommeren 1988, fulgte vi vores normale rutine. Vi ville tage til den lokale restaurant, finde et bord i et hjørne og tale i flere timer, ofte indtil de lukkede. Hendes forældre kunne aldrig forstå, hvad vi kunne finde at tale om så længe.

Under samtalen beskrev hun nogle mærkelige oplevelser, der var opstået cirka seks måneder før. Hun troede, at de måske var ud-af-kroppen oplevelser, men jo mere hun talte, desto mere genkendte jeg symptomerne på en klassisk UFO- bortførelse. Hun havde ikke læst nogen UFO-bøger før hændelsen. Efterfølgende læste hun en Ashtar Command-bog og tænkte, at hvis hendes oplevelser havde noget at gøre med rummænd, så måtte det bestemt være den type, det drejede sig om: de smukke, blonde, blåøjede velvillige væsner. Jeg ville være sikker på, at hun virkelig ville udforske det, fordi jeg havde en følelse af, at hvis det virkelig var den klassiske type sag, ville hun måske opdage noget, der ville desillusionere hende. Hun var spændt på at prøve det, overbevist om at det ville være en vidunderlig oplevelse. Så vi planlagde tid til sessionen, så vi kunne bruge hele eftermiddagen.

LeeAnns tante og onkel var også mine venner, som bestemt ikke ville forstå nogen af de mærkelige ting, deres niece var interesseret i. Da de var ude af byen, vidste vi, at vi kunne have deres hus for os selv uden forstyrrelser. Vi satte os ned i stole i stuen, og jeg bad hende fortælle mig sine minder om oplevelsen til fordel for båndoptageren. Jeg kan godt lide at optage interviewet først, så vi kender de bevidste minder. Ellers kunne det senere blive sagt, at der ikke blev afsløret noget nyt, og at de huskede alt. Hypnose afslører altid detaljer, der ikke var kendt på tidspunktet for oplevelsen.

Hun kaldte det en drøm, fordi hun ikke vidste, hvad hun ellers skulle kalde det, men det havde kvaliteter, der ikke antydede en drøm.

Hun huskede den præcise nat og omstændighederne, der førte op til hændelsen. LeeAnn, hendes mand Mike og deres søn Adam havde planlagt at besøge deres svigerforældre, så hun vaskede tøj sent om natten. Mike og Adam sov, og hun foldede tøjet i gæsteværelset. Det første, hun bemærkede, var små skygger ude af øjenkrogen. Hun havde set disse flere gange, og de syntes aldrig at være forbundet med normale ting i rummet, der ville kaste skygger. De ville være på gulvet eller langs væggen, altid på et lavt niveau. Når hun prøvede at fokusere på dem, ville de ikke være der. De var kun synlige ud af øjenkrogen.

109

The Custodians

Disse skygger er blevet rapporteret af andre mennesker, normalt i begyndelsen af en alien-møde. Selvfølgelig kunne de være forbundet med spøgelser eller ånder, men de synes at have en stigende forbindelse til rumvæsener.

Jeg har en teori om dette, men det kan ikke bevises på nuværende tidspunkt. Der er stigende spekulationer om, at rumvæsener og deres fartøjer kommer fra en anden dimension. Hvis det er sandt, så er måske skyggerne begyndelsen, når de lige er begyndt at træde ind i vores dimension og endnu ikke helt har materialiseret sig. Min antagelse blev bekræftet af hendes bemærkning, "Jeg så disse små skygger igen, og jeg tænkte, 'Lad mig være i fred i aften. Jeg vil ikke blive forstyrret.'" Det syntes at være en usædvanlig ting at sige uden at tænke, medmindre hendes sind forbinder skyggerne med en slags entiteter.

Efter at have foldet tøjet, tog hun et brusebad og besluttede at læse et stykke tid. Klokken var omkring et om morgenen, da hun lagde sig ned for at læse, men faldt straks i søvn. Hun troede, at hun drømte, men det virkede som en OBE, fordi hun pludselig var over sin krop og kiggede ned på den.

"Den mest fascinerende og spændende ting var, at da jeg kiggede på min krop, så jeg den som en tom skal. Og jeg vidste faktisk, hvordan det føltes at have en krop uden en sjæl. At se et totalt intethed, et totalt tomrum, og vide præcis, hvordan det føltes, for første gang. Jeg var virkelig spændt over det. Jeg var ikke to steder på én gang. Jeg kunne se min krop på sengen, men jeg er sikker på, at jeg ikke var i den."

Derefter ændrede situationen sig. Hun følte en følelse af hast, og måtte vende tilbage til sin krop, fordi hun følte, at hun måtte op og gå på toilettet. Hun var tilbage i sin krop, men før hun kunne rejse sig, hørte hun en høj, højfrekvent lyd direkte i hendes ører. Hun beskrev det som lyden af en Skil-Saw, høj og skinger. Den del af hendes sind, der stadig var delvist bevidst, forsøgte at ræsonnere, "Det er nat. Hvilken skør nabo bruger en Skil-Saw på denne tid af natten?" Hun sagde, at man bliver nødt til at definere ting ud fra de begreber, man kender. Alligevel vidste hun, at det ikke var første gang, hun havde hørt lyden. Der var en følelse af bekendtskab, som om det var sket før.

I de følgende år skulle jeg opdage andre tilfælde, hvor personen hørte en motorlyd (ofte højfrekvent) i begyndelsen af en oplevelse.

The Custodians

Dette er et andet aspekt, der passer ind i et forudsigeligt mønster. Men hendes næste bemærkninger var usædvanlige og ubehagelige for hende at huske.

Hun havde følelsen af, at hun ikke længere lå i sin seng, men hængte op og ned ved sine fødder. Derefter havde hun følelsen af, at hendes private dele blev stukket og proppet. Det virkede ikke som en seksuel følelse, mere som om det blev gjort med et slags instrument. Derefter trangen til at urinere igen. En anden del af hendes sind sagde: "Jeg kommer til at våde denne seng. Jeg følte, at jeg hang op og ned, men relaterede det til at sove og være i sengen. Jeg tænkte, dette er mærkeligt. Jeg ville gerne tilbage, fordi jeg vidste, at hvis jeg ikke gjorde det, ville jeg vådne sengen, og sengen ville blive beskidt."

Derefter havde hun følelsen af, at noget (et instrument) blev sat ned i hendes hals, og hun begyndte at gispe. Og hun tænkte: "De vil dræbe mig. Jeg vil gispe mig selv ihjel." Derefter den frygtelige følelse af hendes middag, der kom op i én stor klump. Hun kunne faktisk lugte den kvalmende lugt af galde. Så tænkte hun: "Nu ved jeg, at sengen kommer til at blive beskidt. Ikke nok med at jeg vil våde sengen, men nu kaster jeg op. Det kan ikke være en drøm. Det er for virkeligt!" Hendes lugtesans var så skarp, at det måtte være noget, der faktisk skete.

Alligevel forsvandt fornemmelsen lige så hurtigt, som den var kommet, og hun fandt sig selv liggende igen. Hun ønskede at vågne op, og hun kiggede hen mod, hvor skydedørene af glas ville have været i hendes soveværelse. "Rummet var lyst, og min bevidste tanke var: 'Hmm, hvorfor er rummet så lyst, når jeg ved, det er mørkt udenfor? Hvorfor kommer der lys gennem skydedøren, når jeg ved, jeg ikke har ladet den stå åben?' Så jeg kiggede udenfor, eller jeg gik udenfor. Jeg kan ikke huske det. Der burde have været en terrasse og en overdækket pool derude, men det var der ikke. Hvor min swimmingpool burde have været, stod der et bord. Og der var et hvidt, meget skarpt lys. Det var overraskende, fordi jeg virkelig troede, jeg lå i min seng i mit værelse. I stedet for en terrasse og pool var der dette lyse rum. Og jeg husker, at jeg så mennesker. De var mørkhudede og havde ikke nogen trøjer på. Og jeg tænkte: 'Hvad er der sket med min terrasse? Og hvis det dér er min terrasse, hvorfor sidder de her mennesker rundt om bordet uden trøjer på?' Det var, som om jeg

111

observerede tingene med to dele af mit sind, og intet af det gav nogen mening."

Det var de sidste ting, hun kunne huske. "Jeg følte mig roligere. Jeg følte, at jeg var samlet igen. Jeg vidste, at jeg var vågen, men jeg åbnede ikke øjnene med det samme, fordi jeg ikke ville se noget. Jeg ved ikke, hvor længe jeg lå der, men da jeg åbnede øjnene, så jeg, at rummet var mørkt, som det skulle have været om natten. Og jeg tænkte: 'Gud, jeg er tilbage i mit værelse!' Og jeg lå på maven, og jeg sover aldrig i den stilling. Men min krop var så afslappet. Jeg kan ikke huske, at jeg nogensinde har vågnet op i en så afslappet position. Og sengen var ikke rodet. Der var ikke opkast, ikke urin, tæpperne var pæne, som om jeg knap havde bevæget mig. Og klokken var 3:00, så der var gået to timer. Jeg følte ikke trangen til at gå på toilettet. Det første, jeg gjorde, var at tjekke skydevinduet, og det var præcis som jeg havde efterladt det. Jeg tjekkede på min søn og min mand, som snorkede på sofaen. Alt var, som det skulle være. Jeg tændte så for alle lysene og gik ind i køkkenet og tog en cigaret. Mens jeg sad der i mit køkken og røg, kiggede jeg på loftet og tænkte, 'Er det ikke dejligt? Den fysiske virkelighed.' Og jeg følte på bordet, 'Åh! Føles det ikke godt? Det er fysisk og solidt. Er det ikke godt at være her?' Jeg tror, jeg tænkte, at det var en mærkelig ud-af-kroppen oplevelse. Jeg havde lært, at det er rart at komme tilbage, og det er rart at være en del af denne verden. Og det er rart at have en fysisk krop og at værdsætte den fysiske krop, jeg har nu. Det var sådan, jeg havde det, da Mike vågnede og ville vide, hvad jeg lavede vågen. Og jeg sagde, 'Åh skat, jeg havde bare en mærkelig drøm.'"

Hvis dette havde været et mareridt induceret af fordøjelses- eller gastrisk ubehag, hvorfor følte hun sig så normal ved vågnen? Der var ingen sygdom eller opkast.

For at tilføje til forvirringen over den mærkelige nat, hvis hun virkelig var blevet fysisk prikket og proppet, burde hun have følt noget irritation i de dele af hendes krop næste dag. I stedet følte hun sig fin, selvom hun var forvirret. Så hun konkluderede, at det måtte have været en drøm.

Efter diskussionen gik vi ind i hendes tantes soveværelse for at have sessionen. Da hun var kommet i en god trance-tilstand, instruerede jeg hende om at gå tilbage til sin hjem på natten for

The Custodians

hændelsen i januar 1988. Hun levede hændelsen med at folde tøjet. Hun syntes, det var interessant, at hun faktisk kunne se scenen.

L: Jeg kan se soveværelset. Jeg kan se, hvad jeg har på. Jeg kan faktisk endda se billederne på væggen, i stedet for at huske dem. Dette er som en erindring, men kan du visualisere erindringen? Er det sådan, det skal være? Der er en forskel mellem at se og huske.

Jeg måtte få hendes sind væk fra at prøve at analysere situationen og tilbage på blot at rapportere, hvad hun så. Hvis emnet fortsætter med at analysere, kan de skifte til den dømmende del af deres hjerne og ændre hypnoseprocessen. Jeg forklarede, at det var lettere at huske på denne måde.

L: Men der er ikke nogen involvering.
D: *Hvis du ikke vil være involveret, behøver du ikke. Du har valget. Du kan observere som en tilskuer, hvis du vil. Det er helt op til dig. Du har kontrol.*

Hun fortsatte med at beskrive rummet. Og så bemærkede hun skyggerne.

L: De er altid bare lave på gulvet. Jeg kan aldrig rigtig tune ind på dem. De er ikke som skygger på væggen. De er fixeret fra objekter. Disse synes bare at være der, og så forsvinder de hurtigt.

Efter at have foldet tøjet ville hun gå i seng, fordi hun var træt. Hun faldt straks i søvn, og da jeg spurgte, om hun sov hele natten, hviskede hun, "Nej." Men i stedet for at fortælle mig hvorfor, begyndte hun at vise tegn på nød. Hendes ansigts- og kropsbevægelser indikerede, at noget var i gang, men hun ville ikke tale. Endelig sukkede hun dybt og sagde: "Jeg vil ikke huske det." Jeg gav beroligende forslag og insisterede på, at hun var helt sikker, og det ville være okay at se på det som en objektiv reporter. Dette tog flere minutter med samtale for at opnå hendes tillid. Hendes vejrtrækning var dyb og uregelmæssig, og jeg vidste, at noget skete. Hele denne tid, hvor hun ikke ville tale, rakte hun konstant ud med hånden og berørte forsigtigt min arm. Det var som om hun ville sikre sig, at jeg var der,

The Custodians

og at hun ikke var alene. Hun fortsatte med at gøre dette med jævne mellemrum. Det syntes at hjælpe hende at vide, at jeg virkelig var der og ikke havde forladt hende. Hun syntes at være så opslugt af det, der skete, at det var forstyrrende for mig at stille spørgsmål. Det syntes dog at bringe hendes fokus tilbage til mig. Hun var helt klart ved at se og opleve noget og havde ikke lyst til at tale. Til sidst brød hun ud: "Dette er skørt!" Jeg forsikrede hende om, at jeg havde hørt mange mærkelige ting, og at intet, hun sagde, ville overraske mig. Jeg prøvede at overbevise hende om, at hvis hun begyndte at fortælle mig om det, ville det blive lettere.

L: Er du der? Okay?

D: *Jeg er lige her. Og jeg vil være med dig gennem hele det. Du vil ikke være alene. Det betyder ikke noget, hvor mærkeligt det lyder. Hvad ser du?*

L: (Hun begyndte endelig at rapportere.) Jeg er inde. Jeg er ikke hjemme. Og de taler, men jeg ved ikke, hvad de siger nu. Jeg kan ikke lide det der.

D: *Hvordan ser det ud?*

L: Vi er indelukkede. Det er et rum. Jeg kan heller ikke lide, hvordan det lugter.

Hun lavede tydelige ansigtsudtryk, som om hun kunne lugte noget ubehageligt og stødende. En rynken af næsen osv. Da jeg bad hende beskrive lugten, havde hun svært ved det, men var også fast besluttet på at få det rigtigt. Dette blev gjort sværere, fordi hun ikke kunne associere lugten med noget bekendt. "Ikke ren. Rådden. Ikke som døde ting. Det lugter ikke som kompost. Ikke som rådnet fisk. Det er bare gennemtrængende, hvis det er ordet. En højere frekvens af råd, selvom det ikke giver nogen mening. Som slimede rådne. Det er ikke som noget, jeg nogensinde har lugtet før. Ikke som galde heller. Værre end galde." Hun lavede et afskyeligt ansigt og virkede ubehagelig ved det. Så jeg gav hende forslag om, at hun ikke ville blive forstyrret af lugten, mens hun beskrev begivenhederne. På den måde kunne vi blokere det ud, så det ikke fysisk ville genere hende.

L: Det er et rum, men det er ikke som jeg troede, det ville være. Der er mennesker her. Ummph! (Smilende) Det er ikke Ashtar.

The Custodians

Jeg ville have hende til at beskrive, hvad hun så, men hun faldt stille og blev en tilskuer. Hun var åbenbart i nød over noget, hun var vidne til. Jeg kunne skelne dette mere ud fra hendes ansigts- og øjenbevægelser end hendes kropsbevægelser. Hendes vejrtrækning var høj og ubehagelig. Den største kropsbevægelse var, når hun rakte ud for at røre ved min arm, for at være sikker på, at jeg stadig var der. Hun var helt opslugt af at opleve, hvad der foregik.

Pludselig udbrød hun: "Hvorfor stopper de ikke? Deres prikkende. Det er som om jeg føler det mere end jeg ser det." Jeg forsøgte tålmodigt at overbevise hende om at fortælle mig, hvad der skete, og det var som om min spørgsmål trak hendes opmærksomhed tilbage til mig. "Deres øjne er meget store," sagde hun med et dybt suk. "Det er ikke som jeg håbede, det ville være. Jeg håbede, det ville være et meget mere spirituelt møde. Et intellektuelt møde." Efter en pause fortsatte hun: "Det sker ikke længere. Jeg tror, jeg er på et bord nu." Hun begyndte derefter at beskrive beboerne i rummet. "Deres hoveder er en lysebrun, men ikke beige. Tan er en god farve. Jeg tror, de har dragter på, men deres hoveder er altid ucovered. Deres arme er længere end vores. De er ikke høje. De er ikke hårede. De ligner de 'Communion'-mennesker, bortset fra at de er mere rynkede. Deres øjne er mandelformede, og i forhold til resten af deres ansigt er deres øjne store. Større end vores øjne, og der er ikke noget hvidt. Deres pupil er meget stor, og iris er meget mørk, næsten sort-brun. De har virkelig ikke en næse, bare huller, uden forlængelse eller hvad det nu ville blive kaldt. De har heller ikke ører, bare huller. Deres munde er ikke som vores, ingen læber eller tænder."

D: *Hvor er de mere rynkede?*
L: Deres arme er mere rynkede. Og deres nakker er rynkede, som læder. Du ved, som de hunde, der har rynkerne?
D: *Ruller?*
L: Ruller er et godt ord. Der er ingen på skulderområdet, men hvor der er et led til bevægelse, er der rynker. Ved albuen og på indersiden af underarmene.
D: *Er deres ansigter rynkede?*

The Custodians

L: Nej, deres ansigt er glattere og stramt, som en fin lædertaske, der er glat. Ikke blød som huden er blød, mere med et læderagtigt udseende, men deres nakke er mere rynket og tynd.

Hun beskrev deres hænder som at have tre fingre: en modsat tommel og to fingre. Hun forsøgte at se deres fødder. "De har led som vi har led. De har skuldre, albuer og knæ. Men deres fødder er ikke som vores fødder. De er fladere. De er ikke så høje som vores fødder ville være, og hælen er bredere. Og jeg ser ikke tæer."

Der har været lignende beskrivelser af alienernes fødder, mest bemærkelsesværdig den i Legacy From the Stars. I den bog var beskrivelsen noget som andefødder eller vanter: en flad struktur, men uden svømmehud.

D: Havde de nogen negle på deres fingre?
L: Jeg kan ikke huske det. Men hvis jeg skulle gætte, ville jeg sige nej.

Dette stemmer overens med alle rapporter. Væsnet har normalt ikke hår, så det ville heller ikke have negle. Negle er sammensat af samme cellulære struktur som hår, så det ser ud til, at denne type væsen ikke har genet til at producere hår.

L: De stak. Jeg kunne virkelig ikke lide det overhovedet. Slet ikke. Nu er det okay. Det var ulækkert i forhold til bare at blive stukket og prikket på og stukket med. Det er værre end når man får et barn, og de stikker og prikker.

Jeg prøvede at få hende til at fortælle mig, hvor de stak og prikkede, men hun var utilpas med at tale om det. Så jeg spurgte, om de havde brugt noget, og hun prøvede at beskrive instrumenter, hun havde set. "De er kolde og glatte. Jeg gætter på metal-agtige. Ikke rustfrit stål. Du ved, hvordan når man går til gynækologen, nogle gange er instrumenterne kolde? Men det var ikke gynækologernes instrumenter. Et var langt som et sugerør, med en slags struktur for enden, som til at skrabe eller noget. Det var til deres undersøgelse i den nedre del."

LeeAnn beskrev derefter, hvor instrumenterne blev opbevaret. "Der er et arbejdsområde, der er lavet af noget hvidt materiale. Alt i

The Custodians

rummet er meget indbygget. Arbejdsområdet, skufferne, alt kan glide ind og ud af denne vægoverflade. Hvis du havde brug for at placere noget på noget, ville du trække det ud fra væggen. Jeg gætter på, de har det på den måde, så når de rejser eller hvad de nu gør, har de ikke nødvendigvis objekter i rummet. Alt er skubbet ind." Jeg spurgte efter beskrivelse af andre instrumenter, men hun skiftede fokus til omgivelserne. "Jeg kan ikke lide det her. Rummet er rundt. Det er lyst i rummet. Sagde jeg det? Jeg ligger ikke ned længere, men da jeg var på bordet, var der et lys over. Men så hænger de dig op og ned." Dette var åbenbart den del, der forstyrrede hende, og hun kunne ikke beskrive det, mens det skete. Nu kunne hun fortælle mig om det, fordi den del var overstået. "Det føles som om, du er i et gynge. Og du føler dig som et stykke kvæg der. Hængende fra dine fødder, og dit hoved er nedad."

D: *Ikke en særlig behagelig position.*
L: Nej. (Pause) Jeg har ikke noget tøj på lige nu. Jeg havde ikke noget på, da de gjorde det. Men det er okay nu. Den lugt er også væk. Det var dårligt, det var anderledes. Det var et andet sted, et andet rum. Dette rum er rent.
D: *Lugten kom fra et andet sted?*
L: Det rum var ikke rent, hvor end det var. Dette rum er rigtig rent. Det lugter ikke længere. Bortset fra... du bør ikke gøre sådan noget ved folk. Du bør ikke stikke. Jeg mener, det er som om, der ikke er nogen respekt for din krop. Ha! Hvor stor en overraskelse, LeeAnn! Det her var ikke, som det skulle have været.
D: *Hvor mange mennesker er der inde?*
L: Der er én, der gjorde stikkene. Og så er der to andre... mennesker? Ha! ... der bare står og kigger og taler. Men jeg ved ikke, hvad de siger.
D: *Laver de lyde?*
L: Ja, de laver lyde, men jeg kan ikke engang beskrive lyden. Der er en tonal struktur i deres sprog, i stedet for ord. Ligner musikalske toner, men deres tale mønster lyder mere hul. Som hvis du talte gennem... (hun havde svært ved at beskrive) ... en maskine, der ville erstatte dine stemmebånd. Men det er en hul lyd. Som om du pipede din stemme gennem et orgel, men ikke et orgel. En tom slags lyd. Ikke en computer. En slags mekanisk lyd. Hul.

Jeg kunne forstå denne definition, fordi jeg kendte en mand, der brugte en maskine til at erstatte sine stemmebånd, som var blevet fjernet på grund af kræft. Hans ord kunne forstås, når jeg blev bekendt med lyden. Men den havde en monoton, vibrerende effekt. Denne beskrivelse var lig den, Penny gav i Legacy From the Stars. Hun sagde også, at hun hørte væsnerne lave mærkelige musikalske toner i stedet for ord.

D: Ser alle disse væsner ens ud?
L: De ser grundlæggende ens ud, men deres øjne er forskellige.
D: På hvilken måde?
L: Deres øjne er forskellige, eller deres ansigt er anderledes, i forhold til følsomheden. Ligesom alle kaukasiere ser ens ud, de er kaukasiere. Alle sorte ser sorte ud. Der er ligheder, ikke? Men man kan genkende folk på deres øjne eller hvad som helst. Og der er meget bløde øjne lige nu. Du ser, nu føler jeg mig okay. Jeg er ikke oppe på bordet længere. Og den, jeg kigger på nu, har meget bløde øjne. Den samme form, men de er mere... omsorgsfulde. Han var der før, men kiggede. Han var ikke den, der gjorde stikkene.
D: Kunne du se noget andet, de gjorde?
L: Ja, jeg tror, jeg gjorde. Jeg kan ikke lide at tale om det.
D: Okay. Jeg ville bare få det hele ud nu, så du ikke behøver at gøre det igen.
L: Vi gør det ikke igen, okay?
D: Det er sandt.
L: Nej, vi gør det ikke. Jeg vil tale om det i stedet for at gøre det igen. Okay?
D: Du kan gøre det. Bare tal om, hvad der skete.
L: Okay, jeg får følelsen - nej, jeg får ikke følelsen - jeg ser. De tog affaldsmateriale. Og det ser ud som om, de skyder en slags laserstråle eller noget ind i det. De er derovre i hjørnet. Det er ikke rigtig et hjørne, fordi rummet er rundt. Der er en lyd, der kommer fra maskinen. Det er lidt som den lyd, jeg hørte, men ikke helt som jeg husker det. Det er en høj frekvens, som man måske ville få fra en lysstråle. (Dette kan have været den Skil-Saw-lyd, hun hørte, da hun troede, hun var i sin seng.) De tog prøver af

affaldsmateriale. Jeg kan ikke se, hvad de gør med det. Jeg vælger ikke at se. Men jeg tror ... noget tænker: "Hvorfor gider de engang med det, de gør? Hvad er formålet med det?" Den ene var venlig, manden ... væsnet med de venlige, følsomme øjne. I det mindste har de så meget respekt. Efter jeg blev nede fra at hænge sådan. Hænge, det kunne jeg ikke lide. Han var der for at berolige mig, i det mindste følte jeg mig ikke ængstelig. Jeg følte bare, "Hvorfor gør de den her syge ting?" Og det var ikke som pervers sygt. Det var som at undersøge, tror jeg, i videnskabens navn, mod at være... (hun havde svært ved at forklare) krænket. Men i det mindste er det godt, de har følsomheden til at berolige en efter undersøgelsen.

Et lignende omsorgsfuldt væsen er blevet set af andre personer og er rapporteret i mine andre bøger. De beskriver det ofte som en "sygeplejerske"-type, der beroliger dem, nogle gange blot med udtrykket i sine øjne. Nogle siger, at selvom de ikke kunne skelne kønnet, havde væsnet en feminin følelse.

D: Du sagde, de havde dragter på?
L: Ja, dem, der stinkede, havde. De havde de blå dragter på. De andre personer i eksperimentrummet havde de samme hvide heldragter på. Det er et mere sterilt miljø. De havde også en høj hals på dragten, fordi de havde lange nakker. En del af nakken var dækket. Rullerne var over nakken af dragten. (Jeg forestillede mig en mandarin-type krave.)
D: Såg du noget symbol eller noget lignende på deres dragter?
L: Lad mig se. (Pause) Tag det med et gran salt. Det her er, hvad der poppede op, okay? Det er en cirkel. Og over midten er der tre bølgede linjer. Det er et beroligende symbol, tror jeg.
D: Hvor var dette symbol?
L: Åh, du ville bære det på din bryst. (Hendes håndbevægelser indikerede, at det var på venstre skulder.) Jeg tror, det var på de hvide uniformer.

Jeg gav hende instruktioner om, at hun ville kunne huske symbolet og tegne det for mig ved opvågning. Jeg ville derefter vide, om der var noget andet i rummet, hun kunne huske.

The Custodians

L: Lysene derinde. Jeg ved ikke, hvor lyset kom fra, bortset fra det hovedlys over bordet. Det var stort og rundt, men det var ikke et fluorescerende lys. Det havde ikke den varme, som lyset får, når du er hos tandlægen. Du ved, hvordan det lys bliver varmt? Det havde ikke den slags varme, eller som jeg ville forestille mig, et lys i en lægeoperationsstue har varme fra. Dette lys var lyst som det, men du kunne ikke mærke nogen varme, der kom fra det. Rummet var lyst, men jeg ved ikke kilden. Det syntes at komme fra væggene, men jeg kunne ikke se nogen lysarmaturer, som jeg kunne genkende, så jeg ved ikke, hvad det centrale punkt eller kilden var, det kom fra.

Denne beskrivelse er blevet gentaget i andre UFO-tilfælde, hvor lyset synes at komme fra loftet og væggene, som om hele overfladen er oplyst.

L: Dette rum har en stang boltet ind i væggen, som ligner den type rustfrit stål, man bruger til handicappede at holde fast i. Ikke en stang, men en stang, der løber rundt omkring væggen. Den er fin i teksturen, som rustfrit stål er, men den er ikke kold. Væggene er buede, som i et stort rundt rum. Jeg siger "stort," men det er ikke rigtig stort. Det er ikke massivt. Hvis du ligger ned og kigger op, er der noget, der ligner et observationsrum, hvor folk eller væsner kan kigge ned og observere, hvad der foregår i dette undersøgelsesrum. Jeg vil sige, det er glas. Det er gennemsigtigt, men nok ikke glas. Men noget, der sandsynligvis forhindrer, at bakterier spreder sig, eller ekstra ting bliver eksponeret for hvad der sker. Næsten som et observationsdæk, du ville se på et hospital. Men på hospitaler tror jeg, observationsdæk er sat længere tilbage. Dette er ikke sådan. Det er som glasvinduer, og bag dem kan du se folk stå og observere. Men ikke som på et hospital, som du ville se på TV, hvor studerende står rundt og observerer. Det er anderledes end det.

D: *Er væsnerne bag glasset den samme type som dem i rummet? (Ja) Er der andre objekter i rummet, som du kan se?*

L: Jeg vil sige... det er ikke en computer, som vi tænker på, med et tastatur og skærm. Det er slet ikke sådan. Der er monitorer, tror jeg, men ikke som vores monitorer. Disse er mere eller mindre indbygget i væggen for at gøre, hvad de nu gør. De ser ud til at være lavet af samme metal, som rustfrit stål, og har paneler og knapper ved siden af. Der er forskellige arbejdsstationer rundt omkring væggene i rummet. Én arbejdsstation har et meget komplekst mikroskop, og hvad end de arbejder på, vises på skærmen ovenover. En anden arbejdsstation har et par meget delikat balancerede kalibre og vippearme til håndtering og behandling af ekstremt små objekter, der er for små til at bruge dine fingre. En miniaturiseret værktøjs-type ting. Der er farvede lys på panelerne. Og der er lyde, der kommer fra dem.

D: Ligesom maskinlyde?

L: Nej, ikke som vores maskiner. Frekvensen af lyden er højere. Der må være en sammenhæng mellem de lyde, du hører, og de forskellige lysmønstre, der optræder, men jeg ved ikke hvad.

D: Er der andre lyde?

L: Lyde? Ja. Ved du hvad det er? Det må være lyden. Jeg sagde, lydene i dette undersøgelsesrum var højfrekvente lyde, som en tandlæges bor. Den anden lyd - selvom det ikke ville give mening, men jeg vil sige det alligevel. Den summende, Skil-Saw-lyd - det her er virkelig. Det må have noget at gøre med motorerne eller noget. Det sætter hele dette i jordiske termer.

D: Men de andre computer-type maskiner laver en anden type lyd?

L: Åh, ja! Den lyd er meget mere melodisk. Den ændrer sig ikke, men den er mere melodisk. Det er ikke som en Skil-Saw-lyd.

D: Okay. Jeg vil nu spørge dig, hvordan du kom dertil. Du kan bare se på det. Du behøver ikke at opleve det igen. Hvordan kom du til at være i det rum?

L: Jeg vil fortælle dig, hvad jeg vil sige. Tag det med et gran salt. Dette er den eneste ting, der virker fornuftig. Hvad der kom til mig, var, at jeg måtte være blevet teleportet eller løftet op på en eller anden måde. Ikke ved et rumskib, der kom ind i mit soveværelse og gjorde hvad som helst. Nej, igen går jeg tilbage til en lysslyngeseffekt. Men jeg ved ikke engang om det, fordi det er som om jeg har to sind, der arbejder her lige nu.

D: Sig bare, hvad der kommer til dig. Bekymr dig ikke om at analysere det.

L: (Stor suk) Det var som om, jeg blev strålet ombord gennem hvilken som helst metode. Men den fysiske krop blev ikke nedbrudt som i Star Trek. Det må have været en form for lysslyngeseffekt, tror jeg, fordi jeg tænker på fysiske realiteter, som strukturerne i dit hus, og tænker på at vende tilbage. Det må være, at de omslutter din krop med denne fysiske lysslynge. Og måske nedbryder dens molekylære struktur, så den kunne blive omsluttet. Så det var ikke soliditet. Og så gør lysslyngen hvad end den gør med kroppens soliditet og tager hele molekylstrukturen via lysslyngen.

D: Bekymr dig ikke om, det giver mening. Dette er hvad der kommer til dig, og det er hvad vi arbejder med.

L: Det er hvad der kommer til mig, ja.

D: Og hele tiden du var der, så du kun disse væsner, der lignede hinanden?

L: Jeg vil sige, der var to grupper af folk eller væsner. Den anden gruppe var eksperimentatorerne. Den første gruppe var dem med de blå uniformer. De var mere insekt-agtige. De havde ikke samme kropsstørrelse som de andre. De havde ikke brystkasse. De var mere lange og tynde, og mere flade. Og deres vedhæng var længere.

D: Hvad mener du med insekt-agtige?

L: De var ikke de samme. Deres øjne var bulende og placeret på siderne af deres hoveder. Hovedet var primært øjne, insekt-agtigt. Jeg kan ikke huske, at jeg så en næse eller mund, men jeg antager, de måtte have en mund. Og de havde ikke en brystkasse. Du ved, de andre har brystkasser, som vi har en brystkasse, med en knoglestruktur. De var mere som en stor slags... Jeg vil sige "praying mantis" eller "gående pind" i forhold til struktur. Men store som en person af vores størrelse. Og skrøbelige - men jeg tænkte, de kunne ikke være så skrøbelige som en praying mantis- agtig skrøbelig. Det var et kedeligt, insekt-agtigt, type væsen, med virkelig lange, ranglet-agtige arme. Ikke menneskelige på nogen måde, form eller skikkelse.

D: (Jeg prøvede at få mere beskrivelse.) Var deres hoveder også skaldede?

L: Nej, de var forskellige. De var mere som en flue. Sort, brun, lige og skrøbelige hår, men ikke meget hår. Ligesom en flue har hår på sine ben. Skrøbeligt hår, der står stift op, ikke blødt hår. Du ved, med de mærkelige øjne, der er skaldede som du ville se i filmene, og vedhæng, der hænger.

Denne beskrivelse passede på det væsen, som Phil så på et rumskib i min bog Keepers of the Garden. Denne type er også blevet set af andre bortførte. En lignende type rapporteres af Beverly i kapitel 5.

L: Disse mennesker – de er ikke mennesker – ser ikke engang ud til at være... udviklede. Jeg kan ikke sige, hvad jeg mener. De virker ikke intelligente. De virker mere insekt-agtige. Droner, det er et godt ord. En drone.

D: Hvornår så du dem?

L: De var involveret i starten, tror jeg. Jeg tror, det er dem, der havde den der lugt. Det må være dem. De må være en lavere livsform eller noget, der bruges til et bestemt formål. Disse væsner var i starten af oplevelsen, som jeg ikke kunne huske før. Ligesom når man fortæller nogen en historie, og så dukker noget, der skete i starten, op. Ja, de var i starten. Jeg vil sige, de var som rekrutter. (Griner)

D: Ah, det er et interessant ord.

L: Og de tog mig gennem en gang og ind i rummet med lugten. (Hun rynkede næsen igen.) Lige nu får jeg et glimt af... deres kamre, tror jeg. Jeg ved ikke, hvorfor jeg var der.

D: Hvordan så det ud?

L: Jeg kan fortælle dig... hvis bare lugten kunne stoppe... (Det generede hende igen.)

Jeg gav instruktioner om, at lugten ikke ville genere hende fysisk, mens hun talte om væsnerne.

L: Det fokuserer bare din opmærksomhed. Ikke at jeg engang kan lugte det nu. Det er mørkt der. Det er ikke som det andet rum. Dette er mørkt og... fugtigt. Men hvordan kan det være fugtigt? Jeg forstår det ikke, men det er den følelse, jeg får. Jeg ser... Jeg tror, det er tøj. Dragter af en art. De ligger på gulvet, ligesom brandmænds dragter. Du ved, da vi plejede at gå til brandstationen som børn, og fyrene havde deres støvler og alt i en bunke. Alle

The Custodians

disse tøj ligger i en bunke, men der er ikke rigtige støvler. Tøjet er en slags stof, men mere som et petroleumslignende produktmateriale.

D: *Er det det eneste, du kan se i det rum?*

L: Ja. Jeg sidder der i et stykke tid.

D: *Havde du tøj på, mens du var der?*

L: Ja, det havde jeg. Jeg havde mit natøj på. Ha! Jeg havde min natbluse på for at sove, og der står på den, "Du kan ikke synke en regnbue." Det er sjovt. (Griner)

D: *Så det er den samme, du havde på, da du gik i seng. Okay. Lad os gå tilbage til den anden oplevelse. I det mindste var det væsen venligt bagefter. Gjorde det noget eller kommunikerede det noget til dig?*

L: Ja, der var en strygning på armen, en berøring af ansigtet og øjenkontakt. Jeg gætter på, det var for at berolige mig. Jeg hører ... Jeg kan mærke lydene. Nej, han talte ikke. Da han beroligede mig, sendte han ikke engang den mærkelige verbaliseringslyd, der var før.

D: *Var det alt, der skete der? (Hun sukkede dybt.) Jeg tror, det var nok. (Griner)*

L: Ja, jeg tror. Jeg vil ikke huske mere.

D: *Det er helt i orden. Men så blev du bragt tilbage?*

L: Ja. Hvordan blev jeg bragt tilbage? (Pause) Nu er der kommunikation mellem os, mens jeg står der i deres hvide rum, og jeg har mit natøj på igen.

D: *Hvad er kommunikationen?*

L: Jeg ved ikke. Jeg kan se mig selv, og jeg er glad. Og jeg har det godt nu. Jeg kan ikke huske det.

D: *Var det vigtigt?*

L: Jeg ved det ikke. Jeg håber ikke, det var.

D: *Hvis det var vigtigt, vil din underbevidsthed huske det alligevel.*

L: Det var mere eller mindre ... Jeg vil sige det. Jeg ved ikke, om det er sandt eller korrekt. En farvel-hilsen og ja, "Vi vil se hinanden igen." Den slags aftale.

D: *Okay. Men hvordan blev du så bragt tilbage til dit værelse?*

L: Jeg går med den venlige mand gennem en gang. Og gennem stanken. Og nu er vi udenfor stinkrummet. (Pause) Jeg kan ikke huske det. Jeg kan ikke engang se det. Men det må være den samme slags lysslynge, hvad end det er.

D: *Tror du, det er sådan, du kom tilbage til dit værelse?*

L: Jeg ved ikke, hvordan ellers. (Griner) Jeg er sikker på, at køretøjet ikke landede på mit hus.

D: *(Griner) Kan du huske at have set ydersiden af fartøjet?*

L: Jeg kan se det nu. Det var - ikke rundt - det var mere elliptisk formet. (Håndbevægelser) På denne måde ville det være elliptisk, og bunden ville være mere afrundet.

D: *Men så endte du tilbage i dit værelse, og alt var fint. Var det ikke? (Hun udtrykte en positiv bemærkning.) Det var ikke så slemt, så. Det var alt overstået. Hvordan har du det med det?*

L: Nu? Jeg kunne ikke lide den oplevelse, da jeg så på den. Og jeg kan ikke lide at tænke på det. Men lige nu lyder jeg vred, gør jeg ikke?

D: *Lidt.*

L: Men når jeg trækker mig selv tilbage og ser på det, var jeg ikke efter det var overstået. Hvordan har jeg det med det? Vil du virkelig vide det? Jeg tror, jeg fandt på det hele.

D: *(Griner) Men generer det dig, at det måske er sket?*

L: Generer det mig? (Tænksomt.) Nej.

D: *Jeg tænkte, at det måske var grunden til, at de ikke lod dig huske det, fordi de ikke ville have, at det skulle genere dig på det tidspunkt og bagefter.*

L: Det er sandt.

Jeg bragte derefter LeeAnn frem og orienterede hende. Før jeg vækkede hende, gav jeg mange forslag for hendes velvære, så denne oplevelse ikke ville genere hende.

Efter sessionen fik vi en drink og slappede af lidt, før jeg gav hende en tablet og en markør og bad hende tegne, hvad hun huskede. Hun undskyldte, at hun ikke var nogen kunstner.

The Custodians

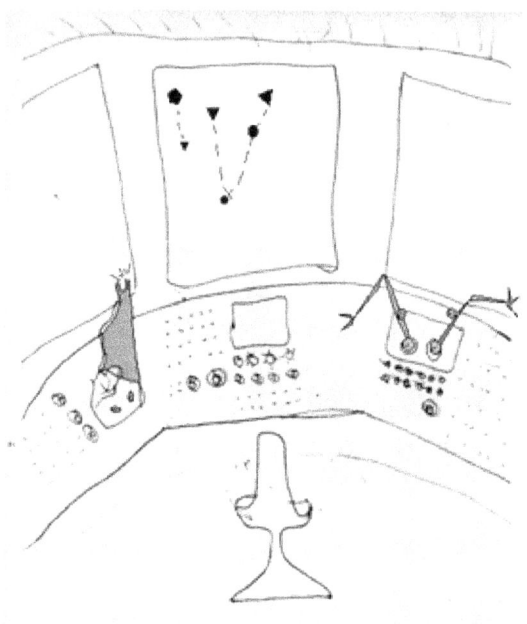

Tegning af instrumentpanelet, mikroskopet og caliperne, lavet af LeeAnn. Mange andre personer har set lignende scener: kontrolpaneler og skærme monteret på buede vægge, instrumenter med håndtag til at manipulere små objekter, mikroskoper der projicerede celler osv. på de større skærme. Ofte blev stjernes kort set på skærmene.

The Custodians

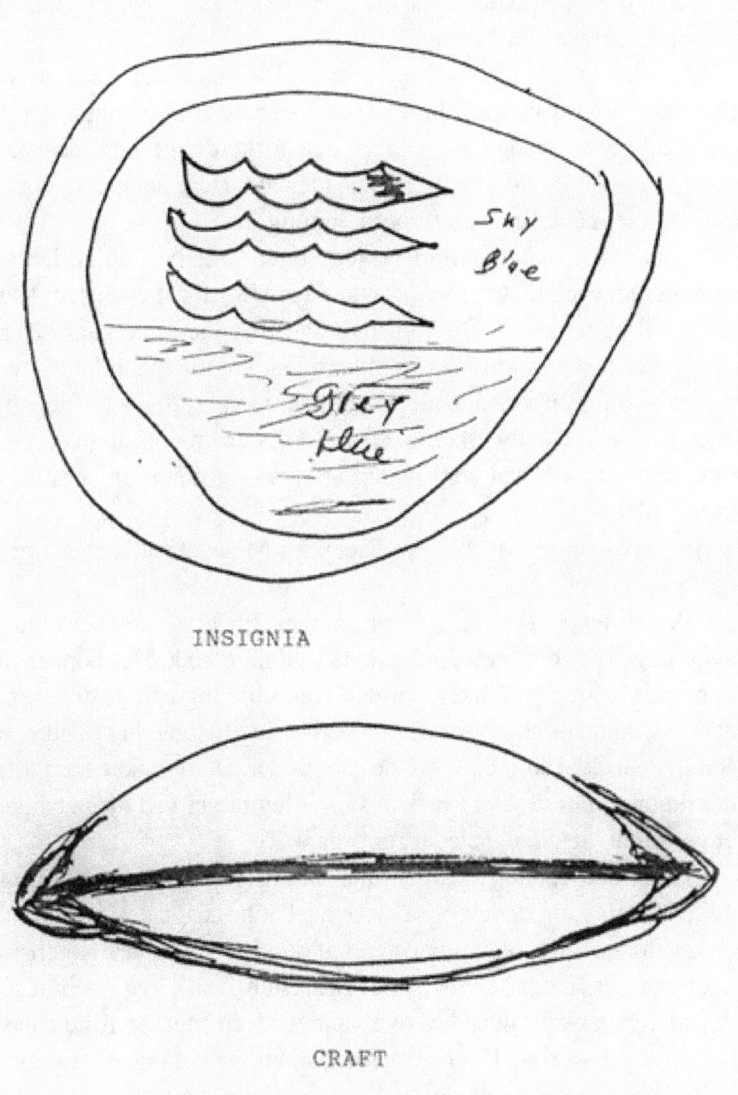

Tegning af insignia og fartøjet lavet af LeeAnn.

LeeAnn bemærkede sarkastisk: "Hvad skete der med Ashtar? Jeg ville hellere rejse med Ashtar."

Vi grinede, og jeg vidste, at hun ville have det godt, selvom oplevelsen ikke var, hvad hun havde forventet. Hun brugte derefter meget tid på at forsøge at beskrive den forfærdelige lugt, der stadig hængte i hendes hukommelse. Det syntes at genere hende, og hun var fast besluttet på at finde en sammenligning.

"Den lugt... ikke som noget, jeg nogensinde har lugtet. Du ved, hvordan rådne æg lugter. Det var ikke sådan, fordi det er en svovl-lugt. Det var ikke organisk. Du ved, hvordan ting, der er organiske, kan lugte rigtig forfærdeligt, når de rådner. Det var en anden lugt. Denne lugt er som... en brændende... som et metal. Vi boede engang i Chicago lige ved stålværkerne. Og det minder mig om lugten, når de brændte metal. Det var som lugten af zink. Hvordan lugter zink, når det brænder?"

Jeg havde ingen idé. "Jeg ved det ikke. Men det var som en brændt lugt?"

"Ikke brændt! Det var som en rådden, sur lugt, men som om det havde noget at gøre med et metal. Jeg vil sige zink. Det popper hele tiden op. Men jeg ved ikke, hvordan zink ville lugte, hvis du brændte det. Eller som skifer. Hvordan ville skifer lugte, hvis du brændte det? Men det var ikke som en krop, der henfalder. Det var ikke som affald eller noget organisk. Det var ikke svovl. Jeg bliver ved med at sige, at det var mere metallisk i stedet for organisk."

"Hvis det er nogen trøst, har andre mennesker også lugtet mærkelige ting, og de har også svært ved at beskrive det."

En stødene lugt blev rapporteret af den første sag, jeg nogensinde undersøgte. Kvinden, Christine, blev næsten fysisk syg, da hun først gik ind i et fartøj. Hun blev overvældet af en lugt, som hun havde svært ved at beskrive. Det nærmeste, hun kunne komme på, var, at det mindede hende om noget elektrisk, der brændte, som en brændt motor. Hun troede ikke, at lugten kom fra væsenerne selv, men i stedet fra et rum, hvor strømforsyningen var placeret. Da hun spurgte om strømkilden, sagde de, at hun ikke ville forstå det, medmindre hun havde kendskab til elektromagnetisme og krystalliserede strukturer. Der var ingen synlig måde at åbne døren til det rum. Men hun så væsenerne føre deres hænder hen over bestemte kontroller, og døre ville åbne og ting ville bevæge sig. Der er selvfølgelig ingen måde at

The Custodians

vide, om det fartøj, de to kvinder så, var af samme type, men det er en underlighed, at de begge beskrev en forstyrrende lugt.

LeeAnn forklarede sin vanskelighed og modvilje mod at beskrive begivenhederne for mig i starten af sessionen, da hun gennemgik den fysiske undersøgelse. "Det var som om jeg ikke ville involvere mig. Jeg så et glimt af det eller vidste, hvad der skete. Det var som om en anden del af mig sagde, 'Du vil ikke gøre det. Du vil ikke huske mere.' På et tidspunkt var det som, 'Åh, tag mig væk herfra.'" Hun grinede. Jeg forklarede: "Din underbevidstheds sikkerhedsfaktor vil gøre det, hvis den mener, at du ikke er klar til at se på det."

Det var vigtigt at bemærke, at LeeAnn gik ind i sessionen og forventede en helt anden oplevelse, og det gav det mere gyldighed. Hvis hun havde fantasiret, ville hun have været på skibet med den lyshårede, blåøjede Ashtar. Hun ville ikke have fantasiret noget så ubehageligt.

Jeg så LeeAnn igen et par dage senere, før hun vendte hjem til Florida. Jeg skrev det meste af vores samtale ned senere, mens det stadig var friskt i min hukommelse.

Hun sagde, at hun havde brugt tiden på at forvirre sig over sessionen. Det var som om to dele af hendes hjerne kæmpede mod hinanden. Det første, hun sagde, var, at hun ville undskylde over for mig. Jeg var overrasket, hvad kunne hun overhovedet have at undskylde for? Hun sagde, at hun undskyldte for at have fortalt mig alle de løgne og opfundet den mærkelige historie. (Jeg vidste bedre, men lod hende tale.) Så sagde hun, at den anden del af hende selv ville vide, hvorfor hun opfandt sådan en perverteret historie. Hun havde forventet en smuk oplevelse. Hvis ikke en religiøs, så i det mindste en intellektuel. Hun ræsonnerede, at dette betød, at hun var en pervers og syg person, for at hun kunne lyve sådan og opfinde så frastødende ting. Denne kamp mellem sig selv varede i to dage. Men nu havde hun det bedre. Hun var kommet frem til, at nej, hun var ikke pervers og nej, hun var ikke syg. Hun vidste, at hun var normal. Men spørgsmålet stadig var: "Hvor kom det fra? Hvad betød det? Var det virkeligt?"

Jeg fortalte hende, at hun havde forventet at fantasere og have en behagelig oplevelse. Den virkelige historie havde været et chok for hende. For at hun kunne fantasere en historie, der var indrømmet perverteret og syg, burde hun have fået noget glæde eller spænding fra perversionen, i stedet følte hun kun afsky og væmmelse. For mig tilføjede dette gyldighed og afkræftede fantasiteorien. Ideen opstod senere hos hende om muligheden for, at noget også kunne være blevet gjort mod hendes søn. Denne tanke fik hende til at føle sig fysisk syg i maven. Som om, "Hvilken slags mor er jeg, hvis jeg ikke kunne beskytte min søn." Og, "Hvilke slags væsener ville ødelægge et barn." Hun undrede sig også over hans psykiske tilstand og enhver traume, der kunne have været påført hans underbevidsthed. Vi diskuterede dette i lang tid. Jeg havde mistanke om, at hendes søn kunne have været involveret på grund af de andre sager, jeg havde undersøgt. Jeg nævnte ikke muligheden for hende, fordi jeg ikke ønskede at forstyrre hende. Hun kom til konklusionen selv. Det vigtige var, at hendes søn ikke syntes at have nogen bevidste minder om denne slags ting, og det var bedre, at det forblev sådan.

En måned senere ringede hun til mig fra Florida og tilbragte næsten en time med at diskutere alt dette. Hun havde stadig svært ved at håndtere det og placere det. Den eneste person, hun fortalte om oplevelsen, var en psykologven, der beroligede hende med, at hun var normal, og at dette blot var en fantasi. Da LeeAnn spurgte, hvorfor det var så ubehageligt, forklarede kvinden, at det var på grund af hendes strenge katolske opdragelse, og idéen var uden tvivl blevet indlejret i hende, at sex var beskidt. Jeg syntes, det var en interessant forklaring, fordi hændelsen ikke nødvendigvis fokuserede på hendes seksuelle dele. Selvfølgelig accepterede LeeAnn ikke forklaringen.

LeeAnn nævnte en anden usædvanlig eftervirkning. En dag, da hun var i centrum, kiggede hun på en stor hvid bygning med røgede vinduer, som er almindelige i den del af Florida på grund af varmen. Da hun kiggede op på den, kom billedet af det hvide rum med observationsvinduet op i hendes sind. Og hun tænkte igen på væsenerne deroppe, der så på hende. Så sagde hun til sig selv, at det var skørt. Da hun kiggede på bygningen igen, så hun, at der kun var mennesker på den anden side af vinduet, der lavede øvelser.

Jeg troede, at hun ville begynde at placere oplevelsen og håndtere den. Det var bare en så mærkelig og ny idé. Hun er en intelligent og meget stabil person, og burde kunne håndtere dette uden problemer. Men hun kunne endnu ikke få sig selv til at lytte til båndet (Ligesom andre mennesker, jeg har arbejdet med). Jeg sagde til hende, at dette er almindeligt, og at det også ville passere.

The Custodians

LeeAnn ringede igen omkring en uge senere, sent om aftenen. Det første, hun sagde var: "Sig mig sandheden. Skete det virkelig for mig?" Det var et svært spørgsmål. Det måtte besvares omhyggeligt, så det ikke havde nogen indflydelse på hendes dagligdag. Jeg fortalte hende, at virkeligheden er svær at beskrive. Jeg brugte lang tid på at diskutere dette med hende og fortalte hende, at det ikke rigtig betød noget, om det var virkeligt eller ej. Det vigtigste var, hvordan minderne påvirkede hende. Hun besluttede til sidst, at hun ikke ville læse mere om UFO'er. Hun ville bare holde sig til metafysiske bøger i et stykke tid, for måske tænkte hun for meget på det og dvælede ved det. Jeg var enig i, at det ville være bedst at få hendes sind væk fra det. Hun skulle til Canada på ferie, og jeg mente, at dette ville være perfekt. Hun sagde, at hun havde haft et mareridt forleden nat, og det havde også virket meget virkeligt. Så hun overbeviste sig selv om, at hvis det mareridt (som hun var sikker på kun var en drøm) føltes så virkeligt, så var sessionen også relateret til en drøm. Intet mere, intet mindre. Jeg sagde til hende, at hvis det fik hende til at føle sig bedre, så var det den rigtige måde at se på det på. Dette er også den måde, Phil valgte at håndtere det på, han troede blot, at han havde en vild fantasi.

Hendes beskrivelse af undersøgelsen viste, at oplevelsen ikke altid er relateret til seksuelle dele, som i tilfælde med fjernelse af sæd og æg. Væsenerne studerer også affaldsprodukter (fæces og urin) og mad, før det er fuldt fordøjet.

Måske var det derfor, hun blev hængt op ned, for lettere at fjerne maden fra maveområdet. Selvom det er ubehageligt for os, kan det have reel videnskabelig værdi for dem at studere disse ting. Vi kan ikke dømme, hvad vi ikke fuldt ud forstår.

Disse usædvanlige sager er fortsat gennem årene. I slutningen af 1990'erne rejste jeg til flere fremmede lande og undersøgte sager, der var blevet screenet af andre efterforskere og psykologer. Jeg vidste aldrig, hvad en sag ville indebære, og i 1997 var jeg blevet dygtig til at opdage fantasihistorier og dem, der ønskede opmærksomhed. Edith var en af flere, jeg arbejdede med i november 1997 i det sydlige England. Under den indledende interview blev det konstateret, at hun for nylig havde lidt af bulimi. Selvom hun insisterede på, at det ikke længere var et problem, var hendes læge bekymret, da hendes blodtælling var langt fra normal. Jeg havde mistanke om, at Edith havde psykologiske problemer, og dette blev yderligere forstærket, da hun forklarede årsagen til den selvinducerede bulimi. Hun var en fyrreårig kvinde (selvom hun ikke så så gammel ud), med voksne børn, der for nylig var blevet gift med en ung mand i tyverne. Hendes pårørende syntes at være grundlaget for mange af hendes problemer, herunder dette. De bebrejdede og kritiserede hende med at sige: "Hvad kan han se i en gammel kvinde som dig?" Hun havde allerede et problem med lav selvværd, der havde afspejlet sig i hendes manglende evne til at holde et job. Disse bemærkninger hjalp ikke på situationen, så hun blev bulimisk i håbet om at gøre sig selv mere attraktiv. Jeg kunne personligt ikke se formålet med at gøre det, fordi den unge mand var blevet forelsket i hende, som hun var. Hvorfor følte hun behov for at ændre sig? Jeg mistænkte, at hun havde brug for mere psykologisk rådgivning, end jeg kunne give hende, især i den begrænsede tid, jeg ville være sammen med hende. Min største bekymring var hendes tro på, at hun havde haft UFO- og alienoplevelser. Selvfølgelig, med enhver form for arbejde af denne art, må man tage hele personligheden i betragtning.

Hun forklarede, at hun havde haft mærkelige drømme, som hun troede kunne være relateret til enten aliens eller åndelige manifestationer. Hendes familie var til ingen hjælp overhovedet, fordi de ikke havde nogen forståelse af det paranormale, og kritiserede Edith konstant for hendes interesser.

Den vigtigste oplevelse, hun rapporterede, fandt sted i det forgangne år (1997). Hun var vågnet for at se en skikkelse i sit værelse, der nærmede sig hendes seng. Derefter huskede hun intet andet end den drøm, der fulgte. Hun lå på et bord med figurer omkring sig. I en drømmelignende døs hørte hun dem diskutere hende. De sagde noget om en fejl, og at der var mistet for meget blod. Hun konkluderede ud fra dette, at de havde gjort noget mod hende, at de havde taget blod fra hende, og det var årsagen til hendes nuværende fysiske problemer. Hun ville have, at jeg skulle finde ud af i sessionen: Hvorfor tog de hendes blod, og hvad ville de gøre med det? Hun var overbevist om, at hvis oplevelsen var ægte, var det en negativ oplevelse.

Da jeg begyndte sessionen, vidste jeg ikke, om noget ville komme frem, fordi jeg virkelig troede, at kvindens problemer var forårsaget af dybere psykologiske årsager, og alien-forbindelsen kun var en

The Custodians

undskyldning for at bebrejde noget udenfor sig selv. Hvis dette var tilfældet, ville hendes underbevidsthed fortælle mig det.

Da hun var i en dyb trance, instruerede jeg hende om at vende tilbage til hendes lejlighed på natten for hændelsen (hun var sikker på datoen, fordi hun holdt en dagbog, og hændelserne var blevet noteret i den). Hun var vågnet fra søvnen, fordi værelset var koldt. Så meddelte hun forsigtigt: "Der er noget der. Det kigger på mig. Det ser på mig. Det er ved min seng."

Hun beskrev et objekt, der var omkring ni tommer på tværs, og lignede et lys, der glødede orange og gult, med en stor krystal eller diamant i midten. Rædselsslagen kiggede hun ud fra dynen på det, da hun bemærkede, at andre var kommet ind i værelset. En var høj og lignede en menneske med lys hud. Han blev ledsaget af tre små væsener, der lignede hvide, lysende klumper. Hun var ikke bange for dem, kun underholdt. Hun syntes, de var meget søde, da de rørte ved hendes arm og ansigt med iskolde fingre. Den høje holdt nu den mærkelige lysende enhed. En stråle af koldt lys kom fra den og blev rettet mod hendes pande. Han forklarede hende, at det ikke ville gøre ondt på hende, det ville kun gøre det lettere at transportere hende ud af huset. Hun blev bedt om at ligge helt stille, mens hun blev indhyllet i en lysstråle, der kom fra oven, og begyndte at svæve op fra sengen. På en eller anden måde var de så udenfor og svævede opad. På dette tidspunkt udtrykte Edith vanskeligheder med at trække vejret, og jeg måtte fjerne de fysiske fornemmelser. Det næste øjeblik var hun inde i et kæmpestort fartøj, selvom hun ikke kunne huske, hvordan hun var kommet derind. Hun blev taget til et lyst rum, hvor lyset syntes at komme fra væggene og loftet. Inde i rummet var der mange flere væsener, som hun beskrev som forskellige fra de små hvide bløde væsener, der havde været med hende. "De er grimmere. Men de er ikke virkelig grimme, bare forskellige. De er mere robuste, en lillabrun farve med større, fede hoveder. De små lys væsener ser blødere ud. De her har hud, der ser ru ud." Hun kunne ikke røre ved en for at finde ud af det, fordi hun nu lå på et bord og kunne ikke bevæge sig.

De tog derefter en maskine hen til siden af bordet. Hun var nervøs, da hun så et lys komme fra maskinen og komme ind i hendes krop mellem ribbenene på hendes venstre side. Hun udbrød: "Det gør ondt, men det gør ikke ondt!"

133

Den høje væsen kommunikerede mentalt med hende og forsikrede hende om, at det ikke ville gøre ondt. De var der for at reparere den skade, hun havde forårsaget i sin mave. Hun undrede sig over, hvorfor de gik ind imellem hendes ribben i stedet for gennem hendes mund. Han forklarede, at det var lettere at gå ind fra siden. Stemningen ændrede sig derefter pludseligt til en følelse af angst, da hun mentalt hørte væsnerne sige, at der var sket en fejl. Der var mere skade end forventet. De var bekymrede, fordi der var meget mere blødning i maven. Der var mere at reparere, end de først havde troet. Hun havde allerede mistet en stor mængde blod og blev svag. Hun hørte ordene: "Du må ikke skade din krop. Den er speciel." De brugte derefter lyset til at forsegle blødningen.

Jeg var nysgerrig på, hvorfor hun ikke havde bemærket virkningerne af indre blødning. De sagde, at hun til sidst ville have bemærket det, og det kunne have været sværere at reparere på det tidspunkt. De indsatte derefter en hvid væske i hendes arm gennem noget, der "lignede en nål, men ikke var en nål." De forklarede, at de "satte bedre blodlegemer ind for at modvirke skaden. Noget der ville få blodlegemerne til at fungere bedre. For at få blodet til at have mere ilt."

Da de forberedte sig på at forlade fartøjet, kommunikerede den høje væsen til hende, at han ville komme igen og tjekke op på hende. Hun følte sig tryg ved ham og troede, at hun kendte ham. Han sagde, at de havde været sammen, før hun kom til dette liv. Og han var virkelig meget gammel.

I det næste øjeblik befandt hun sig tilbage i sin seng derhjemme. Hendes sind var fyldt med spørgsmål, der hurtigt forsvandt, da hun faldt i søvn. Om morgenen var der ingen hukommelse af hændelsen, bortset fra drømmen, der antydede, at de havde skadet hende ved at fjerne hendes blod. Det var nu tydeligt, at de havde prøvet at hjælpe hende, og hun selv havde forårsaget skaden på sin krop gennem den konstante opkastning forårsaget af bulimi.

Hendes læger var bekymrede, fordi hendes blodtal var så lavt, at de ikke kunne forstå, hvordan hun overhovedet kunne fungere, og de sagde, at hun burde have været bevidstløs. Hendes underbevidsthed kommunikerede til mig, at der ikke skulle være nogen bekymring over det unormalt lave blodtal. Det var nu normalt for hende, og hun kunne fungere ganske godt med det. "Blodtallet betyder ingenting. Det er

The Custodians

bare et lavt tal. Et lavt tal er normalt en indikation på ilt. Hendes iltforsyning er større, selvom det er mindre." Skaden på maveområdet var blevet repareret, og lægerne ville ikke finde noget med deres tests. Det ville sandsynligvis blive registreret som et mysterium, og så længe Edith ikke havde fysiske problemer, var det bedst at lade det være.

Denne sag viser problemet med, at den bevidste hjerne tolker en forstyrrende drøm og når til en forkert konklusion, mens den korrekte forståelse af situationen kommer fra dyb trancehypnose. Da vi diskuterede dette, efter hun var vågnet, kunne hun forstå, at hendes opfattelse af drømmens hukommelse var falsk. Væsnerne på fartøjet havde ikke skadet hende, men faktisk havde de repareret den skade, hun selv havde forårsaget gennem sin forfængelighed og selv-doubt.

KAPITEL 5
Begravede minder

Ligesom drømme nogle gange kan skjule virkelige oplevelser, der er dybt begravet i underbevidstheden, kan minder også blive forvrænget gennem tidens gang. Som børn opfatter vi ting på en enklere, mere naiv måde. Det, der ofte er traumatiserende for et barn, ses anderledes af den voksne, barnet er blevet til. Ofte bliver erindringen om en hændelse begravet, fordi den var traumatisk eller smertefuld at huske. Under hypnose, når mindet findes og genopleves, bliver det ofte set på som mindre truende end først antaget. Det kan ses og forstås af den voksne. Jeg har haft klienter, der ønskede at huske en glemt hændelse. De troede, at fordi de havde glemt den eller undertrykt den, måtte den have været noget meget forfærdeligt. Under hypnose viser det sig ofte at være en hændelse, der let kunne forklares. For eksempel en forseelse eller en narrestreg, der fik forældrene til at blive vrede. Det behøver ikke nødvendigvis at involvere fysisk straf for at få hændelsen til at blive undertrykt. Ofte er det bare det faktum, at forældrene var vrede. Læg dertil den nu populære forklaring, at UFO'er og væsner på en eller anden måde var involveret, hvis noget er blevet undertrykt. I ni ud af ti tilfælde har jeg ikke fundet nogen forbindelse til udenjordisk liv overhovedet. Derfor siger jeg til efterforskere, at de altid bør starte med det enkle frem for det komplekse. Med andre ord, søg den simpleste logiske forklaring, før man indfører noget mærkeligt. Når man bruger de dybeste niveauer af hypnose, vil den virkelige sandhed altid komme frem. Den kan ikke skjules, medmindre det at lyve eller fabulere er en normal del af personens liv. I så fald kunne de lyve eller fantasere, fordi det er en del af deres natur. Men sådanne tilfælde er sjældne, og deres historie holder ikke. Hvis de fantaserer, vil fortællingen ikke forblive konstant, men vil ændre sig med gentagelsen. Der vil blive tilføjet nye detaljer. Desuden vil historien ikke passe ind i det mønster, jeg har opdaget. Der er altid muligheden for, at jeg ikke har alle brikkerne, der udgør et mønster. Nogen kunne komme med en historie, der præsenterer en helt anden side, som jeg ikke har udforsket. Derfor må jeg være åben

The Custodians

for den mulighed og ikke lukke alle døre automatisk. Men selv hvis en ny måde at tænke på bliver introduceret, vil der stadig være elementer, der passer ind i mønsteret. Det er tydeligt, at arbejdet som efterforsker ikke er nemt, især ikke når det kombineres med terapi. Det er kun fordi jeg er åben over for alle muligheder, at følgende tilfælde opstod.

Fran var en fraskilt kvinde i fyrrerne, hvis mest markante træk var hendes klare røde hår. Hun var meget tilfreds med sin lederstilling i et prestigefyldt firma. Hun kom til mig i 1988, fordi hun havde nogle usædvanlige, livagtige minder, som hun ønskede at udforske under hypnose. Hun var opvokset på en gård i Mississippi og havde ikke været udsat for UFO-historier i dette landlige område. Hun havde ikke adgang til nogen form for okkulte eller overnaturlige bøger eller emner. Alligevel var det i dette miljø, at begivenhederne fandt sted, og minderne var blevet forvrænget og uklare.

Fran huskede flere observationer af mærkelige lys over hendes hus, da hun voksede op, og hendes bil blev fulgt af lys, da hun blev ældre. Da der ikke var nogen logisk forklaring på dem, antog hun, at de kunne have været UFO'er. Underligt nok oplevede hun ikke nogen frygt, da disse begivenheder fandt sted, selvom de mennesker, der var sammen med hende, var rædselsslagne. Hun havde ingen andre bevidste minder om noget af denne art, så vi besluttede at udforske disse observationer. Jeg har gennemført mange af disse typer sessioner, hvor emnet blot tilføjede flere detaljer om observationen. Vi forventede ikke, at noget usædvanligt ville komme frem.

Hun havde et personligt problem, som hun tænkte, vi måske kunne finde ud af, hvis sessionen gik i den retning. Det var, hvad jeg kalder et "karmisk forholdsproblem". Hun syntes at have haft friktion med sin bedstemor, siden hun var meget ung. Hun kunne ikke forstå, hvad der forårsagede det, fordi hun elskede sin bedstemor, men hun havde en fornemmelse af, at hun havde gjort noget for at fornærme hende. Denne type situation er bedst håndteret under regression til tidligere liv, hvis årsagen til friktionen ikke kan findes i det nuværende liv. Så jeg koncentrerede mig ikke rigtig om det. Jeg lavede bare en note om det og tænkte, vi ville forfølge det, hvis vi havde tid.

Fran viste sig at være et fremragende emne, og overraskende nok blev hun spontant regressiv til en usædvanlig begivenhed i hendes

The Custodians

barndom. Jeg besluttede at blive ved med det og stille spørgsmål, fordi underbevidstheden normalt ikke bringer en hændelse op uden en grund. Hun var igen et barn på syv år. Hendes manerer og ansigtsudtryk var utrolig præcise for den alder, hun levede igennem. På den alder sad hun på hug i midten af sin seng og legede med et sæt små kinadisker. Det var en særlig begivenhed, fordi hun ikke måtte lege med dem, da de tilhørte hendes bedstemor. Men hun mente, det ville være svært at bryde noget, hvis hun legede med dem midt på en stor seng. Hun kiggede på og grinede glad, mens hun håndterede den lille kande og kopper og skåle. Hun bemærkede: "De tilhører ikke mig. Jeg leger med dem. Far er her, og han viser mig, hvordan jeg skal have det sjovt med dem."

Det viste sig, at den person, hun talte om, ikke var hendes biologiske far, men han havde bedt Fran om at kalde ham "Far." Tilsyneladende var han ikke en fremmed, men en, der kom for at besøge hende regelmæssigt. Jeg bad om en beskrivelse. Hun beskrev et meget højt og tyndt væsen, der stod ved siden af sengen. "Han har noget stof på, der bare hænger over hans krop. Det ligner ikke tøj, som jeg har på overhovedet." Hun tøvede med at beskrive hans fysiske træk. "Det er svært at kigge på ham. Hans ansigt ligner, når man former ler, og man blander det meget glat. Han har ikke noget hår eller øjenbryn. Hans øjne er store og mørke... men det betyder ikke rigtig noget."

Han lærte hende, hvordan man leviterer. Han lagde sin hånd over toppen af hendes hoved, og hun følte en prikken, mens hendes krop og de små tallerkener steg op i luften. Hun syntes, det var sjovt, og grinede og talte med ham. På det tidspunkt brød hendes bedstemor pludselig døren op. Hun havde hørt taler og ville finde ud af, hvad der foregik i rummet, da hun troede, at hendes barnebarn var ude i noget narrestreg. Da hun kom ind i døren så pludseligt, brød det Fran's koncentration. De små skåle faldt sammen og gik i stykker. Bedstemoren kunne ikke forstå, hvordan hun havde brudt dem, men hun blev meget vred på hende, selvom Fran insisterede på, at hun ikke havde gjort noget. Underligt nok så bedstemoren ikke væsnet. Blev han usynlig, da hun kom ind gennem døren, eller hvad?

Fran var spontant regressiv til hændelsen, der havde forårsaget vreden mellem hende og hendes bedstemor. Den lille pige følte sig vred over at blive uretfærdigt anklaget for noget, hun ikke havde gjort med vilje. Selvfølgelig ville hun, selvom hun havde forklaret om "Far," ikke være blevet forstået af bedstemor. Fran ville være blevet anklaget for at fantasere eller lyve. Som voksen vidste hun bevidst, at noget var sket i hendes barndom, men hun kunne ikke huske hændelsen, før hun var under hypnose. Jeg ville gerne vide mere om denne væsen. Barnet Fran svarede, at han havde været sammen med hende, så længe hun kunne huske. Han mødte hende ofte i skovene, og de gik og talte sammen. "Han viser mig, hvordan man lytter og hører. Ting, som de voksne ikke hører. Han viser mig, hvordan man ser, farver og ting, som de voksne ikke kan se. Det er smukt."

D: Når han kommer og besøger dig, hvordan kommer han så?
F: (Forvirret) Jeg ved det ikke. Han står bare der. Og nogle gange opdager jeg, at han er der, og jeg går hen til ham. Nogle gange ved jeg, at han kommer til at være der. Jeg ved ikke hvordan jeg ved det. Jeg ved det i mit sind, at han kommer til at være der.
D: Møder du ham nogensinde et andet sted end hjemme og i skovene? (Hun tøvede med at svare. Hun havde sandsynligvis aldrig talt om dette med nogen før.) Jeg er bare nysgerrig. Du kan fortælle mig ting, som de voksne ikke tror på. Det er godt at have nogen, der tror på dig, ikke?
F: Ja. Han tror på mig.
D: Jeg satser på det. Men har du nogensinde været et andet sted end huset og skovene med ham?
F: Jeg tror det. Der er et lys i skovene. Et stort lys. Der er trapper, der fører op i dette lys. Han er sammen med mig, og vi gik op ad trappen.
D: Hvor fører trapperne hen?
F: Ind i bunden af dette store lys.

Hun beskrev at gå op ad trappen, der var lavet af lys. Øverst oppe var der en metal-dør. Den så grå ud som metal, men føltes blød, da hun rørte ved den. Han ville gerne vise hende dette sted, men forklarede, at hun ikke kunne blive der for længe. Der var en gang, og døre, der førte til rum. Men dørerne så mærkelige ud for hende, sammensat af forskellige lag. "Der er et område, hvor jeg ikke må gå, ind i det store rum. Dette rum er okay."

The Custodians

I det rum, hun måtte komme ind i, stod der en metal-lignende cylinder støttet på en formtilpasset platform. "Den er rigtig skinnende. Og det andet metal på dørene var ikke skinnende." Jeg forsøgte at få en idé om størrelsen af cylinderen. "Den er ikke helt stor nok til, at jeg kan komme ind i den. Hvis jeg lagde mig ned, ville den nok komme op til omkring her på mig. (Hendes næse.) Men jeg kunne ikke komme ind i den, fordi den ikke er stor nok rundt. Der skulle være en slags dyr i den."
Væsenet havde æg, som det havde taget fra et fuglerede i skovene. Han sagde, at han måtte lægge dem i rummet. "Det er sådan, jeg kom ind."

D: *Hvad gjorde han med æggene?*
F: (Hendes stemme var barnlig.) Åh, han lagde dem væk, i en ... i den ... (pegede til venstre.) Jeg ved ikke præcist, hvad det er derovre. Det ser mærkeligt ud. Det har noget lys i sig, men det ligner noget stof på en måde. Men ... det er ikke som normalt stof. Og han lægger æggene derovre. Jeg undrer mig over, hvorfor han gjorde det?
D: *Mener du noget som et gardin?*
F: Ja, på en måde. Men det er anderledes. Det har lys i sig. Han siger, det er for at hjælpe dem med at klække. Åh! Det holder det varmt. Jeg kan godt lide at se på ting som det.
D: *Så han bragte æggene ind for at se dem klække, og det var derfor, du fik lov at se det rum.*

Hun forsøgte at forklare på sin barnlige måde, at der var flere af de der tanke i andre rum, og de babyfugle ville blive sat i en af dem for at holde dem sikre.

F: De har forskellige ting, forskellige dyr i tankene. Jeg tror ikke, de kommer herfra. Det dyr. Han kom ikke herfra.
D: *Hvor tror du, det kom fra?*
F: Stjernerne. Det er der far kommer fra.
D: *Det ville være langt væk, ikke? Sagde han, hvor?*
F: Han sagde, at jeg ikke ville forstå det. Han sagde bare, stjernerne.
D: *Nå, det ville forklare, hvorfor dyret ville være mere sikkert inde i tanken.*

The Custodians

F: Jeg antager det.
D: *Visede han dig noget andet?*
F: Nej. Vi skal tilbage ud. Det er bare tid til at gå.
D: *Det var sjovt, ikke?*
F: Det var det helt sikkert. Jeg vil gerne gå igen. (Griner) Han kan godt lide mit røde hår.
D: *Kan han det? Måske kan han godt lide det, fordi han ikke har noget.*

(Hun grinede.)

D: *Går du tilbage udenfor?*
F: Ja. Trapperne er som hvidt lys. Det er anderledes, men du kan træde på det. Da jeg var tilbage i skovene, trykkede far mig på midten af panden med sin finger, og jeg bliver ved med at høre ordet "Glem."

Jeg forsøgte at finde ud af, om hun nogensinde så ham igen, eller havde flere eventyr med ham. Men desværre sagde han, at han ikke kunne komme mere efter hændelsen med tallerkenerne, fordi han havde fået hende til at komme i problemer med hendes bedstemor. Han sagde, at hun skulle glemme alt om ham. Jeg fornemmede, at han havde en ægte kærlighed til barnet, og virkelig ikke ønskede at forlade hende, men følte sig tvunget til det. Han syntes at nyde samspillet med hende og den undervisning, han udsatte hende for. Hvis hun havde haft anden kontakt med ham, kunne jeg ikke finde det i hendes hukommelse. Enten virkede forslaget om at glemme ham, eller også vendte han ikke tilbage.

Resten af sessionen omhandlede hendes observationer, og kun hverdagsagtige oplysninger kom frem.

Beverly var en kunstner i fyrreårsalderen. Hun kaldte sig officielt kunstner, men denne type arbejde betaler ikke altid regningerne. Så hun var begyndt at male skilte for at tjene penge, og til hendes overraskelse havde hun haft succes med det. Hun fortsatte dog med at male i sin fritid. Hun boede i et usædvanligt hus, der var bygget helt ind i siden af en bakke i vores Ozark-bjerge. Det var som at bo i en hule. Den eneste antydning af det udendørs kom fra lys, der skinnede gennem døren og vinduerne på frontvæggen. Dette var stedet, hvor

The Custodians

vores sessioner fandt sted i 1988. Beverly ønskede at udforske sine tidligere liv i håb om at finde forklaringer på problemer med hendes helbred og penge (mangel på dem). Dette var det, vi havde tænkt os at gøre, men ofte har underbevidstheden andre ideer. I så fald følger jeg altid med, fordi der må være en grund til, at underbevidstheden bringer noget op. Normalt er det noget, emnet behøver at vide, snarere end det oprindelige formål med sessionen.

Under vores diskussion før sessionen fortalte Beverly mig om nogle mærkelige oplevelser fra hendes barndom, som hun aldrig havde glemt. De bekymrede hende ikke. Hun betragtede dem mest som en nysgerrighed. "Da jeg gik i første klasse, var der en hændelse, hvor min veninde Patricia og jeg angiveligt stak af hjemmefra efter skoletid. Der var et kæmpe skovområde på den anden side af gaden fra skolen, og det var der, vi gik hen. Jeg har ingen hukommelse om, hvad der skete der, hvor lang tid vi blev der, eller noget som helst. Men vores forældre ledte efter os. Jeg vidste ikke, hvor meget tid der var gået, fordi jeg ikke havde nogen fornemmelse af tid dengang. Jeg boede seks blokke fra skolen, og vi var halvvejs hjem, da min mor fandt os. Jeg har ingen hukommelse om, hvad der skete i den tid overhovedet, bortset fra at vi virkelig fik skældud for at være væk så længe. De sagde, at skolen var slut klokken tre, og det var næsten mørkt, da vi kom hjem. De var ved at være klar til at ringe til politiet. Det, der slår mig ved det, er, at hvis det var mit første episode med at løbe væk, burde jeg have husket, hvad jeg gjorde. I det mindste dele af det, men jeg gør det ikke. Alt, jeg husker, er, at vi gik over gaden og ind i skovområdet. Og jeg husker ikke noget andet, bortset fra at vi blev fundet senere og kom i problemer for det. Jeg husker ikke, om jeg havde det sjovt eller ej."

Mens hun mindedes sin barndom, kom hun på andre mærkelige minder. "Mit værelse var bagerst i huset. Jeg kunne godt lide at være alene. Og jeg gik ofte derind, lukkede døren for at komme væk fra mine forældre, satte mig på min seng og dagdrømte. I det mindste troede jeg, jeg dagdrømte. Jeg sad på min seng, og næste ting jeg vidste, var, at jeg rystede, og jeg kom tilbage til bevidstheden og var på gulvet. Min mor sagde, at jeg nok var faldet i søvn og faldet ud af sengen. Men jeg vidste, at jeg ikke var faldet i søvn. Det gik jeg igennem hele grundskolen."

The Custodians

Vi talte om mange begivenheder i hendes liv under den indledende diskussion. Det er her, jeg lærer personen at kende og prøver at finde ud af, hvad de ønsker at udforske under hypnose. Nogle gange er deres bemærkninger relevante, og andre gange ikke. I dette tilfælde var der flere usædvanlige minder, som jeg noterede mig. Beverlys diskussion om hendes barndom udløste et andet minde: et negativt, der havde at gøre med mareridt.

"'Da jeg var så ung, som jeg kan huske, og det skal være fra jeg var tre år gammel, havde jeg mareridt om kæmpeinsekter. Jeg ved alderen, fordi jeg husker en hund, jeg havde dengang. Disse kæmpeinsekter ville komme op på min seng med mig. De gjorde mig ikke noget, men de mindede mig om 'walking sticks'. De havde lange kroppe og små tynde antenner som insekter, og store øjne."

Udtrykket "walking stick" fik mig til at lægge mærke til det, fordi det var relateret til andre tilfælde, jeg havde hørt om, som involverede denne type udenjordiske væsener. Beskrev hun udenjordiske væsener, eller var det bare hendes livlige børns fantasi, hun huskede? Jeg ville ikke give nogen spor om insektlignende udenjordiske væsener, jeg allerede havde hørt om. Jeg ønskede, at hun selv skulle give sine egne beskrivelser.

"De var ikke runde insekter som edderkopper, de var aflange. Der er nogle insekter, der er sådan. En af dem er walking stick, og den anden er praying mantis. De havde vedhæng på forsiden af deres krop og på bagsiden. Og de var lige så store som mig. Selvfølgelig var jeg lille. De gjorde mig ikke noget, men de skræmte mig virkelig, når de ville kravle op på mig. Jeg havde en tvillingeseng, og når jeg lå på den og de var ovenpå og kiggede på mig, var de større end mig. Deres krop rørte ikke min krop. Deres antenneben eller hvad det nu var, løftede dem op over mig, så der var et mellemrum mellem deres krop og min krop. Der var som regel to eller tre i rummet, men mindst én, og de kiggede bare på mig. Jeg havde de mareridt fra jeg kunne huske, hele min tidlige barndom. På det tidspunkt havde jeg aldrig engang set en film, langt mindre et skræmmende show." De var en mørk farve, og de havde store øjne, der lignede en ants, men hun vidste, de bestemt ikke var den type insekt.

"Jeg vågnede op og skreg mange gange. Nogle gange ville jeg gå ud i baghaven for at hente min hund og tage hende med tilbage i sengen. Min mor ville ikke lade hunden komme ind i huset. Jeg var

The Custodians

bange for mørket, men jeg gik ud i den mørke nat og hentede min hund og lagde hende under tæppet med mig. Så kunne jeg sove godt. Hvor jeg boede, havde husene det meste af tiden kakerlakker, fordi det var et varmt, fugtigt klima. Men jeg drømte ikke om kakerlakker. Jeg tilbragte mine somre hos min bedstemor på landet, men jeg havde aldrig mareridtene der."

Mens Beverly fortsatte med at associere igennem minder, kom hun på endnu en mærkelig oplevelse, der havde sat så stort et indtryk, at hun aldrig havde glemt det. Det skete, da hun var voksen, gift med en søn og boede i en forstad til Houston i begyndelsen af 1970'erne. Deres hus var det eneste på gaden, der ikke havde træer i baghaven. Det var ikke vigtigt, fordi de havde planlagt at sætte en pool i baghaven alligevel. Beverly's soveværelse var bagerst i huset, og hun og hendes mand sov, da hun blev vækket af en usædvanlig lyd.

Hun lo og sagde: "Jeg vidste bare i mit sind, at det var et flyvende tallerken. Og jeg tænkte, 'Åh, det er bare dem igen.' Spørg mig ikke, hvor den tanke kom fra, for jeg har ingen idé om, hvordan en flyvende tallerken skulle lyde. Da jeg vågnede og hørte den lyd, vidste jeg bare, at det var det. Robert sov stadig, og han vågnede aldrig. Jeg syntes, det var meget mærkeligt, at han ikke vågnede og hørte det, men jeg ville ikke forstyrre ham. Og jeg kom ikke ud af sengen, til min viden. Jeg ved ikke, hvor længe jeg var vågen, men jeg faldt i søvn igen uden nogensinde at komme op. Normalt burde jeg være steget op. De fleste mennesker, hvis de hørte noget i baghaven, ville stå op og se på det. Men jeg gjorde det ikke, til min viden."

Jeg spurgte hende, hvordan det lød, og hendes svar var meget bekendt. "Det var som en summelyd, som et højhastighedsfly." Vi prøvede flere lydeforbindelser, før hun fandt én, der næsten var korrekt. "Det lød ikke som en flypropel. Ved du, hvordan et børns top lyder, når man spinner det på et bord? En syngende eller susende lyd. En højfrekvent, roterende lyd, som vind, der snurrer rigtig hurtigt, så forstærk den lyd en smule. Det var ikke særlig højt. Jeg mener, det var ikke, som om hele nabolaget ville være blevet vækket af det."

Jeg foreslog lyden af en helikopter, men det ville have været højere og haft en anden tonehøjde. En anden association var: "Eller som en vaskemaskine, når den er på centrifugering, bortset fra at jeg vidste, at den var hurtigere. Og jeg er sikker på, at jeg ikke sov. Jeg lå der og lyttede til det, og jeg tænkte, 'Nå, det er bare et rumskib i

The Custodians

baghaven.' Jeg var ikke bange. Jeg gik bare tilbage til at sove, så vidt jeg ved."
Dette virkede som en mærkelig reaktion. Normalt ville den første tanke ved at høre en usædvanlig lyd om natten være, at der var nogen i baghaven, og de kunne bryde ind i huset. Din første reaktion ville være frygt, og så ville du sandsynligvis stå op og kigge ud af vinduet. Jeg var enig i, at alle disse minder virkelig var mærkelige hændelser. Jeg lavede notater om dem, men vores første bekymring var at finde svar på hendes nuværende problemer, ikke at udforske UFO'er, som hun sagde, hun ikke var interesseret i alligevel.

Beverly ændrede derefter emnet og begyndte at tale om sine mange fysiske problemer. Hele hendes liv havde hun mærkelige og usædvanlige symptomer, som lægerne havde svært ved at diagnosticere. "Det blev til et punkt, hvor det var blevet en joke. De vidste aldrig, hvad der var galt med mig. Selv når de lavede mange tests, kunne de ikke blive enige om, hvad det var. De var aldrig sikre på noget. Det var det samme, når jeg gik til store hospitaler for diagnose. De forsikrede mig om, at de ville finde ud af det, men så trak de sig tilbage, når de ikke kunne finde ud af det. Det var frustrerende at køre tretten timer og blive opkrævet to tusinde dollars for medicinske tests, og de kunne stadig ikke fortælle mig, hvad der var galt med mig." Nogle af disse problemer eksisterede stadig på nuværende tidspunkt, så det var et af de områder, hun gerne ville udforske. Hun ville finde ud af, hvorfor hun havde så mange fysiske problemer, og hvor de kom fra, og hun antog, at årsagen til denne type karma kunne ligge i et tidligere liv. Hendes vedvarende økonomiske problemer var også en bekymring for hende. Så da vi startede sessionen, var sundhed og penge vores hovedfokus. Barndomsminderne var kun interessante sideløbende emner.

Efter at Beverly var i dyb trance, brugte jeg min teknik, der skulle have sendt hende direkte til et tidligere liv. I stedet så hun kun forskellige virvlende farver. Dette sker ofte og kan bevæges videre. Efter at have givet hende dybdekommandoer begyndte Beverly at beskrive en scene fra hendes nuværende liv. Hun var igen et barn på seks år og genoplevede sin første skoledag. Med høje, spidse grin talte hun om at være blevet efterladt på toilettet og blive vild i gangene på den store skole. Det var ikke skræmmende, det var et eventyr. Med barnlige manerer og taleformer gik hun i detaljer om sin lærer og sine

The Custodians

venner i første klasse. Der var også meget beskrivelse af skolens fysiske layout. Undermedvetenheden bringer aldrig en hændelse op uden en grund. Så det opstod for mig, at dette kunne være en perfekt mulighed for at udforske minderne om at løbe væk ind i skovene overfor skolen.

D: Nå, er der skove omkring skolen?
B: Uh-huh. De er på den anden side af gaden, ikke den travle, men den sidegade. Det er lidt uhyggeligt derinde. Jeg går ikke i skovene. Men det kunne jeg!
D: Hvad er uhyggeligt ved det?
B: Det er mørkt, hvor alle de træer er. Men der er ikke noget derinde, bare mange træer. Det bliver også tidligt mørkt.
D: Okay, Beverly, jeg vil gerne have, at du bevæger dig frem i tiden til den aften, du gik ind i de skove med din veninde efter skole. Hvad hed hun?
B: Patricia.
D: Okay. Det er den aften, og skolen er slut. Er alle børnene gået hjem?
B: Nej. De er ude på legepladsen. Vi går bare rundt.
D: Har du nogensinde været i de skove før? (Nej) Hvorfor besluttede du at gå ind i dem denne aften?
B: (Alvorligt) Vi løber væk hjemmefra.
D: Er I det? Hvorfor gør I det?
B: Fordi vi kan ikke lide det derhjemme.
D: Det er da en ret drastisk ting at gøre.
B: Nå, så kan de jo lære det.
D: Hvorfor ville I løbe væk? Er der sket noget?
B: Nej. Ingenting. Vi besluttede bare, at vi ville det, fordi vi ikke kunne lide det derhjemme. Desuden burde vi kunne gå nogle steder nogle gange nu.
D: Hvorfor nu?
B: Fordi vi er store, og vi går i skole.
D: Er du ikke bange for at blive væk?
B: Nå, vi ville nok gå hjem igen. Jeg ved ikke, om vi ville blive væk for evigt. Jeg tror, nogle af børnene har krydset den sorte vej før. Det er ikke en rigtig vej. Du ved, det er bare den vej. Men jeg tror, andre børn har gjort det.

The Custodians

D: Nå, hvad sker der så?
B: Vi gik bare ind. Træerne er virkelig store. Der er ikke noget græs. Jeg mener, man kan gå mellem træerne. Der er nåle og sådan noget på jorden. Det er ikke græs som i din have.
D: Hvad gjorde I i skovene? (Pause) (Hendes ansigtsudtryk og øjenbevægelser indikerede, at noget skete.) Hvad er det?
B: (Forvirret) Jeg ved det ikke. (En lang pause.) Jeg tror ikke, jeg må tale. Jeg tror ikke, jeg må gøre noget. Jeg ved ikke, hvor hun er, men jeg tror ikke, vi skal gøre noget.
D: Hvor er hvem?
B: Pat.
D: Er hun ikke sammen med dig?
B: (paus) Jeg kan ikke se hende. Jeg tror, jeg er frosset.
D: Din hjerne er ikke, og din hjerne kan tale til mig. Og det vil ikke genere dig overhovedet. Den ved ting, og den kan tale til mig.
B: Det er som ... det er blevet visket væk. Som når vinduesviskerne gør det.
D: Hvad mener du?
B: Jeg ved ikke. (Håndbevægelser) Det er buet. (Håndbevægelser) Det er bare foran mig. Og jeg må ikke gøre noget.
D: Kan du se igennem det?
B: Jeg tror ikke, jeg må kigge.
D: Jeg vil ikke have, at du gør noget, der kan få dig i problemer. Jeg er bare nysgerrig. Hvor kom det fra?
B: (Pause) Jeg ved det ikke. Jeg gik bare rundt i skovene, og ... Jeg tror, det er lyserødt. (Hun blev bange.) Det er som et skjold. (Hendes stemme rystede, og tårer kom fra hendes øjne.) Foran mig. (Hun begyndte nu at græde og hulkede som et barn.) Det får mig til at føle, at jeg ikke kan bevæge mig. (Tydeligt oprevet.)

Jeg talte beroligende til hende, så hun kunne slappe af og stoppe med at være følelsesladet. Efter et par minutter stoppede den høje gråd. Jeg prøvede at forsikre hende om, at hun kunne tale til mig og fortælle mig, hvad der skete. Hun begyndte at falde til ro.

D: Du sagde, det er lyserødt?

B: Ja, det er noget lyserødt. Og det er som om, det bedøver alt. Og min hjerne. Det går fra den ene side af mig hen over forsiden til den anden side.

D: *Bare over dit ansigt, eller hvad?*

B: Jeg ved ikke. Det er alt, hvad jeg ved.

D: *Med andre ord, det er alt, hvad du kan se lige nu. (Ja) Og hvad skete der, mens du gik gennem skovene?*

B: Jeg tror, vi kunne se noget sollys et sted derinde. Jeg syntes, det var lyst. Og det var smukt, syntes jeg. Sollyset kom ned gennem træerne. Jeg tror ikke, det var overalt, jeg tror, det var over til højre.

D: *Men du ved, sollys gør det nogle gange. Hvad gjorde I så?*

B: Jeg tror, vi kiggede bare på det.

D: *Var det sollys?*

B: (Forvirret) Jeg ved ikke. Jeg kunne ikke ... denne lyserøde ting ... jeg kunne bare ikke gøre noget længere. Det er som om, det stoppede alt. (Håndbevægelser) Udover at det kom fra herover og hen over her (Hen over hendes synsfelt). Det rørte ikke ved mig. Og det er glat, men jeg kan ikke se igennem det. Det fik bare alt til at stoppe. Det fik mit hoved til at stoppe. Det gør ikke ondt. Jeg kan ikke føle noget. Jeg kan ikke se noget, bortset fra denne lyserøde ting. Det er alt foran mig, som et skjold.

D: *Kan du føle noget under dine fødder?*

B: Jeg er ikke opmærksom på mine fødder. Jeg føler mig bare følelsesløs.

D: *Kan du høre noget?*

B: Nej. Alt stoppede bare. Som et stillbillede. Jeg kan ikke se noget ud over dette ... (Suk) lysegule, lyserøde ... det ser ud til at fryse alt.

D: *Okay. Men husk, det er kun midlertidigt, og det vil ikke genere dig overhovedet.*

Beverly kunne ikke rapportere nogen sanser overhovedet, som om alle hendes fysiske sanser var bogstaveligt talt frosne. Jeg indså snart, at det var nytteløst at fortsætte med dette. Hendes underbevidsthed var ikke klar til at frigive information endnu. Jeg flyttede hende videre til hendes næste sansning, hvad enten det var hørelse, lugt eller følelse. Overraskende begyndte hun pludselig at fnise.

The Custodians

B: Vi løber ud af skovene. Fnisen. Vi kom ud. (Griner)
D: *Hvad mener du?*
B: Nå, vi kom bare ud derfra. (Stor suk og et grin.) Vi kom ud! (Pause) Mit hår var krøllet.
D: *Hvad mener du?*
B: Nå, vi havde krøllet hår. Vi fnisede og løb ud af skovene, og vores hår hoppede. (Stor suk) Og vi gjorde det. Vi gik ind i skovene, og vi kom ud.
D: *Skete der noget, mens du var i skovene?*
B: Jeg ved det ikke. (Forvirret) Måske noget.
D: *Hvad mener du?*
B: Nå, du ved, hvordan man, når man går ind et sted, man ikke har været før, undrer sig over, om man kan komme tilbage. Og vi gjorde det.
D: *Hvad gjorde I i skovene?*
B: Bare legede, tror jeg. Jeg kan ikke huske det. Vi gik bare, tror jeg, ind og vandrede rundt. (Suk) Jeg skal tilbage over gaden. Det var mørkt i skovene, men det var lyst på skolens område, da vi gik ind. Men nu bliver det virkelig mørkt, så vi skal nok hjem.
D: *Jeg gætter på, at du bedre går hjem, før du kommer i problemer.*
B: Jeg tror, vi allerede er i problemer.
D: *Bestemte I jer for ikke at løbe væk?*
B: Ja, jeg tror det. Jeg tror, vi skal hjem. Jeg ved ikke, om vi er ... åh! Jeg tror, de kom efter os. Vore mødre. De kommer efter os. Næsten op til skoleområdet.
D: *Nå, I var ikke væk så længe, var I?*
B: Jeg ved det ikke. Det er nok ... måske klokken seks. Middagstid eller noget. Det bliver mørkt.
D: *Var det det værd?*
B: Jeg tror det. De gav sig ikke rigtig så meget. Måske fordi Pats mor også var der. Min mor ville have gjort det, hvis hun havde været alene. Måske. Og Pat bor på højre side af gaden, når vi går hjem. Og jeg bor på venstre.
D: *Nå, sagde din mor noget?*
B: Ja. (En pædagogisk, bebrejdende, barnlig tone med passende bevægelser.) "Hvor har du været? Jeg har ledt overalt efter dig." Hun gav mig ikke en lussing. (Fnise)

The Custodians

D: Du havde et lille eventyr, ikke? (Uh-huh) Okay, Beverly, jeg vil have, at du forlader den scene og driver væk derfra. Har du nogensinde set det lyserøde skjold på et andet tidspunkt i dit liv, eller var det kun den ene gang?

B: Jeg tror ikke, jeg så det lyserøde skjold. Jeg kan ikke huske et skjold. Nogle gange gik jeg bare væk, og jeg vidste ikke noget, som om alt bare stoppede.

D: Jeg vil tælle til tre, og jeg vil have, at du går til et af de tidspunkter, hvor du havde den følelse, selvom du ikke så det lyserøde skjold. Og du vil kunne forklare, hvordan det skete, og hvor det skete. Jeg tæller til tre, og vi går til et andet tidspunkt, hvis et findes, hvor du havde den oplevelse. 1, 2, 3. Hvad gør du? Hvad ser du?

B: Jeg tror, jeg gik ud af vinduet i mit soveværelse. (Forvirret) Jeg gik bare ud af vinduet i luften.

D: Klatrede du ud af vinduet?

B: Nej. Bare ... bare sugede mig ud.

D: Hvor gammel er du?

B: Otte eller ni. Ti, måske.

D: Var vinduet åbent?

B: Ja. Det var åbent. Det er sommer. Og jeg sad på sengen, og jeg blev bare suget ud af vinduet.

D: Er det usædvanligt?

B: (Griner) Det lyder lidt usædvanligt for mig. (Suk) Jeg tror, det er sket mere end én gang. Det var aften. Der er et tomt hus ved siden af mit hus. Og nogle gange sidder jeg på gulvet og læner mig på vindueskarmen og ser på folk og biler, der kører forbi om natten.

D: Og hvad skete der så?

B: Jeg ved ikke. Jeg gik bare ud af vinduet, og så kom jeg tilbage ind.

D: Hvordan føltes det, da du gik ud?

B: Det føltes som ... en susen ... jeg blev bare suget ud af vinduet. (Forvirret) Jeg ved ikke, hvordan jeg gør det. Lige igennem skærmen.

D: Gennem skærmen? Hvordan ville det føles?

B: (Forvirret) Jeg tror ikke, jeg følte det.

D: Okay, jeg vil have, at du følger den følelse, og du er på vej gennem skærmen. Lad os følge dig, mens du går ud af vinduet på den måde. Og fortæl mig, hvad der sker.

The Custodians

B: Jeg tror, jeg taler med nogen. Det er nogen på min størrelse. Men jeg ser dem ikke rigtig.

D: *Hvordan ved du, de er der?*

B: Jeg ved ikke ... rigtig. Jeg tror, der er bare én, lige her på min højre side, der taler til mig, mens vi går gennem luften. Jeg kan ikke se det. Jeg får bare et indtryk, en følelse. Bare en slags rundet hoved. Alt er fint, og vi taler bare. Jeg kan ikke huske at kigge og se specielt.

D: *Du sagde, du føler, at du går i luften?*

B: Ja. Lige over den tomme grund ved siden af. Jeg tror, jeg svæver. Jeg er ikke rigtig opmærksom på meget under midten af min krop.

D: *Hvad taler I om?*

B: Jeg tror bare, vi hilser på hinanden. Det er venligt. Det er som om, vi gør dette igen. Det er som nogen, jeg kender.

D: *Er det bekendt for dig?*

B: Ja. Det er som om, det er den samme person, fordi det ikke er nyt.

D: *Hvor svæver du hen?*

B: (Suk) Jeg ved det ikke. Det er alt, hvad jeg ser. Det er som om, jeg ved, vi er på vej et sted hen, men jeg ved ikke hvad ellers.

D: *Kan du se bygninger?*

B: Der er ingen bygninger. Det er en tom grund. Der er to eller tre huse et blok eller så nede ad gaden. Jeg kan se lys i det fjerne. Men det er for det meste bare ... plads.

D: *Føler du, at du er meget langt fra jorden?*

B: Ja, det virker som om, jeg kom ud af vinduet og gik op bare en lille smule højere. Sandsynligvis fire eller fem fod. Lidt over vinduesniveauet.

D: *Og du svæver med denne anden person.*

B: Ja. Jeg mener, det er ikke en rigtig person. Det er ikke en person. Det er rundagtigt. Det ligner en person, men det er ikke farvet som en person. Det er grå-brunt, dets hud er rynket og hård som elefantskind. Faktisk minder det mig om rillerne på en elefants snabel. Han ser mærkelig ud, men jeg føler stor kærlighed. Han er bekendt for mig. Han er ikke en fremmed.

Denne beskrivelse lignede den "sygeplejerske" væsen, som Phil så på et fartøj i Keepers of the Garden. Det var også rynket og gav en følelse af omsorg.

The Custodians

Jeg gav instruktioner om, at hun kunne huske, hvad der skete under denne mærkelige oplevelse. At minderne var der, og det var sandsynligvis tid til, at de kom frem. Så pludselig meddelte hun, at hendes hoved gjorde ondt, og hun pegede på højre tinding. "Som en hovedpine. Som om det var blevet klemmet eller noget." Jeg gav forslag om at fjerne al ubehag. Så fortalte jeg hende, at minderne kunne komme frem, og vi kunne se på dem og undersøge dem som en nysgerrighed, og som en observatør, hvis nødvendigt.

B: Jeg tror, der nok er noget der, men jeg tror ikke, der virkelig er. Man kan finde på sådan noget.

D: *Hvad ser du, som du tror, du finder på?*

B: Nå, det er nok som et spil, man finder på. At man svæver gennem luften med denne lille væsen-ting, og så går man ind i dette rumskib.

D: *Nå, fortæl mig, hvad du ser. Vi skal ikke bekymre os om, det er et spil eller ikke. Hvis det er et spil, spiller vi det. Vi kan have det sjovt med at spille spillet. Hvad ser du?*

B: Nå, vi ved, hvor vi skal hen. Han blev sendt for at hente mig.

D: *Sagde han det til dig?*

B: Nå, jeg vidste bare det. Jeg ved ikke, hvordan jeg vidste det. Jeg ved bare, jeg gik ud af vinduet, og han var der. Så var vi på vej tilbage til et eller andet besøg igen. Der er noget som et rumskib over til højre. Og det lyser op bag den del af den grund. Det er en stor grund. Men det er alt, hvad jeg ser.

D: *Hvordan ser det ud?*

B: Det er rundt og fladt og skinnende.

D: *Rundt som en bold?*

B: Nej. Det er som en skive. Det er tyndt. Og det er rundet på toppen. Noget fladt udseende på bunden, men det er ikke særlig tykt. Og det er skinnende. Lidt lysende. Fluorescerende udseende, næsten. Sølv-hvidt, over det hele.

D: *Jeg undrer mig over, om nogen andre kunne se det, hvis de kiggede.*

B: Jeg ved ikke. Der er ingen andre omkring.

D: *Hvad hvis din mor kom ind i rummet, mens du var væk? Ville hun kunne se dig derinde?*

The Custodians

Jeg forsøgte at afgøre, om det var Beverly's fysiske krop, der gik ud af vinduet, eller hendes åndelige form.

B: Nej. Jeg er ikke derinde. Men jeg tror ikke, hun nogensinde gør det. Eller hvis hun gjorde, tænkte hun bare, jeg var i en anden del af huset. Hun kiggede ikke rigtig efter mig eller noget. Jeg ved, jeg altid lukker min døgn. Og jeg tror ikke, jeg er væk særlig længe.

Tilsyneladende opfattede hun det som om, det var hendes fysiske krop, der havde oplevelsen.

D: Hvor stor tror du, den skive er?
B: Så stor som et hus. Nå, måske er den ikke helt så stor som et hus. Den er meget større end biler. Måske, hvis man satte tre biler i en cirkel, ville den være så stor.
D: Fortæl mig, hvad der sker.
B: Jeg tror, det er bare stoppet. Jeg ser ikke ... fortsættelse af dette. Jeg så bare det, jeg så. Ligesom halvt over grunden, og jeg så fartøjet på den anden side, og det er dér, hvor alt stoppede. Jeg ser ikke noget andet.
D: Du ved ikke, om du kom tættere på det eller ej?
B: Jeg ved det ikke. Jeg tror nok, jeg gjorde. Det var der, vi skulle hen.
D: Hvad er det næste, du husker?
B: Jeg falder altid ud af sengen på gulvet. Jeg gør det altid, når jeg kommer tilbage. Jeg er på sengen og falder ud på gulvet. Hver gang.
D: Hvordan kommer du tilbage til sengen?
B: Jeg tror, de bare dumper mig der. Og så falder jeg ud på gulvet. Det vækker mig så.
D: Hvor længe har du haft disse oplevelser?
B: I det mindste et år eller to, ved jeg. Det har stået på længe. Lige siden jeg fik mit eget værelse, ved jeg. Jeg kan ikke huske, det skete før jeg fik mit eget værelse. Men nu kan jeg ikke huske, hvor jeg sov, før jeg havde mit eget værelse. Jeg tror sandsynligvis, det skete oftere én sommer.
D: Og det er altid det samme, svæve ud af vinduet, gå så langt, og komme tilbage?

The Custodians

B: Uh-huh. Men jeg kom ikke tilbage på samme måde, som jeg gik ud. Det virkede som om, jeg bare faldt ned i min seng. Og så faldt på gulvet, fordi jeg altid tænkte, "Hvad laver jeg på gulvet?"
D: Har din mor nogensinde hørt dig ramme gulvet?
B: Ja, det har hun! Hun hørte denne støj. Hun kom ind og spurgte mig, hvad jeg lavede. Og jeg sagde, at jeg bare faldt ud af sengen. Jeg tror, hun så, at jeg havde det okay. Men jeg ved, hun hørte det fra det andet rum.

Jeg fik hende derefter til at forlade scenen, hun kiggede på, og jeg bad hende om at drive tilbage i tiden.

D: Jeg vil have, at du skal drive tilbage til den tid, da du var lille, og du plejede at have nogle meget mærkelige drømme. Vil du tale om dem?
B: Nå, de var rigtig skræmmende, fordi disse ting kom ind i mit værelse om natten. Jeg lå i en dobbeltseng mod den inderste væg. Og det var mørkt i mit værelse. De kom ind, efter at alle var gået i seng. Og de kravlede rundt og kiggede på mig. De havde kæmpestore øjne, og de lignede kæmpe insekter. Det var, hvad jeg troede, de var. Der var et vindue på den anden side af rummet. Nogle gange kom der lys igennem, og jeg kunne se nogle af dem på gulvet. Og jeg kunne se dem for enden af min seng. De ville komme op på mit ansigt og min brystkasse. Og jeg åbnede min mund for at skrige, men der skete ingenting. Men når jeg begyndte at vågne rigtig op, så kunne jeg skrige.
D: Hvor store var de?
B: De var større end mig. De var store nok til næsten at fylde min seng. Deres hoveder var på niveau med mit hoved, over min krop.

Jeg gav hende instruktioner om, at hun kunne se scenen igen meget tydeligt, men det ville ikke genere hende. Hun kunne kigge på det som en observatør, hvis hun ville.

D: Hvor er de, mens du kigger på dem nu?
B: Okay, der er én, der er lysfarvet, eller måske er det lyset, der rammer den. Og to af dem er på gulvet. (Handsignaler.)
D: På din højre side?

The Custodians

B: Min seng var mod væggen, det var ikke midt i rummet. Og så var resten af rummet til min højre. Og der var en eller to af dem på gulvet, med dette måneskin eller noget, der kom ind. Vi havde venetianske persienner, og de lukkede ikke rigtig tæt. Og så var der en eller to ved foden af min seng. De ville enten kravle op til mig, eller deres kroppe var lange nok, at deres ansigter var lige over mit ansigt og kiggede på mine øjne, næse og ører og sådan noget. Og de kunne sprede deres ben eller hvad de nu havde og holde deres kroppe oppe over mig uden at røre mig. Så deres ben var lange nok til at holde dem oppe over mig. Men de rørte mit ansigt nogle gange.

D: Fortæl mig, hvordan de ser ud.

B: De havde et kæmpestort hoved, og kæmpestore mørke øjne. Og deres kroppe var spinkle. Og det virker som om, deres armdingser var lige så lange som deres ben-dingser. De var som insekter. Ligesom græshopper eller noget, der har ben foran og ben bagpå. De var glatte, strømlinede. Næsten som et rør af lang krop, med disse ben eller arme eller hvad de nu var, der kom ud af det, ligesom insektben. Jeg tror, dem på gulvet var lidt anderledes. De var lysere i farven. Og jeg tror, de var kortere og havde tykkere kroppe.

D: Så deres ansigt lignede insekter?

B: Alt, hvad jeg husker, er øjnene. Og dette kæmpestore runde hoved, som et myre-hoved. Det var rundt og kom til en spids, og havde kæmpestore øjne. Dem i sengen var mørke, dem på gulvet var lyse. Jeg ved, de var forskellige farver.

D: Kan du se nogle hænder?

B: Nej, fordi hvis de har hænder, er de nede på sengen, og jeg kan ikke se dernede, fordi jeg kigger op på deres ansigter.

D: Fordi du sagde, de rørte dit ansigt nogle gange.

B: De gjorde! De havde fingre. De trak mine øjne op. De stak rundt på mit ansigt. Alt, hvad jeg kan se, er fingre, tynde, tynde fingre. De gjorde sådan her på mit ansigt. (Handsignaler, som en berøring eller kærtegn af hendes kinder. Mindet gjorde hende urolig, og hun begyndte at græde.)

D: Jeg ville heller ikke kunne lide det. Var det alt, hvad de gjorde?

The Custodians

B: (Grædende) Det er alt, hvad jeg husker. (Grædende, følelsesladet.) Og så ville jeg skrige og skrige og skrige.

Jeg beroligede hende ved at tale til hende, som man ville tale til et bange barn.

D: *Har du nogensinde bemærket, hvordan de kom ind i rummet?*
B: (Overrasket) De må være kommet ind gennem vinduet. Det virker som om, min dør altid var lukket, fordi når min mor løb ind, når jeg skreg, måtte hun altid åbne døren. Jeg tror ikke, de gik ud af døren.
D: *Hvad skete der, da du begyndte at skrige?*
B: Jeg tror, de forsvandt. Jeg ved ikke, om jeg prøvede at skræmme dem væk. Jeg var bare bange, så jeg skreg. Og jeg tror, jeg ville have skreget før, hvis jeg kunne, men jeg tror ikke, jeg kunne. Så ville jeg komme til et punkt, hvor jeg kunne skrige, og så ville de forsvinde. Og jeg gætter på, det vækkede min mor, og hun ville komme ind. Men hun så dem aldrig.
D: *Har du nogensinde fortalt hende om dem?*
B: Jeg tror, jeg fortalte hende, at kæmpe insekter fik mig. Hun sagde bare, at jeg havde mareridt, og at jeg skulle gå tilbage og sove.
D: *Ja, det lød virkelig som mareridt.*
B: Nogle gange vidste jeg, at de ville komme, og jeg ville gå og hente min hund. De ville ikke komme, når jeg gjorde det.
D: *Hvordan vidste du, de ville komme?*
B: Jeg vidste bare, når jeg gik i seng, at de ville dukke op. Jeg vidste det bare.
D: *Måske holdt hunden dem væk?*
B: Enten det, eller også vågnede jeg aldrig op, når jeg krammede min hund. Eller også vågnede jeg ikke op, som om jeg havde mareridt.
D: *Når lyset kom gennem vinduet, var det et stærkt lys eller hvad?*
B: Det virker som om, det var ret lyst. Jeg troede, det var måneskin, men du ved, det kunne have været den ting oppe i himlen, der lyste lyset ind gennem persiennerne.

Jeg mente, at vi havde udforsket nok for denne session.

The Custodians

Det var mærkeligt, at denne samme type blokering opstod, da jeg arbejdede med et andet UFO-æmne dagen efter. Hun oplevede et mørkt energivortex, der syntes at fryse eller stoppe ting. Hun kunne heller ikke huske længere end et bestemt punkt. Det er interessant, at denne samme type blokering skulle opstå hos to separate personer inden for så kort tid.

I senere år (1990'erne) af mine undersøgelser skete dette fra tid til anden. Nogle gange kunne jeg genkende det som et forsøg fra det ubevidste sind på at blokere informationen, hvis emnet ikke var klar til at undersøge noget som dette. Andre gange undrede jeg mig over, om det blev forårsaget af post-hypnotisk forslag fra de udenjordiske selv for at holde emnet fra at huske forbi et bestemt punkt.

I de sessioner, der fulgte med Beverly, kunne vi fjerne blokeringen og opdage, hvad der lå bag den barriere.

Et par uger senere mødtes vi igen og havde en ny session. Vi forsøgte stadig at finde noget, der kunne forklare hendes sundheds- og pengeproblemer i dette liv. Denne gang var blokeringen, der havde været til stede sidst, væk. I starten af sessionen tilbød hendes ubevidste sind hende to separate tidligere liv at se på. Ét var i et ørkenland. Det andet så ud til at være dateret omkring borgerkrigen. Jeg lod hende vælge, og hun gik nemt ind i et liv, der tilsyneladende sluttede omkring århundredeskiftet. Det var ikke særlig interessant for mig, det var ret almindeligt, hvilket er normalt, men det indeholdt noget information, der var vigtig for Beverly.

Hun gik derefter ind i det andet liv, hun havde fået et glimt af, livet i ørkenen. Hun var en midaldrende mand, medlem af en gruppe nomadiske ørkenfolk. De rejste og tog en flok geder med sig. Gederne var vigtige for deres overlevelse, fordi de udover at give mad, blev solgt i byerne eller byttet til nødvendigheder. Jeg førte hende gennem vigtige begivenheder, og hun var på et marked, hvor hun solgte og byttede varer, som de kunne tage med sig. Hun kunne lide friheden ved at være i stand til at vandre og være fri fra love og restriktioner, som byen pålagde. Da jeg spurgte hende om navnet på stammen, kom hun op med navnet "Teleg," men hun var ikke sikker på, om det var navnet på stammen, byen eller hendes eget. Hun troede, de var i Egypten. Mange oplysninger kom frem, men det var et kedeligt liv.

Overraskelsen kom, da jeg flyttede hende til en anden vigtig dag i dette liv. Jeg plejer normalt at tage emnet gennem et helt liv, hvor vi

157

The Custodians

berører vigtige dage og så afslutter med deres død. Af og til vil de hoppe frem til et andet urelateret liv. Dette er normalt og viser, at det ubevidste sind har svært ved at fastholde ét liv, når eksperimentet først prøves. Når emnet udviser dette, går jeg normalt med det, fordi det ubevidste sind måske har noget vigtigere, det vil bringe frem. Normalt efter et par sessioner kan emnet holde sig til ét liv og udforske det i detaljer. Tilsyneladende mente Beverlys ubevidste sind, at der ikke var nogen grund til at fortsætte med at udforske ørkenlivet. Det besluttede at springe frem til noget, det anså som mere meningsfuldt. Jeg kunne have sendt hende tilbage til ørkenlivet for at få flere oplysninger, men denne gang besluttede jeg at gå med det ubevidste sind. Da det havde præsenteret en blokering i den tidligere session, tænkte jeg, at det måske var ved at åbne døren.

Jeg bad hende om at forlade markeds-scenen og bevæge sig frem til en anden vigtig dag i hendes liv. "Hvad laver du nu? Hvad ser du?"

B: Jeg er ude på indkørslen ved min fars tankstation.
D: *(Hun var åbenlyst ikke længere i ørkenlivet.) Åh? Hvor er det?*
B: Lige nede ad gaden fra mit hus.
D: *I hvilken by er det?*
B: I Shreveport.
D: *Hvad laver du derude?*
B: Jeg leger med de fyre, der arbejder der. De lærer mig om Harry Truman og ABC'erne. Og at tælle.
D: *Åh. Hvor gammel er du?*
B: Fem eller seks.
D: *Er dit navn Beverly?*
B: Uh-huh. De lærer mig også at stave det.
D: *Går du i skole endnu?*
B: Nej. Men jeg vil vide mere end de andre børn, når jeg går i skole, for Eddie lærer mig. Eddie er en sort mand. Jeg ved ikke, hvorfor de kalder dem sorte, for de er brune.
D: *Ja, de er. Nå, du er heldig, hvis nogen lærer dig. Du vil vide mere end de andre børn, ikke?*
B: Uh-huh. Og jeg er glad. Jeg kan godt lide Eddie. Han har kun én hånd, dog.
D: *Det har han? Hvad skete der?*
B: (Som en selvfølge) Den anden blev skåret af.

The Custodians

Denne typiske barnlige ærlighed kan nogle gange være overraskende.

D: Åh? Og du sagde, din far har en tankstation?

B: Uh-huh. Og Eddie arbejder for ham. Eddie er næsten lige så smart som min far.

D: Nå, jeg synes, det er rart, at han lærer dig.

Jeg besluttede at prøve scenen i skovene igen, nu hvor barriererne åbenbart var væk. Hun var åbenlyst i en meget dybere tilstand. Hun udviste personligheden af den lille pige, selv ned til hendes ansigtsudtryk, håndbevægelser og kropsmimikker. Jeg strukturerede mit sprog og mine spørgsmål, som om jeg talte til et barn.

D: Lad os gå videre til, når du er i første klasse, og du går i skole og lærer ting. Gå frem til den dag, du gik med din ven ind i skovene ved skolen. Hvorfor gjorde I det? Ville du ikke hjem?

B: Nej! Vi ville blive ude og lege lidt mere.

D: Kan du lide skolen?

B: Det er okay. Jeg mødte en masse nye mennesker. Og det er nemt. Alt, hvad vi gør, er at farve i bøger hele tiden.

D: Lærer du ikke dine bogstaver og sådan noget?

B: Jo. Men jeg kender dem allerede. Jeg er den mindste i skolen, men indtil videre ved jeg lige så meget som de andre.

D: Nå, hvem er sammen med dig?

B: Denne lærer, der skal giftes, og jeg kan ikke huske hendes navn. Men jeg kan se hendes ansigt. Hun har brunt hår, og hun skal giftes, og hendes navn vil ændre sig. Og der er Clinton. Der er en anden lærer. Og min ven, Patricia. Og en dreng, der hedder Bobby.

D: Er de i din klasse?

B: Ude på skolegården.

D: Nå, så gik I ikke ind i skovene?

B: Jo, da skolen var slut, og alle var gået, gik Patricia og jeg.

D: Fortæl mig om det. Hvordan var skovene?

B: (Blidt og barnligt præget.) De var skræmmende.

D: (Latter) Men var det en god skræmmende?

The Custodians

B: Ja. Og træerne er rigtig høje. Og vi fniser bare, fordi vi gør noget, vi ikke må gøre.
D: Har du nogensinde været i skovene før?
B: Ikke dér i de skove. Jeg har været i nogle små, små skove. Men det her er skove, der strækker sig langt, langt væk.
D: Er du ikke bange for, at du måske kan gå tabt?
B: Jeg ville komme ud på samme måde, som vi kom ind.
D: Hvad ser du, mens du går?
B: Nå, vi ser en masse træer.

Der var en lang pause. Hendes øjenbevægelser indikerede, at hun oplevede noget.

D: Er Patricia omkring din alder?

Hendes stemme var stille, da hun svarede, "Ja." Jeg vidste, at noget skete, men jeg måtte være meget forsigtig med ikke at lede eller foreslå noget.

B: (Forsigtigt) Jeg tror, der er noget derinde i skovene. Det kunne være mus. Måske ikke. Det kunne være store insekter.
D: Hvad ser du?
B: Jeg ser ikke noget, men jeg ved bare, at der er noget derinde. Jeg kan høre det.
D: Hvad lyder det som?
B: (Pause) Det er bare bevægelse. Der er noget, der bevæger sig rundt derinde.
D: Vil du finde ud af, hvad det er?
B: Jeg ved ikke. Jeg tror ikke, vi bør gå længere. Jeg tror, vi bør blive her. – Jeg ser et lys.
D: Hvor kommer det fra?
B: Det kommer fra inde i skovene, kommer ud mod mig.
D: Hvor stort er lyset?
B: Det er ikke rigtig stort. Men det er blåt, blå-hvidt. Det kommer fremad.
D: Ligesom størrelsen på en lommelygte?
B: Nej, det er større end en lommelygte.
D: Ligesom bilens forlygter?

The Custodians

B: Næsten. Det ville være så stort, ja.

D: *Men forlygter er ikke den farve, er de? (Nej) Kommer det hurtigt eller langsomt?*

B: Langsomt. Men jeg ved ikke, hvad jeg skal gøre. (Suk) Jeg må være modig.

D: *Hvad vil du gøre?*

B: Jeg tror ikke, jeg kan gøre noget. Jeg tror ikke, jeg kan løbe. Jeg tror, jeg er allerede fanget.

D: *Hvorfor tror du ikke, du kan løbe?*

B: Jeg tror bare ikke, jeg kan. Jeg tror, det er for sent. Det er som om, jeg er i en fælde eller noget. Jeg tror ikke, jeg kan vende om eller noget.

D: *Er lyset stadig der?*

B: Uh-huh. Jeg tror, vi går med det. Ja, det trækker os til sig.

D: *Hvor stort er det nu?*

B: Det er lige så stort som mig.

D: *Før sagde du, det var omkring størrelsen på en bils forlygter?*

B: Det var der, det kom ud fra, men det viser et stort lys. Når det når til der, hvor det er lige så stort som mig, kan jeg ikke gå nogen steder. Det er rundt om mig.

D: *Hvad med Patricia?*

B: Jeg ved det ikke. Jeg gætter på, det er rundt om hende også.

D: *Du sagde, du føler, du vil gå med det?*

B: Jeg tror, jeg er nødt til det. Jeg tror ikke, jeg kan slippe væk nu og løbe. Desuden ville det bare fange mig, hvis jeg gjorde det. Jeg går fremad på bladene, men det er som om lyset får mig til at gøre det. Det er lyst, og det får mig til ikke at kunne se noget. Men det er okay. Det gør mig ikke ondt.

D: *Fortæl mig, hvad der sker.*

B: Nå, vi kommer derhen, og vi går ind i denne lille bygning. Den er fyldt med lys. Jeg kunne ikke se det så godt. Det er omtrent som en bil. Større end en bil, tror jeg.

D: *Hvilken form har den?*

B: Den er rund, som halvdelen af en kugle.

D: *Hvordan går du ind?*

B: Gennem et af de vindues-lignende ting. De har en masse slots eller vindues-ting, man kan gå ind i.

D: *Er det på jorden?*

The Custodians

B: Nej, det er ikke på jorden. Det er over jorden. På en måde. Det er lavt, men det er over jorden. Man svæver bare op til vinduetlignende ting og går derind. Og så får de mig til at sove.

D: Hvad så du, før de fik dig til at sove?

B: Små mennesker. De ligner ikke rigtig mennesker. De ligner små væsner. De er ikke meget større end mig. Men de er venlige. Måske er det påhittede venner.

D: Måske. Kan du se deres ansigter?

B: Små insekts-ansigter, bortset fra at de er lyse. Jeg mener, de er ikke mørke som insekter. Deres hud er lidt rosa-grå, som små børns hud, men de har ansigter, der ser ud som insekter. Ved du, hvordan insekter ser grimme ud i ansigtet?

D: Har de noget hår?

B: Nej. Ingen af dem har hår. Og de får mig bare til at sove.

D: Kunne du se, hvordan deres øjne ser ud?

B: De har store, runde øjne, som sorte knapper eller noget. Rigtig store.

D: Hvad med deres næse og mund?

B: De har ikke rigtig næse og mund. Måske. De er bare sådan... insekt-ansigtede. Ved du, de har ikke træk som vi har.

D: Lagde du mærke til noget ved deres kroppe?

B: Deres kroppe er lidt spøgelsesagtige. Du ved, jeg tror ikke, de har ben. Jeg tror, de svæver rundt. Måske har de ben, men de er ikke ben som mine ben. Deres kroppe og arme og ben er også meget tynde. Jeg ved ikke, hvordan de kan holde dem op. Derfor sagde jeg, at de svæver lidt. Og det er alt sammen lyserødt herinde. Farven, lyset, er alt sammen lyserødt. Jeg gætter på, det er lyserødt for små piger. Jeg ved det ikke.

D: Det ville give mening, ikke? Kunne du se, hvor mange fingre de havde?

B: Åh, de har ... enten tre eller fire fingre.

Hun løftede sine fingre, foldede lillefingeren ned og holdt den nede med den anden hånd. Meget børneagtige bevægelser.

B: De har ikke en lillefinger. De har en tommelfinger og... to, nej, der må være tre heroppe. Der er en dreng i min skole, der har seks fingre. Og de her mennesker har bare fire. Lester er hans navn. Han har seks tæer og seks fingre.

D: Og disse mennesker har bare tre fingre og en tommelfinger. Så det kan ske. (Uh-huh) Bærer disse små mennesker noget tøj?

B: Nej. De bærer ikke tøj, ligesom dyr ikke bærer tøj. Jeg ser ikke noget, du ved.

Hun sagde dette lidt hemmeligt. Henviste hun til kønsorganer?

D: Ser du noget andet i rummet? Du sagde, der var pink lys?

B: Ja. Masser af lys overalt. Og mange borde. Ikke mange borde. Nogle borde. Ligesom lægeborde. Ligesom undersøgelsesborde. Og så er der et andet rum. Det er et lille rum. Og det har de der forstørrelsesglas-ting på det andet bord i det andet rum.

D: Hvad mener du med forstørrelsesglas?

B: De ser ud som de der ting, der stikker op i luften og så kommer ned igen. (Hun lavede håndbevægelser.) Ligesom lyset bøjes. Ikke bøjes, det har et bøjning i det. Det går op og så kommer det ned igen. Og de kan lyse det hvor som helst, de vil.

D: Åh, ja, mener du, at de kan bevæge det rundt? Et stort lys som lægerne har? (Ja) Og det forstørrer?

B: Jeg tror, det gør. Det er i det andet rum. Derovre. (Hun svingede sin hånd og arm i én hurtig bevægelse for at pege til venstre.) Hvor det andet lille bord er. Og lyset er på den lange stang-ting, der kommer ud af væggen.

D: Du sagde, der er mange lys? Hvor er de?

B: De er i væggene. Det er rigtig skinnende. Det er som, du ved, hvor lysene er skjult i et rum, men det er stadig hele tiden oplyst? Nå, det er rigtig skinnende og oplyst, men jeg ser ikke, hvor lysene er.

D: Ligesom de er bag noget, mener du?

B: Ja, eller de kommer bare ud af væggene, undtagen i det andet lille rum, hvor det store, krumme lys er. Det er hvor de undersøger dig. Der er også borde derinde. Jeg ved ikke, hvad de bruger de borde til, fordi de satte mig aldrig på det bord. Måske bruger de det til voksne mennesker.

D: Ser det ud til at være større?

B: Ja. Bordene er i en cirkel i midten af rummet.

The Custodians

Jeg bad hende om at forklare.

B: Nå, de er lange borde. Og så er der et andet, og et andet, og et andet. Måske er de ikke borde til at undersøge på. Måske er det en slags kasser til noget. De går helt ned til gulvet. Det er som solidt, hvor du kunne lægge ting i det. Ligesom med skuffer og sådan noget.

D: *Hvad ser de ud til at være lavet af?*

B: Rustfrit stål. Rigtig skinnende.

D: *Hvis de er i en cirkel, er der noget i midten af cirklen?*

B: Nej. Der er ikke noget i midten. Men du kan gå ind, og være i midten af dem, som mellem bordene.

D: *Nå, ser du noget andet derinde?*

B: Jeg ser tårnbroen.

D: *Hvad er det?*

B: Det er den ting foran, der lukker døren.

D: *Er det det, du kom ind igennem?*

B: Jeg gætter på det. Det var allerede åbent, da jeg kom ind. Men jeg ved, det er derude, og de lukker det op.

D: *Ser du noget andet i det rum?*

B: Rundt om væggen er alle de der dials og knapper og ting, du drejer på og bruger til at styre skibet. De går hele vejen rundt i en cirkel. Alt ser ... ud som en flyvemaskine. Det er for kompliceret for mig. Der er noget, der ser ud som ... jeg mener, det ser ikke ud som et rigtigt TV-apparat. Det er ikke en kasse. Det er som et panel, eller en skærm, som du kan se noget på. De har ikke dem tændt. Jeg forestiller mig, de tænder dem, når de flyver rundt, dog. – Du ved, hvad jeg tror de der ting i midten er? Jeg tror, de er senge til de små. Jeg gætter på, det er det. De sover nok på toppen, og holder alt deres ting i bunden af dem.

D: *Det giver mening, gør det ikke? Nå, er der noget andet derinde, som du kan se?*

B: Nej. Jeg er klar til at gå, egentlig.

D: *Hvad mener du?*

B: Jeg er klar til at tage hjem. Klar til at komme ud og gå hjem.

D: *Sagde du, de fik dig til at sove?*

B: De tager mig ind i det rum. Og jeg er så søvnig, at jeg ikke kan holde mine øjne åbne. Og så, når jeg kommer ind der, er jeg ... Jeg kan ikke huske det. Jeg er bare sovende.

The Custodians

D: Hvad gjorde de for at få dig til at blive søvnig?
B: Jeg tror, de skinner de der lys på mig. Det gør bare, at jeg falder i søvn.
D: Nå, kom du selv op på bordet?
B: Nej, de må have sat mig op der, fordi jeg var for søvnig. Jeg var bare som ... svævende op der. Men de løftede mig lidt. Og så var jeg bare helt væk. Jeg tror, lyset gør det. Lyset er rigtig mærkeligt. Det gør alle mulige ting. Når du er i lyset, kan du ikke gå nogen steder. Og så, når det trækker dig ind, er du nødt til at gå med det, fordi du ikke kan gøre noget andet. Og så indenfor, jeg ved, det var alt sammen lyserødt, men stadig lidt hvidt, med noget gul-lyserødt i det. Det er fordi, det er så lyst. Det er som sollys, der er gul-lyserødt. Du ved, ikke malet gul-lyserødt. Men det kan få dig til at falde i søvn, eller vække dig. Det må kunne gøre alle mulige ting.
D: Men selvom du faldt i søvn, husker du stadig, og du kan fortælle mig, hvad der skete, da du var på bordet.
B: (Blidt) De lænede sig over mig. Og de trak lyset ned. Og de viste det over hele min krop.
D: Hvad kiggede de på?
B: (Børneagtigt) Bare for at se, hvad jeg var lavet af. Så var det som om, det var i soveværelset, når de kravler over min seng.
D: Er det de samme?
B: Jeg tror ikke, det er de samme. De er lettere. (Emosionelt) Jeg tror, de kigger bare, men jeg kan ikke bevæge mig. Jeg kan ikke tale.
D: Det er okay. Du kan tale til mig.
B: Det gør ikke rigtig ondt, men man kan ikke bevæge sig. Det er virkelig skræmmende. (Hun var ved at græde.) Og de rører ved mig, men det er ikke derfor, jeg ikke kan bevæge mig. Jeg kan slet ikke bevæge mig. Det er som om, jeg er frosset.
D: Tror du, det har noget at gøre med det lys?
B: Det lys eller det bord.
D: Hvordan føles det bord?
B: Jeg kan ikke mærke det, for jeg ligger ikke rigtig på det. Jeg er over det. Det ser ud til, at det ville være koldt. Men det er som om, jeg bare ligger der i luften.
D: Hvad gør de, mens de kigger på dig?

B: De laver små lyde. (Hun lavede små kvidrende eller høje pludrende lyde.) Ligesom om de bare taler løs.

De fleste af tilfældene rapporterer, at væsnerne kommunikerer mentalt eller telepatisk og ikke laver nogen lyde. Men nogle få, både i denne bog og i min bog Legacy From the Stars, rapporterer en højfrekvent, nogle gange melodisk, mundtlig kommunikation.

D: Kan du forstå dem?
B: Nej. (Hun lavede flere af de kvidrende lyde.) Ligesom små myrer. Små travle myrer.
D: Det er en sjov måde at tale på, ikke? Hvad gør de ellers?
B: Ingenting. De er færdige, og de satte lyset op i væggen igen. Det passer op i væggen på en eller anden måde.

Hendes stemme var ikke så oprevet nu. Som om hun var blevet rolig, så snart de var færdige.

B: Det var som om, de var alle omkring mig. Du ved, det er som at blive kvalt.
D: Hvorfor er de så tæt på?
B: De kigger. Jeg tror, de kigger helt igennem mig.
D: Hele vejen igennem dig? Tror du, de kan gøre det?
B: Med de der lys kan de. Ja. Hele vejen igennem. Det er derfor, jeg ikke ligger på bordet, så de kan også gøre det under mig. De kan gøre det med lyset. Så de begyndte at trække sig væk. Og det var som om, jeg var i denne lyserøde søvn. Og jeg kom væk fra bordområdet og ned igen. (Håndbevægelser)
D: Flydende sådan?
B: Ja. Men så oprejst. Så blev jeg lidt båret i dette lys tilbage til det andet rum. Og så gik jeg.
D: Gik du bare ud af døren?
B: Ja. Gik ned ad rampen. Og så var jeg tilbage i skovene.
D: Jeg undrer mig over, hvorfor de gjorde alt det der?
B: Jeg tror ikke, jeg kan undre mig for meget. De laver alt det der småsnak. Den eneste gang, de talte, var, når de undersøgte min krop, så jeg tror, det havde noget at gøre med det. Men det er som om, de får dig til at føle dig følelsesløs, og du kan ikke tænke for

The Custodians

meget, eller undre dig for meget. Især når du er lille, fordi de er større end mig. Men hvis det var en voksen person, ville de ikke være større.

D: De så ikke særlig stærke ud, men alligevel tror du, de løftede dig.

B: Lyset gjorde det.

D: Nå, er det første gang, du har været på det sted?

B: Nej. Men det er første gang, jeg er kommet derfra fra skovene. De andre gange kom de bare og hentede mig ud af min seng.

D: Så dette sted er velkendt for dig? (Ja) Nå, ved du, om Patricia stadig var med dig?

B: Jeg husker ikke Patricia, før vi løb ud af skovene. Men det der rum var ikke særlig stort. Jeg ved ikke, hvor hun kunne have været. Jeg så hende ikke. Men de der lys gør alle mulige ting. Så det ... (forvirret) hun kunne have været der, og jeg så hende ikke.

D: Men vågnede du, da du gik udenfor?

B: Jeg kan huske, at jeg gik ned ad rampen og var i skovene. Og så husker jeg ikke noget i et par minutter. Og så var Patricia og jeg ude af skovene og grinede.

D: Hvad skete der med det store lys, der så ud som en halv cirkel?

B: Jeg ved det ikke. Vi efterlod det tilbage i skovene.

D: Men du sagde, de kom ind i dit værelse og hentede dig?

B: Uh-huh. Det var skræmmende. Jeg kunne virkelig ikke lide det. Nogle gange gør de det i mit værelse og skræmmer mig fra vid og sans. Andre gange tager de mig ud af mit værelse.

D: Hvordan gør de det?

B: Ud gennem vinduet.

D: Bærer de dig ud gennem vinduet?

B: (Irriteret) De behøver ikke at bære mig. Det lys tager dig bare. Det er som at være på en rulletrappe, bortset fra at det er alt lys.

D: Er vinduet åbent, når de gør det?

B: Det betyder ikke noget, om det er åbent eller ej. Hvis det ikke er åbent, går vi bare igennem det.

D: Det er som magi, ikke?

B: Uh-huh. De er magiske.

D: Nå, tror du, hvis nogen kom ind i værelset, mens du var væk, ville de se dig i sengen?

B: De ville ikke lade nogen komme ind. De bliver aldrig fanget. Jeg tror, de får tiden til at stå stille. Jeg tror, det er det, de gør.

The Custodians

D: Har de altid set ens ud?
B: Nej. Der er nogle andre, der ser lidt anderledes ud. De ser ud som larvekroppe med arme og ben.
D: Mener du lange og tynde?
B: Bumpede kroppe. Du ved, hvordan larver har bump på deres rygge?
D: Ja, som riller?
B: Ja. De der fyre er bare sendebud. Jeg ved, de er det.
D: De bumpede mennesker? Hvad får dig til at tro, de er sendebud?
B: Den eneste gang, jeg ser dem, er når de tager mig fra min seng på dette lys til dette rum, og så er de væk. Det er den eneste gang, jeg ser dem. Og de taler med mig. De taler ikke med munden. Det er som om, de er sygeplejersker. Du ved, hvordan en sygeplejerske passer på dig, når du går ned ad gangen? Sådan gør de. Og jeg tror, det er alt, hvad de gør.
D: Hvad siger de til dig?
B: "Hvordan har du det i dag?" De siger det ikke. De tænker det bare, og du ved, de tænker det. Og det er som om, de er venlige, for de ved, de skal tage dig derhen.

Denne type er også blevet rapporteret i andre tilfælde, for eksempel i min bog Keepers of the Garden. Det er interessant, at de kalder det en sygeplejerske på grund af den omsorgsfulde følelse, der er omkring dem, mens de andre er kolde, distraherede og ofte uinteresserede. Emnerne siger, at denne sygeplejertype har en feminin følelse, selvom der ikke er noget, der indikerer køn.

D: Hvilken slags ansigter har de mennesker?
B: De er ligesom de andre, men de er mørkere og grovere. De er ikke så glatte. De er ikke så raffinerede.
D: Er deres ansigter også bumpede? (Nej) Hvilken slags øjne har de?
B: De har også rigtig store sorte øjne.
D: Er det bare deres hud, der er anderledes?
B: Nå, jeg tror, de er tykkere også.
D: Har de noget hår?
B: Nej, ikke noget hår, men lidt som når man lige er ved at få skæg. Det er over hele deres kroppe, bare små korte stive hår. Ikke tæt sammen, bare her og der på deres lille brune kroppe.
D: Ru, bumpede kroppe.

The Custodians

B: Rigtig ru hud. Ikke som kødhud heller. Måske mere som svineskind. Jeg tror, de er nogen slags arbejdere.

D: *Ingen af disse mennesker bærer tøj, gør de?*

B: Nej, nej. De behøver ikke.

D: *Nå, hvordan bringer de dig tilbage til dit værelse?*

B: Jeg ved det ikke. Jeg vågner bare altid op, og så er jeg der. Jeg gætter på, de bringer mig tilbage på samme måde, men på det tidspunkt sover jeg allerede.

D: *Nå, gør disse mennesker det samme med det lys på bordet hver gang, du er der?*

B: Jeg tror ikke, det altid er det samme. Nogle gange piller de ved mit hår. De tager stykker af det, og de tager noget af mit blod.

D: *Hvordan gør de det?*

B: De zapper det bare ud. Du ved, hvordan man suger gennem et sugerør? Nå, dette var bare en lille smule mindre. De ville ikke suge det eller bruge en nål eller noget, de fik bare blodet til at komme op i en lille strøm, så de kunne få det. Lige gennem din hud. Jeg kunne ikke se noget instrument. Jeg troede ikke, de havde et.

D: *Hvis blodet kom ud gennem din hud, hvor ville det så gå hen?*

B: I noget lille ... noget. En lille krukke. (Håndbevægelser) Og de tog noget af min tis. De bøjede sig bare ned og brugte en krukke, og ... gjorde det bare.

D: *De ved, hvordan de gør alle mulige ting, ikke? (Ja) Jeg undrer mig over, hvorfor de bliver ved med at gøre det?*

B: Jeg gætter på, de prøver at finde ud af mere. De beholder mig ikke så længe. Jeg gætter på, de ikke vil have, at mine forældre skal vide det, eller nogen andre, for det virker som om, ingen ved noget om dem. Man taler ikke om dem. Jeg taler ikke om dem. Det er som om, det bare er ... et sted derovre.

D: *Det er adskilt fra dig, mener du?*

B: Ja. Og de beholder mig ikke så længe, for hvis de gjorde, ville de nok blive opdaget. Måske får de ikke det hele gjort på én gang, er hvad jeg tænker. Da de ikke beholder mig så længe, måske bringer de mig tilbage for at gøre noget andet.

D: *Det giver mening. Men det vigtigste er, at de ikke skader dig, vel?*

B: De skader mig ikke, men jeg kan ikke lide det, når de lægger mig på den der bord-lignende ting, og så er de over mig.

169

The Custodians

D: Ja, og du kan ikke bevæge dig. Det ville være lidt skræmmende. Jeg gætter på, de har grunde til, hvad de gør.

B: Det er ikke min sag. Jeg synes, det er lidt tacky, fordi de er snedige omkring det. Men det er som om, det er en helt anden verden. Og de taler ikke om det med denne verden. Jeg ved ikke hvorfor, men sådan er det bare.

D: *Nå, hvis jeg kommer for at se dig igen, vil du så fortælle mig nogle flere ting?*

B: Jeg gætter på det.

D: *Fordi jeg er interesseret, og jeg kan godt lide at tale med dig. Og jeg fortæller ikke nogen andre. Der er ingen måde, jeg ville få dig i problemer.*

B: Du ved, jeg tror ikke rigtig, du ville få mig i problemer mere. Jeg tror ikke engang, de kommer omkring længere.

Hendes stemme var nu mere moden. Hun havde tilsyneladende forladt barnet bag sig.

Da Beverly vågnede, var det eneste, hun huskede fra denne session noget om ørkenen og et lyserødt lys. Det var det hele.

Fordi en frygtelig storm brød ud, før jeg kunne forlade hendes hus, blev jeg og spiste middag med Beverly. Hun ville høre en del af båndet. Da hun lyttede, var det som om, hun hørte det for første gang. Hun var målløs. Hun havde absolut ingen hukommelse af noget af det og blev ved med at sige, at hun måtte have opfundet det.

Vi mødtes igen nogle dage senere til endnu en session. På grund af gennembruddet i den sidste session ville jeg fokusere på hendes UFO-oplevelser. Jeg ville finde ud af, hvad der var sket i Houston, da hun hævdede, at hun hørte et rumfartøj i hendes baghave, men i stedet for at stå op og undersøge det, gik hun tilbage til at sove. Hun var også irriteret, fordi hendes mand ikke vågnede.

Da hun var i trance, bad jeg hende om at vende tilbage til et tidspunkt i årene 1973 til 1975, da hun boede i Houston, Texas. Jeg bad hende om at vende tilbage til den nat, hvor hun havde den usædvanlige oplevelse med at høre en lyd i hendes baghave. Da jeg talt hende op, vendte hun automatisk tilbage til den nat. Året var 1974, og hun var ved at gøre sig klar til at gå i seng.

The Custodians

B: Vi har et rigtig stort badeværelse, der åbner ind i soveværelset. En buet døråbning.

D: *Og nu er du gået i seng. Lå du dig til at sove med det samme? (Ja) Sov du hele natten?*

B: Nej. Der kom nogen ind i mit soveværelse.

D: *Nogen, du kendte?*

B: Nej. Det var en skikkelse. Den var næsten spøgelsesagtig. Den var stor, høj. Jeg tror, det var en mandlig skikkelse. Og den var slank.

D: *Hvad mener du med slank?*

B: Ligesom den kunne vaje i vinden. Den var næsten gennemsigtig.

D: *Ligesom den ikke havde meget substans?*

B: Ja. Høj. Hvidlig. Næsten som et spøgelse, men det var ikke et spøgelse. Gråhvid. Og den syntes bare at svæve i døråbningen inde i rummet.

D: *Hvad skete der så?*

B: Jeg lå bare der og kiggede på den. Den kom ind i rummet, mellem døråbningen og skabet. Jeg ved, den var tættere på sengen. (Pause) Og jeg var bange.

D: *Ja, jeg tror, du ville være det. Du havde ikke regnet med det. Hvad skete der så?*

B: Jeg ved det ikke. Jeg ved, der er noget i haven.

D: *Hvordan ved du det?*

B: Det har et lys. Det er som en glød. Noget er landet i haven. (Med opgivenhed) Og jeg gætter på, det er et rumskib, og det gløder.

D: *Hvad får dig til at tro, det er et rumskib?*

B: Jeg ved bare, det er det.

D: *Kunne det ikke være en bil eller noget?*

B: Ikke i baghaven. Der er ingen måde at komme til den med en bil. Det er helt indhegnet med et højt træhegn.

D: *Kunne det ikke være nogen derude med et lys eller noget?*

B: Jeg tror ikke det. Det står lavt på jorden. Jeg ser bare lyset gennem … der er bambusgardiner på det store tredobbeltvindue.

D: *Ser lyset meget stort ud?*

B: Nej. Det er faktisk meget lille. Min baghave har ikke nogen træer i den. Vi har nok den eneste baghave her, der ikke har træer i. Vi overvejer at sætte en swimmingpool op.

D: *Hørte du noget?*

B: Jeg ved ikke, om jeg hørte noget ude. Det er ligesom når man ved, der er en lyd, men man hører den ikke med ørerne. Det var nok det, der vækkede mig. Og så følte jeg den der ting i rummet. Den var på den modsatte side af sengen fra hvor jeg sov.
D: *På din mands side?*
B: Uh-huh. Men han var ikke vågen.
D: *Hvilken slags lyd vækkede dig?*
B: Det var som en højttalende boremaskine eller en højttalende sav, eller noget sådan, men ikke så tungt. Det var en lettere lyd end det, men det var lyden af noget, der kørte hurtigt rundt.

Det lød bestemt bekendt.

D: *Og du tror, det var det, der vækkede dig?*
B: Jeg tror det. Jeg mener, det var ikke højt. Det var som når man føler en tilstedeværelse, og man ved, der er nogen der. Og det ryster en lidt.
D: *Så det var ikke lyden alene. Det var lyden og følelsen af en tilstedeværelse.*
B: Ja. Hvis den lyd havde været noget andet, ville den grad af højhed normalt ikke have vækket mig. Men der var en følelse, der gik med det.
D: *Tror du, det er derfor, din mand ikke hørte det?*
B: Sandsynligvis. Han siger, han sover lettere end jeg gør, men tilsyneladende gør han ikke det.
D: *Men hver gang du så denne skikkelse, så du også lyset i baghaven næsten samtidig?*
B: Jeg tror, jeg stod og kiggede på døråbningen, så jeg så først skikkelsen. Men jeg kunne mærke bag mig, hvor vinduet var, at der var en glød, der kom igennem bambusgardinerne.
D: *Kunne det have været månen?*
B: Det viste sig ligesom månen ville gøre, undtagen det ikke var højt oppe. Det var som et koncentreret lys. Du ved, hvordan månen giver lys overalt?
D: *Ja. Men jeg synes, det er interessant, at du troede, det var et rumskib.*
B: Det var et rumskib.
D: *Nå, hvad skete der så?*

The Custodians

B: Skikkelsen var tæt på min mands side, men den generede ham ikke. Den var der for mig. Jeg ved det, for det her har stået på i lang tid.

D: Det er ikke noget nyt. Hvad skete der så?

B: Jeg ved det ikke. Det stopper bare lige der. Jeg ligger i sengen på min venstre side, og jeg kigger på døråbningen og ser på denne skikkelse, og ved at denne glød er derude i baghaven. Den står bare stille der. Og det skræmmer mig. Du ved. (Suk) Der er en følelse af frygt indeni mig.

D: Derfor synes jeg, det er vigtigt, at du kigger på det og finder ud af, hvad der skete. Så behøver du ikke være bange for det længere. Når vi finder ud af, hvad der skete, kan vi komme videre og lægge det på hylden. Du kan se det, fordi dit underbevidsthed registrerer alt, selvom kroppen bevidst ikke husker. Så noget skete for at blokere den bevidste hukommelse på det punkt. Hvad skete der? Hvad gjorde skikkelsen?

B: Skikkelsen gik rundt om fodenden af sengen og ud af vinduet. Og jeg fulgte den. (Uden videre) Jeg gik lige gennem vinduet.

D: Det er noget, du også gjorde som barn, ikke?

B: Uh-huh. Jeg tror, det er derfor, jeg føler mig bange for det.

D: Hvorfor gjorde det dig bange denne gang?

B: Jeg tror, det gør mig bange hver gang. Hele det hele. Du skal ikke kunne gå gennem vinduer.

D: Det er sandt. Nå, tror du, det er som en drøm, hvor du kan gøre sådan noget?

B: Måske. Måske går min ånd ud, og min fysiske krop gør det ikke. Jeg ved det ikke. (Suk) Måske gør de mig af-materialisere? (Hun var usikker på det ord.) Og genmaterialisere. Måske går min krop med.

D: Tror du, hvis din mand vågnede, ville han så ikke se dig i sengen?

B: Han vågner ikke. (Eftertænksom) Min krop må gå. Hvis ikke den gik, hvorfor skulle de så bekymre sig om, at ingen andre vågnede eller kom ind? De gjorde det, da jeg var barn, ved du, i mit soveværelse. Og de gør det i mit soveværelse her. Mit soveværelse er langt bagerst i huset. Det er et smukt soveværelse, men jeg har altid været bange i det. Det er så langt væk fra resten af huset.

D: Hvor gik du hen, da du gik ud af vinduet?

B: Ude i haven. Til et rumskib. Det er en lille rund ... nå, ikke rigtig lille, det er stor nok til at komme ind i. Det må være noget, de

173

sender ud. Du ved, der er større, det er en lille en. Og den er sølvfarvet, og kuppelformet på toppen, og den har denne kant omkring midten af – ikke midten – omkring tre fjerdedele af vejen ned af kuppelformen. Og så har den en lille mave under den. Ikke en fed mave, men en lille lav mave, på bunden. Bunden er ikke så meget en kuppel, som toppen er. Hele tingene er kun tre eller fire fod høj.

D: *Hvor kommer lyset fra?*
B: Fra den kant, der stikker ud. Det er som om, det er kantet med noget, og det udsender et lys.
D: *Hvad sker der så?*
B: Vi fløj op i luften og forlod.
D: *Hvordan var det på indersiden?*
B: Det var lille, og lidt trangt. Jeg skulle bare gå ind og sætte mig ned, og så fløj de væk. Det er næsten som en loungestol. Jeg mener ikke en havestol, jeg mener som en tandlægestol eller noget, man ligger tilbage i.
D: *Nå, kom væsenet med dig?*
B: (Overrasket) Jeg tror, han er for høj til at være her, medmindre han ... Jeg tror, det der var i rummet, var væsenets essens.
D: *Tror du, det er derfor, han var spøgelsesagtig?*
B: Uh-huh. Jeg tror, det er som om, han projicerede en del af sig selv ind i rummet. Men hans tungere krop var ude i et rumskib. Der er enten to eller tre andre herinde med mig. De er små.
D: *Er de også siddende?*
B: Nej, de går rundt. Der er ikke meget plads. Det er kortere end hegnet, og hegnet er et seks fods hegn. Og jeg gætter på, der er plads til dem at gå rundt. De er ikke høje, som den projektion var. De er kortere. Jeg skal sidde ned. Nå, jeg kunne måske stå op, men kun i midten. (Beverly er en kort kvinde, kun lidt over fem fod høj.) De ser ikke ud til at skulle sidde nogen steder. De laver ting. Du ved, de går rundt og trykker på knapper og kigger på skærme.
D: *Hvor er alt det?*
B: Det er i de indvendige vægge. Det er som en lille cockpit.
D: *Er der noget på skærmene?*
B: Kort og diagrammer. Jeg ser dem ikke rigtigt, men jeg ved, det er det, der er på dem. Jeg mener, jeg har kigget på dem.
D: *Mener du som et kort over land ...*

The Custodians

B: Over himlen. Jeg gætter på, det er som et flykort ville være, du ved, til at flyve. Der må være stier, der bruges igen og igen, i et fly. Og det, der er på skærmen, er en slags sti til at komme et sted hen. Det er næsten som et diagram. Måske er det en slags radar. Det har lodrette linjer og vandrette, som grafpapir. Der er nogle skærme, der ikke har det. De har bare linjer, der skærer hinanden og går i forskellige retninger. Og jeg ved ikke, hvad de betyder. Skærmen er hvid. Linjerne er alle den samme mørke farve. Måske er det et computersystem. Sådan ser skærmene ud, lidt som en computerskærm. Alt er bygget ind i væggen. Væggen er rundet.

D: Okay. Hvordan ser disse små væsener ud?

B: De er grå. De er små, tre eller fire fod høje, og de har en slags knudret hud.

D: Knudret? Hvad mener du?

B: De er bumpede. De er ikke glatte eller bløde at se på. Nå, de kan være bløde, men de er knudrede. Ligesom ET i filmen, men ikke så ekstremt. Det ser groft ud, det er måske ikke det, når man virkelig rører ved det, men det har effekten af at se tykt og groft ud.

D: Kan du se deres ansigter?

B: Uh-huh. De har små ansigter. Ingen hår. Jeg tror ikke, de har nogen ører, eller hvis de har, er de sådan lidt tilbagetrukne. De stikker ikke ud som vores ører. De har øjne, der ligner mine øjne. De har ikke store sorte øjne. De har den hvide del af øjet. De har en næse og en mund.

D: Ligesom dine?

B: Nej, deres ansigter er knudrede, som at være en gammel, gammel person med et virkelig rynket ansigt, millioner af rynker over hele ansigtet. Undtagen deres hoveder er rigtig små, større på toppen end i bunden, næsten som om de kommer til en spids ved hagen. Og deres ansigter ser lidt sammenpressede ud. Ligesom en Pekingese-hund har sådan et sammenpresset ansigt.

D: Jeg forstår, hvad du mener. Kan du se deres hænder, mens de arbejder med knapperne? (Uh-huh.) Hvor mange fingre har de?

B: De har fem fingre.

D: Fem fingre? Fire fingre og en tommelfinger?

B: Uh-huh, men de er længere end mine.

175

The Custodians

D: Kan du se deres fødder fra hvor du er? (Uh-huh) Hvordan ser de ud?
B: De er næsten svømmehudede. De har fem tæer. Og deres fødder er store sammenlignet med deres kroppe. De er brede i tærområdet, og der er svømmehud imellem dem. Men ikke som en and. Det er for meget svømmehud. Dette er bare et kryds mellem vores fod og, lad os sige, svømmehuden på en andefod.

Denne type fod blev også rapporteret i Legacy From the Stars. En lignende type formet som en vante, hvor knoglerne på foden fremstår som riller under huden.

D: Kan du se nogen måde at skelne køn på?
B: Nej. Jeg tror, de er sendebud eller arbejdere. Jeg tror ikke, de er robotter. Hvis de var, skulle de være en virkelig sofistikeret en. Jeg tror, de her er levende.
D: Kommunikerer de med dig på nogen måde? (Nej) Men du sætter dig ned i den stol. Hvad sker der så?
B: Nå, den tager af sted. Op fra gården, til venstre.
D: Kan du føle bevægelsen?
B: Meget lidt. Jeg føler en løftelse op fra jorden. Men efter det er der meget lidt ... Du føler ikke nogen form for bevægelse. Du kan måske mærke en drejning. Men så længe du går op eller i én retning, lige frem eller tilbage eller hvad som helst, føler du ikke nogen bevægelse.
D: Kan du høre noget?
B: Nej. Det tager ikke lang tid. Det går til et andet skib oppe i himlen.
D: Er der nogen vinduer, som du kan se igennem?
B: Ja. Jeg vidste det ikke, før vi kom ind. Der er nogle vinduer, der er som små portholler. Og de er rundt om den del af kuplen, hvor kanten stikker ud fra den. Og jeg gætter på, at der kom lys ud fra det. Over den lille platform-lignende ting, og jeg tror sandsynligvis også under den.
D: Men du kunne ikke se noget ud af vinduerne, da du fløj?
B: Jeg vendte mig mod midten af rummet. Og nej, jeg kunne ikke se noget. Det er som at være halvt i søvn.
D: Så går de til et større skib, sagde du?

The Custodians

B: Det går ind i det større skib, fra siden. Som om der er en åbning. Og det går ind i det. Og så løfter kuplen sig op. (Prøver at være korrekt.) Toppen løfter sig op. Eller en del af den. Måske hele kuplen eller halvdelen af den løftede sig tilbage, hvilket eksponerede det, så det var åbent. Og så stiger du bare ud og går ned ad en gang.

D: *Går de med dig?*

B: Uh-huh. Gangen er meget glat. Meget strømlinet. Lysfarvede vægge. Jeg tror ikke, de er hvide, men måske en off-white. De er en lys skygge af metal eller stof eller hvad end det er lavet af. Jeg ved ikke om gulvet. Og det er som en rullebane i en lufthavn, på en måde. En tunnel-lignende, men stor. De satte mig i et rum. Det er bare et lille rum, og de satte mig derind. Der er intet bord. Men det er så de kan komme ind og kigge på mig.

D: *Hvem kan? Disse små mennesker?*

B: Nej, det er ikke de samme mennesker. De går til deres ... chefer, tror jeg. Og de kommer ind. Jeg tror, det er som en psykologisk undersøgelse. Der er ikke nogen udveksling af ord. De omringer mig bare, og undersøger min hjerne. De er insekt-lignende. Jeg tror, det er det samme, jeg plejede at se, da jeg var barn, men de er ikke rigtig insekter. Deres lemmer er meget fleksible, meget bøjelige, og meget vinklede. De er måske en fod eller lidt højere end de små knudrede væsener. Måske på min størrelse, min højde. De er hvid-grå, så de er lysere i farven end de små knudrede væsener. De er ... hvad var det, du kaldte det før? De er ikke så substantielle. Spøgelsesagtige. De små knudrede væsener er ikke spøgelsesagtige. De er knudrede.

D: *Du sagde, at den i dit soveværelse var spøgelsesagtig.*

B: Ja, det er som disse. Måske projicerer de sig selv gennem disse små knudrede væsener.

D: *Du sagde, de havde vinklede vedhæng. Har de fingre eller hænder?*

B: Ja. Der er en tommelfinger og tre fingre.

D: *Bærer de noget?*

B: Nej. Tøj ville være tungere end de er, synes jeg. Tøj ville have mere vægt og substans end deres kroppe. Eller hvis de har en beklædning, er det som en del af deres krop.

D: *Det er ikke noget, de kan tage af, mener du?*

The Custodians

B: Nå, måske kunne de tage det af, men når det er sat på, bliver det en del af det, der ligner deres krop. Jeg ved ikke, om de er lavet sådan, og de bærer ikke noget tøj. Eller om den ydre ting, jeg ser, er en del af beklædningen, og faktisk ville være aftagelig. Men det ser ikke anderledes ud fra det, de ser ud som. Der er ikke noget brud, hvor tøjet starter og huden eller kød eller hvad det nu er, begynder.

Dette er også blevet rapporteret i andre tilfælde. Nogle af de fremmede væsener har delikat hud, der let kan beskadiges. Fra det øjeblik, de bliver født, er de indkapslet i et membran-lignende stof, der forbliver rundt om deres krop hele deres liv for at beskytte huden.

D: *Du sagde, at du aldrig var sikker på, hvor mange vedhæng de havde, fordi soveværelset var mørkt. Kan du se det nu?*
B: Der er bare de to arm-lignende og de to ben-lignende. (Bevæger hænderne) Benene bøjer sig opad i en så skarp vinkel, og så går den nederste del af benet ned, men det ser næsten ud som om der er andre ben under. Og armene gør det samme. De er tynde og meget vinklede. De kan næsten bøje sig flade. (Bevæger hænderne)

Hun virkede frustreret, fordi hun havde svært ved at gøre det klart, hvad hun så.

D: *Okay. Er der noget andet i rummet?*
B: Der er intet. Rummet er bare et lille rum, en kasse-type rum.
D: *Er der lyst derinde?*
B: Ja. Lyset ser ud til at komme fra væggene. Der er ingen lampe. Her ville de enten tænde væggene eller dæmpe dem, som man ville tænde lysene eller dæmpe dem. Jeg kan ikke se nogen knap nogen steder, men jeg tror, det er sådan væggene fungerer.
D: *Det er som om hele væggen er et lys?*
B: Ja.
D: *Og du sagde, de omringede dig, som om det var en slags psykologisk undersøgelse? Hvordan ved du det?*
B: (Suk) Nå, jeg ved det ikke. Men for det første kiggede de bare på mit hoved. De rørte ikke ved mig. Jeg ved, de projicerer på en eller anden måde. Og jeg ved ikke, om de projicerede sig selv ind i mit

The Custodians

hoved, eller om de trak noget ud af mit hoved ind i deres, eller begge dele.

D: Kunne du se billeder i dit hoved, mens dette skete?

B: Nej. Jeg vidste bare. Det var som et træk mellem mit hoved og dette andet væsen. Og så kunne jeg føle et træk mellem mit hoved og et andet væsen. Og det var sådan, det gik frem og tilbage hele tiden.

D: Hvor mange er der inde?

B: Må være omkring fem. (Pause) Fire.

D: Fire? Og du føler som et træk mellem alle fire af dem?

B: Uh-huh. Jeg føler det ikke på en gang. Jeg føler det mere fra den ene side og så fra en anden. Jeg tror, det er fordi, jeg vender mig og er opmærksom i den retning. Jeg tror, det sker hele tiden. Vi står alle op. Og det er som om de vandrer gennem mit hoved.

D: Men det generer dig ikke, vel?

B: Nej, det hele er bare ubehageligt. Det gør ikke ondt, men de gør ting, der normalt ikke bliver gjort. Og det generer mig. Jeg kan ikke lide det.

D: Ligesom en gene?

B: Mere end det. Det er som en frygt. Det er som om jeg er i deres vold. Det er som når du er på hospitalet og skal føde et barn, og de vil fortælle dig, hvad du skal gøre. Og du er i gang med at føde, og du kan ikke gøre andet. Min mor sagde altid, at når du føder et barn, er du i verdens vold.

D: Uh-huh. Der er ikke noget, du kan gøre ved det.

B: Der er ikke noget, du kan gøre. Og det er den slags følelse. Jeg ved ikke, hvad de vil. Jeg ved ikke, hvorfor de bliver ved med at gøre det. Og jeg ved ikke engang, hvad de får ud af det. Jeg får ikke noget i mit hoved.

D: Så du tror, det er sket før?

B: Åh, ja. Det skete, da jeg var barn. Men det virker som om, at de fleste gange undersøgte de min krop, de fysiske ting. Måske har de lært alt, hvad de kan lære om det, eller måske er dette bare en anden tid. Hvem ved? Men det er som om de kan gå ind i mit hoved og trække information ud, eller kigge rundt og se, hvad der er derinde. Og jeg kan ikke gøre noget ved det.

D: Men det generer dig ikke fysisk, eller mentalt, virkelig?

B: Fysisk, det generer mig ikke. Mentalt, nå, det er som om du ikke har nogen privatliv. Det er som at blive strippet nøgen fysisk,

179

The Custodians

bortset fra at det er værre mentalt. Du er helt eksponeret. Og det er ikke bare nutiden, de kigger på. Når de kommer ind i dit hoved, kigger de på alt.

D: Du mener alle dine minder?

B: Uh-huh. Og din viden.

D: Jeg undrer mig over, hvorfor de ville være interesserede i dine minder?

B: Jeg ved det ikke, undtagen at det er som om, at hele din livshistorie er i dit hoved. Du er den, der kender det. Det er ikke det grå stof, de kigger på. Det er essensen af din væren, de undersøger. Og så er det ikke bare for i dag. Når de får fat i sindet, undersøger de det for ti år siden, for femten år siden, eller ugen før sidste uge. De vælger det. De finder det, de vil kigge på, eller de vandrer gennem og ser noget andet. Og information, din viden, som er lagret i dit hoved. Og dine følelser.

D: Dine følelser?

B: Dine følelser, ja, sandsynligvis mere end noget andet. Hvorfor de bekymrer sig om, hvad jeg gjorde på min tiårs fødselsdag? Og fysisk har de kigget på alt det der. Sandsynligvis, er det mest hvordan hjernen fungerer, hvordan sindet fungerer, og hvordan dine følelser fungerer.

D: Hvad gør de med informationen?

B: Sætter det i deres eget hoved, tror jeg. Jeg ved det ikke.

D: Der er ingen maskiner eller instrumenter eller noget?

B: Nej. Det er alt sammen gennem mental telepati. Men det er næsten som om jeg kan se lysbølger gå frem og tilbage, mellem mit hoved og deres hoveder.

D: Ligesom elektriske strømme? (Ja) Har du nogensinde prøvet at kommunikere med dem og spørge dem, hvorfor de gør dette?

B: Ikke denne gang. Jeg kan ikke huske lige nu, om jeg ... det ville være ret dumt, hvis jeg aldrig havde. Men hvis jeg gjorde, tror jeg ikke, jeg nogensinde kom nogen vegne, så jeg gav bare op.

D: Jeg ville tro, du ville være nysgerrig.

B: Nå, jeg var nysgerrig. Der er ingen grund til at kommunikere, fordi de allerede ved det.

D: Men du ved det ikke.

B: De ved, at jeg er nysgerrig. De ved, at der er spørgsmål der. De ved, at jeg ikke vil have, at de gør dette, men de gør det alligevel. Der

The Custodians

er ikke noget point i at spørge. De ville lade mig vide det, hvis de ville have, at jeg skulle vide det. Det er som om, der ikke er noget punkt i at gøre nogen form for ord om det. Det er alt sammen i dit hoved. Og de ved, hvad der er i dit hoved. Og hvad de vil have mig til at vide, ville de lade mig vide, eller de ville ikke. Mit spørgsmål ville ikke være effektivt. Så der er ikke noget point i at gøre det.

D: Udover at tilfredsstille din egen nysgerrighed.

B: Men det ville ikke tilfredsstille den, fordi de ville ikke svare. De vil finde ud af, hvad der foregår inde i vores hoveder. Hvorfor, ved jeg ikke ... Jeg gætter på, fordi vi er en anden art. Hvis vi var på en anden planet, kunne vi måske gøre det samme med hvad end der var der.

D: Det er muligt.

B: Vi gør det her. Vi eksperimenterer med dyr.

D: Nå, varer det her meget længe?

B: Måske tyve minutter.

D: Er det det eneste, de gør? Bare denne udveksling ... ikke rigtig en udveksling, bare en envejs type kommunikation. (Ja) Så hvad sker der så?

B: De forlader rummet. Og så kommer de tre fyre, der tog mig ned fra skibet, og henter mig, og vi kommer tilbage i det lille skib. Og vi flyver tilbage.

D: Du så ikke nogen anden del af dette store skib?

B: Nej. Jeg ved bare, at det må have været meget større end det, jeg kom i, fordi hele det lille skib gik ind i det, og det så ud til at være en lille del. Du ved, hvordan vi taler om at have en base ude i rummet, hvor en hel koloni af mennesker kunne bo? Jeg føler, det var noget, der, hvis ikke så stort, var meget tæt på det. Og jeg ved ikke, hvorfor jeg tror det, for jeg så ikke resten af det. Det er bare et indtryk.

D: Hvad skete der så, da de tog dig tilbage?

B: Jeg kom ind i det lille skib. Det er som en shuttle, eller som en helikopter ville være for os. Og vi forlod det. Jeg husker ikke, at vi kom tilbage til jorden eller kom tilbage i min seng.

D: Du ved ikke, om det landede i baghaven igen?

B: Sandsynligvis gjorde det, men jeg kan ikke se det. Jeg husker det ikke. Faktisk tror jeg ikke, jeg husker noget. Det næste jeg ved, er,

The Custodians

at det er morgen. Jeg tror, de har evnen til at lukke ned for funktionen af din hjerne. Eller at åbne den og eksponere den, som at skære op i din mave, men det bliver ikke gjort fysisk.

D: *Men det gjorde ikke ondt på nogen måde.*

B: Nej. Ikke fysisk. Intet gjorde ondt. Jeg mener, det er ikke som om din kranium blev flået op.

D: *Havde du nogen eftervirkninger næste dag?*

B: Næste dag huskede jeg denne skikkelse i mit rum. Jeg huskede at have tænkt, at det var et flyvende tæppe derude, der ventede på mig, men det er alt, jeg husker om det. Jeg undrede mig over, om jeg havde drømt det. Jeg husker ikke at have nogen fysiske bivirkninger, men jeg tror, jeg får hovedpine, mens de gør det.

D: *Men det er okay at se på oplevelsen og tale om det. Så kan vi sætte det hele i fortiden.*

B: Måske. Men det er allerede i fortiden. Så der er ikke meget at gøre ved det.

D: *Det er sandt. Men det vigtigste er, at det ikke generede dig. Er det ikke sandt?*

B: Jeg tror, det generede mig. Jeg tror, det stadig generer mig. Og hvad det gør ved dit hoved. Det er som om du er nødt til at leve en løgn. Jeg mener, du kan ikke gå rundt og lyve 24 timer om dagen om ting. Så jeg tror, det der sker er, at du bare glemmer det. Du blokkerer det. Og så gør det, tror jeg, psykologisk skade på dit hoved.

D: *Hvad mener du med at leve en løgn?*

B: Nå, du er nødt til at gå rundt og handle 24 timer om dagen, som om det her ikke eksisterede. Jeg mener, ingen andre tror, det eksisterer. Ingen andre taler om det. Og hvis du ved, at det gør det, så er du nødt til at leve en løgn for at passe ind med resten af verden.

D: *Fordi de ikke ville tro på dig?*

B: Selvfølgelig ville de ikke tro på mig.

D: *Men meget af det huskede du ikke selv, gjorde du?*

B: Rigtigt. Men det er det, jeg siger, det er for svært at leve en løgn 24 timer om dagen, især når du er ung. Så jeg tror, sindet bare udsletter det. Enten gør de det, eller dit eget sind gør det. Jeg ved ikke. Jeg tror, de gør meget. Men jeg tror, psykologisk set, at vores egne sind også dækker det over for at leve med det. Det er som

masseignorering. Jeg vil sige "masseignorance", men det er ikke ignorance som vi forstår ordet "ignorance". Det er masse "ignorering af."
D: Jeg undrer mig over, hvordan de ved, hvor de skal finde dig?
B: De ved altid. Jeg ved ikke, om det er noget, de gør ved dig, eller om det er med deres sind. Hvis de med deres sind scanner, hvor du er, og det bare popper op. Jeg mener, det kunne være sådan. Jeg ved ikke rigtig, hvordan de ved. Udover at de ser ud til at vide alt. Nå, jeg siger det, men de ved åbenbart ikke alt. De ville ikke undersøge, hvis de vidste alt. Men de ved så meget mere end jeg gør, at det virker som om de ved alt.

Jeg var ved at flytte hende til en anden scene, da hun pludselig afbrød. "Måske er der noget ved mig, og andre mennesker de gør dette med. Og der er andre mennesker, de gør det med."

D: Tror du det?
B: Åh, ja. Jeg har set dem med andre mennesker på et rumskib, ligesom de havde mig. Jeg ved ikke, hvad der hele tiden foregik, men jeg ved, der var andre mennesker på det.
D: Hvornår skete det?
B: Det er sket mere end én gang. Jeg ved bare, der er andre mennesker, de gør dette ved. Jeg talte om, hvordan de finder dig. Du har set de store verdenskort, de sætter op på væggen? Og de sætter alle disse røde prikker på bestemte steder, eller lilla prikker eller hvad som helst? Jeg tror, der er noget ved os, der enten bipper eller blinker eller lader dem vide, hvilke mennesker de har undersøgt. Jeg ved ikke, om det er noget, eller om det er, fordi når de har undersøgt dig, bliver du ligesom det. Hvor du sender et eller andet lys signal eller lyd signal. Hvor, ligesom en computer scanning, ville den bare finde dig. Ligesom et missil finder et mål. Jeg mener, der er et eller andet radar. Et eller andet, hvor du kan finde ting. Selv vi kan gøre det. Og så er der noget, der gør, at de kan holde styr på alle, de har haft med at gøre. Du er sandsynligvis mærket på en eller anden måde, som vi mærker duer, tror jeg.
D: Alright. Vi kan finde ud af det. Jeg vil gerne tale med din underbevidsthed. Er Beverly mærket på nogen måde, fysisk? Er der gjort noget fysisk, så de kunne finde hende igen?

The Custodians

B: Ja. Jeg tror, det er i hendes næse. Jeg tror, det er i midten her. (Hun pegede på broområdet af sin næse.) Af ansigtet og næsen.
D: Broområdet? (Ja.) Hvad er der?
B: Jeg ved ikke, om det er en rund ting som en bi-bid, eller om det er en lille firkant, næsten som et stykke papir. Men det er ikke papir. Det måtte have mere substans end det. Det er bare lagt ind i der på en eller anden måde.
D: Hvilken funktion har det?
B: Det sender et eller andet signal ud.
D: Generer det hende på nogen måde?
B: Ja, det giver en form for hovedpine, sinusproblemer. Jeg tror, at hver gang der er noget fremmed i hovedet, eller et eller andet sted i kroppen, vil der opstå et lille problem. Og dette er fremmed for os, at have noget der. Det er ikke meningen at gøre noget sådan, men jeg tror, det gør det. Ligesom hvis du havde kontaktlinser eller noget fremmed i øjet.
D: Mener du, at det ikke ville være meningen at forårsage problemer. Men bare fordi det ikke hører hjemme der, kunne det forårsage små problemer som en bivirkning.
B: Ja. Og så vil det afhænge af resten af din sundhed, hvor meget det generer dig.
D: Hvornår blev det sat der?
B: Jeg tror, det var mange, mange år siden, da jeg var meget ung. Meget ung, måske ikke engang ude af tremmesengen.
D: Så det har været der hele den tid. Men underbevidstheden kan hjælpe med at afhjælpe eventuelle problemer, der ville blive forårsaget af et fremmed objekt? (Ja) Fordi der er ikke noget, vi kan gøre ved det. Hvis det er der, må det blive der.
B: Jeg tror, der er tilpasninger, der kan laves, som hjælper med at modvirke de resultater, der produceres af det.
D: Er dette det eneste fremmede objekt, hun har i sin krop?
B: Jeg er ikke sikker. Der kan være noget i hjernen. Og det er en overvågningsenhed. Jeg tror, det er i højre side. (Hun lagde hånden på området omkring højre krone.) Måske længere tilbage.
D: Hvilken type enhed er det?
B: Jeg tror, det overvåger hjernebølgeaktivitet.
D: Hvordan ser det ud?

The Custodians

B: Jeg ved ikke, hvordan en mikrochip ser ud, men jeg får fornemmelsen af, at det må være som en mikrochip, der bruges i computere. Noget lille. Måske ikke helt tyndt som et stykke papir, måske har det lidt mere tykkelse, men meget lille.

D: *Skaber det nogle problemer?*

B: Ikke mærkbart. Jeg tror, bevidstheden om, at alt dette eksisterer, skaber flere problemer, end objekterne selv gør.

D: *Tror du så, det er bedre, at hun ikke ved noget om det?*

B: Nej, når jeg siger "bevidsthed", mener jeg ikke nødvendigvis bevidst bevidsthed. Der er en bevidsthed, hvor hun ved om det, punktum, og altid har vidst om det. Og det har fremkaldt nok følelsesmæssig angst til at være et problem for hende.

D: *Jeg forstår. Vi vil ikke forårsage hende nogen ubehag overhovedet. Det vigtigste er, at hun er sund og glad.*

B: Nå, jeg tror ikke, man kan ignorere det.

D: *Det er sandt. Men måske kan vi hjælpe med at afhjælpe eventuelle problemer eller bivirkninger forårsaget af det. Så jeg vil sætte pris på, hvis du kan hjælpe hende på nogen måde.*

B: Jeg tror, at accept sandsynligvis er det eneste svar. Jeg ved ikke, hvad jeg ellers skal foreslå ... selvom jeg måske ved mere, end jeg tror, jeg ved. Men det er så meget mindre, end de ved, at jeg har at gøre med noget, der er uden for min forståelse.

D: *Det er sandt. I de tilfælde er det bedre at ignorere det. Men fysisk vil vi forsøge at afhjælpe eventuelle problemer, som disse objekter måtte forårsage.*

Jeg bragte derefter Beverly tilbage til fuld bevidsthed og orienterede hende tilbage til nutiden. Jeg gav hende forslag til at hjælpe hende med at stoppe med at ryge, som hun havde anmodet om, før vi startede sessionen. Den eneste hukommelse, hun havde ved opvågning, omhandlede nogle af disse forslag og bemærkninger, hendes underbevidsthed havde gjort om hendes vanskeligheder med at stoppe vanen. Hun huskede ikke noget om objekterne i hendes hoved. Jeg tænkte, det var bedst ikke at fortælle hende om dem på det tidspunkt. Jeg vidste, at når hun hørte båndoptagelsen, ville hun finde ud af det. Måske ville hun kunne acceptere det på det tidspunkt. Jeg ville ikke skræmme eller forstyrre hende.

The Custodians

Jeg havde aldrig en anden session med Beverly. Hun besluttede, at hun ikke ville udforske emnet UFO'er igen. Åbenbart mente hendes underbevidsthed, at hun havde opdaget nok og ikke ville komplicere sit liv. Sandsynligvis af samme grund satte hun båndoptagelserne væk og lyttede aldrig til dem. Forbløffende nok kan mange af mine personer aldrig få sig selv til at lytte til sessionen. Når det er slut, lægger de det bag sig. Måske er det lige så godt.

Vi fandt aldrig årsagerne til hendes mærkelige helbred. Måske var dette en af grundene til den udenjordiske overvågning. De har måske også forsøgt at forstå det. Hun fortsatte sit liv som skiltmaler og deltidskunstner, så disse mærkelige sessioner havde åbenbart ingen negative virkninger.

I årevis, især efter jeg blev involveret i UFO-forskning, har jeg ført noter om usædvanlige hændelser, der er sket i mit eget liv. Jeg ved aldrig, om de er paranormale eller ej, men hvis de er usædvanlige nok til at fange min opmærksomhed, skriver jeg om dem. Jeg ved aldrig, om de vil have fremtidig brug eller ej. Jeg gør det samme, når jeg arbejder på en sag. Jeg holder omfangsrige noter, så hændelsen kommer til live igen, når jeg vil inkludere den i en bog. Det er her detaljerne i denne bog kommer fra.

Mens jeg samlede sagerne til at blive fokuseret på i denne bog, gik jeg igennem mine noter og opdagede noget, der skete med mig, som mindede mig om Beverly, der vågnede og så det mærkelige lys i hendes baghave. Jeg havde tænkt, at Beverly's reaktioner var mærkelige, fordi hun ikke stod op og undersøgte det. I min hændelse viste jeg den samme ligegyldighed og accepterede det usædvanlige som normalt, mens det skete.

Flertallet af disse sager fandt sted i slutningen af 1980'erne, især den der involverede Beverly. Mine noter siger, at min hændelse fandt sted i december 1988, under højden af disse undersøgelser. På det tidspunkt lavede jeg ingen forbindelse.

Mine noter:

18. december 1988. Omkring kl. 3 om natten stod jeg op for at gå på toilettet. Da jeg gik fra mit soveværelse ned ad den korte gang til badeværelset, bemærkede jeg, at et stærkt lys skinnede gennem det

The Custodians

store vindue i stuen. Det oplyste det meste af rummets genstande og skinnede på væggen i gangen. Jeg sagde til mig selv, at der måtte være fuldmåne, fordi det kan skinne ind med sådan en lysstyrke. Jeg havde dog ikke bemærket det i mit værelse, men gardinerne er trukket for der for at blokere lyset. Mens jeg var på toilettet, stod jeg vendt mod væggen i gangen, som jeg kunne se gennem badeværelsesdøren. Lyset fra stuen skinnede på en del af væggen. Jeg tænkte ikke på noget, da lyset pludselig forsvandt, og alt blev kastet ud i dyb mørke. Det var ikke som om det var blevet slukket. Det var mere gradvist, selvom hurtigt. Det så ud som om mørket bevægede sig fra højre til venstre og hurtigt udslettede lyset. Der var kun et sidste kort blink, og hele huset var meget mørkt. Jeg tænkte straks, at skyer måtte have drevet over månen og skjult den, selvom de skulle have været hurtigt bevægende skyer. Det kunne have sket, hvis der var en stærk vind. Da jeg forlod toilettet og gik tilbage til mit soveværelse, trak jeg gardinerne til side og kiggede ud. Der var ingen måne, ingen skyer og ingen vind. Det var en stille, klar stjerneklar nat. Jeg undrede mig over, om jeg ville have set noget, hvis jeg var gået ind i stuen først i stedet for badeværelset. Jeg gør ofte det, at jeg går til vinduet og kigger på månen eller stjernerne. Men trangen til at gå på toilettet forhindrede mig i at gøre noget andet. Den måde, lyset forsvandt på, antydede bevægelse, som om det var bevæget sig fra venstre mod højre over vinduet. Dette ville forklare bevægelsen i gangen, hvor mørket kom fra den anden retning.

Mit hus er bygget på en usædvanlig måde. Det er to etager, og stuen, soveværelset og køkkenet er ovenpå. Stuen har et stort vindue, der vender mod de sparsomme, beboede rullende bakker. Jeg har overvejet muligheden for, at biler kører forbi på vejen foran mit hus, men jeg forkastede denne teori. Vejen er flere hundrede meter væk, og huset er skjult af en tyk række træer. Jeg har set biler køre op og ned ad vejen mange gange, og reflektionen af deres lys på væggen er altid sporadisk og blinkende, forårsaget af at lyset skinner gennem træerne. Træernes omrids er altid synlige på væggen, når de passerer forbi. Selv når en bil kommer op ad indkørslen og parkerer foran mit hus, er lysene anderledes. Jeg har observeret dette mange gange. Dette var ikke en bil, hverken på vejen eller indkørslen. Det måtte være et meget stærkt lys, der skinnede ind fra en højere vinkel for at oplyse hele rummet og gangen.

Næsten en uge senere, da månen var rigtig fuld, kiggede jeg for at se, om den ville skabe samme effekt om natten. Jeg fandt ud af, at på denne tid af året (vinter) rejser månen sig direkte over toppen af huset, i stedet for foran vinduet, som det sker om sommeren. Således skinner månelyset ind gennem vinduet i en anden vinkel. Det skabte ikke den effekt, jeg så. Jeg undrer mig stadig over, om jeg ville have set noget, hvis jeg var nået til vinduet tidligere.

Jeg siger ikke, at det lys, jeg så, var et UFO, men det viser, at vi ikke altid opfører os rationelt, når vi bliver vækket om natten af mærkelige lys eller lyde.

KAPITEL 6
Biblioteket

Information kan opnås på mange forskellige måder, når emnet sættes i en somnambulistisk trance. Ofte kommer det fra at genopleve deres egne erfaringer i tidligere liv, men dette hindres af begrænsningerne ved at være bundet til en krop i et bestemt liv. De kan kun fortælle, hvad de personligt kender og har været udsat for i deres liv. Jeg har fundet ud af, at den bedste information kommer, når emnet tages til tilstanden mellem livene, den såkaldte "døde" tilstand. Så fjernes begrænsningerne fra den fysiske krop, blindfoldene tages af, og de har adgang til al den information, de måtte ønske at udforske. Jeg opdagede et vidunderligt sted på den anden side i åndeverdenen, hvor der ikke er nogen begrænsninger for viden. Dette er mit yndlingssted at lave forskning: biblioteket. Dette er blevet beskrevet på mange forskellige måder af mine emner, men jeg tror, de taler om det samme sted. De placerer det bare inden for deres opfattelser. Mange har beskrevet det som en faktisk bygning, hvor information er tilgængelig i mange forskellige former, afhængigt af søgerens udvikling. Der er bøger på hylder, der kan læses, eller personen kan gå ind i rum, hvor informationen vises på væggene omkring dem i holografiske 3D-billeder. I mange tilfælde er der en vogter eller værge af biblioteket, der møder os, når vi træder ind, og teoretisk tjekker, om vi har tilladelse til at bruge faciliteterne. Han vil derefter føre os til den rigtige sektion af biblioteket, hvor den information, vi søger, kan findes. I nogle få tilfælde beskrev mine emner biblioteket anderledes, men jeg tror stadig, det er det samme sted på åndesiden.

En beskrivelse fra et emne: Det bibliotek er mit yndlingsbibliotek af alle verdener.

D: *Jeg har været i biblioteket. Kan du fortælle mig, hvordan dit bibliotek ser ud, og så vil jeg vide, om det er det samme?*
S: Det er hvidt. Det har ingen loft. Det har ingen tag. Det har søjler. Bøgerne er på hylder og indkapslet i glasvitriner. Der er bøger om

alle emner kendt af mennesket i alle hans former. Der er bøger, der optegner historien om alle verdener, der nogensinde har eksisteret. Der er bøger, der peger på de verdener, der vil komme til at eksistere. Det huser fortiden. Det huser fremtiden. Og det huser nutiden, fordi de alle er ét.
D: Er der nogen, der er ansvarlig?
S: (Begejstret) Ja!
D: Jeg kalder ham "vogteren." Er det den samme?
S: Ja. Jeg kalder ham "værgen" af bøgerne, men hans formål er det samme som vogterne. Men der er mange forskellige biblioteker. Hver har sin egen værge. Hver har sin egen information. Ligesom der er grupper i denne verden, er der grupper i den verden. Hver gruppe i den verden har sit eget system. Ligesom etniske grupper har deres egne skikke, har grupper der deres svarende systemer. For eksempel er der et medicinsk bibliotek, kun for personer, der er interesseret i at lære medicin. Der er biblioteker om stjernerne, for dem, der vil lære astronomi eller astrologi. Der er hele biblioteker, hele biblioteker, der kun dækker ét emne. På disse steder kan vi virkelig lære mange ting. Eller vi kan lære, hvad der er meningen, vi skal vide, for vi kan kun vide så meget. Der er meget materiale, der ikke er meningen, vi skal vide.
D: Ja, jeg har hørt det før. At nogle viden er som gift i stedet for medicin. At vi ikke ville forstå det, det ville hæmme os.

Mere information kom frem i 1987, da emnet gik til biblioteket for at søge information. Hans svar var omfattende, og de er blevet sammenflettet med andre emner, der har fået adgang til de samme optegnelser. Da materialet er så lignende, har jeg samlet det, så det lyder som om én person taler, men det kom faktisk fra flere personer. Alt dette materiale kom frem, før jeg begyndte aktiv undersøgelse.

S: Jeg er lige kommet ind i rotunden i biblioteket.
D: Er vogteren af biblioteket der?
S: Han kommer imod mig nu. Han er et lysvæsen, klædt i en hvid robe. Han har en hætte, og hans ansigt er næsten beatifict. Det er smukt. Han lyser bare med alt dette lys, og det pulserer med farver omkring ham.

The Custodians

D: *Vi vil sætte pris på, hvis han kan finde noget information om fænomenet kendt i vores tid som UFO'er eller Flyvende Tallerkener, Ekstraterrestriske fartøjer. Kan vi få adgang til den information?*

S: Han tager mig med ind i visningsrummet. Du er i midten af rummet, og alt sker omkring dig. Det er som et hologram. Du ser scenerne fra alle sider, og du betragter dem sådan. Og han peger på forskellige ting på skærmen. Han siger, der er mange interessante ting om disse fartøjer, som I ville kalde dem, men de er alle en del af planen. Han siger, der er mange, mange flere planeter i universet, der har udviklet højere former for liv, end I mennesker i jordens eksperiment forstår. Han viser mig ... (I beundring.) Jeg ser ... åh, bare utallige og utallige stjerner. Det er meget roligt og smukt. Han viser mig Jorden, og han peger på forskellige stjerner. Og han siger, "Højere former for liv lever i dette område ... her i dette område, og i dette område." Han viser mig smukke billeder af andre verdener. Der er en fantastisk lilla farvet planet, og han siger, det er her mange UFO'er kommer fra. Og han siger, disse væsener er nødt til at reproducere et fartøj. De kan rejse fra deres planet i åndelig form, men når de nærmer sig Jordens atmosfære, skal de inkarnere i et fartøj. Hovedsageligt som det, vi kalder et "rumskib."

D: *Mener du, de skaber dette, efter de er kommet ind i vores atmosfære?*

S: Ja, fordi Jorden er en meget anderledes tæthed og vibratorisk natur end deres egen planet.

D: *Har du nogen idé om, hvor denne planet er, eller hvor langt væk den er?*

S: Han siger noget om Betelgeuse. Jeg tror, det er en stjernebillede eller en stjerne.

D: *Hvorfor kommer de her?*

S: Bibliotekaren diskuterer alt dette med mig lige nu. Han siger, de kommer, fordi Jorden vil blive en del af det åndelige univers. Og mange væsener er samlet fra hele universet for at se dette skelsættende øjeblik.

D: *Mener du, de bare er her for at se?*

S: For at analysere og se.

D: Nå, hvis de rejste her i åndelig form og dannede dette skib, blev de så fysisk selv?

S: De måtte danne skibet for at komme ind i Jordens atmosfære, fordi Jorden er en anden vibration end deres. Så dette var en måde, de kunne lande og se, hvad Jorden er som. Det ville være ligesom når vi tager til månen, vi er nødt til at tage ilt og ting af denne type.

D: Dette er forvirrende, fordi jeg troede, hvis de var i åndelig form ... men mener du, mere eller mindre, at de transporterer deres kroppe? Og så skaber de dette?

S: Ja, fordi det er meget svært for dem. Planetens vibratoriske natur ændrer sig, og de vil være til stede for at se dette. Men de kunne ikke fungere i vibrationerne, så de er nødt til at beskytte sig selv, og de bruger fartøjer som skibe.

D: Har de fysiske, solide kroppe?

S: Ikke på deres hjemplanet, nej.

D: Hvad med på denne planet?

S: På denne planet dækker de sig selv i noget, der ligner et kropshylster, så de kan fungere i denne vibratoriske natur.

D: Hvordan ser dette kropshylster ud?

S: De prøver at se ud som mennesker. Og jeg ser, at de har smukke ansigter og øjne og blondt hår, men deres hud er næsten gylden.

D: Hvad er de så på deres hjemplanet?

S: De har mere af en energikrop, der kan tage enhver form, den ønsker.

D: Og disse væsener kigger bare på?

S: Observering er det bedre ord. De forsøger at kontakte andre mennesker på forskellige tidspunkter.

D: Hvad ville formålet med det være?

S: At lade dem vide, at de bliver observeret. De er her for den betydningsfulde begivenhed, hvor Jorden bliver mere oplyst og derefter bliver en del af det spirituelle univers.

D: Og de vil have, at visse mennesker på Jorden skal vide, at de observerer?

S: Jeg kan virkelig ikke svare på det spørgsmål.

D: Ved du ikke, eller er du ikke tilladt?

S: Bibliotekaren siger: "Alt har et formål. Spørg ikke." Han siger, at alt vil blive afsløret til sidst. Der er også andre væsener. Med tiden vil deres fremtræden have et formål, men lige nu kan denne information ikke præciseres. Men der er et bestemt formål med, hvorfor de er her. Det kan ikke afsløres lige nu.

D: *Nå, kan vi stille ham specifikke spørgsmål? Vil han vise dig svarene?*

S: Det afhænger af spørgsmålet. Han siger, at det er meget vigtigt at forstå, at i den hastighed, dine mentale evner er, måske ikke alt, hvad denne kanal bruger, vil blive forstået. Han siger, at nogle spørgsmål ikke kan besvares på nuværende tidspunkt i din udvikling.

D: *Så han vil fortælle os, hvis der er noget, der ikke kan besvares. Okay, kan vi undersøge dette solsystem?*

S: Han peger på de forskellige planeter, der er allieret omkring vores sol nu.

D: *Hvor mange er der?*

S: Han siger, at der vil blive opdaget seksten planeter som en del af dette solsystem, før Jorden ender. Han siger, at der vil blive opdaget en stor planet omkring 2040. Derefter vil en anden planet blive fundet omkring år 3000. Og derefter vil en sidste planet blive opdaget, og det vil ske omkring 6000 år fra Kristus' tid.

D: *Har disse planeter liv på sig nu?*

S: Han siger, at alle planeter har liv, men det er måske ikke livsformer, du er bekendt med i den jordiske verden.

D: *Er der nogle, der har menneskelige eller humanoide beboere?*

S: Ikke i denne del af solsystemet. Jorden er den eneste.

D: *Har der nogensinde været det i fortiden?*

S: Ja. Han siger, at der på et tidspunkt var humanoide liv på planeten Mars. Han peger på den lige nu, fordi det er en rød planet. Og han siger, at der var menneskelignende åndelige væsener på planeten Venus. Han siger, at alle planeter dog har åndelige enheder på dem, som er som vogtere og overvågere.

D: *Tager disse åndelige former nogensinde en kødlig krop på den planet eller et andet sted?*

S: De fleste af ånderne på disse andre planeter er af en højere vibrerende hastighed end dig på Jorden. Det er smertefuldt for dem at komme til Jorden, fordi de skal sænke deres vibration, så de inkarnerer ikke meget på jordplanet. Men de har, både i nutiden, fortiden og fremtiden. Men det er meget svært for dem, fordi dette kan være meget smertefuldt at sænke deres vibrerende hastighed. Det er som at forsøge at kondensere en tornado i et glas.

D: God analogi. Du sagde, at der var menneskelige former på Mars på et tidspunkt?

S: Ja, men det var for lang tid siden: næsten femoghalvfjerds tusinde år siden, efter vores jordiske regning. Livsformer eksisterede på planeten Mars, meget lig terrestrials, men på grund af deres misbrug af energi ... de var ikke i harmoni med den åndelige udvikling, der finder sted i denne del af solsystemet. Og som et resultat blev de forvist til en anden del af universet.

D: Er der nogen rester af deres civilisation?

S: Mennesket vil opdage beviser på deres civilisation, når de udforsker dette område. Men denne information vil ikke blive tilladt den generelle offentlighed.

D: Hvorfor vil det ikke blive tilladt?

S: Han siger, at mennesket stadig fungerer gennem sin følelse af grådighed og magt og dominans. Og som et resultat er information af denne art kun for de få, til magt og dominans.

D: Hvad er det nærmeste stjernesystem til vores, der har intelligent liv, der er i stand til rumrejse?

S: Aldebaran.

D: Hvad med de fartøjer og væsener, der ser ud til at besøge os nu?

S: Der er udenjordiske væsener, der overvåger planeten, men de prøver ikke at blande sig så meget. De kommer med en følelse af fred og godt vilje for mennesket, fordi de prøver at hjælpe med evolutionshastigheden for deres jordiske brødre. Mange af dem kommer fra Aldebaran, Betelgeuse og Sirius, hundestjernen. Disse enheder fra dette område er en del af samme galakse, som Jordens folk er fra. På nuværende tidspunkt overvåger de den evolutionshastighed, som planeten Jorden vokser til et højt niveau, for at tage sin plads i den galaktiske forbund. Dette er et spirituelt forbund af avancerede væsener centreret i lys og kærlighed, og vi er en del af den plan. Han siger, at ikke alle væsener, der kommer til Jorden, er positive. Der er en gruppe, som du ville betragte som negativ, men de er i mindretal. De tilhører et andet forbund.

D: Kan du fortælle os, hvordan disse væsener ser ud?

The Custodians

S: En fælles egenskab er, at de har reptil-lignende træk. Deres øjne er mere reptilagtige. Han viser mig et billede af en lige nu. Han siger, at deres oprindelige udvikling var gennem reptilfamilien. Hvad Jordens folk ville kalde "reptil-lignende." Deres hud er ikke glat som vores hud. Den har en mere ru tekstur, men ikke helt skæl. De har store øjne, med en spalte-lignende pupil. Og de har ikke rigtig en næse eller en snude, men de har næsebor. Og deres mund er meget lille faktisk. De spiser ikke som vi gør her på Jorden. Det ser ud som om de indånder essenser, der hjælper dem med at overleve. Han viser mig forskellige størrelser af forskellige medlemmer af denne race, og deres kroppe spænder fra omkring fire fod til otte fod.

D: *Har de lemmer som vi gør?*

S: Ja, de har lemmer. Og de har reptil-lignende fingre, næsten som en fugls klo, men de er ikke kløer. De bliver smalere.

D: *Hvor mange fingre har de?*

S: Det afhænger af arten, fra hvilket system. Nogle har fire, andre har tre, og så har nogle seks.

D: *Har de modsatrettede tommelfingre som vi gør?*

S: De, der har fire cifre, gør. De andre gør ikke.

D: *Hvad med hår på kroppen?*

S: De har ikke rigtig hår som vi har hår. De har heller ikke pels. De har beskyttende belægninger i forskellige områder af deres krop, der er mere hærdet hud end hår. For eksempel er huden omkring det reproduktive system meget hærdet, fordi når de engagerer sig i reproduktion, fremkalder dette deres hærdede sanser, og de kan være ru med hinanden. Derfor har dette område udviklet sig til at være hårdere.

D: *Har de separate køn?*

S: Ja, de har separate køn, men der er nogle hermafroditter blandt de tre-cifrede. Både den mandlige og den kvindelige af de tre-cifrede kan inkubere unge. De fremstår reptil-lignende, så i deres reproduktionssystem bærer de æg. Han viser mig et billede af det lige nu. Han siger, at dette er, hvordan de føder. De bærer æg, og disse placeres i specielle kamre, de har i deres kroppe.

D: *Har de ører?*

The Custodians

S: Han siger, at deres høresans er meget skarpt tilpasset. De har skaldlignende ting i deres kranier. De er ikke som ører, men de kan høre et bredere spektrum af toner, end vi kan.

D: Hvad med deres fartøjer? Hvilken type fartøjer ses de mest i?

S: Deres fartøjer har en mere cylindrisk form. Nogle er cigarformede. Andre fremstår som æg- eller globusformede. De bruger et organisk materiale fra deres verden til at bygge deres fartøjer. Det er en kombination af gummi, plastik, glasfiber og metal blandet sammen. Det er et meget hårdt materiale, men det er organisk, og det kan modstå mange forskellige temperaturudsving, fra varme til kolde ekstreme. Og det kan modstå en stor afstand af tid, fordi deres hjemplanet er på den anden side af universet. Det er et meget modstandsdygtigt materiale. Det kan udvide og trække sig sammen. Fartøjerne er drevet af en solkollektor, da de har lært om solenergi. Vi ville kalde det solenergi, men for dem er det stjernes energi. De fokuserer lysstråler fra forskellige stjerner for at få deres fartøjer til at rejse. De kalder det en stjernesamler, fordi de i deres rejser bruger forskellige stjerner som et navigationssystem for at komme, hvor de vil hen. De kommer fra et meget fjernt område fra denne planet, og de strejfer nu rundt i denne del af vores galakse.

D: Hvor længe har de været her?

S: De har kun strejfet i dette område i de sidste tusind år.

D: Hvordan kan vi skelne mellem de positivt orienterede og de negativt orienterede udenjordiske?

S: Det er et meget interessant spørgsmål. Du vil føle dig i harmoni med de højere væsener, der har en følelse af slægtskab med Jordens folk. Der vil være en følelse af kærlighed, du vil føle, en følelse af lykke og en følelse af kammeratskab. Væsenerne fra denne anden forbund er grundlæggende meget kolde, kliniske, og du vil føle frygt. Frygt vil være meget fremtrædende.

D: Der er rapporter om høje, blonde aliens. Ved du noget om dem?

S: De, der er mere humanoide, er en del af dette galakssystem.

D: Har de nogen baser her?

S: De har brugt to af Uranus' måner. Han viser mig Uranus, som en base station for deres udforskning af denne del af galaksen.

D: Har nogen baser på Jorden?

The Custodians

S: De humanoide har baser. Han viser mig, at der er en, der er placeret i havet. Han siger, at deres fartøjer kan gå ned i vandet. Dette er placeret nær det Caribiske Hav. Og der er et andet sted, der er højt oppe i bjergene et sted. Ja, det ser ud til at være Sydamerika, som han viser mig, nær Amazonfloden. Og så er der et andet sted, som han viser mig i Australien eller New Guinea, et sted i det område nær havet. Disse mennesker, siger han, er meget fulde af kærlighed og lys og prøver at hjælpe menneskeheden. De har besøgt denne planet i tusindvis og tusindvis og tusindvis af år. Vi ville kalde dem "De Vogtere."

D: *Har disse mennesker nogensinde kontakt med mennesker?*

S: Ja, af specifikke årsager. Enten for at være med til at hjælpe deres åndelige vækst, eller for at viderebringe information om nye opfindelser og ting af denne type. De vil være til tjeneste, når Jorden skifter.

D: *De, der er mere humanoide, hvad med deres fartøjer?*

S: De er normalt den traditionelle skålform, grundlæggende lavet af en eller anden type metal. Det er et meget skinnende metal. Jeg ved ikke, hvad det er for noget metal. Han siger, at du i fremtiden vil kende disse fartøjer og dette metal, men det udvindes ikke på denne Jord. Der er ikke noget metal, der kan sammenlignes. Og de driver det med tankeenergi. Det er den sætning, han giver mig, "tankeenergi." Det giver en hurtig følelse af fremdrift ved gruppetankeenergi. Det opsamles og lagres som energi i batterier, og dette motiverer disse skibe.

D: *Hvilket materiale eller hvilken type substans er disse batterier sammensat af, eller hvordan fungerer de?*

S: (Smilende) Han har lige lagt et stort, kæmpe blueprint foran mig. Jeg kan ikke forstå det. Tanke er energi, siger han, og folk af den terrestriske form indser ikke, hvor kraftig det er. Det er svært for dig at forstå, siger han. Det opsamles ikke i batterier, som sådan. Jeg forstår ikke, hvad han prøver at sige. Han siger, at det er svært for dit sind at gribe, hvad det betyder. Med tiden vil folk på Jorden, mennesker, udvide deres bevidsthed, så de vil forstå dette fænomen. Men på nuværende tidspunkt i evolutionen er I ikke klar til denne information.

D: *Rejsende Vogtere, rejser de også gennem tid såvel som rum?*

197

The Custodians

S: Som avancerede væsener er de i stand til at rejse gennem al form for rum. Og tid er rum.
D: Er der nogensinde blevet fanget eller styrtet fartøjer på Jorden?
S: To af de reptil-lignende fartøjer er styrtet på Jorden. Et nær Arizona-ørkenen, og det andet i den Indiske Ocean.
D: Blev de hentet?
S: Den, der styrtede i Arizona, blev hentet.
D: Var der besætning ombord?
S: To brændte kroppe var ombord.
D: Hvad skete der med dem?
S: Han siger, at de nu er blevet kremeret, men de blev observeret af videnskabsmænd. Han siger, at den amerikanske regering og den sovjetiske regering har haft mange kontakter med udenjordiske væsener, både de reptil-lignende og de fra denne del af galaksen. De frigiver ikke information til masserne af frygt for at skabe panik blandt folkene. I Sovjetunionen på et tidspunkt, kommunikerede en radioteleskopoperatør med en udenjordisk kilde, men hans overordnede fratrådte ham hans rang og omplacerede ham. De omplacerede ham til et mentalt institution, hvor han gik igennem chokbehandlinger, som nu har ... (som et spørgsmål) kollapsede hans sind? Hmmm. Dette blev gjort, fordi han frigav information til den sovjetiske undergrund om dette, og de følte, at dette ville skabe panik i nationen, og de ville ikke have kontrol og magt længere.
D: Hvilken type kommunikation modtog han?
S: Han etablerede en form for kode med dem, gennem elektroniske pulser.
D: Ligner det vores morsekode?
S: Nej, det var ikke som morsekode. Han viser mig noget, der ligner lysenergi, der oversættes til pulser på en radar-lignende skærm-type ting.
D: De Vogtere, du talte om, lever nogle af dem inden i Jorden?
S: Nej, de lever ikke inden i Jorden. De lever i deres fartøjer.
D: Jeg mente, er der mennesker, der lever inde i Jorden? I henhold til teorien om en hul Jord.
S: Nej. Han viser mig et billede af Jorden. Og han siger, at der var baser udskåret engang, som blev brugt eoner siden. De blev genopdaget af disse Vogtere. Det er som opdagelsesrejsende i

The Custodians

deres jagt på bjergbestigning, der lejlighedsvis vender tilbage til en hule, men de bor ikke rigtig i dem. De vil ikke rigtig bo på Jorden. Det er ikke så vigtigt for dem. De gør undersøgelser her, men mest er der en kommunikationslinje mellem disse andre stjernesystemer.

D: Hvad med de tilfælde, vi har hørt om, hvor skibe tilsyneladende samler energi eller vand på forskellige steder på Jorden?

S: De samler ikke vand, de samler ikke energi. De oplader faktisk det elektriske felt og opsamler kommunikation og energi. De overvåger forskellige livsformer, der eksisterer i havet: hvaler, delfiner, hajer. De laver eksperimenter, det er det, han viser mig. De overvåger også vores kommunikationer, vores elektroniske kapacitet og vores kernekraft, når de viser sig over forskellige installationer, der arbejder med kommunikation og strøm.

D: De giver indtryk af, at de er på en eller anden måde afhængige. Folk tror, de tager strøm fra elektricitetsstationer og lignende.

S: (Smilende) Han siger, nej, det er ikke sandt. Disse væsner er så udviklede, I mennesker er i børnehave, mens de er på gymnasieniveau.

D: Hvad er deres måde at kommunikere interplanetarisk eller galaktisk på, når de skal rejse så enorme afstande?

S: Igen bruges tankekraft.

D: I forbindelse med det samme spørgsmål, hvorfor svarer de ikke på vores spørgsmål via radiobølger?

S: Han siger, de har gjort det før. Vi talte lige om dette fænomen, der fandt sted i Sovjetunionen. Men igen er mennesket ikke klar. Det er, hvad han siger, "Mennesket er ikke klar", eller det er bange for at have højere avancerede væsner, der dominerer det.

D: Nå, det billede vi får, er grundlæggende, at der er to hovedtyper, de reptil-lignende og Watchers. Hvor mange andre besøger Jorden?

S: Dette er de to hovedgrupper, der manifesterer sig i denne del af galaksen på nuværende tidspunkt. Der er endda mere avancerede væsner end Watchers, som lejlighedsvis rejser til denne planet. Men de kommer kun en gang hver ti tusinde år.

D: Havde nogle af disse væsner noget at gøre med skabelsen af menneskelivet på vores planet?

The Custodians

S: Ja, Watchers har hjulpet med at danne mennesket. Han siger, at I ville overveje disse som engleagtige væsner. Og de har fremtrådt som engle for mennesker i fortiden. Og ja, de har hjulpet med at forme livet på denne planet og udvikle det til et højere niveau. De hjælper stadig på nuværende tidspunkt med at hjælpe menneskets evolutionære hastighed. De forsøger på nuværende tidspunkt at skabe en mere perfekt menneskekrop, når det gælder immunologisk respons på sygdom og første modstand mod sygdom. Så der vil til sidst være dem, eller den bestand af menneskekroppe, som vil være mest modstandsdygtige over for de fleste sygdomme på jorden nu. Hensigten med denne genetiske engineering er at skabe en mere perfekt fysisk krop, sådan at ånden, når den hæves i bevidsthed, bedre kan oversættes til disse mere perfekte kroppe. En mere perfekt ånd kræver en mere perfekt krop.

D: *Så de hjælper faktisk mere, end de skader, gør de ikke?*

S: Det er sandt. Der er ingen hensigt om skade i noget af dette.

D: *Nogle udenjordiske væsner synes at kunne komme ind i huse, hvor de ikke engang udløser alarmen. De ser bare ud til at være der. Hvordan er de i stand til at gøre dette?*

S: De har en antimaterieenergi, som de bruger til at gøre dette. Hvor de ser ud til at nedbryde og opløse sig selv, og derefter genopstå. Og det er sådan, de også kan transportere sig selv.

D: *Mener du, at de nedbryder den fysiske krop?*

S: Ja, nedbryder de fysiske molekyler, og derefter samles de igen.

D: *Det ville synes at forårsage traumer.*

S: Åh, ja, det gør det. Det er en af grundene til, at folk normalt ikke husker det bagefter. Udenjordiske væsner har fjernet deres hukommelse, fordi det normalt vil være meget traumatisk og smertefuldt for folk at huske disse oplevelser.

D: *Nå, på den måde ville det være en venlighed.*

S: Watchers er kommet for at hjælpe i menneskets evolution fra hans primitive begyndelser til hans åndelige herlighed, så han kan tage del i det, de kalder "forbundet," denne galaktiske føderation af avancerede væsner. Nogle af de andre væsner har deres egne formål. De er netværksforbindelser gennem universet, for at udforske, for at se, hvad der er derude, for at se, hvad de kan bruge til deres eget livssystem på deres hjemplaneter. Så de har fået lov til at komme her de sidste tusind år for at se, hvad der er på Jorden, som kunne være af værdifuld brug for dem. De har taget ting fra Jorden: krystaller, forskellige typer sten, især magnesium. Dette er grunden til, at de viser sig over områder i Afrika og Asien, især omkring Indien. De har taget visse mineraler fra Jorden, som er meget værdifulde for deres egne livsformer, og som ikke findes på deres planet. Også har de taget plante-liv, og genetisk modificeret det, så det ville passe til deres hjemlige miljø, som er meget anderledes. Det har en anden atmosfære, tyngdekraft og densitet, men de har brug for planteliv på deres forskellige verdener.

D: *Hvorfor kan ikke Watchers stoppe de negative væsner fra at komme?*

S: Fordi de stadig udforsker, de har ikke erobret planeter endnu. Der er andre planeter udover vores, der er på lignende udviklingsniveauer, gennem universet. Han viser mig en anden planet, der ligner Jorden, men som ligger nær en stjerne, der er meget fjern og endda ikke engang navngivet. Den ligner meget Jorden, og de har overvåget den planet også. Disse væsner vil blive nødt til at blive mere krigeriske og mere obsessive for at udvide deres territorium indenfor universet, før Watchers virkelig kan gøre noget.

D: *Havde gamle civilisationer på Jorden kontakt med disse væsner?*

S: Åh, i Atlantis' tider blev meget af informationen om krystaller og energi og lys og sollys, solenergi og ting som dette, frit handlet med udenjordiske væsner. Watchers tog en aktiv rolle i udviklingen af den civilisation, såvel som civilisationen af Lemurierne. De interagerede også med civilisationerne i Ægypten, Babylon og Indus-dalen. De var alle forbundet med Watchers på et tidspunkt eller et andet.

D: *Var Watchers de eneste, der besøgte Jorden dengang?*

S: Ja, de var de eneste væsner, der blev tilladt at komme på denne planet.

D: *Er Watchers alle af én type, én race?*

S: "Terrianere", som han kalder os, er af samme genetiske sammensætning. De er humanoide. De kan have nogle få forskelle, som forskellige typer øjenfarve, og forskellige typer knoglestruktur. Og to eller tre organsystemer, der er meget

The Custodians

forskellige fra mennesker på Jorden, men i det store hele er de genetisk meget i harmoni med menneskene på Jorden, fordi vi alle er en del af én galakse. Og de holder øje med, hvordan Jorden bevæger sig fra vores barbariske niveau til et højt vibrerende niveau, for at tage sin plads i den galaktiske føderation. Der er omkring 36 planeter i denne føderation på nuværende tidspunkt. Jorden vil være den 37., og der vil være to mere.

D: *Ved Watchers, hvad der foregår i resten af universet?*

S: Vogteren siger, at de har perfekt viden. Og de er i konstant kommunikation med deres hjem-baser og med alle andre baser. De har... det bedste ord, jeg kan komme op med er "osmose." De har perfekt viden om tid og rum, og hvad der sker til enhver tid. De bruger telepati frem for at tale, for at interagere med hinanden og andre væsner. De er meget avancerede på dette område. De kan sende energier over store afstande eller perioder af tid og rum. Hvis vi var på dette niveau, ville vi ikke have nogen krige eller konflikter, fordi vi alle ville være i tune. De er alle i tune. Det er det ord, han bruger: i tune.

D: *Er de reptil-lignende væsner forskellige på den måde? I det, at de ikke har den samme type kommunikationsevner og viden?*

S: Han siger, de har udviklet klik-signaler, som de bruger. De lyder som klik, som kan rejse og forstærkes af instrumenter i deres kroppe samt i deres rumskibe. Dette transmitteres over store tidsbuer. De bruger stjerneenergi, som de reflekterer fra disse kliksignaler. Og det er sådan, de kan transmittere information fra den ene ende af deres galakse til den anden.

D: *Er der nogen humanoide væsner, der lever blandt vores menneskelige befolkning på Jorden?*

S: Ja. Han siger, at nogle af dem er inkarneret for at være til tjeneste, mens Jorden går gennem sin forandring til en hurtigere udvikling mod højere vibrerende former.

D: *Jeg mener, lever nogen af dem blandt os i deres egen form, og ikke som en inkarnation?*

S: Mange sjæle er kommet fra disse områder og har inkarneret på Jorden. Ja, men der er også humanoider fra Watchers, der har levet i deres form på Jorden. Der er kun omkring 36, spredt ud over verden. Og de overvåger især vores vækst og kapabiliteter inden for nuklear såvel som laser- og destruktiv teknologi.

The Custodians

D: *Så der er ikke så mange, at vi ville finde nogen af dem?*
S: Seks er samlet i vores sydvest, tre er samlet i vores nordøst, én er i nordvest, to er samlet i de centrale dele af vores land, og en anden er i det, der ville være Florida. To er samlet omkring radioteleskopet i Puerto Rico. Og resten er spredt ud over verden.
D: *Er de i kommunikation med hinanden?*
S: Ja, de holder øje med, hvad der sker med alle typer af energiudviklinger.
D: *Har disse humanoider blandet sig med, eller fået afkom med de menneskelige livsformer på Jorden?*
S: De blev forbudt at gøre det. De gjorde det i fortiden. Dette er, hvordan mennesket voksede. De parrede sig tidligt med dyrelignende former og hjalp menneskelignende former med at udvikle sig. Men de parrede sig ikke, som man ville sige, de brugte det, vi ville kalde genetisk engineering. Han viser mig laboratorielignende forhold. Og det er her, mennesket kom fra. Han viser mig den bibelske passage, "Guds sønner tog sig koner af menneskets døtre."

Han henviste til: 1. Mosebog 6:2. *"Guds sønner så, at menneskets døtre var smukke, og de tog dem til koner, hvad end de valgte." Også 1. Mosebog 6:4. "Der var kæmper på jorden i de dage; og også efter dette, da Guds sønner kom til menneskets døtre, og de fødte børn til dem."*

S: Dette er, hvor denne passage kom fra, der beskriver, hvad der skete. Og nu kan de ikke gøre det mere, fordi det er imod den frie vilje. Du ser, Watchers respekterer vores frie vilje. Derimod ser de reptil-lignende væsner på os som en lavere livsform. De udviklede sig fra en reptil-lignende form, og som resultat er de ikke meget højt udviklet på det, vi kalder "åndelig evolution". Vogteren siger, at Watchers er af en højere åndelig energi, så vi kan frastøde de negative væsner ved at tillade os selv at fungere i en højere åndelig tilstand. Reptil-lignende væsner er bestemt afskrækket af en højere åndelig kraft, og de vil ikke blive tiltrukket af denne type energi.

203

The Custodians

Det er en interessant observation, at den negative element af disse udenjordiske væsner er reptil-lignende. Bibelen er fuld af symboler på slanger, asp, drager osv., som altid repræsenterer den negative indflydelse.

I denne del talte vogteren af biblioteket direkte til os.

S: Det er vigtigt, at I ved, at efter den kommende periode med uro og Jordens forandringer vil der være meget roligere farvande. Der vil være meget læring. Der vil være hjælp i forbindelse med interplanetarisk rejse. I vil begynde at kende mere om jeres univers og alle de mange andre. Der vil være assistance fra dem i andre rumområder, og I vil deltage i det. Der vil være en kommunion, en vidensdeling, på begge sider, der arbejder sammen. I har ikke haft det før. Andre enheder i rummet har kendt til jer, men I har ikke kendt til dem. Og det vil ske. Der vil være roligere farvande. En stor lettelse efter den uro, der har fundet sted.

D: Hvorfor giver de os denne hjælp?

S: De ville give enhver denne hjælp. I vil gøre det samme, når I er i stand til at gøre det, fordi vi alle var en del af én, og vi er alle beslægtede. I har været uvidende om det, fordi I har været i en så spæd fase. I vil vokse ud af det og ind i en bevidsthed om, at vi er alle én. Noget som, når Menneskets Tidsalder kom til at handle om fornuft.

D: Du sagde, at vi alle er beslægtede. Mener du fysisk også?

S: Taler du om det fysiske udseende?

D: Generne eller hvad det nu er.

S: Ja. De måtte alle komme fra et eller andet sted, og vi er fysisk beslægtede. Og endnu vigtigere, metafysisk beslægtede. I startede alle et sted, og ud fra jeres historie ved I kun om her. Men der var en begyndelse før det, eller der var eksistens, før I nogensinde var her. Og det er det, jeres historiebøger ikke kender til.

D: Én tanke er, at vi alle udviklede os og startede her på denne planet. Vi blev skabt gennem arternes udvikling.

S: Ja, gennem noget sammenblanding af gasser og tåger og faste stoffer, der stødte sammen og pludselig opstod med noget, de betragtede som liv. Det er ikke sandt. Der er mange, mange,

The Custodians

mange planeter — hvis vi skal kalde dem det — derude, der ikke oplever nogen livsform overhovedet på nuværende tidspunkt. Hvis og når de gør, vil det ikke være fordi det bare skete. Det vil være, fordi det blev gjort på en eller anden måde. Enten vil planeten gennemgå en forandring, så den kan understøtte liv, eller hvis den allerede kan, vil frø blive sat der, så liv derefter kan udvikle sig.

D: Mener du, at der aldrig er liv, der er helt indfødt, der bare starter ved en ulykke på en hvilken som helst planet?

S: Korrekt. Liv begynder ikke ved en ulykke. Og indfødt afhænger af, hvor langt tilbage du vil gå. Du ser, hvis noget har været der siden før din historie om det, anser du det for indfødt. Men det er simpelthen, fordi din historie er begrænset, ikke fordi det nødvendigvis var indfødt. Det afhænger af, hvor langt tilbage du vil gå.

D: Så det ville være sikkert at sige, at alt liv, planter, mineraler eller hvad som helst, skal begynde med at blive bragt ind? (Ja) Det udvikler sig aldrig bare af sig selv?

S: Nej. Og det vil aldrig gøre det. Det ville være meget erratisk. Meget – jeg ved ikke, hvad ordet er – meget uorganiseret, meget ukontrolleret, uden forening. Det ville være et meget stort rod.

D: Jeg tænkte på, at i den naturlige afkøling af en planet, med blanding af gasser og alt det, kunne liv udvikle sig spontant.

S: Nej. Det sker ikke på den måde. I afkølingen af gasserne og/eller hvad end du henviser til, kan habitatet blive støttende for en livsform, men det ville ikke udvikle sig af sig selv. Liv er så kostbart og vigtigt. Du indser ikke, hvor omhyggeligt det faktisk håndteres. Det ville ikke være et system oprettet for bare at springe ud på egen hånd, uden at nogen vidste om det eller havde noget at gøre med det. Det ville bare ikke blive gjort på den måde. Der er meget omsorg for livsformer på enhver planet. Og de er omhyggeligt planlagt. Omgivelserne er organiseret, og opsætningen håndteres godt, før det nogensinde sker. Så meget vigtighed er lagt på liv.

D: Jeg tænkte på størrelsen af et projekt som det; på alle de mennesker, der ville være involveret.

S: Det er ting, jeg ikke kender alle svarene på. Jeg ved, at det er af langt større omfang, end du kan forestille dig.

205

The Custodians

D: *Jeg tænker på alle de utallige verdener, der kunne være, og så mængden af individer, der skulle udføre sådan et program.*

S: Det er sandt, men de er ikke præcist individer. Der er store kræfter. Større end jeg kender til. Så jeg kan ikke tale om det.

D: *Jeg tænker på de individer, der skulle sendes ud for at gøre disse forskellige opgaver. Men du mener, det er noget andet end det.*

S: Der er noget over og ud over det, ja. Jeg vidste ikke, at du henviste til de fysiske modparter af dette. Er det, hvad du mener?

D: *Jeg gætter. De, der ville være ansvarlige for at gøre det. Det virker som et så stort program.*

S: Det er et spørgsmål om bevidsthed, ikke så meget om folk, der sendes ud for at gøre det. Det er sandt, at der er dem, der sendes ud for at gøre ting af denne art. Der er også en bevidsthed implanteret, så at sige, som kunne gøres i masse, snarere end individuelt sendt ud. Begge kunne finde sted.

D: *Jeg tænker på individer, der skal gå og gøre forskellige ting. Jeg ved, de ville skulle have ordrer fra nogen andre, eller nogen, der vidste den større plan.*

S: Det var, hvad jeg troede, du talte om først, som jeg har refereret til. Det er så langt uden for mig, at jeg ikke kender nogen måde at give indsigt på et svar.

D: *Så massernes bevidsthed ville være mere som en ånd. (Ja) Det kunne ikke fysisk manifestere noget.*

S: Ja, bevidsthed kan fysisk manifestere noget.

D: *Den kunne manifestere liv? (Ja) I hvad, begyndelsesstadier?*

S: Egentlig kunne det i enhver fase, men det ville normalt ikke blive gjort på den måde, så tilfældigt. Jeg taler om det som et "det", og det er ikke et "det". Bevidsthed kunne manifestere sig som hvad som helst når som helst øjeblikkeligt, og uden anstrengelse. Du er ikke opmærksom på, at de niveauer af bevidsthed, du opererer under, er kraften af bevidsthed, men det er sådan. Og du er som babyer, der lige så stille kryber ind i det område af bevidsthed og hvad det betyder. Men hvis bevidsthed ville manifestere sig som en hel planet, befolket med mange, kunne det gøre det. Det ville bare ikke gøre det på den måde.

D: *Jeg tror, du henviser til, hvad vi tænker på som Gud i vores trossystem.*

The Custodians

S: Det kan være sandt, men det er mere end bare en tro. Det er en manifestation. Tro gør det til en vis grad sandt. Men bevidsthed er der, uanset om du tror på det eller ej. Det er bare, at din evne til at kende det er mindsket, hvis du ikke kan tro på det.

D: *Så liv kan opstå gennem denne bevidsthed og også gennem manipulationen af andre individer?*

S: Ja. Og det ville være den mere passende måde. Du ser, bevidsthed er ikke derude for bare at manifestere. Den stopper aldrig. Bevidsthed trækker sig ikke tilbage. Når den manifesterer sig udadtil, fortsætter det for evigt. Så bevidsthed ville være noget forsigtig med ikke at skabe en anden planet tilfældigt og smide mange mennesker på den, fordi den ikke kunne "forsvinde" den. Den kunne trække sig tilbage, sin opmærksomhed, fra den. Men hvad den havde manifesteret, ville derefter have sin egen bevidsthed og ville fortsætte videre og videre. Så et højere niveau af bevidsthed ville ikke være så tankeløst og erratisk eller ansvarsløst som at gøre sådanne ting. Det ville skabe glæde, komfort, kærlighed, og alle de ting, vi tænker på som positive. Det ville ikke gøre noget, der efterlod en hel planet uden at vide, hvad de skulle gøre næste gang.

Et andet emne beskrev biblioteket på en anden måde.

S: Jeg er i et sted, der er tæt på… det nærmeste koncept, jeg kan finde, er et bibliotek. Det er placeret på et andet åndeligt plan end det, jeg lige forlod. Hvis du ønsker det, vil jeg beskrive dette bibliotek for dig. Intet kan forbedre kortkataloget i dette bibliotek herovre. Dette bibliotek har ikke bøger i sig, som sådan, men det har korn af viden. Denne viden flyder i sit eget rum, som lyser stærkt som et lysglimt. De er overalt omkring dig, og du er omgivet af disse vidensstykker. Og når du beslutter dig for at lære om en bestemt type viden, trækkes energien af disse vidensstykker mod dig. Du ser disse lys bevæge sig mod dig, og de hviler på dit hoved, for at sige det sådan, fordi vi ikke er fysiske her. Og du kan absorbere viden fra det.

D: *Det ville være meget hurtigere end at læse fra en bog. Det er ikke rigtig som et bibliotek, jeg ville forestille mig med bøger på hylder.*

207

The Custodians

S: Nej, men det er det nærmeste koncept, jeg kan finde. Det har al viden. Det er bare et spørgsmål om min evne til at kunne forbinde mig med det. Så du er ikke begrænset af stedet, du vil være begrænset af mig, hvis der er nogen begrænsninger. Jeg kan finde, hvad vi leder efter, men vil jeg være i stand til at observere det på en måde, der hjælper dig med at forstå? Det er begrænsningen. Viden er altsammen her, og det glimter og lyser og er klar til at blive lært. Hvis svaret tilfældigvis er placeret et andet sted, vil jeg projicere mig selv der i stedet. Det er ikke noget problem.

Efter hun vågnede, beholdt hun et levende indtryk af dette bibliotek og ønskede at tilføje mere information om dets udseende.

S: Bibliotekets område er som et energifelt, der er formet som en stor kugle. Og inde i kuglen er bibliotekets område. Kuglen er ikke for at holde nogen ude. Det handler bare om at holde informationen organiseret og indeholdt i dette område. Jeg vil gætte på, at du vil kalde det et magnetisk indekseringssystem, der tiltrækker information til sig, derefter "suser" den og placerer den på det rette sted. Og når du bruger biblioteket, flyder din bevidsthed eller hvad det nu måtte være, i den præcise centrum, og hver bid af information flyder rundt i disse forskellige lysformer. Nogle gange er de dråbeformede eller runde eller næsten som juletræsdekorationsperler. Og de lyser alle med lys i forskellige farver. Og på en eller anden måde fortæller lysformen, dens farve og hvordan den funkler, din bevidsthed, hvad slags information det er.

D: Jeg undrer mig over, hvad forskellen er?

S: Jeg gætter på, det er som forskellen mellem bøger om dyr og bøger om statslige procedurer eller hvad som helst. Bare forskellige emner. Og jeg fik denne følelse af, at hvis du ikke rigtig havde noget særligt i tankerne, som du gerne ville lære om, ville en af disse former blive vækket, og du ville få en fornemmelse af noget. Men hvis du ville finde et bestemt stykke information, så ville det lys, der er relateret til den information, komme over og på en måde fusionere med dig. Og når det adskiller sig, har du lært informationen fra det. Jeg havde denne følelse af, at jeg havde fået en ny parcel viden.

The Custodians

D: *Jeg gætter på, at din underbevidsthed bare trækker den ønskede information.*
S: Jeg gætter. Og baggrunden er en mørk midnatsblå, så lyset virkelig viser sig og lyser.
D: *Hvordan kommer du ind i denne kugle?*
S: Du tænker dig selv ind i den.
D: *Bare gå lige gennem væggen af den eller hvad som helst?*
S: Ja. Jeg har denne følelse af, at du tænker, "Nu vil jeg være i biblioteket," og når du åbner øjnene, er du der. Det var meget smukt. Biblioteket er der for at blive brugt af alle. Og dem på den fysiske plan, der formår at kontakte dette bibliotek, er velkomne til dets viden.

Så dette var mit yndlingssted at søge viden, ligesom jeg nyder at gå til University of Arkansas Biblioteket for at forske i mine bøger. Jeg er bestemt i mit rette element, når jeg kan tilbringe en hel dag i videnshallen. Når jeg kunne tage et emne til åndeverdenen, havde jeg altid mange spørgsmål om mange emner. Efter at jeg begyndte at undersøge UFO'er, benyttede jeg mig af muligheden for at finde viden i biblioteket om UFO'er og bortførelser. Når jeg senere kombinerede dette med de faktiske hypnosessessioner, var det ikke modstridende, men lignende, og tilføjede en ekstra dimension til at forsøge at forstå fænomenet. Nogle af oplysningerne kom gennem i 1985, 1986 og 1987, før jeg begyndte mine egentlige undersøgelser, da jeg stadig var i nysgerrighedens fase.

En kvindelig deltager var i biblioteket og observerede det ydre rum. Det virkede som et perfekt tidspunkt at stille spørgsmål om aliens og UFO'er.

S: Jeg kigger på denne galakse. Denne del af biblioteket har en holografisk effekt, så jeg føler, at jeg faktisk er blandt stjernerne. Jeg har mediteret og kigget på disse stjerner, mens jeg mediterede. Og jeg har kigget på de forskellige planeter og livet på disse forskellige planeter.
D: *Kan du fortælle mig nogle af de ting, du ser, når du kigger på galaksen?*
S: Nå, jeg ser Jorden. Jorden er som en grøn juvel. Og der er andre stjerner med planeter som denne stjerne. Nogle af dem har liv, og

nogle af dem har ikke. Og livet er på forskellige udviklingsniveauer.

D: *Kan du se de andre planeter i vores solsystem?*

S: Ja. Der er ti af dem. Der er de ni, som I kender: Merkur, Venus, Jorden, Mars, Jupiter, Saturn, Uranus, Neptun, Pluto. Den planet, som videnskabsmændene har antaget er længere ude end Pluto. Den er der. Videnskabsmændene har givet den et navn, men dette instrument har svært ved at udtale det. Jeg er ikke sikker på, at jeg kan få tungen rundt om navnet. Denne anden planet er meget langt ude, alligevel er solen centrum for dens bane. Solen ser bare ud som en lys stjerne for den, fordi den er så langt ude. Den modtager egentlig ikke varme fra solen at tale om. Men den er stadig i kredsløb om solen, så den ville blive betragtet som en planet i dette solsystem.

D: *Jeg vil gerne stille spørgsmål om, hvad vi kalder UFO'er og flyvende tallerkener.*

S: Ekstraterrestrielle Rejse Køretøjer, ja.

D: *Det er et mere præcist udtryk.*

S: Jeg er bekendt med fænomenet, som du taler om. Der er forskellige typer UFO'er. De har den samme grundlæggende form, fordi der er en intergalaktisk civilisation, der rejser hurtigere end lyset gennem krumninger af tid. Og køretøjerne skal have den samme grundlæggende form for at kunne overleve rejsen. Men der er detaljer, der er forskellige, fordi de kommer fra de forskellige nationer, der udgør denne civilisation. De forskellige UFO'er kommer til Jorden af forskellige årsager. Et sæt, den ældste gruppe der kommer, holder øje med Jordens udvikling. Jorden har været deres kæledyrsprojekt, kan man sige. Og denne specifikke nation – jeg vil kalde dem – er en nation af tænkere og eksperimentatorer. De ønskede at se, om de forudsete resultater ville ske, hvis de tog en bestemt handling på et meget formbart tidspunkt i planetens historie.

D: *Hvilken handling var det?*

S: Det har været et konstant mønster af mild indgriben siden før der var liv som sådan på Jorden. Og Jorden var som en frugtbar livmoder. Livet udviklede sig her, men de fremskyndede processen ved at så proto-liv på Jorden. Så de kunne kontrollere udviklingen og se, hvilken retning det ville tage, i stedet for at lade

The Custodians

Jorden udvikle sit eget naturlige liv på egen hånd. Du kunne kalde disse mennesker de arkaiske. De har holdt øje med Jorden hele tiden for at følge med i udviklingen af tingene. Og for at give tingene et lille skub her og der for at holde dem i udvikling i den retning, de ønsker. Andre køretøjer, der kommer her, kommer fra andre nationer i denne civilisation, og de kommer her af forskellige grunde. En nation sender fem køretøjer regelmæssigt for at se, om sammenlignelig teknologi er blevet udviklet her, så vi ville være klar til at slutte os til civilisationen, eller i det mindste åbne handel med nogle af de medlemsnationer i denne store civilisation. Én nation har åbenbart en mere paranoid tankegang, og sender køretøjer bare for at udforske militære installationer for at sikre sig, at vi ikke vil forårsage skade på resten af universet gennem vores våbenudvikling og gennem vores militær, videnskabelige udforskning. Der er en anden type skib, der kommer, og jeg siger "type". De er alle grundlæggende ens, men jeg taler om de forskellige, der kommer overvejende fra de forskellige nationer. Der er en anden type skib, der kommer, bare af nysgerrighed. De prøver altid at finde ud af alt, hvad der sker med alle. De vidste fra afstanden, at Jorden var langt nok fra solen til at kunne støtte liv. Og da de observerede planeten, opdagede de, at der rent faktisk var liv her. Men de så, hvad der var sket med hensyn til den politiske og religiøse struktur, og de vidste, at det ikke ville være en god idé at komme i direkte kontakt med livet på denne planet endnu. Primært på grund af situationens delikathed og den eksplosive vold, der altid er tæt på overfladen. Og de har holdt øje med os, fordi de ønsker at komme i kontakt. De føler, at de to civilisationer sammen kunne bygge noget virkelig stort og udvikle sig til en galaktisk magt. De ser, at vi arbejder hårdt på at udvikle os, men vi er ikke helt klar endnu. Det skal vente på det rette tidspunkt, og derfor venter de. De vil lave en testkontakt for at se, hvor langt mennesker er kommet i deres udvikling. De kommer på forskellige tidspunkter og camouflerer sig, så de kan blande sig med folkene. Med deres psykiske evner kan de få en fornemmelse af de generelle strømninger i sociale og mentale udviklinger. Af og til tager de en menneske og giver dem en fysisk undersøgelse, så de kan følge med i, hvordan vores livsvidenskaber udvikler sig, da de har lagt stor vægt på dette på deres planet. De har en teori om, at jo mere avancerede livsvidenskaberne er, og hvordan de tager sig af deres race generelt, hvad angår ernæring, medicinsk pleje, generel sundhed og ernæring, jo mere svarer det til teknologisk udvikling.

D: *Det er vel ikke de eneste, der kommer til Jorden, er det?*

S: Nej, nej. Der er mange andre, der har observeret Jorden, men de er de tætteste. De er dem, der først vil være i stand til at skabe vellykket kontakt med os. De observerer primært passivt. De forstyrrer sjældent mennesker direkte. Det plejede at være en gang hvert hundrede år, men på det seneste, da livsvidenskaberne har udviklet sig i et astronomisk tempo, er det sket oftere. De føler, at tiden er meget tæt på, når de kan lykkes med at kontakte mennesker og begynde at dele deres teknologi. Disse grupper af UFO'er rejser til din planet. De fysiske typer, fordi jeg føler, at du beder om information om køretøjer, hvis dimensioner tæt overlapper dine egne dimensioner. Deres dimensioner er tæt nok på dine, så du kan opfatte dem uden problemer. Der er flere UFO'er, som du aldrig opfatter, simpelthen fordi deres dimensioner ikke overlapper nok med dine. Deres dimensioner af længde, højde og bredde svarer meget tæt på dine opfattelser, men deres tidsdimension er forskellig fra din. Følgelig virker tid, set fra dit synspunkt, forvrænget omkring dem. De ser ud til at rejse meget hurtigt og hurtigt, på grund af denne tidsforvrængning. På samme tid, når mennesker har nære møder med disse, føles det som om tiden strækker sig uendeligt, fordi tid endnu en gang bliver forvrænget.

D: *Hvilket område kommer denne type køretøj fra?*

S: Det er svært at sige, fordi der er et meget ambitiøst interstellart fællesskab i galaksen. De kan komme fra flere forskellige områder, afhængigt af hvorfor de vil komme til din planet. De kender til hinandens eksistens. Og ofte har de meget tæt kontakt med hinanden, afhængigt af hvilken gruppe det er. Der er en gruppe fra en anden arm af galaksen, der har et langt stykke at rejse for at nå Jorden. De har stor interesse i Jorden, fordi de satte nogle tidlige kolonister på Jorden for tusinder af år siden. Og på en måde er menneskene deres efterkommere. Der er flere forskellige grupper, der er interesserede i Jorden. Jorden er ikke den eneste planet, de er interesserede i, skal du vide. Flere grupper er interesserede i udviklingen af forskellige planeter, af forskellige grunde, afhængigt af hvilken udviklingsstadium planeterne gennemgår. Og så er de grupper, der er interesseret i udviklingen af Jorden, dem, du vil have mest kontakt med. Og nogle af disse grupper har samlet sig og sat en midlertidig karantæne på dette område af rummet, for at give Jorden tid til at udvikle sig, fordi menneskeheden nu er på et afgørende stadie. For bare et øjeblik siden, i universel tid, trådte menneskeheden ind i atomalderen, og det er altid et afgørende tidspunkt for enhver kultur. På dette punkt ved de, at de ikke må forstyrre, eller alt kan falde fra hinanden i ødelæggelse. Og de må sidde tilbage og vente for at se, hvordan en race, der er blevet introduceret til kernekraft, vil håndtere og takle det. Hvis de håndterer det med succes, vil karantænen blive ophævet, og de begynder at sende tekniske rådgivere for at træne planeten og racen, så de er klar til at slutte sig til galaksens fællesskab. Rådgivere vil blive sendt for at fremme nye ideer, besvare spørgsmål og vise videnskabsmændene nogle af de områder, de troede var umulige at forske i, på grund af de nuværende videnskabelige love, der faktisk ikke er umulige overhovedet. Den primære måde, menneskeheden vil passe ind i galaksens plan, er: de vil være de primære til at nærme sig og støde på nye universer og de galaktiske samfund i disse nye universer. For menneskene vil have den spørgende sind, der er nødvendig for at lære og forstå disse nye universer, men vil have styrken til ikke at blive uhensigtsmæssigt påvirket af dem.

D: Så der er en højere magt, kan man sige, der holder øje med alt dette?

S: De ældre magter. Jo ældre en magt er, jo højere er de i hierarkiet af de galaktiske racer.

D: Vi er interesserede i rapporter om aliens, der bortfører mennesker og tager dem ombord på deres skibe. Har du noget i biblioteket om disse typer væsener?

S: Ja. For århundreder på århundreder på århundreder på århundreder siden kom disse væsener til Jorden i deres skibe. Jeg kalder disse de arkæiske væsener, eller de gamle. De "såede" planeten, så intelligent liv kunne udvikle sig her. Og de kommer tilbage for at tage prøver, så at sige, for at se, hvordan det går med deres "projekt." De holder øje med, hvad der sker, og hvordan tingene udvikler sig, fordi de ønsker at skabe mere intelligent liv i universet ved at "hjælpe det frem." Den bedste måde, de mener, de kan gøre det på, er ved at få information fra en af de mere intelligente arter på planeten: menneskene.

D: *Kan du fortælle mig noget om den arkæiske race? Du sagde, at de var der før der var liv på Jorden?*

S: Ja. Deres teknologi udviklede sig til et galaktisk niveau, da livet på Jorden var på sit allerførste begyndelsestrin. De måtte arbejde med Jorden selv, fordi planeten havde problemer med ekstreme klimaforhold. Og de arbejdede sammen med Jorden for at hjælpe med at balancere klimaet, så livet kunne udvikle sig. Af og til kommer Jorden ud af balance igen, og de må hjælpe med at få det tilbage i balance. Det var det, der forårsagede istiderne i fortiden.

D: *Mente du, at de var aktivt involveret i klimaet? (Ja) Hvad med at være aktivt involveret i arterne?*

S: Ja, de har udført genetisk manipulation. Når en art er under udvikling, må du prøve at fremskynde processen for deres udvikling.

Jeg havde allerede opdaget dette i min bog "Keepers of the Garden", men jeg kan godt lide at bekræfte disse teorier gennem andre emner, når muligheden byder sig.

S: Det er en af grundene til, at den moderne menneskeart udviklede sig så hurtigt. De opdagede denne antropoide dyreart (aben), og de så potentialet i generne og den større hjernekapacitet. De så de fingerfærdige hænder, og de vidste, at det ville være meget let at udvikle værktøjer og dermed teknologi. Denne type hænder er vigtig for den tidlige udvikling af teknologi. De begyndte at manipulere, og det første, de gjorde, var at ændre knoglestrukturen for at frigøre hænderne til at lave værktøjer. Derefter, når hænderne var frie og brugte dem til at lave værktøjer, begyndte de at arbejde på at øge hjernekapaciteten, så de kunne udvikle den teknologi, de nu var fysiske i stand til at håndtere. De begyndte derefter intensiv genetisk manipulation for at fremskynde processen så meget som muligt uden at true racen. De havde et laboratorielignende sted til at gøre dette, men de lod menneskene forblive i deres naturlige omgivelser. De tog sæd og

The Custodians

æg, manipulerede dem genetisk i laboratoriet og kom derefter tilbage og inseminerede de hunnerne kunstigt. De fortsatte med at gøre dette indtil moderne tid, hvilket blev optaget i gamle historier som besøg af engle og sådan.

D: *Hvad med før livet nåede det stadium? Da det var i de allerførste cellulære stadier? Havde de noget at gøre med tingene på det tidspunkt?*

S: Åh ja, hele tiden, på alle stadier, for at hjælpe livet med at udvikle sig i levedygtige retninger.

Jeg tjekkede igen information, jeg allerede havde modtaget, men jeg prøvede at stille spørgsmål, som om jeg vidste ingenting om det. Hvis flere emner giver den samme type information, og der ikke er nogen modsigelser, giver det det mere gyldighed.

D: *Kan du fortælle mig noget om, hvornår de først begyndte?*

S: Da det startede som encellede organismer, opfordrede de dem til at formere sig i flere forskellige typer for at skabe en balanceret økologi. Og hver gang nogle af de specifikke typer af encellede organismer viste en tendens til at prøve at klumpe sig sammen til flercellede organisationer, ville de opmuntre dette. Og det udviklede sig gradvist til flercellede væsener, osv. Og så havde de været med til at opmuntre det hele vejen, ikke radikalt, men forsigtigt for at sikre, at det fortsatte med at udvikle sig i en positiv retning. Fordi de havde observeret mange tilfælde, hvor en planet udviklede liv i det encellede stadium. De encellede organismer ville begynde at klumpe sig sammen, og på en eller anden måde ville de ikke lykkes, og de ville falde tilbage til bare encellede organismer. Og så efter et stykke tid ville de encellede organismer begynde at dø ud, og planeten ville være livløs igen.

D: *Så de lavede genetisk manipulation på det tidspunkt også?*

S: Mere som selektiv avl på det tidspunkt. De opfordrede de bedste celler, dem med det største potentiale, til at avle. Meget ligesom når man tager de bedste dyr, for eksempel heste, og avler dem for at udvikle en bestemt egenskab.

D: *Så de lod de andre, der ikke udviklede sig korrekt, dø ud?*

S: Ja. De gjorde ikke noget med dem, der var evolutionære blindgyder. De lod dem følge deres naturlige kurs til blindgyden og dø. En af de ting, der begejstrede dem ved denne planet, var, at den var så rig på variationen af molekyler og kemikalier, der kunne kombineres i uendelige variationer. Når de begyndte at arbejde med klimaet, gjorde de det gunstigt, så disse forskellige forbindelser kunne kombinere sig til komplekse former. På dette tidspunkt begyndte de aktivt - "forstyrrelse" er ikke det rette ord - aktivt at deltage. Og de hjalp disse komplekse former med at kombinere sig til mere komplekse former. De måtte udføre meget delikat kemisk ingeniørarbejde på dette tidspunkt. Og de udviklede sig gradvist til ... først til vira, den type væsen. Og derfra udviklede de sig til encellede organismer.

D: *Mener du som amøben og den type?*

S: Først udviklede de sig til vira. Som du ved, når virusset er i et flydende medium, i vand, opfører det sig som et levende væsen. Når du tager det ud af vandet og det tørre til et krystal, sidder det bare der. Dette var en slags mellemform. Og derfra udviklede det sig til større encellede organismer.

D: *Og så begyndte de at ændre sig gennem en naturlig evolutionær proces?*

S: Ja, de brugte den naturlige evolutionære proces, men de blev ved med at opmuntre det i positive kanaler, så det kunne fortsætte med at udvikle sig til mere komplekse organismer uden at falde fra hinanden. Så det er som at pleje en hydroponisk have.

D: *Var de her hele tiden, mens de gjorde det?*

S: Det var, da de blev opstillet på månen, så i effekt var de her. Da de stadig arbejdede med planetens klima, var det sikrere for dem at blive væk fra planeten så meget som muligt. Men de måtte tage prøver af livsformerne, se hvordan de udviklede sig, og balancere kemikalierne derefter, når livsformerne var i havene. Og så var de i nærheden og observerede alt meget tæt, mens de gjorde alt dette.

D: *Det må have taget lang tid.*

S: Ja, det var et langvarigt projekt.

D: *Så de var mere eller mindre baseret der, og de blev ved med at rejse frem og tilbage. Er det, hvad denne arkæiske race normalt gjorde, rejse til planeter på udkig efter egnede livsformer?*

S: Nej, det er bare en af de ting, de gjorde. De havde flere store projekter, men det var den, der havde den mest umiddelbare indvirkning på os. De gjorde dette, fordi da de først begyndte, var

The Custodians

der en race, der hjalp dem på vej. Men da de kom til galaktisk magt, var den race uddød. Denne arkæiske race er meget avanceret og meget gammel, hvad angår civilisation. En af grundene til, at de har prøvet at udvikle disse andre racer og hjælpe de andre med at fortsætte med at udvikle sig på egen hånd, er at hjælpe med at gøre denne galakse til et balanceret fællesskab, der kan interagere med andre galakser og til sidst med andre universer.

D: Da de lavede disse manipulationer og udviklede arterne, havde de nogensinde nogen fejl, nogle problemer?

S: Ja. Fra tid til anden ville de se, at en bestemt gren ville udvikle sig på en måde, der ikke var forudset, og det ville forårsage et problem. Eller det ville ikke udvikle sig, som det burde have. På hvilket punkt ville de enten forsøge genetisk manipulation eller, hvis fejlen var for alvorlig, ville de lade den specifikke art være i fred, og lade den leve sin normale evolutionære levetid. De ville ikke forstyrre den, men de ville heller ikke aktivt udrydde den.

D: Er den arkæiske race stadig aktivt involveret med mennesker og ændrer os gennem manipulation?

S: Ja. Den vigtigste ting, de gør nu, er at forsøge at udvide vores livslængde og gøre menneskekroppen generelt sundere og stærkere. De hjælper også det medicinske fag ved at gøre opdagelser lettere at finde. De gør dette psykisk ved at give dem idéerne.

D: Jeg har fået at vide, at det er på tide, at folkene ved, hvordan menneskeheden begyndte, og hvordan tingene startede.

S: Ja. Jeres videnskabsmænd har teoretiseret om evolutionsteorien. De er på rette spor. De kender bare ikke alle fakta, og de kender ikke alle de kræfter, der er involveret.

D: Ville livet ikke have udviklet sig af sig selv uden indblandingen fra rummændene?

S: Det er en meget usikker påstand. Det kunne måske have udviklet sig spontant, men det ville have taget meget længere tid, og der ville have været mange fejlslagne forsøg. Nogle livsformer ville have udviklet sig, og så ville de være døde ud. Og så ville det have været nødt til at starte forfra igen, indtil den rigtige kombination begyndte at udvikle sig.

The Custodians

D: *Tror du, vi nogensinde ville have udviklet os til menneskestadiet, hvis det var blevet efterladt alene?*

S: Måske til sidst, men det ville have taget hundredtusindvis af gange længere tid, end det gjorde.

D: *Så er der nogle livsformer på andre planeter, der er indfødte, og ikke er blevet påvirket?*

S: Selvfølgelig. Alt liv på en planet er indfødt til planeten. Det blev bare behandlet som om det var i et drivhus. Når du planter en plante, for eksempel en tomatplante udenfor, udvikler den sig og vokser og producerer tomater. Du sætter den i drivhuset, den vokser og udvikler sig og producerer tomater. Det gør bare det hurtigere.

D: *Tror du, vi nogensinde ville have udviklet den intellekt, vi har nu, uden den direkte manipulation af generne?*

S: Det er meget tvivlsomt. Potentialet var der, men om det ville have været udløst spontant, er en helt anden sag. Men de mente, at potentialet var der, så de sørgede for, at det blev udløst med det samme.

D: *Tror du, at denne gene manipulation sker meget i universet?*

S: Jeg er sikker på, at det gør. Selvfølgelig, hvis der er liv her, beviser det, at livet udviklede sig spontant på et tidspunkt og udviklede sig til et avanceret stadie, hvor de kunne begynde at manipulere med andre livsudviklinger. Så det sker spontant. Der er mange steder, hvor de ser, at livet udvikler sig ganske godt, og de virkelig ikke behøver at blande sig. Enten fordi de har et mere presserende projekt at arbejde på, som Jorden, eller hvad de nu har. Og de holder bare øje med det for at sikre, at intet sker for aktivt at ødelægge det.

D: *Så det må være sket spontant på et tidspunkt i fortiden.*

S: Åh, ja. Det er sket flere gange. Ellers, hvor begyndte livet oprindeligt? Det måtte starte et sted.

D: *Kommer nogle af dem, der holder øje med os, fra vores eget solsystem?*

S: Ikke direkte fra solsystemet. Nu har nogle af overvågerne baser i solsystemet, og de rejser fra disse baser. De har roterende personale på disse baser, men man kan ikke sige, at de er fra dette solsystem. De arbejder bare her, og de kommer fra en anden del af galaksen. Nogle af deres yndlingssteder at etablere disse baser er på de større måner rundt om de større planeter, især månerne omkring Jupiter og Saturn, fordi de er tæt nok på solen til at have nok solenergi til at drive deres teknologi og maskiner. Og de er indenfor let observeringsafstand fra Jorden, men stadig langt nok væk til at undgå at blive opdaget af det, de kalder vores "spirende teknologi."

En tanke her om en kort session i begyndelsen af 1980'erne, hvor en mand så sig selv på, hvad der så ud som en fremmed øde planet. Han og andre var i en hule med nogle maskiner og talte om os, jordens folk, og sagde, at de observerede os. På det tidspunkt lød det mærkeligt, men nu undrer jeg mig over, om han måske så en af disse baser.

D: *Hvad med vores måne?*
S: De plejede at være baseret på vores måne indtil det 20. århundrede. Det var det ideelle sted. De var lige der ovenpå os, og de kunne, billedligt talt, ikke skulle komme ud af sengen for at observere os. Og de efterlod automatisk udstyr der. De satte automatiske lys og automatiske observationsudstyr op, som de kan tune ind på med deres udstyr, når de vil have et tættere kig. De besøger den lejlighedsvis for vedligeholdelse og service. Men de holder ikke personale der, fordi med mennesker der aktivt udforsker månen, vil de ikke have direkte kontakt med mennesker endnu.

D: *Er der nogen chance for, at vores folk finder dette udstyr?*
S: Ikke rigtig. Månen er ganske stor, og den er blevet meget sparsommelig udforsket. De har beskyttende energiskærme for at afbøde energien fra menneskers instrumenter, så de er ikke opmærksomme på, at de bliver observeret, når de gør det.

D: *Så er der ikke noget, de kan se gennem et teleskop?*
S: Normalt nej. En af sonderne var næsten ved at opdage udstyret, men de personer, der ejede det, så det i tide. Og de gjorde noget ved sondemanden, så videnskabsfolkene bare tolkede det som en midlertidig blip.

D: *En midlertidig funktionsfejl eller noget. Men de fleste af deres baser er på andre planeter.*
S: Korrekt. På månerne omkring andre planeter. Nogle gange har folk gennem deres teleskoper set, hvad der ser ud som ruiner og sådan

på planeter i dette solsystem. Disse kan sandt og retfærdigt tilskrives tidligere observatører og deres gamle forladte observationsstationer.

D: Er der nogen baser på Jorden?

S: Ikke store etableringer. Der er halvvejs stationer, som I ville kalde dem, der er etableret på planeten i afsidesliggende områder, som bruges, når de sender en observatør ind i befolkningen. Ikke for at kontakte menneskene, men kun for at observere menneskene og få psykiske følelser fra dem. De kommer til denne halvvejs station først og bor der i et stykke tid for at tilpasse sig klimaet, tyngdekraften og luften og sådan. Så de kan opføre sig mere menneskeligt, når de er blandt mennesker. Hvis de vil have nogen til at blive for langvarig observation, vil de forklæde dem som en læge eller nogen i en rolle, der aktivt hjælper mennesker under processen med at observere dem.

D: Men disse baser ville være i isolerede steder?

S: Normalt ja. De er som regel i bjergområder, hvor isolationen er større, uden at klimaet er for hårdt. Det ville modarbejde formålet at have halvvejs stationerne i barske klimaer, fordi de ville tilpasse sig et unormalt klima. De vil have halvvejs stationerne i områder, hvor klimaet er moderat eller endda tættere på normalt. Så dette ville være bjergområder, i dalene mellem bjergene, hvor der er meget grønt og et tempereret klima.

D: Kommer disse væsener og fartøjer nogensinde fra noget andet end planeter?

S: Hvad mener du? Planeter er de eneste steder, de kommer fra. De bor alle på planeter.

D: De bor alle på fysiske, tredimensionelle planeter?

S: Ja. De er måske ikke nødvendigvis i samme tre dimensioner, som vi er i, men de er alle tredimensionelle planeter. De virker alle fysiske for de mennesker, der bor på dem, fordi de er vant til det specifikke sæt af tre dimensioner.

D: Jeg tænkte egentlig på den fjerde dimension, tror jeg.

S: Nogle af planeterne involverer den fjerde, femte og sjette dimension, eller den tolvte, trettende og fjortende dimension. Men det er forskellige sæt af de forskellige dimensioner, fordi der er et uendeligt antal dimensioner. Og disse planeter, udover at være spredt over alle de forskellige galakser, er også spredt over de

The Custodians

forskellige dimensioner, for at holde alting balanceret, så tingene ikke bliver for overfyldte.

D: *Jeg har også hørt, at de kommer fra forskellige eksistensplaner. Ville dette referere til det samme? (Ja) Vi tror, at disse skibe og de mennesker, der er ombord, bare kommer fra nærliggende galakser og planeter som vores.*

S: Nej. Det er en af grundene til, at de afstande i rummet virker så enorme. Fordi der ikke er noget der i dette dimensionelle sæt, men der er ting i andre sæt af de andre dimensioner.

D: *Så det er ikke bare tomt rum.*

S: Korrekt. Det er simpelthen ude af stand til at blive opfattet fra disse dimensioner.

D: *Men hvis nogen skulle rejse igennem dem, ville de så opfatte dem som fysiske, selvom de ikke kan se dem fra Jorden?*

S: Der er ingen måde, de kan opfattes på, fordi de ikke er i disse dimensioner.

D: *Alt, hvad jeg kan gøre, er at skrive dette ned og lade dem, der forstår det, forstå det. Hvis jeg ikke kan fatte det hele.*

S: De, der er bedre uddannede, kan have sværere ved at forstå det, fordi de er mere fastlåste i deres ideer.

Jeg ønskede at få samtalen fokuseret tilbage på noget, der ville være lettere for mig at forstå, i stedet for disse komplicerede koncepter, som bare gav mig hovedpine, og fik mig til at føle, at min stakkels hjerne var blevet bøjet som en pretzel.

Disse typer koncepter og teorier vil blive fortsat og udforsket nærmere i Convoluted Universe. Det er nok at sige, at der er utallige verdener omkring os, der er usynlige for os, fordi de vibrerer på en anden frekvens. Indbyggerne på disse verdener opfatter deres omgivelser som fysiske og er lige så uvidende om os, som vi er om dem. Alligevel har nogle af de fremmede, der har mestret rumrejser, lært at rejse frem og tilbage gennem disse forskellige dimensioner, simpelthen ved at øge eller sænke deres vibrationer.

D: *I forhold til vores solsystem, kan du fortælle mig noget om asteroidebæltet?*

S: Ja. Der var en planet der, da planeterne blev dannet. Det var på det tidspunkt, hvor Jupiter næsten udviklede sig til en sol, en tvillingesol, der skulle kredse omkring solen. Det ville have været en mindre sol. Der var kraftig stress fra Jupiter, og med en anden stor planet, Saturn, tæt på, kunne planeten mellem Jupiter og Mars ikke håndtere stresset. På den ene side blev den trukket til at kredse omkring solen, men samtidig trak Jupiter i den for at få den til at kredse omkring Jupiter. Og så fløj den i stykker under stresset.

D: *Jupiter er en gigantisk planet, og den havde for meget tyngdekraft. Hvorfor udviklede Jupiter sig ikke til en tvillingesol?*

S: Den var ikke helt stor nok til at initiere den nødvendige nukleare reaktion. Hvis den nukleare reaktion var blevet startet, ville den sandsynligvis have opretholdt sig selv, men den havde ikke helt nok masse til at starte den nukleare reaktion for at blive en sol. Den arkæiske race kunne have startet den nukleare reaktion, men de mente, det ikke var nødvendigt at have to sole i dette system. De mente, det ville påvirke det nye liv, der udviklede sig på Jorden, negativt.

D: *Ja, vi ville have haft en sol på begge sider af os. Jeg undrer mig over, hvilken effekt det ville have haft? Det ville have gjort os varmere, ikke?*

S: Nej, men mere stråling.

D: *Jupiter har opsamlet måner, så den har jo tyngdekraften til at trække ting ind.*

S: Ja, det er næsten som et miniature solsystem i sig selv med det antal måner, den har. Den arkæiske race besluttede, at de ville overlade beslutningen til menneskeheden, fordi de vidste, at når menneskeheden udviklede sig til galaktisk niveau, kunne de udløse Jupiter til at blive en lille sol. Den er stadig på det stadie, hvor du kunne udløse den, selvom den har været betragtet som en planet. Men de mente, de ville lade det være op til den dominerende livsform, der udviklede sig.

D: *Hvad ville grunden være til at gøre det?*

S: For ekstra livsrum. Vi kunne udvikle rumkolonier på månerne omkring Jupiter.

DISSE UDDRAG ER BARE ET LILLE EKSEMPEL PÅ DEN VEDERHÆFTIGE VIDEN, DER KAN OPNÅS, NÅR ADGANG TIL BIBLIOTEKET OPNÅS.

The Custodians

KAPITEL 7
Rumvæsenerne taler

Da jeg først begyndte at arbejde med Suzanne i oktober 1986, var hun plaget af flere allergier, og vi ledte efter kilden til hendes problem i tidligere liv. Hun gik hurtigt i dyb trance og var en fremragende testperson. Sessionerne var meget succesfulde. Vi havde udforsket flere liv, og informationen viste sig at være nyttig. Hendes astmaproblem blev sporet til et tidligere liv, hvor hun døde som barn af lungebetændelse. I dette liv forårsagede alt, der interfererede med hendes vejrtrækning, den ubevidste frygt for døden og udløste et astmaanfald.

Da vores næste session afslørede rumvæsner, var det en overraskelse, fordi vi bestemt ikke havde ledt efter det. Suzanne havde aldrig haft oplevelser med syn eller drømme om UFO'er, og dette var det sidste, hun forventede at finde i en session. Det var begyndelsen på, at jeg fik direkte kontakt med rumvæsner, og at de talte direkte til mig. Det var en spontan hændelse, der skulle etablere et vedvarende mønster, der ville give opsigtsvækkende resultater.

Vi var næsten færdige med en hypnotisk session, der afslørede et liv i England i 1930'erne. Efter hendes død i det liv, tog jeg hende til den verden, der er efter døden, for at få informationer om efterlivet. Dette er mit mønster, når jeg har en god testperson, der er i stand til dyb trance. Jeg prøver at indsamle information om forskellige emner og derefter kombinere og sammenligne dem for at vurdere deres validitet. Så da jeg bad hende beskrive, hvad hun så efter sin død, havde jeg allerede en idé om, hvad jeg forventede, hun ville sige. I starten var hendes stemme sløv, og hun talte langsomt.

D: *Kan du se noget der, eller er der noget at se?*
S: (Pause) Nå, jeg ser ... et computerbræt.

Det var en overraskelse. Det var slet ikke, hvad jeg havde forventet baseret på, hvad mine andre testpersoner havde set. Disse

The Custodians

mange andre rapporter blev samlet og forklaret i min bog Between Death and Life.

D: Et computerbræt?
S: Der er nogle væsener. Det er som om de overvåger noget. De har kontroller og knapper, og de sidder i stole og kigger på noget. Jeg kan ikke se præcist, hvad de overvåger. Der er mange ting, kort og…. Nu er jeg ovenover det hele. Jorden. Jeg ser kontinenterne. Og de overvåger, hvad der foregår dernede i havet, på kontinenterne. De observerer det. De ved mere. Jeg lærer. Og de lader mig se. De gør dette, fordi der er en anden kraft, der vejleder dem, og de er budbringere for denne kraft. De gør det for at hjælpe menneskeheden.

Jeg troede, hun sandsynligvis så computerummet på åndeverdenen. Det rum, jeg ikke fik lov til at komme ind i før. Det var begrænset, fordi alle elementer af en persons liv er samlet der, og specifikationerne vedrørende deres næste genfødsel bliver studeret. Da jeg havde bedt hende om at gå til åndeverdenen (eller den såkaldte "døde" verden), forsøgte jeg at sammenligne hendes svar med det, jeg allerede vidste.

S: De forstår lettere. Viden og teknologi er mere avancerede på disse niveauer. Der finder en meget højere forståelse sted.
D: Kan du se, hvordan disse væsener ser ud?
S: De er klædt i hvidt. De ser hvide ud over det hele. Og de har et rundt hoved og ser kortere ud, som en rumkrop. Og de har større øjne. De sidder i stole og bevæger ting: knapper og kontroller. De har et stort vindue at kigge ud af. Det er i en rund cirkel. Der er en struktur i midten, som er et orb-objekt.

The Custodians

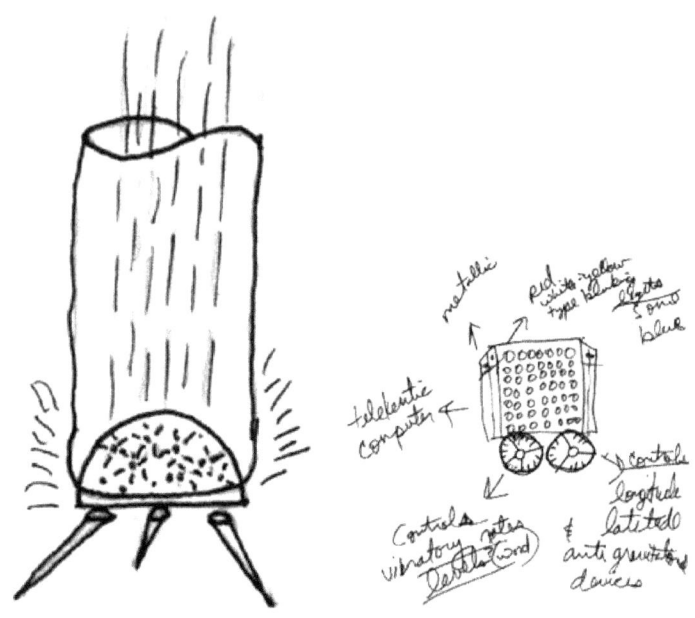

Tegning af kugleobjekt og kontrolpaneler.

Halv kugle - flad kant på bunden. Så ud til at være understøttet af ben fra gulvet. Gennemsigtig - indeni et funklende krystal, der så ud til at være i bevægelse. Funklende små stykker i konstant bevægelse. Lang rør, der kom fra loftet for at omslutte den øverste del af kuglen. Røret solidt, men gennemsigtigt. Lys (?) kom ned gennem dette. Det havde noget at gøre med fremdrift af fartøjet, og det dirigerede også skjulingsenheden. Hun blev overrasket, da hun sagde det. Hun vidste ikke, hvor den bemærkning kom fra. Denne enhed var placeret i midten af fartøjet.

D: Så dette er et fysisk fartøj?
S: Det kan ses, eller det kan camouflage. Det afhænger af, hvad deres primære mission er, hvad der skal overvåges. Den krystalliserede orb giver dette fartøj energi til at fremdrive sig selv. Og det styrer også de antigravitationelle enheder for dette fartøj.
D: Du sagde, at de lod dig se dette? Er det usædvanligt at lade dig se, hvad de gør?

The Custodians

S: (Maskinelt) Vi har kontaktet før. De har overvåget mig før. De har undersøgt mig. Og de har ikke noget imod det, fordi jeg er en bror, og jeg kommer i fred. De ønsker assistance fra væsener som mig.
D: *Bryder de sig om, at jeg ved disse ting?*
S: Nej. Ikke nu. De ønsker, at informationen oversættes.
D: *Vil de være villige til at dele information med mig?*
S: Ja. Det er begyndt. De vil bruge mig til at kommunikere.
D: *Jeg vil gerne have information, og jeg vil have, at de forstår, at jeg kun vil bruge det til godt. Ved de det?*
S: Ja. Det er kun for individer, der kan gøre noget med det. Som kan anvende det på en produktiv måde. Hvis ikke, ville det være ubrugelig information.
D: *Forstår de, hvordan jeg vil bruge det?*
S: De er meget telepatiske. (Blødt) De tager kontakt. (Så ændrede stemmen sig og lød maskinel, robotagtig igen.) Vi scanner.

Efter en pause følte jeg, at jeg blev scannet. Det var en prikkende følelse gennem hele min krop, især i hovedområdet. Jeg tror ikke, det var mentalt forslag fra min side, fordi jeg ikke vidste, hvad jeg kunne forvente. Følelsen var definitivt fysisk og uventet. Jeg prøvede at forblive rolig, selvom det var meget ubehageligt, så jeg kunne give dem et klart indtryk af mig selv. Men jeg havde følelsen af, at det ikke ville gøre nogen forskel. Jeg følte, at de kunne se til kernen af mit væsen, og intet kunne skjules eller forfalskes alligevel. De kunne sandsynligvis se mig og mine motiver klarere, end jeg selv kunne.

S: Visse fænomener skal forklares mere klart. Og du er en bro for information. Du har evnen til at skrive. Dette er nødvendigt.
D: *På denne måde kan det kommunikeres til andre mennesker.*
S: Jeg ser et væsen. Helt hvid krop. Kort. Lange, tynde arme. Stor hoved. Store mørke øjne. Jeg ser hele hans krop nu. Hans ben. Jeg ser ikke nogen tøj på ham dog. Og han kigger lidt på mig. Han kigger på mig.

Den del af fartøjet, hun kunne se, havde en buet væg. Væsenerne, der sad på sæder foran skærme og knapper og kontrolapparater, var uvidende om hende. Kun det ene væsen var opmærksom på hende. Hun var uvidende om hans status på fartøjet. Han kommunikerede

The Custodians

telepatisk med hende. Hun forklarede senere, at væsenerne havde skaldede hoveder, men de så anderledes ud end på forsiden af Communion, fordi deres øjne ikke var så skrå. Deres kroppe var lignende dem i Close Encounters, dog ikke så barnlige. Deres lemmer var kraftigere, tykkere, mere klodsede.

D: *Ville han være villig til at dele noget information med os?*
S: Han ønsker at kanalisere gennem mig.
D: *Hvordan har du det med det?*
S: Jeg er glad. (Griner)

Normalt ville en erklæring som denne have foruroliget en hypnotisør, og de ville måske være usikre på, hvordan de skulle fortsætte. Men jeg arbejdede på Nostradamus-materialet på det tidspunkt, så jeg var blevet vant til at tale med afsjælede enheder. Min hovedbekymring var altid subjektets velbefindende. Når dette var etableret, tog min nysgerrighed over, og jeg blev fyldt med spørgsmål. Jeg har fundet ud af, at det er den nemmeste måde at sikre forbindelsen på – bare begynd at bede om information.

D: *Jeg er nysgerrig på ham. Hvad er dette sted?*
S: Det er et fartøj.
D: *Hvad er dette rum, vi er i?*
S: Der er kun ét rum. – Han prøver at blande sig med min energi lige nu. Han prøver at integrere sig. (En række dybe åndedrag. Så en dybere stemme.) Et øjeblik venligst.
D: *Hvad? (Jeg blev forskrækket. Stemmen var ikke Suzannes.)*
S: Et øjeblik venligst.
D: *Okay. Men husk, vi beskytter hende.*
S: Ja. Ingen skade. Ingen skade. (Flere dybe, langtrukne åndedrag, derefter en maskinlydende stemme.) Hun skal fjerne sig selv midlertidigt for, at denne transmission kan være mere komplet. Hun blokerer. Jeg prøver at fjerne blokeringer i hendes bevidsthed. Hun er ikke vant til denne type oplevelse. Det er en del af blokeringen. Hun er ikke vant til at fjerne sig selv bevidst fra dette køretøj.
D: *Men det er naturligt. Det er derfor, vi skal tage det stille og roligt i starten.*

The Custodians

S: Jeg hjælper hende. Det vil tage lidt tid, men det er en start. Jeg kan delvist integrere mig gennem hende. Men det skal være mere komplet for at få den mest præcise information, uden at hendes tanker blandes og ændrer denne information. Forstår du?

D: Ja. Det er derfor, vi vil være forsigtige og gøre det langsomt, så det bliver mere effektivt på den måde.

Jeg spillede rollen som "morhøne." Jeg ville beskytte hende, mens hun gik igennem denne mærkelige oplevelse.

S: Hun skal vænne sig til at integrere en højere type vibration. Hendes vilje er åben for denne type forslag og kommunikation. Hun blokkerer ikke på den måde, men det er mere en fysisk blokering. Energierne er bare vant til at være der. Hun skal vænne sig til at være i en alternativ bevidsthedstilstand. At vente der, mens kommunikationen finder sted. Forstår du?

D: Ja, det gør jeg.

S: Så jeg kan give dig delvis information på nuværende tidspunkt, men jeg arbejder stadig på hendes vokale kommunikation. Og de mentale billeder... hun skal vænne sig til den type transmission. Jeg er stadig mere kombineret med hendes bevidsthed lige nu, men med tiden vil hun være i stand til at fjerne sig selv mere fuldstændigt til midlertidig kommunikation.

D: Okay. Vi er tålmodige. – Kan du vise mig nogle af tingene i det rum og fortælle, hvad de bruges til?

S: Ordene er svære at formidle præcist på dette tidspunkt. Nogle af disse spørgsmål, du måske vil gentage senere, for at få den korrekte formulering. Men jeg vil prøve at komme tæt på det med de ord, hun kan beskrive. De kan være lignende, men ikke helt de rigtige.

D: Sproget og ordene er altid vanskelige.

S: Vi har en computer, som jeg viser hende, der har mange lys på sig. Som et firkantet bræt, med små runde lys, der helt dækker det. Som et spilbræt, eller hun tænker i linjer, i rækker. Op og ned, vertikalt, horisontalt, der helt dækker et firkantet, sølvfarvet bræt. Disse lys er alle tændte. Røde lys... blå... farverne betyder forskellige ting, når de er tændte. Og de styres af cirkulære drejeknapper, der har markeringer på dem, når de drejes til forskellige positioner. Dette er en hovedtype af computer til vores fartøj. Den har et navn, men jeg har problemer med at få navnet igennem. Noget, hun siger, lyder som "Telekinetisk bræt." Det lyder lignende, men det er ikke helt det rigtige ord. Vi prøver at formidle til hende noget, der lyder som "telekinetisk." Og der er det, du beskriver som linjer. Nogle er lange linjer, nogle er meget korte linjer. Disse mellemrum mellem linjerne går rundt om den ydre kant af drejeknappen og markerer bestemte breddegrader, længdegrader, højder. De styrer disse elementer for at manøvrere dette fartøj. Hun ser kun overfladen af det. Jeg prøver at give hende så meget visualisering som muligt. Der er en sølvfarvet ydre del til computeren. Det er ikke rigtig firkantet. Det er bygget ind i fartøjet. Så hun kan ikke se... selvom hun nu visualiserer, bag alle de små lys er der mange ledninger, eller hvad du ville se i en mikrocomputer, hvis du åbnede den op. Du ville se mange elektriske forbindelser, mange ledninger, men lavet af andre materialer end dem, du finder på din planet. Det er et meget komplekst system. Du har ikke en computer af denne type, efter hvad vi ved.

D: *Hvad er anderledes ved den?*

S: Materialet, det er lavet af, hvad det er i stand til at gøre. Det styrer antigravitations – hun kan ikke finde det rette ord – manøvrer af fartøjet. Der er folk på din planet, som eksperimenterer med antigravitationsfartøjer, men ikke på det niveau, vi allerede har udviklet det. De har fået nogle idéer fra at finde stykker af fartøjer, der er styrtet ned på denne planet. Jeg tror, det har været hemmeligholdt af jeres luftvåben. Ikke mange ved det, men de har kopieret stykkerne så meget, de kunne, uden de rette materialer. De kunne kun komme så langt med det, men de har ikke hastigheden. Der er så mange ting, der vil kræve udvikling for, at disse ting kan være præcise. Og visse materialer skal bruges for at producere disse specifikke effekter. Det er en af grundene til, at vi har valgt at kommunikere på dette tidspunkt for at hjælpe mennesket med at udvikle sig og fremskynde udviklingen. For at hjælpe ham med at udforske andre dimensioner, at kunne rejse til andre dimensioner og planeter med mere lethed. Jeg vil gå i dybden senere med detaljerne... Ord... det ord. Igen, det er ikke helt det, jeg prøver at sige her. Men vi vil gå i mere detaljer om

The Custodians

den tekniske aspekt af det. Hendes ordforråd for elektriske ting er ikke så udvidet. Det er derfor, jeg må integrere energien mere fuldt i hende, fordi jeg så kan formidle det i mere detaljer. Hendes bevidsthed er ikke meget mekanisk orienteret i dette liv. Jeg ved, at kvinder af jeres art ikke har tendens til at være sådan. Det er mere det, som mændene eller den mandlige del af arten gør. Evnen er der, men træningen har ikke været der. Så hvis jeg kommunikerer mere fuldt gennem hende, kan jeg få detaljerne til dig mere klart. Hvilket jeg tror, du vil foretrække.

D: *Tilsyneladende er materialerne meget vigtige.*

S: Ja. Ligesom visse metaller bruges i jeres samfund til elektriske formål, til at lave computere. Hvis det var lavet af træ, som et eksempel, ville det ikke fungere så godt som hvis det var lavet af et metaltype stof. Så materialet spiller en vigtig rolle i sammensætningen af, hvordan disse computere og generatorer, som du ville kalde dem, fungerer. Nogle af disse genstande kan indsamles fra andre planeter, når I er i stand til at transportere jer dertil, hvad enten det er med rumfærge eller – jeg ser det som første skridt for avanceret transport på stor skala. Når disse stoffer kan samles fra andre planeter, tror jeg, at I vil finde mange anvendelser for dem, der vil fremme samfundet teknologisk og videnskabeligt.

D: *Tror du, vi kunne finde substitutter på vores planet, der måske kan duplikere nogle af disse processer?*

S: Der er måder for alkymi. En blanding af visse metaller, blandet på en anden måde, end I måske har tænkt. Ja, der er flere muligheder, der ikke er blevet opdaget endnu.

D: *Så det ville være at udvikle et helt nyt metal, så?*

S: Ja. Og det skal gøres på en bestemt måde, en bestemt temperatur, en bestemt blanding. Stoffer kan skabes, der er lignende, ikke identiske. I skal bruge de ressourcer, I har her.

D: *Måske kan vi komme tæt på alligevel.*

S: Ja, det er en anden grund til, at denne kommunikation finder sted, for at hjælpe mennesket med nogle af disse opdagelser.

D: *Hvor stor er dette fartøj, hvis det kun har ét rum?*

S: (Pause, tøvende som om han er usikker.) Igen, hendes vurdering af størrelse er begrænset. (Latter) Jeg vil sige ... 3000 af jeres yards, hvad I kalder "yards," i diameter. Noget i den størrelsesorden. Øh,

231

The Custodians

300. 3000, øh, spørg igen senere om dette. (Latter) Jeg tror, hvis hun bliver vist en skala af, hvad 300 yards ville være, ville hun vide, om det er 300 eller 3000 af jeres yards.

D: Nå, kan du fortælle hende, hvordan den ydre form af dette fartøj ser ud?

S: Den er rund i formen, med et ovalt topstykke. Lidt fladere på bunden, end det er på toppen, men som en skål, der er vendt på hovedet. Sølvfarvet, metallisk. Der er vinduer på den ydre kant, rundt langs kanten. Der er lys på dette fartøj, som bruges på bestemte tidspunkter.

D: Jeg tror, du allerede har fortalt mig noget om energikilden. Den er placeret i midten af rummet? Er det korrekt?

S: Ja. Cylinderen. Ligesom en krystal-orb. Den genererer energien til fartøjet. Den er i en cirkulær, klar type aksel. Den øverste del af orb'en er en halvsfærisk cirkel, som en halvcirkel.

D: Jeg er bekendt med noget af krystallernes funktioner. Jeg ved, at der er mange måder, de kan bruges. Er det en stor krystal?

S: Den er taget fra krystalliserede stoffer fra en anden planet. Og den er skulptureret til en orb, som du måske ville skulpturere en krystalbold ud af kvartskrystal. Den er ikke gennemsigtig, men der er ting inde i den, selv i orb-formen. Det er en transmuter for energi.

Da jeg først transskriberede denne optagelse, troede jeg, hun mente at sige "transmitter," men da jeg kiggede op på definitionerne, så jeg forskellen mellem ordene. En transmitter sender noget ud, mens en transmuter ændrer eller transformer noget fra én form til en anden.

S: Det ser ud som om der er forskellige farvede lys, der blinker inde i krystallen. Den er ikke helt klar. Med andre ord, der er former og figurer inde i den. Lys.

D: Og dette er hovedkraftkilden, der driver alt på dette fartøj?

S: Det er en hovedkraftkilde.

D: Det er ikke den eneste?

S: Nej, computeren styrer andre kraftkilder. Hvis nogen energi bliver beskadiget på nogen måde, er der en anden backup. En energikilde, der kan erstatte den samme mængde energi. Så vi er normalt i stand til at vende tilbage til, hvor vi kom fra. Det er en

The Custodians

meget sjælden ting, at et fartøj styrter ned. Og normalt i den situation spiller atmosfæriske forhold en rolle. Problemet er ikke så meget med fartøjet selv, men med atmosfæriske forhold kombineret med en fejl. En af væsnerne på fartøjet programmerede noget forkert. Så kombinationen kan eksistere i dem.

D: Så det er muligt, at jeres folk kan lave fejl?
S: Det er også meget sjældent. Vi ser ikke det som det, I kalder en "fejl," men der er altid plads til at lære mere. Ting sker, men vi tilpasser os situationen på det tidspunkt.
D: Så I er ikke ufejlbarlige, med andre ord.
S: Nej. Og det er bare en normal proces for at være et levende væsen, men vi ser det ikke som en fejl, der kræver straf. I væsener på jeres planet ser ud til at tro, at når en fejl er begået, skal følelsen af skyld opleves. Og så nogle gange bliver en straf tilføjet for at forstærke skylden, så fejlen ikke begås igen. Men vi mener ikke, det er nødvendigt. Når hvad I ville kalde en "fejl" sker, kompenserer vi automatisk for den. Personen er bevidst om, at det er sket. Det er alt, hvad der kræves, at de er opmærksomme på det, og bedst de kan lære af det. Følelser af skyld, straffe, er en af de største ting, der holder jordens væsener – jeg vil kalde dem – fra at udvikle sig i et hurtigere tempo. De er "hæmmede" af disse fænomen, og de holder sig selv tilbage. Det er en hindring. Og når disse hindringer kan fjernes, kan en person eller et jordens væsen forfølge flere af sine drømme. Han kan realisere ting, få dem til at ske lettere, fordi han ikke holder sig selv tilbage. De fleste sygdomme stammer fra dette. Denne planet er indhyllet i den samme type forstærkning. En reel betingelse, der læres fra en ung alder. Det har at gøre med begrænsninger. Folk skal lære at overvinde deres begrænsninger, hvis de ønsker at udvikle sig hurtigere. Det hjælper, hvis denne betingning starter i en yngre alder, fordi når disse adfærdsmønstre er sat ind, er det ikke nemt at afvise dem.
D: Dette fartøj, som du er i, kan det rejse af sig selv gennem rummet?
S: Hvad mener du med af sig selv?
D: Jeg tænker på, det er ikke så stort. Kommer det fra et andet fartøj, eller kan det rejse frem og tilbage til din hjemplanet af sig selv?
S: Jeg er meget grundlæggende med hende på dette tidspunkt. Jeg integrerer denne energi. Jeg vil gerne udtrykke tingene mere ...

The Custodians

flamboyant, som du måske kalder det, mere modigt. Men for at vende tilbage til dit spørgsmål: Vi skal være i stand til at vende tilbage, hvis noget skulle ske med det fartøj, vi var på vej til. Hvis vi ikke kunne vende tilbage, ville vi være fanget i denne atmosfære. Og vores kroppe er ikke lavet af celler, der er tilpasset denne planet, atmosfæren. Vi kan komme ud af vores fartøj i korte perioder. Men selv da skal vi bruge en form for beskyttelse på grund af bakterierne her. Det er fremmed for os. Og så indstiller vi vores fartøjs dialer til en vibration af en placering, og vi transporterer bare dertil. Det er som et stort hop og så nogle korte hop, ud over lysets hastighed. Der er andre typer væsener, der måske gør dette anderledes, men for væsener af vores type, kan vi altid vende tilbage til vores hjemplanet, hvis planeten ikke er blevet ødelagt på grund af atmosfæriske forhold eller andet. Vi tænkte, det var klogt i vores tænkning.

D: *Ja. Men jeg får indtrykket af, at I ikke altid gør dette. Du sagde noget om at gå til et andet fartøj?*

S: Der er andre fartøjer, som du måske vil tænke på som en "moderskib". Vi har større fartøjer. Forskellige fartøjer bruges til forskellige formål. Små fartøjer bruges normalt til overvågning. Større fartøjer er mere til observationer eller telepatisk kommunikation. Så det afhænger af formålet, hvad størrelse fartøj der bruges.

D: *Kan du give mig en idé om, hvor din hjemplanet er? Det kan være svært.*

S: Ud over hvad du kalder Nordstjernen. Mod den retning. Fem stjerner forbi den, i en linje. (Pause) Jeg vil sige "Centra". Planeten lyder som det. Hun får ikke ordet helt rigtigt. Centeria? Noget, der lyder som det. Åh, jeg tror, det vil komme ud mere præcist senere.

D: *Er det indenfor vores galakse?*

S: Nej. Øh, det er lysår forbi den. Der er systemer af en fremmed natur for jer, der er i tættere rækkevidde.

D: *Så du er fra en anden galakse, ville det være rigtigt?*

S: Jeg synes, jeg får et nej og ja svar. Det er et nej og ja svar, fordi vi rejser til mange galakser. Der er en hjemplanet, men vi er ikke der så ofte. Vi rejser altid, udforsker, og tilbringer det meste af vores tid i fartøjer. Vi sender informationer fra vores udforskninger tilbage til hjemplaneten, men vi vender ikke altid tilbage til planeten. Vi kan sende informationer uden at være der.

D: Gøres dette telepatisk eller...?

S: Delvist. Men der er transmissioner opsat på vores fartøjer. Og der er et transmissionsmodtagende instrument. Det er som en tynd metalstang opsat på hjembasen, som du ville tænke på som en antenne. Og det er bare sat op for vores fartøj, og informationen rammer denne ting, denne stang. Og sendes ned og dekodes af væsener der og bliver optaget i vores, hvad I ville kalde, historiebøger. Og vores videnskabelige data om forskellige livsformer i universet.

D: Og den stang antenne-type ting er på hjemplaneten? (Ja) Er I i stand til at transportere fysiske objekter såvel som beskeder over den lange afstand?

S: Nej. Visse ting vil vi analysere på vores fartøj. Så sendes informationen. Hvad vi opdager fra vores forskning på fartøjet, sendes den information i mere af en ordform eller en kommunikationsform.

D: Så du behøver ikke at transportere fysiske objekter.

S: Nej, det er normalt aldrig gjort. Vi ville transportere os selv og fartøjet, men selv det er en sjælden ting. Vi er i stand til at opretholde vores fartøj i hvad du kalder "jordens rum" i lange perioder. Tid er ikke som du kender det for os. Og vi kan rejse mange lysår meget nemt. Vi har fundet nok ressourcer i galaksen til at opretholde vores fartøj og holde energi igennem det. Så det bliver ikke udslidt, som mange ting på denne planet ser ud til at gøre. Materialerne, der bruges i vores fartøj, holder meget længere. Mere holdbare, som du måske ville udtrykke det.

D: Jeg har så mange, mange spørgsmål. Jeg vil gerne spørge om din krop. Har du brug for nogen form for opretholdelse, mad, som vi ville kalde det?

S: Væsker. Der er en væske, vi tager ind. Miljøet giver os ting, der opretholder os. Atmosfæren i vores fartøj er holdt på en bestemt temperatur, konsistens, så den opretholder vores fysiske kroppe, så de ikke nedbrydes. Vi ældes ikke, som du kender det. Vi forbliver i en form. Når et væsen er "født", som du kalder det, starter det som en mindre form. Når det når modenhed, forbliver det i den form. Der er ingen aldringsperiode. Vi kan opretholde os

The Custodians

selv gennem vores mentale evner, som at bruge en visualisering til at holde sig ung. Det er næsten programmeret i os at være sådan. Hvis en af os er skadet på nogen måde, eller er kommet i en atmosfærisk tilstand, der begynder at forårsage nogen form for nedbrydning, så har vi en speciel væske fra vores planet, der tages ind i vores systemer for at hjælpe med at reparere dette. Men det bruges kun i nødsituationer af denne type.

D: Så du har ikke brug for det hele tiden for at overleve?

S: Nej. De atmosfæriske forhold i fartøjet er indstillet på bestemte temperaturer og hastigheder, som – jeg kan ikke finde det rigtige ord. En bestemt atmosfære skabes, og den vil opretholde vores fysiske form. Det er en grund til, at vi ikke kan være ude af fartøjet i lange perioder, fordi det har en nedbrydende effekt på vores former.

D: Luften, atmosfæren på Jorden, mener du? (Ja) Så du har ikke brug for mad eller noget som helst, bortset fra denne væske? Drikker du den væske?

S: Det er næsten som at drikke det, tror jeg, men det kan blive injiceret i os. Det behøver ikke at blive drukket, som du kalder det. Der er virkelig ikke brug for mad, som du kender det.

D: Så væsken tages ikke gennem din mund?

S: Det kan siges på den måde, men mere injiceret i munden i stedet for at blive drukket. Det er som om man giver nogen – hvad hun tænker – som en IV eller noget. Et rør bliver sat i, og noget bliver sendt gennem det. Du ser, det er derfor det er for nødsituationer. Der er noget plante liv på vores planet, som kan tages ind i systemet, men det er ikke nødvendigt. Vores systemer, eller vores "kroppe", som du kalder det, har alt, hvad vi behøver for at opretholde det, hvis atmosfæren er rigtig. Du ser, når man indtager mad, producerer det en væksteffekt, som senere producerer en aldringseffekt i den menneskelige form. Det er en af grundene til, at vi kan opretholde os selv i én størrelse, fordi vi ikke indtager mad, der ændrer størrelsen på vores kroppe. Det ville producere en aldringseffekt senere.

D: Det er en interessant idé. Men hvad består den væske så af, cirka?

S: Intet, der findes her på denne planet, men måske er der noget, jeg kunne sammenligne det med. Hun får et billede af en rød-type væske, men det er ikke blod. Mere en vitamin-type substans.

The Custodians

Måske tænker hun på en rød vitamin væske. Som du måske ville tænke på B-12 eller B-6 vitamin, hvis det blev injiceret i væskeform. Det kan have en lignende konsistens som noget af den art, som en vitamin væske, men anderledes.

D: Jeg undrede mig over, hvis du havde en nødsituation og ikke kunne få væsken, om der var noget på Jorden, du kunne substituere med.

S: Vi ville forsøge at vende tilbage til planeten for at få det. Eller vi ville forsøge at gå til et andet fartøj, der måske har noget ekstra, og få det på den måde. Normalt er der et andet fartøj, vi kan lokalisere først, før vi behøver at gå tilbage til hjemplaneten.

D: Så det ser ud til, at det vigtigste for overlevelse er atmosfæren inde i fartøjet.

S: Ja, det er vigtigt for vores krops type.

D: Dette skal forblive konstant?

S: Som jeg sagde før, kan vi forlade fartøjet i korte perioder. Det er lettere for os at forlade det i energiform uden at tage den fysiske krop med. Forstår du? Vi kan nemt bevæge en energi-projektion af os selv uden at blive påvirket af atmosfæriske forhold, som en anden måde at beskytte os selv på.

Dette kan være en forklaring på rapporterne i denne bog om spøgelsesagtige, ikke-solide væsener.

D: På denne måde udsætter du ikke den fysiske form for fare.

S: Ja, vi skal opretholde en mental tilstand, når vi går uden for fartøjet, hvis vi er i en fysisk form. Vi programmerer os selv, så vi forbliver i en konstant tilstand af atmosfærisk betingelse, så vi ikke bliver påvirket af den. Men vi kan ikke opretholde den tankegang for evigt. Vi er nødt til at ændre den igen. Og derfor foretrækker vi kun at gøre det i en kort periode. Hjælper denne forklaring?

D: Ja, jeg tror jeg forstår. Hvis et menneske var i fartøjet, kunne de så trække vejret eller leve i den samme atmosfære?

S: Vi foretrækker ikke at tage væsener ombord i vores fartøj i en fuld fysisk form. Medmindre de har noget beskyttelse omkring sig, og vi er også beskyttet mod det væsen, fordi de ikke ville være vant til atmosfæren i vores fartøj. Vi sætter dem i en lignende mental tilstand, før de bliver taget ombord. En trance-tilstand. Vi beskytter deres bevidsthed, så den kan håndtere en anden type

The Custodians

atmosfære uden at forårsage fysisk skade. Men igen, hvis et jordens væsen var i vores fartøj for meget lang tid – normalt bliver de straks returneret – ville de have svært ved at opretholde sig selv i den atmosfære. Faktisk tror jeg, det kunne forårsage et helbredsmæssigt problem, udover bare at tilpasse sig os. Men de kunne være i en mild choktilstand over hele oplevelsen. En kombination af de to kunne skade det væsens helbred. Derfor bliver disse ting kun gjort i meget kort tid. Andre væsener returnerer sommetider ikke et jordens væsen. Men det væsen ville sandsynligvis til sidst udgå efter en kort periode. Vi foretrækker ikke at gøre det, fordi vi er her for at hjælpe. Nogle væsener ser på menneskelivet i mere dyrelignende termer og behandler et væsen, som du ville behandle en ko. Du ved, måske dissekere det til videnskabelige formål, og bare tænker på det som et unintelligent dyr. Normalt aldrig for at spise eller noget af den art, og de ville sandsynligvis vente, indtil væsenet udgår, før nogen type af sådan eksperimenter ville finde sted. Men vi ærer livet her. Vi har lavet et løfte i råd, om at hjælpe væsenerne her, selvom vi er mere avancerede. Vi ser håb i disse væsener. Og de rækker også ud til os. De har ærmet os, og vi ærer dem. Men nogle væsener fra andre systemer, som ikke er en del af rådet, ser ikke menneskelivet som noget værdifuldt, som vi gør.

D: *Jeg er glad for, at du gør. For på den måde er vi i en lignende mental tilstand. Jeg tror vi vil kunne kommunikere bedre på den måde, fordi vi begge føler det samme om livet.*

S: Der har været et eller to væsener, der er blevet transporteret til vores planet og andre planeter. Andre rumvæsener har gjort lignende ting, men det er en meget sjælden ting. Den eneste måde det er muligt uden at væsenet udgår før det kommer der, er at tage det ombord med det samme, og med det samme gå til en hjembaseplanet. Fordi tid er betydningsfuld for at væsenet kan overleve oplevelsen. Det er ikke altid en behagelig oplevelse, alligevel ønsker nogle væsener, at dette skal finde sted. Og det ønske skaber en mulighed for det at finde sted. Men når de er der, er de sommetider ikke så glade, som de troede, de ville være, fordi de bliver ensomme for væsener af deres egen type. Det er interessant for dem i et stykke tid, og de føler sig ærede over at

The Custodians

være blevet valgt specielt. Men de længes efter en mage, ligesom de fleste væsener.

D: De ville blive nødt til at blive opbevaret i en speciel atmosfære der, ikke?

S: Ja. Som jeg sagde, jordens væsener er bundet op i deres følelser. De kan føle flere hindringer, og på grund af det oplever de, hvad der kaldes "ensomhed." Og det kan påvirke et væsen så meget, at det ikke længere ønsker at leve. Jeg forstår ikke grunden til dette.

D: Kunne de ikke blive sendt tilbage, hvis de oplevede sådanne ting?

S: (Suk) De fleste af dem ville have svært ved at overleve en oplevelse som den to gange uden at udgå. Det er et stort chok for systemet. De er ikke vant til at rejse med de hastigheder, og de kræver normalt straks medicinsk type opmærksomhed, når de ankommer dertil. Nogle af dem overlever ikke turen dertil, selv på grund af denne skade på deres system. De fleste af dem ønsker bare at få en anden væsen transporteret dertil, snarere end at vende tilbage.

D: De tror, de vil gøre det, men når det sker, finder de ud af noget andet.

S: Hvis det væsen udvikler sig nok fra vores undervisning, kan de få mulighed for at tage på et fartøj fra den planet. Korte afstande at rejse for at lære at kontrollere et rumfartøj, men normalt ville de kun være i stand til at rejse en kort afstand. Det ville være svært for dem at lære at rejse så lang en afstand, uden en bestemt type krop lavet til den type rejse. Vore kroppe er. Vore kroppe kan rejse med høje hastigheder og hastigheder, såsom lysår osv., uden at forårsage fysisk skade på os. Men en menneskelig krop har begrænsninger, ser du. Så den kan ikke håndtere den type rejse så let, før den er mere udviklet. Der er højere udviklede væsener, der har en menneskelig form, som rejser i rummet. Men de er ikke mennesker, ser du. De har et menneskeligt udseende, men den cellulære struktur er blevet ændret. S: De er mere udviklede. Og det er derfor, de kan rejse i rummet, mens andre mennesker ville finde det sværere at opretholde sig selv uden at få en alvorlig fysisk bivirkning fra den type rejse.

D: Så de ser menneskelige ud, men de er faktisk ikke det. Kommer disse typer væsener også til Jorden?

S: Ja, de besøger også her.

D: Så det ville være vildledende, ikke? Vi ville tro, de var mennesker.

The Custodians

S: Ja. Du ser, der er nogle former, der kan tage mange former. De bruger det som et værktøj, for at studere og observere menneskerne mere tæt. Nogle af dem er ikke lige så påvirket af atmosfæriske forhold, som vores type er. De typer væsener, der er i stand til dette, er meget avancerede.

D: *Mener du, at de danner en krop?*

S: Det er ligesom at være, hvad du ville kalde, en "kameleon." Den kan ændre sin form for at blende ind. De er virkelig grundlæggende energi. Hvis du så dem uden at tage en form på, ville det ligne en væske-agtig energi. Flydende.

D: *Flydende? Ville det være solidt?*

S: Når de tager en form, har det en soliditet. Men hvis du så dem i deres naturlige form, ville det være mere som en væske-energi-type væsen. Ligesom din ånd i din krop er, uden at kroppen er tilknyttet. Det ville ligne noget lignende. Men disse væsener er mere avancerede selv i deres såkaldte oprindelige eller normale tilstand. Hvad vi ville kalde "åndelig form" er som en fysisk form for dem, på en måde.

D: *Men de er i stand til at skabe en krop.*

S: Ja, de manifesterer ting meget nemt, fordi de er meget avancerede.

D: *Det ser ud til, at der er meget, vi ikke ved noget om.*

S: Der er mange former. Ligesom på din planet alene er der mange former for levende ting. Mange arter, insekter, dyrearter, planteliv. Du ved, det er svært for én person at nævne alle de forskellige arter. Så hvis du kan se det på den måde, vil du forstå, at der i universet er mange, mange former derude også. Og selv på andre planeter er der mange andre typer og former for liv. Der er insektliv, planteliv, som er meget forskellige fra din planet.

D: *Du sagde, når de tager et menneske ombord, sætter de dem i en trance-tilstand. Og dette er for at tilpasse dem til miljøet, ud over at beskytte deres psyke. Er det korrekt?*

S: Bevidsthed.

D: *Deres bevidsthed?*

S: Deres psyke, også, ja.

D: *Jeg har altid tænkt, det var en venlighed, at nogle gange husker folk ikke disse oplevelser, så det ikke forstyrrer deres normale liv.*

S: Det er for at beskytte dem mod at komme ud af oplevelsen i en fuld tilstand af, hvad hun ville kalde, "chok." Vores formål er ikke at skade individet, så vi ville ikke ønske at påføre dem en sådan oplevelse.

D: *Men det er også for, at de kan tilpasse sig atmosfæren.*

S: Ja, det er en kombination.

D: *Men de kan kun holde den trance-tilstand i så lang tid, og så ville de blive nødt til at komme ud af den.*

S: Ja. Derfor bliver de fleste af dem returneret meget hurtigt. Tid er næsten stoppet, som du kender det. Disse ting kan ske i et øjebliks blink. Tid kan ændres, og ting kan ske, som er svære for mennesker at forstå på dette udviklingsstadie. Men det er derfor, disse forskellige væsener har oplevelsen. Selv som denne kanal havde en oplevelse. Det var næsten i et blink, at mange ting fandt sted, fordi tid blev ændret i menneskets sind. Men i vores sind er det ikke rigtig ændret. Det er bare naturligt. (Griner)

D: *Det er naturligt for dig alligevel. Jeg har ofte tænkt, at en form for hypnose blev brugt på individet.*

S: Det er en telepatisk transmission sendt til den enkeltes bevidsthed. Noget de er i stand til at modtage. Der er også forskellige punkter i hjernen, der kan blive stimuleret. Ligesom et opiat, ville hun kalde det, for at frembringe den slags effekt. Hvis energien bliver presset på en bestemt del af hjernen, kan det frembringe en trancetype tilstand. Denne form for bevidsthed ligner, hvad der sker nu. Det er derfor, du kan gøre det, du gør nu i en hypnotisk tilstand, som du kalder det. En bestemt del af bevidstheden er blevet stimuleret af en form for kommunikation ved en form for energi. Det er lignende, men denne energi har en meget højere hastighed; den er stærkere. Den del af væsenets hjerne ville blive meget mere stærkt stimuleret, end den ville være i denne type trance-tilstand.

D: *Nogle mennesker har delvise minder, og andre mennesker har flashbacks i drømmestat, og så er der andre, der ikke husker noget som helst efter disse oplevelser.*

S: Grunden til dette er, at hver væsens hjerne er lidt anderledes. Og den vil reagere lidt anderledes end en anden væsens hjerne. Den grundlæggende opbygning er den samme, men disse positioner, hvor trykpunkterne er i en persons hoved, er lidt forskellige hos hver person. Bare lidt ændret. Den forskellige cellulære struktur og de kemikalier, der går gennem en persons hjerne, vil blive ændret af, hvad den person gør. De stoffer, den person har indtaget, maden den person spiser. Hvis nogen har ramt deres hoved, er der en væske I hjernen, der skal tilpasse sig det. Hvis der er en hjernerystelse osv., osv. Medicinske tilstande påvirker også hjernen. Intoksikanter, der tages ind i den, påvirker strømmen af væsker. Alle disse er faktorer i, hvordan den person vil reagere på den type oplevelse. Det er derfor, nogle har bedre hukommelse end andre. Fordi når energien presses ind i den personens hjerne, vil nogle tilpasse sig det anderledes end andre. Det er derfor, nogle vil huske og have mere hukommelse, og andre vil ikke. Det afhænger også af niveauet af udviklingen af deres bevidsthed. Hvad de er villige til at acceptere og forholde sig til. Mens andre er bange for at komme i kontakt med en oplevelse som den. De er mere tilbøjelige til at skjule den samlede oplevelse fra sig selv, fordi de er bange for at konfrontere den.

D: Så det er meget individuelt.

S: Ja, det er.

D: Men det er interessant, at vi er i stand til at få adgang til disse minder ved brug af hypnose.

S: Det er stimulation af bestemte punkter og celler i hjernen.

D: Er det hukommelsesbanker eller hvad? Jeg har altid været nysgerrig på, hvordan det fungerer.

S: Der er elektriske transmissioner. Det er som om elektriske nerver transmitteres over forskellige dele af hjernen. Der er dele af menneskers hjerner, der opbevarer data, information. Andre dele bruges til kreativitet og manifestation af ideer. Men det er som en elektrisk strøm, der springer over for at nå en anden ende af en tråd. Jeg ved, at fysisk set ville det se sådan ud, hvis du kunne se det.

D: Når en person bliver sat i trance og taget ombord på skibet, producerer det blokeringer i sindet?

S: Blokeringer af bevidsthed for at beskytte den enkelte. En oplevelse som den kan være meget forstyrrende for et væsen, der ikke er vant til at have den type oplevelser. Så ligesom en person, der har, lad os sige, en bilulykke eller har haft en ulykke. Deres hjerne beskytter sig automatisk mod visse typer smerte, som personen vil opleve. Den sætter automatisk det i en anden tilstand af bevidsthed. Det er derfor, nogle mennesker har en ud-af-kroppen oplevelse. Deres bevidsthed forsøger at beskytte sig selv mod den

The Custodians

"gyselige" oplevelse, som du måske ville kalde det, eller "frygten" ved den oplevelse. Den beskytter sig selv på en måde, der ligner en ud-af-kroppen oplevelse.

D: *Det giver mening for mig. Men så kan hypnose gå rundt om disse beskyttelsesblokeringer.*

S: De åbner disse lukkede døre.

D: *Men jeg ved, at det kun sker, hvis personen er villig.*

S: Ja, viljen er det, der holder døren en smule åben.

D: *Hvis de ikke vil huske eller opleve....*

S: Så lukker de det. Folk, der har disse typer fremmede oplevelser, har en forbindelse til dette, ellers ville det normalt ikke ske. Deres ønske er der først for, at en sådan oplevelse skal finde sted. De ønsker at udvide deres bevidsthed. De vil måske ikke indrømme det, men de er klar til den oplevelse, før det vil ske.

D: *Ja, jeg tror på det. — Nå, jeg sætter virkelig pris på alt, hvad du har fortalt mig. Jeg vil gerne have tilladelse til at komme igen og tale med dig. Må jeg gøre det?*

S: Ja. Jeg vil kunne give dig en bedre beskrivelse af tingene med tiden, når hun er mere vant til denne type transmission.

D: *Jeg synes, du har gjort det meget godt i dag.*

S: Jeg er kun lige så småt integreret i hendes energifelt, kun lige en smule. Vi har allerede lavet en aftale om at kommunikere gennem dette køretøj. Vi vil gerne være til hjælp og assistere.

D: *Og jeg takker dig for at lade os tale med dig.*

S: Tak.

Jeg bragte derefter Suzanne tilbage til fuld bevidsthed. Jeg var interesseret i at finde ud af, hvad hun havde oplevet, mens det fremmede væsen talte gennem hende. Jeg tændte båndoptageren igen.

S: Så snart jeg vågnede, huskede jeg at have set et væsen med et hvidt hoved, uden hår overhovedet. Men jeg ser store, mørke øjne. Det stirrede på mig. Virkelig kiggede på mig. Det virkede som om, det kommunikerede med mig på andre niveauer end jeg talte om. Og det udsendte visse ting til mig ud over hvad jeg kunne udtrykke verbalt. Jeg fik en rigtig følelse af nærværet af hans hoved, hvordan det kiggede på mig, mens jeg blev mere bevidst. Der blev helt sikkert lavet kontakt med dette særlige væsen, og der var en meget stærk energi. Jeg føler stadig en del af den energi i mit hoved lige nu.

D: *Men det er en god følelse, ikke?*

S: Det er en beroligende følelse, ja, jeg mener, det føles godt. Men det er meget stærkt, næsten trance-lignende.

D: *Og det er alt, du husker lige nu, var at det stirrede på dig?*

S: Lige nu.

Hun sagde, at dette væsen virkede til at putte en bunke information i hendes hoved og "scanne" hendes hjerne. Meget mere blev indsat, end hun fortalte mig. Da jeg spurgte, hvordan man kunne kontakte ham igen, viste han hende et symbol af en "trekant." Hun kaldte det en pyramide og syntes ikke at vide, hvad det havde for mig. Dette symbol er blevet set i mange bortførelser, normalt ombord på et skib eller på et emblem. Suzanne var ikke bange for denne oplevelse. Hun følte sig ophidset og spændt. Hun havde følelsen af, at det ikke handlede om at give informationen til de "forkerte" mennesker, men hvorfor skulle man give den til nogen, der ikke vidste, hvad de skulle gøre med den. Hun følte noget fysisk, da han sagde, at han "scannede" mig. Jeg følte en prikkende fornemmelse i hovedbunden, som når ens hovedbund er ved at falde i søvn.

Den næste session med Suzanne blev afholdt på den første MUFON UFO-konference i Eureka Springs i marts 1987. Dette var den eneste gang konferencen blev sponsoreret af MUFON. Året efter overtog Lou Farish og Ed Mazur det, og de har kaldt det Ozark UFO-konference lige siden. De primære præsentanter på denne konference var pensionerede militærundersøgere fra de oprindelige Blue Book og Grudge-projekter, så den var rettet mod skepsis og officiel benægtelse af hele UFO-fænomenet. Mere interessante eksperimenter fandt sted væk fra konferencelokalet.

Lou var den eneste person, jeg delte information med om mine spirende sager. Da jeg tog mine første spæde skridt ind i denne type efterforskning, måtte jeg have en, jeg kunne stole på for at diskutere disse sager med og for at sparre med omkring teorier. Lou viste sig at være den person, og han har aldrig forrådt mit tillid i alle de år, vi har arbejdet sammen. Han vidste om den overraskende drejning af min regressionssession med Suzanne. Lou Farish sagde, at han gerne ville

The Custodians

være med i en session og stille spørgsmål, som han havde gjort i andre møder i Fayetteville og Mena. Vi mente, at dette ville være den bedste chance, på denne konference, da alle ville være samlet på ét sted. Mange andre mennesker udtrykte også interesse. Dette ville helt sikkert være en ændring i tempoet fra de timer med officiel benægtelse, vi havde lidt under på konferencen.

Suzanne var naturligvis nervøs for sessionen, fordi hun aldrig havde gjort det offentligt før. Dette bidrog til en ubehagelig situation, da vi gik til motelværelset efter konferencen var slut for natten. Hun blev mere nervøs, da hun så den menneskemængde, der var ved at samle sig. Hun bad flere af dem om at gå. Vi prøvede at gøre det diskret, så de ikke ville blive fornærmede. Der var stadig omkring ti personer til stede i motelværelset. De fleste var efterforskere, jeg havde mødt på de andre møder, men en var John Johnson, en sort psykolog, der senere arbejdede med mig på UFO-sager. I årene der fulgte blev han uundværlig, da jeg famlede mig frem i et felt, hvor der var få eksperter i 1980'erne. Vi lærte alle af hinanden og af vores egne fejl.

John gav indtryk af at være en stille, reserveret herre. Han var ikke meget snakkesalig og sad stille og observerede. Jeg vidste ikke, hvordan han ville reagere på idéen om at kommunikere med en fremmed gennem en pige i trance, og jeg var mere bekymret for, hvad han ville tænke, end de andre, fordi de alle var blevet udsat for den type arbejde, jeg udfører. Men han overraskede mig ved at sige, at han troede på reinkarnation og forstod, hvad der foregik. Han arbejdede med døende patienter på veteranhospitalerne, så han var bestemt inde i den metafysiske måde at tænke på. Jeg blev positivt overrasket og afslappet, mens vi forberedte os på sessionen. Jeg rettede min opmærksomhed mod Suzanne. Jeg var lidt bekymret for resultaterne, da dette var første gang, hun skulle sættes i trance foran så mange mennesker. Jeg havde ingen idé om, hvad der ville komme frem.

Hun var åbenbart også bekymret, fordi hun begyndte at trække vejret dybt i et forsøg på at slappe af. Hun behøvede ikke at bekymre sig, for jeg vidste, at nøgleordet ville gøre arbejdet med lille indsats fra hendes side. Lyset i rummet forstyrrede hende, så vi slukkede det hele og åbnede badeværelsesdøren for at lade lyset skinne ind. Så sad alle stille i et semi-mørkt rum og ventede på, hvad der nu skulle ske. Jeg brugte nøgleordet og tælte hende til scenen, hvor vi havde talt med

245

væsenet, i håb om at finde ham igen. Hvis vi havde held, ville jeg gentage nogle af de spørgsmål, jeg allerede havde stillet, til gavn for de efterforskere, der var i rummet.

D: Jeg vil tælle til tre, og når vi når tre, vil vi være der, tilbage ved den scene. 1, 2, 3, vi er tilbage ved den scene igen. Hvad laver du, og hvad ser du?

Jeg blev overrasket over den befalende tone i stemmen. "Vær specifik!" Det var næsten, som om vi havde forstyrret eller afbrudt nogen. Jeg blev taget på sengen.

D: Vær specifik? Alright. Sidste gang vi talte, prøvede jeg at finde ud af mere om dig og dit fartøj.

Stemningen ændrede sig pludselig, og stemmen blev meget blød. "Hvad vil du vide?" Så højere og næsten utålmodigt: "Hvilken information søger du?"

D: Du fortalte mig, at fartøjet, du er på nu, kun har ét rum. Er det korrekt?
S: Det, du henviste til før?
D: Ja. Eller, hvor er vi nu?
S: Jeg er inde i et fartøj. Jeg er ikke altid på det samme fartøj, som vi har talt om før. Jeg skifter lejlighedsvis. Så nogle fartøjer bruges til forskellige formål.
D: Det fartøj, du er på nu, hvad bruges det til?
S: Hvad du måske vil kalde et "observationsfartøj." Det bruges til at observere. Jeg prøver at kommunikere med hendes bevidsthed. Det er lidt af en tilpasning for hende. Energien er anderledes, og hun prøver at tilpasse sig.
D: Okay. Men husk, ingen skade på køretøjet.
S: Ingen skade.
D: Det tager et stykke tid at vænne sig til det, gør det ikke?

Han ønskede åbenbart ikke at sludre og engage i småsnak, men ville gerne komme til sagen. "Hvad vil du vide?"

The Custodians

D: *Okay. Du sagde, at fartøjet bruges til observation? Hvad mener du med det?*
S: (Maskinelt) At observere, at overvåge væsner. Alle typer livsformer.
D: *Hvorfor gør I dette?*
S: Disse data sendes mange lysår ud over denne planet til en hjemmebaseplanet. Det bliver derefter analyseret af andre væsner der. Jeg sender det bare dertil. Jeg får så meget information som muligt, som jeg er i stand til at kommunikere. Vi har en kommunikationsenhed, der gør det nemt for os at sende information over lange afstande.
D: *Hvilken type enhed er dette? Hvordan er den drevet?*
S: Det er sandsynligvis svært for dig at forstå det fuldstændigt. Vi er meget telepatiske væsner. Vi kan mentalt sende information meget langt, men vi har også en lydenhed. En vibrerende lyd udsendes og sendes. Lyd rejser længere, end du måske har opdaget. Der er måder at sende det længere. Vi har et rør af et metallisk, som du ville kalde det, stof. Den vibrerende lyd bliver skubbet ind i det og skubbet ud gennem det. Det skal fokuseres i en bestemt retning mod en bestemt placering, et bestemt vibrerende punkt, som vi indstiller vores dials på. Og det overføres straks dertil. Der er, hvad du ville kalde, en smule tidsforsinkelse på grund af afstanden. Nogle gange tager det det, du ville kalde "dage", før det faktisk når frem.

Der opstod noget forstyrrelse i rummet, da en af deltagerne begyndte at hoste og rejse sig for at gå ind i det tilstødende rum. Min opmærksomhed blev distraheret.

D: *Og dette drives af lyden, der er rettet ind i det?*
S: Og en besked kodet ind i lyden. Ligesom du har en morsekode, ligner det. Giver det mening for dig?
D: *Ja, det gør det. Selvom vi ikke ville forstå lyden, kan jeg forstå konceptet.*

Dette var samme koncept, som Phil præsenterede i Keepers of the Garden, at nogle fremmede kommunikationer blev sendt over lange afstande ved hjælp af toner.

247

D: *Jeg tror, du fortalte mig før, at der var en pol, en antennelignende enhed på den anden planet? Er det korrekt?*

S: Det er en modtager for disse beskeder. Der er en sender-type pole og en modtager-type — hvad du ville kalde en "flagstang." En meget høj metal-cylinder. Det sendes til den præcise placering, til den præcise vibrerende position. Det er derfor, det ender der og ikke bliver fejlplaceret. Ligesom en antenne modtager en radiotransmission, bruges dette på en lignende måde, som en receptor, der er tunet til den frekvens.

D: *Og du sagde, at informationen blev dekodet i den anden ende og lagt i dine filer? At du holder optegnelser over forskellige livsformer?*

S: Nå, vi holder ikke filer som I gør. Det opbevares i vores, hvad du måske ville kalde, en hukommelsesbank. Den information, når den er der, bliver aldrig glemt. Den kan hentes meget nemt. Vi har ikke behov for at lægge det i en bog. Vi har steder, hvor vi opbevarer forskellige prøver af ting. De opbevares et bestemt sted i, hvad du måske vil kalde, en underjordisk type container, for at beskytte det mod elementerne på vores planet.

D: *Er alle optegnelser om Jorden opbevaret der?*

S: Vi er ikke interesserede i alle optegnelser om Jorden. Vi har hvad vi vil have fra Jorden og mange andre planetsystemer. Vi tager kun det, vi er interesserede i. Vi behøver ikke alt. Vi kan allerede finde ud af mange af livsformerne her. Det er meget nemt for os.

D: *Er det okay, hvis andre mennesker stiller dig spørgsmål?*

S: Jeg vil prøve at besvare dem også, så godt som jeg kan i denne kombinerede energitilstand.

Jeg troede, folkene ville stille spørgsmål højt, som de havde gjort ved andre sessioner, men nogle begyndte at give mig sedler. Det var svært at læse dem i det semi-mørke.

Jeg læste det første spørgsmål: "Hvordan er du i stand til at fysisk bevæge dig over disse enorme afstande?"

S: Der er mange forskellige metoder til overførsel af energi. Elektromagnetisk, tankegang, og andre, der alle opnår det samme mål. I mange tilfælde er der simpelthen overførsel fra en dimensionel virkelighed til en anden. Også er der simpelthen den mentale justering, der tillader, at energien i kontrollen af dem, der styrer dette fartøj, kan gøre, som der bliver sagt. Det er, som i tanketransfer. Du skal blot placere dig selv mentalt i et område for at være der. Når din bevidsthed og forståelse af dine realiteter udvides, vil du se, at din mentale kraft kan have en direkte indflydelse på de fysiske objekter omkring dig. Sådan at når disse objekter resonerer på din identiske mentale frekvens, har du absolut kontrol over det fysiske objekt. Din verden, som den er nu, er lidt spredt i sine frekvenser, sådan at der ikke er to, der resonerer ens. Men når disse materialer er i resonans med den mentale energi, så bliver de også overført med denne mentale energi. De fremstår og forsvinder simpelthen i overensstemmelse med de tankebefalinger, der styrer dem. Du vil hurtigt få den teknologi (til tankedrevne fartøjer). Men på nuværende tidspunkt har rådet ingen måde at tillade jer denne teknologi, før I har udviklet jer til et mere ansvarligt niveau. I har allerede sat hele jeres planets eksistens på spil med jeres atomenergi. I ved ikke, hvad I gør, men I gør det alligevel. Vi vil bede jer om ikke at sætte resten af universet på spil med det.

Jeg læste det næste spørgsmål: *"Hvilken type information indsamler I om mennesker på Jorden?"*

S: Mennesker er specielle og unikke på mange måder. Derfor forsøger vi at hjælpe dem på dette tidspunkt. Vi er også interesserede i planeten selv, de miljømæssige forandringer, der sker på den. Væsenerne er mindre avancerede, næsten dyrelignende til tider, men der er meget håb for disse væsener. De udvikler sig, avancerer hurtigt, med vores hjælp. Vi har arbejdet med Jordens væsener i lang tid. Vi påvirker telepatisk, gennem drømmetilstande, for at hjælpe mennesket med at udvikle sig teknologisk og videnskabeligt. For at komme til det, som mennesker måske vil kalde "emosjonel modenhed." Følelser forårsager stor ødelæggelse for mennesket, indtil han lærer at mestre dem, kontrollere dem. Han skal lære at drive sig selv fremad med sine positive energier, og hvordan han kan omdanne de negative energier. De negative energier er følelser: vrede, jalousi, den slags følelser som du kender. Disse er menneskets undergang. De holder mennesket tilbage fra at udvikle sig. De positive følelser driver ham fremad. Men det kan tage noget tid, før hele planeten når denne erkendelse.

D. *(Læser) Den type væsen, som du er, har du følelser?*
S: Ikke som du gør. Der er en følelse af nærhed mellem vores væsener, når de ønsker at "reproducere." Et væsen vil binde sig til et andet væsen med dette formål. Men vi er ikke hængt op på disse følelser som I er. Der er ikke den samme tilknytning. Vi er mere adskilte, fordi disse følelser kan være en hindring for udviklingen. Det er ikke i vores natur at lade en følelse stoppe os i at udvikle os. Andre rumvæsener er fascinerede af disse følelser, bare fordi de ikke oplever dem på samme måde. De er nysgerrige, men de ser det som næsten en hindring. De tror, det kan være hjælpsomt. Det afhænger af, hvordan du vil bruge disse, hvad du kalder "følelser." Hvis de bruges på en positiv måde, kan de hjælpe væsenet med at udvikle sig. Det er op til den enkelte.

D: *Jeg undrede mig over, om I forstår følelser, som vi kender dem.*
S: Vi observerer dem i andre væsener. Vi forstår nok til, hvad vi har brug for at vide. Men vi ser mennesker som energikanaler, som energi. Der er roterende vortexer i en menneskekrop, der kanaliserer alle forskellige typer af energier omkring ham. Mange væsener er ikke opmærksomme på dette.

Henviser han til chakraerne i kroppen? De tales ofte om som roterende, og de skal rotere eller fungere i harmoni, for at kroppen kan opretholde en sund balance.

S: Men vi mener, der er håb for mennesket. Han er et specielt væsen. Hvis han kan bruge sit potentiale, sine gaver, mere fuldt ud, kan han udvikle sig på mange måder, der vil gavne ham selv og hele universet.

D: *Det lyder meget godt. Er I seksuelle væsener så?*
S: Vi er androgynøse. Begge af os kunne reproducere, med andre ord.
D: *Jeg er nysgerrig på det. Mener du, at I ville tage tur med de forskellige køn, eller har I begge køn i én krop?*
S: Telepatisk i vores tilfælde. Vi projicerer mentalt et billede af, hvad der skal vokse. Det er ikke vækst som i "at blive ældre." Men der

The Custodians

er en hævelse i, hvad vi ville kalde "maveregionen." Det yngre væsen dannes på meget kort tid sammenlignet med, hvad et menneske ville opleve i denne proces. Og når væsenet kommer ud gennem den maveregion, som du ville kalde det, lukker det straks igen. Der er ikke behov for kirurgi eller snit. Det hele gøres mentalt. Væsenerne kommer ud en smule mindre i størrelse. Og så når de en stationær størrelse og forbliver der, så længe atmosfæriske forhold holdes på en bestemt måde.

D: Så I beslutter bare, hvornår I vil reproducere. Det er ikke en automatisk ting.

S: Det er en gensidig beslutning mellem to væsener om, hvilken der vil. Vi kan bytte, så at sige. Det betyder ikke noget. Men vores væsener er meget avancerede i en meget ung alder. Så snart de kan gå, bliver de vist galaksekort og bliver øjeblikkelige stjernesøgere. Det er vores natur. Vi er meget avancerede på dette område.

D: Jeg gætter på, jeg er nysgerrig på følelser. Har I nogen form for følelser overfor de unge, disse børn?

S: Ikke på samme måde som du gør.

D: Har I en plejeinstinkt?

S: Der er en plejeinstinkt, et undervisningsinstinkt, men det er ikke følelsesmæssigt. Det er bare instinktivt for os. Undervisningsinstinktet. At undervise de unge til modenhed. Og vores unge lærer automatisk, hvad de har brug for. Det er indbygget i deres makeup, i min makeup. Det er bare det, du behøver at vide, og udviklingen kommer bare ud. Det er meget nemt. Der er et instinkt til at undervise, at udvikle sig. Der er ikke den plejeinstinktfølelse. Det er ikke det samme. Selvom hvis et af vores væsener bliver såret eller skadet på nogen måde, sendes der en type følelse ud. Det er ikke rigtig en sorg, som du ville kalde det, men der sendes en vibration ud. Der er en længsel efter, at det væsen skal blive helt igen, men det er ikke sorg, som du kender det. Og noget, hvis muligt, vil blive gjort for at hjælpe med at reparere det væsen, hvis det sker.

D: Jeg prøver at forstå, hvordan I er ens og hvordan I er forskellige fra os. Ville I aldrig have negative følelser som vrede? (Nej)

251

The Custodians

Jeg blev givet en anden note: *"Hvad er den mest almindelige type væsen, der besøger vores jord på dette tidspunkt? Et fysisk ekstraterrestrisk væsen."*

S: Humanoide undergruppe af... Jeg kan ikke finde en oversættelig ækvivalent, dog er der undergrupper af den generelle humanoide kategori. Der er mange, der er identiske med jeres fysiske kroppe. Den såning, der blev gjort på jeres planet, var af denne natur. Og der er dem, der er fjernt beslægtede, men meget ukonventionelle efter jeres standarder. Denne type, den fjerne kusine, er den mere udbredte type af visitation. Androids, som I måske kalder dem, er simpelthen arbejdere, der meldte sig frivilligt til denne mission. De fjernede sig selv fra det område, hvor de var programmeret, for at tilbyde deres tjenester til denne "opgave." Jeg tøver med at bruge ordet "eksperiment," da udfaldet allerede er forudset og kendt. Dog, for ikke at kalde det en "mission," da flertallet af arbejdet... Jeg finder, at jeg må stoppe denne diskussion. Jeg bliver fortalt, at der opstår en misforståelse af hensigten bag den valgte retning. De givne oplysninger er blevet misforstået som aggressive og ikke hjælpsomme. Vi ville ikke ønske at fremme ideen om, at vi kommer som erobrere, men som hjælpere.

D: *Du nævnte, at udfaldet allerede var kendt. Kan du fortælle os, hvad du mener med det?*

S: Det ultimative udfald, ikke de individuelle og personlige udfald, som hver af jer skal skabe på jeres egen måde.

D: *Hvad er det ultimative udfald?*

S: At hæve menneskeheden til et universelt bevidsthedsniveau. At være brødre med stjernemenneskene, og ikke underkastede eller underordnede.

D: *Hvordan ser disse androids ud?*

S: De, som I har beskrevet som grå i udseende og små i statur, er typiske. Øjnene, selvfølgelig, er de mest fremtrædende, simpelthen fordi de er de kommunikative receptorer.

D: *Fungerer deres øjne på samme måde som menneskers øjne?*

S: På en måde. De ser, men de opsamler meget mere af det, I kalder jeres synlige lysspektrum. Inklusive infrarøde og ultraviolet områder.

D: *Har deres øjne pupiller og fungerer de på samme måde som vores?*

The Custodians

S: Ikke på den måde, at de fokuserer og fanger lys. På den måde er de forskellige. De modtager, men deres metode til at modtage er baseret på et andet princip her.

D: *Har de øjenlåg?*

S: Ikke på den måde, at de dækker. Ikke som du ville sige, at dine gør.

D: *Har de et lignende respiratorisk system som vi har?*

S: De er kun ens i den forstand, at de bruges til at analysere, ikke til at fordøje eller ventilere.

D: *Er der noget med fødeindtagelse for kroppen blandt disse væsener?*

S: Ren mental energi er tilstrækkelig. De har ikke brug for fysisk føde for at opretholde sig. De er energivæsener, der kan opretholde sig på ren energi.

D: *Så dette er, hvad vi refererer til som evigt liv.*

S: Ikke så meget, for kroppene bliver opløst efter at deres brug er udløbet.

D: *Så de forbruger ikke noget, som et menneske ville?*

S: Ikke i den grove fysiske forstand.

D: *Hvad med osmose? Du sagde, de var energivæsener. Ville de assimilere gennem osmose?*

S: Der er assimilering. Analyse af forbindelser, og måske reparation af visse anomalier, der måtte opstå. Dog, som fødeindtagelse, får de mere energi fra energikilder end fra fordøjelses- eller respirationsfunktioner.

D: *Mener du som elementer, der er til stede i atmosfæren? Eller hvilken type energi ville de leve af?*

S: Mental energiføde.

D: *Ville de trives på følelser?*

S: Der er ingen følelsesmæssig indhold her. Disse kaldes androids, der er følelsesløse, men responsiv overfor mental energi.

D: *Jeg mener, ville de trives på følelser, der udsendes af andre?*

S: De ville blive påvirket, men ikke opretholdt.

D: *Er disse væsener underlagt nogen lidelser, der begrænser deres levetid?*

S: Der er ingen, vi kunne relatere til. Dog er der dem, der i den rette kontekst kunne være invaliderende.

Spørgsmålene blev givet til mig i grupper, og jeg forsøgte at organisere dem i det svagt oplyste rum.

The Custodians

D: Hvordan produceres disse væsener? Bliver de klonet, fremstillet eller hvad?

S: Der er en proces i den centrale del af … for at bruge en analogi, er det noget, der ligner det amt eller måske stat, hvor jeres politiske system findes. En proces tildelt den planet, som holder opholdssted for de energier, der er af den guvernøriel natur. Processen er en blanding af både fysiske og mentale energier, sådan at denne fysiske konstruktion derefter gives mental responsivitet. Ikke for at sige mental identitet, dog en mental responsivitet, der gør det muligt for denne fysiske skabelse at reagere på mental stimulering. Disse androids er responsive overfor jeres mentale energier, men de tager stadig ordrer eller er underordnet dem, der leder den pågældende operation, hvor man ville finde dem. De er tjenere.

D: Bliver de klonet, eller fremstillet på en eller anden måde? Lavet af en anden individ?

S: De er både, i den forstand, at mental energi gives af livskræfter. Dog er de på en måde fremstillet, i den forstand at processen er mere en samling end vækst. Dog er der levende eller livskraft i disse enheder, selvom de er elementer eller maskiner.

D: Kommunikerer androids med mennesker på Jorden?

S: Jeg ønsker at præcisere, at de kommunikerer, ikke med jordboere, men med dem, der er deres overordnede. Et menneske ville ikke styre operationen direkte. Dog reagerer de på menneskelige følelser, men ikke i den grad, at de interagerer med intellektet.

D: Hvem er deres overordnede?

S: Dem, der er ansvarlige for den pågældende mission, hvor der er en interaktion. Dog er der elementer af bevidsthed langt over og ud over selv det. Det er som om universets herrer sender disse underordnede ud, der så deltager i enhver mission, der ønskes, og derefter rapporterer tilbage. Meget ligesom jeres militære struktur.

D: Forstår de menneskelige følelser?

S: Det er korrekt. De er empatiske.

Et andet spørgsmål: "Har disse androids evnen til at reproducere andre androids?"

The Custodians

S: Det er ikke korrekt. Androids ville ikke være i stand til at reproducere sig. De er ikke selvopretholdende i naturen. De er simpelthen skabninger, der gennem en bindingsproces får en livskraft, der reagerer med og er empatisk overfor den livskraft, de kommer i kontakt med. De er dog ikke reproduktive.

D: Er der andre væsener på disse fartøjer sammen med androids?

S: Selvfølgelig. Der er mange, der er i mange forskellige former, men de behøver ikke nødvendigvis at være det.

D: Er de mere som os? Skal de have føde og ...

S: Det er korrekt.

D: Hvad ser disse typer væsener ud? De mest almindelige, der følger med disse androids?

S: De er også humanoide i udseende, og dog er de ofte uobserverede. De er måske, ser men bliver ikke set. De er ikke let synlige for dem, der tages ombord.

D: De afslører sig normalt ikke for personen, mener du?

S: Det er korrekt.

D: Hvis de tager føde, hvad type ville det så være?

S: De elementer og mineraler, der ville være nødvendige for deres kropsfunktioner, gives i væskeform.

D: Dette ville ikke være i form af fast føde, som vi kender det?

S: Ikke af samme type, som I selv ville opretholde jer med.

D: Er der nogen elementer eller noget på Jorden, som disse væsener kræver? Som de skal få fra Jorden?

S: Der er energielelementer, ikke så meget de fysiske forbindelser selv. De energier, der er udbredte på jeres planet. De spirituelle aspekter af elektricitet og vand er eksempler.

D: Jeg undrede mig over, om de behøver noget som vand.

S: Ikke i den forstand, at de behøver vandet, men energien, som vandet simpelthen er en oversættelse af.

D: Er dette grunden til, at de er blevet set omkring kraftstationer?

S: Muligvis, men ikke nødvendigvis. Der kunne være mange grunde til, at de ville være omkring kraftstationer. Observationer. Manipulationer. Eksperimentationer.

D: Er der store mængder af planetens beboere, der gennemgår en form for kontakt eller kommunikation med disse væsener?

S: Vi vil sige, at ja, der er mange, der har meldt sig frivilligt til dette.

255

The Custodians

D: Hvorfor tager disse væsener mennesker ombord på deres fartøjer? Hvad er formålet bag det?

S: I skal forstå, at jeres ophold på denne planet ikke var, som nogle føler, en tilfældighed. Ej heller var det, som andre føler, nøjagtigt ifølge det, der kaldes jeres Bibel. Det vil sige, at Gud skabte mennesket i sit eget billede, som det forstås fra et noget fundamentalistisk synspunkt. Vi vil bede jer forstå, at menneskets eksistens på denne planet blev givet af dem, der nu vender tilbage for at undersøge frugterne af deres arbejde, som man måske siger.

Folk prøvede at stille mig spørgsmål i en hvisken. Det afledte mig et øjeblik. Væsenet hørte dette.

S: Og hvad er spørgsmålet?

D: Du sagde, at I bruger jeres skib til scouting, scoutet I også andre planeter?

S: Andre planetsystemer, i dette solsystem og i andre solsystemer.

D: Har I nogensinde opdaget noget intelligent liv indenfor vores solsystem, bortset fra Jorden?

S: Åh, ja. Der er dimensionelle væsener. Nogle væsener vibrerer meget hurtigt. I kan ikke se dem med hvad I kalder "fysiske øjne", men de er der. Nogle af dem kan være meget højt udviklede. Og nogle af dem eksisterer endda på jeres planet, som I ikke er fuldt ud klar over. Der sker mere på nogle planeter i livsformer, som I ikke kan se med de fysiske øjne. Hvis I var i en lignende dimensionel rækkevidde, ville I være mere opmærksomme på det. Ligesom mit fartøj fortæller mig, var der i aften diskussioner om muligheden for liv på planeten, hvad I kalder "Mars."

D: Er der liv der?

S: Ja, mere end én type. Der er intelligent liv der. De livsformer der er avancerede der, er i former af lysvæsener. Der er forskellige grader af lys, der reflekteres i dem. De kommer som lysglimt. Det er derfor de ikke altid er synlige for, lad os sige, et væsen af jeres type. Når de ønsker at manifestere sig i en mere lysform, kan de gøre det. Hvis de ikke ønsker at blive set, er det også muligt.

D: Så de har ikke en fysisk krop som vi har.

S: Nej, men der er en dyreform, der er mindre udviklet end dem. Den dyrelige livsform er der med et formål. Det hjælper med de – ord

The Custodians

– de stoffer, som planeten er lavet af. Deres kroppe er lavet til at tilpasse sig de miljømæssige forhold der uden at dø. De er dog ikke den avancerede livsform der.

D: *Er dette en kulstofbaseret livsform?*

S: Ja, der er et kulstofholdigt stof i hvad I ville kalde "atmosfæren." Det er en blanding af de atmosfæriske kemiske typer ... kemikalier – ord.

D: *Ja, ordene er altid svære. Jeg har fået at vide mange gange, at dette sprog er utilstrækkeligt. – Jeg har et andet spørgsmål. Har de udenjordiske nogensinde forsøgt at kontakte mennesker i magtpositioner på Jorden?*

S: Åh, ja, mange gange. De har forhandlinger, der har pågået i mange år.

D: *Hvem har de forhandlet med?*

S: Det har været med regeringslederne. Det har altid været med regeringene.

D: *Hvad lovede de udenjordiske i bytte som et bytteforhold?*

S: Nogle gange forhandlede regeringerne om information om energi, information om medicin, information om udenjordisk aktivitet, information om forsvundne astronauter.

D: *(Forbløffet) Forsvundne astronauter?*

S: Mange er blevet tabt.

D: *I vores tid, i vores 20. århundrede?*

S: Siden 1960 er mange blevet tabt.

D: *Hvordan blev de tabt?*

S: De blev sendt ud i rummet, og på grund af fejl i mekanikken af disse primitive fartøjer, kunne de ikke vende tilbage til Jorden. Nogle døde i fartøjet. Andre flød meningsløst, indtil de blev opsamlet af andre skibe og taget til andre steder for undersøgelse. Nogle gange blev disse individer tilladt at vende tilbage til Jorden gennem disse forhandlinger.

D: *Var de i live på det tidspunkt? (Ja) Men vi, offentligheden, tror, at vi har vidst alt om alle flyvningerne.*

S: Nej. Der har været meget hemmelige flyvninger, både i USA og Rusland. Andre lande har også eksperimenteret: Japan, Kina, England, Canada. Alle de såkaldte "udviklede" lande har sendt fartøjer.

The Custodians

D: *Vi troede, det kun var de store lande, som USA og Rusland. Mener du, at disse andre lande også har rummissioner og steder, hvor de kan opsende rumfartøjer fra?*
S: På et eller andet tidspunkt har de eksperimenteret. Mange har stoppet, fordi de havde tabt mange og frygtede offentlig opstandelse.
D: *Så de har rumstationer i disse forskellige lande?*
S: I deres militære installationer, ja.
D: *Men hvis nogle af mændene blev tabt, ville jeg tro, at vi ville have vidst det.*
S: Nej, på grund af frygten for at blive stoppet. Og mange gange vidste de ikke, hvor disse mennesker var. De vidste ikke, om de var i live.
D: *Ville ikke de mænd, der blev bragt tilbage, fortælle folk?*
S: Nej, fordi de huskede det ikke.
D: *De huskede ikke flyvningen og at være bragt tilbage af de udenjordiske?*
S: Nej. Det blev aftalt, at hvis de skulle returneres, ville al viden blive beskyttet ved at forstyrre deres hukommelsesbank.
D: *Blev dette forstyrret af de udenjordiske?*
S: Ja. Det blev anset for, at folk på denne planet ikke var højt udviklede nok til at vide, hvor nogle af disse planeter er, og om teknologien. Vi ønsker ikke uopfordrede besøg på dette tidspunkt.
D: *Men du sagde, at regeringsembedsmændene vidste om dette. En del af bytteforholdet var at vide, hvad der skete med astronauterne?*
S: Ja. De blev fortalt, at vi havde dem, og at vi ville eller ville ikke returnere dem. Det er omfanget af deres viden.
D: *Så de udenjordiske holder styr på vores rummissioner.*
S: Bestemt.
D: *Og du sagde, at disse forhandlinger og bytteaftaler stadig foregår, selv nu?*
S: Bestemt.
D: *Får de udenjordiske noget til gengæld?*
S: Vi har adgang til naturlige materialer, som vi har brug for, som er almindelige her, men ikke findes så let på andre planeter. Og... nogle gange tager vi mennesker for at studere dem.
D: *Hvordan får I fat i disse mennesker?*

The Custodians

S: I forhandlinger med regeringene. De tillader os at tage nogle.

D: *Fortæller de jer, hvem I skal tage? (Ja) Hvorfor skulle de have beslutningsret over det? Kunne I ikke bare tage, hvem I ville?*

S: Åh, ja, men vi er enige om at tage dem, de vælger.

D: *Jeg undrer mig over, hvordan de beslutter, hvem der skal tages.*

S: I starten var det uønskede, og vi besluttede, at vi havde fået nok af dem.

D: *Hvilken type betragtes som uønskede?*

S: Militærpersonale, der ikke opnåede det forventede, eller disciplinproblemer. Dette gav os også nogle bekymringer, så vi tager ikke disse individer længere. Nu er dem, der tager med os, frivillige for en begrænset periode. Tiden aftales, før de bliver taget.

D: *Mener du, at de, som I kaldte "uønskede," skabte disciplinproblemer?*

S: Ja. De var ikke særlig samarbejdsvillige.

D: *Nå, dem der går nu som frivillige, er de alle militærpersonale?*

S: Nej. Nogle er fra medicinens verden, nogle er fra det videnskabelige samfund, som også ønsker at lære og eksperimentere. De frivillige ved, at når de vender tilbage, skal al viden forblive hos os.

D: *Så når de vender tilbage, husker de ikke? (Nej) Kan de forklare den tid, de har været væk?*

S: Generelt bliver det fortalt, at de er taget på sabbatical.

D: *Generer det dem, at de ikke kan redegøre for det, i deres eget sind, når de kommer tilbage?*

S: Nogle gange gør det. Men de regner med, at de inden for de næste tyve år vil huske det.

D: *Ligesom en tidsfrigivelsesmekanisme? (Ja) Nå, de "uønskede," der blev taget, blev de også bragt tilbage?*

S: Nogle blev bragt tilbage, nogle blev ikke.

D: *Jeg undrer mig over deres familier. Hvis de pludselig forsvandt, hvordan ville det så blive forklaret?*

S: De fleste havde ingen familier, eller var allerede fremmedgjorte.

D: *Er det derfor, de blev valgt? (Ja) Men de, der går nu, er frivillige. De bliver ikke taget imod deres vilje.*

S: Det er korrekt.

The Custodians

D: Jeg synes, det er vigtigt. Men det er stadig i samarbejde med regeringen? (Ja) Der har været snak om underjordiske baser, især nogle i USA. Ved du noget om det?

S: Der er mange baser, både underjordiske og overjordiske, som I ikke ved noget om.

D: Jeg har fået at vide, at i nogle af disse baser arbejder de udenjordiske sammen med regeringen.

S: Det er korrekt. Vi forsøger at netværke vores indsatser og være åbne med vores viden, forudsat at det er til det rette formål. Indtil nu har det været holdt meget hemmeligt, fordi regeringen har følt, at den generelle befolkning ikke var forberedt på at acceptere realiteten af et sådant netværk. Inden for de næste to, måske tre årtier, vil alt dette blive almindelig viden.

D: Kan du fortælle mig, hvad de hovedsageligt arbejder på sammen i disse baser?

S: Rumrejse, energisystemer, medicinsk teknologi. Madopbevaring og -forberedelse, supplementering af fremstilling.

D: Det er alle gode ting. Man skulle tro, de ikke ville have noget imod, at offentligheden vidste om dem. Bliver de mennesker fra den medicinske og videnskabelige verden, der går nu frivilligt, forsynet med information, eller giver de information til de udenjordiske?

S: Begge dele.

D: Begge veje. Der har også været rygter om, at i nogle af disse underjordiske baser blev genetiske eksperimenter udført.

S: Ja, af det medicinske samfund, og også af andre væsener. Dette har altid været af interesse for andre livsformer.

D: Er det regeringerne, der hovedsageligt udfører disse eksperimenter? Hvis de er, hvis idé er det?

S: Det var oprindeligt de udenjordiske. Rumvæsenerne har altid haft interesse i dette område, fordi de har været involveret i det så længe. Menneskeracen er kun optaget af udviklingen af et overmenneske. Dette er ikke altid i overensstemmelse med rumvæsenernes mål.

D: Er det derfor, regeringen gik med til disse eksperimenter? De forsøger at skabe en super race?

S: Ikke helt. Det er kun én del af det.

The Custodians

D: Nå, hvad ville så formålet være for vores regering at være involveret i genetiske eksperimenter?

S: Nogle håber at finde svar på genetiske problemområder. Hvorfor de opstår, hvordan man forhindrer dem. Og når de opstår, om de kan ændres.

D: Det er en god idé. Hvad med skabelsen af en super race? Er det i gang?

S: Mange ville gerne se det fortsætte. Dog har det ikke gået særlig godt, på grund af frygten fra mange involverede på Jorden, at det ville komme ud af kontrol. Deres fokus på dette tidspunkt er mest på genetiske svagheder og hvordan man eliminerer dem.

D: Er det udenjordiske væseners største bekymring?

S: Nej. De vil gerne skabe højere niveauer af væsener, der er i stand til en række præstationer.

D: Det virker som om en super race af mennesker ikke ville have følelser, eller har jeg forstået det korrekt?

S: Følelser er en overvejende menneskelig egenskab, ikke relevant på andre planeter. Dette er et af de områder, vi studerer.

D: Så de udenjordiske er mest interesserede i at udvikle en ny type menneskeslægt? Du sagde en højere slags væsen, ikke nødvendigvis en super race.

S: Det er korrekt.

D: Der har været snak om de underjordiske baser, at de skabte monstre: meget forfærdelige hybrider eller afvigelser. Ved du noget om det?

S: Nogle gange sker der ting, og hvad der er forfærdeligt, for at bruge dit udtryk, for én art er skønhed for en anden. Når du begynder at kombinere arter i genetiske eksperimenter, vil du altid få variationer.

D: Ideen lyder ret frastødende for os. Men ville disse forskellige arter have en sjæl, en ånd, som vi kender det?

S: Nogle har, nogle har ikke. Det afhænger af, hvor de kom fra. Hvis de er genetiske mutanter, robot-lignende af natur, har de ingen ånd. De er strengt genetisk skabt. Hvis deres kilde derimod var åndelig af natur til at begynde med, vil resultatet af dette have en åndsfunktion.

D: Hvad med intellektet? Er dette at skabe et andet arbejder-race, eller er de intelligente som mennesker?

261

The Custodians

S: Der er igen mange arter, der bliver eksperimenteret med. Nogle er robot-lignende, der ikke har et intellekt. Og nogle er meget høje i intellektuel præstation.

D: Hvad vil der til sidst ske med disse væsner eller disse forskellige arter, der bliver skabt?

S: Nogle er allerede blevet taget væk til andre planeter, som er mere åbne for naturen af disse ting.

D: Vil nogen af dem nogensinde blive sat på Jorden? (Nej) Så regeringen kender disse eksperimenters formål? (Ja) Så regeringslæger og videnskabsmænd samarbejder også med dette?

S: Nogle er. Ikke alle. En udvalgt håndfuld.

D: Og dette er en af de ting, som de udenjordiske har forhandlet om. At tillade regeringen at få viden om disse eksperimenter, og til gengæld får de udenjordiske de naturlige materialer, de har brug for.

S: Korrekt.

D: Det er utroligt, hvordan regeringen kan holde alt dette hemmeligt for befolkningen.

S: Det er meget godt skjult, og det er blevet forstået tidligere, at kun meget få ville have viden om disse forhandlinger.

D: Hvad med præsidenten for vores land, USA? Ville han vide noget om dette?

S: Nogle ved det, andre gør ikke. Det afhænger af deres personligheder.

D: Jeg undrede mig over, hvordan de kunne holde disse baser skjult, med militærpersonale, uden at præsidenten vidste noget om dem og deres funktioner.

S: Nogle gange er præsidenten den sidste til at vide noget.

D: Så baserne er bevogtede, og militærpersonalet og pengene kommer fra andre budgetter eller noget?

S: Det er korrekt.

D: Jeg går ud fra, at de er godt bevogtede. Er det sandt?

S: På sin måde. De er ikke bevogtede som du måske forestiller dig. Der er ingen våben eller missiler. De er bevogtede på andre måder.

D: Nå, vi har hørt om en i Nevada, der har mange bevæbnede vagter, militærpersonale, og ingen må komme tæt på. Er det en af disse steder? (Jeg tænkte på det berygtede Area 51.)

S: Nej, det er noget andet. Det er udelukkende en militær operation.

The Custodians

D: *De udenjordiske er ikke involveret i det? (Nej) Det virker som om, at militærpersonale og vagter ville tiltrække opmærksomhed. Er det det, du mener?*

S: Ja, men vi er ikke involveret i militære aktiviteter.

D: *Vi blev fortalt, at nogle militære våben, som stealth bombere, kom fra udenjordisk teknologi. Det blev givet til os. Er det sandt?*

S: Delvist. Teknologien blev hovedsageligt givet til rejseformål. Den var ikke beregnet til at blive brugt som et militært køretøj.

D: *Jeg forstår. Kan du se, hvad militæret eksperimenterer med på basen i Nevada, som har gjort, at den er så stærkt bevogtet?*

S: Militæreksperimentet er at øge hastigheden på transportkøretøjer til militæret. Også dets våben og dets evne til at beskytte mod angreb fra fjendtlige soldater.

D: *Fjendtlige hvad?*

S: Fjendtlige personer.

D: *Men på nuværende tidspunkt tænker vi, at vi ikke har fjender at forsvare os imod. Hvorfor skulle der være en grund til at fortsætte med militære eksperimenter?*

S: Der er altid dem, der har magten, som ønsker magt over andre racer og mennesker. Og til dette formål er de dedikerede til udviklingen af mekanismer, der vil gøre det muligt.

D: *Ved den nuværende præsident om denne militærbase i Nevada? (George Bush i 1987.)*

S: Ja, det gør han.

D: *Så hvis det har noget at gøre med militærforsvar, ville han vide noget om det.*

S: Det er korrekt.

Når denne bog blev skrevet i 1998, blev Area 51 stille og roligt lukket. Var det på grund af al den uønskede opmærksomhed fra offentligheden og medierne?

D: *Det virker som om, der sker mange ting, som den gennemsnitlige person ikke ved noget om. Er det okay, at jeg fortæller folk, hvad du har fortalt os i dag?*

S: Det vil være okay, fordi inden for de næste tre årtier vil det blive almindelig viden. Det håbes, at der kan dannes en alliance med menneskene på denne planet, så vi kan komme og gå som venner.

The Custodians

– Mit køretøj er ved at afslutte transmissionen. Jeg mærker, at flere har spørgsmål. Men det skal afsluttes ret hurtigt. Hun er træt.

D: *Okay. Vi vil ikke gøre noget, der får hende til at føle sig ubehageligt tilpas. – Nogen vil gerne vide, er der andre steder, udover Jorden, der har menneskelignende væsener, som du har fundet?*

S: Jeg beskrev dem for dig i vores sidste session. Flydende livsformer. Flydende væsener, der kan tage mange former. Meget avancerede væsener. De kan blende ind i mange planetariske civilisationer ved at få sig selv til at fremstå som de væsener, der er til stede der. De kan tage menneskeskikkelse, de kan tage rummandskikkelse, de kan tage mange former. Det er det nærmeste menneskelige form, jeg tror, du vil komme i kontakt med på denne planet.

D: *Hvad med andre planeter? Er der andre menneskelignende væsener på andre planeter, som du har fundet?*

S: Der er en anden planet. Den har en lignende menneskelig form, men ikke helt så avanceret, på grund af miljøet der. Det tager længere tid for dem at udvikle sig. Lignende menneskelige træk, men deres natur er forskellig fra væsenerne her.

D: *Jeg tror, der kun er et par flere spørgsmål. Kommer nogle af væsenerne og/eller tilknyttede fartøjer fra eller rejser de gennem eller inde i planeten Jorden?*

S: Det er korrekt. Der er området, der er delvist under din Mexicanske golfkyst, som på nuværende tidspunkt er beboet af de, der stammer fra Atlantean afstamning. Der er også området under din Antarktiske cirkel, som er beboet af de, der er interdimensionelle i naturen.

D: *Er planeten som vores videnskabsmænd opfatter den indeni?*

S: Det er en solid kerne med en flydende mantel. Dog ikke en kontinuerlig solid mantel.

D: *Er Jorden hul?*

S: Det er ikke korrekt.

D: *Er der store områder inde i planeten, der er hule, og som kan opretholde en stor civilisation?*

S: Ja. Selvom ikke store i forhold til Jordens samlede volumen. Store i den forstand, at de er store i forhold til dine afstande.

D: *I de områder, du nævnte?*

The Custodians

S: Ja. Der er andre. Dog er disse store i den forstand, at de på nuværende tidspunkt spiller en mere fremtrædende rolle i dine oprør.

D: Sagde du, at køretøjet er blevet træt?

S: Ja. Jeg kan være til hjælp, når jeg bliver kaldt på. Jeg er kommet for at kommunikere data for at hjælpe menneskets fremskridt. For at løse uløste spørgsmål, som mennesket måtte have. Dette vil ikke blive påtvunget nogen. Hvis du ønsker mere information, kan du kalde på mig. Jeg vil være til hjælp og kommunikere information til dig. Telepatisk, hvis nødvendigt, for at hjælpe med din udvikling.

D: Okay. Jeg værdsætter det, og jeg vil viderebringe det til andre, og det vil kun blive gjort af gode, positive grunde.

Da Suzanne kom ud af transe, havde hun ubehag i maveområdet. Hun sagde, at hun ikke rigtig følte sig kvalm, men mere som om der var meget energi, der virrede rundt indeni hende. Der var en healer til stede, og han arbejdede på hende. I vores andre sessioner, når Suzanne kom ud af transe, følte hun sig altid fantastisk og vågnede ofte op og lo. Da dette var første gang, det skete, tænkte jeg, at det kunne have noget at gøre med nervøsiteten, hun følte før vi startede sessionen. Der var mange mennesker i rummet, og hun kunne have opfanget deres energi, da hun var i en følsom tilstand. Også, vi havde brugt denne væsens energi to gange inden for en uge. Det kunne have været for meget at gøre så hurtigt. Det kunne tage længere tid for hende at vænne sig til at kanalisere denne type energi. Jeg troede virkelig, det var en kombination af mange faktorer.

Da Suzanne var i en dyb trance, var hun ikke opmærksom på, at der foregik andre ting i rummet under sessionen. Det blev forårsaget af nogle af undersøgerne, som nægtede at tage denne type undersøgelse seriøst. Som et resultat af forsøgene på at gøre nar af hende med snedige bemærkninger (som ikke er inkluderet her), besluttede jeg at stoppe denne type spørgsmål. Jeg troede, det ville være en metode til at indsamle information til forskning og studie, men jeg indså snart, at undersøgerne i 1987 ikke var klar til dette. Nogle af dem havde endnu ikke tilgået emnet fra den metafysiske vinkel. Jeg kom til at indse, at medmindre en efterforsker forstår metafysik, vil de aldrig begynde at forstå den komplekse natur af

The Custodians

UFO'er og udenjordiske væsener. Det hele er sammenkoblet, og kan ikke adskilles, selvom de "tekniske" typer fortsætter. Jeg antager, der er plads til alle typer undersøgere på dette område. Vi holder alle små brikker af puslespillet. Vi kan ikke antage, at vores lille brik er hele puslespillet. Der er for mange nuancer og variationer, så vi må lære at arbejde sammen.

De fleste mennesker gik, men et par af os blev og talte indtil efter klokken et om morgenen. Suzanne tog et brusebad omkring dette tidspunkt og kaldte mig derefter ind for at se på hendes fødder. Da hun kom ud af badeværelset, lagde hun mærke til, at hendes fødder var dækket af store røde pletter. Misfarvningen var kun på fødderne og strakte sig ikke op over hendes ankler. Det var allerede begyndt at falme tilbage til den normale hudfarve. Ingen vidste rigtig, hvordan det kunne forklares, medmindre det havde noget at gøre med den udenjordiske energi. Det kunne også have relateret til den nervøsitet, hun følte, før sessionen begyndte.

På det tidspunkt vidste jeg ikke, at jeg i de kommende år ville få andre sager, hvor kroppen ville blive påvirket af en slags lignende energi. Jeg blev snart klar over, at den menneskelige krop er i stand til at gøre mange ting, som kroppen ikke burde kunne gøre, når man arbejder i de dybeste trance-tilstande. Den vigtigste grundregel at huske, når man arbejder med denne type, er "Gør ikke skade!" Men man skal hele tiden være forberedt på det uventede.

Jeg havde ikke flere sessioner med Suzanne. Dette havde været interessant for hende, men hun betragtede det som en mærkelig nysgerrighed og ønskede ikke at opfordre til kanaliserende af udenjordiske væsener. Hun gik på handelsskole og var mere interesseret i at finde et job. Jeg respekterer altid mine deltageres ønsker, så jeg fortsatte ikke med det. Jeg behøvede ikke at bekymre mig, for nu hvor direkte kontakt var etableret med væsener fra en anden verden, ville det fortsætte. De havde fundet en villig lytter, og kommunikationen ville fortsætte gennem andre midler. Jeg havde åbnet døren til et nyt eventyr.

Jeg synes, det er bemærkelsesværdigt, at alle de sager, der er rapporteret i denne første sektion (og sager, jeg ikke har inkluderet), følger et genkendeligt mønster. De samme karakteristika gentages over hele verden. Der er en redundans, der ikke kan fantasere, især fordi de fleste af de involverede ikke var bekendt med UFO-

The Custodians

litteraturen. I 1980'erne, da de fleste af disse blev undersøgt, blev der ikke udgivet mange bøger om emnet. Og selv de bøger, der var på tryk, fokuserede ikke på de facetter, jeg har afdækket. Såsom: lignende typer væsener, der oftest ses, lignende typer rumfartøjer, lignende procedurer udført af de udenjordiske, lignende motiver og den gentagne historie om planetens befrugtning. Disse ligheder giver historierne validitet, fordi der ikke kunne have været nogen mulig samarbejde mellem deltagerne. Desuden, mens andre undersøgere og publikationer rapporterede den udenjordiske dagsorden som negativ og ond, rapporterede mine sager konsekvent et velvilligt væsen. Selv videnskaben anerkender, at når et eksperiment gentages, og resultaterne er de samme, er dette den pålidelige bevis, de kræver for at fastslå validitet. Mest vigtigt er det, at de mennesker, der er beskrevet i denne bog, ikke ønskede offentlig opmærksomhed eller berømmelse. Det modsatte var tilfældet, de søgte anonymitet, og for at respektere deres ønsker blev deres navne og erhverv ændret, så de kunne fortsætte med at leve deres liv i privatlivets fred.

The Custodians

SEKTION TO

The Custodians

KAPITEL 8
Kontakt med et lille gråt væsen

Jeg besluttede at sætte denne del af undersøgelsen i et separat afsnit, fordi det var et kontinuerligt arbejde med ét emne, Janice S. De andre sager gav værdifuld information, der ledte mig fra de simple sager i UFO-undersøgelser til de mere komplekse. Mit arbejde med Janice tog en anden drejning. Det resulterede i direkte kommunikation med de udenjordiske selv. Den information, de gav over en periode på tre år, tog mig dybere og dybere ind i komplekse teorier og forklaringer, som ville have været umulige for mig at forstå i de tidlige dage af mit arbejde. Jeg har altid vidst, at jeg aldrig vil få mere, end jeg kan håndtere på det tidspunkt. Hvis informationen er for radikal eller for meget en afvigelse fra normen, er der tendens til at ignorere den eller skubbe den til side som noget, der ikke giver mening. Hvis informationen gives langsomt eller i små doser, er det lettere at udvikle en ny tankegang om dette fænomen. Så det, der tidligere var umuligt at forstå, begynder gradvist at give en mærkelig form for mening, selvom det bøjer sindet og får os til at tænke i en helt ny retning.

Det er, hvad der skete med mit arbejde med Janice. I begyndelsen fulgte det samme retning som de andre sager, selvom det gav ny information. Derefter begyndte det at flyde ind i områder, der var så komplekse, at jeg besluttede at udelade det hele i denne bog. Denne bog var allerede større end de fleste bøger, jeg skriver. Men da det kom til valg af at skære materiale for at reducere størrelsen, blev valgene svære. Som undersøger betragtede jeg alt materialet som værdifuldt, da det gav ny indsigt. Men som sessionerne med Janice fortsatte, forlod de området for UFO'er og gik ind i områder med forskellige dimensioner og komplekse teorier om tid og parallelle universer. Jeg arbejdede allerede på en anden bog om disse emner, Convoluted Universe, så jeg traf beslutningen om at flytte nogle sessioner til den bog, så læseren ikke ville blive helt forvirret og overvældet. Når læseren er klar til den næste bog, vil deres sind måske også være klar til at forstå de involverede teorier.

The Custodians

Da jeg først kom i kontakt med Janice i 1989, havde jeg allerede arbejdet med UFO- og mistænkte abduktionssager siden 1987. I de tidlige dage rejste jeg lange afstande for at arbejde med sager, og jeg prøvede at arbejde med alle, der anmodede om en session. Det er ikke muligt nu. Min tidsplan er så hektisk med foredrag og rejser til konventioner, seminarer osv., at jeg ikke længere har tid til at rejse bare for at arbejde med én person. Jeg har ikke længere den luksus. Jeg samler stadig information, men ikke på den langsomme måde, som jeg gjorde i de tidlige dage af mit arbejde.

I sommeren 1989 var min første bog, Conversations With Nostradamus, Volume I, udgivet, og jeg rejste til Little Rock for at give mine første foredrag om Nostradamus' profetier. Mange mennesker anmodede om sessioner af nysgerrighed, og da de fandt ud af, at jeg også lavede hypnose for abduktionssager, modtog jeg anmodninger om det også. Da jeg vidste, at Lou var interesseret, forsøgte jeg at planlægge så mange UFO-sager som muligt, når jeg tog til Little Rock. Janice var en af dem, en kvinde, der henvendte sig til mig efter mit første foredrag og sagde, at hun gerne ville tale med mig om bekymrende begivenheder i hendes liv. Da jeg vendte tilbage til Little Rock i august 1989, kom hun til det hus, hvor jeg boede, og vi talte i timer, mens hun forsøgte at gøre sig klog på de mærkelige begivenheder, der havde fundet sted i hendes liv.

Janice var en kvinde i fyrrerne, der aldrig havde giftet sig, selvom hun var attraktiv. Hun kunne ikke få børn på grund af kvindelige problemer siden puberteten. Hendes største bekymring var at holde sin identitet hemmelig, da hun havde en meget ansvarlig position som computeranalytiker for et stort selskab. Hendes største frygt var, at hun ville miste sit job, hvis der var et hint af inkompetence. Gennem årene havde hun forsøgt at tale med nogen om sine oplevelser, men var ikke i stand til at gøre det. Jeg var den første, hun følte sig komfortabel nok til at afsløre alle de mærkelige hændelser for.

På dette tidspunkt boede jeg hos min veninde Patsy, da jeg kørte de fire timer til Little Rock. Hun havde et stort hus og gav mig den nødvendige privatliv til diskussioner med klienterne og de hypnotiske sessioner. Denne dag havde vi huset for os selv, og jeg satte min båndoptager på spisebordet for at optage Janices bemærkninger. Hun slappede tydeligt af, efterhånden som diskussionen skred frem, og den eneste gang opmærksomheden blev rettet mod optageren, var når jeg

The Custodians

skiftede bånd. Vi talte tilfældigt og kom endda ind på andre områder af hendes liv, så jeg transskriberede kun de relevante dele.

Da hun endelig begyndte at frigive alle de opbyggede informationer, kom det i så stor en strøm, at jeg ikke kunne få mening ud af det. Jeg blev overvældet, så jeg forsøgte at organisere det ved at bede hende begynde med hendes tidligste minder.

Disse minder gik tilbage til hendes alder af fire, da hun ville vågne op og skrige, at "de" var kommet og hentet hende. Hendes mor troede, hun bare havde mareridt, men indvilligede i at lade hende sove med lyset tændt. Hun huskede mange gange, at hun legede i sit værelse og kiggede rundt og så et ansigt ved vinduet. Hun vidste, at "de" var på vej for at hente hende, og hun ville begynde at løbe ned ad gangen. Men hun nåede aldrig særlig langt, fordi hun blev stoppet, lammet og ude af stand til at bevæge sig. Hun vidste aldrig, hvor meget tid der var gået, men når hun vendte tilbage til sig selv, ville hun stå i gangen, meget kold, næsten ikke kunne trække vejret, med hendes mor, der rystede hende. Dette skete også, når hun legede i haven med sin bror. Han ville løbe ind i huset og råbe, "Mor, det sker for hende igen. Hun er væk igen." Hele denne tid som barn havde hun en fornemmelse af frygt for, at "de" ville komme igen, eller "de der folk", som hun begyndte at kalde dem. Selvom hun aldrig havde nogen idé om, hvem "de" var.

Jeg bad hende beskrive ansigtet, hun så ved vinduet, og hun sagde, at det var en lille fyr med store mørke, mørke øjne, men så ville det ændre sig til en hund, der kiggede ind ad vinduet. Naturligvis ville hendes mor ikke tro hende, især fordi vinduet i hendes værelse var meget højt oppe fra jorden. Ingen normal hund kunne kigge ind ad vinduet.

Hun forsøgte at forklare sin mor, efter den lammede hændelse var sket, at hun havde været ude et sted. "Jeg vidste, jeg havde været udenfor mig selv, i en tilstand, vi ikke ved, hvordan man gør. Du kan kalde det 'ud-af-kroppen.' Den eneste måde, jeg har været tæt på at beskrive det, er, hvis du tog din essens ud og forlod det fysiske. Jeg kan være fysisk her, men essensen er på en anden plan eller noget." Ofte ville hun vågne op om morgenen og vide, at hun ikke virkelig havde været i sengen hele natten.

Under barndommen var der flere gange, hvor hun havde alvorlige sygdomme, der var livstruende. Der var endda én gang, hvor lægerne

The Custodians

fortalte hendes mor, at hun aldrig ville gå igen. I hver af disse tilfælde havde hun en mirakuløs bedring, og lægerne kunne aldrig forklare, hvad der var sket med hende.

Da hun blev ældre, havde hun mange episoder med tabt tid. Hun var ikke klar over, at der var sket noget usædvanligt. Den tabte tid blev kun bekræftet af andre, hvilket tilføjede hendes forvirring. Hendes mor kommenterede, "Du er den eneste, jeg kender, der kan gå til købmanden og komme tilbage tre dage senere." Hun måtte opdigtet og fortælle sin mor, at hun havde mødt en ven og var taget til deres hus, mens hun i virkeligheden ikke havde nogen idé om, hvor hun havde været. Hun havde en svag erindring om at komme ned gennem trætoppe, så gå ind i købmanden, hente brød og gå hjem. På det tidspunkt var hun en teenager i gymnasiet, og hendes mor troede, at hun var ude og feste, men Janice sagde, at hun drak meget lidt og aldrig havde taget stoffer.

Denne fornemmelse fortsatte hele hendes liv. Hun ville begynde at tage til et sted og ankomme sent. Hun vidste ikke, hvad der var sket med tiden, og var bange for, at hvis hun fortalte nogen om dette, ville de låse hende inde. Hun sagde: "Jeg havde en fornemmelse, et lille glimt af at vide, at noget var sket. Og jeg ville komme tilbage og bevæge mig hurtigt. Jeg har nu lært, at min Jord-tid og den tid skal justeres og komme tilbage i sync. Det ville være følelsen af at bevæge sig hurtigt, og jeg ville finde mig selv tilbage i min bil og køre. Det ville være en stor tilpasning."

Hun voksede op og følte, at hun måtte gemme sig et sted, så de ikke kunne finde hende. Hun var bekymret for, at det ville begynde at ske med hendes familie, så hun flyttede hjemmefra, da hun var atten. Hun havde stadig ingen idé om, hvad det var. "En ukendt noget håndterede mig. Og jeg havde ingen at fortælle det til. Jeg var bange for at fortælle det, fordi de ikke ville tro mig."

Erindringerne om et faktisk kontakt med ukendte kræfter begyndte endelig at sive igennem omkring 1987. Det skete normalt uventet, og på de mest upassende tidspunkter. Et eksempel var, mens hun var på arbejde og underviste en pige på kontoret om superkopiering på computeren. "Det er her, du er i to dokumenter på samme tid. Jeg prøvede at forklare det til pigen. Jeg sagde, 'Faktisk er det som at være på to steder på samme tid.' Øjeblikkeligt havde jeg en telepatisk flash, 'Ja, simultan tid.' Og det var som en film i mit hoved

The Custodians

af simultane liv. Det var så overvældende, at jeg måtte undskylde mig og gå på toilettet. Jeg sad derinde, og al denne viden begyndte at komme ind om teleportation, hvordan det virker mekanisk, og hvordan man kan være på to steder på samme tid. Og i mit hoved så jeg min krop opløses og ende i Californien eller et sted, jeg aldrig har været. Jeg følte en mærkelig fornemmelse i mit hoved, mens dette skete. Jeg ville ikke kalde det 'svimmel.' Jeg ved ikke, hvad man kunne kalde det, faktisk, bortset fra at mens jeg var på toilettet, blev jeg undervist i noget komplekst. Og dette har fortsat siden 1987. Et eller andet form for undervisning."

Også i 1987 havde Janice en mærkelig oplevelse, der både vækkede disse gamle minder og fik nogle brikker til at falde på plads.

J: Jeg var ved at gøre mig klar til at tage til en potluck middag, og stod foran mit badeværelsesspejl, da jeg fik en mærkelig lille fornemmelse i mit hoved. Jeg følte mig lidt svimmel og tænkte, at jeg burde sætte mig ned. Det var ikke særlig langt fra badeværelset til min seng, men jeg nåede aldrig frem. Jeg følte mig begynde at løfte mig op.

D: Hvad mener du?

J: Min ånd, min essens. Jeg tror, det kunne kaldes en udenfor-kroppen oplevelse, men det sugede ud af mig. Det var som en "whoosh-ud." Og jeg kunne kigge og se mig selv stå der. Tre timer senere stod jeg stadig der, som jeg var, da jeg var barn.

D: Dette var fra den anden perspektiv.

J: Det er sandt. Det var det, der satte mig i kontakt med barnet. Det var det, der fik mig til at tænke og huske, "Nu skete det, da jeg var lille."

D: Og du blev suget ud, og du kunne se dig selv.

J: Jeg var ude, og jeg kunne stadig se det fysiske. Og der var nogen der, måske var det min skytsengel. Jeg behøvede ikke engang at kigge. Jeg følte, det var nogen, jeg kendte. Og han spurgte, "Vil du gå til din begyndelse?"

D: Vil du gå til din begyndelse? Det er interessant.

J: Jeg havde været og sagt, bedt, sendt ... der er et niveau af intensitet, man når, når man ønsker at gøre noget, og så gør man det. Og jeg havde sagt i dage og uger, "Jeg mener det. Det er tid for mig at kende min kilde. Det er tid for mig at gå til min begyndelse. Det

275

er tid for mig at opklare alt dette, jeg har levet med i fyrre år." Og jeg mener, nu." Så han sagde, "Er du klar til at gå?" Og jeg sagde, "Ja, lad os gå." Og jeg havde stadig en fysisk mig på en måde, selvom jeg kunne kigge og se mig selv stå der. Selvom min hånd gik gennem min arm, så jeg en fysisk mig.

D: *Det lignede dig, men det var ikke ... solidt.) Ja(kunne du se igennem dit hus, eller hvor var du?*

J: Ja, jeg kunne se igennem huset. Jeg kunne kigge gennem mit loft og ned, og der var jeg stående. Og jeg tænkte, "Det er da lidt sjovt." Og jeg var ikke bange. Jeg har siden fundet ud af det. Hvis jeg havde været bange, ville dette aldrig have fundet sted.

D: *Ja, du ville sandsynligvis være blevet sat tilbage eller noget.*

J: Ja. Og vi steg op, og vi gik gennem nogle niveauer. Som om du havde en lagkage, og du gik op gennem lagene, så at sige. Og der var baby-sjæl-niveauet. Så gik vi videre op, og der var et niveau af - jeg ved ikke - nogle slags åndelige væsener. Og jeg tænkte, hmm, det her føles ikke godt. Så kiggede jeg til venstre, og der var dæmoner og monstre og ting derovre. De kom imod mig. Og jeg sagde, "Stop! I Jesu Kristi navn. Jeg er ikke bange for jer." Og whoosh. Det var som om et stykke plastfolie kom ned, og de blev sugede ind i det. Og jeg sagde, "Se, jeg sagde, jeg var ikke bange." Og mens vi fortsatte op, kunne jeg kigge derover og se 1800-tallet. Jeg kunne kigge derovre og se 1945. Og jeg kunne kigge i forskellige retninger og se forskellige tidsperioder. Det var som at tune et fjernsyn. "Oooh, det er fedt. Den tidsperiode var lige her."

D: *Du kunne se det hele bare ved at kigge rundt i en cirkel?*

J: Nå, det var ikke en cirkel. Det var faktisk mere som en lige linje.

D: *Lineær? Men du kunne kigge ind på alt?*

J: Jeg kunne tune ind her og se, hvad der skete. Det sker alt sammen.

D: *Det sker stadig?*

J: Åh ja. Det er stadig der, og sker stadig nu. (Griner) Så jeg sagde til denne fyr, "Åh, det er så smukt. Jeg vil gerne gå lige derover." Og han sagde, "Du har været der. Du har gjort det. Det er tid. Du kan gå derover, når du vil. Men du ville gå til din begyndelse. Det må du gøre en anden gang." Så vi gik videre forbi det. Så næste ting jeg kom til, var et punkt. Og jeg tænkte, "Pokkers, jeg er lys, jeg er lys. Wow." Som i lys som en pære.

D: *Lavet af lys, mener du?*

The Custodians

J: Ja. Pludselig var jeg ren lys.
D: *Du havde ikke denne lighed med din fysiske form? Du var lys?*
J: Ja, faktisk var jeg det. Jeg skød op til en stjerne. Og jeg sagde, "Wow, jeg er en stjerne," og jeg var ikke længere Janice. Jeg var den stjerne. Og jeg kiggede rundt - som en stjerne - og jeg så dette univers brede sig ud. Og jeg sagde, "Okay! Dette er mit punkt i universet." Jeg har siden lært, hvorfor det skete. En stjerne eller en bestemt del af himlen er indgangspunktet for sjælens essensenergi i det fysiske. Og det kommer gennem en bestemt sektor.

Dette lød bekendt for mig, og jeg huskede den nær-dødsoplevelse, som Meg rapporterede i min bog Mellem Død og Liv. I hendes oplevelse gik hun også til en stjerne og følte universets totalitet.

D: *Men du var i bund og grund et lysvæsen lavet af lys.*
J: Ja, på det tidspunkt. Jeg blev der, indtil jeg indså det. Og så, i det øjeblik af indsigten, whoosh. Hver gang, så snart jeg indså det, gik jeg videre til noget andet. Så fra det punkt, var det som engleniveauet. Vi gik gennem farver, og jeg kunne føle og være hver farve. Og da vi kom igennem farverne, kiggede jeg og sagde, "Wow, jeg er bare molekyler. Jeg er bare luft." Jeg vidste, dette område var mig. Jeg havde en væren. Jeg havde en form.
D: *Du havde stadig en personlighed.*
J: Jeg havde alt. Jeg var alt, jeg nogensinde var, bortset fra det fysiske. Men hvis jeg ville være fysisk, skulle jeg bare tænke det, og jeg kunne se mig selv. Jeg kunne se Janice, mig.
D: *Så du vidste, at du ikke havde mistet kontakten.*
J: Jeg var stadig mig, hvis jeg ville være ... hvis jeg ville tænke ... og jeg kunne også tænke. "Åh, den energi. Jeg vil gerne se det." Så snart du tænker det, kan du se det. De sagde til mig, "Nå, dette er din begyndelse." Og jeg sagde, "Åh, wow, det er fedt." Og de sagde, "Du har været på dette niveau." Og jeg sagde, "Ja." Det var som om, du blev der og udvekslede energier på dette niveau. Og så snart jeg tænkte, "Men dette er ikke min kilde," gik jeg videre. Hele vejen forbi til et punkt, hvor der ikke er nogen tid, til et punkt, hvor der er skabelse, forbi skabelsens punkt, til et niveau, hvor Al Viden og de Ældste er. Jeg passerede gudernes og

The Custodians

gudindernes niveau, og jeg gik direkte til en stor rosekvarts essens. Det må være den mest ubetingede kærlighed, jeg nogensinde har kendt. Jeg var bare glad for at være ved min begyndelse. Det var som om jeg blev revitaliseret, og jeg tænkte, "Nå, måske er jeg død." (Griner) Jeg hang rundt der, bare og nød den varme, smukke ånd af Gud. Åh, det var smukt. Alt kribler, når jeg tænker på det. Og så hørte jeg, "Det er tid til at vende tilbage nu, mit barn." Jeg ville ikke tilbage. Jeg græd, fordi jeg ikke ville komme tilbage. Og jeg sagde, "Jeg vil ikke være alene. Jeg har altid været alene hernede. Og de mennesker vil komme, og jeg vil ikke det." Og så snart jeg sagde det, whoosh, var jeg i et rumskib. Nå, det var lige lidt for meget ovenpå, hvad jeg lige havde været igennem. Jeg var helt ude af mig selv. Jeg vidste ikke, om jeg var fysisk eller ikke-fysisk til at starte med, da jeg var i dette metalliske rum. Og jeg indså, at det var rundt, og det var et rumskib, og disse væsener var der. Jeg protesterede, "Okay, det er det. Jeg er træt af det her." Og de begyndte at fortælle mig, at de havde været sammen med mig siden min barndom. "Vi er her for at beskytte dig. Vi er her for at hjælpe dig. Du hjælper os. Du har aftalt dette, før du overhovedet gik ind i dit fysiske liv." Og jeg råbte, "Det gjorde jeg ikke!" Jeg var helt oppe at køre nu. Jeg vidste ikke noget om nogen rumbesættere. (Griner) Og så tog de et papir frem. Jeg kiggede på det og sagde, "Det er mit navn. Det er min underskrift. Jeg gjorde det, ikke?"

D: *Fortalte de dig, hvad du havde aftalt?*

J: De sagde, at jeg havde levet mit formål som hjælper. At mange gange, i mange situationer, kom energier gennem mig, som transformerede dette eller hint, afhængigt af situationen, for at hjælpe mennesker. At de fleste gange vidste folk ikke, hvordan de blev hjulpet, og det gjorde jeg heller ikke. Og de sagde, at det ville blive afsløret for mig. Jeg skulle lære det. Og at jeg aldrig ville være alene.

D: *Hvordan så rumskibet ud?*

J: Det var metallisk, sølvfarvet, klinisk. Det var så rent. Jeg mener, det var bare urealistisk, hvor rent … det var klinisk. Der var instrumenter. Der var et rundt rum. Det havde drejeknapper. Det havde firkantede … jeg ved ikke, hvad de var. Noget, der lignede en skærm. I det rum, hvor jeg var, var der et bord. Jeg kiggede ikke bag mig, men der var en dør til et andet rum. Og dette rum havde noget, der lignede... du ved, hvordan vinduespladser ser ud? Det havde buede sæder rundt omkring. Og folk kunne ligge ned på dem eller bare hvile. Så vi havde en diskussion derinde, og der var flere mennesker, flere energier. De var alle omkring mig, og jeg ved ikke rigtig, hvor jeg var. Men jeg husker, at jeg forsøgte at se alt. De talte til mig og fortalte mig om min aftale, og at jeg ikke behøvede at fortsætte.

D: Du kunne gå ud af det, mener du?

J: Selvfølgelig. De sagde, at hvis jeg virkelig ikke ønskede at fortsætte, så behøvede jeg ikke.

D: Det er en god ting at vide. Fri vilje igen, vil jeg sige.

J: Ja, vi har fri vilje. Og de viste mig på dette tidspunkt en film af livet.

D: Var det på en af de skærme?

J: Det var ikke på en skærm. Det var som om de tænkte til mig. Telepatisk, er alt hvad jeg ved. Der var ingen rigtige ord. Jeg så på Jorden, og jeg så folk overalt. De flød ind i to separate linjer. Du træffer et valg om, hvilken linje du vil gå i, og valget er enten til højere bevidsthed eller ikke. Ikke alle går ind i denne linje. Du kan se den anden linje med folk, og du er i den hvide lyskrop, når du går ind i denne linje. Det har at gøre med hævningen af den vibrerende rate hos folk, i direkte overensstemmelse med hævningen af deres bevidsthedsniveau. Og på et tidspunkt, og jeg ved ikke, hvad det er, vil Jorden, som i Åbenbaringen, gå op i flammer. Muligheden eksisterer for, at det vil ske. Hvis og når det sker, vil de tage folk ud af denne linje.

D: UFO-folket vil?

J: UFO-folket. De vil blive taget ud. Jeg så Jorden eksplodere. Jeg så den blive til en sol og bare forsvinde fra himlen. Den efterlod et stort hul, som om himlen pludselig blev helt sort. Du ved, hvis du ser på Jorden, og den er blå-grøn, så bliver den pludselig orange-rød. Det var verdens ende. Nu, når den Jord forsvandt fra det hul, så jeg en ny Jord rulle ind. Der er virkelig en ny Jord. Om det var symbolik, de viste mig, ved jeg ikke endnu. Jeg ved bare, at en stor del af deres formål, i hvad de viste mig i relation til mig, er, at jeg tror ikke, jeg vil gå igennem det. Jeg vil ikke blive. Og de prøvede at hjælpe, og jeg spurgte: "Men hvad med denne og den?" Og de sagde: "Ikke alle vil vælge denne linje. Så du vælger linjen,

The Custodians

eller du vælger ikke." Så pludselig var jeg tilbage i min lejlighed. Og jeg havde mistet tre timer. Jeg protesterede: "Rummænd! Jeg gør ikke rummet fyre. Jeg ved ikke noget om den slags." Jeg var tilbage i mit soveværelse. Jeg var tilbage i mig. Og jeg kom tilbage gennem dette område af mit hoved.

D: Dit pande.

J: Og ærligt, da jeg kom tilbage i min krop. Jeg ville gå til sengen. Og jeg tænkte, okay, jeg går til sengen, men kroppen bevægede sig ikke mod sengen. Kroppen stod der og sagde: "Oooh, vi er frustrerede. Vi kan ikke komme til sengen. Oooh, hvordan kommer vi til sengen?" Ordet var "gå." Gå? Gå? Jeg havde svært ved ordet "gå." Deroppe i ånden, når du ville gå et sted, tænkte du på det, og du gik. Jeg havde svært ved at få kroppen til at fungere. Og jeg havde også svært ved at vide, hvad ting var. Som: bil, kørsel. Det var som om jeg var en baby og måtte lære, måtte genintegrere. Jeg lærte faktisk, at jeg genintegrerede, fordi jeg havde oplevet så meget energi. Det er som at tage 120 volt og sætte det ned i en 60-watt pære. Og så havde min krop ikke nødvendigvis assimilere det, for at kunne fungere her igen. Det tog mig en uge.

D: En uge? Det kunne være en god grund til, at folk ikke husker mange af de ting, der sker med dem. De husker dem underbevidst, men ikke bevidst.

J: Ja. Og der har været tidspunkter siden, hvor jeg er blevet tilladt at huske ting, og tidspunkter hvor jeg ikke har været. Jeg var meget ubehagelig med det først. Men nu har jeg accepteret det faktum, at jeg ikke har problemet med "noget mærkeligt sker." Og den næste solopgang var den Harmonic Convergence. Jeg skulle tage med nogle folk for at se solopgangen. Men i stedet tog jeg min lille hund, og vi gik ned til søen. Og solen kom op, og da solens glimt ramte duggen på græsset, var det samme glimt, som jeg var. De fik mig til at forstå den forbindelse. At jeg altid er forbundet. Og jeg græd, fordi jeg ville gå. Det var en meget ensom følelse, som om dine slægtninge tager af sted, og går væk. Og jeg var trist over, at de måtte tage af sted. Jeg ville gerne have, at de blev og hjalp. Så jeg kiggede op mod himlen over søen og sagde, "Hvis jeg virkelig har været forbundet med rumskibe, giv mig et tegn. Et fysisk tegn. Vis mig det. Fordi jeg kan ikke tro, at dette sker."

The Custodians

Så da jeg forlod stedet, sagde jeg, at jeg ønskede et fysisk tegn, ellers har jeg ikke noget med det at gøre. Det er absurd, mærkeligt, og jeg er færdig. Det er det! Så jeg gik tilbage til min bil og begyndte at grine, og tænkte, de vil ikke vise mig noget. Og jeg kiggede og der var et glimt dernede på jorden. Jeg tænkte, det er nok et stykke glas. Jeg går ikke derned og tager det, og jeg gik videre forbi det. Og jeg blev fysisk stoppet. Jeg gik til min bil, og det var som om "Stop! Gå tilbage!" Og jeg gik hen for at tage det. Og du vil ikke tro, hvad jeg fandt der på jorden.

Janice roder så i sin taske og tager en lille møntpung ud. Hun trækker en lille vedhæng op af det. Da hun åbner det, var der en lille genstand indeni. Hun holdt det i sin håndflade. Det var en lille metalstjerne.

Hun forklarede, "Jeg ville ikke miste det, så jeg lagde det i vedhænget. Det var helt pink, da jeg fik det. Nu bliver det sølvfarvet."

Jeg håndterede det forsigtigt og prøvede at se, hvad det var lavet af. "Det føles ikke som metal. Det føles som virkelig hård plastik. Det er så lille ... oh, ikke engang en halv tomme."

J: Da jeg tog det op, vidste jeg, hvor toppen var. Der er et bestemt punkt, der er toppen. Og jeg kan ikke lægge det i vedhænget på en anden måde.

Vi legede med det og lo. Da hun satte det tilbage i vedhænget, på en pludselig impuls, undersøgte jeg det tættere. Det var da, jeg bemærkede, at det var lignende mit ring. Jeg har en usædvanlig sølv- og turkisring, som jeg kom i besiddelse af under mystiske omstændigheder. I de tidlige 1980'ere, før jeg blev involveret i nogen af disse typer undersøgelser, gav en kvinde ringen til en af mine døtre med instruktioner om at give den til mig. Kvinden sagde, at hun vidste, jeg ikke opkrævede penge for mine tjenester, og ville gerne give mig ringen som tak for det arbejde, jeg gjorde. Hun vidste, hvis hun gav mig den, ville jeg nægte at tage imod, men ved at give den til min datter kunne jeg ikke returnere den. Hun havde ret, jeg anså den for for værdifuld til at acceptere. Men fordi jeg ikke kunne returnere den, beholdt jeg den og satte den på den eneste finger, den passede på, min anden finger. Selvom jeg normalt ikke bærer smykker, har jeg aldrig

281

taget den af siden, hvilket også kan virke mærkeligt. Mange mennesker har beundret den og spurgt, om jeg ville sælge den, eller i det mindste fortælle dem, hvor de kunne finde en lignende. Jeg tror, det kan være en enestående ring, fordi jeg aldrig har set eller hørt om en anden med samme design. Der er syv sølvkugler placeret rundt om kanten: fem langs bunden og to øverst adskilt af en sølvstang. I centrum er en femtakket turkis stjerne. Mange mener, der kan være en form for symbolik i designet. Den eneste ledetråd til den sølvsmed, der lavede den, er et U eller hestesko-mærke på indersiden.

Janice lagde sin lille stjerne over stjernen på min ring, og de passede præcist i størrelse, som om det var en duplikat. Nu var jeg imponeret. Kunne det være en tilfældighed? Jeg ringede til Patsy fra det andet rum, så jeg kunne vise det til hende. Vi grinede alle sammen, men der var en mærkelig følelse af, at noget unaturligt skete. Patsy syntes også, det var usædvanligt, at det passede præcist. Det var en perfekt match. Selvfølgelig var Janices stjerne sølvfarvet, og min sten var turkis.

"Se på dette," sagde Janice. "Jeg skal opbevare det i hjertet af vedhænget, så toppen vender opad. Og det er sådan, du bærer ringen, med den samme spids pegende udad."

Lidt vidste vi på det tidspunkt, at den præcise match af stjernerne ville være en slags omen. En indikation på, at vi ville arbejde sammen om noget vigtigt. Havde vores møde været ren tilfældighed, eller var der en højere motiv eller magt bag dette?

Vi havde siddet ved Patsys spisebord med min trofaste båndoptager og diskuteret Janices oplevelser og minder i over to timer. Det var nu tid til at begynde regressionen. Det eneste problem var at beslutte, hvilken hændelse vi skulle dække først. Vi gik op til gæsteværelset, og mens jeg forberedte mit udstyr, fortalte hun mig om en meget nylig hændelse. Den havde fundet sted måneden før, i juli 1987, så den var meget frisk i Janices hukommelse.

Da hun vågnede den morgen, hostede hun, og da hun satte sig op, kom der store blodklumper ud af hendes mund. Dette skræmte hende, men da hun rejste sig op, bemærkede hun, at der ikke var noget blod på sengen. I stedet var der noget, der lignede vand over den nederste del af hendes krop og på sengen under hende. Hun havde ikke tisset i sengen, og der var ingen lugt forbundet med det. Det var som om

The Custodians

nogen havde hældt vand på hende og sengen. Den eneste ubehag var en brændende fornemmelse i hendes skedeområde. Hun gik ind på badeværelset og skyllede munden ud, og blødningen stoppede lige så pludseligt, som den var begyndt. Hendes lille hund opførte sig på en meget ophidset måde, hvilket Janice var kommet til at forbinde med hendes tilbagevenden fra arbejde. Blodet bekymrede hende nok til, at hun tog til lægen den dag, men han kunne ikke finde noget, der kunne forklare blodklumperne.

Jeg besluttede at fokusere på denne hændelse, da den var så nylig. Hvis der ikke var noget at finde, havde vi masser af andet materiale at udforske. Da hun gik ind i den hypnotiske trance, faldt hun hurtigt ind i en meget dyb tilstand. Jeg talt hende tilbage til aftenen før hun vågnede i den stressende tilstand for at se, hvad der havde forårsaget det. Jeg foreslog også, at hun kunne se det som en objektiv reporter, hvis hun ønskede det, for at eliminere fysisk ubehag.

D: Jeg vil tælle til tre, og når jeg når tre, er vi tilbage til begyndelsen af den aften, hvor du gør dig klar til at gå i seng. Og du kan fortælle mig, hvad der sker. 1, 2, 3. Vi er kommet tilbage til den aften. Hvad laver du? Hvad ser du?
J: Jeg ser på min hund. Han kigger rundt på en meget mærkelig måde, virkelig mærkelig. Og jeg ved, at han kigger på noget, jeg ikke kan se endnu. Men jeg ved, at det er der, fordi jeg kan mærke det.
D: Hvad kan du mærke?
J: Det er dem. Det er dem. Jeg vil have, at han skal gå ... (Dybt åndedrag) med mig, for jeg ved, at de kommer.
D: Har han nogensinde gjort det før?
J: Ja, han er gået.
D: Åh? Jeg undrer mig over, hvordan han kan lide det?
J: (Hun begyndte at virke ængstelig.) Jeg ved det ikke.
D: Alright. Fortæl mig, hvad der sker.
J: Min energi har været rigtig lav. Meget stress på arbejdet. De siger, at de har brug for at lave noget arbejde. (Ængstelig.) Og jeg ved ikke, hvor vi skal hen. - Og mit hoved gør ondt.

Jeg gav straks forslag, der ville fjerne eventuelle fysiske ubehag. På få sekunder indikerede hendes ansigtsudtryk, at hun ikke længere var under så meget stress, og hovedpinen var lindret.

The Custodians

D: *Hvor er de?*
J: De kom gennem mit vindue.
D: *Hvad? Klatrede de gennem?*
J: Bare gennem væggen. (Det så ud til at genere hende.) Lige gennem væggen.
D: *Hvordan ser de ud?*
J: De er ikke så høje som mig, men næsten. Og jeg kender dem, men hver gang det sker, er det lidt skræmmende. (Stort åndedrag)
D: *Åh, ja, jeg kan forstå det. Det er helt menneskeligt. Men du vil ikke være bange, mens du taler til mig om det. Forstår du? (Hendes vejrtrækning og kropslige fornemmelser viste ængstelse.) Du behøver ikke være bange, når du taler til mig, fordi jeg er her med dig. Jeg bliver hos dig. Men hvor mange er der?*
J: (Hendes stemme rystede. Hun var tæt på at græde.) To.
D: *Vil du fortælle mig, hvordan de ser ud?*
J: (Hendes stemme rystede stadig.) De har ikke noget hår. Og de har de store brune øjne. Og de har hud, men det er ikke som vores. Det er anderledes. Og du tror, de har tøj på, men du ved ikke, om de har tøj på.
D: *Hvordan er deres hud anderledes?*
J: Det er ikke som hud føles. Det føles tørt. Det føles lidt som papir, men mere som crepepapir. (Hendes stemme var stadig tæt på at bryde sammen.)
D: *Jeg forstår, hvad du mener. (Hun begyndte at græde. Det var en frygtsom gråd.) Det er okay, jeg er her med dig. Hvad skete der?*
J: (Hun var svær at forstå i starten på grund af gråd.) De vil have mig til at gå med dem, men jeg ... jeg sagde, at jeg ville blive lidt længere her. Jeg ville beholde min baby. (Gråd)

Dette var en overraskelse. Hun havde tidligere fortalt mig under interviewet, at hun ikke kunne blive gravid.

D: *Hvad mener du?*
J: Det var tid for dem at tage mig, men alligevel ville jeg blive og beholde det lidt længere.
D: *Er du gravid?*

The Custodians

J: Jeg tror det. Jeg tror ikke, de kalder det det. Jeg ved ikke, hvad de kalder det. De siger bare, det er tid til at gå.

D: *Så hvordan forlader du rummet?*

J: Vi går gennem væggen, ligesom de gør.

D: *Kan du mærke dig selv gøre det?*

J: Ja, jeg kan mærke mig selv gøre det. De kan fikse det, så du kan gøre det. Og du går virkelig gennem der. Du er væk fra dit værelse.

D: *Så din virkelige fysiske krop går bare lige gennem væggen?*

Jeg ville afklare, at det ikke var en Out-of-the-Body Experience. Den første gang dette skete med John, blev jeg overrasket over at opdage, at den faktiske fysiske krop var i stand til at blive taget gennem faste objekter som vægge eller tage. Hver gang dette er blevet rapporteret siden, har jeg forsøgt at afgøre, om det var den fysiske krop eller en spirituel oplevelse. Emnet er altid positivt omkring, hvad der sker. De er aldrig vage eller usikre.

J: (Hendes stemme var mere stabil.) Det har at gøre med forskydning af molekylerne. De viste mig, hvordan det sker. Og det er en sjov følelse, når det begynder at ske.

D: *Hvordan føles det?*

J: Din krop føles bare en smule følelsesløs. Og så mærker du, at den smelter. Den smelter ligesom ind i noget, der minder om luft. Det ville være luft, men du er ikke luft. Det er som om, du er luft, bortset fra at du har en form i luftform. Det gør dig mere konsistent med luftens tilstand. Det der sker er, at din krops vibrationsfrekvens bliver fremskyndet så meget, at den adskiller sig fra den materie, du passerer igennem. Derfor kan du gå gennem materien.

D: *Det lyder som en meget bemærkelsesværdig ting at gøre.*

J: Det er mærkeligt.

D: *Hvad sker der så, efter at du er gået gennem væggen med dem?*

J: Det er mørkt, og vi bevæger os. Jeg er ikke sikker på, hvordan jeg bevæger mig.

D: *Er de stadig med dig?*

J: Ja. De er på begge sider, og jeg har min hund.

The Custodians

Dette er også blevet rapporteret i andre tilfælde. Når kroppen tages gennem væggen eller loftet, er der et fremmed væsen på hver side, mens personen tages op til skibet. Måske er dette en del af mekanismen for, hvordan de transporteres. Væsenerne skal være til stede omkring mennesket, så det kan bevæge sig gennem luften til skibet.

D: Så hunden gik også gennem væggen? Jeg undrer mig over, hvordan han havde det med det.
J: Han var ikke bange.
D: Kan du se, hvor du er på vej hen?
J: (Trækker vejret tungt igen.) Jeg er bare i skibet. Jeg er på bordet.
D: Hvordan kom du ind i skibet?
J: Jeg ved det ikke. Det er blankt. Jeg ved bare, at jeg er derinde.

Dette er en anden gentagen detalje. Der er ofte en tomhed, når de går ind i fartøjet, mens det er i luften. Måske går de også gennem den ydre skal på samme måde som de forlod deres hus. Hvis det er tilfældet, forårsager det tilsyneladende en hukommelsestab. Når fartøjet er på jorden, husker de ofte, at de gik op ad trapper eller en rampe.

D: Hvad sker der så?
J: De får mig til at ligge ned. Og vi skal gøre det igen.
D: Hvad skal I gøre igen?
J: Det er som at være hos gynækologen. Jeg ved ikke, hvordan de gør det. For jeg får aldrig lov at være vågen. (Bliver oprevet.) Jeg ville gerne vide det. Og jeg bad dem om at lade mig vide, hvordan de gør det.

Jeg opdagede i de tidlige dage af min undersøgelse, at det var muligt at få svar, selvom den fysiske krop blev sat i søvn. Du kan gå direkte til underbevidstheden, fordi den del aldrig sover (selv under operationer), og den kan give objektive og grundige svar.

D: Jeg tror, at den måde, vi gør det på nu, måske kan du finde ud af det. Vil du gerne finde ud af det?
J: (Snøfter) Jeg tror det.

The Custodians

D: Vil du gerne træde tilbage som en observatør og kigge med dit sind, mens din krop sover der? Tror du, det er muligt at gøre det?
J: Jeg ved det ikke. Jeg føler, jeg er der lige nu. Jeg er lige der nu. Lige der. (Hun snøfter.)
D: Spørg et af dem, om du kan se som en observatør. Og se, hvad de siger. (Nej) De siger nej? Kan vi stille spørgsmål? (Ja).

På dette tidspunkt ændrede hendes stemme sig pludselig. Med hendes svar, "Ja", lød stemmen mere autoritær, ikke bange som før.

D: Okay. Men kroppen er i søvn? Er det sådan, det gøres?
J: Det er ikke en søvntilstand.

Den stemme, der svarede, var bestemt ikke Janices'. Den var monoton, mekanisk, næsten robotagtig. Den udtalte hver stavelse individuelt, ikke på den måde, vi taler ved at sammenkæde lyde. Til tider lød det hult og havde næsten en ekko-effekt, som bestemt ikke var forårsaget af båndoptageren eller mikrofonen. Det var sådan, jeg hørte det komme fra hende, og jeg kunne ikke forstå, hvordan hun kunne få det til at lyde sådan. Denne stemme med dens unikke tone og mannerisme fortsatte gennem resten af sessionen og ændrede sig ikke, før væsnet blev bedt om at forlade. Jeg blev ikke forskrækket over skiftet, for dette er sket før. Jeg benyttede lejligheden til at stille spørgsmål.

D: Hvis det ikke er en søvntilstand, hvad er det så?
J: Det er et bevidsthedsniveau, som du ikke er vant til.
D: Hvorfor skal hun være i den tilstand af bevidsthed?
J: Så der vil ikke være nogen smerte.
D: Jeg synes, det er meget godt. Vi vil ikke have, at hun oplever nogen smerte. Hvad sker der, som kunne forårsage smerte?
J: Menneskelig fødsel er smertefuld.
D: Det er sandt. Er dette en fødsel?
J: Dette er en fødsel.
D: Kan du fortælle mig, hvad der sker?
J: Det samme, der sker ved din fødsel på Jorden.
D: Men på Jorden sker det naturligt.
J: Det sker naturligt.

The Custodians

D: *På Jorden, når en fødsel sker, er der veer forbundet med det.*
J: Det er derfor, du har den ændrede tilstand. Der er ingen smerte følt af moderen.
D: *Men har jeg ret i at antage, at embryoet ikke kan være meget stort?*
J: Det er korrekt.
D: *Så det burde kunne passere meget let.*
J: Der vil være smerte. Denne menneskelige har aldrig haft et barn på din Jord, derfor er kanalen anderledes.
D: *Sker der noget for at stimulere processen? Ligner det fødselssmerter, fødselkramper?*
J: Jeg forstår ikke dit spørgsmål.
D: *Er der noget, der bliver gjort med instrumenter eller maskiner for at få kroppen i fødsel?*
J: Det er tid for det nu i vores rige. Den ni-måneders tidsperiode, som du betragter som... afslutning... kulmination, er simpelthen ændret. Det er en kortere tidsperiode, på grund af den type vækst, der finder sted, mens babyen bæres af moderen. Derfor udvikles organerne og de forskellige embryonale tilstande til et højere niveau, end de ville blive udviklet i en ni-måneders periode i dine jordiske år.
D: *Så det er ikke størrelsen på en ni-måneders eller et fuldt term baby?*
J: Det er korrekt.
D: *Men det er fuldt udviklet i henhold til jeres standarder?*
J: Det er korrekt. Du forstår ikke endnu vores standarder, da vores standarder ville betyde, at babyen er en ni-måneders baby, selvom den fysiske størrelse ikke er som en ni-måneders baby.
D: *Har det alle karakteristika af en fuldt term baby?*
J: Ja. Og det har også sine systemer.
D: *I vores måde at tænke på, ville et lille embryo have en meget primitiv udvikling og kunne ikke overleve.*
J: Det kræver en fire-måneders periode, hvis det bæres på din eksistensplan. Vi opretholder fødselsprocessen under den tid, moderen bærer embryoet. Denne særlige vedligeholdelse får systemerne til at udvikle sig med en anden hastighed end den normale fødselsproces, som I mennesker udfører.
D: *Hvad er størrelsen på fosteret, når det fødes?*
J: Det er et fire-måneders barn i fysisk størrelse i relation til din fødsel.

The Custodians

D: I min forståelse, er det omkring den størrelse, der ville passe i håndfladen.
J: Det er lidt større.
D: Har hun haft dette foster inde i sig i fire måneder? (Ja) Var hun opmærksom?
J: Ikke så opmærksom som før. Hun har perioder, hvor hun er opmærksom. Det er ikke en konstant opmærksomhed. Hun fornemmede, at hun var gravid. Hun har den samme slags fænomen, som I jordboere har, i og med at maven udvider sig, og hun kan mærke det og derved forstå, hvad der sker.
D: Stopper perioderne?
J: Hun har ikke længere perioder.
D: Det er ikke nødvendigt for dette? (Nej) Alt du behøver er livmoderen?
J: Selv livmoderen er ikke nødvendig. Det har at gøre med energien i den menneskelige krop i modsætning til de hormonelle sekretioner i den menneskelige krop.
D: Jeg prøver meget hårdt at forstå. I menneskelige termer skal der være den livmoderbeklædning og hormoner, så placenta kan fastgøres og ernære det voksende foster.
J: Dette foster oplever livet på en meget anderledes måde end dit menneskelige barn, der bæres af moderen, i og med at, når moderen går omkring sine daglige aktiviteter, oplever det livet på din planet i fulde drag, som moderen oplever livet.
D: Så dette kan gøres med en kvinde i enhver alder.
J: Korrekt. Men det har at gøre med en særlig type kvinde, da der er visse betingelser, der skal være opfyldt for den deltagende i dette projekt.
D: Kan du fortælle mig, hvad disse krav er?
J: (Metodisk, som om hun reciterer.) Krav er: kost. Krav er: opretholdelse af et bestemt niveau af eksistens. Krav er: renhed. Og der er nogle andre, som vi kan diskutere senere.
D: Dette ville tilsyneladende passe til de fleste kvinder.
J: Ikke de fleste kvinder.
D: På hvilken måde ville de ikke være de samme?
J: På grund af de fleste kvinders involvering i bestemte aktiviteter. På grund af koncentrationsniveauet hos de fleste kvinder. På grund af interaktionen med kvindens hjerne på det tidspunkt. Emner

289

vælges på en måde, der relaterer sig til kriterierne for væksten af væsenet, for væksten af moderen. Det er en kompleks proces.

D: Jeg tror, du vil se, at jeg har mange spørgsmål. Jeg er meget nysgerrig. Taler du om seksuel aktivitet?

J: Dette er en medvirkende faktor.

D: Fordi det påvirker hormoner, følelser og alt andet.

J: Det har mere at gøre med moderens essens end det gør med moderens hormonelle fysiske tilstand. Du kan kalde det spiritualitetsniveauet, i dine jordiske udtryk.

D: Så hver kvinde er ikke egnet.

J: Det er korrekt.

D: Er dette blevet gjort for hende før?

J: Korrekt.

D: I mit arbejde er jeg blevet fortalt, at reproduktion også gøres ved kloning?

J: Der er et projekt for kloning. Det er adskilt og uafhængigt af dette projekt. Nogle kvinder deltager i begge, nogle kun i et.

D: Hvis du kan have fødsler på denne måde, hvorfor er kloningsprocessen også nødvendig?

J: Fordi der sker en genetisk forskel i kloning, som mangler i denne anden type projekt.

D: Kan du forklare? Jeg forstår noget om kloning. At det er en præcis kopi.

J: Kloning er en præcis, præcis kopi. Den anden metode tager udenfor stimuli ind i processen, andet end bare moderens essens. Der produceres to separate og distinkte typer individer.

D: Så klonen er en præcis kopi. Den anden har en anderledes genetisk sammensætning. Ville det være sandt?

J: Dette er korrekt. For den anden indeholder også alle de extrasensoriske stimuli, moderen modtager under den embryonale tilstand.

D: Mener du klonen eller den naturlige?

J: Den naturlige.

D: Ville dette betyde, at klonen ville være en koldere, følelsesløs person?

J: Ikke medmindre moderen er af samme følelsesmæssige sammensætning. Problemet du har med at forstå dette, er, at klonen indeholder og er alt, hvad moderen er. Med den naturlige

The Custodians

fødsel, som du ville kalde det, indeholder barnet og er alt, hvad moderen er, plus alt, hvad moderen har været udsat for i den periode, hun bærer embryoet.

D: Så der er en forskel.

J: En bestemt forskel. Vi prøver at forklare dig, at mens embryoet hviler i moderens livmoder, så lever det hendes liv med hende.

D: Oplever, hvad hun føler.

J: Præcis!

D: Og klonen gør ikke dette. Nå, kan jeg spørge dig, hvordan dette embryo blev befrugtet? Var faren også menneskelig eller hvad?

J: Dette vil ikke blive diskuteret på nuværende tidspunkt. Informationen vil komme frem. Først skal vi vide, at vi kan stole på dig.

D: Det er helt i orden for mig. Jeg stiller bare mange spørgsmål, så længe det ikke er problematisk.

J: Vi ønsker at se, hvad du gør med disse oplysninger, og hvordan de bruges.

D: Jeg vil gøre, hvad du vil have, at jeg skal gøre med dem.

J: Det må ikke blive offentliggjort, før du har hele billedet.

D: Jeg er villig til at acceptere det. Jeg vil alligevel ikke have en halv historie, en halv sandhed.

J: Vi må minde dig om at beskytte individet.

D: Jeg har sat beskyttelse omkring hende, mens vi arbejder i denne tilstand. Er det, hvad du mener?

J: Nej. Hvad vi mener er, at det, du gør med informationen, kan have en direkte effekt på denne persons liv.

D: Det er meget sandt. De fleste af de mennesker, jeg arbejder med, vil ikke være kendt. De ønsker at være anonyme. Dette er meget vigtigt, fordi de ikke vil have deres liv forstyrret, og jeg prøver meget hårdt at respektere det.

J: Det er derfor, vi taler med dig. Af den grund, at du er en meget ansvarlig person.

D: Og hvis det er inden for min magt, vil ingen vide, hvem hun er. Der er altid ting, der er uden for min kontrol. Men med det, jeg kan kontrollere, vil hendes navn aldrig blive afsløret. Er det, hvad du mener?

J: På nuværende tidspunkt skal det forblive sådan. Der er andet arbejde, vi skal gøre. Hun er et meget højt udviklet emne. Hun forstår mere end de fleste emner. Derfor har vi et større projekt i tankerne for hende, som vi ikke ønsker skal blive forstyrret af nysgerrighed.

D: Ja, og der er mange nysgerrige mennesker. Det ser ud til, at det er mig, der får problemerne.

J: Ikke hvis vi også får lov til at beskytte dig.

D: Jeg vil gerne have det. Fordi jeg føler, jeg kommer til at rejse til steder, hvor der er negativitet.

J: Præcis.

D: Og skepsis.

J: Præcis.

D: Og jeg vil gerne modtage al beskyttelse, I kan give mig.

J: Du vil vide gennem din ring, at vi altid er med dig.

Dette var min stjernesmaragd-ring, der blev nævnt tidligere, som jeg havde fået på en mærkelig måde, og som jeg aldrig har taget af.

D: Jeg undrede mig over den ring. Kan du fortælle mig noget om den?

J: I jordboernes øjne tror I altid, at UFO'er kommer fra stjernerne. Stjernen skulle for dig være dit symbol på, at du er forbundet med den, og at du er med os i tanke altid, for det arbejde, du har involveret dig i, med at hjælpe med at afkræfte forestillingen om, at vi er dårlige og onde væsener.

D: Ja. Fordi de oplysninger, jeg har fået, virker positive.

J: Det er positive. Men jeg må advare dig om, at der findes en kraft, hvorfra der kan komme den anden side af mønten, som I siger i jeres jordiske tid.

D: Men jeg har altid troet, at man tiltrækker det, man ønsker, det man forventer.

J: Dette er korrekt.

D: Jeg har ikke forventet at finde den negativitet.

J: Men du skal vide og være opmærksom på, at det findes. Du skal også vide og være opmærksom på, at du i dit arbejde måske kommer i kontakt med den side af væsenerne. Det er dog et valg, hver enkelt må tage, hvad angår hvilken side de arbejder på. Der er et klart valg, der skal træffes.

D: Jeg har hørt tale om denne negativitet. Og jeg vil ikke være involveret i den side.

The Custodians

J: Hvis du har truffet dit valg, så behøver du ikke frygte, for du vil ikke være involveret i den side. Det kan rejse sig omkring dig. Det kan komme omkring dig, men du vil blive beskyttet fra det at arbejde med dig.

D: *Det er meget godt. Jeg værdsætter det, for alt, hvad jeg ønsker, er information.*

J: Og det er det, vi ønsker at dele.

D: *Alright. Kan jeg få at vide, hvem eller hvad jeg taler med?*

J: Jeg forstår ikke dit spørgsmål.

D: *Nå, jeg tror ikke, jeg taler med Janices underbevidsthed, gør jeg?*

J: Nej, det gør du ikke.

D: *Hvem taler jeg med? Det behøver ikke at være et navn. Jeg er bare nysgerrig på hvad.*

J: Når du ser på forsiden af bogen Communion, vil du se mit billede. Det er derfor væsenet, Janice, blev påvirket af forsiden på den måde, hun gjorde. Hun er meget bekendt med os. Hun ved, at set fra Jordens perspektiv kan det nogle gange virke, som om vi forårsager smerte, eller at nogen fra Jorden ville opfatte os som ufølsomme og uvenlige væsener. Hun har fået lov til at kende historien bag dette. For det handler blot om væsenets perspektiv. Og hun har været i stand til at skifte perspektiv i en sådan grad, at hun forstår meningen bag vores handlinger – og enhver smerte, vi måske forårsager hende. Hun ved, at dette er tilfældigt i forhold til de problemer, hun måtte have med at acceptere det, hun har indvilliget i. Hun er bevidst og er ofte blevet mindet af os om, at hun til enhver tid kan sige nej og har lov til det. Hun ved også, at der fra vores side ikke ville være nogen konsekvenser, hvis hun vælger ikke at deltage, hvis hun på noget tidspunkt føler sig for utilpas til at fortsætte. Hun ved, og hun er blevet fortalt, at vi hjælper hende på enhver måde, hun har brug for, når som helst.

D: *Det er alle meget gode ting. Du ser, en af teorierne folk har, er, at jeres folk er meget kolde og følelsesløse, og forårsager smerte og ikke bekymrer sig om mennesker.*

J: I jeres standarder er det korrekt. Problemet folk har, er, at de ikke kan komme til vores side og se med vores øjne. Individuelle som Janice, som du taler med, er i stand til effektivt at blive os og kende vores formål og kende vores tanker og kende vores væsen. Derfor forstår de, at vi ikke er involveret i at forårsage smerte simpelthen for at forårsage smerte. Fordi vi ikke føler smerte, som du føler smerte, er det nogle gange svært for os at forstå, at vi forårsager det.

D: *Jeg forstår. Er det fordi jeres nervesystem er anderledes?*

J: Præcis.

D: *Så I har ikke udviklet jer på samme måde fysisk som mennesker? (Nej) Er I i stand til følelser?*

J: Vi er i stand til simulerede følelser, men vi har dem ikke indbygget, som I mennesker bærer rundt på dem.

D: *Er I mere som en – jeg vil ikke sige en "maskine" – mere som en fabrikeret person, end en, der er genetisk reproduceret?*

J: Undskyld. Spørgsmålet er uklart.

D: *Jeg prøver at tænke på, hvordan jeg skal formulere det. Jeg er vant til, at mennesker er mennesker og har følelser, medmindre de er maskinlignende. Fabrikeret snarere end reproduceret på en genetisk måde.*

J: Vi føler, men det betyder ikke det samme.

D: *Kan du hjælpe mig med at forstå?*

J: Hvis du rører ved mig, føler jeg det. Det transmitterer ikke til ... det betyder ikke, at den samme fornemmelse vil finde sted. I det, at mit sind ved, du har rørt ved mig. Jeg føler berøringen, men ikke på samme måde som et menneske føler berøring. Det er en proces, en telepatisk berøring, i modsætning til fysiskhed. I det opererer vi fra et niveau af telepati. Derfor er vores udvikling sådan, at vores sanser kommer gennem den måde at vide på, i stedet for den mere fysiske niveau af følelsesmæssig berøring, som du ville forstå.

D: *Jeg tænker på den måde, mennesker kærtegner hinanden, især når de kærtegner et barn.*

J: Vi lærer. Vi ønsker at integrere de to forskellige typer følelser og forstå dem. I integrationsprocessen vil det, der sker, være en udvikling af og en integration til den telepatiske måde at føle og vide på og den sensoriske måde at føle og vide på.

D: *Jeg forstår. Så I føler heller ikke følelser som kærlighed eller had?*

J: Vi forstår dem ikke, selvom vi kan føle dem. Det er anderledes for os.

D: *Så I kan føle vrede?*

The Custodians

J: Vi kan føle enhver følelse, du kan føle, men det føles i vores sind, i modsætning til at påvirke vores fysiske kroppe.

D: Så I er ikke helt kolde mennesker.

J: Det er korrekt. Vi oplever det, men det påvirker ikke vores fysiske krop på samme måde, som det påvirker mennesket. Stress er en del af menneskets liv. Det nedbryder kroppen. Det påvirker sindet. Det påvirker den molekylære struktur af jeres krop.

D: Og I prøver....

J: Jeg prøver at fortælle dig, at hvis stress påføres os, påvirker det ikke vores krop på den måde. Dog oplever vi det med vores sind. Vi er ikke her for at skade. Vi er ikke her for at overtage jeres planet. Det er synd, at I ikke kan forstå dette.

D: Jeg tror på dette.

J: Ja, det gør du. Jeg talte kollektivt.

D: Denne mangel på følelser, blev det forårsaget, fordi jeres race udviklede sig på en anden måde?

J: Det skyldes ganske enkelt det faktum, at hvor vi kommer fra, og hvor vi udviklede os, udviklede vi os anderledes. Det er ikke fordi vi ikke havde det. Vi vidste ikke, hvad det var. Det var simpelthen en unødvendig del af vores eksistens.

D: Jeg troede måske, at vi alle startede ud på samme måde, og at I udviklede jer på en anden måde.

J: Vi begyndte som vi er. Det er derfor, det er svært for os at forstå jordiske følelser og nogle af de måder, I lever på.

Jeg satte pause for at vende båndet i optageren.

D: I er nok meget opmærksomme på, at jeg bruger en maskine.

J: Vi forstår maskiner.

D: Dette er en maskine, der fanger stemmen, og hjælper mig med at få den tilbage på et andet tidspunkt. Ordene.

J: Vi bevarer stemmen i vores sind.

D: Vi har ikke helt den kapacitet, så jeg har en lille maskine, som ordene går ind i. Og når tiden kommer, kan jeg afspille dem og høre og forstå dem igen.

J: Du kunne bevare dem i dit sind.

D: Men det er meget svært, når du har så mange oplysninger.

The Custodians

J: Det er et spørgsmål om selv.... (Hun havde svært ved at finde det rette ord.) Det er et spørgsmål om at sortere informationen og kategorisere og arkivere.

D: *Nå, jeg kan gøre det i høj grad.*

J: Det handler om at skabe billeder og billedspor. Ligesom vi flyver. Vi kan forestille os jeres planet eller et sted, og så behøver vi ikke fysisk at flyve derhen for at komme derhen.

D: *Er I i vores atmosfære nu?*

J: Vi er i jeres atmosfære.

D: *Men I mener, hvor I kommer fra oprindeligt? I ville bare forestille jer, hvor I vil hen?*

J: Det er korrekt.

D: *Og I behøver ikke nogen form for energikilde til skibet eller noget?*

J: Vi behøver ikke en form for energikilde. Tanker er vores energikilde.

D: *Er det nok til at drive hele skibet?*

J: Det kan drive mange skibe.

D: *Er dette kollektiv tanke, eller tankerne fra én individ som dig selv?*

J: Det kan være én, eller det kan være kollektivt.

D: *Videnskabsmænd i vores tid mener, at I må have en eller anden form for energi: mekanisk, elektrisk eller noget lignende?*

J: Der er skibe, der kører på mange forskellige kilder. Det er der, I går galt. I mennesker tror, at alle skibe skal bruge den samme slags energi. Er det korrekt?

D: *Eller i det mindste energi, vi kan forstå, brændbar eller forskellige typer.*

J: Forstår du lysenergi?

D: *Kun på den måde, vi bruger elektricitet.*

J: Nå, der er et punkt lige efter lys, som vi rejser på. Det er en lysfrekvens. Det er ikke synligt for det blotte øje.

D: *Jeg tænker på laser.*

J: Du er tættere på.

D: *Tættere? (Ler) Så meget som jeg ved om det, er laser en hurtigere frekvens, tror jeg. Er det ikke?*

J: Ja. Denne frekvens er hurtigere end jeres lys.

D: *Jeg tænker på mikrobølger.*

J: Det er noget helt andet.

The Custodians

D: Okay. Så I er i stand til at rejse med et fysisk skib på denne frekvens ved hjælp af tanker. (Ja) Ved at bruge tanker, kan I dematerialisere og materialisere et andet sted?
J: Præcis.
D: Alright. For vi tænker på at rejse med lysets hastighed.
J: Dette er hurtigere end lysets hastighed.
D: Er dette noget, der ligner den måde, hun gik gennem væggene?
J: Dette er lignende, men der bruges en anden proces til rejse. Når du taler om at passere gennem stof, taler du om en anden type proces end den, vi bruger til at rejse fra vores univers til jeres atmosfære.
D: Bare fordi det ikke går gennem stof? Det ville være en anden proces.
J: Præcis.
D: Men det er stadig en dematerialisering et sted og rematerialisering et andet sted. Er det korrekt? Fordi jeg prøver så hårdt at forstå.
J: Jeg kan ikke forklare det til dig på dette tidspunkt. Jeg kan fortælle dig, at der er to separate processer for rejse. Når væsenet kom gennem hendes væg og begyndte at rejse, rejste hun ved den anden proces mellem hendes ydre væg og fartøjet. Det er derfor, mennesket nogle gange har problemer med at tilpasse sig re-entry i jeres tidsramme og vibrationalrate. For vibrerende frekvenser ændrer sig i denne form for rejse. Det tager lidt tid at bremse det, afhængigt af re-entry-metoden.
D: Det rejser sig hurtigere, så skal det bremse igen.
J: Præcis. Det kan nogle gange forårsage tilpasningsproblemer. Det kan forårsage en smule desorientering, som vi prøver at afhjælpe, så hurtigt som muligt, når vi bliver opmærksomme på, at det sker i individet.
D: Må jeg spørge dig, er jeres folk seksuelle? (Ja) I har mand og kvinde? (Ja) Og reproducerer I på samme måde som mennesker gør?
J: Vi har et valg.
D: Kan du forklare?
J: Vi kan reproducere på den måde. Vi kan bruge flere andre metoder.
D: Hvilke andre metoder er tilgængelige?
J: Jeg har allerede forklaret to af dem for dig.

The Custodians

D: Kloning og denne metode med Janice? (Ja) Jeg er nysgerrig på, hvad der vil blive gjort med denne baby. Jeg mener, hvorfor vil I have en menneskelig kombination?

J: Fordi i den menneskelige kombination har I både den fysiske menneskelighed samt den mentale kapacitet fra vores race, integreret.

D: Men har jeres egen race ikke fremragende fysiske evner?

J: Vi synes, I er smukke. Vi har fysiske evner, men de er ikke som jeres fysiske evner.

D: Jeg troede, I ville være glade for jeres egne evner, sådan som I blev skabt, og I ville ikke...

J: Det handler ikke om at være ulykkelige. Det er en stor lektion for jer mennesker at lære. Forskellig fra.

D: Hvad mener du?

J: Forskellig fra i modsætning til utilfreds med. Det handler ikke om bedre end eller værre end. Det er bare forskelligt.

D: Det var det, jeg prøvede at forstå. Hvorfor I ville ændre den fysiske fremtoning af jeres race?

J: Det ændrer ikke den fysiske fremtoning af vores race, som sådan. Fordi det ikke er vores race, som sådan. Det er heller ikke jeres race, som sådan.

D: Hvad mener du?

J: Jeg mener, det er ikke nogen af de to racer, men en race.

Jeg forstod ikke, at han refererede til skabelsen af en ny, separat race.

D: Mener du, at alle hører til én race?

J: I sidste ende vil det ske.

D: Var det der, det begyndte?

J: Jeg forstår ikke det spørgsmål.

D: Startede vi alle som én race?

J: Jeg har forklaret dig forskellene på den måde, vi oplever følelser på, sammenlignet med den måde, mennesker oplever følelser på. Integration af disse to typer oplevelser i ét væsen skaber et andet væsen, men fjerner ikke noget fra nogen af racer. Heller ikke ændrer det på det faktum, at det pågældende individ er sammensat af begge racer.

The Custodians

D: *Så vi startede alle som forskellige racer. Så målet er at integrere til én race, der har de bedste dele af alle. Er det rigtigt?*

J: Dette er et projekt, ja.

D: *Der er andre projekter også? (Ja) Kan du fortælle mig om dem?*

J: Jeg kan ikke fortælle dig det på nuværende tidspunkt.

D: *Nå, jeg har masser af tålmodighed, men jeg har også så mange spørgsmål. Jeg prøver at forstå formålet med dette.*

J: En del af essensen, der forbliver på Jorden, kan overføres til det nye menneske på et tidspunkt, når der udvikles en ny Jord.

D: *En ny Jord? Hvad mener du? (Pause) Jeg kender en del til fremtidige profetier. Jeg prøver at se, om det, du siger, passer ind i det.*

J: Jeg siger, at det nye væsen vil være den slags væsen, der befolker den nye Jord.

D: *I vores fremtid eller hvad?*

J: Ja, i jeres fremtid. I alle vores fremtider. Du vil måske forstå det bedre, hvis jeg brugte ordet "overførsel."

D: *Overførsel hvad?*

J: Hvis du vælger, afhængigt af udfaldet af jeres valg på jorden, eksisterer behovet for en race af mennesker til at repopulere jeres planet. Essensen af de mennesker, der allerede befolker jeres planet, findes i den nye race. Derfor, hvis I vælger vejen til ødelæggelse, vil repopuleringen sandsynligvis finde sted ud af denne race af mennesker. Derfor vil I virkelig have en ny race til at befolke jeres nye himmel og jorden. En ny race med kun de mest positive kvaliteter.

D: *En mere udviklet race, virkelig. (Ja)*

Et lignende koncept blev beskrevet i min bog Keepers of the Garden, om en planet, der blev forberedt på at modtage en ny (mere perfekt) art mennesker i tilfælde af, at vi ødelægger vores planet Jorden. Denne nye menneskeart blev udviklet gennem eksperimenteringsprocessen ombord på disse rumskibe. Jeg blev fortalt, at de menneskelige gener ikke måtte dø, men blev bevaret på denne måde.

The Custodians

D: Nå, dette embryo... Jeg gætter på, at man kunne kalde det en baby. Du sagde, det var fuldt udviklet og helt dannet i størrelsen af fire måneder.

J: Fire måneder.

D: Hvor bliver babyen taget hen?

J: Vi har faciliteter, meget lig dem, I har på jeres hospitaler. Vi servicerer og vedligeholder barnet på samme måde. Vi har væsner, hvis job er at vedligeholde barnet. At fungere som det, I ville kalde en "surrogatmor" for barnet. Den naturlige mor besøger barnet, hvis hun vælger at gøre det, selvom hun ofte ikke vil huske, at hun har gjort det. Barnets mor underviser også disse væsner i, hvordan de skal interagere med barnet. Dette er en del af vores nødvendige læring.

D: Vokser barnet i et andet tempo?

J: Ja, det vokser i et andet tempo. Det kan være fire år gammel på to minutter af jeres jordiske tid.

D: Det er meget hurtigt. Føles det lige så hurtigt i jeres tid?

J: Det kan det eller kan det ikke være.

D: På den måde kunne I have en voksen på få dage, kunne I ikke? (Ja) Jeg forstår. Er disse nye væsner, denne nye race, kun beregnet til at blive brugt et andet sted?

J: De lever og bliver undervist i et meget anderledes sted. Meget som det miljø, de til sidst vil leve i.

D: Men dette sted er væk fra Jorden? (Ja) Og det er her, de vil vænne sig til, så at sige. Klimatiseres? (Ja) Hvad med klonerne? Vil de til sidst komme tilbage til Jorden?

J: Ja. Nogle af dem er allerede på Jorden.

D: I hvilken kapacitet?

J: Som mennesker.

D: Hvad var grunden til det?

J: Fordi vi kan klone et menneske, og vi kan, på en måde, redesigne dets fysiske egenskaber til et punkt, hvor, hvis behovet opstår, at klonen vender tilbage for at hjælpe sin kilde, kan det gøres med et øjeblikkeligt forhold til kilden.

D: Men klonen vil have hukommelsen af, hvad der er sket?

J: Ikke nødvendigvis.

D: Jeg tænkte, hvis klonen blev opdraget i dette andet miljø, ville den beholde disse minder.

The Custodians

J: Vi har de samme evner i relation til tid, som jeg tidligere forklarede dig, med en klon. Med andre ord, vi kan meget vel have et menneske på meget kort tid. Denne klon kan sendes på en mission, eller vælge at gå på en mission, for at hjælpe en af jer i nød. På den måde vil alle jeres essens blive integreret mere fuldt, mere øjeblikkeligt.

D: *Jeg tænkte, at klonen ville vide, at den ikke var som de andre mennesker.*

J: Ja, nogle af dem ved det. Men en klon forbliver ikke nødvendigvis på jorden i lang tid.

D: *Den er bare der for en bestemt opgave, et bestemt job, og så går den et andet sted hen.*

J: Det er korrekt.

D: *Jeg tror, at et af de problemer, folk har med at acceptere meget af dette – og jeg prøver at rydde op i noget af denne misforståelse – er, at de tror, I er interbreeding med fremmede væsner og mennesker. Nu er det deres ord, og de hævder, at det bliver gjort uden vores viden og vores samarbejde og imod vores vilje. Og jeg tror, at det er her, misforståelsen opstår. De ser det som noget dårligt, fordi de ikke har alle fakta.*

J: Dette er det samme problem, som jeg forklarede dig i relation til din opfattelse af smerte, som vi er blevet anklaget for at påføre. Det er den samme misforståelse.

D: *De tror, det er at gøre noget imod personens vilje. Tvinge dem til at blive taget og udføre tests og ting på dem.*

J: Det er fordi det menneske ikke kan være fuldt vågnet op til den mission, de har påtaget sig. Alle, der er blevet bortført, har tidligere accepteret det. På grund af et problem i deres molekylære struktur kan vi ikke fuldt ud aktivere den celle, der tillader dem at huske, ligesom vi kan i andre emner. De emner, der har større intestinal styrke og indre styrke, er bedre i stand til at forstå fuldstændigheden af formålet med hele rummissionen.

D: *Jeg undrede mig over, hvorfor nogle mennesker husker, og andre ikke gør.*

J: Du husker, hvad du kan udholde. Og efterhånden som din vækstrate udvikler sig, husker du og får mere information.

D: *Hvad nogle af disse mennesker husker, er meget skræmmende for dem. De har kun små brudstykker.*

The Custodians

J: Det er skræmmende, fordi det er meget fremmed. Og nogle af eksperimenterne er skræmmende for mennesker. Men de eksperimenter, der skræmmer mennesker, er de samme eksperimenter, som mennesker udfører. Og det er den samme frygt, som et dyr føler, når mennesket udfører eksperimentet på dyret.

D: Ja, det giver mening for mig. På jeres fartøj, er der kun jeres type væsner?

J: På dette tidspunkt?

D: Nå, som regel, er I den eneste type væsen, der er ombord på disse fartøjer?

J: På denne særlige type fartøj er vi væsnerne. Andre væsner kan komme ind på dette fartøj, afhængigt af emnet.

D: Hvilken type fartøj er dette? Hvordan ser det ud fysisk på ydersiden?

J: Dette er et rundt diskfartøj.

D: Er det stort? (Nej) Så der er andre typer fartøjer? (Ja) Jeg er nysgerrig på andre typer væsner, der måske rejser frem og tilbage mellem de forskellige fartøjer. Vi har hørt så mange forskellige beskrivelser.

J: Hvad ønsker du?

D: Kan du fortælle mig om nogle af de andre typer?

J: Afhængig af det menneskelige emne, afhængig af projektet, er vi i samarbejde med andre væsner. Derfor ville det afhænge af niveauet af projektet og typen, hvem der er involveret.

D: Kommer disse andre væsner alle fra det samme sted, som I kom fra? (Nej) Fordi jeg tror, de alle ser forskellige ud, ikke?

J: De ser forskellige ud.

D: Og jeg har den antagelse, at hver af dem har en anden type opgave. Måske tager jeg fejl her. Som en opgave, som kun de udfører.

J: Det er komplekst, de projekter, vi arbejder på. Nogle mennesker er involveret i mange af vores projekter.

D: Mener du som et emne eller som deltager?

J: Begge. Et menneske kan være et emne i et projekt, en deltager i et andet, en rådgiver i et andet, en lærer i et andet. Så det afhænger af, om mennesket er multilevel. Vi leder efter multilevel mennesker. Du taler med et multilevel menneske, når du taler med Janice. Hun forstår niveauer og dimensioner, og kan fungere på forskellige niveauer og dimensioner samtidig. Derfor er hun bedre egnet til at arbejde med os, og derfor er hun en højt værdsat deltager, lærer, emne.

D: *Jeg undrede mig over, om de andre mennesker, der er involveret i disse multilevels, ved, hvad der foregår?*

J: Nogle ved det i forskellige grader. Nogle ved det mere fuldt end Janice. Nogle ved det mindre fuldt. Det afhænger af deres udviklingsgrad. Det afhænger af deres vibrerende frekvens. Det afhænger af graden af molekylstrukturevolution. Det afhænger af graden af hjernes densitet. Der er mange elementer, der tages i betragtning. Og vi er mest, for at bruge dit jordiske udtryk, "kærlige" i den henseende. I det vi ikke ønsker at forårsage skade på nogen, der har accepteret at deltage. I starten forstår de mennesker på din Jord, der accepterer at deltage, ikke, de ved ikke hvorfor, og kan ikke vide alle de ting, de senere lærer, når de fortsætter med at deltage. For ofte kan det, der sker med dem, være, at de bliver ubalancerede, og de ender med at blive indlagt på jeres sindssygehospitaler. (Hun sagde faktisk: "asane asylums.")

D: *Fordi de ikke kan håndtere alt det?*

J: De ved ikke, hvordan de skal integrere det i deres daglige liv. Derfor opstår ubalancen, og de kan ikke finde et punkt af balance. Vi er kede af dette og forsøger at forhindre det. Og nogle gange har vi fået misinformation fra andre menneskelige elementer inden for jeres samfund, som vi har aftaler med. De skulle angiveligt levere individer, der var blevet undersøgt for at deltage i dem. Vi har fundet, at vi har en bedre succesrate ved at henvende os direkte til individerne. Fordi der var noget spillet mellem visse af jeres... Der blev givet os misinformation af medlemmer af jeres samfund, som vi indgik aftaler med. Derfor fandt vi det nødvendigt at arbejde uden for den liste, der blev leveret til os.

D: *Hvem leverede denne liste, som indeholdt misinformation?*

J: Der er en gruppe, der leverer visse navne på individer til os, som de ønsker, vi skal arbejde med. Vi indgik en aftale og har gjort det. Men vi fandt bedrag i formålet og urenhed i den underliggende kilde, der ønskede at interagere med os. Derfor kunne vi ikke deltage på det niveau.

The Custodians

D: *Kan du fortælle mig, hvad gruppen består af? Jeg vil ikke have navne, men hvor kommer gruppen fra?*
J: Ikke på nuværende tidspunkt. Jeg kan fortælle dig det, men jeg vil ikke. For lige nu må jeg ikke afsløre det for dig.
D: *Okay. Med andre ord, de har narret jer.*
J: Lidt.
D: *Jeg ville tro, at med jeres højere mentale kapacitet, ville I have opdaget, at de ikke fortalte jer sandheden.*
J: Det gjorde vi. Vi havde håbet, vi tog fejl.
D: *Tror du, det var en bevidst bedrag for at skade jeres projekt?*
J: Det var en bevidst bedrag for at kontrollere vores projekt. Det var en form for kontrol, i stedet for at dele ligeværdigt.
D: *De leverede navne på personer, de mente, I skulle arbejde med, så de kunne kontrollere eksperimentet. (Ja) Jeg kan ikke forstå, hvordan de kunne have gavn af det, medmindre det ville være at kontrollere resultaterne på en eller anden måde.*
J: Kontrol af resultaterne og også opnå viden og måske misbruge den.
D: *Delte I viden med denne gruppe?*
J: Det var vores hensigt. Og vi har gjort det.
D: *Deler I stadig viden med dem?*
J: I meget mindre grad.
D: *På grund af denne bedrag?*
J: Ja. De ved ikke, at vi har indset, at de bedragede os.
D: *Jeg kan forstå, hvorfor du ikke vil fortælle mig, hvem de er. De tror, I stadig arbejder med dem.*
J: Vi gør. Det er bare på et andet niveau. Og de valgte det niveau.
D: *I er mere forsigtige nu. (Ja) Ville jeg være tilladt at få mere information på et senere tidspunkt? (Ja) Jeg troede måske, du ville tjekke mig ud først.*
J: Vi har allerede tjekket dig ud. Det er bare ikke tid endnu. Emnet skal udvikle sig og fordøje det, der er blevet tilgængeligt for hende. Vi har langsomment arbejdet med hende, fordi der var meget for hende at fordøje.
D: *Du sagde også, at der var noget andet, hun skulle gøre på et fremtidigt tidspunkt.*
J: Ja. Denne individ arbejder med energier, der er anderledes end de rumenergi, vi arbejder med. Hun arbejder med energier, der er meget mere udviklede end vores.

The Custodians

D: I har altså andre projekter i tankerne.

J: Det er ikke os, der har projekterne i tankerne. Det er vi, der er blevet ledet af et niveau, der er mere avanceret end os.

D: Men skal jeg forstå, at hun altid vil være beskyttet og ikke skadet med vilje?

J: Der er et beskyttelsesniveau omkring dette væsen, som er ugennemtrængeligt.

D: Det er meget godt, fordi det er det, jeg altid ønsker for alle, jeg arbejder med. Jeg vil aldrig have, at de bliver skadet eller ubehagelige, hvis det er muligt.

J: Der vil nogle gange være ubehag.

D: Men I kan gøre jeres bedste for at gøre det minimalt, kan I ikke?

J: Det er vores job.

D: Så vil jeg være tilladt at komme igen og bede om mere information?

J: Vi ville håbe, at du ville komme igen. Vi ville håbe, at du er meget forsigtig med, hvad der er blevet afsløret for dig i dag. Vi ville håbe, at du vil vente, at du vil fordøje, før du overhovedet tænker på at afsløre det. Vi beder dig om at vende tilbage til denne tilstand af væren og modtage vejledning. Vi beder om at indgå en aftale med dig, og at du ikke offentliggør noget trykt ord på nuværende tidspunkt. Der er mere arbejde at gøre. Hvis du føler, du ønsker at deltage, kan du igen kontakte os eller nogen.

D: Så jeg vil holde det hemmeligt på nuværende tidspunkt.

J: Ja, det er korrekt. Du vil holde det hemmeligt på nuværende tidspunkt.

D: Jeg ved ikke, hvornår vi vil kunne arbejde igen. Jeg skal komme en lang vej.

J: Der vil være en måde, hvorpå du vil arbejde igen, og det vil blive faciliteret.

D: Så når jeg kommer igen, hvordan kan jeg kontakte dig, det væsen, jeg taler med?

J: Vi vil kontakte dig, og du vil ikke have bekymringer med at kontakte os. Når dette køretøj, Janice, går ind i denne tilstand, kontakter hun hvem hun har brug for at arbejde med på det tidspunkt.

D: Jeg troede, hvis jeg havde et navn, kunne jeg spørge ... eller nogle instruktioner.

The Custodians

J: Du vil kende mig på min stemme. Der er andre stemmer, du vil komme til at kende. Senere vil vi give dig metoder til at bestemme.

D: Så bør jeg tage hende til denne ændrede tilstand, og så tage hende til jeres fartøj? Eller hvilke instruktioner kan jeg få, så jeg kan kontakte jer?

J: De instruktioner, du kan få for at kontakte os, er meget enkle. Emnet vil komme ind i en tilstand af en anden virkelighed.

D: Ligesom dette?

J: Ligesom dette. Du vil bemærke en ændring i hendes stemme. Derfor vil du indse, at et energiskift har fundet sted i hende. Der er ingen kode.

D: Jeg behøver ikke at spørge for at tale med én bestemt person.

J: Det vil komme, når det er nødvendigt.

D: Alright, fordi jeg ville være sikker på, at jeg kunne kontakte dig igen.

J: Du kan kontakte mig igen, hvis jeg er den, du skal tale med. Du kan måske kontakte andre væsner, hun arbejder med. Som jeg har fortalt dig, er der andre energier end rumeenergier, som hun er identificeret med.

D: Alright, men jeg ønsker kun positive energier.

J: Dette er positive energier, for dette er et rent lysvæsen. Og andre end positive energier er ikke tilladt at komme ind. Det er umuligt.

D: Og jeg vil gerne have den samme beskyttelse for mig selv, som du sagde tidligere.

J: Du er en ren ånd. Ren i hjertet, ren i sindet, ren i kroppen, ren i sjælen. Disse er de ting, der kræves for at hæve din vibrerende frekvens til et niveau, så du arbejder med de energier, du gør. Ellers kunne du ikke gøre det arbejde, du gør. Dette er de samme kriterier, der findes i Janice, som du taler til.

D: Jeg værdsætter det virkelig. Og jeg håber, at du vil beskytte mig, når jeg går ud i verden med de forskellige budskaber, jeg skal give videre.

J: Der er en følelse af, som du ville sige, "kærlighed" for det arbejde, du gør. Dette er grunden til, at vi har bragt jer to sammen. Så I kan føle et fællesskab, så der vil være støtte, hvis I har brug for det, hvis I har brug for noget grounding.

D: Jeg takker dig for at tale med mig. Jeg værdsætter det.

The Custodians

J: Vi takker dig for dit arbejde.

D: Så vil jeg bede dig om at forlade, med mange tak, og få Janices bevidsthed tilbage til dette køretøj.

J: Det er gjort.

D: Så bevidstheden vender helt tilbage til Janice, og vores gode ven forlader. Og jeg vil bede Janice om at forlade scenen, hun ser på.

Janice udåndede dybt, og jeg vidste, at hendes personlighed var vendt tilbage. Hun havde ikke bevæget sig overhovedet under hele sessionen. Stemmen havde en så mærkelig mekanisk resonans, men det virkede som om, det ikke krævede nogen anstrengelse fra hendes side. Efter at have betinget hende med et nøgleord, førte jeg hende frem til fuld bevidsthed, men det tog et stykke tid, før hun overhovedet kunne sidde op i sengen, for ikke at tale om at forsøge at rejse sig op og gå. Hun havde ingen hukommelse af sessionen, fordi hun var gået i så dyb trance. Da hun satte sig op, virkede hun svimmel og desorienteret. Så jeg lod hende sidde stille, mens vi talte. Jeg tænkte, det var bedst ikke at fortælle hende for meget om sessionen på det tidspunkt, fordi jeg ikke ville skræmme hende. Jeg sagde, at jeg ville sende hende en kopi af båndet, og hun kunne lytte til det i privatlivets fred. Det tog godt femten minutter, før hun forsøgte at stå op, og selv da var hun vaklende.

Jeg ville helt sikkert arbejde med hende igen, men det betød, at jeg skulle planlægge en særlig tur til Little Rock, eller sandsynligvis flere ture, fordi jeg forudså, at dette ville udvikle sig til et langsigtet projekt. Jeg vidste ikke på det tidspunkt, at jeg aldrig ville møde dette lille væsen igen.

Væsenets bemærkninger om udviklingen af forskellige galaktiske racer fik mig til at tænke på vores jordiske problemer. Racemæssige forskelle: farver, etniske forskelle, religioner osv., er allerede svære nok for os at forstå og få forsonet. Der er sket meget vold på grund af disse forskelle, og endda krige er blevet udkæmpet på grund af påstået overlegenhed eller underlegenhed. Hvis vi ikke kan få os selv til at forstå, eliminere og forene disse forskelle, hvordan kan vi så nogensinde håbe på at forstå rumvæsner? Kan vi bebrejde dem for ikke at ønske direkte bevidst kontakt? De har set for mange eksempler på, hvordan vi voldeligt behandler dem, der er forskellige. Mennesker er bange for det, de ikke forstår, og mistroiske over for alt, de opfatter som anderledes.

VI ER IKKE FIRE RACER, VI ER KUN ÉN: DEN MENNESKELIGE RACE. OG VI ER OGSÅ EN DEL AF DEN GALAKTISKE RACE.

KAPITEL 9
Bortført fra motorvejen

Da jeg vendte tilbage til Little Rock for en forelæsning i december 1989, arrangerede jeg en session med Janice. Jeg var ved at komme mig over en forkølelse og følte mig ikke godt tilpas. Hele turen havde været en belastning, så jeg forsøgte at planlægge så let en arbejdsbyrde som muligt. Men jeg ville helt klart arbejde med Janice igen, uanset hvordan jeg havde det fysisk. Jeg håbede på at få kontakt med det samme væsen, der talte til mig under den første session. Den kontakt opstod spontant, så jeg var virkelig usikker på, hvordan jeg skulle fortsætte. Vi besluttede at udforske en mærkelig oplevelse, Janice havde tidligere på året. Derfra kunne jeg finde ud af, hvordan jeg kunne kontakte væsenet. På den pågældende dag forlod hun arbejdet og gik for at hente frokost til flere andre medarbejdere. Hun huskede, at hun havde forladt bygningen, og mens hun kørte, så hun et UFO over motorvejen. Hun forsøgte at få folk på gaden til at lægge mærke til objektet, men de gik bare forbi, som om hun var usynlig. I denne tid var der heller ingen lyd, som om hun pludselig havde mistet sin hørelse. Folk ignorerede hende fuldstændigt. Efterfølgende vendte hun tilbage til arbejdet, og blev forbløffet, da hendes hørelse kom tilbage, og lyden kom tilbage med et højt sus. Hun opdagede, at folkene omkring hende på bygningens trin nu kunne høre og se hende. Da hun gik ind på sin arbejdsplads, var medarbejderne irriterede, fordi hun havde været væk i flere timer i stedet for den korte tid, hun havde troet var gået. De ville ikke længere have den frokost, hun havde givet dem. Vi besluttede at prøve at finde ud af, hvad der skete den dag.

Janice kunne ikke få sig selv til at lytte til båndoptagelsen fra den sidste session. Selvom det kan være svært for andre at forstå, er det almindeligt blandt de mennesker, jeg arbejder med. De undgår ofte båndoptagelsen som pesten. Måske giver det dem mere virkelighed, når de hører deres egen stemme sige disse ting, og bevidst undgår de det. Der er lykke i uvidenhed. Det betyder ikke noget, for terapien og helingen finder alligevel sted på det underbevidste niveau.

Da vi forberedte os på sessionen, var Janice bekymret for, at hun måske ikke ville gå i trance igen, fordi det var flere måneder siden den første session. Jeg vidste, at der ikke ville være noget problem, for nøgleordet virker altid, når det gives i en så dyb trance. Jeg brugte hendes nøgleord og talte hende tilbage til den dag, hvor hændelsen fandt sted. Jeg vidste, at hvis jeg kunne ramme det rimelig præcist, ville det underbevidste finde det uden problemer, selvom vi ikke var sikre på datoen.

Ved slutningen af optællingen var hun tilbage på sit kontor på dagen for hændelsen. Hun var bekymret, fordi hun hørte en mærkelig lyd i sit hoved. "Det er den sjove lyd, jeg hører, som lader mig vide, når de er omkring. Jeg var ved mit skrivebord, og jeg hørte den, og jeg følte en lille fornemmelse i mit hoved. Jeg troede, det var dem, og så tænkte jeg, nej, jeg forestiller mig det. Og jeg var travlt optaget. Jeg havde ikke tid til at stoppe op og tænke på det. Det er en god lyd. Den gør ikke ondt eller noget. Nogle gange er den meget højfrekvent, men den kan også lyde som en summen. Bare det er inde i dit hoved, og dit øretryk kan ændre sig. Når den kommer, føler du dine ører poppe eller noget."

D: Og du indså ikke, hvad det var?
J: Nå, det gør jeg nu. Men man tænker ikke på det, så når det sker, er det lidt en overraskelse. Jeg troede, de bare lod mig vide, at de var der, og det var okay. Det er ikke første gang, de har været ved mit skrivebord. Nogle gange gør de det, og de arbejder energien gennem dig. Du skal ikke gøre noget, fordi det er energiarbejde for planeten. Nogle gange skal du ikke engang gå nogen steder.
D: Men den her gang følte du, at du skulle gå et sted hen?
J: Jeg havde ikke planlagt at gå nogen steder. Jeg havde ikke tænkt mig at hente frokost, og så blev jeg overrasket, da jeg sagde, at jeg skulle hente frokost. Så tænkte jeg, "Åh! Sagde jeg det?" (Latter) Og jeg indså, at de ville have mig til at forlade, fordi jeg ikke havde planlagt at forlade. Så tænkte jeg, "Nå, de må have noget arbejde at gøre eller noget, så jeg skulle forlade." Det irriterede mig, fordi jeg normalt er hjemme, når det sker, ikke midt på dagen på arbejdet. Så da jeg gik ned i elevatoren, følte det mig lidt underligt i maven, så jeg vidste, at det var ved at starte. Det gør det nogle gange, når tiden ændrer sig.

The Custodians

D: Tid ændrer sig?
J: (Hendes stemme blev langsommere og blødere.) Ja. Du bevæger dig ind i en anden tid.
D: Hvad mener du?
J: Tingene bliver anderledes. Du stopper med at være på den her tid, og du går ... da jeg kom ind i elevatoren, indså jeg, at tiden begyndte at ændre sig. Men det var okay. Jeg ved, hvad det er nu. Og jeg var ikke bange. Og så da elevatoren begyndte at bevæge sig....
Hun begyndte at trække vejret tungt, som om med anstrengelse, eller måske fra kvalme. Jeg gav trøstende forslag. Efter mere tung vejrtrækning ville jeg fjerne hende fra elevatoren.
D: Så gik du til din bil eller hvad?
J: Ja, jeg følte mig som i en drømmestat da. Whew! (Mere anstrengt vejrtrækning.) Det var da, jeg indså, at de virkelig, virkelig var her. Og at jeg virkelig, virkelig ikke var helt i denne dimension. Jeg var i den, men jeg var ude af den. Jeg bevægede mig gennem den fysisk, men det var... (Mere fornemmelser.) Og jeg kom til min bil, og jeg forsøgte bare at opretholde denne dimension. Og jeg tænkte, "Nå, jeg skal køre. Jeg sagde, jeg ville hente frokost til pigerne på kontoret, og jeg tager af sted."
D: Og du skal kunne køre.
J: Ja. (Hun virkede forvirret.) Og jeg startede bilen, og jeg indså, at ... puh! Jeg følte mig mærkelig. Det er som: hurtigere og langsommere, hurtigere og langsommere, hurtigere og langsommere.
D: Det ville da være forvirrende.
J: Nå, det er ikke forvirring. Det er ikke engang det. Det er molekylært ... du kan mærke din krop gøre det. Og du ved, at det sker, og du ved, at du gør det, og du ved, at det er ... (Stor indånding) Det begynder at bevæge sig, begynder at bevæge sig. (Forvirring) Det er ikke dårligt. Det er ikke en dårlig ting.
D: Men vi husker bare på dette tidspunkt, og det vil ikke rigtig genere dig på nogen måde.

J: Det er ikke noget problem. Det er en spænding. (Stor indånding) Du ved, at du er her på denne Jord, og alligevel, puh! Det er som at køre over en bro. Puh!

D: Okay. Lad os komme videre, indtil den følelse er forsvundet.

J: Nå, den vil ikke forsvinde.

D: Men du vil kunne ignorere følelsen, mens du taler til mig. Så det vil ikke forstyrre din kommunikation.

J: (Hvisker) Jeg er ked af det.

D: Det er i orden. For jeg vil ikke have, at du oplever noget, der vil være til nogen form for ubehag for dig.

J: Åh, det er ikke ubehageligt. Det er en vidunderlig følelse. Det er godt.

D: Men du kan lægge det til side, mens du taler til mig, så du kan kommunikere klart på den måde. Nu, hvad skete der, da du kørte din bil ned ad den gade?

J: (Følelsen ser ud til ikke at genere hende nu. Hendes stemme var stabil og klar.) Nå, jeg kom ind i bilen og begyndte at køre mod kanten af parkeringspladsen. Og jeg skulle dreje til venstre, komme på motorvejen og køre til Andy's og hente frokost. (Overrasket) Men da jeg kom til kanten af parkeringspladsen, drejede jeg ikke til venstre, jeg drejede til højre. Og så snart jeg drejede til højre, tænkte jeg, "Åh! Det er virkelig mærkeligt, for jeg burde have drejet til venstre." Det er skørt at dreje til højre. Og jeg tænkte, "Åh, Posthuset er hernede. Siden jeg kører denne vej, kan jeg bare hente min post på posthuset." Så jeg drejede og kørte ned ad Syvende gade. Og jeg drejede til højre på Woodlawn foran Capitol. Og da jeg begyndte at køre ned mod Capitol, begyndte den fornemmelse igen. Så drejede jeg til højre for at køre ned ad Fjerde gade. Så snart jeg drejede om hjørnet, så mistede jeg det. (Hendes stemme blev blødere) Jeg mistede det. (Forvirring, forvrængede halve sætninger.)

D: Hvad mener du med, at du mistede det? Vidste du ikke, hvad der skete der?

J: Jeg ved det ikke. Jeg syntes, jeg var kommet et sted hen, og så blev jeg "svish" tilbage i min bil. Og det var, "Hvor er jeg?" Fordi jeg var tilbage ... jeg mener, jeg var tilbage. Og jeg kørte hurtigt, men bilen kørte ikke hurtigt. Og jeg tænkte, "Åh, åh, åh, hvor er jeg på vej hen? Hvilken by er jeg i?" I et øjeblik vidste jeg ikke, hvor jeg

The Custodians

var. Så tænkte jeg, "Åh, skal jeg stoppe bilen?" Men så ... det var fint. Jeg var fin. Og jeg var ikke bange. Det var ikke frygt. Det var bare en overraskelse, og så, hvor var jeg? Og jeg prøvede at kigge rundt og se, hvor jeg var. Det så ukendt ud. Og så pludselig var jeg ved posthuset, og der var ikke noget sted at parkere bilen. Så jeg kørte rundt og rundt omkring posthuset. Og mens jeg kørte, følte jeg den stærke trang til at kigge op. Og der var de lige deroppe. Tre af dem, og bare smukke.

D: Hvordan så de ud?

J: De var sølvfarvede og runde og lavede en summelyd. Der var tre af dem, og de bevægede sig i et mønster, som om de dansede. Det var for mig. Det var som en tak. Jeg vidste, hvad det var, men jeg ville have, at folk skulle vide det. Jeg ville have, at de skulle se, hvad jeg så. De var smukke, virkelig smukke. Jeg vidste, at jeg lige var kommet tilbage derfra. Så snart jeg kiggede, så snart jeg så dem, vidste jeg det.

D: Så så nogen andre det?

J: Jeg prøvede. Jeg ville have, at de skulle se det. Jeg rullede alle mine vinduer ned og råbte. Og jeg kunne ikke høre nogen lyd. Biler kørte ned ad gaden, og jeg kunne ikke høre dem. Jeg kunne ikke høre folk tale. De stod lige foran mig og talte, og jeg kunne ikke høre, hvad de sagde. Jeg blev frustreret, fordi jeg ville have, at de skulle kigge op. Jeg pegede og råbte, "Hey! Ser I det ikke? Kig! Kig!" Og jeg prøvede at vise alle, men de kiggede ikke. Jeg forstod ikke, hvorfor de ikke kiggede, og så indså jeg, åh, jeg kan ikke høre dem. Ooooh! Jeg må være usynlig. Måske kan de ikke se mig eller noget. Jeg tænkte, "Hvor er jeg?" Fordi hvis de ikke kan se mig, og jeg er lige her, hvor er jeg så? Jeg havde disse tanker. Jeg forstod det ikke, men det var ret sjovt. Og jeg spurgte skibene, "Hvad sker der her?" Og de sagde mentalt til mig, at jeg ønskede at se dem. Så de ville give mig det, som en gave. Jeg ved, at jeg har været der, men jeg kan ikke huske den del.

D: Så vendte tingene tilbage til det normale efter det?

J: Ikke med det samme. Jeg parkerede bilen. Og efter jeg var steget ud, gik jeg hen til en fyr, og han hørte mig ikke engang. (Latter) Det var lidt uhyggeligt. Og jeg tænkte, "Okay. Jeg vil bare opføre mig normalt." Så da jeg begyndte at gå op ad trappen, kunne jeg føle min krop igen. Og jeg så nogen komme ud af bygningen, og jeg råbte til ham. Jeg var så tæt på, at det skræmte ham. (Latter) Så snart han sagde, "Hej!" kunne jeg høre.

D: Lydene kom tilbage?

J: Uh-huh. Og jeg kunne høre folk tale. Jeg kunne ikke høre nogen tale, før den mand sagde, "Hej!" Han så bekendt ud, og jeg vidste, at jeg kendte ham. Men han hoppede, han blev forskrækket.

D: Men det fik dig tilbage til det normale. Nå, jeg vil gerne udforske den del, hvor du tror, du gik et sted hen. Da tiden blev fremskyndet, før du kom tilbage. Vi vil se, hvad der skete i den tid. Jeg blev fortalt sidste gang, vi arbejdede, at hvis jeg tog dig til denne tilstand, kunne jeg kommunikere med folk på skibet. Han sagde, jeg ikke behøvede at give nogen andre instruktioner end det. Ville det være muligt for en af dem at komme og forklare, hvad der skete i den tid?

Mens jeg stillede disse spørgsmål og forsøgte at genoprette kontakten, skete der noget usædvanligt i min egen krop. Jeg havde en stærk fornemmelse af varme omkring mit kronechakra, som er placeret på toppen af hovedet. Jeg følte varme og prikken omkring toppen af mit hoved. Det var en mærkelig følelse, men det forstyrrede ikke min evne til at koncentrere mig og stille spørgsmål. Jeg havde aldrig følt det før, og det var distraherende. Jeg kiggede rundt i rummet for at finde ud af, hvor det kom fra. Og jeg viftede med hånden over mit hoved, som om jeg ville jage fluer væk, selvom jeg vidste, at det ikke blev forårsaget af noget fysisk i rummet.

Janice lavede nogle vokale støn, som om det var svært at komme i gang. Den stemme, der til sidst kom igennem, var anderledes end sidste gang. Denne gang, i stedet for den mekaniske, robotagtige lyd, lød det mere menneskeligt. Dog havde det en autoritær klang. Janices lettere, lidt bekymrede, bestemt kvindelige stemme med en arkansasaksent var væk.

J: Du kan vide noget af det. Men du vil ikke få fuldheden, fordi det er ufuldendt.

D: Hvad mener du, det er ufuldendt?

J: Der er mere at komme fra denne hændelse. Og det kan ikke afsløres på nuværende tidspunkt. Før vi begynder, vil jeg gerne undskylde for eventuelt ubehag, jeg lige har forårsaget dig. Vi scannede for

at være sikre på, at du var den samme person, der arbejdede med Janice sidste gang. Vi måtte være sikre på, at dine tankeprocesser var ordentligt forbundne, og at dine intentioner stadig var de samme som i begyndelsen.
D: *Var det det, der forårsagede varmefornemmelsen?*
J: Ja. Det var blot en scanningsenhed. Det forårsagede ingen skade.
D: *Da jeg blev scannet før, var det en prikken i hele min krop (rapporteret i kapitel 7), snarere end varme.*
J: Forskellige fartøjer har forskellige enheder, men de tjener samme formål. Du kan ikke narre os. Vi kender dine motiver bedre, end du kender dem selv. Hvis dine motiver ikke stadig var rene og klare, ville du ikke få lov til at have denne kommunikation. Du kan nu fortsætte med dine spørgsmål.

Denne enhed havde en maskulin fornemmelse, og jeg følte mig tryg ved hans forklaring. Jeg vidste instinktivt, at denne væsen ikke ville skade mig eller Janice. Jeg kunne mærke beskyttelse i hans stemme. Hvis han havde ønsket at skade mig, kunne han have gjort det under scanningen, og jeg kunne ikke have gjort noget for at forhindre det. Men jeg har aldrig følt frygt, når jeg arbejder med disse væsener, kun nysgerrighed.

D: *Jeg prøver at forstå, hvad der skete med Janice under denne hændelse. Kørte hun virkelig ned ad gaden?*
J: Hun kørte ned ad gaden. Men hun transcenderede din dimension, og hendes bil var ikke på din plan, og det var hun heller ikke.
D: *Så hvor tog de hen?*
J: De gik ind i vores skib.
D: *Er det muligt at tage en bil også? En stor genstand som den?*
J: Det er muligt at tage enhver genstand.
D: *Betyder det, at hun forsvandt fra gaden?*
J: Korrekt.
D: *Hvis nogen havde set på, ville de have set noget ske?*
J: De ville ikke have vidst, hvad de så, for det er meget som når du slukker lyset. Så hurtigt sker forandringen fra lys til mørke. Du husker ikke lyset, fordi du har mørket.
D: *Så folkene på gaden ville ikke have set bilen forsvinde?*
J: De ville have set den, men de ville ikke huske, at de så den.

Dette lød meget som andre tilfælde rapporteret i denne bog, hvor folk, der ikke var involveret i hændelsen, ikke huskede at have set noget.

D: *Jeg prøver at forstå, hvad der sker i den proces.*
J: De ved ... de troede, men det bliver erstattet med et minde, der får dem til ikke at vide, at de så det.
D: *Fordi det ville være forvirrende. Så hvorfor kunne hun ikke bare blive taget alene? Hvorfor skulle bilen tages med?*
J: Der var ikke noget formål med at fjerne hende, for dette var en rejse for hende. Og desuden, hvis nogen havde opdaget hendes tomme bil, ville der have været et problem for den periode, hvor hun burde have været væk. Politiet ville være kommet. Og når vi returnerede hende, ville der have været et stort problem for hende at forklare.

Stemmen havde også en reverbererende kvalitet, der så ud til at påvirke mikrofonen.

D: *Så I så dette som en mulighed.*
J: En meget reel mulighed. Mere end en mulighed, en virkelighed.
D: *Så hvad skete der, da hun blev taget ombord?*
J: Interaktion, meget nødvendig af individet for at fortsætte arbejdet. En opladning, hvis du vil, eller en opfyldelse af ønsker for individet at vide visse ting, der i en forstand kunne hjælpe hende med at assimilere og kunne fungere i den virkelighed, hun lever i. Så i et forsøg på at hjælpe hende med at fortsætte dette arbejde, er det nogle gange nødvendigt at give individet – hvis du vil give mig slang, at bruge din terminologi – et varmt kram, så de føler og forstår, at de er værdsatte og ikke tages for givet. (Han kan have brugt slang, men det blev sagt på en sådan måde, at det var akavet og bestemt ukendt for ham.) For dette individ er af stor betydning for os, at hvis hun har et behov eller ønske, vil vi få det opfyldt indenfor hende eller udenfor i hendes hverdag. For det arbejde, hun gør og har gjort, har været af stor værdi for denne planet. Og derfor vil hendes ønsker blive opfyldt.

The Custodians

Jeg fik indtrykket af, at stemmen kom fra en ældre mand. Ordene blev meget omhyggeligt udtalt og til tider afbrudt.

D: *Jeg synes, det er meget godt. Så når hun og bilen blev taget, gik det bare gennem en dimension?* (Ja) *Jeg tænker altid på det fysisk, jeg gætter på, hvordan noget så tungt kunne transporteres gennem luften eller hvad som helst.*

J: Det har at gøre med at fremskynde eller langsommeliggøre molekylerne i formen, som hun forstår det.

D: *Det gør ikke skade på personen eller bilen?* (Nej) *Så hvad skete der, da det kom tilbage, med fraværet af lyd og følelsen af at være usynlig?*

J: Det var for, at hun kunne fortsætte med at opleve gaven. Det var ikke for andres øjne, og det var nødvendigt for hendes bevidsthed at forstå, at det var en rigtig oplevelse. Det var en metode for at lade hende vide, hvilken værdi vi sætter på hendes ønsker. Det var en metode for os at sige til hende, "Vi er enige. Vi er enige." Måske for at sætte det i din reference-ramme, kunne det forklares på den måde, at dette er vores måde at kommunikere til individet, hvor vigtigt vi værdsætter dem. Hvis de ønsker at se os i dagslys, som hun havde ønsket, så vil det ske, fordi det er vigtigt for dem at vide, at vi stoler på dem, og de kan stole på os. Og i den tillid kan arbejdet fortsætte og flyde. Hvad angår lyden, hvad angår den tilstand, hvor hun fandt sig selv ude af stand til at kommunikere, var det nødvendigt for assimilationen tilbage i denne dimension. Da det nogle gange (Han havde problemer med ordet:) er inkongruent, og også på grund af tidsreferencerammen, umuligt at straks opfatte. Da der er en forsinkelse, på grund af hastigheden i den anden dimension. Du skal reassimilere tilbage i denne. Derfor er det nogle gange nødvendigt at give usynlighed til individet, indtil de kan reassimilere tilbage.

D: *Så de andre mennesker kunne virkelig ikke se hende?*

J: Korrekt.

D: *Så hun var mellem dimensionerne. Og dette var....*

Janice begyndte at opleve tegn på ubehag. Hun syntes at blive opvarmet og trak dynen af. Jeg gav forslag til velvære, og hun syntes at køle ned og blive mere komfortabel. Jeg fortsatte så med mine spørgsmål: "Mangel på lyd var fordi hun ikke var helt tilbage, ikke?" Hun virkede ubehagelig igen. Så kom der et pludseligt skift, som om enheden var tilbage under kontrol. Var det hans energi, der forårsagede følelsen af varme?

J: Det kan forklares på denne måde. Denne individuel kan operere i mere end én dimension på samme tid. Dette var også en måde at vise hende, at hun er i stand til at gøre dette. En introduktion, hvis du vil, til det rum og den tid, at kunne transcendere én dimension til en anden. Måske den tredje dimension. Der er tidspunkter, hvor hun opererer i flere dimensioner, og hun ved det.

D: Så da hun kom tilbage, var hun og bilen virkelig usynlige for folk, indtil hun parkerede og gik ud?

J: Korrekt. Der var et tidspunkt, hvor hendes fulde reassimilering ville finde sted. Indtil det punkt i din tidsramme var nået, kunne hun ikke vende tilbage.

D: Så for de andre på gaden var hun ikke eksisterende?

J: Korrekt.

D: Da hun så de tre skibe på himlen, var de synlige for andre?

J: Nej. Fordi hun havde synet af mere end én dimension, kunne hun se dem. De andre havde ikke synet.

D: Så mens hun kom tilbage, var skibene stadig i den anden dimension?

J: De var i den anden dimension. Men hun kunne se dem, fordi hun kunne se i begge dimensioner samtidig.

D: Jeg har haft andre mennesker, der også har talt om erfaringer som denne, hvor der ikke var nogen lyd, og de forsøgte at få opmærksomhed fra andre mennesker. Jeg undrede mig over, hvad der skete på de tidspunkter.

J: Det kunne være det samme.

D: Og nogle gange ser det ud til, at der er mangel på aktivitet overhovedet på gaden eller et andet sted, som om alt er stoppet?

J: Det sker. Det er noget andet.

D: Hvad sker der i de tilfælde?

J: Tiden stopper.

D: For individet eller den ydre verden eller hvad?

J: Det kan ske for begge.

The Custodians

D: Jeg er meget nysgerrig. Jeg prøver altid at forstå disse mange forskellige ting. Når hendes energi blev justeret, som du sagde på skibet, sker dette med maskiner af en slags?

J: Nej, det sker med tanke.

D: Og hun måtte være der i fysisk form for at gøre dette?

J: Hun behøvede ikke at være der, men det foregik hurtigere på den måde. Denne individuel kan arbejde fra hvor som helst. Der er tidspunkter, hvor det er nødvendigt at kommunikere direkte. Det er nødvendigt for individet mere end for os.

D: Må jeg spørge, er det den samme enhed, jeg talte med sidst? (Nej) Jeg troede, stemmen lød anderledes. Og jeg blev fortalt, at den, der ikke var optaget, ville være den, der talte med mig. Er det korrekt?

J: Dette er den individuel, hun arbejder med i øjeblikket.

D: Okay. Den anden gang lød stemmen mere mekanisk. Og jeg prøver at forstå, hvordan den kommunikation fandt sted. Var det telepati, telepatisk, eller på en eller anden mekanisk måde?

J: Jeg forstår ikke dit spørgsmål.

D: Den anden stemme lød mere mekanisk, eller noget, der ligner en robot-type, tror jeg, jeg skal sige.

J: Det var et andet kommunikationsniveau.

D: Hvordan sker denne kommunikation, mellem mig og dig?

J: Det sker gennem en metode for overførsel til hjernevævet i din subjekt, og så bliver hendes stemmebånd brugt til at overføre lyden til dig. Det kunne også gøres direkte til dig.

D: Men så ville det stadig være nødt til at komme gennem noget, ikke?

J: Det behøver ikke at være.

D: Hvor du er fra, er du en enhed, der bruger tale?

J: Vi kan eller vi kan ikke.

D: Jeg vidste ikke, om I havde vokale apparater til at bruge tale.

J: Vi kan simulere din tale. Det er det, jeg gør.

D: Derfor troede jeg måske, du brugte en form for mekanisk enhed.

J: Der er forskellige niveauer af arbejdere. Du talte simpelthen med et niveau af arbejder, som hun arbejdede med på det tidspunkt. Der har været en opgradering. Der har været mange andre møder, og der er et andet arbejdsniveau, som foregår, som blev kommunikeret til dig før. Jeg ved, du husker. Vi sagde, at vi havde mange projekter. Jo mere individet er villig og ønsker at håndtere, som hun skrider frem, jo mere vil dette blive en del af virkeligheden, til det punkt, hvor der vil komme et tidspunkt, hvor du måske ikke vil bemærke så meget forskel overhovedet.

D: Men du sagde, du kunne tale direkte til mig. Jeg foretrækker denne metode selv. Jeg vil helst ikke blive kontaktet direkte på nuværende tidspunkt.

J: Hvis det er dine ønsker.

D: Jeg tror, det ville hjælpe troværdigheden af mit arbejde at forblive den objektive reporter på nuværende tidspunkt.

J: Vi ville aldrig hindre dit arbejde, fordi det er en stor tjeneste, du gør for din planet. Du er en pioner.

D: Det er derfor, jeg helst vil gøre det på denne måde. Jeg tror, at hvis det kom den anden vej, ville jeg måske blive bange eller forskrækket, og jeg ville ikke ønske at gøre flere eksperimenter.

J: Der er noget, der skal forklares for dig. Det er: denne metode, vi bruger, eller som bliver kommunikeret til dig. Siden dit sidste møde med denne individuel, er meget arbejde blevet udført. Og assimilationsintegrationsarbejde er blevet udført til det punkt, hvor vi nu arbejder med denne individuel på et energiniveau, hvor der er en funktionalitetforskel. Individet har avanceret forbi det punkt at arbejde med den enhed, hun arbejdede med. Det er nu på et andet niveau.

D: Jeg vidste, der var en forskel i personligheden. Må jeg spørge, hvad I ser ud som?

J: Jeg ser ud som dine mennesker på Jorden.

D: Fordi den anden sagde, han så mere ud som de små med de store øjne.

J: Korrekt. Vi kender dem. Og vi forstår deres arbejde. Dog er de underlagt os.

D: Og du ser mere ud som vi mennesker betragter som mennesker.

J: Vi kan se ud som vi vil.

D: Hvordan kan I gøre det?

J: Det er en metode, vi lærer fra fødslen. Det er tanke.

D: I vil finde ud af, at jeg stiller mange, mange spørgsmål. Så vær tålmodig med mig.

J: Du er en nysgerrig kvinde.

D: Jeg er bestemt. Så har I nogen form, der er jeres oprindelige form, eller jeres hovedtilstand?

The Custodians

J: Vi har.

D: *Hvad er den form som?*

J: Ren energi.

D: *Så I behøver ikke nødvendigvis en fysisk krop?*

J: Korrekt.

D: *Men I manifesterer en fysisk krop af forskellige grunde. Kan jeg få lov at vide hvorfor?*

J: Hvis vi vil gå på din planet, hvis det er nødvendigt at redde et subjekt, hvis det er nødvendigt at arbejde et sted, hvor vi fysisk behøver en tilstedeværelse.

D: *Føler I ikke, at det er ret begrænsende på den måde, hvis I er ren energi?*

J: Det er meget tungt at gøre dette.

D: *Jeg tror, det ville være, fordi I er vant til at være så frie.*

J: Det er lidt begrænsende, ja. Forstår du, at du taler med et niveau, der er i containment af dit lille væsen, i det .... (Suk) Der er et punkt, hvor et individ når. Evnen eksisterer til at arbejde i energitilstand, og det individuelle lærer at gøre det. Det er, hvad Janice har gjort mest for nylig. Og hun er opmærksom på det.

D: *Er I ombord på et skib?*

J: Vi er i øjeblikket ombord på et skib.

D: *Jeg finder det nysgerrigt. Din normale tilstand er ren energi, men alligevel har du brug for et fartøj for at rejse i?*

J: I visse dimensioner har vi det. Jo tættere vi kommer på Jorden, desto mere nødvendigt er det for os at gøre dette, på grund af de skadelige aspekter af din ozonlag og de forskellige andre forureninger i dit planetsystem. For at opretholde renheden af energien er det nødvendigt at forsegle den, så teleportationen af den ikke hindres eller afbrydes. Når vi ønsker at arbejde på dette eksistensplan, kan det gøres på flere forskellige måder, afhængig af projektet. Nu, hvad jeg vil fortælle dig, er, at i relation til energitilstanden, behøver du ikke noget for at arbejde. Men afhængig af formålet eller missionen, er det det, der bestemmer metoden, der anvendes. Lys, dit lys, dit pure lys, ren tanke, dette kan vi arbejde med fra hvor som helst uden form, uden skikkelse. Men når det er nødvendigt at komme ind i denne dimension, være her, på grund af de eksisterende planetbetingelser, skal vi beskytte den energitilstand, for at den kan bruges korrekt. For energi kan påvirkes af det, den rører ved, molekylært. Derfor, hvis vi kom i ren energitilstand, ville den energi, vi bringer til din planet - som er så nødvendig på dette tidspunkt - blive ændret molekylært. Selv én ændring af et molekyle ville gøre en forskel og ville ikke påvirke den nødvendige ændring. Er det en forklaring, du forstår?

D: *Jeg prøver at forstå. Er det derfor, du ville manifestere en krop?*

J: Det er derfor, du ville manifestere en krop. Det er derfor, du ville komme i et fartøj. For inde i den containment vil molekylerne fra din atmosfære påvirke fysiske ting, men det vil ikke røre ved den indre renhed af energien. Hvis du kommer i en energitilstand, vil du interagere med molekylerne i luften. Derfor vil den eksisterende negativitet interagere med den renhed af energi, der bringes, hvilket ændrer den pure essens. Det er nødvendigt at opretholde den pure essens. Det er også en anden grund til, at Janice skulle tages ombord på fartøjet, for at få hendes køretøj taget ombord på fartøjet. Den essens, hun vender tilbage til Jorden med, kunne overføres til hende fra hvor vi er. Men for at containment af det kan realiseres fuldt ud, skal det gøres i hendes fysiske form, fordi hun skal vende tilbage og leve i sin fysiske form.

D: *Ja, hun skal være i en fysisk krop på denne Jord på dette tidspunkt.*

J: Det er rigtigt. Men energien i hende er ikke af den fysiske verden, du lever i.

D: *Ville det være fordi, hun virkelig er en af jer?*

J: Hun har været en af os. Hun har passeret os.

D: *Så i tidligere liv, som vi forstår som lineære tidligere liv - det er den eneste måde, jeg kan forstå det på - var hun en af jer på et andet tidspunkt?*

J: Hun er stadig en af os, men hun er mere end det. Hun er forbi os. Hun nedværdiger sig selv for at arbejde med os. Vi føler os beærede over at have hende i vores nærvær.

D: *Det er meget godt. Når de fleste mennesker ser jer væsner, manifesterer I den form, I mener, de skal se?*

J: Jeg forstår ikke dit spørgsmål.

D: *Okay. Når andre mennesker siger, de har set fremmede, som vi kalder dem, eller væsner fra det ydre rum, ser de dem i forskellige former.*

J: Fordi der er forskellige fremmede.

The Custodians

D: *Jeg undrede mig over, om alle disse former bare bliver manifesteret.*
J: De eksisterer. De bliver ikke ... (suk) De eksisterer. De eksisterer ligesom du eksisterer. Forskellen på dem er den samme som forskellen mellem dig og en, der er kinesisk.
D: *Det er det, jeg har troet. Men jeres type er anderledes.*
J: Vi er en integration. På grund af vores udvikling er vi i stand til at gøre de ting, som de andre gør. Det er ikke vores hovedformål. Eksperimenterne er noget, de er meget involveret i.
D: *Og I er ikke involveret i det.*
J: Ikke i de medicinske eksperimenter. Vi arbejder på niveauer meget længere end det.

Janice trak vejret tungt og følte varme. Jeg gav forslag om, at hun ville blive køligere. Varmen syntes at være en energioverbelastning, der fluktuerede.

D: *Jeg ved, mine spørgsmål må virke meget enkle, men det er den eneste måde, jeg kan lære på. Så jeg håber, I vil være tålmodige med mig.*
J: Ord står i vejen for vores forklaringer til dig.
D: *Det er den eneste måde, jeg kan forstå det på.*
J: Vi forstår. Men at forklare en proces fuldt ud med ord på dine menneskelige vilkår er nogle gange svært. Og miskommunikationen af hensigten eller meningen bliver ikke helt realiseret, på grund af begrænsningerne i dit sprog.
D: *Jeg har hørt det mange gange fra andre mennesker.*
J: Vi finder det meget interessant, hvorfor du skriver dine sætninger ud. Jeg vil bruge ordet "komisk." Det virker komisk for os, hvorfor du skal skrive hvert eneste lille ord. I vores kommunikation bruger vi et symbol, og det symbolet kan formidle afsnit og afsnit af information. Vi bruger symboler til at beskrive eller give information, enten i mental kommunikation eller i skrift. I stedet for at skrive et navn for en individuel på fartøjet, kan et symbol fortælle, hvad han gør, hvad han har lavet, hvad hans formål er her på Jordens projekt, og hvor han kommer fra, hvilken type miljø. Hans historie og funktion er i det symbol. Andre

323

symboler beskriver planeten og stjernesystemet, individet kommer fra.

D: *Det er meget information i ét symbol.*

J: Nogle af disse symboler er på væggene i fartøjet, og også i vores bøger.

D: *Oh, der er bøger?*

J: Ja, Janice blev vist en bog med denne type skrift. Og selvom hun insisterede på, at hun ikke forstod, hvad der stod, blev hun fortalt, at hun forstod det. Men kun i en bestemt sindstilstand ville hun kunne fortolke det. Dette kan hjælpe dig med at forstå vanskeligheden, vi har med at kommunikere med dig i den forældede og langsomt talte metode med ord. Især når der ofte ikke er ord for de begreber, vi prøver at forklare.

Entiteten gav så et eksempel på mental kommunikation gennem symboler. Han sagde, at vi gør det samme uden at indse det, men vi har ikke udviklet det til det punkt, de har. For eksempel indeholder symbolet "Xmas" og bringer tusindvis af billeder til sindet: juletræer, dekorationer, gaver, baby Jesus, fødselsbilleder, julemanden, farverne rød og grøn, klokker og så videre. Billederne og også følelserne, som et symbol bringer til vores sind, kunne fylde sider og sider med skrift. Jeg havde ingen problemer med at få andre sådan symboler på sindet. Analogien var en god én. Den forklarede årsagen til at kommunikere i symboler og inkorporere hele begreber i en så enkel enhed. Det er ikke underligt, at de har problemer med og ofte mangel på tålmodighed med vores langtrukne metoder til at kommunikere i skrift og tale. Jeg vendte tilbage til spørgsmålet, jeg havde stillet, før han begyndte sin forklaring.

D: *Så når disse andre mennesker har oplevelser med fremmede, ser de ikke alle de manifesterede former. Disse er bestemte fysiske arter, så at sige, arter? (Ja) Jeg har prøvet at sætte disse fremmede, jeg er blevet fortalt om, i forskellige kategorier alt efter, hvad de gør. Nu ved jeg ikke, om det er muligt eller ej, men jeg vil gerne stille nogle spørgsmål om det. For eksempel, den type væsner, vi kalder de "små grå." Du sagde, at de er mest involveret i medicinske eksperimenter?*

The Custodians

J: På deres niveau er de involverede, og de er hjælpere. Mange mennesker har misforstået dem. De er blevet beskyldt for mange ting. Der kan være nogle af dem, som udfører den slags eksperimenter, man hører folk tale om. Men der er også væsener, der arbejder med at hjælpe mennesket til at kunne modstå bestemte niveauer af energi. På grund af de forandringer, der skal finde sted internt i et individ, for at de kan operere i de energifelter, hvor personen du taler med – Janice – befinder sig, må der ske fysiske forandringer i hendes krop. Ellers ville den gå i opløsning, og hun ville ikke kunne vende tilbage til jeres dimension. Derfor betragtes gråvæsenerne og vores brødre, som arbejder på det niveau, meget lig jeres læger. De reparerer, rekonstruerer, vedligeholder og udfører slags arbejde mekanisk. De er ikke involveret i energiarbejde, som vi er. Det energiarbejde, de foretager, har kun til formål at gennemføre de mekaniske forandringer i individet. Og faktisk, når det er tid til at forandringen skal finde sted... (Hun viste igen tegn på ubehag.)

D: Er du kold nu?

Det virkede som det modsatte af varmeopbygningen. Jeg trak tæppet over hende igen og gav forslag.

D: Så de er dem, der er involveret i testning og de forskellige typer ting.

J: Ja. (Stor indånding.)

D: Jeg er også blevet fortalt om en anden, der ligner de grå, men de er meget høje, med lange fingre og lange lemmer. Er du bekendt med dem?

J: Der er flere racer som det. Jeg er ikke sikker på, hvilken du taler om.

D: Nå, jeg har fået fortalt, at de er meget høje væsner. Og de bærer kåber, tror jeg. Og de har meget lange fingre, og lange arme og ben.

J: Og hvilken farve, og hvilken fysisk form har de i ansigtet? Fordi der er en race af væsner, der er rene udenjordiske væsner, men de er høje og uanselige mennesker. Og hvis du så dem, ville du tro, de ser ud som gigantiske versioner af mennesker på Jorden. Men de er ikke, de er udenjordiske.

325

The Custodians

D: *Jeg tror, de andre havde forskellige ansigtstræk. Og de er blevet set mest på de store skibe. Hvad vi kalder "moderskibene".*

J: Ja. Hvis du taler om væsnerne på moderskibene, så forstår jeg dig. Men når du siger, at de er høje, er der flere høje racer. Mange af disse er lærere. Når individet arbejder med et moderskib, er der en stor undervisning. De er forbi niveauet af de grå. De har rykket sig op, i dit sprog.

D: *Nogle mennesker har observeret dem udføre laboratorieeksperimenter, på en større skala.*

J: Nå, min bekendtskab med det er, at de udfører eksperimenter i andre områder. Områder med ... når du kommer til fysikniveauet.

D: *Jeg har klassificeret dem som værende mere intelligente.*

J: Præcis. Det er det, jeg fortæller dig. Jeg sagde, du har rykket dig op ad stigen, i din terminologi. Du ville overveje det som at have dimitteret til et andet niveau.

D: *Og der er en anden type, som folk har fortalt mig om. De ser ud til at være mere af en insekt-type, som vi forstår insekt ansigtstræk og lemmer. Selvfølgelig forstyrrer det altid personen, når de ser denne type.*

J: Hvis du ser på din planet, vil du se det samme, som du taler om. Gå udenfor på din Jord og kig på dine myrer. Så ser du på din græshoppe. Så ser du på din orm. Så ser du på din fugl. Så ser du på din bjørn. Så ser du på ... hvad som helst. Jeg kunne fortsætte i evigheder. Det opererer efter samme princip. De samme livskraft, der opererer på din planet, opererer her. I alle de billeder, som disse væsner kommer fra, er de de samme. Det er samme ... (Han havde svært ved det) ordet er ... sproget er ... (suk)

D: *Hvad? Molekylstruktur eller hvad?*

J: Nej. Sammenlignende set, hvad du observerer, og hvad folk på Jorden observerer, er de forskellige niveauer af væsner, der arbejder. Eller som blot eksisterer, simpelthen eksisterende.

D: *Men det ser ud til at forstyrre mennesker mere, når de ser disse insekt-type væsner.*

J: Nå, tror du ikke, at det forstyrrer en myre, når den ser dig?

D: *(Griner) Jeg havde ikke tænkt på det. Selvfølgelig er vi meget større.*

J: Oh, ho! Oh, ho! Åh, du er meget forskellig fra en myre. Fysisk ser du ret mærkelig ud for en myre. Og du inspirerer frygt i dens hjerte, når den ser din fod komme mod dens hoved. (Jeg grinede) Så du har det samme princip. Jeg prøver at fortælle dig, det samme princip er i funktion. Præcis det samme princip.

D: Men jeg har prøvet at klassificere dem alt efter det arbejde, de gør. Og på min måde at forstå på, er de insekt-typer mere af en arbejder-type væsen. Måske tager jeg fejl.

J: Nej, du tager ikke fejl.

D: På den måde, folk har set dem, virker de mere eller mindre til at gøre, som de bliver fortalt. De virkede ikke til at have noget initiativ af deres egen.

J: De betragtes som arbejderne.

D: Og andre typer ser ud til at præsentere sig på en måde, når de faktisk ser anderledes ud.

J: De kan præsentere sig som hvad som helst, de vil være. Hvis de vil være en kat, er de en kat. Og individuelle mennesker, der arbejder med os, kommer til at kende dette, og derfor er der en meget anderledes måde at interagere på, fordi det faktum, at individerne kommer til at erkende, når dette sker. Så ærefuldt hædrer de hinanden. I den forstand, at hvis det er nødvendigt eller nødvendigt for en af os at komme ned og være en kat, så gør vi det.

D: Ville det forklare ... nogle mennesker kalder disse "skærmminder". De tror, de ser noget, og det er faktisk ikke der.

J: Det er et af formålene, men det er ikke hele formålet. Nogle gange, som i Janices tilfælde, på grund af det høje niveau, hun opererer på, og nogle af de projekter, hun engagerer sig i, for at hjælpe med hendes reintegration, er det nødvendigt at bringe et fysisk objekt til hende. Og i hendes interaktion med det bliver hun grundlagt til din planet.

D: Er det derfor, hun tager sin hund eller sin bil med sig?

J: Nej, nej, slet ikke. Det har intet at gøre med at tage noget. Du forstår .... (suk) Den fysiske krop, der vender tilbage til din fysiske verden, skal reintegreres. Reintegration er nogle gange nødvendigt for at give hjælp til individet. (Han havde igen svært ved ordene.) På grund af det energiniveau, som det individ har opereret på før reintegration, er det nogle gange svært at nedtrappe den energi ind i det fysiske af din verden. Derfor, for at gøre det, er det nogle gange nødvendigt for individet at interagere med et specielt objekt, som vi leverer. Det kan være i form af et dyr. Det kan være i form af en sten, som personen er tiltrukket af. Når de begynder at røre ved det, reintegrerer vi dem gennem det til deres fysiske virkelighed. Du bør meget godt forstå dette. Du bringer folk ud af hypnose hele tiden. Det er meget det samme princip i funktion.

D: *Jeg forstår. Prøv at være tålmodig med mig. Jeg tror, at når vi fortsætter med at tale, vil jeg forstå mere. Men i starten er jeg fyldt med mange spørgsmål, der måske virker meget naive for dig.*

J: Du er en meget klog kvinde, og jeg undskylder for at være afbrudt. Det er bare, at på dette tidspunkt vil jeg have et sted at være, og jeg vil gerne få dine spørgsmål besvaret. Så jeg er i...

D: *En smule utålmodig så. Afbrudt. Alright. Jeg vil også lære din personlighed at kende. (Griner) Jeg har nogle spørgsmål, jeg gerne vil stille dig. Og vi kan komme videre med dem.*

J: Hvis det er tid for dig at få denne viden, vil det blive givet. Men vær venlig at forstå, at alt, hvad der ikke bliver besvaret, ikke vil være, fordi vi har nogen respektløshed overfor dit arbejde eller dine spørgsmål. Det vil simpelthen være på grund af det faktum, at i vores væremåde ... du skal forstå tid, ikke din tid, ikke vores tid, men al tid. Fordi vi er fra et sted, der er udenfor tid. Derfor, for at vi kan komme ind og igennem de forskellige tider, er det meget præcist. Meget præcise handlinger, meget præcise øjeblikke — som du ville overveje dem — tidens øjeblikke. Det kan kun nogle gange finde sted på det ene særlige øjeblik. Hvis det sekund er et for tidligt eller et for sent, er alt blevet ændret.

D: *Derfor kan du ikke give mig nogen information, som jeg ikke er klar til at modtage.*

J: Det er vigtigt, at du forstår det. Det er vigtigt, at du ved, at noget af denne information vil komme. Men den skal komme specifikt, og den skal komme på et specifikt tidspunkt. Et specifikt punkt, ikke kun i din tid, men gennem tiden fra hvor jeg opererer, til hvor du er.

D: *Så jeg kan kun stille spørgsmålet og se, om jeg kan få svaret. Disse er nogle spørgsmål, som min ven, der er involveret i UFO-forskning, bad mig stille til dig. (Jeg taler om Lou Farish.) Vi vil bare se, om du kan svare. Han vil gerne vide, hvordan genetisk eksperimentering hænger sammen med kvægmutilationer?*

328

The Custodians

J: Holografisk. Kvægmutilationer er et emne, der bekymrer os meget.
D: *Fordi de opfattes negativt her.*
J: De bliver opfattet negativt på jeres planet. Men det, du har brug for at vide, er: du kan tage hen til dit medicinske center i Little Rock, og du vil se de samme eksperimenter finde sted. Og I gør det mod jer selv. Så hvorfor bliver I så forfærdede over, at I – til forskningsformål – gør det samme mod en kat eller en hund, men når det sker med kvæg – undskyld mig – så freaker det jer ud? Disse ting bliver ikke gjort for sjov. (Han havde svært ved at finde ordene.) Visse racer eksperimenterer med organer for at genskabe ting på deres planet. Genetisk kan en celle fra en kos lever blive blandet med en celle fra en kyllings lever. Og fra den kombination kan der opstå en helt ny slags livsform. Kvæg-lemlæstelser er blevet slået sammen til én kategori. Det er forkert. Forkert. Ikke alle jeres kvæg-lemlæstelser er blevet udført af rumbrødrene. Nogle af dem er blevet udført af højt udviklede individer på jeres egen planet – med formål, som er mindre end hæderlige.

Janice viste tegn på ubehag igen. Hun kastede tæppet af sig. Hun syntes at forsøge at holde temperaturen stabil i sin krop.

D: *Nå, de mennesker, der laver denne eksperimentering med kvæget, er de en specifik gruppe af rumvæsner?*
J: Det er alt i én helhed. Se, det er meget som du altid siger, "Vi er én." Rumvæsner er alle én, men vi er alle forskellige på samme måde. Og vi udvikler os meget som I udvikler jer individuelt.

Hun begyndte at opleve varme igen. Jeg gav forslag til afkøling.

D: *Jeg ved, det er svært for dig, men det vil ikke vare meget længere.*

Tilsyneladende var det kun Janices krop, der reagerede, for det påvirkede ikke den enhed, der talte gennem hende. Han fortsatte, som om der ikke havde været nogen afbrydelse.

J: På samme måde som I udvikler jer individuelt i et andet tempo, gør rumvæsnerne også det. Derfor, på hvilket punkt de er i deres udvikling, bliver de tilladt at lave deres eksperimenter, ligesom I

329

gør. På grund af interaktionen mellem grupperne af dem, passer vi alle ind i helheden. Der er en bestemt — og dette er et upassende udtryk for det, men I vil forstå det — hierarki. Det er en evolutionsproces med dem, ligesom det er for menneskene på jeres planet, og som det har været fra begyndelsen af jeres planet. Så! Så vi har evolution, rumvæsen-evolution.

D: *En ting, folk har spurgt om, er hvorfor de skal dræbe så mange kvæg?*

J: De dræbte ikke alle. Det er det, jeg prøver at fortælle dig. Alt, hvad der er sket her, er blevet sensationelgjort til det punkt, hvor de mennesker, der ønsker at gøre dette på din egen planet, kan slippe afsted med det og bebrejde rumvæsnerne. Meget af det er blevet bebrejdet rumvæsnerne, som de ikke har begået. Vi kommer ikke for at skade.

D: *Jeg kan tro på det, men de vil stadig have mig til at stille disse spørgsmål. Alright. I den sidste session talte den anden enhed om en aftale, jeg formoder, du ville sige, der var blevet lavet med regeringen. Ved du noget om det? Fordi han sagde, at regeringen endte med at forråde dem.*

J: Det er korrekt.

D: *Kan jeg få lidt mere at vide om, hvordan det skete?*

J: (Suk, og så modvilligt.) Nå ... der var en aftale. Der var et punkt i jeres tid, hvor jeres regering, på grund af — hvad de kaldte — vores "magt," (suk) havde frygt for, at vi kunne eller ville eller ønskede at overtage og fuldstændig kontrollere jeres verden. Nu valgte vi det tidspunkt og udnyttede den frygt, men vi havde ikke til hensigt at fremkalde frygten. Det betyder ikke, at vi ikke er her for at bruge hver og enhver metode, der er tilgængelig for os, for at få menneskeheden til at stoppe det. Stop det! Stop det, menneskeheden. Forstår I ikke, hvad I gør mod jeres univers? Så hvad jeg prøver at forklare er, at jeres regering blev bange for os. Vi så det som en mulighed for at lave en aftale med dem. Men vi havde ikke til hensigt at styrte jeres planet, men vi fik deres opmærksomhed. Og når vi havde deres opmærksomhed, skete der selvfølgelig nogle ting. Nogle ulykker fandt sted, som gav anledning til hele dette scenarie, da vi faktisk havde nogle ulykker. Og jeres regering har nogle oplysninger, som nogle mennesker har ret i at antage, hvad angår Roswell-incidenten. Kender du til den?

The Custodians

D: Ja, jeg kender til den.

J: Så møder fandt sted, og der blev lavet kontakt, der forårsagede en våbenhvile i noget, der aldrig har været en krig at lave en våbenhvile i. Men vi lod det finde sted. Og vi holdt vores del af aftalen. Men jeres regering holdt ikke deres del af aftalen.

D: Det passer.

J: Hvad der skete, var, at jo mere information og jo mere teknologi vi delte med dem, desto mere grådige blev de. Så vi så menneskets hjerte igen. Ormen vender sig, og vi indså, hvad vi havde at gøre med. Og vores hjerter blev meget fulde og triste, fordi vi indså det. Det tvang os derefter til at blive subversive igen, og det er ikke det, vi behøver for at skabe fred på jeres planet. Men det er den eneste måde, I forstår på. I kan ikke synes at håndtere "ansigt-til-ansigt", for at sige det på den måde.

D: Med ærefuldhed.

J: Korrekt.

D: Så dine folk havde kontakt med dem i regeringen, og der er mennesker i regeringen, der ved, at I eksisterer?

J: Meget vel.

D: Og kommunikerer med jer?

J: Meget vel. Der er mennesker i jeres regering meget som Janice.

D: Hvilken type information blev delt?

J: Jeres stealth-bomber er et resultat af det.

D: Åh? Var der andre?

J: Der var andre.

D: Jeg har hørt, at computere er et resultat af kommunikation med rumvæsner. Er det sandt?

J: (Stort suk.) Der var folk, der allerede arbejdede på computere. Det var bare et spørgsmål om at fremskynde det. Så vi gav jer ikke nødvendigvis teknologien. I havde allerede købt idéen fra os. I købte idéen fra os. Arbejdet var allerede begyndt på det. Så et deling fandt sted, der fremskyndede det. Regeringen var ikke involveret til den ende. Det var ikke en del af det, vi talte om, den "aftale."

D: Jeg tænkte på en aftale om at give information. Det virker som om, en bomber ville være til et negativt formål.

J: Nå, I mennesker har opmærksomhedsspændet af en myre nogle gange. I ved, bomberen behøver ikke nødvendigvis at være til et

331

destruktivt formål. Hvis I ville tage teknologien og anvende den, kunne I bruge det som et springbræt til at lære at gøre det, vi gør. Indtil I ved, hvad I skal gøre med en bomber, hvordan ved I, hvad I skal gøre med et rumskib? (Hun lød irriteret.)
D: *Jeg forstår. Så du føler, at regeringen forrådte dig?*
J: (Hun roede sig.) Ja. De forrådte aftalen. Fordi ... (Suk) jeres regering har leveret våben til lande over hele verden. Men bomben var ikke til andre lande. Teknologien var til dette land, fordi dette land var dedikeret til fred. Teknologien for jeres atomvåben blev delt. Selvfølgelig er jeres regering ikke helt skyld, for teknologien blev stjålet og givet til de forkerte hænder. Det var vores bekymring, at de forkerte mennesker ville få fat i denne teknologi. Og det er sket. Så ja, vi blev forrådt. Jeg siger selvfølgelig ikke, at jeres regering er helt skyldig. Men når du laver en aftale, som vi gør, er der ingen afvigelser.

Måske var dette grunden til, at rumvæsnerne ikke kunne tilbagekalde deres del af aftalen, selvom de så, at den blev misbrugt. Men det ville ikke forhindre dem i at være selektive i fremtidige bestemmelser af aftalen, når de opdagede vores bedrag.

D: *Som et resultat af dette deler I stadig information med dem?*
J: Til en vis grad. Ikke i den grad, vi kunne. Det er umuligt. (Blødt) Hvis de gør dette med os ... (Suk) så ser jeg ikke nogen retfærdighed. Vi er meget kede af at se tilstanden i verden.
D: *Så I har ikke stoppet med at give dem al information. I giver dem bare ikke så meget som I gjorde, eller en anden type.*
J: Selektivt. Der har været visse mennesker, som Tesla, der kunne stole på det, han vidste. Der er visse individer, som Janice, der kan stole på at gøre det rigtige med den information, hun har. Det er et spørgsmål om tillid. Så hvad angår deling af teknologi, vil vi ikke stoppe med det. Fordi vi er her for at hjælpe, ikke for at lave aftaler. Det er jer, der vil have aftaler. Det er ikke os, der ønsker aftaler.
D: *Men I deler stadig ikke den teknologi, I kunne, på grund af dette.*
J: Præcis. Skal jeg gå og lære præsident Bush, hvordan han bruger lysets hastighed til at transportere sig selv? (Tvinget latter) Jeg vil lære Janice. Hun ved det. Hun kan gøre det.

The Custodians

D: (Latter) Men han kunne ikke stole på det.

J: Det er korrekt.

D: Åh, jeg er enig. Men manden, jeg arbejder med på dette, han ville gerne vide mere om det. Han sagde, det lød mere rationelt.

J: Hvad? Jeg... Jeg?

D: Mand, som jeg arbejder med på denne type information. Der er én mand, jeg deler ting med, og han har aldrig...

J: Vi kender ham, vi kender denne mand.

D: Og han er den, der skrev disse spørgsmål.

J: Hvad lyder rationelt for dig?

D: Det er blevet sagt, at regeringen ikke var den, der brød aftalen. At det var rumvæsnerne. Og han sagde: "Det giver ikke mening."

J: Jeres regering fik det til at se ud, som om det var ... I ved, de er meget gode til dette. Det er ligesom, hvis du er meget tung, og du vil spise to tons is. Du vil finde en måde at få det til at være okay. Så hvis I vil misbruge vores teknologi, vil I give os skylden for jeres misbrug. Fordi I ikke vil sidde og sige: "Åh, jeg var dårlig. Jeg gjorde det." Det er værre i Amerika, faktisk.

D: Det er, hvad han sagde, "Hvor dumme kan de være, at tro, de kan narre folk, der kan læse deres tanker."

Han grinede, men det var tvunget, ikke naturligt.

J: Dette er korrekt. Vi grinede, men det er ikke noget at grine af. Det gør os kede af det. Og vi bliver meget, meget selektive med de individer, vi deler information med. At komme til at interagere med det niveau, du taler med nu, kræver en renhed hos individet, det fartøj, vi taler igennem. Forstår du, at jeg taler om energi?

D: Ja. Jeg kan forstå.

J: Hvis du reducerede hende til hendes energitilstand, ville du ikke finde én molekyle, der var forkert. Det er fra hendes egen indsats. Og fra hendes eget liv, den måde hun har viet sig selv og levet. Nu, i at vide det, skal du forstå, at dette væsen er forbi hvor vi er, energimæssigt. Forbi her. Forstår du, hvad jeg siger til dig?

D: Jeg tror det. Fordi jeg har arbejdet med folk, der sagde, at de i andre liv var på et højere energiniveau. Og nogle gange vender de tilbage til denne verden.

The Custodians

J: Denne person er ikke af jeres verden. Men alligevel fungerer hun i jeres verden og i andre verdener samtidig.

D: Og det kræver en meget avanceret ånd at gøre det.

J: Hun er ved at forstå mere fuldstændigt sin totalitet. Det er ikke ordet.

D: Totalitet.

J: Nej, det er ikke ordet. Totaliteten af hendes energilinje, som transcenderer dimensioner. Glem dimensioner, vi taler ikke om dimensioner. Forbindelsen er forbi dimensioner. Der er ingen dimensioner, hvor hun er fra. Hun er meget forbundet i sin sjæl til hendes essens. Den begyndende guddommelige gnist af guddommelighed. Inden i hende bærer hun det hele tiden. Ah! Dette er for os en ærefrygtindgydende ting at se i en menneske. Så vi værdsætter det. Og det er derfor, vi kommer, når hun beder os om at se os om dagen.

D: *Jeg kan sætte pris på det. Lad mig stille et sidste kort spørgsmål, og så vil jeg lade dig gå. Han ville også gerne vide: Vi har fået at vide, at "abducerede" - jeg kan ikke lide det udtryk, men det er det, der bruges - når folk bliver bortført, bliver de implanteret med monitorer eller overvågningsenheder. Og de bliver overvåget gennem hele deres liv.*

J: (Tøv, som om det ikke er korrekt.) Nå ...

D: *Eller holdes styr på.*

J: Og I gør det samme.

D: *Nå, han ville gerne vide: mennesker som os, der er UFO-efterforskere, bliver vi også overvåget og holdt styr på?*

J: Selvfølgelig bliver I.

D: *Han sagde, han havde mistanke om det, men han ville finde ud af det.*

J: Forstår du hvorfor? Det er virkelig vigtigt, at du forstår hvorfor.

D: *Ja, jeg vil gerne vide det. Jeg tror, han vil også.*

J: Det er for jeres beskyttelse. Det er ikke for nogen subversivitet. I er allerede betroede. I ville ikke tale med Janice lige nu, hvis I ikke var betroede, fordi hun ikke har underkastet sig noget som jeres efterforskning før nu. Og dette har været vel i hendes bevidsthed i tre år. Hun har bevaret integriteten af alt dette for sig selv. Og det kræver en stor styrke af karakter indeni at gennemgå erfaringerne på det menneskelige niveau. Fordi hun gør det på det

The Custodians

menneskelige niveau, samtidig med at hun gør det på de andre niveauer. Så derfor kræver det en stor styrke af karakter. Dødelige gør ikke dette så ofte i menneskeligheden af det, fordi menneskeligheden vil smuldre. De bliver enten gale, eller de kan ikke fungere, eller de sidder under et træ og stirrer ud i rummet, eller .... Men hun fungerer, på grund af hendes højt udviklede natur. Og fordi mekanikken i hendes hjerne og hendes hele væsen fungerer på et molekylært niveau. Den særlige design af energimønsteret fra hendes kildeenergi giver hende mulighed for at gøre dette. Nå, tilbage til dit spørgsmål.

D: Ja, om efterforskerne.

J: Efterforskerne. I, din ven, er værdsat. For os, værdsætter vi det. I ved, I er som vores personale. Hvad kalder I dem? I er PR (tvinget latter). Vi ser på det og vi værdsætter det. Men hvad angår at forstå jeres niveau, nogle af jer kan blive bange, men det er ikke formålet med overvågningen. Nu, til dit oprindelige spørgsmål. De enheder, der bliver implanteret, for det meste — og jeg siger for det meste, fordi der er forskellige formål med forskellige enheder .... (Tegn på ubehag. Opvarmning igen. Forslag givet.)

D: Du sagde, enhederne bliver implanteret i efterforskerne også?

J: Nej, det er ikke, hvad jeg sagde. Du sagde det.

D: Okay. Du talte om enhederne, der bliver implanteret.

J: Jeg sagde ... Okay. Du er tilbage til dit oprindelige spørgsmål. Dit oprindelige spørgsmål, du sagde, at de bortførte har disse enheder implanteret, og så bliver de fulgt resten af deres liv. Nå, det er det samme som med kvægmutilationerne. Der er misforståelser og fejlinformationer om: Nummer et: formålene hermed. Nummer to: hvem de bliver implanteret i. Og nummer tre: at de opretholder dem hele livet. Okay. Enheder. (Suk) Lad os tage ordet "novice." Novice. Hvad er en novice?

D: Det er en begynderen.

J: Åh! En begynderen. (Tone af foragt.)

D: Det er, hvad jeg tænker. En begynderen i læring.

J: Du har ret. Så ville du tage et barn og putte det i den ti fods ende af svømmebassinet? Ville du tage en baby og kaste den derud uden redningsvest? Ville du gøre det?

D: Nej, det ville jeg ikke.

The Custodians

J: Og det ville vi heller ikke. Du ved, afhængigt af arbejdet med "den bortførte" — som vi ikke betragter som disse mennesker, ud fra vores perspektiv.

D: Jeg heller ikke.

J: Vi betragter dem simpelthen som arbejderen af lyset, ligesom vi er. Hvis du tager alle de væsener, vi rører ved, og som rører ved os, kunne du kollektivt kalde dem simpelthen og meget sandt "lysarbejdere." Og du har hørt dette. Nu, i begyndelsen, når en lysarbejder bliver opvakt, eller i den store plan er det tid for denne lysarbejder at blive bekendt med .... Åh, dreng! Dette kunne tage timer at forklare dig.

D: Okay. Tror du, vi burde....

J: Nej, nej. Du må forstå denne enheds-sag. Fordi det har været, ligesom kvægmutilationerne, misforstået. Det er en skræmmende ting for mennesker at tro, at de har en enhed i sig. Det er ubehageligt, fordi de tror, de ikke er i kontrol. At de bliver gjort til robotter, der skal kontrolleres.

D: Det er en opfattelse.

J: Ja. Og det er en meget reel bekymring fra det menneskelige ideologiske synspunkt. Men det er ikke rigtig formålet med enheden. Enheden er meget lig en frø. Du har dine tidsfrigivende vitaminer. Okay. Der er to hovedformål med enhederne. Ét: at kunne (klapper hænder) ... på den tid, hurtigt forbinde med den person. Fordi, ligesom hvis du smider babyen i den ti fods ende af svømmebassinet. Det er muligt, at individet kan komme i situationer, hvor det er meget nødvendigt hurtigt at forbinde med den person. Så der ikke sker dem nogen fysisk skade, på grund af den energi, de interagerer med. Der er forskellige andre mentale processer, som den opvågnende person går igennem. Og vi siger "opvågning", selvom det ikke rigtig er det. Men de mentale processer, der nogle gange begynder at finde sted, når en person ved, de er blevet bortført, er meget frygtindgydende for den enkelte nogle gange. Vi ønsker ikke at skabe frygt. Så disse er overvågningsenheder, og disse er også måder, hvorpå justeringer kan laves. En kilde til kontakt, der er meget ....

Hun havde svært ved at forklare, og jeg var bekymret, fordi vi var ved at løbe tør for tape.

D: Jeg tror, vi løber tør for tid. Jeg tror, vi bliver nødt til at fortsætte dette en anden gang.
J: Selvfølgelig.
D: Jeg hader at stoppe her, men det var det vigtigste spørgsmål, om efterforskerne også blev overvåget og set på?
J: De bliver overvåget og set på, men ikke med formålet om mistillid. For deres egen beskyttelse.
D: Nå, jeg tror, det er alt, hvad vi har tid til i dag. Og det ser ud til, at denne energi allerede påvirker køretøjet, med hendes temperaturfluktuationer. Ville det være okay, hvis jeg kom igen og talte med dig?
J: Vi er kede af at se dig gå, fordi vi ikke har forklaret denne enhedssag fuldt ud. Men du kan meget vel lære om det på et senere tidspunkt. Det er vigtigt for dig at vide det, fordi du vil møde nogen, der er meget bange. Du vil begynde at møde flere mennesker, der har misforstået begreberne.
D: Okay. Men nu løber vi ud af tid. Og jeg vil ikke have information, der ikke er på min lille optager. Jeg kan starte med det emne næste gang. Vi vil sørge for at have god tid til at forklare det grundigt da. Vil det være okay?
J: Selvfølgelig.

Optageren gik ud. Der var så meget information, jeg virkelig pressede det tæt på denne gang. Før jeg kunne starte instruktionerne for at orientere Janice tilbage til bevidsthed, havde enheden et par afsluttende ord, som jeg ikke optog. Det lød som et fremmedsprog: "Alokei. (Fonetik: Ah-low-key-I eller Ah-low-key-a)." Da jeg spurgte ham, hvad det betød, sagde han, at det var ligesom "farvel." Så jeg sagde, at jeg også sagde farvel. Han sagde derefter, at han ville gå, så jeg kunne få hende tilbage. Men han advarede mig om ikke at bringe hende tilbage for hurtigt, at gøre det meget langsomt og forsigtigt. Skiftet var derefter øjeblikkeligt. Jeg kunne mærke, da enheden forlod, og Brenda vendte tilbage. På det tidspunkt begyndte hun at græde og sagde følelsesmæssigt, at hun ikke ville forlade. Jeg måtte give hende beroligende forslag og overbevise hende om, at vi kunne vende tilbage igen, før hun samarbejdede og slap af.

The Custodians

Janice blev derefter bragt frem til fuld bevidsthed. Hun var igen groggy, og det varede et stykke tid, før hun kunne komme ud af sengen. Heldigvis var temperaturfluktuationerne ikke længere et problem. Det så ud til, at det var relateret til enhedens energi og forsvandt, når den forlod og hun vendte tilbage til bevidstheden. Hun huskede meget lidt af sessionen. Hun virkede interesseret, da jeg forklarede nogle af delene, men hun lyttede, som om hun hørte informationen for første gang. Hun udtalte det mærkelige ord med mig, men sagde, at det slet ikke havde nogen betydning for hende. Hun var forvirret, fordi hun kunne se, at hun havde grædt, men kunne ikke forstå, hvorfor kontakten med denne enhed havde gjort hende så følelsesmæssig. Hun var helt uforstående.

KAPITEL 10
Den fremmede base inde i bjerget

Mens jeg arbejdede med Janice, stødte jeg også på en anden interessant sag i Little Rock. En kvinde ved navn Linda gav information af en anden type, som vil blive inkluderet i min bog Convoluted Universe. Jeg håbede at arbejde med begge disse kvinder. Så en måned senere, i januar 1990, tog jeg turen til Little Rock med det ene formål at arbejde med Linda og Janice om deres fortsatte historier. Jeg boede igen hos min veninde Patsy. Jeg havde ikke planlagt nogen forelæsninger og håbede at komme til Little Rock ubemærket, så jeg kunne dedikere al min tid til at arbejde med dem. Selvfølgelig gik det ikke som planlagt. Jeg modtog et opkald fra en mand, der havde været til min forelæsning i december, og som havde et problem og havde brug for terapi. Så jeg bookede ham til fredag aften efter den lange fire timer lange køretur. Jeg bookede tre sessioner med Linda om lørdagen og tre med Janice om søndagen. Ved at afsætte én dag til hver kvinde følte jeg, at jeg kunne have kontinuitet. Jeg havde aldrig gjort dette før. Jeg tænkte, at hvis jeg kunne fortsætte med at gøre dette regelmæssigt, kunne jeg presse en måneds arbejde ind på én dag. Jeg forudså ikke nogen problemer, da jeg regnede med, at kvinderne kun ville føle, at de havde taget flere lure i løbet af dagen. Jeg tænkte, det ville påvirke mig mere, fordi det var mig, der gjorde arbejdet og ville blive træt. Hvis det viste sig at være for meget for nogen af os, ville jeg ikke planlægge et så hektisk program igen. Men jeg forsøgte at få så meget arbejde gjort som muligt på få dage.

Sessionerne med Linda om lørdagen viste sig at være succesfulde, selvom vi først var færdige sent om aftenen. Min første session med Janice om søndagen begyndte omkring klokken ti om morgenen. Min veninde Patsy gik et sted hen, så vi kunne være alene i huset. Jeg var en smule træt efter den lange dag med Linda dagen før og den sene snak med de uventede besøgende. Men nu var mit fokus at forsøge at finde den enhed, der havde talt gennem Janice under besøget i december.

The Custodians

Jeg brugte hendes nøgleord, og hun gik hurtigt i trance. Da jeg ikke havde fået nogen eksplicitte instruktioner om, hvordan jeg skulle kontakte de enheder, jeg havde talt med, måtte jeg finde på en måde at lokalisere dem på. Jeg instruerede Janice om at rejse til et sted, hvor vi kunne få adgang til den enhed, vi havde talt med før, eller hvem vi nu skulle tale med, så vi kunne fortsætte vores samtale. Jeg vidste, at hendes underbevidsthed kunne tage hende til den rette placering, så jeg tælte hende derhen og spurgte, hvad hun så.

J: Jeg ser ikke noget.
D: Hvad føler du?
J: Hilsener og velkommen.
D: Har du nogen fornemmelse af, hvor du er?
J: Nej. Det er bare sådan et tomt sted.

Set i bakspejlet lyder det meget lig Nostradamus' specielle sted, som var gråt og uden form og substans.

J: (Stemmen ændrede sig pludselig.) Hilsener og velkommen. Er du kommet for at fortsætte vores samtale? Så hvad er det, du ønsker at vide?
D: Er jeg i kontakt med den samme person, jeg talte med før?
J: Ja, det er du.
D: Jeg troede måske, du var optaget, og at du ville sende nogen anden. Alright. Sidste gang diskuterede vi implantaterne, de små enheder, der placeres i hovedet eller kroppene på nogle mennesker. Vi var ved at komme ind i en meget omfattende samtale, da jeg måtte forlade. Du sagde, at der var meget mere, du ville fortælle mig, så vi kunne forstå formålet med disse enheder. Vil du fortsætte med det?
J: Faktisk tror jeg, vi afsluttede vores diskussion om implantaterne. Dog var der et andet punkt, du var bekymret for på det tidspunkt. Det drejede sig om genassimilation. Vi ved, at du har en vis viden om, hvordan det fungerer.
D: (Værsgo, oplys mig, og måske forstår jeg, hvad det er.)
J: Det er for os en meget simpel proces at fremskynde molekylerne til et punkt, hvor de når lysets hastighed i deres hastighed, så det er meget nemt for en overførsel at finde sted bilokalt. Hvis det er et

The Custodians

spørgsmål om bilokation eller et spørgsmål om enkel lokation, kan begge processer gennemføres.

D: Lad mig se, om jeg forstår, hvad du mener. Taler du om, når en person tages ombord på et skib fra Jorden?

J: Nå, det finder sted på den måde.

D: Hvilke andre måder bruges dette på?

J: Til at overføre energi fra ét punkt på din planet til et andet.

D: Hvad ville formålet med det være?

J: At balancere energien på planeten.

D: Hvor kommer den energi fra, der bruges?

J: Energien kommer fra kilden til – dit ord ville være "kraft" – men det er faktisk den universelle strøm af den kosmiske energi, der er gennem alle universer. Så den bliver bare indfanget for at blive brugt på en måde, der balancerer for planeten. Noget af det bringes via skibe, noget af det gør ikke.

D: Hvorfor skulle denne energi overføres? Du sagde for balance, men hvorfor skulle den balanceres?

J: Fordi I er faretruende tæt på ødelæggelse.

D: Jeg ved ikke, om menneskeslægten er klar over det. Vi ved, at der er mange jordforandringer, der begynder at ske. Er det, hvad du mener?

J: Ja, det er det, jeg mener. I de sidste tre år (1986-1989) har I været på kanten af ødelæggelse. Så I har fået hjælp til at opretholde balancen gennem forskellige systemer på jeres planet, på grund af planetens strategiske placering i forhold til universet og andre universer. Jeg er sikker på, det er meget svært for jer at forstå, hvordan en lille planet som Jorden kan være så vigtig for andre universer, men det er et spørgsmål om det samlede billede. Med planetens sammenfoldning ville der komme ødelæggelse til andre planeter og universer, på grund af deres atomstruktur. Derfor er planeten Jorden vigtig på et andet niveau, og dens ikke-ødelæggelse er også vigtig.

D: Du kaldte det "sammenfoldning af planeten Jorden." Hvad mener du med det?

J: (Hun rømmede sig.) Det er nødvendigt, at der foretages justeringer inden for den fysiske form, som du taler med. På nuværende tidspunkt er vi ikke helt i stand til at justere os til hendes fysiske tilstand. Så vær venlig at bære over med os et øjeblik, mens vi bliver indstillet og genassimileret. (Efter en pause.) Sammenfoldningen af din planet betyder: Hvis du tog centrum af Jordens kerne og betragtede, at Jorden kunne gå ind i sig selv, ville du se, hvad vi kalder en sammenfoldning. Nu, i den sammenfoldning ville der komme ødelæggelsen af din planet. Fordi, som Jordens omkreds foldes ind i centrum af planeten, ville der være en eksplosion, der ville føre til ødelæggelse. Derfor, ødelagt af ild, som beskrevet i din åbenbaring, ville være det, du mennesker ville betragte som værende i gang. Men det ville egentlig være på fysikkens niveau, fordi i sammenfoldningsområdet ville rummet indenfor Jordens kerne udvide sig til det punkt, hvor eksplosionen ville finde sted. Og det ville forårsage en bølgeeffekt ud i rummet og til universer og andre galakser. Lignende hvad der er sket før i andre galakser. I gentager ganske enkelt historien i jeres galakse.

D: *Jeg tænkte på sammenfoldning som en form for kollaps.*

J: Du kan bruge det ord. Vi ser det som noget forskelligt. Overfladen af din planet vil i effekt falde sammen, som det sker i øjeblikket. Derfor arbejder vi med visse individer på bestemte steder på din planet. For at minimere virkningen af jordskælvene i forhold til, hvad der sker på din planets overflade.

D: *Falder den sammen?*

J: Det er et symptom.

D: *Jeg ved, at der er tektoniske plader, og at disse plader skifter og bevæger sig.*

J: Skifter og bevæger sig og falder sammen.

D: *Jeg bliver ved med at tænke, at det er årsagen til nogle af disse jordskælv. Og de er ikke nået til det drastiske punkt endnu.*

J: Sammenfaldet er det, der forårsager skiftet.

D: *Det virker som om dette er noget meget svært at stoppe. (Hun sukkede højt.) Eller at kontrollere. Lad os sige det på den måde.*

J: Faktisk, på grund af den type elektromagnetiske felt, der opstår, arbejder vi gennem det elektromagnetiske felt for at genbalancere energierne. Energier, der har at gøre med disassimileringen af bestemte landområder. Og altså, at disse landområder er ved at erodere, som du ville forstå det.

D: *Så du kan ikke stoppe jordskælvene. Alt I kan gøre er at forsøge at minimere deres skade? Er det, hvad I forsøger at gøre?*

J: Det er det, vi gør. Der er en progression af mennesket, der vil finde sted. Når det gælder om at stoppe jordskælvene, er vi ikke i position til at træde ind og gøre det. Selvom det er muligt, at dette kunne ske.

D: *Men med jeres overførsel af energi og balancering, troede jeg, I forsøgte at forhindre, at de sker.*

J: Minimere.

D: *Minimere deres virkninger?*

J: En del af deres virkninger. Det sætter meget af det arbejde, vi laver, i det, du ville kalde "en dobbelt bind," for at få menneskets opmærksomhed fokuseret, hvor det skal være. Tilsyneladende er den eneste ting, der får det til at ske, kataklysmiske begivenheder af en sådan størrelse, at de ryster menneskets fundament og får ham til at indse, at hans planet ikke er uforgængelig. Derfor, for at stoppe dem ville være at modarbejde formålet med at genfokusere menneskets bevidsthed. Så vi stopper dem ikke, men vi har hjulpet med at minimere virkningerne. Nu, hvad du skal forstå, er den strategiske placering af din planet. Og at hvis en del af disse ting, der finder sted... det har også at gøre med menneskets bevidstheds vibratoriske hastighed. Jeg indser, at dette er et begreb, der er fremmed for dig, i relation til hvordan bevidstheden påvirker den fysiske form af din planet. Men der er en direkte relation. Det betyder ikke nødvendigvis, at fordi bevidstheden i et område er på et så lavt niveau eller er en misrettet tilstand af forhold, at det er det, der forårsager den begivenhed, der finder sted på den fysiske placering. Det kunne være noget, der sker på den anden side af din planet, helt uafhængig af området, hvor den kataklysmiske begivenhed finder sted.

D: *Vi er ikke vant til at tænke på, at vores bevidsthed påvirker noget som helst.*

J: Det er derfor, din bevidsthed påvirker alt.

D: *Fordi den er misrettet. Nå, jeg har hørt, at alle disse skælv og vulkansk aktivitet er en forløber for en faktisk Jordskift.*

J: Jeg ser det som uundgåeligt.

D: *At det vil ske?*

J: Jeg personligt på dette tidspunkt tror, det vil ske, ja. Hvad vi er involveret i, er et spørgsmål om at give mennesket tid. Fordi du ser, dine begivenheder og polskift behøver ikke at finde sted. Dog,

på grund af menneskets natur på din planet, er det som om du kører ned ad en blind vej, og du vil ikke vende om og gå tilbage. Du er på vej mod slutningen, og slutningen er en mur af mursten. Så alt, hvad vi gør, er at langsomne hastigheden.
D: *Tror du, det kunne have været sket allerede nu?*
J: Meget vel.
D: *Men der er ingen måde at holde det fra at ske helt.*
J: Der er en måde at holde det fra at ske. Men vi tror ikke, mennesket vil vælge den vej.
D: *Kan du se, hvad der vil ske, eller har du adgang til den viden?*
J: Jeg har fortalt dig, hvad der vil ske.
D: *Jeg mener, når selve skiftet finder sted.*

Jeg var interesseret i dette, fordi jeg på det tidspunkt skrev trilogien Samtaler med Nostradamus, og det mulige skift af Jorden var en integreret del af disse bøger.

J: Du taler om polskiftet som i modsætning til ødelæggelsen af din planet?
D: *Ja. De er to separate scenarier, er de ikke, eller muligheder? (Ja) Er ikke polskiftet det mindre af de to?*
J: Polskiftet er bare et punkt på vejkortet. Det vil ikke ændre kursen...
D: *Hvad? (Intet svar) Mener du, at det andet er ultimativt, eller hvad?*
J: På nuværende tidspunkt er det ultimativt.
D: *Jeg er blevet fortalt, at disse er to muligheder. Og eksploderer Jorden, eller imploderer den, hvordan du vil sige det, ville være det mere dramatiske scenarie, og det skulle ikke nødvendigvis ske.*
J: Ingen af dem behøver at ske. Men de vil. (Suk)
D: *Men polskiftet ville ikke påvirke de andre planeter, ville det?*
J: Den gravitationelle strøm vil ændre sig på en eller anden måde. Leylinjerne vil blive helt vendt om. Derfor kan det ikke undgå at påvirke de andre planeter.
D: *Når polskiftet finder sted, kender du så mekanikken? Jeg er interesseret i de fysiske ændringer af Jorden. Hvad ville der ske på det tidspunkt for mennesket?*
J: Når du siger, "Hvad vil der ske med mennesket?" Hvad mener du?
D: *Jeg gætter på, at jeg er interesseret i de fysiske ændringer af Jordens overflade, og hvordan det vil påvirke folkene på Jorden.*

Jeg benyttede altid enhver mulighed for at verificere
Nostradamus' visioner om denne sandsynlige begivenhed.

J: Du ser i øjeblikket nogle af de forberedende virkninger af polskiftet.
Du kan ikke længere fortælle din vinter fra din sommer. Der er
forskellige andre ting, der sker på din planet, som burde få dig til
at kigge dig omkring og vide, at polskiftet allerede er begyndt at
finde sted. Eller ved du det?

D: Jeg er blevet fortalt det. Jeg ved, at vejret opfører sig mærkeligt.

J: Det er derfor, du har dine, hvad du kalder, "naturfænomener."

D: Men jeg er nysgerrig på, hvad der vil ske med kontinentene.

J: Det vil afhænge af, hvad der sker med hensyn til planetens
vibratoriske hastighed på det tidspunkt, hvor selve polskiftet
finder sted. Nu, afhængig af hvilke andre kataklysmiske
begivenheder der finder sted, kunne hele din planet blive ændret
på en ubegribelig måde til helt andre lande. Havene kunne lukke,
og du ville måske have din geografi omarrangeret, og Asien ville
ikke længere være Asien.

D: Jeg formoder, at polerne vil smelte, hvilket vil skabe mere vand.

J: Der vil være mere vand, og vandet vil flyde ned gennem Europa,
ned gennem landene og opdele dem. Sammen med jordskælvene
og de forskellige andre ting, der finder sted. Det er derfor, jeg
siger, at din verden, som du kender den nu, ikke vil være din
verden, som du kender den nu. USA kunne helt blive en del af
Europa. Jeg mener, der vil ikke være nogen... smid din kort væk.
Du vil få en ny Columbus. Du vil sætte sejl for at opdage nye
verdener. Så du vil begynde at spille din historie igen.

D: Hvad vil der ske med civilisationen, som vi kender den?

J: Meget af civilisationen kunne gå tilbage, fordi den teknologi, der
vil gå tabt, vil få jer til at starte forfra på nogle punkter.

D: Men vil det være overalt på Jorden, eller kun visse steder?

J: Det vil være meget som dine tabte kontinenter, Lemuria og Atlantis.
Når teknologien gik tabt i disse steder, skete det samme. Så du kan
tage et hint fra det, du ved om disse planetariske ændringer, i
relation til hvad du ved om de tabte kontinenter. Fordi kontinenter
vil blive tabt, og det vil alle de teknologier, de indeholdt, også
blive.

The Custodians

D: *Jeg tror, det er det, der bekymrer mig mest, at tænke på, at vi ville miste alt og skulle starte helt forfra.*

J: Det er den eneste måde, mennesket lærer på.

D: *Det er derfor, jeg tænkte, at der måske ville være nogle dele, der ville bevare deres teknologi.*

J: Der var dele, der bevarede deres teknologi, da Atlantis blev tabt. Men graden og niveauet af udviklingen af den teknologi var ikke noget som det, der gik tabt. Så derfor var det i en vis forstand at starte forfra.

D: *Så vil der være nogle steder, der vil bevare dette. Jeg hader at tænke på, at alt vil gå tabt. Jeg gætter, at det er den menneskelige del af mig.*

J: Som jeg siger, ser det ud til, at mennesker ikke synes at lære på nogen anden måde end at miste alt. Du går til Las Vegas og gambler alle dine opsparinger, og så lærer du.

D: *(Ler) Det er sandt. Jeg har hørt så meget om dette skift på det seneste, det er derfor, jeg har stillet så mange spørgsmål.*

J: Der vil være ændringer til det punkt, at floder ikke længere vil være floder. Er det den slags ting, du gerne vil vide?

D: *Ja. Jeg vil gerne vide, hvad der faktisk vil ske.*

J: Hvis du ser på din globus og lukker Mississippi-floden, vil du ikke længere have en linje, hvor Mississippi-floden var, så det bliver en landmasse. Og så, afhængig af hvordan det bliver delt på det tidspunkt, vil du have helt forskellige kontinenter. Derfor vil floder ikke eksistere, hvor de eksisterer nu. Er det den slags ting, du spørger om?

D: *Ja. Topografien ville ændre sig helt, så. (Ja) Jeg formoder, der vil være et stort tab af liv. (Ja) Kan du se, hvordan dette vil ske?*

J: Dette vil ske meget på samme måde, som det sker lige nu. Der vil være noget tab af landmasse. I har byer langs floder, og floderne vil oversvømme, så hele byer langs floderne kunne gå tabt. Og når det sker, vil der også være mange jordskælv. I får de første advarsler om, hvad der vil ske. Resultaterne af jeres jordskælv er simpelthen et punkt af ... (lang pause)

D: *Hvad?*

Der var en lang pause, så et dybt suk. Det var blødt og uklart, men det lød som om hun sagde, "Hvorfor afbryder du?"

The Custodians

D: Hvad? (Lang pause.) Hvad sagde du? (Lang pause og ingen svar.) Er der noget, der sker på din side?

Entiteten var væk, og Janice var tilbage, forvirret, "Noget skete."

D: Var det noget med dig eller med den, der talte, eller hvad?
J: Med ham. Jeg ved ikke, hvor han ... hvor gik han hen? Noget skete.
D: Okay. Lad os se, om vi kan få ham tilbage. Måske blev han kaldt væk eller noget. Måske var der en pause i kommunikationen.
J: Jeg ved ikke, hvad der skete. Det var som om jeg så et kabel, og det bare knækkede.
D: Lad os se, om vi kan få det tilbage. Måske kan de justere på en anden frekvens eller hvordan det nu gøres.

Jeg gav forslag om at prøve at finde ham eller en anden entitet på en anden frekvens, fordi forbindelsen åbenbart var blevet brudt på en eller anden måde.

J: Jeg kan se et møde, og ... jeg kan ikke høre, hvad de siger, men jeg ser dem. De er væk fra mig. De er på den anden side, derovre. (Håndbevægelser.) Og der er flere mennesker, der taler til denne ene, og han nikker, men han siger ... Jeg kan ikke høre, hvad de siger. Men der er seks andre ud over ham.
D: Hvordan ser de ud?
J: De har kapper på. De ser ud til at være kongelige på en måde, men de er ikke som konger. De har ikke kroner eller noget. Jeg ved ikke, hvordan jeg skal beskrive dem. Løse, men der er et stort bredt bånd, der går nedad på forsiden og på hver side. Materialet er meget smukt. Jeg ser på mødet.
D: Hvordan ser de ud fysisk?
J: (Overrasket) De ser ud som mennesker. Men de ser gamle ud.
D: Er de rynkede eller hvad?
J: Ja, nogle rynker. Men de ser gamle ud. Rigtig gamle.
D: Ved du, hvilken en der talte til os?
J: Ja, han står med ryggen til mig. Og de er i en form for cirkel.
D: Hvor er du?

The Custodians

J: Jeg er i et stort rum. Det er virkelig hvidt, klinisk udseende. Men jeg hører en summen.

D: *Er der noget andet i rummet, møbler eller objekter eller noget?*

J: Ja, men det ligner ikke vores møbler. Det er mere som om sæderne er bygget ind i væggene. Jeg mener, de er ikke stole. De er en del af væggen, og de er buede.

D: *Som en bænk af en slags?*

J: Ja, mere som en bænk, men jeg tror ikke, de kalder det det.

D: *Er der noget andet i rummet?*

J: Der er nogle skærme ... derovre. (Hun pegede til sin højre side.) Store TV-skærme. Kæmpestore.

D: *Er de tændt?*

J: Nej. (Pause) Nu kommer der nogen ind. Der er en dør. (Hun pegede til sin højre side.)

D: *Ser han ud som de andre?*

J: Ja. Undtagen at han har langt ... det ligner hår, men jeg ved ikke, om det er hår. De ser alle venlige ud. De ser ikke ud som dem med de store øjne. De stopper alle og vender sig mod ham, og hver side laver en linje. Nu går han til fronten og står over for dem. Og de gør dette. (Gav bevægelser.)

D: *Lægger de hånden over hjertet?*

J: Uh-huh. Og han gør det. Og de nikker. Åh, nu går de hen til et bord.

D: *Kan du komme i en position, så du ved, hvad de taler om?*

J: Det er som om lyden er slukket. Og jeg kan se deres munde bevæge sig.

D: *Men du kan stadig høre summen?*

J: Det er som om det er i mit hoved. Nu sidder de rundt om bordet. Han er i den ene ende, og de er langs hver side. De giver nogle papirer videre. Nå, det er ikke rigtig papirer. Det er noget. (Pludselig) Åh! Åh!

D: *Hvad?*

J: Okay. Nu tænder de den skærm. (Et stort suk.) Forskellige ting blinker. De går hurtigt på skærmen. Der er vand. Masser og masser af vand. Det er som en film, der kører rigtig, rigtig hurtigt. (Pause) Åh! Det ligner ... det er et bjerg. Jeg ved, hvad det er. Hvor er det? Der er et bjergbillede på der. (Pause som om hun ser på.) De taler om ... (blødt) Vent et øjeblik. Det stoppede lige på dette bjerg, dette store bjerg. Det er et smukt bjerg. Den, der sidder

The Custodians

ved bordets hoved, står op nu, og han peger mod en af dem. Ikke den, der talte til mig, men den, der er en, to, ned fra ham på venstre side af bordet. Han peger på skærmen, og han siger ... Hvad siger han? Gud! Jeg bliver frustreret, fordi jeg ikke kan høre det. Jeg tror, de taler om noget inde i det bjerg. De har en base inde i det. Det må være det. (Pause) Han sender denne fyr til bjerget. Fyren forlader rummet. Jeg gætter på, han skal til det bjerg.

D: *Bjerget var det eneste, det viste? Det viste ikke, hvad der var indeni?*
J: Jeg ved, hvad der er indeni.
D: *Får du noget op fra dem?*
J: Jeg tror, jeg har været derinde. Der er en hel verden derinde.
D: *Kan du lære noget af dem?*
J: Der er et eller andet problem inde i det bjerg. Og denne fyr skal tage sig af det.
D: *Du sagde, du kender det bjerg?*
J: Ja, jeg har set det hundrede millioner gange. Jeg kender det bjerg, men jeg ved ikke, hvor det er. Men jeg ved, at derinde har de en hel by, i forskellige sektioner, ligesom vi har en by. Undtagen du går ind med et lille skib, og så kommer du ud under det, og du går gennem disse forskellige rækker og kanaler og ting. Og så tager du en ting, der ligner vores elevator, og du tager til forskellige niveauer i bjerget. Der er et grønt område, et blåt område, forskellige farvede områder.
D: *Hvorfor er de forskellige farver?*
J: Der sker forskellige ting i dem. Forskellige slags træning.
D: *Hvorfor var du der?*
J: Fordi et af områderne er, hvor jeg gik til undervisning. Du sidder i dette rum, og folk taler, og du lærer ting. Du går til forskellige niveauer af farverne.
D: *Hvornår skete dette?*
J: Nå, det stopper ikke med at ske.
D: *Mener du, du stadig går der?*
J: Åh, ja. Det er et vidunderligt sted. Det er som en by. Og det er ikke nødvendigvis klinisk som nogle af de skibe, du er på. Jeg mener, de er meget, meget kliniske. Men inde i dette bjerg er det ikke sådan.
D: *Når du går der, går du i din fysiske krop?*

J: Ja, nogle gange. Det afhænger af, hvad formålet er.
D: Hvorfor er du ikke bevidst om at gøre dette?
J: Nå, jeg ved, når jeg ser bjerget, at jeg har været der.
D: Jeg undrede mig over, hvorfor du ikke huskede.

Det var omkring her, at den nye entitet kom ind. Det var et par øjeblikke, før jeg bemærkede det, fordi denne entitet var kvindelig, og stemmen var ikke dramatisk anderledes på dette tidspunkt.

J: På grund af det, der sker i nogle tilfælde. Når du lærer den slags materialer, de underviser i der, ville det forstyrre dit daglige liv, hvis du tog det tilbage til din bevidsthed, mens du gik om dine daglige gøremål. Så ville du ikke kunne fungere på din normale måde inden for rammerne af dit liv. Der er forskellige tidspunkter, hvor assimilationer finder sted. Så du husker. Det er ikke som om det er fremmed for dig, når du ved det. Men hvad angår din daglige bevidsthed, kommer det som en tanke, så du ikke bliver rystet over det. Og så bliver det en naturlig del af dig. Det er mere som, "Åh, jeg vidste det altid." Når du faktisk ikke vidste det, men du ved, hvor du lærte det.
D: Når du går ind i din fysiske krop, ville nogen så savne dig?
J: Nej, fordi min livsstil er sådan, at jeg er alene meget. Og en anden ting er, at i menneskets tid, hvad vi ville tælle som et minut... kunne du tilbringe otte timer der på et minut, fordi tiden ikke fungerer på samme måde.
D: Men det bjerg er på Jorden, og tiden kan fluktuere på den måde?

Dette var sandsynligvis, da den anden entitet fuldt ud kom ind, fordi informationen ikke kom fra Janice og blev præsenteret af nogen, der var meget vidende.

J: Ja. Fordi der er et krydsningspunkt af tid der. Det er derfor, så mange af jeres fænomener finder sted, fordi I er ved et krydsningspunkt i tid. De dimensioner, der mødes på et krydsningspunkt i tid på Jordens planet og Jordens tid, forårsager en vridning og drejning, så menneskets opfattelse ændres på en måde, at han ikke rigtig ved, hvad der skete. Han ved bare, at det skete.

The Custodians

D: *Er det derfor, de satte basen der, fordi det var ved et af disse krydsningspunkter?*

J: Ja. Du ser, du har dine fysiske ley-linjer af energi, men du har også tidskrydsningspunkter, som... mennesket ved ikke noget om tidskrydsningspunkter. Jeg mener, han ved noget om tidskrydsningspunkter, men han forstår ikke de involverede principper.

D: *Er det så muligt for nogen at komme ind i et tidskrydsningspunkt ved en fejl?*

J: Åh, meget, meget realt. De ting sker hele tiden.

D: *Hvordan ville mennesket opfatte det, når det sker?*

J: Mennesket ville opfatte det som en hukommelsestab. "Åh, jeg må have glemt det. Åh, hvad lavede jeg? Åh, vent lidt. Nu skal jeg tænke over det." Sådan opfatter mennesket det. Nu vil mere udviklede mennesker vide, at der var mere end bare den tanke om "Hvad skete der?" De vil have en fornemmelse, fordi deres andre sanser er højt udviklede. Afhængig af deres udviklingsniveau og de klasser, de har været på, eller hvor de er i deres udvikling, vil de vide mere end bare de tanker. Fordi der er et helt andet sæt af informationsoverførsel i disse mennesker. Deres bevidsthed og elektromagnetiske kraftfelt og alle de vibrerende energier, de er i tune med, giver dem et helt andet sæt måder at vide på, og en anden måde at lære på.

D: *Nå, det lyder som om du krydsede disse tidskrydsningspunkter med vilje, hvis du blev taget derhen.*

J: Det er en del af det, jeg har accepteret at gøre. Og det er ikke noget, jeg kan assimilere tilbage i mit daglige liv. Fordi jeg ønskede at tjene menneskeheden, er jeg blevet undervist i forskellige måder at assimilere på, som jeg ikke er bevidst bekendt med.

D: *Jeg troede, at hvis den gennemsnitlige person tilfældigvis kom over et af disse krydsningspunkter, ville det være ved en fejl, og der ville ikke være noget formål med det. Ville det være korrekt?*

J: Der er altid et formål med det. Men når den gennemsnitlige person kommer over det, vil de opleve præcis, hvad jeg har fortalt dig.

D: *Og det ville ikke nødvendigvis betyde, at de blev taget af nogen?*

J: Præcis. Det betyder, at på et tidspunkt i tid var de på en fysisk placering, hvor visse energier og tid blev krydset.

The Custodians

D: *Nå, du sagde, at dette var en base. Hvem kontrollerer denne base? (Pause) Jeg mener, det er ikke mennesker, eller hvad?*
J: Nej, nej, det er ikke mennesker. Menneskene er virkelig uvidende om denne base.
D: *Hvem styrer den, eller hvem satte den der?*
J: Den blev sat inde i dette bjerg, så vi kunne gå ud blandt menneskene, når vi har brug for det. Og for mennesker at kunne komme til dette bjerg. Og for den slags arbejde at finde sted, som vi er involveret i.
D: *Så de eneste mennesker, der ved om det, er dem, der bliver taget derhen?*
J: Det er korrekt. Og mange af dem er ikke klar over, at det er det, der er sket. De ved, at de har været et sted, men de indser ikke nødvendigvis, at dette er tilfældet.
D: *Jeg undrede mig over, om regeringen ved om det.*
J: Nej, ikke denne.
D: *Ved de om andre?*
J: De tror, de ved.
D: *Har det været der i lang tid?*
J: Ja, det har det. Dette særlige bjerg har været der… i dine Jordår? Du spørger i dine Jordår?
D: *Nå, jeg spørger, hvor længe basen har været i bjerget. Jeg ved, at bjerget har været der for evigt.*
J: Nå, så har basen også været der.
D: *Så lang tid? (Ja) Taler jeg med en entitet igen?*
J: Ja, du gør.

Jeg kan kun beskrive denne stemme som sød og ekstremt feminin. Denne kvalitet var det, der fik mig til at indse, at jeg ikke længere talte med Janice. Det og graden af viden, der begyndte at komme igennem.

D: *Jeg troede, jeg gjorde. Jeg troede, det var for meget information at komme fra Janice.*
J: (Hendes latter havde en lyrisk kvalitet.) Nå, vi har ikke til hensigt at narre dig. Det er en form for skift, der nogle gange finder sted.
D: *Jeg troede, jeg kunne fortælle forskel. Hvad skete der for lidt siden?*

The Custodians

J: Nå, det var nødvendigt, at Alyathan (fonetisk: A-lie-a-than.) gik til et møde. Han fik en mission og vil ikke kunne vende tilbage for at tale med dig nu.

D: *Jeg troede, det lød som en anden væsen. Hvad var hans navn?*

Hun gentog det langsomt, "Aleeathen." Denne gang lød det mere som: A-lee-a-thin.

D: *Aleeathin. Jeg havde ikke et navn at tilkalde ham med, da jeg prøvede at kontakte nogen.*

J: Vi holder os ikke til navne alligevel.

D: *Det var, hvad jeg troede. Men har du tid til at kommunikere med mig?*

J: Jeg vil kunne.

D: *Janice havde indtrykket af, at noget var galt i basen, og det var derfor, mødet blev kaldt.*

J: Der var behov for et niveau af ekspertise på dette tidspunkt, som ikke var til stede der. Og så, for at nogle... faktisk kan jeg ikke rigtig diskutere det. Udover at fortælle dig, at der er visse niveauer af ekspertise, der ikke var til stede, som bliver sendt derhen.

D: *Jeg er bare nysgerrig. Jeg stiller mange spørgsmål. Og hvis du ikke kan besvare nogle af dem, så sig det bare. Jeg vil gerne vide noget om den bases historie. Du sagde, den har været der altid. Det fascinerer mig.*

J: Nå, mange ting har været på din planet for evigt, som du ikke er helt opmærksom på.

D: *Kan du fortælle mig noget af disse ting?*

J: Nå, jeg kan fortælle dig om en kommunikationskilde, som de fleste mennesker ikke er i stand til at – for at bruge dit slangord – "tap into". Det eneste ord, der er ækvivalent i dit sprog, er "vibratorisk", selvom det ikke fuldt ud beskriver, hvad jeg taler om. Der er særlige menneskelige væsener, der har nået et udviklingsniveau, der kender til kommunikationsprocesserne, andre end med ord, som mennesker kommunikerer. Og jeg taler ikke nødvendigvis om telepati. Jeg taler om en kombination af lyde, strømme, meget ligesom den forskning, du har udført i nogen tid med delfinerne og pukkelhvalerne. Du ser, dette er en helt fremmed – selvom meget lignende – metode til at kommunikere, som mennesket ikke fuldt ud forstår. Han leder altid efter et sprog. Og i hans behov for at mærke ting, mærker han alt eller kategoriserer alle ting som et sprog. Vi er ikke uenige i, at alle ting har et sprog. Det har de. Men vinden bærer beskeder. Det er noget, der er i dine forskellige mytologier. Du vil høre børn tale om at tale med vinden, men du vil aldrig høre voksne tale om at tale med vinden. Og alligevel er det en meget reel kilde til kommunikation.

D: *Det lyder som nogle af de indianske historier.*

J: Indianerne var meget i tune med naturen. Og hvor tror du, indianerne fik deres viden fra? De var alle meget i tune med UFO'er og rumenergi. Det var omkring dem dengang. Det er derfor, jeg siger, det har været her for evigt.

D: *Det er interessant. Men kan du fortælle mig om basen, og hvorfor den blev bygget der i begyndelsen?*

J: Basen blev bygget der i begyndelsen på grund af det faktum, at … faktisk kunne bjerget betragtes som universets centrum. Du ved, vi er meget opmærksomme på balance. Og faktisk, i forhold til den rotationsakse, din planet har, ville du logisk set tro, at vi ville have bygget det ved Nordpolen. Men det er ikke den faktiske center for gravitationsrotationen af din planets akse.

D: *Men der har været mange ændringer, siden det blev bygget.*

J: Der har været ændringer, men centret vil ikke ændre sig.

D: *Jeg troede, Jorden havde bevæget sig mange gange.*

J: Jorden har bevæget sig. Men i forhold til hvordan dette fungerer dimensionelt, vil dette særlige centrum ikke ændre sig.

D: *Ville du få lov til at fortælle mig, hvilken kontinent det er på?*

J: Nej, jeg kan ikke på nuværende tidspunkt.

D: *Er det fordi du tror, nogen måske vil finde ud af det?*

J: Det ville ikke være et godt tidspunkt.

D: *Jeg tænkte, at de forkerte mennesker kunne finde det.*

J: Det skal bare ikke diskuteres på nuværende tidspunkt.

D: *Men hvorfor blev det bygget for så lang tid siden?*

J: Det blev i begyndelsen, ligesom denne Jord var i begyndelsen. Så som i din Bibel siger du, "I begyndelsen." Det er ikke noget, der kom evolutionært, som din planet har udviklet sig.

D: *Jeg tænker altid, at alt har et formål, en grund.*

The Custodians

J: Det har en grund. Faktisk er der flere grunde. En af grundene er: et sted for individer i menneskeheden, som Janice, der har opnået et bestemt niveau, og som har accepteret at tjene i den kapacitet, hun tjener. Det er et sikkert sted. Det er også et sted at udvikle individets talenter yderligere. Meget som du betragter dit universitet. Det er faktisk en selvstændig verden inden i en verden.

D: Men hvis det blev bygget for så lang tid siden, var der ikke mennesker på Jorden på det tidspunkt, var der?

J: Det er korrekt.

D: Det er derfor, jeg stillede spørgsmål ved grunden til at bygge det der, hvis der ikke var nogen mennesker på det tidspunkt.

J: Det har ikke noget at gøre med dens relation til de andre dimensioner, galakser, planeter og videre.

D: Jeg forstår. Du må have tålmodighed med mig. Jeg har mange spørgsmål, og nogle af dem lyder nok meget naive til tider.

J: Vi forstår det.

D: Sådan lærer jeg. – Noget kører rundt i mit sind: Har jeg nogensinde været der?

J: Faktisk har du været der, men det var ikke i dette liv.

D: Hmmm. Under et af mine tidligere liv, så.

J: Ja. Hvorfor tror du, du er involveret i det arbejde, du laver nu?

D: Jeg tror bare på grund af min nysgerrighed.

J: Ah-ha! Nå, det er ikke helt korrekt.

D: Ved du grunden?

J: Du har allerede levet meget af dette før. Så derfor er det, hvorfor du bliver tiltrukket af det nu, ser du. Fordi meget af det, folkene du arbejder med går igennem, har du faktisk selv gennemgået. Det er derfor, noget af det lyder så velkendt for dig.

D: Mener du den information, jeg modtager?

J: Ja. Det skræmmer dig ikke.

D: Nej, det gør det ikke. Det overrasker mange mennesker.

J: Overrasker det dig?

D: Det vækker min nysgerrighed, og jeg vil altid vide mere.

J: Du vil huske mere. Du vil ikke vide mere. Du ved allerede. (Hun havde en drilsk kvalitet i sin stemme.)

D: (Ler) Men det er overraskende, at det ikke skræmmer mig.

J: Det ville være interessant, hvis nogen ville få dig til at regressere.

The Custodians

D: Jeg har blevet regresset, men ikke til noget som dette. Det vigtigste er, at jeg tror, det ville skræmme mig, hvis jeg skulle tappe ind i noget, der var negativt.

J: Hvorfor bringer du ordet "negativt" ind i denne samtale? Hver gang vi har talt, har vi ikke talt om noget negativt? Betragter du det som negativt?

D: Nej. Jeg gør ikke. Jeg sagde det, fordi jeg ikke bliver skræmt af det. Jeg sagde, jeg tror, det eneste, der sandsynligvis ville skræmme mig, ville være, hvis jeg skulle tappe ind i noget, der var negativt.

J: Livet i enhver dimension er ikke altid glat, for du må have "det gode med det dårlige", som du så godt ved på din planet. For gennem denne slags ting kommer der fremskridt.

D: Tror du, det er derfor, jeg har denne drivkraft til at søge?

J: Jeg er ganske sikker på det.

D: Jeg synes, jeg vil finde og erstatte tabt information.

J: Ja. Fordi hvordan tror du, du indser, at det er tabt? Kunne du måske have været der, da det blev tabt? Tidligere var din bekymring over tabet af teknologien, hvad der fik mig til at komme og tale med dig.

D: Åh? Fordi for mig er disse ting tragedier at miste.

J: De er tragedier. Men kun en sjæl som din har karakteren til at bekymre sig om det. Og det er et stort arbejde, hvad du gør i at prøve at rekonstruere det.

D: Alt dette giver mening. Men alligevel, da jeg var der, var jeg fysisk?

J: Du var fysisk, fordi det var et af dine liv.

D: Jeg er glad for, at regeringen ikke ved om det, fordi jeg tror, de har forårsaget nogle problemer, har de ikke?

J: Ja. Det er derfor, de aldrig vil lære om denne base.

D: Kan du fortælle mig om nogle af de andre baser, de har fundet ud af?

J: Jeg kan virkelig ikke.

D: Jeg undrede mig over konsekvenserne, hvis de har forårsaget problemer.

J: Der har været problemer. Og hvad der sker er, at vi bare bevæger os.

D: Hele basen? (Ja) Jeg arbejder med nogle mennesker i UFO-studiet, og de tror, at regeringen og fremmede væsener arbejder sammen i en base. Og at der sker mange ting der, som vi ikke ville

The Custodians

have lyst til at høre om. Jeg ved ikke, hvor meget af dette der er sandt.

J: Det ville ikke være fra vores gruppe af væsener.

D: Jeg tror, de sagde, at regeringen havde en underjordisk base, og at fremmede også var der.

J: Fremmede har været i regeringens underjordiske base, men det var ikke de fremmedes underjordiske base.

D: Så regeringen har også en. (Ja) Var de inviteret der?

J: Ja. De ville have os til at deltage i nogle eksperimenter. De ville have os til at vise dem noget af vores teknologi, men så misbrugte de den. Selvfølgelig ville misbruget naturligt blive lagt på de "fremmede". Ville menneskene tage ansvaret for misbruget af teknologi, som måske aldrig burde være givet til dem i første omgang, som vi nu, i retrospekt, ved?

D: Jeg kan forstå, at mennesker ikke ønsker at tage ansvar. Hvilken slags teknologi var det?

J: Forskellige medicinske procedurer. Der var noget genetisk deling. Og nogle af de fremskridt, der er sket i din medicin, er kommet gennem denne deling. Den første menneskelige hjertetransplantation med din læge... var det Christian Barnard?

D: Jeg tror det.

J: Ja. Nå, hvor tror du, han lærte sin procedure?

D: Bevidst?

J: Underbevidst, men det kom ind i hans bevidsthed, og han indså aldrig, at han faktisk ikke var opfinderen af det.

D: Men det var en positiv ting.

J: Der har været mange gode ting, der er kommet ud af delingen. Men der er også, i din slang, "bagsiden" af oplevelsen. Der er visse ting, der er sket, som ikke er så behagelige.

D: Kan du fortælle mig, hvad de er?

J: Jeg kan fortælle dig, at der har været nogle eksperimenter, der blev improviseret af menneskene. De troede, at fordi de havde metoderne fra os, ville de kunne forbedre dem, når de ikke kunne forbedres. Og derfor skete der ulykker. Og de ville have os til at komme og rette op på rodet. Men... Ha!

D: Hvilken slags ulykker?

J: Der er liv gået tabt, vil jeg sige. Men ud over det vil jeg ikke diskutere, hvad der skete, andet end at sige, at noget af dit menneskeliv blev mistet. Så derfor ved du, at nogle af de forsvundne mennesker, der er sket... i enhver proces kan der være ulykker. Og hvis procedurer ikke følges præcist, kan det nogle gange ske. Så i starten, når der er en uenighed om, hvordan noget skal udføres, og mennesket fortsætter, gør vi intet andet end at træde tilbage og vente, fordi vi kender resultatet. Og når han ikke lytter, så sker der ulykker. Så måske er der kun én måde for mennesket at lære, og det er en tragedie. Jeg vil sige, det er en tragedie.

D: Skete disse ting ved basen?

J: De skete ved menneskenes base.

D: Du nævnte også genetiske eksperimenter. Er det, hvad du mener, eller er det noget andet?

J: Det er noget andet.

D: Kan du fortælle mig noget om det?

J: Jeg kan fortælle dig slutresultatet af et af eksperimenterne. Men jeg kan ikke gå ind i detaljer om nogle af de andre.

D: Det er okay. Jeg tager hvad jeg kan få.

J: Jeg kan fortælle dig, at metoden til in vitro fertilisering blev produceret ved denne base.

D: Men det er en god ting.

J: Der er mange gode ting. Og jeg tøver med at tale om de andre typer ting, fordi af den person, jeg taler gennem. Denne særlige person, Janice, ville. På grund af hendes følsomhedsniveau, måske opleve dem. Hvis hun ikke oplevede dem fysisk, ville billederne komme ind i hendes bevidsthed, fordi det er sådan, kommunikationen med hende sker. Og vi har allerede arbejdet på at slette nogle af disse, fordi hun har været til stede og set dem.

D: Mange mennesker, jeg arbejder med, har det samme problem. De er for følsomme, og når de ser nogle scener, får de også følelser fra dem.

J: Ja. Fordi som jeg diskuterede med dig tidligere, den særlige type kinetisk kommunikationssans – for eksempel Janice er i stand til at tale med blade og vinden og solen og elementerne. Derfor, når man er så følsom, så i tune, at kunne blive noget som det, skaber det på et cellulært og sjæleligt niveau ... du forstår hvad jeg sagde her.

D: Solar, solen?

The Custodians

J: Nej. Sjæleligt.

D: *Sjælen. Mener du den interne sjæl?*

J: Jeg taler om det reneste energiessensniveau molekylært. Disse molekyler og de særlige interaktioner prægter på en måde, der ikke nemt kan opdeles. Opløst er ikke det rette ord, jeg vil bruge for at forklare det. Hvad jeg prøver at sige er, at når hun har oplevet det, fordi hun er den type individ hun er, vil den pågældende oplevelse aldrig nogensinde være væk. Alt der kan ske, er en justering, så det går ind i et andet punkt i bevidstheden, hvor det ikke påvirker hende, fordi hun er så påvirket.

D: *Det lyder meget bekendt. Der er en ung mand, jeg arbejder med, som troede, han kunne se disse ting som at se på tv. Men de medførte for mange andre residualeffekter med sig.*

Jeg talte om Phil, hovedpersonen i min bog Keepers of the Garden. Da jeg brugte ham til at kontakte Nostradamus i Volumen III af Conversations With Nostradamus, havde han store følelsesmæssige problemer med at se de scener, han blev vist. Så jeg måtte stoppe arbejdet med ham på det projekt.

J: Residualeffekterne er noget, individet skal blive bekendt med for at vide, hvordan de skal håndtere dem. Og det er en proces. Det kan gøres, men det kan ikke umiddelbart gøres.

D: *Han virker meget følsom, og han vil ikke kigge på noget, der er negativt.*

J: Der vil komme et tidspunkt i hans udvikling, hvor... det er meget som et barn lærer. De lærer at kravle, og så lærer de at gå. I processen med at se disse hændelser kan han nå et niveau, hvor han kan gøre det og være upåvirket. Men på dette tidspunkt i hans udvikling er han ikke i stand til at gøre det. Heller ikke, hvad angår de eksperimenter, jeg diskuterer med dig. På dette tidspunkt kan Janice ikke gøre det, på grund af hendes følsomhedsniveau. Vi har observeret dette, fordi vi har sat hende i situationer, der har givet os mulighed for at måle hendes niveau med hensyn til at opleve disse ting. Nu er dit næste spørgsmål: "Hvordan?" Eller hvordan ved vi, hvad individet kan håndtere?

D: *Hvad individet kan håndtere.*

The Custodians

J: Ja. Hvordan ved vi, hvad individet kan håndtere? For eksempel, Janices ven ser gyserfilm. Det kan ikke hun.

D: *Jeg kan heller ikke.*

J: Janice har været i situationer, hvor hun kører ned ad vejen, og der er et dyr på vejen, der er blevet kørt over, eller noget er sket, som har dræbt dyret. Hun kan ikke kigge. Det fortæller os, at hun ikke kan kigge. Så hvert vågent øjeblik, hvert øjeblik af et individs liv, der er i tune med os, er meget vigtigt for os, hvad angår personens niveau eller evne til udvikling. Disse er vores såkaldte "tests". I jeres skoler har I tests for at finde ud af, hvilket niveau individet har nået. Vi udfører ikke nødvendigvis den samme type test, hvor en person sidder ned med et stykke papir. Vores test af Janice, der kører til Fort Smith og ser den pågældende hændelse, fortæller os, at hun ikke er på et punkt endnu, hvor hun kan diskutere dette. Vi ville ikke tøve med at diskutere med dig disse oplevelser og eksperimenter, som hun har været til stede ved. Men på grund af hendes residualskader – og jeg bruger ikke ordet "skader" i den sammenhæng, som I mennesker ville bruge det – men på grund af de residualrester af oplevelsen, som stadig vil være for tæt på hendes daglige bevidsthed, kan jeg ikke diskutere dem med dig på dette tidspunkt.

D: *Og jeg ville ikke gøre noget, der kunne forårsage hende nogen skade eller ubehag.*

J: Hun er en meget stærk person. Men når det kommer til visse emner, er hun endnu ikke klar til at håndtere dem.

D: *Jeg ser ikke gyserfilm eller sådan noget. Men hvis der er nogle ting her, som verden bør kende, er jeg villig til at skrive om dem. Selvom jeg ikke bryder mig om dem.*

J: Ja, du udvikler dig også. Og hver af disse sessioner, du gør, bringer dig tættere på at udvikle den evne til at håndtere de mere... Jeg har ikke et ord for en beskrivelse af, hvad jeg har ikke et ord for at beskrive, hvad jeg...

D: *Jeg bliver ved med at tænke på "negative". De her ting er negative.*

J: I din ramme af reference ville det være korrekt. Men på dette tidspunkt vil vi sige til dig, at fokus ikke bør være på negativiteten, for den amerikanske regering gør allerede nok på det område for at fremme de fremmede i et dårligt lys. Derfor er det arbejde, du gør, simpelthen designet – og af dit eget design – en indsats for at

præsentere de fremmede i det lys, vi kom for at blive præsenteret i. Det er faktisk derfor, vi arbejder med dig.
D: *Ja, fordi jeg ikke tror på alle de skrækhistorier, jeg har hørt.*
J: Der er skrækhistorier. Jeg vil ikke sige, at der ikke er.
D: *Jeg har en følelse af, at jeg taler med en kvindelig enhed. Er det korrekt?*
J: Ja, det er korrekt.
D: *Der er en anderledes lyd i stemmen, og en anderledes tilstedeværelse, det virker som om.*
J: Janice havde ønsket at kontakte mig, så jeg kom. Jeg er den enhed, som nogle gange er sammen med hende efter nogle af hendes justeringer.
D: *Den første enhed, jeg talte med, virkede ret mekanisk eller robotlignende. (Jeg taler om den lille grå væsen.)*
J: Egentlig var han bare nødt til at deltage i to begivenheder samtidig. Og derfor blev transmissionen afbrudt meget hurtigt der. Han kunne ikke tilstrækkeligt opretholde og deltage med dig og samtidig deltage i den anden begivenhed.
D: *Det var den anden, jeg har talt med. Da jeg talte med ham, havde han en meget autoritær...*
J: Nej, hans autoritære side var i en anden begivenhed.
D: *Men den allerførste kontakt, jeg havde gennem dette medium, var en meget mekanisk type, meget robot-lignende.*
J: Og hvad er dit spørgsmål?
D: *Det virker som om, de alle er forskellige.*
J: Det er fordi Janice arbejder med mere end én type energi.
D: *Den første forstod ikke mange af mine spørgsmål. Den var mere som en robot.*
J: Den første var ikke en robot. Men i din forståelse af ordet "robot", kunne det være sandt. Det er bare en anden type væsen.
D: *Han virkede som... tja, ikke menneskelig, det er den eneste måde, jeg kan forklare det på.*
J: I din forståelse af ordet "menneskelig", er det korrekt. Men i min forståelse af ordet "menneskelig", er han meget menneskelig.
D: *Men var han ikke en anden type?*
J: Jo, meget. Og det er det niveau, der skulle komme til dig, for at du først og fremmest skulle vide, at du var i kontakt med rummetenergi. Ellers er der tidspunkter, hvor du måske ikke ville

The Custodians

genkende det, fordi stemmerne kan blive så lignende de, du ville kalde "menneskelige" stemmer. Du anser dig selv for at tale med et menneskeligt væsen nu, selvom du ikke er det.

D: *Jeg er ikke? (Nej) Jeg har en meget god følelse omkring dig.*

J: Vel, jeg er et meget godt væsen. Og det var den lille person, som du betragtede som en robot. Han var et godt væsen. Han var bare helt fremmed for det, du betragter som menneskeligt.

D: *Kan du fortælle mig, hvad for et væsen du er?*

J: Jeg er et væsen med samme energimønster, som du talte til i din sidste session. Jeg er en modpart.

D: *Hvad betyder det?*

J: Det betyder, at jeg er den kvindelige side af den energi, du talte til før.

D: *Har du en fysisk krop?*

J: Ja, det har jeg.

D: *Hvordan ser den krop ud?*

J: På hvilken måde? Vil du vide min beskrivelse af mig selv i menneskelige termer, eller min beskrivelse af mig selv i forhold til hvordan jeg lever?

D: *Vel, jeg tror ikke, jeg har nok tid til at gå i dybden med alt det lige nu. Jeg undrede mig bare over, hvordan din fysiske krop ser ud. Måske kan vi tale om det andet næste gang.*

J: Nå, min fysiske krop ser meget ud som en... (Hun virkede underholdt.) Jeg har et ansigt, jeg har alle de modparter, som et menneske ville have. Hvis jeg kom til Jorden, ville du ikke kunne se forskellen.

D: *Men du sagde alligevel, at du ikke er menneskelig.*

J: Jeg er menneskelig, men jeg er mere end menneskelig.

D: *Mener du mere højt udviklet?*

J: Mere højt udviklet i en energitilstand, og også mere fysisk højt udviklet.

D: *Kan du uddybe det?*

J: Jeg har øjne, der ser... Hmm, jeg ved ikke, om du ville sige "orientalske," for de er ikke orientalske. Det er svært at sammenligne fra min reference ramme fra hvor jeg var, da du stillede spørgsmålet. Så jeg må lige omassimileres et øjeblik og fortælle dig fysisk, at jeg ikke er en høj person. Min hud er flødefarvet. Jeg har en klar, luminescerende type udseende på min

The Custodians

hudtone. Mine hænder er... Jeg har hænder som et menneske. Jeg ser ud som et menneske. Jeg er bare ikke. Mine øjne vil afsløre mig.

D: *Har du hår?*

J: Ja, det har jeg. Det er kastanjefarvet... det er mørkt. I dine termer ville det ikke blive betragtet som sort. Det er mellem en mørkebrun og sort med nogle røde højdepunkter.

D: *Hvis jeg kommer igen, er der så nogen måde, jeg kan tale med dig?*

J: Hvis det er min tur til at komme, vil jeg være her. Du ser, når du arbejder med Janice, er der andre væsener, du vil tale med. Så det afhænger af, hvilket tidspunkt du kommer, og hvad der er nødvendigt for informationen at blive givet på det tidspunkt. Så i at tale med mig, hvis det er min tid at komme, vil jeg simpelthen... være her.

D: *Nå, jeg vil gerne stille et sidste spørgsmål. Jeg forsøger at have flere sessioner med Janice på en dag, på grund af afstanden jeg måtte rejse. Ville det være fysisk i orden for hende?*

J: Ja, det vil det være. Og jeg kan svare på det, fordi mit ekspertiseområde har at gøre med fysisk tilstand. Det har at gøre med området – du ville måske sige "medicinsk" – psykologisk. Du kunne sige i dine termer, at jeg er en læge, selvom det ord ikke ville være tilstrækkeligt til at beskrive alt, hvad jeg er. Fordi mit ekspertiseområde nødvendigvis ikke kun relaterer sig til menneskets fysiske tilstand, men også til planeten.

D: *Jeg ville ikke forsøge noget, der ville trække hende ud eller skade hende.*

J: Hun vil ikke blive træt. Jeg vil sige til dig, at du vil blive fortalt gennem os, hvis det sker, så sæt derfor ikke ansvaret på dig selv. For vi vil hjælpe dig med at afgøre det ved at fortælle dig det.

D: *Så vil jeg vække hende om et par minutter og tage et par timers pause, og så vende tilbage. Jeg har aldrig prøvet at have flere sessioner på en dag før, og jeg ville ikke trække hende ud.*

J: Hun har et reservoir, der er utroligt refillbart, og hendes foryngende kræfter er meget, meget stærke.

D: *Så vil jeg vende tilbage om et par timer af vores tid her og kontakte dig eller hvem der er tilgængelig. Vil det være tilladt?*

J: Ja. Må jeg sige til dig, "Fred være med dig"?

D: *Og jeg nød virkelig at være i din tilstedeværelse.*

J: Og det gjorde jeg også. Vi mødes igen.

Jeg bad derefter enheden om at forlade og bad om, at Janices totale personlighed vendte tilbage til hendes krop. Da Janice gav tegn på at være tilbage, førte jeg hende frem til fuld bevidsthed.

Janice beholdt et billede af lægen i hendes sind efter hun vågnede og ønskede at beskrive hende. Hun var meget smuk, med langt mørkt hår, der var samlet tilbage og samlet med et metalbånd. Janice foretrak ordet "kastanjefarvet" som beskrivelse af hårfarven. Med et "spøgelsesagtigt" udseende var hendes øjne helt sikkert hendes mest markante træk. De var dybe, mørke grønne, og formen var ikke helt orientalsk. De mindede Janice om de gamle tegninger på væggene i Egypten af mennesker, hvis øjne var omkransede med et mørkt stof. I tegningerne var kohl blevet brugt til at omkranse øjnene med makeuplinjer, der skråede op fra øjenkrogene. Undtagen i lægens tilfælde, var det den faktiske form og udseende af øjnene; det var ikke gjort med makeup. Dette fik mig til at undre mig over, hvor de gamle egyptere fik ideen fra om at gøre deres øjne på denne måde. Kunne de faktisk have set disse væsener og ønsket at efterligne deres skønhed og unikke udseende?

Vi gik derefter ud for at få en burger og vendte samtalen til de almindelige ting i vores liv, så vi kunne orientere os tilbage til den ydre verden et stykke tid, før vi havde en anden session.

KAPITEL 11
Energilægen

Efter vi havde spist frokost og hvilet i et par timer, begyndte vi en ny session omkring kl. 15:00. Jeg brugte Janices nøgleord, og hun gik hurtigt tilbage i en dyb transe. Jeg gav derefter instruktioner om at forsøge at finde den samme enhed igen. Denne gang, da jeg var færdig med at tælle, fandt Janice sig ikke ombord på et fartøj. I stedet svævede hun i rummet, usikker på, hvor hun var på vej hen, eller hvad hun prøvede at finde. Efter flere instruktioner så hun et lys. "Der er et fokuseret lys. Det er et kæmpe område, som en pupil på et øje, bortset fra at det er lys. Og jeg er ikke igennem det endnu. Jeg er enten i det, eller det er over mit ansigt. Der sker noget med mig." Uanset hvad det var, skabte det tydelige fysiske fornemmelser, mens hun lå på sengen. "Lyset ændrede farver. Mit hoved føles mærkeligt." Selvfølgelig var hendes velbefindende min første bekymring, og jeg gav forslag for at fjerne eventuelle fysiske fornemmelser. Jeg fortsatte med at spørge, om der var nogen omkring hende, der kunne tale med os og forklare formålet med lyset.

Janice virkede frosset og ude af stand til at gøre noget andet end at fokusere på lyset. "Jeg kan ikke se forbi det. Jeg tror, der er nogen her, men jeg kan ikke stoppe med at kigge på det." Hun tog store vejrtrækninger. "Det gør noget. Det er et rigtig stærkt lys. Det venter på noget. Jeg er ikke sikker på hvad." Dette fortsatte i flere sekunder, og på trods af mine forslag, kunne hun ikke komme videre. "Det er som om, jeg er sat på hold eller noget. Jeg skal igennem det."

D: Vil du det?
J: Jeg tror det. Det er lige over mit ansigt.
D: Jeg vil kun have, at du gør det, der føles behageligt for dig. Hvordan føles det, hvis du går igennem det?
J: Som en sky. Som damp. Det får min krop til at føles mærkelig. Det kilder ikke, men det er som når din fod kommer tilbage fra at have været sovende. Du ved, den mærkelige følelse. Hele min krop føles sådan lige nu. Og nogle gange har lyset en kant omkring sig.

The Custodians

Det er koncentreret i et center, og så er der et mørkt område udenfor, og det bevæger sig, det kommer mod mig. Det er også smukt. Det var farver, og nu ser det ud som damp, men ikke farven på damp. Det er mørkt, men ikke som ondskab, og det er ikke dårligt, det føles godt.

D: *Gik du igennem lyset?*
J: Jeg ved ikke, om jeg gjorde det eller ej. Jeg ser det ikke, eller også er jeg i det. Min krop føles ikke mærkelig nu. Den føltes virkelig underlig. Jeg tror, jeg har gjort det her før. Jeg ved nu, hvad det var. Det er den første fase. Det er som om, du opløses. (Griner) Det var bare et sekund, der føltes som en yo-yo. Du ved, bonnngg! (Griner)
D: *Nå, du er trods alt samlet igen. Okay. Lad os finde nogen omkring dig, der kan besvare vores spørgsmål. (Pause) Er der nogen her?*

Efter al denne søgning, blev jeg overrasket, da enheden svarede. Janice var helt væk, for denne stemme var blød og sød og mild.

J: Hvad er det, du vil vide?
D: *Nå, det første spørgsmål: hvad var formålet med det lys?*
J: Det er en kontaktkilde.

Den kvindelige enhed var helt sikkert tilbage. Det var nemt at genkende den lyriske, søde stemme.

D: *Det generede Janice lidt, fordi det fik hendes krop til at føle sig så mærkelig.*
J: Det får den fysiske krop til at føles mærkelig, men det er meget beroligende for den mentale tilstand hos væsenet. Det er også et forberedende skridt i bilokationsrejse.
D: *Er du den samme enhed, jeg talte med for lidt siden?*
J: Ja, det er jeg.
D: *Jeg sagde, vi ville vende tilbage om kort tid.*
J: Men jeg er ikke lokaliseret, hvor du forlod mig, derfor var der en forskel i at finde mig.
D: *Åh? Er det derfor, det var sværere denne gang?*
J: Det var ikke et spørgsmål om svært eller let. Det var bare et spørgsmål om at ændre relative relationelle punkter i tid og rum.

The Custodians

D: Så vores tid her er ikke den samme som den tid, du oplever?
J: Det er korrekt. Og dette er en del af, hvad Janice oplevede. Den skiftning, for som hun sagde til dig, går hun gennem en fysisk følelse af forandring samt en skiftning i tid og rum. Det kan ikke opnås uden en vis fornemmelse i det fysiske. Det er meget som du ville overveje i dine termer, suspenderet animation. Er det et begreb, du forstår?

D: Ja. Det virker som om, tiden stopper, tror jeg.
J: Det er lignende, hvad der må finde sted for, at skiftet kan ske. Så derfor er effekten på den fysiske krop nogle gange en mærkelig følelse i den skiftende overførsel af bevidsthed.

D: Nå, bare af nysgerrighed, i den korte tid, der er gået for mig, har det været en lang periode for dig?
J: Undskyld?

D: Siden jeg talte med dig for lidt siden.
J: Åh, ja. Du taler i forhold til det faktum, at det har været, i din tid, cirka en time eller to timer. (Ja) I min tid har jeg udført et års arbejde. Så du kan se, der er et tydeligt skift, der finder sted.

D: Da jeg sagde, jeg ville komme tilbage om et par timer, havde jeg ikke indset, at du måtte vente så længe.
J: Ja, jeg fortsatte mit liv, ligesom du fortsatte dit.

D: Det er lidt svært for mig at forstå. Nå, da jeg sidst talte med dig, beskrev du dig selv, og du spurgte, om jeg ville vide, hvordan du levede? Og jeg var bange for, at svaret ville tage for lang tid på det tidspunkt. Kan du fortælle mig noget om det nu?
J: Har du nogen specifikke spørgsmål, eller ønsker du en generel oversigt over, hvad jeg deltager i, eller ønsker du at vide om min barndom? Hvor vil du starte...? Find bare et udgangspunkt, der ville være tilfredsstillende.

D: Bare generalisér det først, og så kan jeg stille spørgsmål.
J: I min daglige aktivitet deltager jeg i forskellige missioner til jeres planet. Mit arbejde er meget involveret i nogle af de eksperimenter, som Janice har deltaget i. Hun er bekendt med mig, fordi vi på flere lejligheder har deltaget. Jeg ved meget om Jordens videnskab. Som jeg fortalte dig tidligere, kunne jeg i jeres ramme af referencer betragtes som en læge i medicin. Men samtidig, i vores kultur, er lægen i medicin mere end bare medicinsk. Vi inkorporerer i vores undervisning og vores professioner hele

væsenet i stedet for bare generaliseret, specialiseret medicin. Meget som hvis du ville gå til en nyrespecialist, fordi vi er systemspecialister. Det inkluderer alle systemer, hvilket betyder fysisk, mentalt, molekylær struktur. Jeg kunne blive ved i det uendelige. Jordens videnskabstrukturer, kommunikationsstrukturer og systemer, og forskellige facetter af disse systemer, som de interrelaterer interdimensionelt.

D: *Det lyder meget kompliceret. Du må være meget intelligent.*

J: (Modigt) Nå, jeg betragtes som at være accomplished.

D: *Bor du på skibet, eller tager du frem og tilbage til dit hjem?*

J: Jeg rejser frem og tilbage til mit hjem, men der er tidspunkter, hvor jeg lever helt på skibet. Der er tidspunkter, hvor min mission har mig tildelt en base, på samme måde som Aleathin blev tildelt en base tidligere. Det er derfor, jeg nu taler med dig, fordi jeg er en del af gruppen af rumenergi, der arbejder med Janice.

D: *Arbejder du også med andre mennesker?*

J: Jeg arbejder med andre. Vi har mennesker på din planet, som vi har ansvar for, så at sige.

D: *Jeg er nysgerrig på, hvor dit hjem er.*

J: Mit hjem er ikke i din galakse.

D: *Men du sagde, du kunne rejse frem og tilbage? Hvordan opnår du det?*

J: Det opnås med hastigheder, der er hurtigere end lysets.

D: *Vi er vant til at tænke på lysets hastighed som grænsen.*

J: Det er derfor, interdimensionel rejse er utilgængelig for jer.

D: *På grund af vores begrænsninger.*

J: Præcis.

D: *Er dit hjem en fysisk planet?*

J: Det er en fysisk planet, ja.

D: *Spiser du mad?*

J: Vi har forskellige typer mad. Faktisk i jeres jordenhaver mærker I alt, mens vi ikke nødvendigvis gør det. Vi kalder ikke for eksempel en orange grøntsag en "gulerod".

D: *Men spiser du mad på samme måde som vi gør?*

J: Vi spiser mad. Vores mad er anderledes, da strukturen af den er anderledes. Med andre ord har vi ikke dyr, som vi spiser. Men der er forskellige tilstande af vores væsen. Ligesom en baby ville vokse op med mælk, er der et tidspunkt, hvor vi som børn spiser

The Custodians

én ting. Så som vi vokser op til voksenlivet, lærer vi at eksistere på... vi ville ikke spise det, der ville blive kaldt i jordiske termer "konventionel" mad.

D: Men du spiser det som vi gør og har et fordøjelsessystem?

J: Vores fordøjelsessystem er ikke som jeres, selvom vi har et fordøjelsessystem.

D: Har du et åndedrætssystem?

J: Ja, vi har.

D: Blodomløb?

J: Ja, vi har, men kun i den konventionelle betydning af ordet.

D: Hvad mener du?

J: Jeg mener, at når vi er i vores galakse og i vores eget element, fungerer disse systemer ikke på samme måde som når vi er på din Jord. Der er en klar forskel, i at de fungerer forskelligt afhængigt af, hvilket miljø vi er i. Hvis vi sammenligner dem med jeres systemer, har jeres fordøjelsessystem en funktion og fungerer kun sådan. Vores fungerer ikke på den måde.

D: Mener du, at de tilpasser sig, afhængigt af hvor de er? (Ja) Ville du også tilpasse dig de elementer i luften eller maden eller hvad det måtte være?

J: Ja. Derfor kan vi komme til Jorden og leve her uden at blive opdaget.

D: Mener du, leve på basen?

J: Eller blandt jer.

D: Sagde du ikke, at I ville være synlige?

J: Nå, kun for den person, der er opmærksom på denne slags forskelle i væsen.

D: Du sagde, at dine øjne kunne afsløre jer.

J: Ikke for den gennemsnitlige person.

D: Så I må have stor tilpasningsevne.

J: Ja, vi har. Hvad jeg beskriver for dig, er kun en flygtig genkendelse. Det betyder, at du måske går på gaden, i en restaurant eller et eller andet sted, og passerer en af os. Og i et enkelt sekund af kontakt vil dit system af viden – og individer som Janice genkender det – det er som om der er en familiær genkendelse. Ligesom en mor ville genkende sit barn uden at kunne se det. Så det er den slags genkendelse. Og den gennemsnitlige jordbo kunne passere forbi og føle den flygtige moment, men ikke nødvendigvis forbinde det.

Det ville være som at sige, "Jeg kender den person. Der var noget der."

D: Jeg har haft de følelser.

J: Men personer, der er mere følsomme og som har deltaget i genkendelses-klasser, er i stand til at gøre det og gå videre uden at det påvirker dem. Fordi de accepterer, at det er en realitet. Og det er også blandingen af to realiteter. På grund af det faktum, at de også interagerer interdimensionelt på det tidspunkt, de er på din Jord. Det er lettere for dem at acceptere det, ser du. Den gennemsnitlige person ville aldrig tænke på at deltage i kun én virkelighed.

D: Det er sandt. Så de andre rumvæsener har ikke denne tilpasningsevne?

J: Nogle af dem har ikke. Der er alle slags rumvæsener, forskellige racer med forskellige systemer, på samme måde som der er alle slags racer på din planet. Så hvad der er særligt for én race, er ikke nødvendigvis det samme for en anden. Den mekaniske væsen, som du talte om tidligere, var helt anderledes end noget, vi oplever eller har på vores planet.

D: Hans systemer og alt?

J: Ja. Han fungerer ikke som vi gør, i det han ikke indtager mad.

D: Hvad lever han af? Hvad er hans næring?

J: Han har ikke brug for mad for at leve.

D: Han må have noget, han bruger som energi?

J: (Stor suk) For at forsøge at forklare det for dig: Den mekaniske væsen fungerer mekanisk, så i ham er der en... Ord! Der er ord til at oversætte. (Pause) Måske hvis jeg forklarer det for dig: I jeres mekaniske apparater sætter I et batteri i, og de fungerer. Så når denne type individ kommer for at interagere med jeres planet, er han brændt op. Det ville blive forklaret som en bestemt, mere elektrotype energi, ser du.

D: Så han er mere som en maskine. (Ja) Betyder det, at han blev skabt af andre væsener, i stedet for... Jeg tænker på, hvordan vi skaber hinanden biologisk. Blev han skabt som en maskine af andre mennesker?

J: Han blev ikke skabt som en maskine, fordi han ikke er en maskine. Han er et væsen. Han er bare et anderledes væsen. Og hvor han kommer fra, der er den type væsen, der eksisterer.

The Custodians

D: Hvordan formerer de sig? Duplikerer de sig selv?

J: Det har meget at gøre med elektriciteten i deres område. "Elektricitet" er ikke det rigtige ord, for det kommer fra en energitilstand.

D: Har de brug for at duplikere sig selv?

J: De behøver ikke. De duplikerer sig selv, ligesom vi eller du gør, fordi sex for dem ikke er sex for dig.

D: Det var det, jeg undrede mig over. Hvis noget var maskinagtigt – jeg ved, det nok ikke er den rette sammenligning. Jeg tænkte måske, at de aldrig ville dø. Og de ville ikke behøve at skabe flere.

J: De dør.

D: Så de er dødelige på den måde.

J: På den måde, ja. I deres egen dødelige tilstand, ja, de er.

D: Så der ville være et behov for at erstatte dem, men det gøres på en anden måde. Nå, må jeg spørge, hvordan din type formerer sig?

J: Der er to måder, vi kan formere os på. (Pause) Nå, jeg føler ikke, at jeg bør diskutere dette på dette tidspunkt. Men jeg vil sige, at en af måderne, vi formerer os på, er som I gør.

D: Hvorfor har I to forskellige måder?

J: På grund af den type væsen, der produceres ved hver proces.

D: Jeg har også hørt, at nogle væsener er androgynøse.

J: De er.

D: Jeg er altid nysgerrig på disse mange forskellige ting. (Det var svært og akavet at stille spørgsmål om et emne, som hun åbenbart var tilbageholdende med at diskutere.) Men hvis du ikke vil tale om det, er det helt i orden.

J: Det handler ikke om, at jeg ikke vil tale om det. Det er mere et spørgsmål om ikke at være i frihed til at tale om det.

D: Okay. Når som helst jeg stiller et spørgsmål, som du ikke kan svare på, vil jeg bare gerne vide det. Jeg havde mange spørgsmål, som jeg havde lavet notater til, som jeg gerne ville spørge om. Jeg ved ikke, om du kan give mig informationen, eller ikke. Én ting, jeg gerne ville vide om, var de andre planeter i vores solsystem. Har du den information? Eller er du i et andet felt, ikke?

J: Jeg vil have noget af din information. Jeg kan fortælle dig, at der har været liv på planeten Mars, som du nu kender det.

D: Der var?

J: Der var på et tidspunkt.

The Custodians

D: Var det før der var liv på Jorden?
J: Det var før der var den type liv på Jorden, som eksisterer nu, ja.
D: Hvor avancerede var disse civilisationer?
J: Disse civilisationer var meget avancerede. På et tidspunkt var Mars – før atmosfæriske ændringer – en planet meget lig din egen. Men der skete en stor forandring under en kataklysmisk hændelse. Så livet, som man kendte det, blev udryddet på den planet. Det betyder ikke, at der ikke er liv der nu. Det er bare ikke synligt for dig.
D: Hvad var denne kataklysmiske hændelse?
J: Der var et punkt, hvor to planeter kolliderede. Og de efterfølgende konsekvenser af denne kollision ændrede Mars' atmosfære.
D: De kunne ikke leve, fordi af det?
J: De kunne ikke leve, fordi de brændte op.
D: Hvilken type væsener levede der?
J: En type væsen, der er meget lig jer.
D: En humanoid type?
J: Ja. De havde mere avancerede systemer end I gør, fysisk og fysiologisk. Deres samfund var mere avanceret end jeres. Deres interaktioner var mere avancerede. De havde ikke de krige og mord og ting, der foregår på jeres planet. Så det var en mere fredelig tilstand af væren, fordi deres bevidsthed var på et andet niveau. De var ikke skyld i, hvad der skete med deres planet, som I er med, hvad der sker med jeres.
D: Havde de byer?
J: Ja, de havde byer, hvor rester af dem, som I måske kan se, stadig eksisterer.
D: Der er et fænomen, som folk siger, de kan se på Mars. Det kaldes "Ansigtet på Mars". Kender du noget til det?
J: Ja. Det er et symbol, der fortæller jer, at jeres ansigt har været der, hvilket betyder: menneskehedens ansigt. Et væsen, der ligner jer.
D: Hvordan blev det dannet?
J: Jeg kan ikke fortælle dig det. Jeg ved ikke hvordan.
D: Men det blev lavet af den race, der levede der?
J: Nej, det blev det ikke.
D: Så det blev dannet senere? (Ja) Men du ved ikke, hvem der satte det der eller....
J: Nej, jeg ved det ikke. Det er symbolsk.

The Custodians

D: Det siges også, at der ser ud til at være pyramider i nærheden af dette.

J: Som jeg fortæller dig, eksisterede civilisationer, meget lig jeres, på den planet. Jeres planet kunne blive den anden Mars i dette solsystem, hvis den ikke er forsigtig. (Suk) En meget delikat situation eksisterer nu. Det er derfor, nogle af eksperimenterne og projekterne finder sted nu.

D: De tror, det kunne ske her? (Ja) Men du sagde, der er liv på Mars, som ikke er synligt for os?

J: Det er korrekt.

D: Kan du fortælle mig om det?

J: Jeg kan fortælle dig om det, men jeg... (Hun tøvede, som om vi var ved at træde på et forbudt område.)

D: Der er mange videnskabsmænd, som gerne vil vide disse ting.

J: Ja. Nå... (Pause og derefter tøven.) Jeg må få instruktioner om, hvorvidt jeg kan diskutere dette, for jeg føler ikke, at jeg har lov til at gøre det uden tilladelse.

D: Jeg vil ikke få dig i problemer. Hvis du kan finde ud af det, var jeg bare nysgerrig.

J: Jeg vil fortælle dig, at der er civilisation på Mars.

D: Åh? Jeg tænkte på liv, der er meget rudimentært, meget grundlæggende. Er det mere avanceret end det?

J: Der er civilisation, i det der er kolonier. Der er projekter, der finder sted. Hvis jeg sagde, at der er en revisor fra din planet og hans familie, der bor på Mars, ville du så tro på det?

D: Jeg tror, alt er muligt. Han ville have brug for de rette forhold og atmosfære.

J: Det er korrekt.

D: Jeg antager, at Mars ikke har en atmosfære, som vi kan leve med.

J: Ikke med den nuværende udvikling af jeres systemer. Der er ingen måde, I kunne leve på Mars' overflade, som I lever på Jordens overflade.

D: Så byerne er ikke på overfladen. Er det korrekt?

J: Det er korrekt.

D: Er disse rester af den anden civilisation, der var der, da den blev brændt af kataklysmen?

J: Nogle er, nogle er ikke.

D: Så nogle overlevede?

373

The Custodians

J: Nogle gjorde.

D: *Var de andre byer bygget af andre væsener, der kom der for at kolonisere?*

J: Det er korrekt.

D: *Nå, revisoren, ønskede han at tage af sted?*

J: (Betoning) Ja!

D: *Jeg synes, det ville være et eventyr, men han ville være nødt til at forlade alt bag sig.*

J: Og det gjorde han.

D: *Jeg har fået at vide, at det nogle gange er svært for et menneske at tilpasse sig, fordi det ville være så anderledes.*

J: Ikke i et miljøkontrolleret atmosfære.

D: *Det er interessant. Du ved, vi planlægger at sende... vi har allerede sendt noget af sted, ikke? Det skulle være en sonde? Og vi har taget billeder.*

J: I amerikanere er i gang med at gå i alle mulige retninger i rummet. Måske burde I koncentrere jer om et projekt, indtil I har opnået det, og derefter gå videre til et andet.

D: *Jeg tror, amerikanerne tænker på at oprette en base på Mars, ikke?*

J: De overvejer at oprette en base på Mars, og de har også overvejelser for andre planeter. De overvejer at oprette en base på månen.

D: *Jeg har hørt, de vil sende en bemandet mission til Mars.*

J: Det vil være et samarbejdsprojekt. Jeg tror ikke, amerikanerne vil gøre det alene.

D: *Tror du, det vil ske?*

J: Åh, ja, jeg tror, det vil ske.

D: *Tror du, det vil ske i den forudsigelige fremtid for de mennesker, der lever på Jorden nu?*

J: Ja, jeg tror, det vil ske.

D: *Jeg undrer mig over, hvad der ville ske, hvis de kom dertil og opdagede, at der var andre væsener.*

J: De vil ikke se dem. De har ikke set dem. De kunne ikke. Ikke i lang tid vil de nogensinde vide det. Mars' væsener vil vide det, men amerikanerne, franskmændene og russerne vil ikke vide det.

D: *Jeg tror, det ville være et chok for dem, hvis de landede og fandt ud af, der var andre væsener.*

J: Nå, vi kan ikke lande i jeres land uden at være chokerende, så på samme måde kan I ikke lande andre steder uden at blive chokeret.

The Custodians

Fordi jeres bevidsthed ikke kan udvikle sig forbi... skiftpunktet. Begrænsningerne af sindet.

D: Nå, er der noget liv på overfladen af Mars?

J: Liv, men ikke som I kender det. Så langt som I er bekymrede, ser I kun vegetation på én måde: vegetation har blade, vegetation er grøn. Så på grund af den type vegetation, der eksisterer på Mars' overflade, er den ikke genkendelig for det menneskelige øje. I ser kun vegetation i én referenceramme, men andre væsener kan tage til Mars og opleve det, fordi de ser det i en anden referenceramme.

D: Ville vi vide dette, når vi undersøgte det?

J: Nej, fordi det er anderledes. Strukturen ville ikke være sammenlignelig med jeres vegetation, så derfor ville I ikke kalde det det.

D: Jeg tror, fotografierne har kun vist sten.

J: Ja, fordi I kun genkender det som en sten. Der er forskelle i sten. Det er at kende forskellene, som vi kan opfatte, i modsætning til hvad I kan.

D: Hvad med andre former for liv?

J: Jeg tror, jeg har diskuteret med dig de typer af liv.

D: Jeg tænker på, på overfladen af Mars, som dyr, insekter eller ....

J: Nej. Der er vegetation, men der er ingen dyr, der lever på Mars' overflade.

D: Er de under overfladen? (Ja) Er der noget, jeg kan identificere med?

J: Ja. Jeg har sagt til dig, at der er en miljøkontrolleret atmosfære, som en revisor fra din planet kunne leve i. Hvis en revisor kunne leve på Mars, ville du ikke tro, at han ville have den samme type atmosfære, habitat, skabt for ham, for at gøre det?

D: Ja, men jeg tænker på noget, der ville være indfødt, hjemmehørende på planeten, eller havde været der siden kataklysmen. Noget, der ikke ville have en kunstigt skabt atmosfære under overfladen.

J: Der er områder af planetens indre, som stadig er indfødte, ligesom dine skove i visse områder af dit land stadig er indfødte. Dog er der sket udviklinger, så hele planetens indre er ikke efterladt i sin jomfruelige tilstand.

D: Så er der stadig indfødt dyre- eller insektliv, der overlever?

J: I de naturligt skabte miljøer.

The Custodians

D: *Jeg troede, hvis væsener kom fra et andet sted, kunne de have bragt liv i forskellige former. Er der nogen form for dyre- eller insektliv, som jeg måske ville være bekendt med? (Nej) Nå, hvad med de andre planeter i vores solsystem? Har de nogensinde haft liv på dem?*
J: Andre planeter har haft liv på dem, ja.
D: *Hvilke?*
J: Jupiter, Venus.
D: *Hvad med Merkur?*
J: Merkur, jeg er ikke så bekendt med.
D: *Nå, kan vi tale om Venus?*
J: Venus har haft liv. Jeg forklarer virkelig ting til dig, som jeg ikke burde diskutere. Jeg fortsætter dog, fordi jeg ikke har modtaget nogen information om at undlade at diskutere det. Derfor ....
D: *Tror du, nogen ville stoppe dig, hvis du var ...*
J: Jeg tror, det er tilfældet, ja.
D: *Fordi vi har længe været nysgerrige på, om liv eksisterede. Lad os se, Venus er dækket af skyer, tror jeg. Jeg prøver at gå med det, jeg ved, hvilket ikke er meget. Hvornår var der liv der?*
J: (Pause, derefter tøven.) Jeg tror måske, vi skal ændre emnet.
D: *Okay. Én ting, jeg gerne ville spørge dig om, var den røde plet på Jupiter. Kan du fortælle mig noget om det, eller er det ikke tilladt?*
J: Jupiter er en meget seriøs planet for Jorden at overveje at udforske. Og på nuværende tidspunkt bliver jeg... Hvis du vil undskylde mig et øjeblik.
D: *Okay. Jeg vil ikke få dig i problemer. Måske er der nogen der, der har flere svar i denne retning, hvis det er tilladt.*
J: Der er andre, der har meget bedre viden. Det er mere deres ekspertiseområde, end det er mit. Dog... Jeg burde ikke diskutere dette videre med dig på nuværende tidspunkt.
D: *Tror du, nogen med mere viden kunne diskutere det med mig?*
J: Ikke på nuværende tidspunkt.
D: *Okay. Måske kan vi vende tilbage til det på et andet tidspunkt.*
J: Ja. Lad mig fortælle dig, at... Én moment.

Hun så ud til at tale med nogen anden, og hun mumlede, "Ja... Okay." Det lød derefter som et andet sprog. Det var blødt og svært at høre, men optageren fangede det: Vashusha (?? fonetisk: Va-shu-sha

The Custodians

eller Ra-shu-sha. Ingen accenter.) Det lød stadig som om, hun talte med nogen anden, fordi lydene var bløde og åbenlyst ikke rettet mod mig. Derefter et sprog igen. Denne gang lød det som flere ord: Temtem tensesavene (?? fonetisk: tem-tem tense-sa-ve-ne ??) Talt meget hurtigt, ordene flød sammen. Syllablerne kunne være forkerte. Hendes stemme blev højere. Hun talte til mig igen: "Jeg skal fortælle dig, at i kæden af planeter er Jorden den mest strategisk placerede. I kæden til at forårsage..." Der var en pause, da hendes opmærksomhed blev afledt igen. Hun hviskede, "Hvad?" Så var hun tilbage til mig igen. "Hvad der sker på Jorden vil påvirke hver anden planet i jeres solsystem. Derfor er det vitalt, at Jordens eksistens fortsætter."

D: Er der nogen anden, der fortæller dig, hvad du skal sige?
J: Ja. Jeg kan ikke fortsætte med at sige andet end det, jeg bliver fortalt.
D: Er det i orden, hvis jeg spørger om den røde plet, eller vil du have, at jeg stopper med at tale om planeterne?
J: Det vil blive diskuteret med dig fra et andet område af vores udvikling.
D: Okay. Nogen anden, der har informationerne?
J: Ja, fordi informationen, der vil komme til dig, er vital for at forstå Jupiter og dens forhold til Jordens plan.
D: Og det vil komme senere? (Ja)

Da dette emne var blevet lukket af, besluttede jeg mig for at skifte til et andet emne.

D: Jeg diskuterede med de andre enheder de implantater, der sættes ind i menneskers kroppe på Jorden. Og de gav mig nogle oplysninger om dem.
J: Hvad vil du gerne vide?
D: Bliver disse sat i alles kroppe?
J: Nej, det gør de ikke.
D: Kun bestemte personer?
J: Det er korrekt.
D: Hvordan udvælges disse personer, hvis de bliver udvalgt?

The Custodians

J: Det er ikke så meget et spørgsmål om udvælgelse, som det er et spørgsmål om enighed.
D: Jeg prøver at forstå formålet. Det er en overvågningsenhed, tror jeg.
J: Det er, i nogle tilfælde, en overvågningsenhed. I nogle tilfælde.
D: Hvad kunne det være i andre tilfælde?
J: Lad mig forklare én ting, jeg tænker på, som du kan relatere til. Du har plaster, som du lægger på efter en operation, og selv efter den postoperative periode, der automatisk frigiver bestemte mængder nødvendige medicin til personen. Så implantater har to formål. De har flere end to, men de to formål, som jeg kan diskutere med dig, er: de betragtes som, og forstås af dig som, simpelthen en overvågningsenhed. De er også, i nogle tilfælde, enheder, hvor bestemte systemer i individet, analogt set, post-operativt bliver serviceret.
D: Så du mener, at individet bliver opereret? Der udføres kirurgi.
J: I nogle tilfælde.
D: Da det er dit arbejdsområde, kan du fortælle mig om noget af denne kirurgi og årsagerne til den?
J: Vi har diskuteret systemer, og menneskeligt er der alle slags systemer i den menneskelige krop. Fra cirkulationssystemet til åndedrætssystemet til fordøjelsessystemet til nervesystemet, og jeg kunne fortsætte. Så det afhænger af, hvilken type nødvendigt udvikling der skal til for at bringe personen til et punkt, hvor individet kan håndtere forskellige mængder af enten a: information, b: vibratorisk hastighed eller c: atmosfæriske forhold, som vi diskuterede kort tidligere. Så du ser, de er ikke udelukkende overvågningsenheder. Det afhænger af typen.
D: Men hvad er formålet med at få dem til at justere sig?
J: Ligesom din tidsfrigivelsesvitamin gør.
D: Så de kan justere sig til verdens forhold eller hvad?
J: De kan justere sig til interdimensionel rejse. De kan justere sig til molekylær rekonstruktion i en hurtigere hastighed. Der er forskellige grunde til enhederne, så mennesket på menneskeligt niveau kan assimilere ting korrekt. Så mennesket kan fortsætte i det program, som mennesket har valgt at være en del af.
D: Forårsager disse enheder nogensinde problemer?

The Custodians

J: Nogle gange, selvom disse ikke er livstruende problemer. Når du siger "problemer", definer for mig, hvad du ville betragte.

D: *Nå, problemer, der ville forstyrre kroppens funktion. Noget, de ville bemærke.*

J: Personen bemærker fra tid til anden et problem. Og det er ikke en livstruende type problem. Jeg prøver at finde på en lignende situation, som jeg kan relatere til dig, som ville være ækvivalent i dit eget miljø eller din egen kultur. (Tænker) Det er meget som hvis du giver et barn ricinusolie, og det får barnet til at føle sig syg, når det tager det, men det kurerer sygdommen. Så i relation til et problem, afhængigt af hvilket system der påvirkes, kan der være forbindelsesproblemer i sammenhæng med implantatets funktionalitet.

D: *Kan du fortælle mig, hvad nogle af disse problemer ville være, så de kunne genkendes?*

J: Personen kan opleve en følelse af rastløshed nogle gange. Der kan opstå faktiske fysiske symptomer. At kroppen kan føles, som om den har været på en hundrede mil lang vandretur, når den ikke er vant til motion. Der er forskellige ting, der kan ske fordøjelsesmæssigt. Når individet justerer sig til højere og højere frekvenser, skal de også justere deres fødeindtag. Så højere vibrerende frekvenser kan passere gennem individet. Du vil finde ud af, at visse personer har ændret deres kostindtag. Så det kunne blive betragtet af nogle som et problem. Hvis du elsker at spise kød, og du elsker at ryge, og du elsker at gøre sådan noget, så kan du have en justeringsperiode. Meget som en person på menneskeligt niveau, der går på diæt og må opgive deres søde sager. Så mennesket vil gennemgå fysiologiske, fysiske forandringer.

D: *Er disse forårsaget, når implantatet først sættes i kroppen?*

J: Ikke nødvendigvis. Det kan forekomme, når implantatet sættes i kroppen. Det kan dog også forekomme langsomt over en periode af tid, dvs. din tidsfrigivelsesimplantat.

D: *Så det behøver ikke at justeres?*

J: Ja, fra tid til anden foretages der justeringer.

D: *Skal det gøres ombord på fartøjet?*

J: I de fleste tilfælde, hvis det gøres på den fysiske krop.

D: *Jeg undrer mig over de fordøjelsesproblemer. Betyder det maveproblemer eller influenzalignende symptomer, eller hvad?*
J: Nå, kroppen gennemgår forandringer. Måske som en person, hvis kost har været primært baseret på kød. Når den person skifter til frugt og grøntsager, vil der være et fysisk symptom fordøjelsesmæssigt. Og der vil være en renselsesproces, der finder sted. Derfor, for at det skal ske, kan der opstå tilfælde af diarré, hvis det er det, du taler om. Så det har at gøre med rensning af systemerne.
D: *Så det er ikke nødvendigvis forårsaget af kostændringen, det er forårsaget af implantaternes funktion?*
J: Implantaterne hjælper med at påvirke ændringen i kosten. Så det er en kombination af de to. Det er ikke kun den ene eller den anden.
D: *Jeg forstår. Den almindelige tro er, at disse implantater er dårlige. Folk tror, deres krop bliver invaderet, når de opdager, at der er implantater i deres krop.*
J: Det er fordi deres bevidsthed endnu ikke er på det niveau, der forstå, hvad de deltager i. De har også muligheden for ikke at deltage.
D: *Hvis de ikke vil gøre det længere?*
J: Det er korrekt.
D: *Fordi nogle af disse mennesker føler sig meget vrede, som om deres krop er blevet invaderet uden deres tilladelse.*
J: Det er måske forståeligt, at de ville føle sådan, fordi det, der er sket, er en ubalance. Mange mennesker går med til at deltage i noget og finder så ud af, "Åh! Jeg vil ikke gøre det." Nu, hvis de ikke er villige til at vokse på visse måder, eller deres mentale evne ikke er til stede for at gøre fremskridt inden for højere niveauer af aktivitet, vil de reagere på denne måde. Nu kan der ske forskellige ting afhængig af de valg, individet træffer, men det er deres valg.
D: *Dette er ikke et bevidst valg, er det?*
J: Nej, det er det ikke.
D: *Men det kan være bevidst, hvis de opdager det. I hvilken alder bliver implantaterne normalt sat ind i kroppen?*
J: Der er ingen bestemt alder.
D: *Det behøver ikke nødvendigvis at ske, når de er børn?*
J: Nej, det behøver ikke at ske, når de er børn. Det kan ske i enhver alder, afhængig af individet.

The Custodians

D: *Jeg formoder, at jeg har den opfattelse, at de bliver overvåget gennem hele deres liv.*

J: Ikke nødvendigvis. Der er individer, der bliver. Nu har vi lært, at de individer, der er blevet overvåget gennem hele deres liv, i de fleste tilfælde er de, der, gennem deres deltagelse i livet, er i stand til at overgå til og arbejde med de højere niveauer af energi. Det er ikke nødvendigvis på grund af betingning, men snarere ud fra et udviklingsmæssigt synspunkt.

D: *Hvad er de mest almindelige steder på kroppen, hvor disse implantater bliver sat ind?*

J: Der er forskellige dele af kroppen. Faktisk bliver der udført mange tests, før niveauet af implantater er nået. (Hun viste frustration.) Hvordan kan jeg forklare det? Implantater bruges som overvågningsenheder for nogle nøglepersoner. Den dobbelte funktion af implantaterne er at hjælpe den person, der har valgt at arbejde med et bestemt projekt. De personer, der føler sig invaderet eller krænket af disse implantater, har ikke udviklet deres bevidsthed til et punkt, hvor de kan forstå, eller hvor de kan være betroet at forstå, hele projektet. Og de vil gå igennem en følelse af raseri. Hvis de fortsætter med det raseri, bliver de fjernet fra projektet, fordi det raseri er en del af deres valg.

D: *Eller hvis de bliver vrede nok til at sige, "Jeg vil ikke have, at I gør det her."*

J: Så vil det ikke ske. Det raseri er også en overgangsperiode, fordi den gamle person bliver fjernet. I bevidsthedsudvikling hører man ofte udtrykket "Utilfredshed skaber fremskridt." Så den person, der ikke arbejder på et bevidsthedsniveau, vil nogle gange begynde at ønske at vide. Når de begynder at ønske at vide, ved vi, at de er i stand til og klar til at håndtere det næste skridt. Er det forståeligt?

D: *Ja, jeg kan forstå det.*

J: Vi kan ikke lide denne tidsperiode, ligesom en person, der har gennemgået en operation, ikke nyder følelsen af såret, mens det heler.

D: *Ja, det er rekonvalescensperioden efter.*

J: Men det er det eneste, jeg kan komme i tanke om, der ville være ækvivalent. Og jeg har lidt svært ved at oversætte mine tankegange til din ramme af referencer, hvis du vil tilgive min tøven.

D: *Det er i orden. Jeg synes, det er vigtigt for folk at vide, at det ikke er en krænkelse, og at de ikke skal føle denne vrede.*

J: De kan ikke føle andet end den vrede, for på deres bevidsthedsniveau kunne de ikke håndtere at vide sandheden.

D: *De tror bare, at noget meget dårligt er blevet gjort mod dem.*

J: Ja. Og de ser kun det i det lys, fordi de er meget påvirkede af medierne på din planet. En person i en tilstand af at leve helt for sig selv vil føle sig meget krænket. Fordi de er så optaget af deres menneskelighed, tænker de kun på sig selv.

D: *Ja. Men du sagde, at der bliver udført mange tests, før området på kroppen blev valgt til at placere disse implantater?*

J: Nå, det afhænger af systemet. Og det afhænger af det system, der bliver påvirket: neurologisk eller cirkulatorisk.

D: *Er der nogen steder, der er mere almindelige?*

J: Ja, der er almindelige steder. Et af overvågningsapparaterne placeres i næseborene. Det er fordi det kan placeres gennem et rum, der er tættere på en nerve, der leder til synsnerven og hjernen.

D: *Hvad bruges den type enhed til?*

J: Der er to formål med det. Det ene er at registrere, hvad personen ser. Og det andet er til overvågningsformål, fordi hjernen transmitterer tankerne om, hvor personen befinder sig på et givet tidspunkt. Vi kan også bruge det som en kommunikationsenhed.

D: *Hvad er et andet almindeligt sted?*

J: Et andet almindeligt sted er i endetarmen.

D: *(Det overraskede mig.) Åh? Undskyld mig, men jeg tænkte ikke, at det ville blive der.*

J: Nej, det vil ikke komme ud, fordi det er placeret i huden. Et andet almindeligt sted er bag øret. Et andet almindeligt sted er ved bunden af hovedet eller på hovedbunden. Et andet sted, der ikke er så almindeligt, er ved led.

D: *Led som albuer og knæ?*

J: Ja. Og håndled og ankler.

D: *Hvad er formålet med det i endetarmen?*

J: Jeg kan ikke diskutere det.

D: *Er det noget, du ikke kan tale om? Nå, hvad med det bag øret?*

The Custodians

J: Der er trykpunkter gennem hele meridianerne i kroppen. Og enhederne er placeret i relation til trykpunkter. Er du bekendt med akupressur?

D: Jeg har hørt om det.

J: Langs meridianerne er der centrale punkter — som vi allerede har diskuteret tidspunkter i tid, er der også meridianpunkter. Så elektrisk, afhængig af hvilket projekt personen er involveret i, dikterer det, hvor enhederne bliver placeret.

D: Hvad med det ved bunden af kraniet?

J: Det er en overvågningsenhed. Det er også en del af et neurologisk projekt.

D: Ville det påvirke personen?

J: Det påvirker ikke nødvendigvis. Nogle af enhederne bruges, som jeg har fortalt dig, til kommunikationsformål. Der er forskellige typer kommunikation, der finder sted mellem individet og... (hun tøvede) rummet energier. I det...

Hendes stemme tøvede, som om hun lyttede, og blev derefter blødere. Det samme skete, da hun blev forstyrret, mens hun fortalte mig om planeterne.

D: Er der nogen, der fortæller dig noget?

J: Ja. Jeg bliver kommunikeret med via en meget højfrekvent lyd i mit venstre øre lige nu.

Den side af Janices hoved vendte mod bordet, hvor båndoptageren stod. Men jeg kunne ikke se nogen forbindelse, da rummet var meget stille.

J: Det er en måde at kommunikere på på afstand til mig.
D: Åh. Fordi det ikke er i rummet, hvor jeg er.
J: Nej, du hører det ikke, fordi du ikke er, hvor jeg er. Det er en kommunikationsmåde mellem mit folk, en til en anden. Mens jeg taler med dig, modtager jeg information, selvom jeg ikke behøver at kende indholdet af informationen.
D: Det vil automatisk blive indsat i dit sind, mener du?
J: Det vil komme til mig via den højfrekvente lyd, og enten vil jeg fortælle dig, hvad det er, eller jeg vil modtage instruktioner. Når

vi taler, er der to processer, der finder sted. Jeg kommunikerer med dig, og jeg bliver kommunikeret med. Men jeg behøver ikke at fokusere på kommunikationen, der finder sted imellem.

D: *Er det noget, jeg behøver at vide, eller er det kun for dig?*

J: Hvis det er, vil vi diskutere det. Jeg ved ikke på nuværende tidspunkt, hvad det er.

D: *Okay. Jeg var nysgerrig omkring implantatet ved hjernens base....*

J: (Afbrudt) Ja, jeg var ved at diskutere med dig...... (Stor indånding.) For at diskutere de forskellige formål med implantater — som jeg siger, er de ikke alle brugt på hver individ på samme måde. Så implantatet ved hjernebunden på Janice vil ikke nødvendigvis blive brugt som implantatet ved hjernebunden på nogen, der hedder John eller George eller hvem som helst. Så derfor er nogle af dem simpelthen tuningsenheder. Med tuning mener jeg en måde at tune ind på, hvor den enkelte person skal være fokuseret. Og det er en kilde til kontakt radiologisk for os.

D: *Jeg er altid meget grundig. Derfor stiller jeg så mange spørgsmål. Og nogle gange bliver det måske irriterende, tror jeg.*

J: Det er ikke en kilde til irritation for mig. Jeg skal bare være forsigtig, fordi jeg har fået at vide, at jeg ikke har lov til at diskutere alt, hvad jeg gerne vil diskutere med dig.

D: *Nå, hvad med nogle af de andre implantater? Du sagde, der var nogle i leddene i kroppen.*

J: Ja. Hvis du tænker på kroppens meridianer. Hvis du tænker på planetens ley lines. Hvis du tænker på personen som værende placeret på en ley line med kroppens meridianer, der svarer til planetens ley lines. Så vil du forstå et af de projekter i energioverførsel, som jeg er involveret i. Jeg kan diskutere dele af det med dig. Dog vil jeg ikke kunne frigive intime detaljer. Jeg kan fortælle dig, at bestemte enheder er mere nødvendige på et bestemt stadie af involvering i rumprogrammet. Nu, hvis personen beslutter sig for at fortsætte, er det ikke så nødvendigt at have implantaterne.

D: *De behøver dem ikke?*

J: Fra tid til anden vil de være nødvendige, simpelthen når systemer udvikler sig, og vibratoriske justeringer skal foretages på den fysiske menneskelighed.

The Custodians

Min nysgerrighed tog over.

D: *Er du tilladt at fortælle mig, om jeg har implantater i min krop? Eller kan du fortælle det?*

J: (Pause) Jeg finder ikke noget, men det betyder ikke, at du ikke har et.

D: *Jeg vidste ikke, om du havde en metode, som du kunne....*

J: (Afbrudt) Jeg har en metode. Jeg kan måske scanne din krop, hvis jeg har din tilladelse.

D: *Ja, så længe det ikke ville forårsage noget ubehag. (Flov latter) Jeg er bare nysgerrig, om der er nogen.*

J: (Lang pause) Jeg finder ikke et implantat.

D: *Du gør ikke? Okay. For nogle gange har jeg haft ubehag ved basen af kraniet, og jeg undrede mig over, om det kunne være et.*

J: Jeg tror ikke, det er et implantat. Jeg tror, der er molekylære ændringer, der foregår i din kranium.

D: *Er der noget, jeg skal vide om?*

J: Du er en meget nysgerrig kvinde.

D: *(Latter) Det er jeg bestemt. Måske var det derfor, jeg blev valgt til dette. (Latter)*

J: Jeg kan fortælle dig, at de energier, du arbejder med... for at være i stand til at gøre, hvad du gør, kan du ikke arbejde med dem uden at blive, på en eller anden måde, påvirket. Nu, de justeringer, der finder sted i din kranium, sker, så du vil være i stand til at fortsætte det arbejde, du gør. Fordi det måske vil blive lidt mere intenst.

D: *Det opstod for mig, at måske der var implantater, og det var det, der forårsagede ubehaget.*

J: (Afbrudt) Hvilket slags ubehag?

D: *Åh, nogle gange... ikke som smerte, men en ømhed der, som når din nakke og muskler er ømme. Nogle gange en skarp smerte, men den varer ikke. Så jeg undrede mig over det.*

J: Måske skulle toppen af dit hoved undersøges.

Der var en lang pause, mens hun gjorde noget. Hvad der skete næste, var uventet. Når scanning er blevet udført på mig af andre enheder, ville min krop prikke, og jeg kunne altid afvise det senere som måske min fantasi, fordi følelsen kunne være forårsaget af mit fokus på, hvad der skete. I andre sessioner med Janice følte jeg en let varme eller vibration på toppen af mit hoved, men det var kortvarigt og ikke ubehageligt. Denne gang forventede jeg, at følelsen ville være lignende, men det var mere intensivt. Toppen af mit hoved føltes pludselig varm, som om en varmelampe eller en lignende varmekilde var blevet påført direkte på området. Det kunne ikke have været min fantasi. Følelsen varede flere sekunder. Jeg udbrød: "Åh! Jeg kan mærke varmen!"

Jeg lo nervøst, fordi selvom det var varmt, var det ikke ubehageligt, og jeg følte, at denne enhed ikke ville skade mig.

D: *(Lang pause) Er der noget der?*
J: Hvis du har haft et implantat, har du det ikke længere. Og uanset implantatets formål er det blevet opnået, for der er en øgning i aktiviteten i din hjerne.
D: *Så du tror, det er muligt, at der på et tidspunkt har været noget?*
J: Det kan der have været. Det var ikke mig, der placerede det der. Det betyder ikke, at det ….
D: *Hvorfor var der sådan varme, da du gjorde det?*
J: Jeg kiggede indeni.
D: *Åh. Så jeg har en hjerne derinde alligevel. (Latter) Det var en mærkelig følelse.*
J: (Sødt) Jeg havde din tilladelse, ved du.

Hun havde ret. Jeg kunne ikke klage over følelsen af varme, når jeg havde givet hende tilladelse til at kigge. Jeg vidste bare ikke, hvordan det ville føles. Min opmærksomhed blev nu rettet mod uret.

D: *Jeg tror, jeg bliver nødt til at tage en pause igen i et lille stykke tid. Jeg vil gerne prøve at have en session mere i dag, da jeg skal rejse langt.*
J: Ja, jeg ved det. Og det er en god ting, du gør. Det er godt at have kontinuitet. Der er mange vigtige emner, der kan diskuteres med dig gennem denne enhed. Og vi ville ønske, der var en måde, det kunne finde sted på en mere praktisk….
D: *Hvor jeg kunne se hende oftere. (Ja) Men når jeg kommer, hvis jeg kan have flere sessioner på én dag, vil det virkelig hjælpe.*
J: Du vil opnå kontinuitet.

D: *Så længe jeg ikke dræner energien eller gør noget ved enheden, der ville forårsage ubehag eller skade.*

J: Det kan ikke finde sted, fordi hun er fuldt beskyttet, som du tidligere er blevet fortalt. Jeg føler, der er andre vigtigere emner, der bør diskuteres.

D: *Jeg prøver at tænke på nogle. Jeg vil komme tilbage om et par timer, min tid, og måske kan du tænke på nogle, vi kan diskutere. (Ja) Alt jeg behøver er et emne, så kan jeg finde spørgsmålene. (Latter)*

J: Jeg må ikke være personen....

D: *(Jeg hørte ikke, hvad hun sagde.) Måske kan jeg tage nogle noter og se, om jeg kan komme op med nogle spørgsmål. Så når jeg kommer tilbage, vil jeg se, om vi kan kontakte dig igen. Og jeg værdsætter virkelig, at du taler med mig. Det har været meget oplysende og meget vigtigt. Jeg tror, vi gør fremskridt.*

J: Fred være med dig.

D: *Tak.*

Jeg bragte derefter Janice tilbage til fuld bevidsthed.

Efter denne session gik vi ned og spiste aftensmad med Patsy. Under måltidet bemærkede jeg, at Janices håndflader så ud til at være misfarvede, men det var ikke rigtig synligt. Det lignede en plet, som når man håndterer en avis, og blækket kommer af på hænderne. Det var ikke nok til at kommentere, men jeg undrede mig over, hvor det kom fra, fordi hun ikke havde haft mulighed for at tage en avis eller noget lignende efter at være kommet ned. Efter at have spist og besøgt et par timer besluttede vi at have den sidste session. Hun virkede til at klare sig fint. Jeg var den, der begyndte at blive træt, men jeg var fast besluttet på at se dette igennem. Jeg kunne altid sove senere om morgenen, så jeg ville være udhvilet til min rejse hjem. Vi havde diskuteret spørgsmål og lavet en liste. Et, som Janice var interesseret i, var: Hun havde ofte den klare følelse, når hun vågnede om morgenen, at mens hun sov, havde hun rejst et sted hen eller var involveret i en form for arbejde. Hendes spørgsmål var: "Hvad laver jeg om natten, når jeg sover? Eller laver jeg noget?"

Den næste session begyndte omkring kl. 19:30 eller 20:00 den aften. Vi afsluttede dagens arbejde efter kl. 22:00. Selv da sad vi rundt og talte bagefter, før Janice tog hjem. Det havde været en lang dag, og hvis man tæller dagen før med, hvor jeg havde samme hårde tidsplan med Linda, havde det været en lang og hårdt arbejdende weekend. Men den information, der var blevet opnået, gjorde det hele det værd.

The Custodians

KAPITEL 12
Janice møder sin rigtige far

Efter at have spist aftensmad og hvilet et par timer begyndte vi vores sidste session omkring kl. 19:30 eller 20:00 den aften. Vi havde en liste med spørgsmål, vi eventuelt kunne stille, men det endte med, at vi ikke nåede dem. Jeg brugte hendes nøgleord og gav instruktioner. Janice fandt sig straks i et smukt, men mærkeligt sted. Hun sad i et stort rum, der mindede om et auditorium med terrasser, der gik op langs de buede vægge. Væggene var lysegrønne, og der var buer dekoreret med pastelfarver som grøn, blå og fersken. Det var et smukt, fredeligt sted, men der var ingen andre der. Terrasserne gik ned til en nedsænket fordybning i midten af rummet. Hun blev derefter forskrækket, da bunden af rummet åbnede sig, og noget, der lignede et bord, steg op af gulvet. Da dette skete, følte hun en trang til at gå ned ad terrasserne til den del af rummet. Der var stadig ingen andre der, men nu fyldte smuk musik rummet. Hun kunne ikke identificere, hvilke instrumenter der lavede musikken. Det var som ingenting, hun nogensinde havde hørt før.

Nogle gange kan subjektet blive så opslugt af at beskrive deres omgivelser, at sessionen bevæger sig meget langsomt. Det er hypnotisørens opgave at få scenen fremad. Jeg forsøgte hele tiden at få dette til at ske ved at få Janice til at bevæge sig fremad, indtil nogen kom ind. Hun havde ikke travlt, men nød musikken og det fredelige miljø. Hun syntes at vente på noget eller nogen.

J: Der er en dør derovre, og det virker som om, jeg venter. (Stor indånding) Åh, min! Der kommer nogle mennesker ind. (Synes at sige til nogen andet:) Og til dig også.
D: Hvad?
J: Der var nogen, der sagde: "Velkommen, og fred være med dig." Og jeg sagde: "Og til dig også." Nu bevæger han sig.
D: Kom der mange mennesker ind?
J: Ja, der er nogle foran. Og jeg er ikke bange eller noget. Det er bare, at jeg ikke ved, hvad der kommer til at ske. Der er andre oppe på

The Custodians

det niveau, jeg først var på. Det er lidt som at være i et auditorium eller måske et teater med en balkon. Og de gik rundt deroppe, og der er nogle få hernede, hvor jeg er. De virker til at tale med hinanden. Jeg forstår det ikke.

D: Hvordan ser de ud?

J: Der er bare forskellige. Jeg mener, der er en, der ser ... (Usikkerhed, lidt ubehagelig.) Ligner de der mærkelige. Og der er andre, der har de der kapper på, og så ... (Hun virkede lidt ophidset.) Jeg er ikke bange, men de taler med hinanden, og jeg ville ønske, jeg kunne forstå dem.

D: Men de er alle forskellige typer?

J: Ja, der er nogle forskellige typer. Der er en kort fyr oppe på det andet niveau. Der er en mand i en kappe hernede. Men de er venlige. De taler bare. Jeg har ikke været i dette rum før. Jeg ved ikke, hvad der sker her.

D: Er du den eneste, der er som dig selv? (Ja) Hvordan opfatter du dig selv?

J: Jeg er bare mig. Jeg er bare her. Jeg venter bare på, at de fortæller mig, hvad jeg skal gøre.

D: Jeg undrede mig over, om du er i en fysisk krop?

J: Jeg kan se mig selv. Jeg kan se mig.

D: På den måde, du ser ud, når du er i det fysiske?

J: (Pause) Jeg er ikke helt sådan. Men jeg ved, det er mig. Jeg vil gerne vide, hvad jeg er her for.

D: Kan du mentalt spørge dem?

J: Jeg vil prøve. (Lang pause) De vil stille mig nogle spørgsmål.

D: Åh, de vil stille dig spørgsmål. Det bliver interessant. Vi har været dem, der har stillet alle spørgsmålene. Hvordan har du det med at svare på spørgsmål?

J: Det er okay. De virker til at vente på, at nogen kommer. (Pause) Jeg ville ønske, de bare ville gøre det.

D: Du har evnen til at bevæge dig fremad. I stedet for at vente kan vi skrue op for tiden, indtil den, de venter på, kommer ind. (Pause) Er personen kommet ind nu?

J: Nej. (En pause på et par sekunder.) Han kommer ind nu. Han er meget venlig. Han rører ved mit hoved. Det føles køligt.

D: Er han nogen, du har set før? (Hun nikker.) Hvem er han?

J: Den mand, der plejede at besøge mig, da jeg var lille.

The Custodians

D: Nogen plejede at besøge dig, da du var en lille pige?

Janice begyndte at græde. Hun hulkegræd meget følelsesladet og sagde ordet, "Ja."

D: Hvorfor græder du? Er det foruroligende for dig?
J: Nej. Jeg er glad for, at han er her. Det er som om din far kom.

Jeg forsøgte at tale hende ud af den følelsesmæssige reaktion, men hun græd stadig åbenlyst. Man kunne mærke, det var en følelsesladet genforening.

D: Du sagde, han plejede at besøge dig, da du var lille?

Jeg måtte få hende til at tale for at stoppe gråden.

J: Ja, han tager sig af mig. Han er ... (Hun brød sammen igen.) ... som min far.
D: Er der den type følelse overfor ham?
J: Ja, han er min far.
D: Din rigtige far? (Ja) Hvordan ved du det?
J: Fordi jeg ved, hvordan jeg føler overfor ham. Ved du, hvad han kalder mig?
D: Hvad?
J: (Følelsesladet) Datter.
D: Tror du, han er din rigtige biologiske far? (Ja) Og ikke manden, der var i dit hjem, da du voksede op, din anden såkaldte far?
J: Nej, det er ikke ham. De er to forskellige mennesker.
D: Okay. Skal han stille dig spørgsmålene?
J: Uh-huh. Han kommer og stiller mig spørgsmål.
D: Jeg kan ikke høre dem. Vil du gentage spørgsmålet for mig, før du giver svaret?
J: (Grædende.) Hvis han lader mig.
D: Spørg ham, om det er i orden.

ÆNDRINGEN VAR SÅ PLUDSELIG, AT DET VAR SOM AT TRYKKE PÅ EN KNAP. Hun havde grædt og haft svært ved at udtale svarene på grund af følelserne. Når den næste stemme kom igennem, var ændringen øjeblikkelig. Der var ingen følelser, tårerne stoppede, og stemmen var tydeligvis mandlig. Mens den første mandlige entitet, der talte gennem Janice, lød som en gammel mand med en autoritær tone, lød denne også gammel, men med en tone af sofistikering, lidt mere kongelig.

J: Spørgsmålene kan blive gentaget, hvis de placeres korrekt.
D: *Alright. Fordi jeg ikke kan høre, medmindre du fortæller mig spørgsmålene. Og jeg har kun hendes velfærd i tankerne.*
J: Og det har jeg også.
D: *Hun var meget følelsesladet over at se dig igen.*
J: Det er forståeligt. For jeg er følelsesladet over at se hende.
D: *Jeg undrede mig over, om I har følelser.*
J: Vi har følelser, som du har følelser. Især for en af vores egne.
D: *Det er meget godt. Så vil du stille hende spørgsmålene, så jeg kan høre dem?*
J: Nogle af spørgsmålene vil blive indplaceret internt, og vi vil ikke være i stand til at diskutere dem med dig. Vi er på et kritisk punkt i Janices – som du kender hende – udvikling i hendes arbejde. Det er et vigtigt punkt, vi befinder os på. Mange lærer af hende her. Så nogle af de spørgsmål, vi stiller hende, ville være trivielle for dig.
D: *Så dette kommer til at finde sted på to niveauer?*
J: Det er korrekt, da vi har samlet repræsentanter til dette – hvad du måske vil kalde – et møde. Der er tidspunkter i Janices liv, jordeliv, hvor hun behøver at opleve, hvad vi kalder "kommunion." Kommunion betyder interaktion med hendes kilder. Så det er ikke blot et spørgsmål og svar, som du ville tænke på spørgsmål og svar, men der vil være et udveksling af energier og en styrkelse af, hvad hun føler, hun har brug for.
D: *Så hvis I gør det på to niveauer, kan I stille hende de interne spørgsmål stille og derefter stille de andre, så jeg kan høre dem. Ville det være i orden?*
J: Det vil være i orden. Jeg er ikke helt sikker på, hvordan dette vil udspille sig, for dette er det første forsøg, vi har gjort for at lade et andet menneske være til stede ved en af disse samlinger. Vi betragter det som vigtigt, eller du ville ikke blive kontaktet på denne måde, for dette er ikke en normal proces.

The Custodians

D: Jeg sætter pris på det. Hvis jeg kan hjælpe med spørgsmålene og svarene, vil jeg være glad for at gøre det, med min begrænsede viden.

J: Nogle gange har et individ bare brug for en styrkelse af styrke.

D: Vil du begynde med spørgsmålene?

J: Du vil forstå, at fordelene ved svaret ikke nødvendigvis er for dig, så meget som det er for de andre, der er samlet her.

D: Det er fint. Jeg er interesseret i, hvad de er interesseret i.

J: De er interesseret i: hvad smager chokolademælk?

D: (Hvilket et mærkeligt spørgsmål? Jeg blev underholdt.) Hvad smager chokolademælk? Det er et godt spørgsmål.

J: For i hendes svar kan nogle af dem opleve det. – Hun svarer lige nu.

D: Kan jeg høre, hvad hun siger, eller kan vi gøre det på den måde?

J: Jeg tror ikke, det er muligt at gøre det på den måde. Der finder en udveksling sted mellem hende og de medlemmer, der er samlet her. Det er en måde at udveksle information på, og det er en del af hendes tjeneste. Og det har været en del af hendes tjeneste gennem hele hendes liv. Jeg har været med hende gennem hendes liv, og jeg er bekendt med det på den måde, som hendes far. Jeg kan ikke blive i lange perioder, eller komme for at interagere med hende på en meget hyppig tidsplan. I dette, hvad det forårsager, er den følelsesmæssige reaktion, du oplevede, i følelsen af adskillelse fra mig. Det er en meget følelsesmæssig oplevelse for Janice.

D: Deltog hendes mor i et avlsforsøg?

J: Hendes fødsel var noget anderledes fra den almindelige opfattelse af befrugtning.

D: På hvilken måde?

J: Jeg er ikke på frihed til at fortælle dig det.

D: Jeg respekterer det. Men jeg tænkte, hvis du var den biologiske far, kunne det være blevet gjort på en anderledes måde. Derfor spurgte jeg.

J: Det blev gjort på en anderledes måde under den seksuelle omgang.

D: Med dig eller med den far, som hun kalder far?

J: Med den far, hun kalder far.

D: Så det kan gøres på den måde?

J: Der er et punkt, hvor det kan finde sted, på en måde at sige det.

D: Jeg troede, det skulle gøres under laboratoriebetingelser.

J: Ikke nødvendigvis.

D: *I har mange talenter, som jeg ikke er klar over. Så du var hos hende fra tid til anden, mens hun voksede op? (Ja) Og hun vidste dette underbevidst?*
J: Ja, hun har altid vidst det. Men det var ikke i hendes sande dag-til-dag bevidsthed. Der var tidspunkter, hvor hun oplevede følelser, ligesom du så, men de var ikke i relation til hendes jordfar. De var i relation til en visitation, der havde fundet sted, og en interaktion med mig. Det blev så traumatisk, at jeg stoppede med at komme så ofte.

Denne type barndomsoplevelse med en "rigtig" far fandt også sted med Fran i Kapitel 5.

D: *Ja, dette kunne være meget forvirrende, især for et barn.*
J: Det var noget forvirrende, men det gjorde hendes følelse af ensomhed og længsel efter at komme hjem mere intens.
D: *Så det var bedre, hvis du ikke kom så ofte.*
J: Ja, jeg har kommet på forskellige kritiske tidspunkter i hendes liv.
D: *På den måde var du der for at give styrke.*
J: Præcis.
D: *Nå, mens hun forklarer, hvad chokolademælk smager af, får de så smagen og lugten og alt? (Ja) På den måde kan de opleve det.*
J: Det er sandt.
D: *Meget godt. Har de andre spørgsmål?*
J: De har mange spørgsmål. Der er ting, de ikke forstår. Og de vil spørge igen og igen de samme spørgsmål, i håb om et andet svar.
D: *Eller et, de kan forstå. (Ja) Hvad er nogle af disse spørgsmål?*
J: Vi vil forklare dig, hvordan visse af dem, der er samlet her, opfatter din Jordplanet. De forstår ikke vold. Derfor vil deres spørgsmål til hende være relateret til at forsøge at forstå vold. Dette er en del af deres vækst, og det er også en læringserfaring, hvis du forstår, hvor de er evolutionært. På grund af deres miljø og på grund af visse missioner, de udførte på din planet, forårsagede visse ting, de kom i kontakt med, meget forvirring. Den forvirring var: de forstår ikke vold. De forstår ikke smerten. Hvordan kan mennesket fortsætte i den cyklus?
D: *Jeg synes, det er vigtigt at fortælle dem, at nogle mennesker ikke forstår dette heller.*

The Custodians

J: Jeg ved dette. Men det hjælper at høre det fra et interdimensionelt væsen, fremfor at have mig eller nogen stå og holde foredrag for dem.

D: De bør høre det fra en, der har oplevet det.

J: Interdimensionelt.

D: Har de nogen vold, hvor de kommer fra? (Nej) Har de nogensinde haft? (Nej) Jeg troede måske, de havde det i fortiden og så udviklet sig over det.

J: Dette har aldrig fundet sted. De kender ikke engang ordet, hvad det er kaldet, for at forstå det.

D: Oplever de smerte?

J: De oplever smerte, når de ser nogen dræbe et andet menneske. For de kan ikke ... det er uden for deres opfattelse, at se det og vide, hvad der sker i livsforms tilstand. Fordi de ikke kunne gøre det mod en af deres egne, forstår de ikke, at mennesket gør det mod mennesket. Der er ingen mulig måde, jeg kan forklare det og få dem til at acceptere det, for de indser, at jeg ikke har oplevet det eller nødvendigvis levet i den type miljø selv .

D: Men det er også svært for dem, der lever i miljøet. Kender de, hvad smerte føles som?

J: Ikke på samme måde.

D: Jeg undrede mig over, om deres kroppe var i stand til at føle det.

J: Det er et mentalt koncept, som de forstår, men fysisk bliver det ikke følt.

D: Har de nogensinde skadet sig selv?

J: Ikke fysisk. Alt foregår på det mentale niveau.

D: Så det ville være svært for dem at forstå, hvad smerte føles som for kroppen. Og også lidelse.

J: Ja. De har ikke det. Hvor de kommer fra, sker det ikke.

D: Tror du, at Jorden er unik på denne måde?

J: Nej. Jorden er bare mere højt udviklet i de typer af aktiviteter.

D: Jeg ville hade at tro, vi var den eneste, der var sunket så lavt, hvis jeg skal bruge de ord. Så findes der andre planeter, der oplever vold?

J: Der har været andre planeter, der oplever vold, ja.

D: Men disse repræsentanter har ikke haft nogen erfaring med dem.

J: Ikke intergalaktisk.

D: Har hun haft nogen succes med at forklare det til dem?

The Custodians

J: Der foregår meget kommunikation. Vi er kommet videre fra det nu.
D: *Jeg forestiller mig, at de tager ting fra hendes sind, som hun har set og oplevet.*
J: Det er korrekt. De kan genopleve specifikke oplevelser, som hun har været en del af. De begynder at forstå følelsesmæssigt og sansemæssigt, hvad der sker på det fysiske niveau, fordi de kan opleve det fysisk. Det er bare et spørgsmål om at kunne opleve det gennem en anden person.
D: *Så de skal sanse det gennem hendes eget sind.*
J: Og følsomheder.
D: *Og de kan genopleve det på den måde.*
J: Ja. Forstå nu, at ikke alle her samles for at gøre det. Der er andre som mig, der fuldt ud forstår det menneskelige følelsesregister samt fysiske forhold.
D: *Det er en undervisning for dem, der ikke har oplevet det.*
J: Ja. For at de kan fortsætte deres arbejde i det projekt, de er i gang med, er dette som en skole.
D: *Det er nogle interessante spørgsmål. Jeg får meget indsigt i, hvordan I føler. – Hvad er det næste emne, de er interesserede i?*
J: De taler om atombomben.
D: *Ooooh, det er et stort spørgsmål. Hvad spørger de om det?*
J: De vil vide, om hun forstår, hvorfor I brugte atombomben på hinanden.
D: *Der er argumenter både for og imod det indenfor vores egen civilisation. Kan de forstå, at dette ikke er noget, alle på Jorden gør?*
J: De forstår, at ikke alle på Jorden deltager i denne aktivitet. Men de føler forvirring på grund af det faktum, at på deres planet er hver og en af dem ansvarlig. De har et ansvar for ikke at deltage eller lade en sådan ting finde sted. De føler, at vi alle har det samme ansvar. De har svært ved at forstå, hvorfor Janice ikke kan gøre noget for at ændre det. De ved, at hun har evnen til at påvirke forskellige aspekter af jeres atmosfære. Så de spørger hende, hvorfor hun tillader det. De forstår ikke, at hun ikke er den totale kraft, der kræves for at udslette det.
D: *Nej. Hun er bare en lille prik.*
J: Men de forstår det ikke endnu.

The Custodians

D: *Og på det tidspunkt, det skete, ville hun have været et barn, eller måske var hun slet ikke født endnu?*

J: Var ikke født. En del af grunden til hendes fødsel. Janice blev faktisk født (den faktiske udtale) da krigen sluttede. Derfor hjalp den energi, hun bringer til planeten, med at balancere årene efter krigen. Der var et tidspunkt, hvor... Nå, det skal ikke diskuteres nu. Jeg vil fortælle dig, at en del af hendes formål med at blive født på planeten har at gøre med planetens energiarbejde.

D: *Måske kan de forstå, at hun ikke kunne påvirke bombens fald, fordi hun ikke var levende på det tidspunkt på vores planet. Så hun havde ikke noget at gøre med det.*

J: Det er korrekt. Det er ikke et spørgsmål om, at hun ikke har noget at gøre med bombens fald. Hvad det handler om er, at bomben stadig eksisterer, og hun er her.

D: *Jeg forstår. Og de mener, at bomben ikke bør eksistere? (Ja) Ved de, at noget atomkraft er blevet brugt til det gode?*

J: Ja. Det er en del af problemet, de har med at forstå det. At det kunne blive brugt til noget dårligt. Eller at det kunne eksistere i en beredskabsstatus til at blive brugt til noget dårligt.

D: *Det er svære spørgsmål. Jeg håber, hun hjælper på en eller anden måde. Har hun svaret på det?*

J: Der kan ikke gives mere information på dette tidspunkt vedrørende det spørgsmål. Der er en interaktion, der finder sted mellem dem.

D: *Har de en diskussion?*

J: Ja. (Stemmen faldt til et lavt niveau.) Så, Janice, jeg vil gerne sige, datter, at jeg er meget stolt af dig. (Højere) Når de har diskussion, kan jeg have en diskussion med hende, fordi det er spild af tid for os at deltage. Og vi vil få mulighed senere at tale. Jeg ville have dig til at opleve dette møde, så du vil forstå en del af din funktion.

D: *Det var et spørgsmål, hun havde. Hun ville vide, hvad hendes arbejde var.*

J: Der er mere end én slags arbejde, hun gør.

D: *Hun undrede sig over, hvad hun lavede, når hun føler, at hun er i denne energitilstand. Hun følte, at hun arbejdede, måske med andre energier eller noget.*

J: Det er et helt andet projekt fra dette.

D: Hun ville vide: når hun gør dette arbejde i energitilstanden, er disse andre energier, hun føler omkring sig, nogen, hun kender fysisk?
J: De energier, hun er sammen med nu, er ikke mennesker, hun kender fysisk. Men på andre tidspunkter i det andet projekt, er der nogen, hun kender, og nogen, hun vil kende.
D: Hun følte, der var en genkendelse, men det var alt, hun vidste.
J: Der er.
D: Kan du fortælle hende noget om det andet projekt, eller er det tilladt?
J: Jeg kan diskutere det. Det er en del af, hvorfor jeg er kommet. Når hun ikke forstår ting, hjælper jeg hende med at forstå det. Det er det, en far gør, i denne betydning af ordet. Så på forskellige tidspunkter gennem hendes udvikling er jeg kommet for at hjælpe hende med at forstå komplicerede begreber. Eller for at forstå ting, der bekymrede hende i relation til det arbejde, hun har påtaget sig. Så det er mit ansvar.
D: Hun ville vide om arbejdet, hun laver, som hun ikke er bevidst om.
J: Hun har noget viden om det, og er opmærksom på, at i sin energitilstand er der en form for fastholdelse, så at sige. En følelse af at holde noget, hjælpe noget, hele noget. Ved at holde på noget finder helingen sted. Det er en meget gradvis proces. Jeg vil fortælle dig, at fastholdelsen er af en frekvens.
D: Hvilket formål tjener dette?
J: Fastholdelsen af frekvensen tjener til at balancere de atmosfæriske forhold udenfor planeten, som direkte påvirker de ting, der sker på Jorden. Det er den del, jeg kan fortælle dig om, der finder sted. Nu, hvad du skal forstå, er, at det er en meget kompliceret situation at diskutere. Men jeg kan fortælle dig, at andre er involveret med hende i projektet, og de... (Pause) Nå, det er en stor tjeneste. For det er meget ... det er ...

Han tøvede. Var det fordi, han ikke måtte fortælle mig disse ting, eller prøvede han at beslutte, hvor meget han kunne afsløre?
Jeg så, at båndet var ved at løbe tør, så jeg udnyttede hans tøven. Jeg vendte båndet og fortsatte.

D: Men du sagde, det er en stor tjeneste?

The Custodians

J: Det er en stor tjeneste for menneskeheden, for det holder jorden fra at selvdestruere.

D: *Jeg tænker på frekvenser som radiobølger. Er det noget anderledes end det? (Ja) Og hvordan påvirker de vores jord?*

J: De påvirker din jord. Og nogle vil sige, at vi i dette projekt forårsager forskellige jordskælv, vulkansk aktivitet og de forskellige klimatiske aktivitetsniveauer, der finder sted på jorden. De vil gerne give os skylden for det. Men det er det modsatte. Hvis vi ikke deltog i dette projekt, ville katastroferne være meget værre. Og ødelæggelsen ville komme mod jorden i en meget hurtig hastighed.

D: *Så I forårsager en frigivelse?*

J: Hvad vi siger, er, at vi hjælper med at opretholde en balance på det punkt af kloden, der har brug for balance. En balance af energi i strømmen, mens disse begivenheder finder sted. Der kunne være meget værre jordskælv på forskellige steder, hvis vi ikke var involveret i arbejdet i dette projekt. Så måske kan du se på det som et vedligeholdelsesprojekt eller vedligeholdelse. Det betyder, at det mindsker sværhedsgraden af katastroferne klimamæssigt.

D: *Der er ingen måde, I kan forhindre det helt?*

J: Vi kunne forhindre det helt, men der er et punkt, vi ikke kan overskride på nuværende tidspunkt, i relation til katastrofer.

D: *På grund af hvad der skal ske med planeten? (Ja) Og I kan ikke blande jer i den ultimative skæbne.*

J: På dette tidspunkt.

D: *Så I er kun tilladt at gøre visse ting.*

J: Det er korrekt.

D: *Er der nogen eller noget, der bestemmer disse regler?*

J: Reglerne er universelle. De har været kendt i, hvad I ville kalde århundreder, gennem tid, gennem fortid. Det er skrevet, det har altid været skrevet. De ændrer sig ikke.

D: *Hvad er nogle af disse regler?*

J: Der er en lov om ikke-indblanding. Nu, meget ligesom jeres politikere arbejder inden for rammerne af de love, de har oprettet, arbejder vi inden for de samme rammer. Men husk, perceptuelt, betyder indblanding ikke nødvendigvis det samme for os, som det betyder for jer.

D: *Med andre ord, I kan bøje reglerne lidt, så I kan hjælpe.*

The Custodians

J: Vi kan hjælpe. Vi kan assistere. Vi kan instruere. Vi kan interagere. Vi kan videregive.

D: Men I kan ikke tage direkte indgribende handling. *(Hun sukkede.)* Jeg prøver at lave en skelnen.

J: I visse tilfælde kan vi og gør vi direkte interagere til det punkt, du måske ville beskrive som indblanding. Hvis det har at gøre med en af vores egne, så vil vi bestemt blande os, fordi det ikke er indblanding i den forstand af ordet.

D: *Nej. Det ville være beskyttelse, ville jeg tro.*

J: Det er korrekt, men det opfattes som indblanding.

D: *Er der nogensinde et punkt, hvor I ville blande jer i Jordens historie eller forandringer?*

J: Nej. Ikke medmindre vi bliver beordret af kilden.

D: *Det var det, jeg undrede mig over, om der er en central figur eller en del, hvor alle disse regler kommer fra.*

J: Der er en kilde.

D: *Hvordan beskriver I kilden?*

J: Ubegrænset energi i den reneste essens-tilstand.

D: *Er I i stand til at se den?*

J: Vi er i stand til at opleve den. Som I gør, på bestemte tidspunkter i jeres liv.

D: *Dette er sandsynligvis det, vi kalder "Gud," i en meget begrænset betydning.*

J: Det er det samme. Vi bruger bare forskellige termer.

D: *Du sagde, at reglen om ikke-indblanding var en af reglerne. Er der andre?*

J: Vi udfører ikke voldelige handlinger. Vi er ikke involveret i negativiteten på jorden, og vi kan ikke blive det. Det er en lov, at alt, der har at gøre med den negativitet, bliver annulleret af det modsatte af negativitet. Fra os kan vi ikke sende det. Det er umuligt.

D: *Hvis reglerne er fastlagt og kommer fra kilden, hvordan bliver de sendt til jer? Hvordan ved I om dem?*

J: På samme måde, som I ved om dem: gennem vores historie.

D: *Jeg forestiller mig, at jeg har et billede i mit hoved af en figur, der skriver love eller fortæller folk, at det er sådan, det er.*

J: Undskyld?

D: *Hvad skete der?*

The Custodians

J: Hvad var dit spørgsmål?
D: *Du rystede på hovedet. Jeg undrede mig over, om der var noget, der skete der.*
J: Ja. Jeg kiggede for at se, hvad der syntes at ske her.
D: *Jeg vil ikke forhindre dig i noget der.*
J: De er på vej væk.
D: *De ville ikke stille flere spørgsmål?*
J: De har allerede stillet deres spørgsmål.
D: *Spurgte de om andre spørgsmål, som jeg kan kende? (Nej) De andre var for hende? (Ja) Alright. Jeg sagde, i mit eget sind opfatter jeg noget som en mand eller en figur, der skriver lovene eller fortæller dem til nogen. (Fysiske reaktioner indikerede, at noget skete.) Hvad er der galt?*
J: Stilhed! (En lang pause.)
D: *Hvad lavede du?*
J: Vi talte.
D: *Okay. Vil hun huske, hvad du har sagt?*
J: Senere vil hun huske det. Måske i morgen.
D: *Det er en fordel ved at have det i min sorte boks, fordi hun kan høre det i sin bevidste tilstand.*
J: Det er vigtigere, at hun lærer det på en anden måde i sin bevidste tilstand, for sådan har det altid været. Fra barndommen og i hendes voksenliv har vores kommunikation altid fundet sted sådan. Hun er ikke så bekendt med min stemme.
D: *Så hun vil huske, hvad du har sagt.*
J: Ja, men det vil ikke ske på én gang. For det er, i jeres terminologi, en følelsesmæssig og traumatisk oplevelse at interagere med mig. Det er derfor, kommunikationen finder sted som den gør. Hvis hun hørte, hvad jeg har at sige, og afspillede det igen og igen på et bånd, ville det kun forstærke den slags følelser.
D: *Jeg kan forstå disse ting. Er det i orden, hvis jeg stiller et par flere spørgsmål?*
J: Jeg vil gerne fortælle dig på din boks, at – for Janice. De gange, du har mærket mig være med dig, har du ret. Det er vigtigt for dig at vide, at når du mærker min tilstedeværelse, er jeg virkelig der med dig. Dette vil jeg have, du skal have og bære med dig, som du går videre i de kommende dage.
D: *Hvis hun har brug for hjælp, kan hun kalde på dig?*

The Custodians

J: Ja. Det er svært for os begge. For vi oplever kærlighed til vores børn på samme måde, som du gør for dine.

D: *Dette er noget, mennesker ikke forstår. De tænker på fremmede som ikke at have nogen følelser eller nogen emotioner. Jeg synes, det er vigtigt, at de ved, at I har følelser.*

J: Vi har, fra vores galakse, den samme slags følelser, især for vores familie, som du har for din. Det er en af grundene til, at vi er her. For at hjælpe de andre med at forstå disse følelser, når de ser os interagere med vores egne.

D: *Disse andre har ikke disse følelser?*

J: Nogle af dem har dem, nogle af dem har dem ikke. I de kommende dage vil der være prøvelser, som din Bibel siger, og Trængsler. Og det er svært for mig at vide, at en af mine egne måske vil opleve eller vidne om nogle af disse ting, der finder sted. For allerede er hun påvirket af jordens forandringer. Jeg vil fortælle dig, at på nuværende tidspunkt kan hun ikke høre mig. Det ville være for meget for hende at høre, hvad der bliver sagt, og at facilitere min stemme på samme tid.

D: *Men hun vil høre det, når hun afspiller båndet.*

J: (Emosionelt) Ja. Og...

D: *Det kan hjælpe hende. (Dette syntes at forstyrre enheden, så jeg troede, vi skulle skifte emne.) Må jeg spørge dig? Hun ville gerne vide... (Hun viste tegn på følelser.) Det er i orden, det er i orden. Jeg sætter pris på, at du deler dine følelser med mig. Jeg føler mig beæret over, at du lader mig deltage.*

J: Dette er meget svært.

D: *Måske kan du fortsætte kommunikationen, mens hun sover i nat. Er det muligt?*

J: Åh, det gør jeg ofte.

D: *Hun havde et spørgsmål. Det virker som om, hun har haft syge følelser lige før en katastrofe sker.*

J: Det er korrekt. Det er en anden grund til, at jeg er kommet. Jeg ved, hvad hun har oplevet. Og det skal være sådan, for det bliver indpodet i hende, og sker af forskellige grunde. En af dem er at give hende en reference for at vide, hvad der kommer, så hun vil være i stand til at beskytte sig selv. Den anden er, at en del af projektet og arbejdet, hun er involveret i, er at reducere sig selv til den energitilstand, hvorfra man kom, og handle sammen med andre energier fra samme kilde som et beskyttelsestæppe for planeten. Og fra den tilstand af at være, bliver energi overført gennem forskellige ley-linjer over hele kloden. Så man er totalt forbundet med planeten i energitilstanden. Når energien vender tilbage til den fysiske tilstand, er den ikke adskilt. Derfor bliver væsenet påvirket af disse begivenheder på en fysisk måde.

D: Hun sagde, det har en anderledes følelse, afhængigt af om det er et jordskælv eller en generel katastrofe som et flystyrt eller noget sådant.

J: Det er korrekt.

D: Vil hun være i stand til at skelne forskellen?

J: Hun er allerede i stand til at kende en del af forskellen. Du skal forstå, at dette er en del af hendes – for at bruge et bedre udtryk – skolegang. Det er et spørgsmål om at lære og samtidig deltage i et projekt. Hun lærer at beskytte sin menneskelighed, men samtidig deltager hun i et projekt, der hjælper planeten, hver gang hun vågner, sover, spiser, trækker vejret på den.

D: Men hun kan virkelig ikke gøre noget for at stoppe disse katastrofer, fordi når hun føler dette, er det det tidspunkt, hvor det sker.

J: Nej. Det er ikke det tidspunkt, det sker. Det er før det sker, under det sker, og efter det sker.

D: Men på den måde kan hun ikke gøre noget for at advare nogen.

J: Det handler ikke om at advare.

D: Hun kan ikke stoppe det på nogen måde.

J: Det handler om energi. Det handler ikke om at stoppe det. Det handler om at mindske effekterne, på grund af den kanal, hun er, på grund af den modtager, hun er, og fordi energien flyder gennem hende, som den gør. Så hvad der sker er, at planetarisk set påvirkes niveauet af alvorlighed af den energi. Fordi det ikke betyder noget, om hun er i energitilstanden på det tidspunkt eller ej.

D: Er der andre mennesker, der er kommet til Jorden, så de kan handle på denne energimåde?

J: Ja. Der er mennesker over hele din planet, der er kommet for at handle på samme måde.

D: Ligesom Janice, de er ikke bevidste om, hvad de gør, bevidst?

J: De, ligesom Janice, er bevidste, og de har noget viden bevidst. Det er bare ikke tid for dem at kende hele projektets fuldkommenhed. På samme måde som du ikke ønsker at påvirke dine emners svar på spørgsmål, du stiller dem. Vi tillader ikke, at fuldheden bliver kendt, for ikke at påvirke resultatet eller menneskets indblanding i projektet. For nogle gange, når det menneskelige følelsesstadium bliver påvirket, kan de samme resultater ikke opnås.

D: *De andre væsener, der er kommet for at hjælpe, er de Jordens energier, eller er de kommet fra et andet sted?*

J: De er kommet fra et andet sted.

D: *Jeg arbejder med en ung mand, som jeg tror er af samme type.*

Jeg tænkte på Phil, min emne i Keepers of the Garden.

J: Ja, han er.

D: *Han er blevet meget påvirket af de ting, han har set på Jorden også. Det har været meget svært for ham.*

J: Det er meget traumatisk, fysisk, mentalt, for dem. Hver celle er involveret i det. Når disse individer reduceres til en cellulær, molekylær tilstand, er det, som om hver atom er infunderet med disse begivenheder. Derfor, når de oplever dem tilbage i denne materielle tilstand, menneskelige tilstand, så genoplever hver atom i deres krop disse begivenheder til et punkt af følsomhed, der er mere udviklet end den gennemsnitlige menneskes. Derfor bliver de så alvorligt påvirket, at nogle er ude af stand til at komme ud af sengen.

D: *Han forsøgte på et tidspunkt i sit liv at begå selvmord.*

J: Og mange gør.

D: *Fordi han bare ikke kunne forstå det. Han ville ikke være her.*

J: Janice har oplevet de samme traumer, fordi hun ikke forstår sig selv, hvorfor dette skal finde sted. Fordi hun er og har en sjælelig hukommelse om en anden måde at være på.

D: *Det var det, han konstant sagde. Dette var ikke hjem.*

J: Det er ikke hjem. Det er hjem i den sandeste betydning af ordet. Deres frustration er, at de kender potentialet for det hjem, det kunne være. Det er den følelse af frustration.

D: *Det virker som om disse er ånder, der grundlæggende aldrig har levet på Jorden før.*

J: Nogle af dem har levet på Jorden før, og nogle har ikke.

D: *Og de har frivilligt valgt at komme for at deltage i dette projekt.*

The Custodians

J: Det er korrekt. Men du skal forstå, at ikke alle energierne er de samme, selvom de deltager i projektet. Det betyder ikke, at de er den samme energi, eller endda fra den samme energikilde.

D: *Da jeg først begyndte at arbejde med Janice, blev jeg fortalt, at der var en negativ side til rumevæsenerne. Jeg troede, de var alle som du er. Jeg undrede mig over, hvordan en negativ side kunne få lov at eksistere. Jeg tænkte, jeg formoder, at I alle havde udviklet jer til en perfekt tilstand.*

J: Nå, ikke alle af os er så udviklet som min tilstand er. Ligesom ikke alle mennesker er så udviklede som du er. Så du skal forstå, at der er forskellige energier i rumevæsener, ligesom der er forskellige energier i jeres liv.

D: *Jeg var nysgerrig på denne negative side. Jeg ville gerne have lidt mere information om dem, uden at påvirke hende på nogen måde. Har de også fartøjer og opererer på samme måde som du?*

J: Jeg kan ikke diskutere dette med dig gennem hende. Jeg vil ikke udsætte hende for det. Måske på et senere tidspunkt, på et andet tidspunkt, men ikke nu. For lige nu er der et behov for interaktion som vi gør. Der er bestemte tidspunkter, hvor du på din planet har familiereunions. Nogle gange gør vi det også.

D: *Hvad med de andre medlemmer af Janices familie? Jeg tror, hun har brødre.*

J: Hun har brødre. De er alle meget specielle. De er som hun er. De ved det ikke.

D: *Er du også deres far? (Ja) Men de er ikke så følsomme, er de?*

J: De er følsomme på en anden måde.

D: *Har du en familie andre steder?*

J: Jeg har en familie andre steder.

D: *Jeg har følelsen af, at du må have mange børn.*

J: Jeg har.

D: *På Jorden såvel som et andet sted. (Ja) Er en far valgt af en bestemt grund, biologisk eller hvad som helst? (Pause) Forstår du, hvad jeg mener?*

J: Nej. Jeg er ikke sikker på, at jeg forstår, hvad du mener.

D: *For eksempel, blev du valgt til at være far for mange børn på Jorden, fordi du var speciel på en eller anden måde, eller havde specielle træk?*

The Custodians

J: Ja, jeg har de træk, du ser personificeret i Janice. Du ser, ikke alle vores børn – som jeres børn – ender med at være det samme. For når de kommer til Jorden, har de de valg, de kan træffe.

D: *Det hele går tilbage til sjælen, essensen. (Ja) Hvilke træk har du, som er repræsenteret i hende?*

J: Vi har en ren hensigt. Vi har en dedikation, ærlighed, ligefremhed. Og vi har en ren sans for kærlighed, og forstår, hvad det betyder at elske ubetinget.

D: *De er alle meget vidunderlige træk. Så ikke alle de børn, du har fået, har disse træk.*

J: De har dem. De er enten latente, eller de har afvist dem.

D: *Jeg kan se, hvorfor du er berettiget stolt af hende.*

J: Jeg er meget stolt.

D: *Men kan du fortælle mig, hvor du kommer fra? Hvor er dit hjem?*

J: Jeg kan kun fortælle dig, at det er uden for din galakse.

D: *Hvilket altid er svært for os at forstå.*

J: Jeg er sikker på det.

D: *Er det en fysisk planet?*

J: Det er en fysisk planet.

D: *Rejser du tilbage dertil på forskellige tidspunkter?*

J: Ja. Jeg kom derfra.

D: *Lige nu? (Ja) Jeg er en Navy-wife, som det kaldes. Min mand var mange år væk fra sit hjem og rejste, og jeg rejste nogle gange med ham. Jeg tænker måske på dig som at være tildelt til det fartøj, hvis det er der, vi er.*

J: Det betyder ikke noget, hvilket fartøj jeg er på.

D: *Jeg tænker på dig som måske at være tildelt og være væk fra dit hjem i mange år.*

J: Ikke nødvendigvis, fordi interdimensionelle og intergalaktiske rejser ikke følger tidens år, som du tænker på det.

D: *Hvordan rejser du så?*

J: Jeg rejser med tanken.

D: *Nogle af disse svar har jeg hørt før, men jeg leder altid efter mere bekræftelse. Hvad er din beskæftigelse, hvor du bor?*

J: Jeg er hersker over planeten.

D: *Åh, så det er en stor ære. Er det derfor, du blev valgt til at være en del af frøplantningen, hvis jeg må bruge det ord?*

The Custodians

J: Hvis du vil betragte det som et valg. Det er strengt taget en livsstil for os, da vi ikke ser os selv som valgte.

D: Så du er ikke den eneste, der har fået børn på vores planet? (Nej) Er det et stort ansvar at være hersker?

J: Det er et stort ansvar. Men vi har ikke de problemer, I har, så jeg behøver derfor ikke at beskæftige mig med den slags aktiviteter, der optager de fleste herskere på jeres planet. -- Kan du forestille dig en planet, hvor blomsterne er lige så store som huset, du er i?

D: Nej, det kan jeg ikke engang forestille mig. Er det sådan på din planet?

J: Det er en del af det, ja. Det er meget smukt der.

D: Har I årstider som vi har?

J: Faktisk har vi ikke den slags vinter, som I har.

D: Det er en velsignelse. (Latter)

J: Og vi tænker ikke på det som årstidsbestemte årstider, som I kalder det her. Det er mere et spørgsmål om underholdning, end det er en livsstil. Vi deltager ikke i jeres sæsonbaserede vækst, høst og den slags ting, som I forbinder så meget med årstiderne på jeres planet.

D: Spiser I mad?

J: Vi indtager lys. Dog skal du forstå, at hvis vi ønsker at opleve mad, kan vi opleve det.

D: Fordi I har et fordøjelsessystem?

J: Ikke som I tænker på fordøjelse.

D: Gennem sanserne? (Ja) På samme måde som hun fortalte om chokolade-mælken?

J: Det er én mulighed, ja.

D: Så når du er på fartøjet, har du problemer med at få den slags lys, du har brug for?

J: Nej, for jeg er det.

D: Jeg troede måske, det skulle genopfyldes.

J: Nej. Ikke for min eksistens.

D: Nå, på din hjemplanet, er I seksuelle væsener?

J: Åh, ja.

D: Har I to køn, ligesom vi gør? (Ja) Men udvikler jeres børn sig på samme måde, som vores gør, fra baby?

J: De behøver ikke lære at binde deres sko.

The Custodians

Dette blev sagt alvorligt, men jeg fornemmede, at han forsøgte at lave en spøg med mig. De havde sikkert ikke engang sko.

J: Livets mekanik er indbygget, så de behøver ikke lære at spise, når det er tid til at spise ... med bestik, hvis det skulle finde sted. Og jeg taler ikke om at lære at spise. Jeg prøver at give dig en reference til, hvad jeg taler om, når jeg siger "indbygget." Det betyder, at de ikke nødvendigvis sidder ved et bord og spiser med bestik. Men hvis de kom til din planet, ville de ikke have behov for at lære at gøre det.

D: *Det er noget, der ville være automatisk. (Ja) Men begynder de som en baby? (Ja) Og udvikler de sig på samme måde som vi udvikler os til en voksen?*

J: De udvikler sig i et andet tempo, men de udvikler sig, ja.

D: *Oplever folkene på din planet døden? (Nej) Hvad sker der med kroppen til sidst?*

J: Kroppen dør ikke.

D: *Du mener, at den er i stand til at leve for evigt?*

J: Den er i stand til at leve for evigt. Der er overgangsstadier, men vi tænker ikke på dem som døden.

D: *Jeg sammenligner med vores planet, kroppen bliver gammel, forfaldende, og den må...*

J: Der er en "gammel."

D: *Men kroppen behøver ikke at dø, fordi den bare "kører ned," for at sige det på den måde, eller ældes?*

J: Den ældes ikke.

D: *Jeg tror, jeg altid har tænkt, at hvis nogen ikke kunne dø, ville det være den ideelle tilstand. Det er sådan mennesker tænker.*

J: Mennesker tænker sådan, ja. Det handler ikke om, at man ikke kan dø. Det handler om valget af overgang.

D: *Så hvad sker der, når du beslutter, at du ikke vil have den krop mere?*

J: Du vender tilbage til kilden.

D: *Hvad sker der med kroppen?*

J: Kroppen bliver molekylært reabsorberet.

D: *Gør man det, når man er træt af den, eller hvad?*

J: Der er forskellige grunde. (Hun begyndte at vise ubehag.)

The Custodians

D: Jeg tror, vi er ved at løbe tør for tid. Jeg kan se, at hun bliver varm og utilpas. Jeg vil gerne sige, at jeg virkelig har nydt at tale med dig. Det har været en ære.
J: Mange tak for, at du kom og talte med mig. Jeg værdsætter din tålmodighed. For jeg har ikke rigtig koncentreret mig helt på dig og dine spørgsmål. Jeg har været egoistisk, fordi jeg ville interagere med Janice for hendes behov for at vide, at jeg er her.
D: Det er i orden. Jeg føler mig egoistisk, fordi jeg har distraheret dig.
J: Det gør ikke noget. Det var vigtigt, at hun så, at jeg stadig eksisterer på dette tidspunkt.
D: Måske kan vi tale igen en anden gang.
J: Vi vil helt sikkert tale igen. Jeg takker dig meget, og jeg værdsætter dig og det arbejde, du gør med min datter.
D: Jeg vil altid tage mig af hende så godt, jeg kan.
J: (Med autoritet) Ja, det vil du helt sikkert!
D: Jeg er meget beskyttende, når jeg gør dette arbejde.
J: Jeg ved det. Jeg mener ikke at tale hårdt til dig. Jeg er også meget beskyttende.

Jeg var ved at forberede Janice til at integrere hende, så jeg kunne vække hende, men han stoppede mig.

J: Jeg har brug for at tale med hende.
D: Vil du gøre det nu, eller når hun er i søvn i aften?
J: Det skal gøres nu.
D: Okay. Gå videre, mens vi stadig har lidt tid. Vil du gøre det højt eller internt?
J: Jeg vil gøre det begge måder. — (Han talte med stor ømhed.) Min datter, mit barn, ved, at jeg altid er med dig. Jeg har lovet dig, at du aldrig vil være alene. Og så skal du altid vide, at jeg aldrig vil forlade din side. Du kan opleve mig, når du ønsker det. Når du har brug for styrken til at opfylde din mission, og når du har brug for at tale med mig, ved du, hvilken metode du skal bruge. Og du ved, hvilket sted du skal gøre det fra. Glem ikke, at jeg elsker dig, at jeg altid er med dig, og vi vil altid være som én. Vi er en del af hinanden. Vi kan ikke ophøre med at eksistere. Selvom vi nu opholder os i forskellige dimensioner, ved du, at du kan komme til mig når som helst. Jeg vil hjælpe dig. Jeg vil tage mig af dig.

Det er vigtigt for dig at huske dette, og det er derfor, jeg taler til dig nu. I de kommende dage vil der være tidspunkter, hvor du måske glemmer, som du for nylig har glemt, at jeg er her for dig. Dette er en påmindelse til dig. Tag mig alvorligt. Du vil få brug for mig, og jeg vil være her. Med kærlighed siger jeg Alokeia.

D: Alokeia. Mange tak. Det er tid, vi må gå. Janice skal vågne, så hun kan vende tilbage til sit hjem. Jeg beder nu om, at al bevidsthed og personlighed igen vender tilbage til Janices krop, og at den anden personlighed går tilbage, hvor den skal hen.

Jeg gav instruktioner til reorientering. Da jeg begyndte at bringe Janice tilbage til bevidsthed, modstod hun og begyndte at græde. Det var som om, hun ikke ville forlade enheden. Jeg trøstede hende, men insisterede stadig på orienteringen. "Nej, du må, du må. Du skal tilbage."

Jeg brugte tid på at tale med hende og trøste hende, før hun vågnede. Jeg forsikrede hende om, at vi kunne vende tilbage og finde den enhed når vi ville. Vi havde fundet måden, så det var ikke et permanent farvel. Da hun vågnede, huskede hun ikke noget og var overrasket over at finde ud af, at hun havde grædt.

Da hun vågnede og satte sig op i sengen, bemærkede jeg håndfladerne på hendes hænder. De var ikke synlige for mig, mens sessionen var i gang, fordi hun havde ligget helt stille med hænderne håndfladen nedad. Denne gang var misfarvningen så mørk, at den næsten var sort. Hun bemærkede det også og undrede sig over, hvad der havde forårsaget det. Hun rystede hænderne og masserede dem. Der var ingen ubehag, det var bare mærkeligt. Da hun gjorde dette, begyndte den sorte farve at forsvinde, og den normale farve vendte langsomt tilbage. Jeg tændte optageren igen for at nævne dette.

D: Tommelfingeren og den store muskel under tommelfingeren, og alle fingrene på begge hænder var så blå, at de næsten var lilla. Det lignede, som om du havde fået printerblæk på dem fra at håndtere en beskidt avis.

J: Men jeg har ikke håndteret en avis. (Desuden, når hun gnubbede dem, ville farven ikke forsvinde. Det kom helt klart indefra huden.) Og jeg vaskede mine hænder, da jeg gik på toilettet, før jeg kom herind.

The Custodians

Jeg bemærkede, at da vi stoppede for aftensmad, havde jeg set en let misfarvning, men nu var den meget mørkere, næsten sort i farven og mere udbredt. Efter at hun rejste sig op og begyndte at bevæge sig rundt, begyndte farven at falme, og hendes hænder vendte tilbage til normal. Jeg troede ikke, det var forårsaget af dårlig cirkulation, da det er almindeligt, at emner bevæger sig meget lidt, når de er i den somnambulistiske tilstand af trance. Da det syntes ikke at forårsage nogen ubehag, besluttede vi bare at behandle det som en kuriositet.

Senere spurgte jeg min ven, Harriet, om dette, og hun havde følelsen af, at det kunne være forårsaget af energi, måske forårsaget af de forskellige enheder, der talte gennem hende. Hun foreslog, at jeg næste gang skulle kigge på sålerne af hendes fødder, når hun vågnede, og måske på bagsiden af hendes nakke. Det var energiens udgangspunkter. Hun vidste ikke, hvor disse ideer kom fra. De kom bare op i hendes hoved, og hun vidste ikke, om de havde nogen gyldighed eller ej.

En anden sagde, at huden ikke gør det, medmindre personen er død. Jeg nævnte dette for Julia, min datter, som er sygeplejerske. Julia sagde, at den person, der sagde det, tydeligvis aldrig havde tilbragt meget tid på intensivafdelingen. Hun havde observeret dette fænomen hos visse hjertekirurgi-patienter, men det var kun under ekstreme forhold. I de tilfælde var misfarvningen ikke begrænset til håndfladerne, men var til stede på andre dele af kroppen også, og det skulle lindres med medicin. Jeg konsulterede min medicinske ekspert, som har hjulpet mig med andre bøger, når jeg havde medicinske spørgsmål. Dr. Bill kender til mit arbejde og er vant til mine mærkelige anmodninger, så jeg behøvede ikke at forklare, hvorfor jeg ville have informationen. Han gav mig de medicinske termer for årsagen til misfarvningen: Venøs obstrstruktion, mens den arterielle blodgennemstrømning forblev intakt. På almindeligt dansk: blodgennemstrømningen ud af ekstremiteterne (arme, ben) ville skulle være begrænset, hæmmet eller blokkeret for at skabe det fænomen, jeg beskrev. Det kunne være forårsaget af en tourniquet eller noget lignende, der begrænser blodgennemstrømningen, og under sådanne forhold kunne det resultere i nerveskader, hvis indsnævringen fortsatte længe nok. Han kunne ikke komme på noget andet, der kunne skabe en lignende misfarvning. Men Janices hænder blev ikke på nogen

411

måde begrænset. De havde ligget håndfladen nedad på hendes mave under hele sessionen. Han sagde, at under disse forhold var det definitivt ikke normalt, og det kunne muligvis være forårsaget af noget overnaturligt, som vi ikke forstår. Det var tydeligvis ikke en normal ting, som en sund person kunne opleve.

Da jeg talte med Janice måneder senere, mens jeg forsøgte at arrangere en ny session, sagde hun, at tilstanden aldrig var vendt tilbage. Hun sagde også, at hun aldrig havde været i stand til at lytte til nogen af optagelserne. Hver gang hun begyndte, ville noget stoppe hende. Jeg havde undret mig over hendes reaktion på denne optagelse, på grund af dens følelsesmæssige indhold. Så farens enhed havde ikke behøvet at bekymre sig om hendes reaktion på at høre hans stemme. Beskeden var blevet indlejret i Janices underbevidsthed, som han ønskede.

Fænomenet med misfarvningen af Janices hænder kunne have været en variation af, hvad der skete med Suzanne i kapitel 7. Det havde været mit første møde med en alien, der talte gennem en af mine personer, og da hun vågnede på motellet, havde hun enorme røde pletter over sine fødder og underben. I 1997, da jeg første gang regresserede Clara (kapitel 3) i Hollywood, opdagede hun et rødt mærke på bagsiden af hendes nakke ved hårlinjen, efter at en alien havde talt gennem hende i sessionen. Måske er disse fysiske manifestationer resultatet af den forskellige energi, der interagerer gennem en fysisk krop. Selvom resultaterne var chokerende, syntes de at være midlertidige og forårsagede ingen varige fysiske effekter.

Da jeg ringede til Janice i 1998 for at få tilladelse til at bruge disse sessioner, havde hun stadig aldrig lyttet til optagelserne. Hun huskede ikke engang, hvor hun havde pakket dem væk.

KAPITEL 13
Den ultimative oplevelse

Det var seks måneder senere i juli 1990, før jeg igen kunne tage til Little Rock for at arbejde med Janice. Jeg ville forsøge at lave flere sessioner på én dag. Sidste gang, dette blev gjort, så det ud til, at tre sessioner på én dag var for meget for os begge. På denne tur ville vi se, hvor mange sessioner der ville være tilstrækkelige uden at overbelaste nogen af os. Under dette besøg tog sessionerne en ny drejning, der førte os ind i mere ukendt territorium. Vi gled helt klart væk fra UFO-oplevelser og kommunikerede mere med væsener fra andre dimensioner. Nogle af disse væsener var sammensat af lys og kaldte sig selv for rene energivæsener. Det så ud til, at jo mere Janice arbejdede med disse energier, desto mere kompleks blev hendes træning. De koncepter, der blev præsenteret, var så komplicerede, at jeg vidste, de ikke kunne blive præsenteret i denne bog. Disse vil blive rapporteret i detaljer i min bog Convoluted Universe. Det vil være en bog rettet mod dem, der er klar og i stand til at forstå koncepter og teorier, der får min stakkels hjerne til at føles som mos. Jeg tænkte, det ville være bedre at samle disse i én bog for dem, der kan lide at blive udfordret. Da denne bog primært omhandler UFO-oplevelser og antyder, at der er meget mere bag dem, ville jeg holde den fokuseret i den retning.

En ting, jeg gerne vil inkludere her, relaterer sig til den lilla misfarvning af Janices hænder efter de tre sessioner i januar. Svaret kom fra den energilæge, jeg havde talt med før.

D: *Sidste gang jeg arbejdede med Janice, havde hun en tydelig fysisk ændring i huden på håndfladerne. Kan du forklare, hvorfor det skete?*

J: Det skete, fordi den fysiske krop ikke havde tilpasset sig det energiniveau, hun opererede på. Det var et problem med kredsløbssystemet.

D: *Huden var så mørk, at det næsten var lilla i visse områder på hendes hænder.*

J: Ja, hun var på et meget, meget højt energiniveau.
D: Var det forårsaget af væsenet, der talte gennem hende? (Ja) Jeg var bange for, at jeg måske havde lavet for mange sessioner den dag, og at det havde forårsaget noget.
J: Nej, det ville have været sket alligevel. En del af problemet var, at hendes fysiske topposition ikke var til stede. Faktisk havde det at gøre med samspillet mellem den energi, der flød gennem hendes årer, og det energisystem, hun var forbundet med.
D: Var der nogen måde, det kunne have forårsaget skade, med misfarvningen af huden?
J: Vi ville ikke have ladet det. Væsnet er for vigtigt. Det vil ikke ske igen. Hun er på et andet udviklingsniveau nu.

Denne type misfarvning opstod aldrig igen, mens jeg arbejdede med Janice. Desuden oplevede hun ikke længere de varmeudsving, som havde bekymret mig i de tidligere sessioner. Det så ud til, at hun var blevet vant til at arbejde med disse højere energier, der talte gennem hendes krop. Tilsyneladende har denne type kommunikation en mærkbar fysisk effekt på kroppen i nogle tilfælde, men den forårsager tilsyneladende ikke permanent skade. Det er et overgangsfænomen.

En anden mærkelig curiosity, der er forbundet med denne sag, opstod på dette tidspunkt. Jeg laver altid kopier af optagelserne og sender én til Lou og én til emnet, så der altid vil være andre kopier i eksistens. Normalt transskriberer jeg de optagelser, jeg har til hensigt at bruge inden for et par uger efter sessionen, så jeg har en papirversion. Jeg transskriberede de første sessioner, der blev gennemført i 1989 og 1990. Der var tre sessioner mere i 1990 og én år senere i 1991. Jeg lægger altid de optagelser, jeg har til hensigt at transskribere, et bestemt sted i mit kontor, så de ikke bliver blandet sammen med andre optagelser. Men jeg kunne ikke finde de sidste fire optagelser, som jeg skulle transskribere. Jeg ledte efter dem i hele mit kontor hver gang jeg tænkte på dem. Jeg spurgte endda Janice og Lou om at sende mig deres kopier. Janice havde aldrig lyttet til nogen af sine optagelser og havde lagt dem væk et sted. Og Lou sagde, at det ville være et stort arbejde at finde hans, da hans kontor er meget uorganiseret. Jeg blev ved med at huske, hvordan alienen havde advaret mig om, at jeg ikke ville få lov til at trykke nogen af disse

The Custodians

historier, før jeg havde det komplette billede. Havde de noget at gøre med dette? Jeg var ikke klar til at udgive det endnu, jeg ville kun transskribere optagelserne.

Mysterisk nok forblev optagelserne forsvundne i fem år, mens jeg var optaget af andre bøger og projekter. De dukkede pludselig op på et åbenlyst sted på mit skrivebord i begyndelsen af 1996. Det var et sted, hvor de var i fuld syn, og de kunne ikke have været overset. På det tidspunkt var jeg begyndt at samle information fra mine filer til denne bog. Da optagelserne mystisk dukkede op, vidste jeg, at det var tid til, at informationen skulle offentliggøres. Jeg havde holdt mit løfte, og otte år var gået, siden de bad mig om at tie i 1989.

Jeg vil nu inkludere information fra den sidste session, jeg havde med Janice i september 1991, som jeg kalder den "Ultimative Oplevelse". På det tidspunkt troede jeg, hun var på et rumskib, men efter at have gennemgået transkripterne af vores sessioner undrer jeg mig over, om hun i stedet var på den underjordiske base inde i bjerget. Uanset hvor det var, er det stedet for skoler, der tilbyder læring uden parallelle steder i universet.

Jeg vendte tilbage til Little Rock i september 1991 for at have sessioner med to sager om mistænkt UFO-tilfangetagelse. Lou og Jerry kørte mig til disse og var vidner. Mens vi var der, arbejdede jeg også med Janice. På det tidspunkt havde jeg ikke mistanke om, at det ville være den sidste session, jeg ville have med hende. Det blev igen holdt hos min ven Patsy. Janice ville udforske en mærkelig hændelse, der var sket meget for nylig i juli 1991.

På dette tidspunkt var Janice meget glad, fordi en mand, hun havde kendt for flere år siden, var kommet tilbage i hendes liv, og hun var romantisk involveret med ham. Hun følte, at hun endelig havde fundet en sjæleven. For ikke at skræmme ham væk havde hun ikke fortalt ham noget om de mærkelige oplevelser, der havde plaget hende. Han var militærmand, og hun var taget til byen ved militærbasen for at tilbringe weekenden sammen med ham. De var på et motel, og Ken skulle stå op meget tidligt næste morgen for at tage tilbage til basen. Efter han var gået, faldt Janice tilbage i en meget dyb søvn. Et par timer senere blev hun vækket af tjenestepigen, der bankede på døren, men hun kunne ikke ryste sig nok til at svare. Det næste, hun vidste, var, at tjenestepigen var trådt ind i rummet og skreg hysterisk. Dette forskrækkede Janice, og hun lå og kiggede på alle

The Custodians

lysene i rummet, der blinkede uregelmæssigt af og til, indtil nogle af dem eksploderede. Dette skræmte tjenestepigen, og hun løb skrigende ud af rummet. Så under denne session ønskede vi at finde ud af, hvad der var sket den nat.

Jeg brugte Janices kodeord, og det virkede perfekt, selvom vi ikke havde haft nogen sessioner i et år. Jeg talte hende tilbage til den nat, hændelsen skete. Da jeg transskriberede denne optagelse, hørte jeg en mærkelig lydeffekt, som ikke var hørbar under sessionen. Da jeg var færdig med at tælle, hørte jeg noget, der lød som en bilnøgle, der startede, eller mere korrekt som en motorbåd, der accelererede. Det var højt, så det kom ikke udefra. Det lød som om, det var lige ved mikrofonen. Det var tydeligt fra optagelsen, at jeg ikke havde hørt nogen rigtig støj i rummet, fordi jeg fortsatte mine instruktioner uden afbrydelse.

Janice beskrev de behagelige minder fra den nat. Derefter var de begge faldet i en meget dyb søvn.

D: *Sov du igennem hele natten?*
J: Nej, det var som om jeg vågnede op. Han vågnede også op, og vi talte. Og vi sagde, "Hvad skete der?" Det var som om jeg lige var kommet der. Og han sagde, "Wow, det føles som om vi har været ude af denne verden." Vi vidste, vi var der i den fysiske verden, men vi vidste, at vi var et andet sted på en anden måde, fordi vi på en eller anden måde kunne røre ved det andet sted. Det var virkelig mærkeligt. Jeg vidste, at noget var sket i løbet af natten, men jeg vidste ikke hvad. Han skulle op, fordi han skulle tilbage til basen klokken 4:30 om morgenen, og han havde svært ved at vågne op. Jeg var bekymret, fordi jeg vidste, han ikke rigtig var tilbage. Og jeg tænkte, "Åh, Gud! Han skal ud og køre." Så da han gik ud af døren, var der et kæmpe åbent markområde bag motellet, og det var dækket med tåge. Der var ikke tåge andre steder. Det var virkelig mærkeligt, for det var juli, og der var tåge derude. Jeg spurgte ham, hvordan han kunne køre i den tåge, og han sagde, at der ikke var nogen tåge. Han så det ikke. Efter han var gået, gik jeg tilbage i seng og faldt straks i søvn. Det var som om jeg vidste, jeg ikke rigtig skulle sove; jeg var på vej et andet sted hen. Og jeg var væk. Så var det morgen, og tjenestepigen åbnede døren, og hun skreg og skreg. Jeg kunne høre hende, men jeg kunne ikke

bevæge mig. Jeg kunne ikke få mine øjne op. Hun stod bare og skreg. Jeg prøvede så hårdt at åbne mine øjne, og det ville ikke fungere. Da jeg endelig åbnede dem, blinkede alle lysene ... åh, virkelig hurtigt. Og jeg var så svimmel. Tjenestepigen blev ved med at skrige. Hun vidste ikke, hvad hun skulle gøre. (Blødt) Det er okay. Det er okay. Og de blev ved med at blinke, indtil nogle af dem eksploderede. Og så holdt de op.

D: Lad os gå tilbage til natten før, og du vil finde ud af, hvad der skete. Skete oplevelsen, mens Ken var der?

J: Noget af det skete, mens Ken var der.

D: Lad os gennemgå den del. Fortæl mig, hvornår det begyndte. Sov du?

J: (Smilende) Vi sov faktisk ikke. Det var lige før, vi faldt i søvn. Og vi forlod sammen.

D: Hvad mener du?

J: Jeg mener, vi forlod motellet. Vi gik ud til skibene.

D: Hvordan gjorde I det?

J: Jeg ved det ikke. Vi var bare på dem. Det var virkelig hurtigt.

D: Gik I i jeres fysiske krop?

J: Det virkede som om vi gjorde. Jeg kunne se hans fysiske krop.

D: Så I forlod begge værelset? (Uh-huh) Hvor var skibet?

J: Jeg ved det ikke. Vi drev bare, og så var vi på det. Bare swoosh! Virkelig hurtigt.

D: Okay. Fortæl mig, hvad du ser.

J: Åh, vi er glade for at være der. Vi er slet ikke bange. Vi gik ind i det hellige rum.

D: Hvad er det hellige rum?

J: (Pause) Jeg er ikke sikker på, at jeg kan fortælle dig det.

D: Mener du, at du ikke må, eller hvad?

J: (Med en ærbødig tone.) Det er det højeste rum på skibet. Man kan ikke gå ind i det rum, medmindre man er en åndelig lærer. Det er et meget specielt sted. Ikke alle går derhen.

D: Gik I to derhen?

J: Ja. Og vi satte os på specielle stole. Det er et fantastisk rum.

D: Hvorfor er det fantastisk?

J: Fordi det er en...

The Custodians

Der var en lang pause, og så ændrede stemmen sig. En anden talte. Janice havde været i ærefrygt, og denne stemme var følelsesløs.

J: Det er en replikering af fremtiden.
D: Af fremtiden?
J: Ja, mange ting sker i dette rum, der påvirker spiritualiteten i galakser og planetsystemer, ikke kun Jordens planetsystemer. Så det er et fantastisk sted at være. Og det er et meget helligt sted.
D: Er det på hvert skib?
J: Nej, kun dette skib.
D: Er dette en speciel type skib på grund af det?
J: Ja. Det er ikke som nogen af de andre.
D: Er dette skib placeret et specielt sted?
J: Dette skib er alle steder. Det går til alle galakser og alle universer. Det er fantastisk. Og forskellige mennesker kommer her.
D: Hvad er der anderledes ved de mennesker, der kommer her?
J: De skal have nået et bestemt udviklingsniveau, ellers kommer de aldrig her. De skal have et fælles formål. Selvom de har flere formål, er der et, der bringer dem til dette skib. Og det er foreningens skib.
D: Hvad andet er anderledes ved skibet?
J: Formen på rummene. De er ikke firkantede. De er ikke som nogen rum, du nogensinde har været i. De er mange-sidede, med otte sider.
D: Er der en grund til, at de har otte sider?
J: Jeg ved det ikke.
D: Er alle rummene på skibet på samme måde?
J: Der er fire rum, der er de indre kamre, kernen i skibet, som har otte sider. Og der er ydre rum, hvor folk bliver undervist. De ydre rum er buede. De har ikke sider.
D: Er det et stort skib?
J: Åh, det er kæmpestort. Det er ... åh Gud, det er kæmpestort.
D: Er der mange mennesker der?
J: Ja. Der er mange mennesker, men de er ikke alle der for det samme formål. Og de går ikke til de samme rum.
D: Hvad andre formål ville de komme der for?
J: Nogle kommer for integrationsarbejde.
D: Hvad betyder det?

The Custodians

J: Det betyder, at det er tid til en forandring i deres udviklingsniveau. Og der skal være en integration af fysiske, åndelige, emotionelle, mentale, årsagsmæssige, astrale. Alle legemer. Der er nogle gange molekylær rekonstruktion. Nogle mennesker har fusion. Nogle mennesker går bare til klasse. Nogle mennesker kommer for at undervise. Nogle mennesker kommer for at deltage i andre aktiviteter.

D: Hvilken type ting bliver undervist der?

J: Mekanikken af lyd. Mekanikken af lys. Mekanikken af energi. Mekanikken af molekylær rekonstruktion. Mekanikken af dematerialisering. Mekanikken af bilokation. Mekanikken af parallelle universer. Mekanikken af tid. Mekanikken af rummet i relation til partikelmaterie og energi. Mekanikken af bevægelse gennem tid og rum, og rejse i relation til lyset ... forbi lyset, forbi lysets hastighed. Der er mange flere emner, som jeg kan fortælle dig om.

D: Er folkene i deres fysiske kroppe, når de kommer til dette sted?

J: Nogle er, nogle er ikke. Men du ser, hvis du er i din fysiske krop, kan det ændre sig, selv efter du er her, så det betyder faktisk ikke noget. Hvis eleverne kommer i deres fysiske krop, bliver de fleste af dem i deres fysiske krop. Men lærerne og avatarerne kan ændre sig til energi, og de, på en måde, tankes op. De revitaliseres og gør meget interaktion og arbejde, der har at gøre med energi, og forståelse af hvordan man bringer det tilbage til den fysiske og transmitterer det. For at fortsætte deres arbejde, når de vender tilbage.

D: Så selv Jordens folk gør dette?

J: Nå, meget få Jordens folk er faktisk Jordens folk. "Jordens" folk bliver taget til andre skibe, men der er Jordens folk, som ikke er helt Jordens folk. De er Jordens folk, men har mestret områder og udviklingsniveauer, der får dem til at fungere indenfor sig selv på det fysiske niveau, og samtidig fungere på multidimensionale niveauer. De er ikke i deres Jordform altid nødvendigvis opmærksomme på dette i starten. Men når de når de indre rum, er de opmærksomme på at fungere i forskellige molekylære strukturer, og også interdimensionelt og interplanetarisk. Så det er forbi det normale UFO-fænomen, når du er her. Du er forbi det.

The Custodians

D: Så når de bringer denne viden fra klasserne tilbage til Jorden, bruger de den?
J: Den bruges, på en måde, den bliver funktionel inden i dem for at opretholde en vibrerende hastighed. Og en af deres vigtigste missioner er at opretholde den vibrerende hastighed, de opnår her, eller bliver udsat for her. Den bliver integreret i deres væsen, når de vender tilbage til Jorden. De vil bruge den på det rette tidspunkt, og det vil tjene dem på mange måder i fremtiden, som vi går videre til det næste århundrede.
D: Disse folk husker ikke dette bevidst, gør de?
J: Der er en mulighed for, at det kan blive kaldt tilbage til den bevidste tilstand, afhængigt af strukturen i væsenets hjerne. Der er væsener, der kan fungere i den fysiske verden og opretholde et udviklingsniveau, der forårsager en omkonfiguration til det punkt, hvor funktion i den fysiske verden bliver så normalt, at det ikke er synligt. Når ... (Hun brød pludselig af. Noget syntes at ske.)
D: Hvad er der galt?
J: (Janice var tilbage.) Jeg tror, vi bevæger os et sted hen. Vi er på vej til et andet rum. Det er ikke rigtig en korridor. Der er fire rum, og de har otte sider, og man skal gå igennem alle fire rum.
D: Går du fra det ene rum til det næste?
J: Nej. Vi gik ikke, men vi holder hænderne og bevæger os. Vi bevæger os ved tanke.
D: Hvad er der i det næste rum?
J: Egentlig er det næste rum et andet slags sted. Det er metalisk, og vi skal arbejde på en anden måde nu herinde. (En skarp indånding.) Åh, Gud! (Tung vejrtrækning.)
D: Hvad er det?
J: Vi er bare ... luft! Vi er lige dematerialiseret her.
D: Men du var solid i det andet rum. Er det det, du mener?
J: Åh, ja! (Hun var begejstret. Det var åbenbart uventet.)
D: Og dette rum er for dematerialisering? Er det rigtigt?
J: Det er det, der skete.
D: Hvad er formålet med det?
J: Jeg ved det ikke. Nå, nu er vi ikke separate personer længere. (Tung vejrtrækning) Vi er ikke separate personer længere. (Begejstret latter) Åh, Gud!
D: Kan du forklare, hvad du mener?

The Custodians

J: (Stammende og mumlende. Hun havde svært ved at danne ord.) Uf! Åh, Gud! Jeg er så varm! (Jeg gav forslag om at køle hende ned.) Jeg brænder op!

D: *Hvad mener du med, at I ikke er separate personer længere? Skete der noget i det rum?*

J: Ja, vi gik ind, og så swoosh! Vi var bare ikke separate personer længere.

D: *Hvad var I så?*

J: Jeg ved det ikke. Man er bare ikke mennesker. (Begejstret latter) Jeg vidste det, som i: denne del er min, denne del er din, denne del er min, og denne del er din. Men alligevel er vi ikke separate personer længere.

D: *Hvad mener du? Er der dele overalt i rummet?*

J: (Latter) Nej, nej, nej, nej. Der er ingen dele, de er ikke...

D: *Du pegede. (Kizen)*

J: Åh. Jeg er ked af det. Jeg mener, vi er ikke separate personer. Det er: han er her, jeg er her, vi er begge her, men vi er én person... vi er ikke engang fysiske. Vi er ikke engang solide... du kan røre ved os, men du kan ikke røre ved os. (Kizen) Vi er ikke separate personer længere.

D: *Mener du, at I er fusioneret sammen, eller hvad?*

J: Tilsyneladende er vi det. Det er ren energi. Der er ingen fysisk form her, men alligevel er der en form. Der er en form, men der er ikke en fysisk form. Men jeg ved, at jeg er mig, og han ved, at han er ham, men vi ved, at vi ikke er.

D: *Vil I bevare jeres personligheder?*

J: Nå, vi er, men vi er ikke. Vi er forskellige. Vi er hinanden, men vi er de samme.... blandet.

Under denne sætning var der en lav brummelyd på båndet, som en motor, der forårsagede vibrationer i mikrofonen. En mærkelig lyd. Måske energi?

J: Det er som: dette molekyle er hans, dette molekyle er mit, dette molekyle er hans, dette molekyle er mit, osv. Jeg ved det, han ved det, men i det hele taget er de ikke vores.

D: *Så du mener, at "blandet" måske er et bedre ord. Men den måde du smilede på, virker det som om, det føles godt?*

The Custodians

J: Åh, det er vidunderligt! Det er virkelig enestående. Det er den mest totale harmoni. Det er det, det er. Bare ren... Åh! De fortæller mig det nu. Det er en essens-energi.

D: *Essens-energi?*

Note: Essens-energi: Refererer dette til den reneste form? Den tidligste eller oprindelige type? Gud-energi?

J: Det er energi. Det er vores energi. Det er i deres reneste former, som de begyndte. Og dette molekyle er mit, dette molekyle er hans, dette molekyle er mit, dette molekyle er hans, men de er alle vores molekyler. Og de er lys. De snurrer, og de bevæger sig så hurtigt, at det ser ud som en miniature-galakse.

D: *Du sagde, det var som luft, men nu kan du se det som små lyspunkter?*

J: Ja. Præcis. Det føles bare så godt.

D: *Men du ved stadig, at du er dig?*

J: Ja, jeg ved, at jeg er mig. Og jeg ved, at han er lige her, og jeg er mig, og han er ham, men vi er ikke separate.

D: *Er det formålet med dette rum? At vise dig, hvordan dette gøres, og hvordan det føles?*

J: Ja, fordi så kan du bevæge dig som én enhed gennem rummet fra her til andre galakser. Forbi enhver kendt galakse. Forbi enhver kendt univers. Du kunne bevæge dig fra dette rum i denne tilstand af at være til hvad som helst, ind i hvad som helst, og aldrig miste, hvad du er som essens. Fordi du kan blive alt, hvad du kan forestille dig, samtidig.

Under denne sidste sætning forårsagede den mærkelige motorlyd endnu engang vibrationer og noget forvrængning på båndet.

D: *Hvad ville formålet med det være?*

J: At ændre visse strukturelle energimønstre for solide materialer. Hvis nødvendigheden opstod for at fremkalde denne særlige handling, så ville du, når du vender tilbage til det fysiske, have kapaciteten til at gøre det i en fysisk tilstand, til en fysisk tilstand. Indenfor en fysisk tilstand. Indenfor et levende eller ikke-levende objekt.

The Custodians

D: Så du behøver ikke nødvendigvis at være i dette rum for at få det til at ske?
J: Nej, nødvendigvis ikke. Du skal ikke være i dette rum for at få det til at ske, når du først har oplevet det.
D: Når du har oplevet det, ved du, hvordan du gør det? Er det det, du mener?
J: Du ved, hvordan du gør det. Det betyder ikke, at du ikke vil komme tilbage og genopleve dette rum. Fordi oplevelsen af dette rum omstrukturerer essens-energien fuldstændigt. Fordi den kan blive brudt i det fysiske. Den vil aldrig forsvinde, men den kan blive omkonfigureret, på grund af interaktioner med forskellig fysiskhed - ordet. Det er ikke et ord. Det er noget som det. Det er ikke helt ordet.
D: Så går du til et andet rum efter det?
J: Jeg ved det ikke. Lige nu spinner det bare. Det er faktisk, som om du var ude i rummet, og du er en galakse, der snurrer.
D: Og du er i stand til at opfatte hele det hele. Er det rigtigt?
J: Præcis rigtigt.
D: Du ville så være ubegrænset?
J: Åh, totalt. Der er bare ingen begrænsninger. Du ved ikke engang, hvad det er.
D: Ingen restriktioner.
J: Ingen i nogen form.

Ville dette være ligesom "Guds" krop? På den måde, at Han er overalt på én gang? Det er blevet sagt, at vi er molekyler eller celler af Guds krop. Og vores endelige mål er at blive genopbygget eller reintegreret i den samlede krop eller enhed af vores Skaber. Det blev sagt, at vi i begyndelsen splittede os af. Var det gjort på samme måde? Måske forklarer dette for Janice, hvordan vi er individuelle og alligevel én. Måske er dette så tæt, som vi kan komme på at forstå Guddommens totalitet eller kompleksitet, og vores rolle i Hans univers.

D: Er dette den måde, rummet folk fungerer på?
J: Disse rumfolk gør.
D: Men ikke alle af dem?
J: Ikke alle rumfolk, men disse rumfolk.

423

The Custodians

D: *Så forskellige har forskellige evner?*
J: Præcis.
D: *Nå, lad os gå videre, indtil den oplevelse er overstået. Og så kan vi se, hvad der sker bagefter.*
J: (Et dybt suk, så en indskydelse.) Ooooh! Mine! Uf! Nå, det føles mærkeligt. (Latter) Åh, gud! Det er bare så ... at gå tilbage i din ... det er som om det er en ... (Forvirring) Bare en bevægelse. Bare meget hurtigt. Bare samle dine molekyler. De bevæger sig meget hurtigt.
D: *Mener du, at du skal samle dem igen?*
J: Nå, det sker automatisk, men det virker som om, det er den terminologi. Samle dine molekyler. Nej, samle er ikke ordet. Genopbygge er ordet. Det er ikke at samle, men de samles igen.
D: *Mener du, at dette rum er som en maskine eller noget?*
J: Nej. Det har at gøre med energien inde i det. Det har en vibrerende hastighed, der opretholdes i det, så når du går ind i det, sker det. Det behøver ikke at være en maskine. Det er på grund af den energi, du bærer i forhold til den energi, der er i rummet. Transformationen finder sted automatisk uden maskiner. Maskiner bruges kun på andre niveauer end dette. Dette er det højeste niveau af denne type arbejde.
D: *Så når du er klar, samles molekylerne automatisk igen?*
J: Det afhænger af formålet med besøget i rummet. Der er mange forskellige formål, som du kommer til dette rum for.
D: *Hvad ville der ske, hvis en person med en anden vibration skulle gå ind i det rum? Ville det have den samme effekt?*
J: (Hun forstod ikke.) Hvad? Anderledes på hvad?
D: *Du sagde, at når du går ind i rummet, matcher din vibrerende hastighed rummet's vibrerende hastighed, og det får dette til at ske automatisk.*

Et sted her blev stemmen igen autoritær, og det var tydeligt, at jeg talte med nogen andre end Janice, en enhed, der kunne give mere detaljeret information.

J: Rummet har mange formål. Og folk med vibrerende hastigheder, der er forskellige fra Janice og Ken, går ind i dette rum. Så derfor må du forstå, at: hvis en anden vibrerende hastighed går ind i

The Custodians

rummet på den nuværende vibrerende hastighed, vil kroppen opløses til intethed. Og vil aldrig blive rekonstrueret. Så du skal forstå, at: en studerende ikke kunne gå ind på denne vibrerende hastighed. Så vibrerende hastigheden i rummet ville blive justeret, før en studerende gik ind i dette rum. Nu, i Janice og Kens tilfælde, skal du forstå, at: de er på mester-niveau. Og de gik ind i rummet for et andet formål end en studerende går ind i rummet.

D: Det var det, jeg undrede mig over, om en person kunne fordampe og ikke blive samlet igen.

J: Et meget reelt spørgsmål fra din side, og et meget intelligent spørgsmål, vil jeg tilføje.

D: Tak. Jeg vil altid gerne lære. Men jeg undrede mig over, hvad der ville ske, hvis den forkerte type person gik derind. Men de ville ikke engang blive tilladt på fartøjet, ville de? Den forkerte vibrerende hastighed?

J: Forkert som i ....

D: Negativ eller disharmonisk.

J: Jeg tror, du ikke indser, hvor du er. Negativitet er ikke engang en mulighed indenfor dette fartøj.

D: Det lød ikke sådan. Men det er stadig en mulighed, at nogen går ind i rummet og bliver...

J: Der er ingen mulighed for det, fordi vi er meget i kontrol med den vibrerende hastighed i dette rum. Og ikke kun det, mester-niveau studerende er de eneste studerende, der går ind i dette rum. Nu har vi mester-niveau studerende, og så har vi mestre.

D: Jeg forstår. Hvem taler jeg med?

J: Du taler med den person, der er ansvarlig for dette rum.

D: Jeg takker dig for at besvare mine spørgsmål, selvom de lyder lidt naive.

J: De er meget intelligente spørgsmål.

D: Er du ansvarlig for alle fire rum, eller ...?

J: Nej. Jeg er ansvarlig for dette rum. Jeg har været i skole i mange år for at blive dygtig til at justere den vibrerende hastighed. Det er mit ultimative job. Jeg underviser i dette rum. Det er et formål, jeg har på dette fartøj.

D: Det ville kræve meget træning og ansvar for at sikre, at alt fungerede rigtigt.

The Custodians

J: Faktisk, fra hvor jeg kommer, kræves der ingen træning, fordi vi er, som du ville bruge ordet, "født" med at vide disse ting. Så det kræver ingen træning, og jeg blev faktisk ikke "trænet" til at gøre dette arbejde. Jeg blev valgt til at være ansvarlig for dette rum på grund af mine evner.

D: *Er du mand eller kvinde, eller har du noget køn?*

J: Jeg er grundlæggende mand, men jeg har også kvindelige egenskaber.

D: *Kan du fortælle mig, hvor du kommer fra oprindeligt?*

J: Jeg kommer fra Zylar. (Hun stavede det for at være sikker på, at det var korrekt.) Det er i en uopdaget galakse, som jeres mennesker ikke er opmærksomme på lige nu.

D: *Vi ville ikke kunne se det med vores teleskoper? (Nej) Er du humanoid?*

J: Ja, det er jeg. På en måde. Vi betragter Jordens folk som humanoider, så i forhold til det kunne jeg svare "Nej." Men "Ja" i forhold til, hvordan jeg fysisk ville fremstå, eller kunne fremstå, hvis jeg ønskede det.

D: *Har du en normal tilstand eller udseende, som du opretholder det meste af tiden?*

J: Nå, min normale tilstand er ren energi. Så det ville ikke være nødvendigt at blive fysisk, på grund af nødvendigheden af at være fysisk... Hvorfor skulle jeg?

D: *Du har ikke brug for det, med andre ord. (Nej) Derfor kan du fungere som lærer og vedligeholder af dette rum, fordi du hovedsageligt opererer i energitilstanden. Er det rigtigt?*

J: Det er korrekt.

D: *Men du sagde, at du mest er mand med kvindelige egenskaber.*

J: Nå, jeg mener, jeg har kvindelig energi. Jeg er en total balance af mandlig og kvindelig energi.

D: *Jeg associerede det med fysiske egenskaber.*

J: Nej. Jeg forstår, at du mest taler om det fysiske, og jeg relaterer mig mest til energien. Så derfor har vi en kommunikationsforskel.

D: *Jeg har talt med andre væsener, der sagde, de opererede på energiniveau, og de kunne manifestere alt, hvad de ønskede eller havde brug for. Ville det være korrekt, eller er det en anden type ting?*

J: Nej, det er korrekt.

The Custodians

D: Jeg har fået at vide, at der er hele byer og hele planeter, der opererer på energi.
J: Helt. Men du må forstå, der er mere end min planet, hvor væsener vil komme, der opererer på samme måde.
D: Er der mange i de forskellige galakser? (Ja) Men er planeten en fysisk planet?
J: Det er en fysisk planet.
D: Men folkene er ikke fysiske?
J: Folkene er, hvad de ønsker at være. De har et valg, og det betyder ikke, at de nødvendigvis skal blive i den fysiske tilstand, fordi de bliver en fysisk tilstand. De kan være fysiske i dag, ikke-fysiske i morgen. Fysiske i dette minut og ikke-fysiske det næste. Det afhænger af, hvilke ønsker eller hvilken interaktion på hvilket niveau de ønsker at deltage i. Så det er faktisk et spørgsmål om at lære at manipulere energi på en sådan måde, at det fysiske er en afledning. Det er interessant at bevæge sig fra niveau til niveau. Og der er grunde til, at du ville operere i det fysiske i forhold til en energitilstand. Der er ting, der sker i det fysiske, der får dig til at ville være sådan.
D: Men du kan manipulere det frem og tilbage, på den måde, du ønsker. Du er ikke fanget, for at tale sådan (Nej).

Selvom disse begreber lød som science fiction i begyndelsen af 1990'erne, er de blevet populærgjort i nye tv-serier og film. Gennem denne type fiktion bliver de nu præsenteret på måder, som folk kan forstå. Energi væsenerne, især de flydende væsketyper, der blev nævnt tidligere, er permanente karakterer i Deep Space Nine. De kaldes også "Form-skiftere." Alternative virkeligheder og parallelle dimensionelle verdener præsenteres i tv-shows som Star Trek, Sliders og Stargate SG-1. Hvad der engang var science fiction, bliver mere og mere til science fact, efterhånden som vores sind bliver i stand til at forstå komplicerede teorier.

D: Kan du fortælle mig om andre planeter, som du kender?
J: Jeg er ikke tilladt at gøre det på dette tidspunkt, men jeg vil i fremtiden diskutere med dig. Og måske er det ikke mig, der vil tale med dig om andre planeter. For mit felt er energi, og hvis du ønsker at vide om energi, vil jeg undervise og fortælle dig. Men

The Custodians

jeg vil ikke nødvendigvis diskutere med dig om andre områder, for det er en anden enheds ekspertise. Og jeg respekterer det fra dem.

D: Jeg var bare nysgerrig, fordi jeg ikke kender reglerne.

J: Der er ingen regler, som sådan, andet end at den, der er på det højeste niveau af ekspertise, er den, du skal diskutere dette med. For det er det udviklingsniveau, du opererer på lige nu.

D: På nuværende tidspunkt er det hele forvirrende for mig. Det virker til at være ud over mine mentale evner, men jeg vil altid gerne lære. Så hvis jeg vil stille spørgsmål om energi af enhver art, og dens egenskaber og anvendelser, bør jeg tale med dig?

J: Jeg vil besvare dine energispørgsmål, ja.

D: Hvordan vil jeg vide, hvem jeg skal kontakte?

J: Du vil komme til dette rum. Jeg vil være her. Jeg er altid her.

D: Jeg vil kalde dig for "vogteren".

J: Du kan kalde mig vogteren, hvis du ønsker det.

D: Af det metalrum, metalenergirummet.

J: Bare kald det energirummet, for selvom det ser ud til at være, er det faktisk ikke metalisk.

D: Kan du fortælle mig, har jeg nogensinde besøgt dette fartøj?

J: Jeg tror ikke, du har, nej. Der er et fartøj væk fra her, som du har besøgt, hvad angår udvikling.

D: Så du går til forskellige for forskellige udviklinger. Og det sker, når du sover, og du ved ikke om det?

J: Det kan ske i mange tilstande. Det kan ske i søvntilstand eller i en bevidst tilstand. På et splitsekund, i et øjebliks blink, kunne du have været her og tilbage. Sådan fungerer energi, du ved.

D: Og du ville aldrig vide det bevidst.

J: Du kunne tænke: "Jeg begyndte at gå til det andet rum for at hente en blyant. Men... hvad var det nu, jeg skulle hente? Åh! Jeg var på vej til det andet rum for at hente en blyant." Og i den bestemte tidsperiode har du allerede været på fartøjet og tilbage. Det var bare en lille pause for dig.

D: Og du lærte noget, mens du var der.

J: Præcis.

D: Hvorfor ville det have været nødvendigt for mig at gå til et af de fartøjer?

The Custodians

J: Egentlig ville du gerne. Selvom du i din bevidste sind ikke indser eller tror, du ville det. På grund af dit arbejde vil det hjælpe dig med at relatere bedre til dine emner. Hvis du forstår energi, interagerer din energi hele tiden med dit emne. Og der sker nogle gange en lille ændring i dig, for at du kan tune ind på dit emne. Du er bevidst uvidende om, at du ved, hvordan du gør dette, men du ved, hvordan du gør det.

D: *Er det derfor, jeg er i stand til at få de resultater, jeg gør?*

J: Det er helt sikkert en del af hvorfor. Det er kun en del af hvorfor du er i stand til at få resultaterne. Du er i stand til at få resultaterne, fordi du har en ren essensenergi. Og dine intentioner for at indsamle viden er rene intentioner. Du har ingen skjulte motiver og vil ikke misbruge informationen. For når vi siger, det ikke er tid til at formidle information, så gør du det ikke.

D: *Det er rigtigt.*

J: Og jeg respekterer dig.

D: *Tak. Jeg ved normalt ikke, hvad jeg er efter. Men i det mindste stiller jeg spørgsmål og prøver at opsamle viden.*

J: Ja, men du har gjort fremskridt på meget kort tid. Måske er du ikke helt bevidst om det, men du ved selv, at du er begyndt at forstå koncepter hurtigere, end du kunne, da du begyndte dette arbejde. Er det ikke sandt?

D: *Ja. I starten virkede selv simple koncepter mærkelige.*

J: Alt var mærkeligt i starten. Men nu vil ikke meget chokere dig. Det var en del af, hvorfor du kom til fartøjerne. Fordi der var nogle justeringer, og en justeringstid, som kun kunne finde sted på et fartøjsniveau. Du var enig, selvom du måske ikke ville sige det. Og det forstyrrede ikke dit liv. For at fortsætte dit arbejde var det nødvendigt.

D: *Så det er bedre at gøre disse ting uden, at bevidstheden ved noget om dem.*

J: Det ville afhænge af dine ønsker. Og dine ønsker er ikke bevidst kendt på dette tidspunkt. Du kan ændre det når som helst. Du kan ændre dig og ønske at vide. Hvis du ønsker at vide det, vil vi finde det rette tidspunkt og metode, og lade det begynde at finde sted i et meget langsomt tempo.

D: *Jeg føler altid, det er bedre, hvis jeg bare handler som en reporter og opsamler viden.*

The Custodians

J: Det er helt dit valg. Du kan komme her når som helst. Hvis det er det rette tidsrum for dig at vide, vil disse energispørgsmål blive besvaret. Hvis det ikke er det rette tidsrum for dig at vide, vil jeg helt sikkert afslå at svare. Men du vil arbejde med energi, for der er en mulighed for, at du vil begynde at forklare nogle komplicerede teorier i fremtiden.

D: *Jeg forstår ikke den type ting. For at jeg kunne forklare dem, ville de skulle blive forklaret til mig på en måde, som jeg kunne forstå.*

J: Det er en del af, hvorfor du er forbundet med Janice. Og en del af hendes ekspertise er, at hun er i stand til, som du tidligere er blevet fortalt, at bringe kompliceret information til det praktiske niveau og forklare det på en praktisk måde. Det er en del af hendes træning på Jorden. Hun har været involveret i de sidste tolv år i at gøre det samme på et jordniveau, som hun gør på et åndeligt og energiniveau.

D: *Hvorfor er det vigtigt, at folk lærer disse ting og bringer dem tilbage til Jorden? Er der et formål med dette på vores planet? At vide om disse energier, så vi kan manipulere dem?*

J: Det afhænger af det projekt, du er involveret i. Det vil også blive mere almindeligt blandt folk, der ikke nødvendigvis er involveret i et projekt, men som har dedikeret deres liv til at balancere energien på din planet. De skal vide disse ting. Og når der er tid til integrationsarbejde, eller tid til fremskridt, eller tid til forskellige formål, kommer de til dette rum for justeringer af noget af deres fysiske tilstand. For når de kommer til dette rum, vil de aldrig være de samme, når dematerialisering og omkonfiguration er gennemført.

D: *Mener du, at de ændrer sig efter at de er blevet brudt op til molekyler?*

J: De ændrer sig ikke nødvendigvis på en fysisk måde. Der kan være fysiske ændringer, men i nogle tilfælde er der fysiske konsekvenser, i den forstand at hvis den fysiske krop opererer ... det bliver meget kompliceret. Og jeg vil forklare det for dig, hvis du ønsker det. Men den fysiske krop kan ændre sig og blive påvirket. Normalt er det dog ikke sådan.

D: *Janice har vågnet mange gange med blå mærker på sin krop. Har det noget at gøre med din afdeling?*

J: (Et smil og et grin.) Jeg er ked af, at dette sker, men det er en af de bivirkninger, jeg taler om, ved at gøre dette arbejde, når man kommer til dette rum. Jeg har forklaret dette for hende i en ikkebevidst tilstand. Og hun er underbevidst opmærksom på, at dette sker, men der er ingen måde at undgå, at det sker nødvendigvis.

D: Jeg gætter bare. Når molekylerne bliver genopbygget, sker der noget, der forårsager blå mærkerne?

J: Det afhænger af årsagen eller den måde, hvorpå genopbygningen finder sted. Nogle gange sker der ting på jordniveau, der... tja, tid. Det har at gøre med tid, forstår du, afhængigt af hvornår disse molekyler genopbygges og hvordan det finder sted. Hvis noget sker, der afbryder før tiden er gået, kan der opstå skader.

D: Finder dette sted sted i dit rum, eller sker det, mens de er på vej tilbage?

J: Det sker for det meste ved tilbagevenden til den fysiske vibrerende frekvens på Jorden og den fysiske hastighed, som kroppen vibrerede med, før den forlod Jorden. For den vibrerende frekvens, den bar på det tidspunkt, den forlod Jorden med, er ikke den, den vil vende tilbage med.

D: Når den vender tilbage, er det en mere skrøbelig tilstand efter at være blevet taget fra hinanden og sat sammen igen?

J: Det er faktisk i en stærkere tilstand internt. Men fysisk er den faktiske struktur, på grund af skrøbeligheden i den fysiske struktur hos mennesker, det højeste energiniveau, som du kan arbejde med. Og det er en stor bedrift at vende tilbage med det. At have været på dette energiniveau, er det fantastisk at kunne vende tilbage til fysisk form. Kun bestemte mennesker kan udføre dette arbejde. Det gøres ikke af alle.

D: Jeg tænkte, det var derfor, blå mærkerne opstod, fordi kroppen var skrøbelig i den forstand, at den blev sat sammen igen og gik gennem kohæsion.

J: Det er korrekt. Energien trænger ind i den fysiske krop og begynder at sprede sig gennem den. Hvis der er steder i den fysiske krop, der ikke er præcist... nå ja, måske passer det ikke igennem i den rette hastighed. Eller hvis kroppen bevæger sig på nogen måde; hvis der er nogen bevægelse i den fysiske krop. Jeg sagde nogen. Det inkluderer at trække vejret.

D: *Under genindtrædning? (Ja) Men ville kroppen ikke lide, hvis den ikke trak vejret?*
J: Kroppen bliver opretholdt. Den behøver ikke at trække vejret i energitilstanden.
D: *Og hvis der er nogen bevægelse overhovedet, kan det forårsage blå mærkerne?*
J: Nogle gange prøver den fysiske krop at tage kontrol over energien. Fordi den er bevidst om sin fysiske tilstand, samtidig med at den er bevidst om sin energitilstand. Når den fysiske krop ønsker at blive ejer af energien, før det er tid til at eje energien, er det, når problemet opstår.
D: *Hun har også noget galt med sit højre knæ. Ved du noget om det? Skete det under en af disse rejser?*
J: Nej, det skete på Jorden. Hun faldt, og hun vrikkede knæet i processen. Vi havde ikke tid til, at hun skulle have denne skade, på grund af behovet for, at hendes arbejde kunne fortsætte. Så vi helbredte det medicinsk, og hvis hun ikke havde fjernet enheden, ville knæet have været fuldstændig helet. Men hun fjernede den, så...

Janice havde fortalt mig før sessionen, at hun havde opdaget en lille knude lige under huden på sit knæ. Hun var i stand til at fjerne et lille sort stykke, og hun kunne ikke forstå, hvordan det var blevet indlejret under hendes hud. Hun betragtede det som en nysgerrighed.

D: *Hun var nysgerrig. Hun vidste ikke, hvad det var.*
J: Vi forstår det, og vi er ikke vrede over, at dette skete. Det bliver blot håndteret på en anden måde nu, på afstand.
D: *Så hendes knæ blev repareret under en af disse rejser, da denne enhed blev implanteret?*
J: Ja, men forvirr ikke denne enhed med et implantat, for hun har ikke længere brug for implantater.
D: *Hun er kommet videre fra den fase. Hvad var formålet med den lille enhed? Hun sagde, at den var meget lille og sort.*
J: Den var meget lille. Den var sort. Og den ligner, når du får trukket en tand, og tandlægen sætter noget i hullet for at frigive medicin til den påvirkede tandhule. Enheden frigav en særlig helbredende energi gennem knæet.

The Custodians

D: *Så når hun fjernede den, forstyrrede det helbredelsesprocessen?*
J: Ja, det var ikke nødvendigt, at det blev der. Det var for hendes komfort, at det blev placeret der.
D: *Men det bliver nu arbejdet på på afstand. (Ja) Nå, jeg takker dig for at give mig al denne information. Når jeg vil stille spørgsmål igen, vil jeg helt sikkert kontakte dig, med dit tilladelse.*
J: Du er meget velkommen, for jeg har meget mere at fortælle dig.
D: *Jeg bliver nødt til at planlægge mine spørgsmål, for jeg blev taget på sengen. Kan jeg så få Janice tilbage? Jeg vil spørge hende, hvad der ellers sker ombord på fartøjet.*
J: Hun er ikke i dette rum længere.
D: *Kan jeg finde hende? Hvilket rum gik hun til næste?*
J: Hun er faktisk mellem rummene og venter på, at du bliver træt af mig.
D: *(Latter) Okay. Lad mig så indhente hende.*
J: Tak fordi du kom, og jeg har nydt vores besøg.

Lydens tone ændrede sig pludseligt. Den lød blødere, mere feminin.

J: Før du indhenter Janice, vil jeg gerne tale med dig. Jeg tror, du har talt med mig før.
D: *Nå, jeg har talt med mange mennesker.*
J: Du har almindeligvis kaldt mig "lægen", selvom det ikke er præcist, hvad du vil kalde mig.
D: *Jeg troede, du var et andet sted på fartøjet, da jeg talte med dig sidste gang.*
J: Nå, jeg bliver ikke dér. Jeg kan gå til forskellige steder på dette fartøj, ved du. Men hvad jeg vil forklare dig, er, at jeg har ansvaret for Janices sundhed generelt. Og du kalder mig ofte lægen?
D: *Du sagde, du var en læge, selvom du ikke er den type læge, vi kender, fordi du også arbejder med energier.*
J: Det er korrekt. Jeg arbejder sammen med den enhed, som du lige talte med. Vi arbejder meget tæt sammen. Derfor ville jeg gerne tale med dig og lade dig vide, at der er et koordinationsarbejde mellem os. Og vi har den største bekymring for Janice og Kens velvære. De er vidunderlige energier.
D: *Så den enhed, jeg talte med i rummet, var en anden enhed end dig?*

The Custodians

J: Åh, ja!

D: Så du fangede mig på vej ud?

J: Nå, jeg var her. Jeg ville ikke tale og forstyrre.

D: Jeg troede, det lød som en anden person. Jeg genkender din stemme.

J: Det er rart. Du har været væk i lang tid.

D: Åh, der er mange ting, der sker i mit liv. Jeg kunne ikke rejse til det sted, hvor Janice bor, i lang tid nu.

J: Nå, vi har ventet og håbet, at du ville komme.

D: Jeg havde mange spørgsmål, jeg gerne ville stille dig. Jeg ved ikke, om det er det rette tidspunkt.

J: Det er helt op til dig.

D: Nå, vi var nysgerrige på, hvad der sker med Janice. Derfor spurgte jeg om hendes knæ og om blå mærkerne. Og vi fik svar på de spørgsmål. Så hvis jeg har medicinske spørgsmål, kan jeg så komme til dig?

J: Ja. Hvis du har medicinske spørgsmål, psykologiske spørgsmål, sociologiske spørgsmål. Jeg er involveret i alle aspekter af Janice og Kens velvære i deres funktionalitet. Du ser, faktisk tjener vi dem. Vi tjener dem. De tjener ikke os. Det er én ting, jeg gerne vil gøre klart. Og det er derfor, jeg talte med dig. Fordi du har aldrig stillet det spørgsmål. Eller du ville måske ikke have tænkt på det.

D: Jeg ville nok ikke have.

J: Men du forstår, både Janice og Ken er af meget høj kaliber, og de opererer på et niveau, der ligger langt over, hvor vi er. I virkeligheden er det vigtigt, at du forstår, at vi tjener dem. Lad mig se, om jeg kan give dig en forklaring. De er ledere af mange projekter, forstår du. De arbejder ikke udelukkende med én energi, eller én gruppe af væsener, eller ét bestemt formål. De har mange forskellige projekter, og de styrer mange forskellige opgaver.

D: Men de er ikke bevidste om dette.

J: På en måde bliver Janice lidt bevidst, fordi hun har integreret sig til det punkt, hvor hun kan vide det på et fysisk niveau, og blive undervist på en måde, som Ken endnu ikke er i stand til at huske. Det er simpelthen et spørgsmål om faktisk at kunne... (Suk) der er ikke et rigtigt ord for, hvad jeg vil formidle til dig, andet end... (Forvirret og frustreret) Åh, min!

D: Kan du finde et begreb eller noget, der ligner?

The Custodians

J: (Forvirret) Måske... lad mig se. Nej, måske kan jeg ikke beskrive det. Der må være balance. For væsener som Janice og Ken at fungere og fortsætte med at være funktionelle i alle de områder og de mange galakser, de fungerer i, skal der være et punkt, hvor de vender tilbage fra tid til anden for at genoprette den balance. Så formålet med, at de er i dette særlige fartøj, er at få denne særlige balance genoprettet. Nu, på et fysisk niveau, er de kommet sammen, fordi deres arbejde nu kræver, at de er i en fysisk tilstand sammen. Gennem årene har det ikke været tilfældet. Og det skulle udvikles til et punkt, hvor det var tid til en fysisk forbindelse samt en forbindelse på de andre niveauer.

D: Det var det, jeg ville spørge om. Hvorfor kom de sammen efter så mange år uden at se hinanden?

J: De har arbejde at gøre i det fysiske. De vil komme til at vide på det fysiske niveau, at disse projekter vil udvikle sig i deres bevidsthed på det fysiske niveau. Og derved vil de være i stand til at påvirke større forandringer planetarisk.

D: Den anden enhed sagde, at der er andre mennesker, der arbejder på samme måde.

J: Der er andre mennesker, der arbejder på samme måde, men du vil opdage, at de ikke nødvendigvis er forbundet på samme måde, som Janice og Ken er forbundet. Der er meget få tilfælde, hvor en forbindelse er, som den er med disse to.

D: Det ville se ud som om, det ville gøre de energier, de arbejder med, mere kompatible.

J: Nå, det er som dit spørgsmål til energi-beskyttelsen om negativitet. Det er ikke engang relevant. Deres energiintegration er forbi enhver kompatibilitetsfaktor, som Jordens folk kender.

D: Jeg synes, det er vidunderligt, at de er kommet tilbage sammen efter al den tid.

J: Åh, det var simpelthen et spørgsmål om tid. Dette ville have fundet sted før, hvis de havde truffet andre valg. Og du skal også forstå, at historien om din planet er på et så kritisk punkt, at det er nødvendigt, at de kommer sammen i en fysisk tilstand, fordi i den fysiske tilstand sker det samme for dem, som skete i energirummet. Det sker på en meget mere subtil måde i den fysiske tilstand, men det sker alligevel. Og de vil blive bemærket, men folk vil ikke forstå, hvad de ser.

The Custodians

D: *Sådan er menneskene. Kan du fortælle mig, hvad disse andre rum bruges til?*

J: Jeg har ikke tilladelse til at diskutere det med dig. Du vil opleve det, men måske ikke på dette besøg. Jeg er ikke sikker på, hvor du vil blive dirigeret næste gang. Jeg ønsker at diskutere enhver information med rådet, før du skriver det i en bog. Som jeg forstår det, vil informationen, der kommer gennem Janice til dig, blive godkendt af rådet, før du kan skrive det i en bog. Fordi, som jeg forstår det, hvis du forsøger at skrive det i en bog, vil det ikke lykkes, medmindre tilladelse er givet. Hvad du ikke indser på dette tidspunkt er, at alt interagerer. I noget af dit arbejde indser du værdien af timing. Og så hvis information af denne kaliber bliver spredt før visse begivenheder i historisk tid, kan det intensivere negativitetsniveauet, hvis det falder i hænderne på andre end de rette formidlere, eller de rette oversættere, eller de rette former for energitransmutation. Altså: på den negative side af din planetariske balance. Så kunne der skabes et mere intenst negativitetsniveau gennem mekanikken af at forstå den positive side af energien. Så hvad jeg prøver at sige, kort og enkelt, er: Spred ikke informationen, før du har fået tilladelse, ikke kun fra Janice, men fra et råd, der vil godkende det. Fordi du ser, der er visse begivenheder, der vil finde sted. Og i dine andre bøger har du diskuteret disse begivenheder. Det er meget vigtigt, at visse energiinformationer ikke bliver spredt før visse historiske begivenheder. Jeg ved ikke, om du har opfattet den begivenhed, som jeg taler om. Hvis du ikke har, så skal jeg informere dig.

D: *Jeg vil ikke gøre noget lige nu. På dette tidspunkt samler jeg bare information, og jeg vil følge dine instruktioner.*

J: Men der er en vigtig begivenhed, som ... i virkeligheden bliver jeg virkelig fortalt at fortælle dig dette. Det er vigtigt, at denne information, som du lærer, mekanikken af visse elementer ikke bliver spredt. Og mit råd bliver meget begejstrede. De taler meget hurtigt, og jeg kan simpelthen ikke følge med i strømmen af ord, der skal fortælles til dig. Men jeg skal fortælle dig simpelthen, at du ikke kan sprede informationen før det rette tidspunkt. En del af den kan ikke være på et fysisk niveau af eksponering før det tidspunkt. Det kan simpelthen ikke.

D: *Så jeg vil være meget forsigtig.*

The Custodians

J: (Suk) For mange mennesker taler. For mange mennesker taler. (Hun begyndte at trække vejret tungt og viste tegn på ubehag.)
D: *Det er okay. Rolig nu, for jeg har ikke tænkt mig at bruge det uden tilladelse fra nogen. Jeg vil være meget, meget forsigtig. (Hun blev roligere.) Hvis jeg forstyrrer dig, kan vi ændre emnet. Jeg håber bare, jeg ikke får dig i problemer.*
J: Nej, det er ikke et spørgsmål om problemer. Det er bare, at der var sådan en infusion af vibration, at min egen vibration blev hævet til et niveau, som jeg ikke er vant til at operere på. Og jeg har lidt af ... (dyb suk) Men du må høre dette, så du må give mig et øjeblik til at justere til ... Jeg bliver dikteret til på mit eget niveau af energi. (Stort suk)
D: *Okay. Du går bare videre og assimilér der. Jeg har noget at gøre på mit niveau.*

Jeg tog båndet ud og satte et andet i.

D: *Føler du dig bedre nu?*
J: (Forvirring) Der er bare total ... (Tung vejrtrækning.)
D: *Jeg håber bestemt, at det jeg spurgte om, ikke forårsagede problemer for dig.*
J: Det forårsagede mig ikke et problem. Det forårsagede problemer på et højere niveau, på et meget højere niveau.
D: *Fordi jeg ikke vil forårsage problemer for nogen.*
J: Nej, det var et spørgsmål om, at du ikke forstod, hvad du kunne og ikke kunne sprede, ser du. Jeg talte med dig i relation til den vibratoriske justering af energiinfusion. Og jeg blev dikteret til af medlemmerne af det hellige rum. Og jeg var ikke opmærksom på kraften af den energi i det rum. (Hun følte stadig virkningerne. Dette var det, der forårsagede forvirringen og manglende evne til at kommunikere.) Jeg går ikke ind i det rum. Jeg taler til dig fra energirummet, som jeg er vant til at operere i. Og Janice og Ken er i en anden tilstand af væren på et andet sted. Jeg er på dette sted, og de er på det sted. Og dette sted og deres sted og det fysiske sted. Så du må se, at det bliver kompliceret nogle gange at diskutere med dig, og få det til at komme igennem en fysisk væsen.

437

The Custodians

D: *Det ser ud til, at det er rådet, der er i det hellige rum, der opfanger, hvad vi taler om. Og åbenbart tænkte de, at du ....*
J: (Afbrudt) De er altid opmærksomme, og de overvåger, hvad der bliver diskuteret med dig. Dog var der noget meget kraftigt, der kom gennem mig.
D: *Jeg tænkte, at de måske troede, du kunne have afsløret ting for mig, som det ikke var tid til endnu.*
J: Det var tid for dig at få noget af denne information. (Tung vejrtrækning og forvirring.) Vil du undskylde mig, vær venlig. Jeg fungerer ikke ordentligt på dette tidspunkt. Men hvis du vil bære med mig, vender jeg tilbage til nogenlunde mig selv.
D: *Jeg er ked af, hvis jeg forårsagede dig noget ubehag.*
J: Ohhh! Det var ikke ubehag i den forstand af ubehag. Det var simpelthen .... Oooh! Jeg blev taget til ...... Tak så meget for .... Det var, åh, en overvældende oplevelse for mig. Du ser, jeg har ikke tilladelse til at gå derind... det er ikke et spørgsmål om tilladelser. Det er bare, at jeg ikke går ind i det rum, fordi ....Puh! Jeg er lidt desorienteret. (Forvirring igen.)
D: *Det vigtigste, jeg ville have afklaret, er, hvad de ikke ønsker, at jeg skal gøre.*
J: Ja. Jeg bliver holdt på dette niveau. Det er vigtigt, at du ved, at jeg fungerer på et andet vibratorisk niveau end mit eget. Og det kan ændre sig. Du kan tale direkte med en af de hellige ældste, hvis du ... Jeg er ikke sikker på, hvad der vil ske her.

Hun tog dybe åndedrag og forsøgte at justere sig. Det var derfor, udbruddet af en høj og anderledes stemme overraskede mig og tog mig på sengen. "Dolores!" Stemmen havde autoritet og krævede opmærksomhed.

D: *Ja.*
J: (Vejrtrækningen var nu rolig.) Dolores!
D: *Ja, jeg hører dig.*
J: Kan du relatere dig til mig?
D: *Ja, jeg hører dig meget godt.*
J: Kan du høre mig med andet end dine fysiske ører? Kan du høre mig inde i dit hoved .... allerede?
D: *Jeg ved ikke ....*

The Custodians

J: Kan du høre mig på en måde som et lys? Kan du høre lyset?
D: Jeg ved ikke, hvordan det føles, men jeg føler noget.
J: Det er nok for dig at vide så. Det er ikke til skade for dig, men jeg kan ikke kommunikere på samme måde, som du er vant til. Jeg vil prøve. Jeg simulerer en stemme, og det er ikke min måde. Men jeg skal fortælle dig nogle ting, fordi du er trådt ind i et område, det ikke var forventet, at du skulle træde ind i.
D: *Er der noget problem med det?*
J: Ikke i betydningen af ordet "et problem", som vi normalt ville relatere til et problem. Men du skal justere Janice i hendes fysiskhed, for jeg bruger hendes stemme på en bestemt måde, men alligevel bruger jeg ikke hendes stemme. Og hun lider ikke af nogen fysisk ubehag, bortset fra at... (sukker) du skal give hende instruktioner om at justere sig selv. Justere sig selv. Justere sig selv.
D: *Til energien eller hvad?*
J: Du skal give Janices fysiske jeg... skynd dig og giv hendes fysiske jeg en instruktion om at justere sig. Bare gør det, og sig til hendes fysiskhed, at den skal justere sig. (indtrængende) Sig til hendes fysiskhed, at den skal justere sig!
D: *Okay. Jeg taler til Janices fysiskhed. Jeg vil have den til at justere sig. Jeg vil have den til at slappe af. (Hendes vejrtrækning blev langsommere igen.) Og være rolig. Det er kun en anden energi, der taler igennem dig. Juster og slap af. Ingen fysiske problemer overhovedet. En meget god følelse. En meget afslappet følelse. Det er bare noget anderledes, der sker. Men den fysiske krop er meget i stand til at håndtere dette. Okay. Justerer hun sig?*
J: (En sød og feminin stemme.) Hun foretager justeringerne, ja, hun foretager justeringerne.
D: *Okay. Men du sagde, at du var trådt ind i et område, du ikke forventede, at jeg skulle gå ind i.*
J: (Den autoritative stemme igen.) Tillad justeringerne! Dette er meget vigtigt. For du må forstå, du har krydset mange energiniveauer her. Og vi kan ikke tillade, at nogen skade kommer til det fysiske. Vi har Janice, der opererer på fire energistadier på nuværende tidspunkt. Du indser ikke, at det. Og du må bære med os, fordi der var lidt af en ...skift. Et meget hurtigt skift, at hun på disse fire

439

niveauer ikke var i stand til at justere sig ordentligt til i hendes fysiskhed.

D: *Ja, og jeg ønsker hende ikke noget skade.*

J: Nej, men du arbejder i de højeste energitilstande på dette tidspunkt. Og vi må fortælle dig, at dette nogle gange vil ske. Vi vil vejlede dig. Vær ikke bange for, at du ikke ved, hvad du skal gøre. For som du kan se, når vi når et punkt med tilladelse og ikke-tilladelse i forhold til visse fysiske tilstande. I forhold til visse hellige rum. I forhold til visse energirum. I forhold til visse holdemønstre. Så vi har alle fire af disse tilstande i væren. Og hvad du skal forstå er, at på hvert af disse niveauer er der konstant molekylær bevægelse. Bevægelse. Og når du transcenderer tid, og når du bevæger dig gennem forskellige typer tid med en hastighed, der er hurtigere end lys, for at opnå dette energiniveau, forårsager visse hurtige ændringer mønsterændringer helt ned til den fysiske struktur. Og det er meget vigtigt at opretholde balancen. Vi vil aldrig tillade ubalance i denne værens fysiske tilstand eller i Ken. Der kan ikke være ubalance i disse væsener. Det er grunden til, at de stadig kan fungere i det fysiske. Ken er på nuværende tidspunkt i en tilstand af ubalance i hans fysiske tilstand. Og vi arbejder med ham for at bringe hans liv til et punkt med balance. Han oplever vanskeligheder, og vi arbejder med ham. Selvom han ikke er bevidst, og ikke kan bringes til bevidsthed. Og han vil blive bragt til bevidsthed gennem Janice. Det er vigtigt at vide, at Ken også er med Janice på dette tidspunkt i en anden tilstand af væren, selvom han også sover i sin seng i Oklahoma. Så du skal vide disse ting. Og det er vigtigt for dig at være opmærksom på, hvad du relaterer til, for du er ikke altid opmærksom. Og dette er ikke en mangel på din side. Venligst forstå, at vi ikke ser dette som en mangel hos dig. Du skal forstå, at disse er blot metoder, som du ikke er bekendt med, fordi du ikke har arbejdet på dette niveau. Du har virkelig ikke arbejdet på dette niveau. Du har været tæt på dette niveau, men ikke på dette niveau før. Og det er grunden til din forbindelse med Janice. Grunden til nogle af dine interaktioner med andre energier på visse andre niveauer er, fordi der også skal være en vilje i dig til at komme til dette niveau. For du vil også, i en forstand, selvom det ikke vil ændre sig på nogen måde i dit fysiske liv eller i nogen måde i din energi. Du vil føle en lille

The Custodians

forskel. Det vil være en god forskel. Nu, hvad du skal forstå er, at du havde en vilje til at komme til dette niveau, eller du kunne ikke have kommet med Janice til dette niveau.

D: *Det ville have været blokkeret, med andre ord.*

J: Det ville ikke være blevet tilladt. Så du var klar til at komme her. Nu skal du vide, at på en måde vil nogle ting blive lettere for dig. Det vil være en naturlig overgang for dig. Misforstå ikke, når jeg siger ordet "tilpasning", for tilpasning betyder ikke det samme på dette energiniveau, som det betyder for dig i din tilstand af væren. Hvad der sker er, at kun dit højeste gode holdes i vores højeste betragtning. For det arbejde, du udfører, skal du vide, at vi har en dyb beundring for din vilje til at gå forbi dit eget fysiske punkt, hvilket du gør. Du gør det. Du presser dig selv forbi det punkt, hvor din virkelige fysiske tilstand er udviklet. Fordi hvad du føler er, når du bad om en metode, var det vores nøgle til at vide, at du var klar. (Jeg husker ikke bevidst at have bedt om noget, men åbenbart skete det på et underbevidst niveau.) Det var punktet, da du blev scannet. Efter det tidspunkt blev du udsat for den meget metode, vi gav dig i aften. Men i begyndelsen accepterede du ikke det. Du hørte det, men du tog det ikke. Og vi vidste, at du ikke var klar til at komme til dette niveau. Så det er grunden til, at forskellige mennesker kom til dig gennem Janice før. Hun var altid på dette niveau. Men hun måtte komme ned for at bringe dig til et punkt, hvor du var villig til at komme her. Og at udvikle dig til et punkt, hvor du kunne gå forbi din frygt for at blive ændret som individ, fordi du vil ikke ændre dig. Men du havde en frygt i dig for nogen form for eksponering af noget forbi det, hvor du var komfortabel. Du følte, at du ikke kunne håndtere dette specifikke punkt. Og det kunne du ikke.

D: *Det er en meget menneskelig egenskab.*

J: Det er en meget menneskelig egenskab.

D: *Men jeg kan ikke huske, at jeg blev givet en metode. Der var intet på båndene fra de tidligere sessioner.*

J: Det var ikke på båndet. Det skete i en diskussion efter voldtægten. Det blev ikke givet på båndet, fordi det ikke var ment at være på båndet. Mange af dine diskussioner med Janice, vil vi fortælle dig på dette punkt, har været for - hvis du vil tilgive os. Vi beder om forudgående tilgivelse fra dig, men vi har testet dig i en bevidst tilstand, med simple diskussioner, hvor Janice diskuterede begreber efter din session. Dette var eksponering gennem ting, hun ville sige til dig. Det, hvis du havde reageret på en måde, ville vi have vidst om dit udviklingsniveau i forhold til at være villig og være klar til at blive eksponeret for dette energiniveau og driftsmetode. Du har rørt ved dette gennem andre mennesker. Du har rørt ved en session af klasser. Du har rørt ved et studenterniveau af væren, men du har ikke rørt ved et mester-niveau af væren før. Det er det, du har gjort her i aften. Du har rørt ved et mester-niveau af energiintegration. For det er der, som jeg har fortalt dig før, Janice og også Ken fungerer gennem UFO-energi. Men de fungerer udenfor den energi også. Selv på et højere vibrerende niveau end hvad der forstås af UFO-væsener, som du har været udsat for.

D: *Jeg var bekymret, fordi der var fysiske reaktioner i Janices krop. Jeg troede måske, at hun ikke kunne tåle den energi. Den anden væsen syntes at tro, at jeg var gået ind i et område, jeg ikke var forventet at gå ind i.*

J: Nej, du misforstår. Du talte med lægen. Jeg er ikke lægen. Jeg er en formidler. Jeg er en balancerer. Det er det, jeg gør. Du talte ikke med lægen. Lægens energifelt blev forstyrret. Men du skal forstå. Jeg skal forklare dig nogle ting, som er vigtige for dig at vide, fordi det vil ske igen. Du vidste ikke, at når du tog Janice til - faktisk, når Janice og Ken kom ind i det hellige rum, levede de igen det hellige rum i deres fysiske væren. Og de flyttede sig fra det hellige rum. Men de flyttede sig ikke fra det hellige rum, fordi de er i det hellige rum, selv som vi taler. Og de flyttede sig til energirummet i en anden tilstand af væren. Selvom de også er i det fysiske, og i energien, på et andet energiniveau i det hellige rum. Det er kompliceret, men det er vigtigt, at du forstår dette, fordi du skal forstå mekanikken af disse skift. Og yderligere er det vigtigt, at du ved, at du har talt med energivogteren, som du korrekt har kaldt ham i din egen terminologi. Han er energivogteren for det rum. Men lægen har også, og har friheden til at komme ind og operere inden for det rum. Hun vidste, at du ville være der. Hun hørte dig bede tidligere i aften om at tale med hende, eller at du ønskede at kontakte hende. Hun kom, og hun var der. Og du bad ikke om at kontakte hende, så hun talte ikke

The Custodians

med dig. Men du var ved at bevæge dig væk fra rummet, og hun følte, at fordi hun ønskede at opfylde dine ønsker, talte hun med dig. Det var godt, for du bevægede dig til et andet område. Du er en optager, men du er mere end en optager. Og hvis du ikke ønsker at være det, skal du bare fortælle os det nu. Der var en grund til, at du ikke blev tilladt at begynde denne session på det tidspunkt, du ønskede. Jeg har lov til at diskutere den grund med dig. Du var ivrig efter at begynde sessionen, men du blev ikke tilladt at begynde sessionen, før det absolutte rigtige tidspunkt. Det måtte være det absolutte korrekte minut for, at du kunne komme ind i denne energitilstand. Telefonopkaldet skulle finde sted på det tidspunkt, så du kunne ikke begynde sessionen. Og du ønskede at gennemføre diskussionen i relation til visse viden, du er kommet til at være komfortabel med.

Det var sandt. Jeg havde længtes efter at vende tilbage til områder af udforskning, som jeg kunne forstå på et fysisk, jordisk niveau. I stedet blev informationen ved med at blive mere kompliceret og indviklet.

J: Og du ved, at der altid er et valg. Du tror på det. Der var et tidspunkt, hvor du ikke var helt sikker. Var der et valg? Kunne det ske? Du havde en frygt for, at det kunne ske, at du ikke ville have et valg. Og at noget meget dårligt kunne komme, og du ville ikke have et valg. Det var en dyb frygt i dig. Måske har du kun rørt ved det. Måske har det aldrig grebet dig som sådan, undtagen måske én gang. Men det var en eksponering, som du blev udsat for i en anden form end UFO-energi. (Jeg tror, han henviste til eksponeringen for Anti-Kristus energi i Volume II af Conversations With Nostradamus.) Men energi arbejder på mange måder udover UFO'er. Vi er balancerende i en forstand. Og det er et af de vigtigste formål, hvorfor vi kommer til din planet. Der er sådan en kompleks design, interaktionen af elementer – og jeg taler ikke om små feer, når jeg taler om elementer. Elementer, forskellige former for strukturer, timing – men jeg er ved at komme væk fra pointen. Og pointen, som jeg bliver ført tilbage til af rådet i det hellige rum, er, at jeg skal forklare dig mekanikken af, hvad der skete i aften. Så når du føler, at det sker igen, vil du forstå, at du skal langsom ned. Hvad der skete, var, at du talte med lægen. Og så kom du ind i et område, hvor du var ensporet på et emne. Men faktisk ønskede de at tale med dig vedrørende ... de talte med dig vedrørende den information, der kom – se, jeg bliver dikteret til, og jeg taler hurtigt igen, fordi disse ord kommer meget hurtigt. Og jeg bringer dem gennem fire energiniveauer for at bringe dem til dig. Så hvad du skal vide er, at du talte med lægen, og du forstod ikke, da hun fortalte dig om at give informationen i bogform. Du troede, at hun blot talte om informationen om lysets energi. Hun talte om informationen, der kommer, fordi den type du modtager her, ikke må blandes med dine undersøgelsessager, fordi der er et andet formål involveret her. Og hvad du skal vide er, at dette formål har at gøre med begivenheder i Jordens tid, som ikke må forstyrres ved at offentliggøre information i bogform, før de har passeret deres tid i Jordens tid. Det kan ikke ske. Og det blev følt af den hellige ... (Søger efter det rette ord.) Der er ikke noget jordisk ord for det. Det er ikke et råd. Det er forbi et råd. Det er forbi ældste. Men du ville ikke forstå ordet, fordi det ikke findes i engelsk oversættelse. Jeg kan ikke engang bringe det til min egen bevidsthed, fordi jeg ikke er på det niveau. Og da du ikke forstod det, måtte det komme gennem lægen. Al den energi fra det hellige forsøgte at komme ind gennem hendes energi, og også gennem det sted, hvor Janices holding pattern energi var, tilbage til det fysiske, tilbage til dig. Og det var sådan en hurtig ændring ... det blev forstyrret. Så der var en ubalance, og derfor måtte du lave tilpasningen. Det er vigtigt at vide, at der vil være en bog af denne størrelse, som vil være en udvidelse af de begreber, du er blevet udsat for hidtil. Men du skal forstå, at før du placerer den information, du samler fra Janice i bogform, skal vi være enige.

D: Jeg forstår det. Jeg var lidt bekymret, da Janice havde disse fysiske fornemmelser. Men da den tunge stemme kom igennem, sagde du, at det åbenbart kom direkte fra det hellige rum. (Ja) Han indikerede måske, at jeg var gået ind i et område, jeg ikke var forventet at gå ind i.

J: På dette tidspunkt.

D: Ville det være bedre, hvis jeg trak mig tilbage?

The Custodians

J: Det er det faktum, at du kan blive eksponeret. Du kan gå ind i området. Det er bare, at du ikke hørte, hvad han fortalte dig, eller måske var det, at du ikke helt forstod hastigheden af, hvor du er i forhold til bare at offentliggøre information. Der er et vægtigt fokus på din planet på dette tidspunkt, og en hastende nødvendighed for offentliggørelse af information. Og vi ønsker at kontakte hver eneste væsen på din planet, så der kan blive en ændring i forhold til vibratorisk hastighed. Men visse typer information, hvis de offentliggøres, som jeg har sagt, før de historiske begivenheder, der er sat i tid, vil intensivere de negative energiers evne til at bruge de mekanikker på deres egen negative måde. Og vi er meget bekymrede for det.

D: Så du behøver ikke bekymre dig. Jeg vil ikke gøre noget, før jeg bliver fortalt at gøre det.

J: Jeg vil sige til dig, at visse dele af den information, du indsamler, vil blive brugt efter Anti-Kristus' tid.

D: Jeg spekulerede på, om jeg ville være der til at skrive den og offentliggøre den.

J: Du vil være der.

D: Jeg vil overleve ind i den tidsramme?

J: Jeg tror, ja, du vil.

D: Og jeg vil stadig samle information og skrive?

J: Du vil samle, og du vil skrive.

D: Jeg regnede med, at jeg ville være meget gammel på det tidspunkt. (Ler) Men jeg vil stadig være i stand til at gøre dette, selvom jeg bliver meget gammel? Jeg vil kunne skrive mine bøger, og...

J: Ja, fordi din alder vil være anderledes.

D: Mener du, at den vil blive ændret, når vi går ind i denne anden tidsperiode? Denne anden frekvens?

J: Ja. Du ser, ingenting forbliver det samme. Du har hørt dette gennem hele dit liv. Du er meget komfortabel, som du er. Du ønsker ikke rigtig forandring som sådan. Og alligevel er der internt et glimt inden i dig, der ved, at det finder sted på en lille, lille, lille måde inden i dig. Når du vokser gennem dit arbejde, vil det være en naturlighed, og det er ikke en fremstillet forandring. Det er det, du kom for at gøre. Det er dit formål, der udfolder sig. Så omfavn denne forandring. Det er dit formål.

The Custodians

D: *Så jeg vil stadig være i live, selvom jeg er meget gammel. Og være en observatør af alle disse begivenheder, der finder sted.*
J: Jeg får at vide, at det, du skal forstå, er, at du vil fortsætte med dette arbejde. Og du vil være her.
D: *På Jorden. (Ja) Okay. Jeg har så meget, jeg gerne vil gøre. Jeg vil bare forblive sund og have energi, så jeg kan gøre disse ting.*
J: Du vil udvikle dig. Når du gør arbejdet, vil du forstå mere og mere af de ting, der komplicerer dit sind, fordi det er simpelthen et spørgsmål om ønsket i dig. Og kun på det punkt, hvor du ønsker, vil du modtage. For vi vil aldrig forsøge at overmande dig. Du ser, Janice og Ken er i et fælles projekt, som du også er involveret i, og det er nogle af dine kollegaer også. Du har rejst det sidste år på grund af det projekt.

I 1991, da denne session fandt sted, var jeg lige begyndt at rejse for at tale på konferencer i USA. I de følgende år ville jeg rejse verden rundt flere gange. Men på denne aften havde jeg ingen viden om, hvad min fremtid ville bringe.

J: Det var i tjeneste for os og i tjeneste for din planet, uden at du vidste det, at du rejste. Det vil være i den samme tjeneste, at du tager til London, og du vil tage til London. Og det, du skal vide, er hvorfor. Og hvad taler jeg om, når jeg siger, at du er involveret i et projekt?
D: *Ja, det er det, jeg ikke kan forstå. Jeg troede, jeg skrev disse bøger for at få information ud. Men er det mere end det?*
J: Det er meget mere end det. Og arbejdet er meget vigtigt. Ikke alle på din planet er involveret i dette projekt.
D: *Kan du fortælle mig, hvad projektet er?*
J: Ja, det er tid til, at du skal vide det. Så du vil være mere komfortabel med ting, du ikke nødvendigvis forstår, hvorfor du gør. Dette er et meget vigtigt projekt. Det ville tage et stykke tid at forklare dig mekanismerne af de sammenkoblede energistrømme, der finder sted i menneskekroppen. Og at diskutere med dig partikler og deres blanding, dvs. sammensmeltning og opdeling. Dog er den simpleste måde at fortælle dig på, at vi taler om menneskelige leylinjer på planeten, og du er meget forbundet på denne måde. Selvom du for det meste ikke er opmærksom på energifelt og energikilder, relaterer du dig på nogle tidspunkter til dem. Du er

446

The Custodians

blevet mere interesseret og vil blive mere interesseret i at vide. Fordi din vibratoriske hastighed var nødvendig i Denver. Det var nødvendigt i Californien. Det var nødvendigt i de forskellige byer, du har rejst til det sidste år. Det vil være nødvendigt i de byer og lande, du vil rejse til i din fremtid. Du mister aldrig forbindelsen til dem, du har ramt. Det er det samme som at tegne en linje fra dig til dem på alle tidspunkter, fordi alt, hvad der er, aldrig ophører med at være. Den energi, du har på dette øjeblik, vil også forblive i dette rum, når du forlader det. Det vil aldrig helt forlade dette rum. Du vil aldrig vide, at det ikke forlader dette rum, fordi du ikke vil føle et fravær. Kun i store tilfælde og energiforbrug vil du føle et fravær. Det er der, hvor det er vigtigt for dig at lære, hvordan du genopfylder. Du skal vide, hvordan du gør det hurtigere. Nu, hvad jeg prøver at sige til dig, er, at folk vil tale med dig om ley-linjer på planeten. De ser disse linjer som eksisterende inden i Jorden, hvilket er sandt. Det projekt, jeg taler med dig om, har at gøre med menneskelige ley-linjer, menneskelige forbindelser. Hvis du kan visualisere visse mennesker på bestemte punkter og steder på planeten på et specifikt tidspunkt i Jordens tid og interdimensionel tid. Og der kan ikke være et sekunds forskel. Det skal koordineres til punkt og prikke. Det har at gøre med balancen af energien fra ley-linjerne i Jorden. Det er et hologram af ley-linjer. (Der var et pludseligt elektrisk støj på optagelsen, som lød elektrisk. Det slettede ikke nogen ord. Det var meget hurtigt.) dvs. din forbindelse til Janice. Din forbindelse til andre mennesker i dit liv, danner en trekant. Det er Triangle Project. Det er afgørende for denne planet. Det er meget vigtigt, at du prøver at forstå, at din vibratoriske hastighed, da du var i Denver, forårsagede en ændring på den anden side af planeten. På grund af din forbindelse til forskellige mennesker i dit liv. Fordi den forbindelse aldrig brydes.

D: *Selv de nye mennesker, jeg møder hele tiden?*

J: Ja, ja. Men der er folk, der er i projektet. Ikke alle, du arbejder med eller møder, vil være i projektet. Du har en ven, du taler med, og han er i projektet. Du er i projektet. Janice er i projektet.

The Custodians

Der var meget diskussion om forskellige mennesker, jeg havde mødt, og deres mulige forbindelse til mit arbejde og min fremtid. Jeg var bekymret for meget af dette på det tidspunkt i 1991, fordi jeg ikke endnu havde dannet mit eget firma.

J: Hvad du skal vide er, at du har beskyttelse. Så du kan være involveret med hvem som helst, du kan være involveret med hvem som helst. Og det betyder egentlig ikke noget, fordi du vil komme til det samme sted. Så hvis du føler, at du kæmper, hvad du skal forstå, er, hvad jeg begyndte at tale med dig om i starten. Og det var tidspunkter i tid. Fordi du kan banke dit hoved mod alle væggene, men indtil det tidspunkt, hvor det er universelt sammenhængende, det rette øjeblik, hvor menneskehedens tid og interdimensionel tid mødes – mødes – vil det ikke finde sted. Fordi arbejdet, du gør, er et planetarisk arbejde, og det er for menneskehedens fremskridt. Du skal forstå dit formål her. Du skal forstå, at du har et meget tungt ansvar, og du har bedt om at have dette ansvar. Selvom du ikke nødvendigvis ser det som sådan i dit arbejde, fordi du er travlt optaget af at leve dit formål. Du behøver ikke at opdage, hvad det er.

D: *Jeg føler hele tiden, at jeg vil finde endnu mere information.*

J: Åh, det vil du. Det er det, du kom her for at gøre. Du er en oversætter, og dit job er at hjælpe menneskeheden med at forstå begreber, der er blevet glemt. Begreber, som ved et trylleslag vil ændre planetens historie.

D: *Hmm, det er et stort ansvar.*

J: Ja, det er. Og jeg kom for at tale med dig i aften.

D: *Jeg værdsætter det. Jeg føler, at Janice har brug for information, men jeg sætter pris på, at du taler med mig. For nogle gange undrer jeg mig over, om jeg gør det, jeg burde gøre.*

J: Du ved, at du gør det. Du undrer dig ikke.

D: *Det er som om, alt har taget så lang tid i vores tid.*

J: Det er derfor, jeg prøver at forklare tid for dig. Du skal forstå tid. Og det er dit job, fordi det er det, du beskæftiger dig med i dine bøger. Du beskæftiger dig med interdimensionel tid.

D: *Og også med meget komplicerede begreber.*

J: Komplicerede begreber, som det er dit job at forenkle, så den almindelige mand kan læse det og sige, "Åh!" Så folk begynder

The Custodians

at lære at leve liv på samme tid. Forstå, at alt, hvad de gør her på denne fysiske planet, påvirker alle andre liv. Deres linje går hele vejen. Den energi, vi udveksler nu, hvad vi siger nu, hvad du siger fra hvor du er til hvor jeg er, vil altid forblive. Forskellen er kun, når du bevæger dig fra dimension til dimension.

D: Jeg tænker stadig, at jeg bliver ført til tabt viden, til tabt information.

J: Det er tabt.

D: Jeg føler, jeg skal få det tilbage.

J: Det er mit punkt. Det er det, jeg fortæller dig. Hvordan føler du i relation til det, jeg har talt med dig om dit eget væsen? Jeg blev bedt om at spørge dig om det.

D: Hvordan føler jeg om det? Nå, det føles komfortabelt for mig. Jeg vil fortsætte mit arbejde. Den vigtigste ting er, at jeg forbliver sund, så kan jeg gøre arbejdet på en bedre måde. Og have energi til at gøre arbejdet og rejse. Så længe jeg kan gøre det, ved jeg, at jeg kan gøre arbejdet. Er det det, du mener?

J: Det er, hvad jeg mener. Du indser, at når du føler et problem, ved du, hvad du skal gøre?

D: Spørge dig om hjælp?

J: Ja. Hvis du er villig. Som du siger til dine emner, "Hvis du er villig."

D: (Griner) Så spørger jeg lægen, eller dig, formidleren?

J: Du skal bare spørge, og du vil blive forbundet med det rette sted, den rette energi. Og ja, jeg vil sige, at det måske vil være lægen.

D: For at hjælpe med eventuelle ubehag eller problemer, jeg måtte have i min fysiske krop.

J: Ubehag er problemer. Og ja, jeg vil komme og hjælpe dig.

D: Okay. For jeg vil have brug for det for at fortsætte med at fungere.

J: Føler du dig meget træt?

D: Nå, vi har været i gang længe. Og jeg tror, vi bliver nødt til at afslutte sessionen nu.

J: Fordi du føler dig meget træt.

D: Nå, det er ikke kun det. Det er, at Janice skal på arbejde om morgenen. Vi har vores fysiske liv at leve. Og vi har været i gang længere end nogen anden session, vi har haft.

J: Nå, det punkt, du skal forstå, er, at det er et år siden, du sidst har arbejdet. Og Janice har udviklet sig ud over dine oprindelige metoder til at opnå information. Til det punkt, hvor hendes fysiske form er helt anderledes, som du burde have mærket. Og hun er i stand til at fungere uden at sove overhovedet.

D: *Men jeg ville ikke gøre det mod hende.*

J: Nå, nej, det handler ikke om det. Men det er en af de ting, vi har lært, og som kan bruges, hvis nødvendigheden opstår. Dette er en meget vigtig tid, du er i nu, og det er et meget vigtigt sted, du er i nu. Og jeg er ikke sikker på, hvornår du vil blive tilladt at vende tilbage her.

D: *Nå, jeg synes, vi har været her længe nok.*

J: Det er helt op til dig.

D: *Fordi vi fungerer i Jordens tid. Men jeg sætter pris på, at du talte med mig og gav mig instruktioner.*

J: Du er velkommen. Jeg havde ikke forventet at kontakte dig i aften, da jeg ikke havde forventet at blive bedt om at gribe ind.

D: *Men næste gang, vi gør dette, vil jeg tillade mere af vores Jordens tid, fordi jeg vil vide, at disse sessioner kan vare længere.*

J: Du bør gøre det, for når du når dette niveau, er der meget information, der skal indsamles og bringes tilbage. Det vil blive vigtigt, fordi det er den type information, der vil blive brugt til at fungere, efter at visse begivenheder i historien finder sted. Det er den type energi. (Stemmen ændrede sig og var forskellig igen. Højere. Jeg prøvede at afslutte sessionen, og denne stemme havde autoritet igen.) Der er noget, jeg gerne vil fortælle dig, før du går. Jeg vil gerne forklare én ting for dig. Og det er, at ingen skade kan komme til dig, når du gør dette arbejde. Vi vil forklare mange komplicerede processer for dig. Og du bliver betroet et niveau af viden, som du faktisk ikke har været eksponeret for. Og det er vigtigt for mig at understrege, at vi værdsætter dit arbejde. Og vi vil have dig til at vide, at alt vil blive gjort for at hjælpe dig. Og vi vil gerne takke dig for at være, på en måde, en type facilitator for Janice. Så du kan måske hjælpe hende med at integrere det, du gør. Dette arbejde, på en måde, er en stor service for din planet, selvom det vil finde sted uden dit arbejde. Som i det sidste år, du ikke har arbejdet med Janice, men hun har overgået visse typer kommunikation. Så jeg ville bare have dig til at vide, at jeg personligt er enig i, hvordan du opfører dig.

D: *Jeg takker dig.*

J: Du er meget velkommen. Og jeg ønsker dig fred, kærlighed og lys.

The Custodians

D: Tak igen, hvem du end er. (Janice lavede håndbevægelser.) Det er en meget smuk gestus. (Janice tog derefter en dyb indånding, og jeg vidste, at den anden enhed var væk.) Okay så. Jeg ønsker dem alle farvel. Jeg vil have, at de alle trækker sig tilbage. Og jeg vil have Janices bevidsthed til at vende helt tilbage til denne krop.
J: (Hun afbrød.) Lysene blinker!
D: Hvorfor blinker de? (Hun virkede forvirret.) Er det energien? (Intet svar, som om hun kiggede.) Er det forårsaget af energien?
J: (Lidt stille) Ja. Fordi tjenestepigen afbrød. (Sørgmodigt) Hun afbrød.
D: Hun vidste det ikke.
J: Hun banker på døren. Hun ødelagde det. (Næsten grædende.)

Efter min mening kan de blinkende lys være forårsaget af, at tjenestepigen forstyrrede, før Janice var fuldt integreret tilbage i det fysiske. Energien var så stærk, at da den blev afbrudt, blev den spredt i de elektriske forbindelser. Det var en sådan frekvensoverbelastning, at den fik dem til at eksplodere. Det var ikke forudset, at tjenestepigen ville forårsage en forstyrrelse, før Janice kunne blive helt tilbageført. Dette kunne have forårsaget fysisk skade, som de sagde, hvis genindtrædelsen var blevet afbrudt, selv ved vejrtrækning. I stedet sendte enhederne overbelastningen ind i det elektriske kredsløb.

På det tidspunkt var min rejse lige begyndt, og jeg kunne ikke have troet, at mine første små skridt ville føre mig over hele verden. Jeg rejste til London første gang året efter, 1992, og har rejst til Europa mindst to gange om året lige siden. Jeg undersøgte crop circles og besøgte de hellige steder: Stonehenge, Avebury, Glastonbury, holdt foredrag og spredte den information, jeg har opdaget i mit arbejde. Jeg var den første amerikanske forfatter og tidligere liv hypnoterapeut, der rejste til Bulgarien efter, at det brød sig fri fra kommunistisk kontrol, og jeg var i Balkan direkte på den anden side af grænsen, hvor kampene fandt sted i Jugoslavien. Jeg har talt i hver storby i Australien. I 1997 besteg jeg Andesbjergene i Peru for at se de gamle Inka-ruiner i Macchu Picchu. Jeg rejser nu over hele USA, og er ofte i en ny by eller stat hver dag. Vi laver nu planer om at rejse til Hong Kong, Singapore og Sydafrika i 1999. Det ser ud til, at jeg snart vil have sat min fod på alle kontinenter på jorden.

Har jeg efterladt min energi alle disse steder, som de sagde? Hvis jeg har, har jeg heller ikke bemærket nogen mangel, som de sagde. Faktisk, hvis noget, har min energi øget, da mit arbejde har spredt sig. Bøgerne er nu oversat til mange forskellige sprog, og derfor bliver energien spredt til steder, jeg aldrig ville have været i stand til at rejse til, gennem den skrevne ords magt. Hvis dette er sket så uventet for mig, så har hver menneske den samme ansvar. Hver person spreder sin energi ubevidst for enten godt eller ondt. Målet bør være at lade den energi påvirke mennesker på en positiv måde for at lade vores planet vokse ind i et højere spirituelt eksistensplan.

KAPITEL 14
Undersøgelse af undersøgeren

Det så ud til, at da de fremmede fandt en måde at kommunikere med mig gennem mine emner (eller måske var det omvendt, og jeg havde opdaget metoden), fortsatte de med at levere information ved hver lejlighed. Kommunikation og tilstrømning af information fortsætter stadig, og meget af de mere komplicerede dele vil blive inkluderet i The Convoluted Universe.

Denne sag viser, at selv UFO-hypnoterapeuter og efterforskere ikke er immune. De kan have oplevelser uden deres bevidste viden. Jeg tror ikke, det er sket for mig, men jeg vil ikke afvise muligheden. Jeg foretrækker dog min metode til efterforskning. På denne måde kan jeg forblive observatøren, den objektive reporter, og ikke opleve de komplicerede følelser, der er involveret i aktiv deltagelse.

Hypnoterapeuten i denne sag ønsker at forblive anonym, fordi hun har en aktiv praksis og ikke ønsker, at denne information bliver offentliggjort for tidligt. Hun planlægger også at skrive sin egen bog, der omhandler den information, hun har afdækket i sit arbejde. På det tidspunkt vil hun henvise til denne sag, og forbindelsen mellem os vil blive afsløret. Derfor vil jeg kalde hende Bonnie. Jeg har kendt hende i flere år, og vi har haft kontakt professionelt og på foredragscirklen. I juni 1997 var vi begge talere på en konference på et universitet i Wyoming. Efter konferencen afholdt vi denne session på kollegiet, hvor vi boede. Vi var begge ekstremt trætte, og jeg skulle rejse næste morgen, men vi ønskede at udnytte den sjældne mulighed for at være sammen og afholde sessionen. Der var to mænd til stede, som havde bedt om Bonnies tilladelse. En af dem betjente Bonnies båndoptager, mens jeg overvågede min egen.

Før sessionen fortalte hun os om en mærkelig hændelse, der var sket en måned tidligere i maj 1997. Hun havde en vag ubehagelig fornemmelse af, at der var mere til det, og hun vidste, at flere detaljer kunne blive afdækket gennem hypnose. Hun havde været til et middagsselskab med flere UFO-forskere på en restaurant nord for Santa Barbara i Californien. Det havde været meget interessant og stimulerende, så hun forlod ikke restauranten før næsten midnat. Hun vidste præcis, hvornår hun forlod restauranten, fordi hun skønnede, at det ville tage hende cirka to og en halv time at køre hjem.

Hun sagde: "Jeg bemærkede, at klokken var 11:35, da jeg trak ud af parkeringspladsen på restauranten og kom på motorvejen mod syd. Dette var Highway 101 langs Stillehavskysten. Det var en meget, meget sort nat. Nogle gange kan jeg virkelig godt lide at være i fuldstændig mørke, og denne nat var meget som fløjl, elegant. Og jeg var glad for, at jeg skulle køre hjem alene, så jeg kunne tænke på den vidunderlige aften med alle de andre efterforskere. Det var som meditationstid, tid til fri tanke, at køre alene på den meget, meget sorte nat. Det var så sort, at jeg ikke kunne se, hvor kysten på min højre side sluttede, og havet begyndte. Tidligere, når jeg kørte den motorvej om natten, ville jeg være opmærksom på reflektioner af olieplatforme eller både. Man havde en fornemmelse af, hvor vandet var, eller månen kunne være ude og kaste en refleksion på vandet. Men denne nat var en af de nætter, hvor der ikke var stjerner, og det var så sort, at du ikke kunne skelne forskellen mellem land og hav. Efter et stykke tid huskede jeg at have set et lille skilt 'Seacliff'. Jeg havde ikke husket en by med det navn på den motorvej, fordi det er et langt strækning af kystlinje uden byer eller lys. Jeg havde kørt et godt stykke, da jeg indså, at der ikke var nogen andre billygter på hverken den ene eller den anden side af motorvejen. På et tidspunkt syntes jeg, det var lidt mærkeligt, at jeg var den eneste bil på vejen. Men det var okay, fordi jeg følte mig meget komfortabel. Måske var det derfor, de næste begivenheder var så uventede, fordi jeg ikke havde nogen fornemmelse af bekymring."

Bonnie kørte gennem dette lange tomme strækning, da hun blev forskrækket over et stort rundt lysblink til højre for hende langs kysten. Det var hvidt med et grønligt skær og varede kun et sekund. Og så intet, ingen lyd. Det var ikke fyrværkeri eller nødraketter. Hun syntes bare, det var mærkeligt og fortsatte med at køre. Der var store bakker på venstre side af motorvejen i dette område af Highway 101. Og mens hun kørte gennem denne ubeboede strækning af vejen, bemærkede hun et utrolig stærkt lys, der strålede fra bag disse bakker. Det dækkede et stort område, havde en rund bue og var ikke i bevægelse. Det var meget lyst og havde samme farve som blitzet: hvidt med et svagt grønligt skær. Hun tænkte, at det ikke kunne have

The Custodians

været det samme, fordi hun endnu ikke var kørt så langt. De var to separate lys. Lyset bag bakkerne dækkede en sådan afstand, at det tog hende flere minutter at køre forbi det. Hun studerede det og forsøgte at se, hvad der kunne skabe det, da noget uventet trak hendes opmærksomhed tilbage til vejen. Der var noget parkeret på hendes side af motorvejen. Det lignede bagsiden af en meget stor lastbil, en stor trækkende lastbil eller semi. Men der var ingen kegler, reflekterende lys eller nødraketter, så det kunne blive set af modkørende bilister. Det var ikke helt ude af vejen på skulderen, men stod delvist på motorvejen. Der var stadig masser af plads til at passere det, men det skabte en farlig situation, fordi hendes forlygter ikke opdagede det, før hun var meget tæt på det. Det var bare pludselig der på hendes side af vejen. Da hun nærmede sig, så hun nogle mennesker (måske fire eller fem) gå rundt om bagsiden af lastbilen og ud på motorvejen. Igen var dette en farlig situation, fordi de kunne være blevet ramt.

"Det var indtryk, fordi det hele skete så hurtigt. Jeg kørte nok 70 miles i timen eller mere, fordi jeg var helt alene på motorvejen. Jeg lagde mærke til, at dette køretøj havde en form for dæmpet lys, der lyste på det fra vejen, som om måske en lommelygte var blevet sat på vejen, og lyste op på bagsiden. Og lige da jeg var ved at køre forbi, så jeg stor sort skrivning øverst på bagsiden af køretøjet. Mit indtryk var, at det stod, i store sorte firkantede bogstaver: 'Emergency Vehicle'. Og jeg tænkte, det er mærkeligt. Jeg har aldrig set en nødhjælpskøretøj som det. Det var ikke en brandbil, en politibil eller en ambulance. Man ville normalt ikke tænke på en semi-lastbil som et nødhjælpskøretøj. Mit indtryk var, at det var en ret lang lastbil. Nå, jeg syntes, at rækken af begivenheder var mærkelig: lyset langs kysten, lyset bag bakkerne, denne store lastbil, nødhjælpskøretøj, folk der gik forbi, men ingen raketter. Og tanken fløj gennem mit hoved, at måske var denne lastbil lige ankommet, og måske var de ved at sætte raketter op, og måske havde det noget at gøre med lyset bag bakkerne. Det var bestemt ikke en brand, men måske undersøgte denne lastbil det eller noget. Men alt dette var bare indtryk, fordi det skete så hurtigt. Dette var bare mærkeligheder, og jeg følte mig helt komfortabel, uden frygt eller noget.

"Så et sekund eller to senere skete det underligste af alt. Jeg ved ikke, om jeg var kørt helt forbi den lastbil eller stadig var i nærheden

The Custodians

af lastbilen. Men pludselig lige foran mig blev hele min bilrude helt blændet af det stærkeste lys. Jeg så mig ikke selv nærme mig et lys eller noget lys komme mod mig. Det var, som om en kontakt var blevet tændt, og pludselig var hele området lige foran mig i brand med lys. Alt, jeg kunne se gennem forruden, var dette komplette blændende lys. Det var nok det stærkeste lys, jeg nogensinde har set, men det var også meget smukt, lidt gul-hvidt. Det var blindende. Det var meget mærkeligt, men endnu mere underligt var det, at midt i lyset så det ud som en stribe af noget. Jeg kunne kun se dette i et brøkdel af et sekund, før jeg ramte det. Det var enten farveløst eller hvidt, men det var i dette lys. Det lignede et bånd eller måske et bånd strakt stramt over forruden og lidt i en vinkel, skråner ned til venstre. Den første tanke, jeg normalt ville have, kunne være et kabel, men det var bredere end det, som et bånd. Dette var meget mærkeligt, for det var efter denne mørke, mørke, mørke nat. Alt var sort foran, og så pludselig var forruden helt fyldt med dette blændende lys, og denne ting strakte sig over, som jeg åbenbart ville ramme. Og det lavede et kæmpe smæk! Næsten som en knæk-lyd. Det syntes at reverberere hele vejen rundt om mig og igennem mig. Det var så chokerende. Og jeg tænkte, 'Hvad i alverden var det?' Så lagde jeg mærke til, lige efter smækket, at der nu var et stort smæk på min forrude. En stor spindelvævsrevne på førersiden, med store tråde, der strakte sig halvt over forruden. Og så syntes det, at jeg var ude af det lys, og kørte videre med de normale forlygter. Revnen blokerede ikke rigtig mit synsfelt, men jeg kunne se, at der ikke var noget hul i den, som en kugle eller en sten ville lave. Men selvom det havde været noget som det, hvorfor ville der så have været alt det brændende lys? Så jeg var virkelig rystet.

"Jeg blev ved med at køre, selvom et af mine impulser var at sænke farten, trække over, bakke op og spørge de mænd, der var ved lastbilen, om de havde set noget. Men hvad jeg kalder 'min sjæls store stemme' tordnede så kraftigt gennem mig, 'Nej! Kom væk herfra! Fortsæt! Stop ikke! Gå ikke tilbage! Kom væk herfra! Fortsæt! Fortsæt hele vejen hjem!' Og det gjorde jeg, jeg fortsatte hele vejen hjem i yderligere to timer, bekymret hele vejen om, hvorvidt forruden ville briste. Jeg kom hjem lidt efter to om morgenen, hvilket var den rigtige mængde tid, især uden trafik."

Selvfølgelig var Bonnie fyldt med ubesvarede spørgsmål, da hun kom hjem. Hun blev lettet over at finde ud af, at der ikke var gået

The Custodians

nogen tid tabt, men hun kunne ikke forklare det utrolige lys og striben, der var strakt over motorvejen, som havde revnet hendes forrude. Hun havde tænkt på at trække ind til vejsiden og finde en betalingstelefon for at ringe til motorvejspatruljen, men det var sent, og hun var alene som kvinde, så hun fortsatte, indtil hun kom hjem. Hendes mand sagde, at han var glad for, at hun ikke stoppede. Nogle gange sætter folk situationer op, hvor de kan fange folk og røve dem eller stjæle deres bil, så det var meget klogt at fortsætte. I det mindste havde det, der rev forruden, ikke forårsaget en ulykke.

Jeg var enig med Bonnie i, at dette ikke lød som en normal hændelse. Der var for mange usædvanlige komponenter. Jeg vidste, at vi under hypnose kunne få flere detaljer, end den bevidste sind kunne give. Bonnie var en fremragende deltager og gik straks i en dyb transe. Nogle gange kan en kollega-hypnotisør tilbyde modstand, fordi de er opmærksomme på proceduren og bevidst forsøger at analysere den teknik, der anvendes. Men jeg havde ingen problemer med Bonnie. Hun følte sig tryg ved mig og afslappet og vendte straks tilbage til scenen den aften i maj 1997. Det eneste problem var, at hun fyldte det med for mange detaljer. Hun huskede navnene på alle, der var til middag, hvor de sad ved bordet, hvad de spiste, og hvad de diskuterede. Jeg vidste, at jeg måtte føre scenen frem til den del, vi ønskede at udforske. Hun gik gennem mange detaljer, da hun forlod restauranten, satte sig i sin bil, bemærkede den præcise tid og kørte ud af parkeringspladsen. Det er altid et godt tegn. En deltager, der genoplever en sand hændelse, vil give mere ekstreme detaljer, end der blev bedt om (ofte betydeligt mere end nødvendigt), og vil ofte frivilligt give tilsyneladende irrelevante informationer. Dette ser ud til at være den underbevidste måde at være ekstremt præcis på. Så jeg vidste, at vi var kommet godt i gang.

Hun var ved at genopleve kørslen sydpå på Highway 101.

D: Så når du kører, er det bare en normal tur?
B: Nå, det er normalt, bortset fra at jeg er overrasket over, at der ikke er nogen andre biler foran mig eller bag mig. Og det virker mærkeligt, at der ikke er nogen, der kommer imod mig heller.
D: Er der normalt trafik der?

The Custodians

B: Jeg kører normalt ikke hjem så sent fra Santa Barbara. Men jeg ville tro, at der på en fredag aften omkring midnat ville være lidt trafik. Men det er meget rart i den forstand, at jeg ikke har noget blændende lys i øjnene fra modkørende trafik.

Bonnie bemærkede nattens mørke og umuligheden af at skelne landet fra havet. Hun kørte derefter forbi det lille skilt "Seacliff". Lige efter så hun det store lysglimt af et perfekt cirkelformet lys nede ved kysten. Længere fremme så hun det store lys, der strålede bag de stejle bjerge til venstre. Lyset dækkede en ret stor afstand, fordi det tog hende et stykke tid at køre forbi det. Indtil videre genoplevede hun aftenen præcis som hendes bevidste sind havde rapporteret, bortset fra at hun fortsatte med at give information om mødet på restauranten og hendes planer for den kommende weekend.

B: Det er som en krone af lys fra noget. Og jeg ser ikke, hvad det noget er, fordi bakkerne er i vejen. Men buen af denne lyskrone er som toppen af en stor perfekt kurve eller cirkel. Og den har meget definition. Du ved, noget lys er diffust og lyser op i kanterne, og falder gradvist ud i mørket. Men dette er ikke sådan. Det er mere som en kant på dette lys. Det er så stort og så lyst, og jeg kan ikke se, hvor det kommer fra. Det er som den anden ting, der blinkede. Det er så interessant, fordi der var det lysblink på højre side, og nu er der dette store lys, der lyser op på venstre side. Hvad kan det være? Der er ikke nogen by derovre eller noget. Jeg kører også meget hurtigt, men det er så stort, at det tager mig et stykke tid at køre forbi det. Og forresten, det bevæger sig ikke rundt eller noget. Det bliver bare stående der, stille. Og nu på højre side ser jeg denne store ting. Det ligner bagsiden af en meget høj lastbil. Så jeg tænker måske en trailerlæssebil eller … Jeg mener, det ville være et meget stort køretøj for at være så højt. Jeg ser ikke langs siden af det eller noget, eller forsiden af det, fordi jeg nærmer mig det fra bagenden, bagfra. Og jeg synes, det er mærkeligt, at jeg ikke så det før lige her. Og jeg undrer mig over, hvorfor det er parkeret der. Jeg antager, at det måske har noget at gøre med det mærkelige lys derovre, på den anden side af motorvejen, bag bakkerne til venstre. Der er en slags glød, der lyser op mod det fra neden. Det må være noget på motorvejen, tror jeg. Det er sådan et

The Custodians

blødt lys. Og jeg ser silhuetter af nogle mennesker, der går. Og jeg er ikke sikker ....

D: Er du bange for, at du måske rammer dem?

B: Nå, jeg ser, at der er nok plads. Jeg undrer mig om vi kunne stoppe ....

D: Jeg var ved at foreslå det, at vi stopper scenen, så vi kan undersøge det.

B: Fordi jeg kører så hurtigt. Det sker så hurtigt.

D: Du kan langsomt sænke hele scenen, ramme for ramme.

B: Jeg skal gøre det.

D: Alright. Når du nærmer dig bagsiden, kan du se det meget tydeligt, og du kan rapportere det. For når du sænker det, kan du se det i stor detalje. Fortæl mig, hvad du ser, når det er langsomt.

B: Nå, disse mennesker er meget spinkle. De er meget tynde, med lange ben. De er alle i bevægelse. Nogle af dem går forbi bagsiden af denne ting, denne lastbil. De går alle i forskellige retninger. Nogle af dem går mod forsiden af lastbilen lige på motorvejssiden. En eller to runder hjørnet mod bagsiden fra siden. De bevæger sig hurtigt, men glat.

D: Kan du gøre dig nogle flere detaljer om dem?

B: De er forskellige højder. (Hun viste tegn på ubehag.) De har store hoveder. (Begynder at blive oprevet.)

D: Husk, at du kan se på det objektivt, hvis du vil, som en reporter.

B: (Næsten grædende.) Nå, de er ikke rigtig mennesker.

D: Hvorfor siger du det?

B: Fordi de er meget tyndere end mennesker. Og de har lange halser og store hoveder. Hvis de er mennesker, er de meget mærkeligt udseende mennesker. Jeg troede, de var mennesker, vejarbejdere eller noget.

D: Hvorfor gør det dig urolig?

B: Nå, det er bare en overraskelse. Jeg havde ikke forventet det. (Fortsat oprørt.) Det er ikke, at det er dårligt. Men det er en overraskelse.

D: Naturligvis. Når dette bliver langsommet ned ramme for ramme, kan du få mere detaljer om objektet ved siden af vejen? Du kan se det tydeligt nu. (Hendes ansigt viste tegn på noget.) Hvad ser du?

B: Jeg ser disse store bogstaver deroppe. Nå, jeg troede, de sagde "Nødkøretøj". Men det er mere som et mønster, tror jeg. Det er lidt som … (Pausen mens hun kiggede på det.) Jeg vil sige "trekanter", men ikke præcist. Som dele af trekanter, vinkelformede figurer. Hvis man satte dem sammen på en bestemt måde, ville de danne trekanter, men de danner ikke trekanter. Jeg ville ikke sige, at det er bogstaver som vi har bogstaver. Og hjørnerne er ikke skarpe nu.

D: *Tror du, du senere kunne tegne det?*

B: Jeg kan tegne en del af det. Jeg kører stadig hurtigt, meget hurtigt.

D: *Jeg vil have, at du fastholder det design, de bogstaver, i dit sind, så du senere vil kunne tegne dem så godt du kan. Kan du gøre det for mig? (Hun mumlede noget.) Bare husk, hvordan det ser ud.*

B: Og den glød af lyset dernede. Jeg troede, der var en slags lys på vejen, men det er der ikke. Ved du hvad det er? Det er noget med det store køretøj, der bare lyser op fra neden. Det er ikke, fordi der er noget, der lyser på det, som jeg troede. Jeg tror heller ikke, det er så langt, som jeg havde antaget. Og hvor der var en skarp kant, eller et hjørne, mellem siden og bagsiden, er det mere en kurve.

D: *Men du kører forbi det. Fortæl mig, hvad der sker, fordi du kan vide det nu. Du kan se alle detaljerne.*

B: Pludselig er der dette enorme lys foran min forrude.

D: *Hvad er det?*

B: (I undren.) Jeg ved det ikke!

D: *Jo, du ved det.*

B: Det er bare blændende. Det er så utroligt lyst og blændende, at det er chokerende. Jeg mener, jeg kan ikke se noget andet. Jeg kan ikke se noget igennem det, bortset fra at jeg ser i det.

D: *Men dit sind ved, hvad det er. Stol på det. Hvor kommer det fra?*

B: Det kommer på en eller anden måde fra dem.

D: *Disse mennesker?*

B: Ja. Og den slags sølvfarvede ting med lyset, der stråler ud fra under det, ud bagpå det. Det er ikke engang den samme farve lys, men det har noget at gøre med dem. Jeg ved, at de gør det.

D: *Så hvad sker der derefter?*

B: Og så er jeg … det er mærkeligt, jeg troede bare, jeg blev ved med at køre. Men jeg gør ikke det. Jeg mener, jeg kører, men jeg … jeg kører op. Opad. Det er så mærkeligt. (Ubevidst.) Jeg holder stadig på ratet, og jeg kører op. Og jeg er stadig i alt dette lys. Jeg troede, det lys kun varede et sekund, men jeg er stadig i det. Nu er det overalt omkring bilen, og det er i bilen. Det er virkelig et smukt, smukt lys.

D: Kan du se, hvor det kommer fra?

B: Nej. Jeg kører ikke fremad, men opad, som om jeg er på en stor rampe eller bakke. Opad, på vej op.

D: Ligesom i en vinkel?

B: Uh-huh. Men jeg har også fornemmelsen af, at jeg ikke kan være på vejen længere, fordi vejen ikke går op der. Og der er også en følelse af lethed og anstrengelsesløshed. Jeg tror, motoren er ikke engang tændt, men jeg holder stadig på ratet.

D: Kan du høre motorlydene?

B: Nej, jeg hører ingenting. Nu, i stedet for at bevæge mig fremad, er det som om, det svæver opad. Men jeg føler mig meget beskyttet, fordi jeg er i en stor oval boble af lys, lys, lys. Jeg kan ikke se, hvor lyset stopper. Jeg ved bare, at jeg er i det.

Der var meget distraktion for mig fra lyde ude fra. Vi var i et kollegium på et universitetscampus. Tidligere var der kommet busser med unge mennesker til en tennisturnering. De lignede gymnasieelever. Nu, som det blev mørkt, så det ud til, at de samledes på gaden nedenfor vinduet. Der var meget skrigen, skrig og latter. Jeg forsøgte at ignorere det. Jeg håbede, det ikke ville forstyrre sessionen. Men normalt er deltageren så koncentreret på, hvad de ser, at selv høje lyde ikke forstyrrer dem. Jeg rejste mig og lukkede vinduet, selvom det gjorde rummet varmt.

B: Dette lys er virkelig smukt. Og det er overalt omkring bilen, og det er endda igennem bilen. Det er som om, jeg bare sidder i denne enorme boble af blændende lys. Jeg hører intet, men alt er okay. Jeg holder stadig fast på ratet. Det føles godt. ... Okay, nu er det som om mig og min bil er kommet op i noget. Det føles som om, bilen bliver sat ned på noget, som et gulv eller et underlag eller noget. Og det lys begynder at falme.

D: Kan du se, hvor du er?

B: Det er et kæmpestort rum. Hele vejen rundt om mig, et cirkulært rum med gange og døre, der går ud fra det. Og der er meget lys også, men ikke så lyst som det lys, jeg lige sad i.

D: Hvordan har du det med dette?

The Custodians

B: Åh, det er okay. Det er en overraskelse. (Pausen) Men nu er der en hel sværm af … jeg vil sige "mennesker," men de er ikke rigtig mennesker. De er overalt omkring bilen. Det er så sjovt. De må være oppe på bilens motorhjelm og kigge ind. Og de er overalt omkring vinduerne. Jeg vender mig om og kigger ud ad bagruden, og de er der også. (Hun fandt det sjovt.)

D: Hvordan ser de ud?

B: (Griner) Åh, de ser virkelig søde ud, men de er bestemt ikke mennesker. De har disse store, væskefyldte øjne og skaldede hoveder. Jeg mener, de er slet ikke truende. De er nysgerrige og barnlige og venlige. Og de kigger bare ind og vipper deres hoveder for at få et bedre kig.

D: På dig eller på bilen?

B: Jeg tror begge dele. Jeg tror mest på mig, det føles sådan. Og så åbner de begge dørene af en eller anden grund. Og det er mærkeligt, for jeg havde låst dørene. Jeg kører altid i mørket med dørene låst. De åbnede dem bare. To af dem … (Griner højt) to af dem sætter sig på passagersædet til min højre. Min pung er der, og små slik, som jeg har med for at spise, hvis jeg bliver træt. Og de skubber dem væk. Og den anden skubber lidt, skubber med hoften, mens den første sætter sig i sædet. Lidt som små børn, på en måde. (Højlydt, efterligner børns stemme:) "Jeg skal lade hende komme ind først." Og der er tre eller fire ved min dør. Og de rækker bare ind, og de … det er mærkeligt, det er mærkeligt, for jeg har sikkerhedsselen på, og døren er låst. Men det ser ikke ud til at genere dem. Jeg er ikke opmærksom på, at nogen når hen og løsner min sikkerhedsseler, men de trækker mig ligesom ud ved min venstre arm. Og så tager de fat i mig … ikke rigtig griber mig, men rører ved min højre arm og lukker døren. Nu er der nogen på begge sider af mig, og en eller to lige bag mig. Og de skubber lidt videre.

D: Kan du se, hvordan deres hænder ser ud, mens de rører ved dine arme?

B: Ja. De har virkelig tynde fingre. De her er sådan … (Pausen, mens hun kigger på dem.) Jeg vil sige "blå," men de er faktisk meget lysere. Mere som en grå farve med et blåt skær. Og deres øjne er meget smukke. De er meget store og væskefyldte og blålige også. Blålige-sorte.

462

The Custodians

D: Kan du se, hvor mange fingre de har?
B: Nå, den der har hånden på min højre underarm, jeg kan bare se tre fingre, og så er der noget mærkeligt, der prøver at vikle sig rundt om min underarm. Det ser ikke rigtig ud som en tommel, men det gør det på en eller anden måde, mere eller mindre.
D: Så de har tre fingre og den mærkelige, der ser ud som en tommel.
B: Ja, og de er meget tynde. Jeg vil gætte på, vi ville kalde dem sådan lidt "benede."
D: Hvor tager de dig hen?
B: Nå, de går med mig. Jeg sagde "trasker," det er ikke rigtig trasken. Jeg går ikke engang på den måde, jeg normalt går. Jeg mener, det ser ud som om jeg begyndte, men så behøver jeg ikke. Fordi vi glider ligesom afsted. Det er virkelig glat. De er glatte, og jeg er glat. Og en gang imellem (griner) sætter jeg en fod ned, du ved, som om jeg tager et skridt. Og det bremser os lidt. Det kommer i vejen. Så de tager mig hen over det her store ... Jeg tror, det er mere oval i form end rundt. Jeg ser ud til at være den eneste bil og den eneste person. Åh, gud, det har et meget højt loft. Der er ikke rigtig noget i det, men der er nogle døre. Vi går hen over den ene ende af ovalen, på denne svævende måde. Ikke oppe i luften rigtig. Jeg tror, vi er ret tæt på gulvet. Og jeg vil gerne kigge rundt og se min bil og se, hvad der sker med den. Men jeg har en fornemmelse af, at de virkelig er inde i bilen og kigger på den.
D: (Griner) Ligesom små børn. De vil gerne se det.
B: Ja. Og jeg undrer mig over, hvad de vil synes om mine candy wrappers, og min pung, og min notesbog, og mine båndoptagere. Der er lydbånd.
D: Nå, de vil måske ikke røre noget.
B: Ja, jeg tror ikke, de vil have dem. Jeg fik bare tanken. "Jeg undrer mig over, hvad de synes." Især om båndene, der har noget at gøre med UFO-ting. (Griner) Og jeg undrer mig over, om de gerne vil vide, hvad der er på dem. Men uanset hvad, vi kommer til en dør, og vi går ind i et andet rum. Og i midten af rummet er der en stol, der har armlæn. Den har et hovedstøtte og et fodstøtte, ligesom en ...Nå, de sætter mig i den, og det er som en lænestol, men den har ikke en del til, at mine ben kan hvile på. Men den har sådan en skrå fodstøtte ting, og jeg sætter mine fødder på den. Den har nogle riller på, så mine fødder ikke glider af, fordi den er skrå. Og

The Custodians

de sætter mine arme på stolens armlæn. Lad mig se, hvad det minder mig om? Lidt som en tandlægestol. Og lidt som en frisørsalon stol, med armlæn, der har noget polstring på dem. Og de sætter mine arme der med mine håndled hængende over enderne. Det er lidt som en frisørsalon, på en måde, fordi du ved, i en frisørsalon har de den her varme hårtørrer-type apparat? (Ja) Så de sætter noget over mit hoved bagfra, som er en del af denne stol. Det må være justerbart, og det passer lige rundt om mit hoved. Og der er nogle væsner, en på hver side, der justerer det. Og dette er et mindre rum. Det er ikke rundt.

D: *Hvad tror du, de gør med det?*

B: (Undrende) Jeg ved det ikke. Hvis de ikke så venlige ud, tror jeg, jeg ville være rigtig bange. Men jeg er ikke bange.

D: *Kan du se, hvordan det passer over dit hoved?*

B: Nej, fordi de satte det på bagfra. Da jeg nærmede mig stolen, lagde jeg mærke til, at det var næsten som en bikubeformet ting, og det er mindre end hårtørreren i en frisørsalon. Nå, her er jeg, og jeg sidder oprejst i dette. De trykker det ind ret fast, og de ser ud til at justere det på mine tindinger. Jeg håber, de ikke vil gøre det for stramt, fordi det er et ømt område. Det går ikke ned over mit ansigt, det er bare på mit hoved. Nu tror jeg, de har det så stramt, som de vil have det. Og dem på siden kigger på mig. (Griner) De er virkelig ret søde. Jeg mener, de har stadig det åbne nysgerrige udtryk. Og de kigger på mit ansigt og mit hoved og tindeområdet. De rører ved det med deres små, benede fingre og nikker lidt. Og jeg er bare forbløffet over, at jeg ikke er bange. Jeg er nysgerrig, og det er de også. Og jeg tænker: "Wow! Jeg er virkelig her. Jeg har virkelig denne oplevelse. Disse væsner er virkelig her, og gør ting her med mig." De starter noget op lige nu. Jeg kan ikke sige, at jeg hører noget, men jeg føler en summen uden at høre det. Jeg tror, det betyder at føle vibrationerne, men en meget, meget blid én. Den kommer lige igennem mit hoved fra alle retninger. Og det er som om de siger til mig: "Slap bare af i nakken." Og slap af i denne ting omkring mit hoved.

D: *Taler de til dig?*

B: Nej. Jeg ved bare, at det er deres tanker, fordi de ikke er mine tanker. Men da jeg nu er i denne ting alligevel, vil jeg gerne slappe af i mit hoved og min nakke også. Og der er en nakkestøtte der.

The Custodians

Den er lidt hård, men i det mindste er der noget at læne sig tilbage i. Den har lidt polstring på, ligesom armene.

D: Og hvad sker der så?

B: Jeg sidder bare der og undrer mig over det. Og der er alle disse knapper, og andre kommer hen. Pludselig er dette lille rum blevet meget fyldt med dem. De er også forskellige højder, ligesom dem på vejen.

D: Ligner de hinanden?

B: Nej, der er en højere. Det virker som en "han." Han har et meget, meget benet hvidt hoved og anderledes øjne.

D: Hvad er anderledes ved dem?

B: Nå, de er virkelig, virkelig store. De er meget større end de andre, og har en anden form. Men du ved, det sjove er, at alle disse ser ud til at have udtryk i deres øjne. Og jeg føler stor interesse, som en ære. Jeg mener, det er mere end nysgerrighed. Det er som om de er meget interesserede i, hvad der sker, og jeg føler også en stor følelse af godkendelse. Jeg mener, de bevæger sig ikke rundt med spænding eller klapper eller noget. Men jeg får følelsen af, at de er virkelig glade for at have fundet denne ene. (Griner) Mig. Fordi denne ene har meget information, som de vil have. Og det virker som om, de ikke har haft denne ene før, hvilket betyder mig. Jeg føler mig som en ny, som et nyt emne, så de er særligt interesserede. Så jeg sidder bare her. Og de ser alle sammen på mig, og nye kommer ind. Ingen, der kommer ind, går ud, så ret hurtigt bliver dette lille rum fyldt med forskellige mennesker. Nogle af dem skubber endda forbi hinanden. (Griner) Ligesom de to små i bilen.

D: Du sagde, du følte denne vibration. (Ja) Hvor var vibrationen?

B: I mit hoved. Det føles som en summen, men jeg kan ikke sige, at jeg hører nogen lyd. Der er noget, ligesom en strøm, men det gør ikke ondt eller noget. Det er meget beroligende, faktisk. Det er meget afslappende.

D: Men du ved ikke, hvad der sker?

B: Nej. Jeg ved bare, at de er meget interesserede. Det virker som om, de måske vil vide, hvad der er i min hjerne.

D: Kan du bede dem om at fortælle dig noget?

B: Ja, okay. Jeg kan ikke bevæge min mund, men jeg tror, jeg kan tænke det.

The Custodians

D: *Ja. Sig til dem, at du er nysgerrig.*
B: Nå, der er to eller tre lag dybt af disse ... (Griner) væsener omkring. Men jeg spørger den højere en, der er i den tredje række foran mig. Den store høje en med de enorme øjne og det meget benede hvide hoved. Og det er fantastisk, at jeg kan lide ham. Jeg mener, normalt hvis man så noget som det, ville man få den værste skræk. Men han virker virkelig fin, så jeg kigger bare på ham. Og det er faktisk svært at kigge på begge hans øjne, fordi de er vidt spredte, så mine øjne, der kigger lige frem, stemmer ikke helt overens med hans. Så jeg må kigge på det ene øje og så på det andet. (Griner) Men jeg kan stadig kigge på det ene øje og så det andet. Så jeg spørger: "Hvad laver I? Hvad sker der her?" Og han sender et smil tilbage og siger: "Du er vores dyrebare én." (Bonnie blev følelsesladet og begyndte at græde.) "Vi har brug for at lære fra dig, ligesom du lærer fra os. Og nu mødes vi ansigt til ansigt." (Hun græd nu åbenlyst.) "Og vi kan vide, hvad du ved om os." (Hendes gråd dækkede ordene.) "Og det er meget godt." (Grædende) Føler mig helt æret ... og glad.
D: *Så det er ikke tårer af sorg eller frygt?*
B: Åh, nej! (Grædende) Jeg føler mig dybt æret hele vejen igennem.
D: *Det er meget godt. (Jeg forsøgte at få hende objektiv igen, så hun kunne stoppe med følelserne.) Og hvordan lærer de fra dig?*
B: (Hun genvandt sin ro.) Han siger, vi downloader information fra din hjerne. Og du ved, hvad det betyder nu, Bonnie. Godt for dig! Du lærer din computer, og du forstår det nu. Vi tager bare alt, hvad du ved fra alle de mennesker, du har arbejdet med, som har haft episoder — interessant, de kalder det "episoder" — med væsener som os. Og vi vil gerne vide, hvordan disse mennesker oplever vores interaktioner med dem. Vi vil gerne vide, hvordan vi påvirker dem, og hvordan de oplever det, og hvad det betyder for dem. Og du ved alt det, Bonnie, fra mange mennesker. Og du har set dem ændre sig. Du har set dem gå fra frygt og traume, som du kalder det på Jorden, til accept og fred. Og i mange tilfælde ønsker de at kende os bedre. Ligesom du også har ønsket at kende os. Som du har haft en vis bevidsthed om. Og nu kan du. Så denne oplevelse er også for dig. Du har været med os før. Du har bare ikke tænkt på det. Og jeg tænker: "Ja, jeg har mødt disse blååtige væsener før, langt tilbage i 1742."

The Custodians

D: (Det var en overraskelse.) 1742? Det er lang tid siden.
B: Da jeg var en slotsvagt i Wales. De tog mig op fysisk og bragte mig langt, langt, langt, langt ud i rummet, hvor disse sølvblå, smukke væsener med de væskeagtige øjne og strålende godhed mødte mig. Det var vidunderligt.
D: Så du har kendt dem længe?
B: Længe. Og jeg oplevede at være en del af deres gruppebevidsthed, som er virkelig, virkelig anderledes.
D: Men har du kendt dem siden da?
B: Jeg er ikke bevidst om det.
D: Så de vidste, hvem du var, det er det, du mener. Okay. Men du er på skibet og oplever denne downloading. Hvad sker der efter det?
B: Dette varer ikke engang så længe, sandsynligvis bare et par minutter. Det er svært at sige. Og jeg er så betaget af dem. Du ser, den inderste ring af disse væsener er disse smukke sølvblå væsener. De ligner alle hinanden. Og de udstråler en dejlig venlighed og interesse, nysgerrighed. Den høje en bagved udstråler også rigtig godt vilje. Det er ham, der har talt til mig.
D: Nå, hvad sker der, når de er færdige med det?
B: Følelsen af summen stopper. Og de er nu omkring siderne, hvor mine tindinger er, og åbner noget. Jeg ved ikke, om det er hængsler eller plader eller noget. Og de tager denne apparat af mit hoved. Jeg sidder stadig i samme position med hovedet oprejst. Og den store høje en siger: "Tak. Vi værdsætter dine informationer. Og vi værdsætter det arbejde, du gør med de mennesker, vi arbejder med. Vi ærer dig meget, og du vil være helt fin. Vi tager ikke dine minder. De er alle helt intakte. Og vi er meget glade for at have dig til at dele, hvad du vil, med mennesker på Jorden. For det er vigtigt, at de bliver meget vant til ideen om, at vi alle eksisterer. Og at vi interagerer med mange, mange af jer."

Jeg var blevet så opslugt, at jeg glemte at holde øje med min båndoptager. Bonnies optager gik ud, og det fik mig til at kigge på min. Den var næsten ved at ende. Så mens manden skiftede hendes bånd, tog jeg mit ud, satte et nyt i og fortsatte.

D: Tillader de os at have disse informationer?

The Custodians

B: Han siger: "Please do! Brug enhver mulighed du kan for at dele. Enhver gruppe, du er i, enhver person du møder, enhver, du taler med. Og du skal begynde at gøre din egen familie bekendt med dette."

D: Hvad ville han sige til nogen, der synes det er forkert at tage deres personlige informationer?

B: Han siger, at det i det universelle system ikke er forkert. Og en dag, selvom vi – meningen er dem, dette er ham, der siger det – selvom vi er dem, der lærer meget mere om jer på nuværende tidspunkt, vil I, menneskene på Jorden, få jeres tur, til at lære mere om os. Og mange af os ønsker, at I mennesker lærer mere om os. Der er nogle, der ikke gør det, men vi gør det, fordi vi interagerer for det fælles gode. Vi arbejder virkelig hårdt gennem mange jordiske individer for at fortsætte med at forbedre livskvaliteten på Jorden. Og det er meget, meget vigtigt, at andre mennesker kender den del af det. Der er brug for en meget stor balance og modvægt af de katastrofemæssige tilstande, der ofte præsenteres for jeres samfund. Og du, Bonnie, har altid, i hele dit liv, været på udkig efter balance og gensidig forståelse. Det er derfor, du er en af de mennesker, vi arbejder med. Vi sender endda nogle gange mennesker til dig for at arbejde med. Det virker måske ikke sådan for dig, fordi de siger, de har hørt dig tale, eller de blev henvist af nogen, du kender. Men vi er ofte dem, der påvirker dem og leder dem til foredraget, hvor de vil høre dig og lære, hvordan de kan nå dig. Og de kommer og arbejder med dig, fordi du er en af dem, der er åben for balancen, åben for det gode, som mange af os arbejder så ihærdigt på at opnå. Det er meget trist for os at se så mange af de ting, der sker blandt Jordens folk. Og meget trist for os at se den lukkede sindstilstand til andre væsener i universet. Så når vi finder en som dig, og andre som dig, har du ingen idé om, hvor meget vi ærer jer alle. Vi ærer, at du lærer og undersøger og læser, og at du altid er åben for alle de andre input. Og du deler det med andre mennesker. Det arbejde, du gør med andre mennesker for at hjælpe dem med at åbne op og acceptere interaktioner med os, har en langt større effekt på deres sjæle, end du kan forstå. Det er langt ud over blot dette liv, for hver af disse mennesker begynder at integrere det og acceptere, at de interagerer med os. Så dette har langt længere effekt, eller en langt

The Custodians

rækkevidende effekt, end du overhovedet kan vide på nuværende tidspunkt.

D: *Så vil jeg blive tilladt at arbejde med Bonnie igen på et andet tidspunkt?*

B: Åh, absolut. Vi er meget glade for, at hun bliver opmærksom på dette.

D: *Hvis jeg arbejder med hende igen, vil vi blive tilladt at få mere information?*

B: Oh ja. Vi vil være glade. Vi gør denne oplevelse meget let for hende. Vi værdsætter virkelig, at hun er på vej hjem. Og fra hendes jordiske perspektiv er det sent om aftenen, og det er en mørk nat, og hun har mange ting at gøre. Jeg vil gerne have, at du ved, at når vi, som man kan sige, tager folk og tager dem med til oplevelser, vælger vi meget omhyggeligt det tidspunkt i deres liv, hvor vi gør det. Vi tager dem ikke, når de er syge. Vi tager dem ikke, hvis de er ved at få en operation. Vi tager dem ikke, hvis de går igennem en ægteskabelig krise. Eller hvis de har mistet nogen, der var meget tæt på dem gennem det, I kalder "død." Vi vælger ofte, når de ikke er midt i noget ekstremt krævende eller vigtigt i deres tid, opmærksomhed eller følelser. Det er en af grundene til, at vi ofte arbejder med mennesker, når de sover. For ikke at afbryde deres arbejdsdag eller deres familieliv. Vi møder dem ofte og tager dem, når de er på ferie, hvor de har fritid. En ven af din, Bonnie, er blevet taget ofte på campingture. Meget mere end han ved. Og det er som det skal være, fordi han ikke er stresset, og han skal ikke fungere opmærksomt næste dag. Så vi prøver at være hensynsfulde. Og med dig selv har du en meget travl tid foran dig. Men her er et dejligt vindue af tid, kørende hjem om natten, sent. Og ja, du har en travl dag i morgen, men vi efterlader dig ikke med nogen traumatiske effekter eller kropslige effekter. Vi vil bare forsigtigt sætte dig ned, og du vil fortsætte din vej. Og du vil næsten ikke vide, hvad der skete, indtil du er klar til at vide det.

D: *Kan jeg spørge, hvad objektet ved vejen var?*

B: Åh! Det objekt, det var et af vores små scout-fartøjer. Vi fik det bare til at ligne noget velkendt for jordens folk, som en stor lastbil. Og det var nogle af vores væsener, hun så gå rundt om det.

D: *Hvad var lyset bag bakkerne?*

The Custodians

B: Det er et andet af vores skibe. Faktisk var der en hel flåde af vores her den nat. Og et af dem var bag bakken. Der er nogle mennesker, der bor i de fjerne bakker. Der er mange, mange miles med bare bakker og dale der. Af og til er der en grusvej og et hus. Og nogle af dem er vores folk. Nogle gange undrer jordens folk sig over, hvorfor folk fortsætter med at bo i fjerntliggende områder, hvis de har disse oplevelser.

D: *Mener du, at folkene, der bor i huset, er dine folk? (Ja) De bor på Jorden, mener du?*

B: Jeg refererer til de folk, vi besøger og tager med os.

D: *Jeg forstår. Jeg troede, du mente folk som dig selv.*

B: Nej. Vi bor ikke på Jorden.

D: *Det er folk i isolerede områder, som I arbejder med, med andre ord.*

B: Ja. Bag de bakker, hvor Bonnie kørte, var et af vores fartøjer. Og nogle af dem udsender store mængder lys. Og det pågældende fartøj besøgte nogen i et hus. Det er, åh, en række steder der bagved, af isolerede landsbyhuse, som du ikke ser fra hovedvejen.

D: *Så det var ikke det fartøj, hun er på nu?*

B: Nej, nej, nej. Det var et andet. Og som en sagde, var der et andet, fra hendes perspektiv, ned langs kysten. Hvad hun oplevede som et hurtigt lyst rundt flash uden nogen lyd, var simpelthen at det fartøj lige poppede ind i hendes dimension. Det tager kun et øjeblik, og når det er inde i den tredje densitet, justerer det sig. Det er kun kollisionspunktet, der forårsager lyset.

D: *Kollisionspunktet mellem dimensionerne, mener du?*

B: Ja. Kollisionspunktet, når fartøjet kommer ind fra en anden dimension til den tredje dimension af virkeligheden. Det gør ofte et flash. Vi gør dette meget i løbet af dagen, men folk ser ikke ofte flashes, fordi himlen er lys fra jordens synspunkt.

D: *Så når det kommer ind i dimensionen, falmer lyset.*

B: Ja. Det går gennem en umiddelbar justering for at blive...Jeg ved, det er svært for mennesker på Jorden at forstå, men det bliver tættere i sig selv. Fartøjet og de, der er ombord. Og så kommer de meget hurtigt ind og justerer sig næsten øjeblikkeligt til at være tilstrækkeligt i den tredje dimension, at, mærkeligt nok, den tredje dimension normalt ikke ser det. De kan se det, men de kigger som

The Custodians

regel ikke. Du ville blive overrasket over, hvor mange af vores fartøjer, der flyver rundt uden, at nogen nogensinde ser os.

D: *(Ler) Jeg ville ikke blive overrasket, jeg ved godt, det kan ske.*

B: Og der er noget andet. Når vi sætter hende tilbage på vejen igen, vil vi gøre alt for at sætte hende tilbage præcist, hvor vi tog hende. Det burde være nemt, fordi vores fartøj stadig er nede der. Nogle gange ved vi ikke præcist. Men når vi gør, vil hun også blive nødt til at komme tilbage til den tredje densitet.

D: *Mens hun er på dette fartøj, er hun i en anden densitet?*

B: Ja, lige her på fartøjet, sidder hun i denne stol, hun er ikke i en så tæt form, som hun er, når hun er tilbage på Jorden i tredje densitet.

D: *Så du skal justere densiteten, når bilen kommer ned igen.*

B: Ja. Plus det faktum, at lige på det sekund, hun reenter, vil der være et lysglimt. Og det vil være meget chokerende for hende.

D: *Dette er på grund af de to dimensioners interaktion igen?*

B: Ja, fordi hun kommer fra en lettere densitet til den tættere tredje densitet. Ligesom der var det lysglimt langs kysten. Der vil være et lysglimt lige der på motorvejen. Og hun vil se det. Hun vil være i sin bil. Vi sætter hende tilbage i hendes bil her, og så sænker vi hende ned. Hun vil ikke vide noget om det. Og så pludselig vil der være dette lysglimt. Og hun vil være tilbage på vejen, motoren kørende, kørende igen.

D: *Men da denne oplevelse først begyndte, så hun et lysglimt hen over forruden.*

B: Rigtigt. Det er fordi, hun lige begyndte, lige der og da, med vores hjælp, selvfølgelig, at træde ind i vores dimension.

D: *Så det skabte også et lysglimt.*

B: Rigtigt. Så når mennesker på Jorden, jordiske køretøjer, jordiske dyr – for den sags skyld, jordiske livsformer af alle slags – forlader den tredje dimension og kommer ind i vores lettere højere vibrations-dimension, hvor der er en form for fysisk eksistens, men ikke så "fast" – selvom I heller ikke har det. På det tidspunkt kan der, og det sker ofte, være dette lysglimt. Nu, igen, om dagen ser de fleste mennesker ikke dette; eller hvis de sover om natten, ser de måske ikke dette. Eller de oplever bare at være i lysstrålen, og ikke så meget det lysglimt. Men nogle gange, når det sker meget hurtigt, som det skete meget hurtigt for hende, er der dette store lysglimt. Nu, mange gange gør vi det på en anden måde, når nogen kører langs vejen. Vi vil omringe dem med lys og gøre deres bilmotor ubrugelig. Deres motor stopper, deres lys går ud. Vi prøver at sørge for, at de kommer over til siden af vejen først, eller væk fra vejen. Vi ved, hvad der kan ske der. Det ville være skadeligt for alle. Men det er en langsommere proces, og personen i bilen er opmærksom på, at motoren går ud. Så der er ikke en så skarp, pludselig overgang til vores dimension. Ser du, hvad jeg mener? Lyset panorerer rundt om bilen, motoren stopper, personen er ude på siden af vejen. Vi dukker op, vi tager dem gennem bildøren, eller åbner døren, som vi gjorde for hende. Og som regel bringer vi dem op i en lysstråle. Så i det tilfælde er der ikke noget lysglimt. Du ser, det er en mere gradvis overgang.

D: Så det kan ske på to forskellige måder. (Ja, ja.) Okay. Vi løber snart tør for tid i vores dimension her.

B: Jeg forstår det.

D: Så jeg vil gerne stille et par spørgsmål mere. Hun sagde, at hun så noget som en lysstribe i det stærke lys. Hvad var det?

B: Det er en af vores laser-effekter. Det er en meget smal stråle. Og den kom faktisk fra vores fartøj, der var dernede på vejen. Faktisk er det fartøj stadig der. Det er ikke rigtig på vejen. Det er lige over vejen. Vi sætter aldrig rigtig noget af vores fartøjer direkte på Jorden.

D: Hvorfor?

B: Det ville være meget skadeligt for vores fartøjer på grund af de energi-effekter, der stråler ud omkring fartøjet og under fartøjet selvfølgelig. Over hele overfladen er der en strålende energi, der hjælper os med at fremdrifte og flyve. Det ville blive afbrudt, hvis bunden af fartøjet satte sig på jorden. Så det skal svæve, eller nogle gange sætte ben ned. I dette tilfælde svæver det bare. Men det er meget tæt på jorden, så det virkede for hende, som om det var.

D: Hvad var denne laser-effekt, du talte om?

B: Det er bare noget, vi har på det lille fartøj. Vi har dem på alle vores fartøjer faktisk. De er øjeblikkelige og meget kraftfulde. Det er en lysstråle. En bestemt kvalitet, en bestemt frekvens af lys, der har en bestemt – jeg vil ikke sige "fysisk, fysisk eksistens" – men den har en styrke. Den er meget tæt og komprimeret og koncentreret i sine frekvenser, i sin stråle. Det er virkelig en meget smal stråle. I dag har I en lille fornemmelse af dette. Når I mennesker holder foredrag og viser lysbilleder. I har en laser-peger. Og I trykker på en lille knap, og så ser I den røde prik på skærmen. Nå, faktisk er der en stråle mellem gadgeten og den røde prik, en bestemt frekvens. Den er meget smal, og for det menneskelige øje ses den normalt ikke. For vores øje ses den hele tiden. Vi ser forskellige frekvenser. Så denne lille lysstråle blev sendt ud for at få hendes opmærksomhed. Og for at lade hende vide, især senere, at noget usædvanligt faktisk skete. Men vi vil ikke gøre noget, der vil skræmme hende rigtig meget, eller traumatisere hende for meget i aften, fordi vi værdsætter, at hun har den lange køretur hjem. Og hun har bestemte forpligtelser i weekenden og har brug for at være frisk og udhvilet for at gøre dem.

D: *Hun sagde, at forruden gik i stykker. Hvad forårsagede det?*

B: Det var lysstrålen.

D: *Lysstrålen ramte forruden?*

B: Ja. Den havde så meget styrke.

D: *Var det med vilje?*

B: Ja, det var det. Og grunden til, at den var i en vinkel, er fordi den kom fra lidt højere oppe i fartøjet. Husk, jeg sagde, at fartøjet svævede. Det var ikke helt nede på jorden, mens hun kørte forbi i bilen. Så den kom lidt nede fra oven og hen over hendes forrude. Fordi det ikke er fysisk, vidste vi, at det ville gøre to ting. Vi vidste, at det ville lave et indtryk og efterlade et mærke på hendes forrude. Vi vidste også, at det ikke var så tæt, at det ville få hende til at svinge og få en ulykke.

D: *Ramte dette forruden, før hun blev taget op i dit fartøj, eller efter hun blev sat ned igen?*

B: Nej. Faktisk har vi ikke engang gjort det endnu. Hvad der skete før var det intense, stærke lys, og faktisk at se striben. Vi har faktisk ret fantastiske måder, forestil dig, fra dit perspektiv. (Ler) Men vi fik hende til at se lyset. Og så kørte hun op i det – hun var ret – i en vinkel. Så løftede vi hende resten af vejen op til et andet fartøj ovenover, mens det andet lille blev nede ved vejen. Og når vi sætter hende ned igen, som jeg sagde, vil det være så tæt som muligt på præcis det sted, vi tog hende fra. Hvis vi kan, vil vi sætte hende ned på det præcise øjeblik, hvor hun så, hvad hun troede var en stribe af noget i det blændende lys. Og så vil vi lade oplevelsen fortsætte. Hun vil blive påvirket af den laserstråle, og det vil påvirke hendes forrude. Så på dette tidspunkt i tiden er det ikke sket endnu. Men tid er så relativt, at det er næsten, som om det allerede er sket, fordi det vil ske.

D: Okay. Nå, som jeg sagde, vi er under tidsbegrænsninger i vores dimension her. (Ja.) Jeg vil gerne virkelig takke dig for at kommunikere med mig.

B: Jeg er meget glad for at gøre det. Mange af mine kolleger har kommunikeret med dig, Dolores.

D: (Ler) Jeg vidste ikke, om det var den samme gruppe eller ej.

B: Nå, du arbejder med mange grupper. Men jeg er en af grupperne, vi er en af flere grupper. Så jeg er bekendt med dig.

D: Så du ved, at jeg altid er nysgerrig.

B: Åh, og det er fantastisk, hvad du gør verden over. Vi er så glade. Vi kunne ikke være mere glade.

D: Så det er okay, hvis jeg fortsætter med at arbejde med ...

B: (Afbrudt) Absolut! Og at dele. Vi ærer din skrivning, og vi ærer dine foredrag. Og vi ærer din rejse. Det er absolut fantastisk. Du har en vidunderlig egenskab ved at være en sådan god menneskelig person, at dine medmennesker accepterer dig. Og de tror på dig. De åbner sig for, hvad du siger. Du er en almindelig, jordnær person, der faktisk er langt mere bemærkelsesværdig end det. Men det er det, folk har indtryk af. Du er en god, moderlig person, de kan stole på. Og det er enormt vigtigt på Jorden i dag. At folk hører det fra sympatiske, troværdige personer.

D: Så jeg har tilladelse til at kontakte dig gennem Bonnie, og vi kan få mere information?

B: Absolut. Vær venlig at gøre det. Vi er glade. Og jeg vil gerne sige, før vi afslutter, at de små omkring hende er de samme slags, der virkelig arbejdede med hende for meget, meget lang tid siden i et andet liv.

D: Fordi de lever længere.

B: Ja, vi lever alle så længe, som vi ønsker at leve, eller har brug for at leve for at udføre de opgaver, vi gør. Det er lige så enkelt som det. Og tak fordi du faciliterer denne oplevelse. Tak fordi du hjælper Bonnie med dette.

D: Og du ved, at jeg beskytter hende, og jeg har altid hendes velbefindende i tankerne.

The Custodians

B: Jeg er sikker på, at du gør. Og hun er også sikker på det.
D: Så kan jeg bede dig om at tage af sted? *(Ja) Og få hendes personlighed og bevidsthed tilbage igen...*
B: (Afbrudt) Vi skal dog returnere hende. Og det vil ikke tage meget lang tid.

Jeg havde glemt, at vi var ude af deres tidssekvens, men den højere væsen havde ikke. Vi skulle åbenbart følge hans tidsplan, før Bonnie kunne bringes tilbage til bevidsthed og vores nuværende virkelighed.

B: De små er ved at sætte hende tilbage i bilen. Og de nysgerrige små er trukket væk. Og de åbner bunden af det store fartøj. Hun er blevet sænket ned i lys. For resten, der er stadig ingen på den motorvej. Vi har påvirket alle, der ville køre nord- eller sydpå på 101-motorvejen på dette helt specifikke tidspunkt – som faktisk er en meget, meget kort periode i Jordens tidsur – så de kører bare ikke. Du ville blive overrasket over, hvor mange, der trækker over på vejen, og bare bliver inspireret til at kigge på havet eller tage en lille lur. Der er mange mennesker derude, som var på vej nordpå og sydpå, bare tager en lille lur. Bare for et lille stykke tid. Bare en lille søvn. Vi gør dette, fordi vi ikke vil have, at de skal se alt dette lys.
D: *Jeg er sikker på, at det ikke er for dem.*
B: Så vi vil sætte hende ned på vejen. Hun er på vej ned nu. Hun er nede på vejen. Oups! Der er revnen! Laserstråle. Perfekt timing! Absolut perfekt. Vi er faktisk meget stolte af den manøvre. (Jeg lo.) Og hun kører videre. Hun bliver fristet til at stoppe. Men vi sender et signal til hende – ikke nødvendigvis den store stemme fra hendes sjæl – men vi sender et signal til hende, "Kør videre! Stop ikke! Kør videre! Kom væk herfra! Kom hjem!" Og det er det, hun følger. Vi måtte få hende videre, fordi vi skal åbne motorvejen igen.
D: *Godt. Og hun ved det hele nu. Og det er helt i orden for hende at vide det.*
B: Ja, det er vidunderligt.
D: *Okay, nu er hun på vej hjem. Og I tager af sted med meget kærlighed og mange tak. (Ja) Og vi ses igen en anden gang.*

B: Tak, min meget kære.

Jeg gav derefter instruktioner for integrationen af Bonnies bevidsthed og personlighed tilbage i hendes krop, samt instruktioner for orienteringen tilbage til denne tidsramme. Hun vågnede derefter og begyndte at stille spørgsmål om sessionen.

Bonnies tegning af symbolerne på bagsiden af "lastbilen."

En af mændene, der observerede, sagde, at han var forbløffet over, hvordan væsnet fortsatte med at tale og var så flydende. Bonnie sagde, at det er sådan, det sker, når hun arbejder med sine emner også. Hun bruger åbenbart samme teknik til at komme forbi den bevidste sindstilstand og følelsesmæssige tilstand, for at nå frem til, hvor de virkelige informationer er.

Bonnie var fyldt med spørgsmål, men jeg vidste, at der ikke var tid til at svare på dem alle. Jeg skulle op kl. 3 om morgenen for at tage en bus tilbage til Denver for at nå mit fly (en fire timers køretur). Bonnie og de to mænd skulle køre tilbage til Colorado, en 2 ½ timers køretur. En af mændene sagde, at han ville køre, fordi jeg vidste, at Bonnie ville være ude af stand til at køre efter en så dyb session. Bonnie sagde senere, at de spillede optagelsen i bilen under kørslen, og hun var meget overrasket over den information, der kom igennem hende.

Et par måneder senere, i september 1997, skulle jeg holde en række foredrag i Californien, og jeg var kun i Los Angeles én dag. Bonnie kom til mit hotel for at have endnu en session. Hun havde forberedt en liste med spørgsmål, hun gerne ville stille, hvis vi fandt det samme væsen som sidst.

The Custodians

Jeg brugte hendes nøgleord, og hun gik straks ind i en dyb transe. Jeg sendte hende tilbage til scenen ombord på fartøjet, og hun så sig igen omringet af de søde, barnlige væsner.

B: Jeg sidder i stolen. Og alle de små er tæt omkring mig. De er stadig meget nysgerrige. Og de kæmper om plads, skubber hinanden ud af vejen, skubber til hinanden. De kigger bare på mig, det er virkelig sødt. Jeg har ikke noget imod det. De er så livlige med deres interesse. Det er faktisk komplementært at have så mange, der er så interesserede.

D: Måske får de ikke set mange som dig tæt på.

B: Jeg ved det ikke. Jeg får aldrig lov til at se dem. Det er helt sikkert. Du ved, jeg vil gerne tage en pause og kigge på de små blågrå væsner igen.

D: Du vil se dem klarere, mener du? (Ja.) (Der var en pause, da hun undersøgte dem.) Ser de anderledes ud, eller er de alle ens?

B: Nå, alle de små ser ud som hinanden. Men denne gang ville jeg bemærke deres hudtekstur og flere detaljer. Før havde jeg indtrykket af, at deres hud var meget glat. Men den har en fin kornstruktur ... en let ujævn tekstur, som små bittesmå bumps på deres hud. Og når jeg siger "bump", så er de små bumps så subtile og små, det ville næsten være som ... det nærmeste, jeg kunne sammenligne det med, ville være, når vi får gåsehud. Måske lidt mere rundede end det. Og der er noget ved deres øjne. Mere som en slags fordybning over deres øjne. Du ved, hvordan menneskelige øjne har et øjenlåg, men derefter trækker det sig lidt tilbage over den runde del af øjet. (Ja.) Nå, det er sådan, det er, bortset fra at jeg ikke ser noget øjenlåg, der lukker sig over øjet, eller nogen øjenvipper. Jeg kigger på én, der er meget tæt på mig, ved min højre hånd. (Hun havde svært ved at forklare, hvad hun så.) Det er ikke fladt, der er en slags skulpturel form omkring øjnene. Lidt som en indsnævring omkring begge øjne. Og næsten et øjenbryn, men uden hår.

D: Du nævnte en fordybning. Er det, hvad du mener?

B: Lidt som en bue over øjnene, formen. Det er svært at beskrive det, men jeg kan se det. Og der er endda en antydning af en kindbenform. Meget let. Og en lille fornemmelse af form til en næse, men de stikker ikke ud, som vores gør.

The Custodians

D: *Er der åbninger der?*
B: Ja, jeg gætter på, at du ville kalde dem næsebor. De er ikke runde. De er en smule aflange, med en op og ned vertikal retning.
D: *Er der nogen form for mund?*
B: Nej. Bare en meget, meget svag, meget lille ... jeg ser ikke rigtig læber. Jeg prøver at få en fornemmelse af mål. Munde er måske en tomme brede. Måske lidt mere, en tomme og en kvart.
D: *Det ville være lille. Kan du se nogen ører?*
B: Nej, der er ingenting, der stikker ud. Men der ser ud til at være – jeg undrer mig over, hvad du vil kalde det – set fra forsiden af vores ansigt, har vi en lille bump eller flænge, der beskytter åbningen af øret. Der er noget sådan, men der er ingen yderste flap. Bag den lille flænge kan der være en åbning, men det er så subtilt. Jeg kan ikke rigtig se ind i åbningen, som at kigge ind i ørekanalen eller noget. Der er noget der, men det er meget, meget let.
D: *Kan du se deres hænder?*
B: Ja. De er meget anderledes end vores. De er meget tynde. Hvis du kigger på bagsiden af hånden, er den meget smal sammenlignet med vores, og der er ikke så mange fingre. Der er tre fingre, så er der noget ekstra, som jeg tror, ville svare til en tommelfinger. Men den er lidt mere på linje med de andre fingre. Den er ikke helt i den samme position, men den synes at have mere bevægelse på tværs end de andre fingre.
D: *Bærer disse væsner nogen tøj?*
B: Det er virkelig svært at sige, fordi det er alt sammen samme farve. Jeg prøver at se, om der er nogen forskel i teksturen. Jeg tror, der kunne være en dragt af en slags, selvom jeg ikke rigtig ser en kant til det. Det er det, der er mærkeligt. Men det ser ud til at være glattere over kroppens dele.

Bonnie gjorde et exceptionelt job som en objektiv rapportør. I mange af de andre tilfælde, jeg har undersøgt, blev emnet frastødt af de mærkeligt udseende væsner og ville ikke kigge på dem længere, end de var nødt til. I nogle tilfælde tillod deres underbevidsthed kun at se et sløret billede eller (som i tilfælde med Legacy From the Stars) kun se dem fra ryggen. Bonnie var lige så nysgerrig som jeg er, og hun bad om, at scenen skulle sættes i slowmotion, så hun kunne studere væsnerne og se dem i stor detalje. Ved at gøre det viste hun også ingen frygt, men videnskabelig nysgerrighed. Og ved at blive helt objektiv kunne mere information bringes frem.

D: *Er det andet væsen der? Den, der svarede på vores spørgsmål?*
B: Ja, han står bag de andre, der er foran mig. Han er næsten lige foran mig, lidt til min venstre.
D: *Kan vi stille spørgsmål igen?*
B: Ja. (Blødt, ikke rettet mod mig.) Jeg vil gerne tale med dig mere og stille nogle spørgsmål. Jeg skal lade ham komme mere tydeligt frem. Han siger, "Bliv mere klar. Bliv mere klar."
D: *Ved du, hvad han mener?*
B: Ja. At lade mig se ham. (Suk) Måske kan jeg beskrive ham, og så kan jeg se ham mere klart.
D: *Han generer dig heller ikke, gør han?*
B: Nej, han gør ikke. Okay. Han er meget høj, og meget tynd. Og han er meget, meget hvid.
D: *Er huden en anden farve?*
B: Ja, han er meget anderledes end de andre små væsner, fordi de er mere blågrå, og han er ren hvid. Ikke hvid som vi er hvid, men hvid-hvid som hvidt papir.
D: *Det ville være meget hvidt. Er hans ansigt anderledes?*
B: Åh, ja. Han har ikke nær så rund en hovedform som de andre, men han har et længere, tyndere hoved og ansigt. Det ser rundt ud på toppen, bortset fra at det har en lille indrykning i midten af toppen, i stedet for at være helt rundt. Og jeg ser ikke nogen ører. Det har næsten et kranie-udseende, i den forstand at jeg ikke ser noget, der virkelig ligner kød eller hud.

Denne beskrivelse lød så forskellig, at det normalt ville virke skræmmende for et menneske at se et væsen som dette. Men utrolig nok beskrev Bonnie væsenet uden nogen form for frygt overhovedet, kun en følelse af velvære og en følelse af komfort med det. Dette ville virke modstridende, givet vores menneskelige følelser, men det var også sådan, hun følte sig i nærværelse af de små væsner: en følelse af næsten kærlighed og kompatibilitet. I den første session troede hun, at hun burde have følt frygt, da de tog hende ind i rummet og satte apparatet på hende, men hun var mildt overrasket over, at hun ikke gjorde det. Den eneste frygt opstod, da hun først indså, at de små væsner omkring "lastbilen" ikke var menneskelige. Denne frygt forsvandt helt, da hun gik ombord på fartøjet, og hun blev underholdt af deres barnlige egenskaber. Hun virkede ganske komfortabel i nærværelse af dette mærkelige udseende væsen, som hun beskrev så roligt. Hun studerede væsnerne med en videnskabelig form for objektivitet.

D: *Er huden meget stram, som et kranie?*
B: Meget stram. Der må være en form for dækning, vil jeg tro. Okay, hans øjne er meget, meget store. De er større i forhold til hans ansigt end de små grå væsners øjne er.
D: *Er de samme farve?*
B: Nej. Deres var mere blå-sort, eller sort med en slags dyb blå nuance. Hans er mere mørkebrune, næsten sorte, men mod den brune. Og de er en anden form. De er mere som en lodret rektangel, bortset fra at de har buede hjørner. De er ikke på tværs af ansigtet som vores, de er mere op og ned.

Det var en overraskelse, da jeg prøvede at visualisere væsenet, som hun beskrev.

B: De er længere lodret, op og ned, end de er brede. Og de er lidt bredere i den øverste ende end i den nederste ende, men de dækker en stor del af hans ansigt. Så det meste af det, du ser, når du kigger på ham, er disse øjne. Jeg prøver at tænke i tommer. (Pause) Øjnene selv kan være omkring tre og en halv til fire tommer høje, og måske omkring tre tommer brede.
D: *Det er store øjne. Er resten af hans træk som de små væsners?*
B: Nå, hele ansigtet er anderledes. De små væsner har meget mere en større, rundet top af deres hoved og tindinger. Og så går de ind til en meget lille hage. Men hans ansigtsform er større øverst og det går ned. Jeg vil gerne sige, at det mere ligner et hesteansigt, hvis du kigger direkte på et hoves hoved. Men han har ikke en næse som en hest, eller en mund som det. Jeg taler bare om formen.
D: *Mere forlænget. Er munden eller næsen som de små væsners?*
B: Nej, fordi jeg vil tænke på en hest. Hele ansigtet kommer lidt ud i midten og den nedre struktur, men der er ingen tydelig næse. Jeg

The Custodians

har virkelig svært ved at finde ud af, hvor munden er. Lad mig se. (Pause) Ja, der er en mund. Det kan være, det er ækvivalent med nede ved hagen, eller måske endda under hagen, fordi jeg ser ikke, det går hen over ansigtet som jeg gjorde med de små væsner. Han er meget anderledes.

D: *Hvad med hans hænder? Kan du se dem?*

B: Nej, det kan jeg ikke. Jeg kan se en meget lang, tynd hals, som også er helt hvid. Og jeg kan se skuldre.

D: *Har han tøj på?*

B: Han er helt hvid. Og jeg tror, han har et eller andet form for hvidt tøj på, som falder fra de meget tynde skuldre. Jeg prøver at se nu. (Pause) Lige oppe ved bunden af hans hals — det ser ud som en cirkulær åbning, men uden en krave. Hvor vi normalt ville have smykker, en halskæde eller noget. Men jeg kan helt klart sige, at han har meget, meget smalle skuldre, en meget, meget tynd torso og tynde arme. Og alligevel ser jeg ikke en opdeling af det. Det ser ud som en kjole eller noget lidt løsere. Det virker ikke formtilpasset som de små grå væsner.

D: *Okay. Tror du, han kan svare på spørgsmål nu?*

B: Ja, det tror jeg.

D: *Fortæl ham, at vi er meget nysgerrige. Vi vil gerne vide mange ting.*

B: Vi er meget nysgerrige, og jeg har tænkt meget på dig. Jeg vil også gerne sige, at hver gang jeg har tænkt på dig, har jeg følt mig rigtig okay med det. Faktisk, hvis noget, føler jeg mig ret beæret. Jeg har aldrig haft frygt eller dårlige følelser over for dig eller de andre små væsner. Og jeg vil gerne takke dig også, fordi jeg aldrig har haft nogen frygt for at køre alene siden da, hverken om natten eller noget som helst. Han kigger bare på mig med disse øjne. Det er så interessant med øjnene på alle disse væsner. Fordi jeg ser ikke nogen pupil eller noget anderledes i øjnene, og alligevel virker de meget levende og responsive. De ser ud til at bevæge sig, men jeg kan virkelig ikke finde ud af, hvordan de bevæger sig. Og de har ikke øjenlåg, der blinker, men de virker som om de har en udtryksfuldhed i dem. Og jeg kan ikke helt finde ud af, hvordan det er. Men der er det.

D: *Lad os spørge ham. Hvordan er hans øjne anderledes end vores?*

B: Han siger, at de har evnen til at se ind i tingene mere end vores øjne kan. De ser under overfladen.

The Custodians

D: Bogstaveligt talt?
B: Som om de ser ind i mig. De trænger ind i mit indre.
D: Mener du som en røntgen?
B: Ja, som en røntgen. Han kan se fysiognomien, men – mere vigtigt for dem – de kan se tankerne og følelserne. De forstår ikke altid følelserne, men de kan se, hvad der foregår i os som individer. Det var det, jeg mente med, at de kan se under overfladen. Og det er meget nysgerrigt for dem, at vores øjne er så små. (Jeg grinede.) Selvfølgelig er det nysgerrigt for os, at deres øjne er så store.
D: Og vores øjne kan ikke se på flere niveauer.
B: Nej, nej. Deres øjne kan se under overfladen af mange ting også, og de har et meget bredere synsområde end vi har. Som for eksempel, når de kigger ned på den strækning af motorvejen. De ser hele længden, så langt de behøver at se. Eller skal vi sige "bredde", afhængig af hvordan de kigger på det.
D: Mener du, at han ser hele længden af motorvejen fra fartøjet, hvor han er?
B: (Skiftet var abrupt.) Jeg vil gerne tale for mig selv nu.
D: Okay, gå videre. Det kunne være lettere på den måde.
B: Vi ser hele området. Vi ser alt, hvad der er lige her i skibet. Og vi ser, hvad der er lige nede under os. Og vi ser hele området. Vi ser op og ned ad motorvejen, og til begge sider af motorvejen. Vi ser langt ud i havet, og langt inde i landet. Og vi ser langt mod nord langs kysten, og langt ned. Bare alt på én gang.
D: Mener du samtidigt?
B: Rigtigt. Vi behøver ikke at skifte vores øjne som mennesker gør. Vi ser et meget bredt spektrum. Og ikke kun det, men vi ser indenfor alt, der er i dette synsfelt. Vi ser hver person, der er i ethvert køretøj i hele området, eller selv i både ude på havet. Og vi ser alle, der er i ethvert hus. Ser ind i hver bygning, hvert hus. Ser forbi de bakker, som Bonnie kiggede på, da hun kørte langs. Vi ser vores fartøj derovre. Vi ser fire andre huse spredt ud på forskellige veje. Vi ser alle de ru bakker. Vi ser byen Ventura. Vi ser byen Santa Barbara og Montecito, Carpinteria.

Disse store øjne mindede mig om insekter. Vi har ingen måde at vide, hvor stort et område et insekt kan se, fordi vi ikke kan komme ind i dets sind. Er det ligesom det? Tager et insekt store øjne mere information ind, end vi ved?

D: *Ville det ikke blive forvirrende at tage så meget information ind på én gang?*

B: Nej, nej. Jeg tror, det ville være for mennesker.

D: *(Griner) Ja, jeg tænker ud fra menneskets synspunkt.*

B: Nej. Det er sådan, vi altid gør. Hvad jeg taler om lige nu, er den tredimensionelle fysiske Jord-realtitet. Men der er mere, vi ser også. Vi ser andre dimensioner.

D: *De små væsner.....?*

B: Spørger du, om de små væsner kan gøre det også?

D: *Ja, fungerer deres øjne på samme måde?*

B: De ser ikke i lige så bredt et felt, men de ser bestemt ind. Ligesom de er derovre og kigger på Bonnie lige nu. Og jeg kigger på bagsiden af deres hoveder. (Skiftet i perspektiv viste tydeligt, at Bonnie ikke længere kommunikerede. Væsenet talte fra sit synspunkt.) Og de ser alt, hvad der foregår i forhold til hendes tanker og følelser og hendes hele historie. Og hvordan hendes fysiologiske funktioner virker. De ser, hvordan hendes øjne fungerer. Hendes øjne er åbne. De ser, hvordan hendes hjerne fungerer. Hvordan alle de små forbindelsestuber fungerer. Alle de små kirtler og knuder og teksturer. De ser de næsebor og de små hår derinde. Og væsker og bihulerne.

D: *Er det derfor, de observerer hende så tæt?*

B: Ja. De har bare en vidunderlig tid. (Jeg grinede.) Hun ved, at de er meget nysgerrige.

D: *Men hun ved ikke, at de kan se alt det.*

B: Hun har ingen idé om, hvad de kan se. De kan se øregangene og hvordan hørelsen fungerer. Og de kan se voksen i øret. De ser spyt og sinusvæsker. Åh ja, der er rigtig meget at se.

D: *Hvorfor har I ikke dækninger til at beskytte jeres øjne, som vi gør?*

B: Vi har dækninger. De er indbygget. Det er næsten som, du kunne kalde det: en membran.

Den tidligere beskrivelse lød som et insekt, men dette mindede mig lidt om et reptils øjne.

D: Beskytter det den faktiske øje?
B: Ja, ja. Det har en slags glans til sig. Det er en selvfornyende membran. Vi behøver ikke at lukke øjnene, som mennesker gør. Mennesker har et helt andet system. De har meget fugt på selve øjets overflade. Og den fugt tiltrækker ting som støv. Men vores membrandækning, som er en naturlig del af os, har ikke den slags overflade, der tiltrækker støvpartikler og andre små ting. Vi har en måde med denne membran at skille sig af med alt, hvad der måtte prøve at hænge fast på øjet.
D: Jeg har også fået at vide, at I kan kende menneskers intentioner ved at observere dem. At der ikke er nogen måde at narre jer på.
B: Ja. Dette er en del af, hvad vi ser. Jeg tror, mennesker måske vil tænke på det i termer af, at "vi ser de sande motivationer." Vi ser, hvad de ville kalde "sjælen." Vi ser essensen, samt alle de ekstra lag, alt det betingede, der er lagt på essensen. Mennesker er meget fascinerende for os, fordi de har så mange betingelser, lære, teorier og tro, som er blevet påført dem, mens de lever deres liv. Påført ovenpå den rene essens, der bliver født som et menneske. Og når personen til sidst når en rimelig voksen alder, kan den rene essens være helt dækket over med lære, tro og indoktrinering. Så det er svært for personen at have nogen fornemmelse af, at han virkelig er en ren sjæle-essens. Og alt, hvad han kan vide, er disse lag af lære og tro og doktrin, der er blevet påført essensen, som er kommet ind i et liv.
D: Jeg har fået at vide, at en af grundene til, at de vil arbejde med mig og sandsynligvis også med Bonnie, er fordi I kender vores sande motivation. Er det korrekt?
B: Når du siger "de," hvem refererer du så til?
D: Jer, som vi kalder "udenjordiske." De folk, der taler gennem de personer, vi arbejder med.
B: Vi ved, at jeres motivation er meget god. Det er for at hjælpe og bringe sandheden frem.
D: Fordi jeg fik at vide, at vi ikke kunne skjule vores motiver. At I kender vores intentioner bedre, end vi gør.
B: Ja. Og ikke kun det, men du og Bonnie er meget engagerede i at bringe information frem fra dybt inde i personen. Uanset om det er for at kigge ind i et tidligere liv, eller bringe information fra århundreder siden, som du selv gør. Eller om det er at gå tilbage

The Custodians

tidligt i dette liv og finde ting, der er nyttige for personen at vide. Eller gå ind i andre tidligere liv for årsagerne til nuværende vanskeligheder. Eller om det er at gå ind i oplevelser, som folk har haft med væsener som os. Men motivationen fra dig og Bonnie og andre, der gør det arbejde, som I gør, er at I prøver at bringe de andre lag og dimensioner af, hvad der er sket. I prøver at komme til sandheden. Prøver at komme til den sande kilde. Og det er meget møjsommeligt, hvordan I gør det. Vi kan gøre det næsten øjeblikkeligt. Men ikke desto mindre giver vi jer stor anerkendelse, for I gør – og måske har I aldrig tænkt på det på den måde før – men I gør meget af det, vi gør. Det vil sige at kigge dybt indeni og se, hvad der er der. Se mere af den rene essens, og de lag, der er blevet påført i tidligere liv og i dette liv til den rene essens.

D: Det er bare sværere for os at gøre. Det tager mere tid.

B: Ja. Det handler ikke så meget om, at du kigger ind i personen, selvom du har folk, I kalder "psykikere," der har mere af den evne. Men du og Bonnie, især, hjælper personen med at komme ind i denne bevidsthedstilstand, så personen kan lade disse minder komme frem gennem alle lagene af det påførte.

D: Nå, Bonnie havde nogle spørgsmål, hun gerne ville have mig til at stille. (Ja) Du sagde, at de tog information fra hendes sind om de sager, hun har arbejdet med, og de mennesker, hun har hjulpet (Ja) Og I lagde dette ind i – hvad? – som en computer? Er det et godt eksempel?

B: Vi gør dette med vores sind, ja. Det kunne være en simile, men vi lægger det ikke i en maskine.

D: Jeg er nødt til at bruge menneskelige termer, som jeg forstår.

B: Ja, ja. Det ville være lignende i den forstand, at vi i vores sind har noget, I ville kalde en "computer"-lignende apparat. Så vi bruger disse informationer selv.

D: Hun ville gerne vide, hvad I ville gøre med den information, I kopierede fra hendes sind.

B: Vi har forbindelser med mange, mange andre væsener. Af vores type, og også af andre typer, der er meget interesserede i Jorden og Jordens folk. Nogle gange deler vi telepatisk dette. Vi sender det ud med vores sind. Det er som at projicere tanke ud.

D: Så hvem som helst, der vil, kan modtage det?

The Custodians

B: Ja. Til de andre væsener, der er interesserede i denne type ting. For der er mange, mange væsener, der er interesserede i Jordens folk. Nogle af dem har mere af en fornemmelse af, hvad du måske ville kalde "samvittighed." Samvittighed! Og de vil gerne vide, hvordan menneskene bliver påvirket af vores besøg. Der er andre væsener, der er interesserede i Jordens folk, som dog ikke bryder sig om, hvordan Jordens folk bliver påvirket af deres interaktioner og deres besøg. Det er som et broadcast-system, bortset fra at vi ikke bruger kabler og noget af det udstyr, I bruger på Jorden. Det er mere, hvad du ville kalde "øjeblikkeligt" eller "telepatisk." Vi har blandt os et andet lag, et andet medium, af kommunikation. Og det behøver ikke at være afhængigt af fysisk udstyr. Hvis vi ville gøre det lidt mere forståeligt, er det som om der er – jeg prøver at sætte dette i termer, du kan forstå som en jordbo.

D: Det er altid den svære del.

B: Ja, fordi vi opererer så forskelligt. Det er som om der er et usynligt netværk eller net, der er multidimensionelt, og går i alle retninger. Jeg prøver at huske, at du har tendens til at tænke mest i fysiske termer. Og hvis du kunne forestille dig at kigge op fra, hvor du er på Jorden, og forestille dig, at der er et helt tredimensionelt net. Ikke to-dimensionelt som strakt ud over noget, men alle dimensioner går i alle retninger. Det er lidt som at forestille sig dette, på den måde at uanset hvor en af os er i midten af dette altomfattende multidimensionelle netværk – jeg prøver at finde noget, der kunne være en simile eller en analogi til noget, du kender. Okay, lad os kigge på en elektrisk pære, uden skærm. Når lyset tændes, på Jorden, hvis det ikke hindres af en skærm eller en væg eller noget, vil lyset skinne ud lige i alle retninger. Sådan er det med dette netværk og mesh af kommunikation, af tanke. Næsten som tankebølger, der fra afsenderen, som mig, stråler ud lige i alle retninger. Hele vejen rundt og også ned. Så alle, der er i den frekvens, som har denne kapacitet, kan opfange disse samme tankebølger. Og de, der er interesserede, vil opfange det, eller de, der ikke er interesserede, betaler ikke opmærksomhed.

D: Fordi dem, der er interesserede, leder efter det.

B: Ja. Det er som om det hele skinner derude. Det ville være som, hvis du har en computer på dit kontor, og Internettet og World Wide Web, som er helt fyldt med utallige mængder information. Og

The Custodians

nogle mennesker kommer ind på deres kontor, tænder computeren, får adgang til Internettet og får masser af information fra det. Men der er mange ting på Internettet, de ikke engang får adgang til. De er simpelthen ikke interesserede. Så de klikker ikke på den information. Der er også nogle mennesker, der kommer ind på deres kontor, og aldrig tænder computeren overhovedet. Og nogle mennesker har endda ikke en computer. Sådan er det med os alle.

D: *Det giver mening for mig.*

B: I vores dimension er der nogle, der vil være interesserede, og nogle, der ikke er.

D: *Okay. Nå, hun undrede sig over, om I bor på jeres fartøj? Eller vender I tilbage fra tid til anden til det sted, I oprindeligt kom fra?*

B: Hvor vi er lige nu, er et meget stort fartøj. Og det er meget højt over Jorden. Jordens folk har tendens til ikke at se det. Kun sjældent er der en person, der ser et af vores meget store fartøjer og rapporterer det. Men igen, fordi vi har denne vision, og vi kan se ind i alle på vores meget brede synsfelt, når vi opdager, at nogen har set os, gør vi som vi normalt et skjul, så de ikke ser os. Eller vi kan fjerne os fra området. Vi føler stadig, at Jordens folk ikke er klar, i nogen som helst stor mængde, til virkelig at blive konfronteret med virkeligheden af os og være i sådanne store fartøjer. Så mange af os bor – jeg bor – på dette. Og mine små venner her, de bor på dette.

D: *Har I et sted, der er som et hjem?*

B: Ja, men det er meget langt væk. Og det er meget, meget mere effektivt for os at blive på dette fartøj. Nu, hvad enhver menneskelig jordbo ser, når de kommer – som Bonnie har gjort, for at være med os lige nu – er en meget lille del af denne enorme facilitet. Vi har boligområder og arbejdsområder. Dette er et af vores små arbejdsrum her. Hun har kun set to dele af dette meget store kompleks. Og det er fint. Måske vil der være en anden lejlighed, hvor vi kan vise hende mere, hvis hun vil. Hvis hun ønsker det. Men for at være effektiv her, ville vi gøre det, vi skulle gøre, på en relativt kort periode. Så vi tog hende og bilen ind i skibet. Og så eskorterede vi hende ind i dette lille rum. Og vi eskorterer hende tilbage til bilen og derefter ned igen.

The Custodians

D: *Men hun er nysgerrig på, hvor I kommer fra. Er det et sted, vi kunne identificere på vores stjernes kort eller stjernebilleder?*

B: Vi er helt sikkert inden for det, der kan ses på Jordens stjernes kort. Men vi har særligt ikke et af de navne, der er mere kendte for Jorden. Vi ved, at folk taler om Sirius og Lyra og Pleiaderne og Antares, Andromedagalaksen og forskellige steder. Vi har ikke et navn, som Jordens folk vil genkende. Faktisk bruger vi slet ikke et navn for os selv.

D: *Det var det, jeg troede. Jeg har hørt det før.*

B: Det hele er gjort gennem energi og vibration. Det vil sige, når vi rejser tilbage dertil – hvilket vi ikke gør særlig ofte – er det en indsats og en lang vej. Vi kan finde det, men ikke på den måde, som piloter gør på Jorden. Og vores genkendelse er mere en fornemmelse af en vibratorisk frekvens, snarere end kontroltårnsfolk.

D: *Selvfølgelig taler jeg igen i menneskelige termer, men har I ikke en familie, som I kunne savne og gerne vil se?*

B: Mange af os har familier lige her på dette meget store fartøj. Så vi ser dem.

D: *Så de rejser med jer.*

B: De kan også rejse tilbage. Ikke alle har en familie her, men mange af os har. Min familie er her.

D: *Det bringer mig til spørgsmålet om forplantning. (Latter) Jeg er nysgerrig på det.*

B: Nå, det er forskelligt for forskellige typer væsener.

D: *Hvad med jeres type?*

B: Fra et jordmenneskes synspunkt er vi mere, generelt set, som en insektlignende type. Vi ser ikke os selv på den måde, men vi ved, at mange jordmennesker gør. Så vi har mere af en æg-situation. Vi har ikke den form for kopulation, som vi er opmærksomme på, at mennesker har. Faktisk er mennesker på Jorden meget nysgerrige for os. At de kan komme i sådan en tilstand af ophidselse, når forplantning sker direkte mellem en han og en hun. Men i vores tilfælde genererer vores hunner æg og lægger dem, og vi befrugter disse æg. Og de er allerede ude af hunnens krop. Så det er meget anderledes. Vi samles ikke med vores hunner på samme måde, som mennesker på Jorden gør.

The Custodians

Insekter fødes med raceshukommelse forprogrammeret gennem deres DNA. De behøver ikke at blive undervist eller trænet af deres forældre. Så jeg tror, de er af denne type væsener. I andre tilfælde i denne bog lyder væsenerne mere insektlignende end humanoide. De sagde, at deres afkom fødes med viden om mange ting. Forældrene binder sig ikke til de unge, fordi de udvikler sig hurtigt til voksne og behøver lidt træning.

D: *Hvad med de små grå væsener? Er de på samme måde, eller forplanter de sig på en anden måde? Eller har de overhovedet behov for at forplante sig?*

B: Der er mange forskellige slags små grå væsener. Jeg tror, at jordmennesker har tendens til at samle dem alle i én kategori. Og det er virkelig mange variationer.

D: *Jeg har fundet ud af, at det er sandt i mit arbejde. Der er forskellige typer.*

B: Jeg skal lige tænke over det i et øjeblik, fordi jeg arbejder også med nogle andre typer. Disse specifikke typer små væsener, der er omkring Bonnie lige nu, forplanter sig ikke på samme måde, som mennesker gør. De har ikke penis og vagina.

D: *De er ikke seksuelle væsener?*

B: Nej, de har ikke seksuel omgang, som mennesker gør for at få fornøjelse eller for at forplante sig. Med disse små væsener er det mere en laboratorieprocedure, hvor man tager celler fra disse væsener og blander dem. Der er meget subtile forskelle mellem han og hun hos disse små grå væsener. Man ser ikke forskellene fysisk udenpå, som man gør med mennesker på Jorden. Det er mere en genetisk strukturforskel. Så vi tager prøver fra dem. Normalt tager vi det fra deres beskyttede, sarte steder. Det svarer til, hvad I ville kalde at tage en hudprøve, en hudcelleprøve. Så et af de populære steder at tage denne prøve er fra under armene på hanen.

D: *Som armhulen?*

B: Ja, armhulen. Det er et meget beskyttet område. Og nogle gange kan vi....

D: *Jeg må afbryde dig et øjeblik. Jeg skal tage mig af min lille sorte boks. Du forstår det, ikke?*

B: Jeg ser, hvad du gør.

The Custodians

Jeg tog båndet ud og satte et nyt i optageren.

D: *Vi har ikke evnen til at huske alt, hvad der bliver sagt. Vi har brug for en maskine til at fange ordene.*

B: Åh, ja, og det var det, jeg ville sige. Vi har, åh, nærmest en tålmodighed for alle jer på Jorden, der er så oprigtigt interesserede, som I er, og vil optage og huske og være i stand til at afspille. Så det ville være næsten som at du, som en voksen, kigger på et barn og indser, at de måske skal tilføje tal ved at tælle på deres fingre, for eksempel, i et stykke tid. I er sådan for os, men vi mener ikke det nedladende. Det er næsten som en kærlig underholdning og en tålmodighed og accept. Det er helt i orden.

D: *(Latter) Men vi gør det samme, fordi vi prøver at videregive informationen. Og vi vil gøre det på den mest præcise måde, vi kan. Vi vil ikke stole på vores hukommelse.*

B: Ja, jeg sætter stor pris på det. Så tilbage til reproduktion. Nogle gange tager vi disse prøver – vi kalder det "det genetiske materiale" – fra hudens overflade. Jeg taler om disse små grå væsener. Og nogle gange tager vi prøven fra mellem benene. Ikke fordi der er genitale åbninger der, men fordi det også, at være mellem benene, er et sted, der ikke er åbent for al luft, snavs eller forurening. Det er mere lukket eller beskyttet. Vi har et rum lige her på vores skib, hvor vi udfører den reproduktive proces. Vi tager prøverne fra hannerne, og igen, de er ikke enormt forskellige fra hunnerne, men lige nok. Og vi tager dem fra hunnerne og blander dem sammen. Vi har meget strenge, rene laboratoriebetingelser. Og vi – jeg formoder, at du ville bruge ordet "avl", eller I har fiskeopdræt, ikke? (Ja) Og andre typer faciliteter på Jorden, hvor I avler og gesater bestemte kulturer, bestemte livsformer. Og vi har det samme. Udover at vi vil avle det mandlige og det kvindelige stof, det genetiske stof, i kontrollerede væskebetingelser, indtil vi føler, at livsformen er klar til at komme ud af væsken og leve som et regulært væsen.

D: *Men det betyder, at denne type væsen ikke kan reproducere sig uden laboratoriet.*

B: Det er korrekt.

The Custodians

D: *Det lyder lidt som nogle af de tilfælde, vi har hørt om, hvor nogle fremmede væsener har taget prøver fra mennesker.*

B: Ja, ja. Selvom i nogle tilfælde – som jeg er sikker på, at du er opmærksom på, og jeg ved, at Bonnie er – blander de det genetiske materiale fra den menneskelige han eller hun med et andet væsen, og skaber et hybridvæsen. Og forskellige grupper gør det på lidt forskellige måder, men nogle gange bliver det gjort på en meget, meget lignende måde, som jeg har beskrevet. Og nogle gange, med visse grupper, vil de, ja, det der svarer til det, I ville kalde at "befrugte" ægget fra den menneskelige kvinde. Og så implanterer de det tilbage i livmoderen på den menneskelige kvinde i to, to og en halv måned eller deromkring til graviditetens afslutning. Måske tre måneder højst. Og så fjerner de væsnet eller fostret og placerer det i vores specielle beskyttede miljø igen for resten af graviditetsperioden.

D: *Hvad er formålet med at blande menneskers genetik med andre typer væsener?*

B: Min gruppe, min gruppe, gør ikke dette direkte. Men jeg er bestemt klar over, at nogle af de andre grupper gør det. Og ligesom med så mange aspekter af disse interaktioner mellem andre væsener og mennesker, er der mange forskellige grupper, der udfører mange forskellige agendas. Og så er der grupper, der kommer til Jorden for at tage disse genetiske materialer og blande dem med deres eget for at sikre deres egen arts overlevelse, fordi de føler, de er i stor fare. Faktisk har nogle af disse arter ikke længere deres egen hjemmeklode at leve på, og de lever på skibe. Og nogle af dem sender udsendinge til Jorden for at hente det genetiske materiale for at holde deres egen art i live. Nogle af arterne har fundet den metode, jeg talte om, at tage skindprøver, det genetiske materiale fra under armene eller mellem benene for eksempel. Nogle arter fandt, at det fungerede i lang tid, men det er ikke længere levedygtigt. Og de har brug for andet genetisk materiale, der er anderledes end deres eget. Efter at have gjort denne indavl i så lang tid, har de brug for genetisk materiale fra andre arter. Og de vælger mennesker.

D: *Fordi det ikke længere virkede?*

B: Ja, det virkede ikke længere. Ikke nok af afkommet overlevede. En ting, jeg ikke ved, om du er opmærksom på, er, at nogle af de arter,

The Custodians

der arbejder med menneskelige jordmennesker, også har prøvet at gøre det med andre arter, som I ville kalde "ekstraterrestrielle". Andre arter, der ikke lever på Jorden. Og der er faktisk, selv på dette tidspunkt, et meget stort omfang af eksperimenter og oplevelser, der finder sted mellem nogle af disse arter, der laver dette reproduktive arbejde, og ikke kun jordmennesker, men også andre væsener fra andre steder i universet. Alt sammen i et stort forsøg – faktisk, I ville endda bruge ordet "desperat" – forsøg på at sikre deres arts overlevelse. Hvor end liv findes, om det er i de millioner af arter på Jorden, eller de mange, mange forskellige typer der findes andre steder, synes det at være en grundlæggende fælles egenskab ved livet, at hver art ønsker at sikre sin egen. Og som du ved fra dit dyreliv og så videre på Jorden, vil arter gøre, hvad de skal for at overleve. Så det er en del af den outreach for at overleve for nogle af dem. Nu er der andre agendaer også. Der er arter, der føler, at de vil skabe en ny art, der kan forstå jordmennesker, ved at være en del af den jordmenneskelige art og den anden art, som genetisk bliver blandet for disse afkom. Disse afkom vil derefter være i stand til at forstå begge arter: den menneskelige jordart og den anden art, og være en mere direkte mellemmænd. Det er meget nødvendigt. Og det er et meget stort program. Så der er overlevelsesprogrammet, og der er mellemmænds- eller ambassadørprogrammet. Nogle af os refererer til det som det venlige ambassadørprogram.

D: *Problemet er, at nogle mennesker føler, at dette er en krænkelse, fordi de føler, at de ikke er blevet konsulteret.*

B: Ja. Hvad de ikke indser, og jeg sætter pris på dette, er, at de giver deres samtykke. Men ofte er det ikke på et niveau, som folk genkender i deres fulde bevidste vågne liv.

D: *Jeg forstår det, for jeg har hørt det før, men det er den almindelige person, der ikke forstår det. Bonnie ville gerne vide, hvordan I vælger de mennesker, I arbejder med? Er der en udvælgelsesproces?*

B: Vi gør det på forskellige måder. Og andre grupper gør det på stadig forskellige måder. Så det er svært at komme med et forenklet svar.

D: *Disse er alle meget komplekse spørgsmål.*

B: Ja, og meget gode spørgsmål, for at du kan forstå mere af det, du gerne vil vide. Nogle af os arbejder mere på det

The Custodians

sjæleessensniveau, jeg nævnte tidligere. Vi kan se ind i sjælen, essensen, ud over alle lag af overlejringer og betingninger fra jordmennesker. De af os, der virkelig søger det, arbejder med personen, når personen er simpelthen – selvom jeg ikke burde bruge ordet "simpelt", for det er egentlig det, der er alt – på sjæleniveau, sjæleessens, før personen overhovedet er inkarneret i dette liv. Vi arbejder med den sjæleessens, før de kommer ind i dette liv. Og vi har en vidunderlig telepatisk kontakt med personen og med personens hjælpere. Vi kalder dem "guider", åndeguider, og refererer til dem som "hjælpere". Vi taler med personen. Alt dette er telepatisk, men ofte har de en fornemmelse af at se os i den tilstand af væren. Vi forklarer, hvad vi gør, og spørger, om de vil samarbejde med os i det liv, de er ved at gå ind i. Vi arbejder kun med de enkelte sjæle, der siger ja, de vil og giver deres samtykke. Nu, som med alle de andre ting, en person beslutter i den sjæleessensoplevelse, før de kommer ind i et jordeliv, husker de normalt ikke det, når de lever dette liv. Det er en af forskellene mellem jordmennesker og nogle af de andre arter, som vi selv er et eksempel på. Men fordi vi er tættere på essensen af, hvem vi er, og kan se ind i hinanden i essensen og kan blive set på den måde af hinanden, har vi meget mere klarhed om vores formål, end mange, mange jordmennesker har. Dog har nogle jordmennesker den fornemmelse.

D: *Jeg forstår, for jeg har hørt det fra andre mennesker, jeg har arbejdet med. Men det er den gennemsnitlige person, der ikke helt kan forstå det.*

B: Det er sandsynligvis sandt for jordmennesker.

D: *Vi er under tidsbegrænsninger her, for jeg tillader ikke, at mine emner opholder sig i denne tilstand for længe. Jeg er meget beskyttende over for personen. Vi har kun et par spørgsmål tilbage, som jeg gerne vil stille.*

B: Jeg tror, Bonnie klarer sig fint. Hun har lavet meget regressionarbejde.

D: *Hun ville gerne vide om sig selv. Er hun nogensinde blevet taget af andre grupper, udover jeres, som måske ikke har et højt formål? Er hun nogensinde blevet taget af grupper, der ikke er positive?*

B: Jeg er ikke opmærksom på det. Jeg tror ikke det. Grunden til, at vi blev tiltrukket af hende, er, fordi vi har holdt øje med mange

493

jordmennesker og vores erfaringsmennesker. Vi er opmærksomme på, at hun har lavet meget hypnotisk regressionarbejde, og at hun har været meget, meget interesseret i dette. Hun har talt offentligt med mange personer om disse oplevelser. Du ser, jeg tror, de fleste mennesker på Jorden ikke forstår, hvor meget vi ved om dem, fordi vi har denne øgede synsevne, bredde, dybde, varighed af syn og viden. Vi ved uendeligt mere om jordmennesker, end jordmennesker ved om os, og vi holder øje med visse personer.

D: *Nå, et af hendes andre spørgsmål var, tager I også lignende information fra andre regressionsterapeuter?*

B: Ja, ja, nogle gange gør vi det. Og vi gør det på forskellige måder. Vi prøver at få et bredt billede af, hvordan vi og de andre grupper påvirker menneskene. Fra vores synspunkt vil vi gerne forbedre den måde, vi interagerer med mennesker på, og personligt, for vores gruppe, ønsker vi ikke at forårsage nød, skade, frygt og traume. Vi er opmærksomme på, at mange jordmennesker, der oplever disse ting, bliver meget distressede og meget traumatiserede og negativt påvirkede.

D: *Men som menneske er det meget normalt.*

B: Ja. Så vi vil gerne have, at alt dette bliver gjort på en meget mere velmodtaget måde. Vi vil gerne have, at jordmennesker skal have gavn af at kende os og have kontakt med os. Vi føler bestemt, at vi har gavn af at have kontakt med dem. Dog må jeg skynde mig at sige, at når vi udsender det, vi finder, for eksempel fra Bonnie, er der mulighed for, at mindre altruisme-grupper fra rummet kan bruge denne information på en mere egennyttig måde, set fra jeres synspunkt. Det er enormt vigtigt, at mennesker kommer til at indse, at der er andre væsener, der kommer til Jorden og interagerer med folk, som er meget egennyttige og ligeglade med effekterne på mennesker. Men der er mange grupper, der er meget omsorgsfulde for mennesker, for hele menneskeheden, og hvad menneskeheden oplever i forhold til negativitet i deres krigeriske natur. Vi er meget bekymrede for deres grådighed, deres egoisme, og hvad menneskeheden gør ved den smukke, levende væsen, som Jorden er. Så der er mange af os, der har stor bekymring og gerne vil hjælpe så meget som muligt. Men vi ved, at der er enorm fordomme på Jorden, selv om vores eksistens.

The Custodians

D: Ja, og mange tror, at det er helt negativt. Men jeg har aldrig troet det.

B: Ja. Og mange tror ikke engang, at nogen af os eksisterer overhovedet.

D: Det er også sandt.

B: Det er jo helt latterligt. Så vi er virkelig oppe imod meget. Der er nogle af os, der meget gerne vil have gode, lige forhandlinger og kontakter med folk. Og der er nogle få mennesker her og der, der også gerne vil det. Men det er meget svært for os, der føler sådan, at få fat i de jordmennesker, der også føler sådan. Så denne oplevelse lige nu er meget værdsat, fordi vi taler meget ordentligt og åbent med dig som et jordmenneske. Og du er meget modtagelig. Og det går rigtig godt.

D: Men jeg har gjort det før. Det er nok derfor.

B: Ja, og Bonnie er meget komfortabel med dette også.

D: Så vi er ikke de normale...

B: Meget bestemt ikke de normale jordmennesker i denne henseende.

D: Må jeg spørge, har I nogensinde taget information fra mig? Ikke dig personligt, men nogle af jeres andre grupper?

B: Ja, jeg tror, nogle af vores andre har. Jeg har personligt ikke. Jeg mødte dig ikke personligt, før sidste gang vi havde denne slags oplevelse med Bonnie. Men jeg tror, der er andre, der har, fordi du ved enormt meget om dette. Du vil fortsætte med at arbejde med folk, og vi værdsætter dig meget for det arbejde.

D: Jeg har altid sagt til dem, at jeg ikke ville se dem. Jeg troede, jeg kunne være mere objektiv på den måde.

B: Ja. Nå, vi prøver at ære den slags ting. Ligesom vi prøvede den nat med Bonnie at gøre dette på en måde, der ikke ville skræmme hende, som hun måske ville sige.

D: Og ikke forstyrre.

B: Nej. Vi forstyrrede hende nok til, at hun måtte skifte sin forrude, og derefter undre sig over oplevelsen. Men vi skadede hende ikke på nogen måde.

D: Det er meget vigtigt. I det mindste vil den information, hun får nu, være meget værdifuld for hende i hendes arbejde også.

B: Ja. Og jeg vil også sige, at vi er opmærksomme på, at hun for nylig havde en meget, meget stressende hændelse, igen på vejen, i hendes bil, den samme bil. Og vi vil have, at du ved, at vi ikke havde noget at gøre med at forårsage den hændelse, den ulykke. Men vi blev opmærksomme på det, efter det skete, især da hun lå der på vejen, i sit sind og kaldte på enhver, der kunne være opmærksom og enhver, der kunne hjælpe. Vi er meget stolte af hende for at tænke på os og andre dimensionelle væsener, der kender til hende. Hun bad om helbredelseshjælp, og jeg vil have hende til at vide, at vi gør, hvad vi kan for at fremskynde hendes helbredelse. Og hun har det rigtig godt. Hun vil komme igennem dette meget, meget godt.

Før sessionen begyndte, fortalte Bonnie mig om en alvorlig bilulykke, hun havde været involveret i for kun få uger siden. Hendes bil blev ødelagt, og folkene i de andre biler [mere end én bil var involveret] blev alvorligt skadet. Hendes skader var mest i ryggen, og det gav stadig hende ubehag. Da vi begyndte sessionen, undrede hun sig over, om det ville skabe distraktion og måske forhindre hende i at komme ind i transtillstanden. Hun placerede puder omkring og under sin ryg, så hun ville være mere komfortabel. Selvfølgelig vidste jeg, at afslapningen i den dybe trance ville afslappe hendes muskler og give hende lindring, i stedet for at distrahere hende.

D: *Det er meget godt. Jeg ved, hun værdsætter jeres hjælp meget. Og det er meget venligt af jer at gøre det og bekymre jer om hende.*
B: Ja. Nå, vi har bekymring, fordi vi har bekymring alligevel, men også hun er vigtig for os, og vi vil gerne have, at hun har det godt.
D: *Jeg ved, hun vil takke jer for jeres hjælp. Okay, jeg tror, vi er ved at løbe tør for tid. Vi har altid den tidsfaktor.*
B: Jeg forstår. Det er meget stærkt på Jorden.
D: *Så jeg beder om, at I forlader os nu. Og jeg vil gerne tale med dig igen på et andet tidspunkt.*
B: Ja, det er fint. Vi værdsætter denne mulighed også. Og tak. Vi ser frem til den næste mulighed.
D: *Så beder jeg om, at I trækker jer tilbage og går tilbage til jeres arbejde, hvor I bor på jeres fartøj. Og jeg beder om, at Bonniess bevidsthed og personlighed vender tilbage til denne krop.*

Jeg orienterede derefter Bonnie og førte hende frem til fuld bevidsthed.

The Custodians

Da hun vågnede, huskede hun kun fragmenter af sessionen. Hun sagde, at hendes ryg føltes meget bedre og ikke plaged hende som da hun først ankom. Vi vidste, at det var på grund af den dybe afslapning, hun netop havde oplevet.

Både Bonnie og jeg vidste, at vi ville fortsætte med at arbejde sammen, fordi væsnet var mere end villig til at dele information med os. Men det, som de siger, er en anden historie, en anden bog. Jeg inkluderer kun de dele her, som jeg mener er relevante for emnet i denne bog. Og for at illustrere igen, hvordan mit arbejde gradvist har udviklet sig over tolv år fra det enkle til det komplekse. Jeg har nu åbnet dørene, og informationen vil fortsætte med at flyde frem. Jeg håber kun, at menneskeheden vil være åbne og justere deres sind til at inkludere disse avancerede ideer og koncepter og integrere dem i deres virkelighed. Sådan vil fremtidens verden være sammensat af. De frie tænkere, dem med åbne sind, der virkelig kan acceptere og forstå andre virkeligheder og dimensioner. Dem, der har evnen til at kaste de lænker af, der holder dem fanget i vores tredimensionelle måde at tænke på.

KAPITEL 15
Konklusionen

Materialet i denne bog har ligget ubenyttet i over ti år og ventet på, at tiden var inde til at præsentere det for offentligheden. Aliens sagde, at jeg ikke ville få lov til at skrive noget af det, før jeg havde det fulde billede. De ville ikke have, at det blev offentliggjort, før jeg havde en fuld forståelse af det. Da jeg forberedte materialet, kunne jeg se mit synspunkt i begyndelsen af min forskning, og hvordan det var naivt sammenlignet med den måde, jeg ser på det nu. Jeg kunne se, hvordan jeg blev fodret med små brudstykker af information og kun fik mere, som jeg kunne forstå og fordøje det. Dette er den måde, jeg ønskede at skrive bogen på, at tage læseren forsigtigt ved hånden og lede ham ned ad den ukendte vej, stoppe undervejs for at give ham tid til at lugte til roserne og lade informationen synke ind, før vi gik videre til næste skridt. Min forskning har ført mig fra det enkle til det komplekse, og jeg ved, at der er meget mere forude. Da jeg begyndte i 1986, ville jeg have været overvældet af de teorier, jeg modtager nu. Og hvis jeg var blevet overvældet, ville jeg have kastet hænderne op og erklæret, at dette var noget, der passede bedre til fysikere og videnskabsmænd at forstå og forsøge at forklare. Med andre ord, jeg ville have givet op, fordi hele emnet var for komplekst. Men tilsyneladende forstod de min nysgerrighed og mit ønske om at lære og forstå mysterier, og jeg fik kun det, jeg kunne håndtere på det tidspunkt. Selv når det blev kompliceret, forsøgte de forsigtigt at demonstrere med analogier og enkle forklaringer (så enkle som de kunne gøre det). Deres tålmodighed med mig har været fantastisk, og de blev aldrig irriterede. De var lige så ivrige efter at få informationen ud, som jeg var for at skrive om den.

Da jeg først begyndte at arbejde med MUFON, blev de hårde undersøgere ridiculiseret af den information, jeg modtog om at bruge sindets kraft til at drive rumskibe. De insisterede på, at svaret måtte være at udvikle en form for brændstof for at rejse til den nærmeste stjerne. Der var også den tro, at astronauterne skulle placeres i suspenderet animation, fordi rejsen ville tage så lang tid. På det tidspunkt kunne de ikke åbne deres sind for alternative muligheder. Nu, sommeren 1998, blev der lavet en meddelelse, der kunne ændre den måde at tænke på for altid. En gruppe forskere i Japan har bevist, at teorien vil fungere. De har opfundet en maskine, der udnytter tankens kraft. De sagde, at forskere har vidst i lang tid, at tanker er energi. Det var bestemt ingen afsløring i mit arbejde, fordi jeg har holdt foredrag om netop dette koncept i mange år. I nyhedsprogrammet demonstrerede forskerne maskinen, som blev placeret på hovedet. Den lignede lidt virtuelle reality-maskiner. Forbløffende nok kunne personen ved at tænke tænde og slukke lys, starte og stoppe maskiner og tænde en alarm for at signalere om hjælp. Det blev demonstreret, hvordan hver type tanke skabte en anden frekvens, og dette blev forstærket og brugt til at kontrollere tingene i rummet. Det krævede ikke stærk koncentration. Den simple tanke var nok til at drive mekanismerne. De sagde, at de første anvendelser af denne maskine vil være for handicappede, men jeg kan se et langt bredere potentiale i fremtiden. En anden forbløffende opdagelse: det betød ikke noget, hvilket sprog personen talte, maskinen tolkede tanken, ikke det talte ord. De sagde, "Tanken er det vigtigste." Japanerne har nu vist en måde at komme rundt om sprogbarrieren, som er præcis den metode, som aliens bruger. Jeg kan se, at det kun ville være et lille skridt fra at kontrollere lys og alarmer til at kontrollere en bil eller et rumskib med sindet. Forskere verden over arbejder også på at skabe en måde at fremdrive et objekt hurtigere end lysets hastighed. Dette blev engang betragtet som en umulighed baseret på Einsteins teorier. Hvad der engang blev betragtet som science fiction, er nu kommet ind i videnskabens faktiske domæne. Måske vil vi se på de andre påstande, som aliens har fremsat, som værende logisk mulige.

Mens jeg forberedte den endelige udkast af denne bog, blev en specialudgave af Discover Magazine udgivet i maj 1998. Den var dedikeret til emnet kloning og duplication af mennesker. Det kunne ikke have været på et bedre tidspunkt (hvis noget nogensinde er en tilfældighed), fordi det fik nogle af passagerne i bogen til at falde på plads. På dette tidspunkt havde de skotske forskere succesfuldt klonet fårret Dolly, og vores forskere fulgte op med at annoncere kloning af kalve og rhesusaber. Verden, og især politikerne, blev vanvittige og debatterede etik i kloning af mennesker. De forsøgte at udarbejde love,

The Custodians

der kunne begrænse dette, eller i det mindste regulere det. Det var som at lukke stalddøren, efter hestene var sluppet ud. Flere laboratorier i USA og andre steder havde allerede annonceret, at de arbejder på eksperimentet, og forventer at annoncere den første succesfulde menneskelige klon inden for to år. De sagde, "Hvis det kan gøres, vil det blive gjort." Sådan fungerer videnskabelig nysgerrighed. Hvis videnskaben præsenteres for en udfordring, vil den tage den op, uanset konsekvenserne. Hundredvis af mennesker stiller op for at være de første kandidater. Forskere sagde, at kloning af et menneske ville være meget lettere end kloning af et får.

I magasinet blev det rapporteret, at forskere i 1930'erne først viste, at kloning var muligt. Derefter blev forskningen droppet, indtil 1970'erne, da frøer blev klonet med succes. Så blev der ikke rapporteret noget før de nylige udviklinger med pattedyr. Tror folk virkelig, at der ikke var nogen, der arbejdede på dette i 40 år? Tror de virkelig, at når forskerne lavede det første gennembrud i 1930'erne, blev forskningen droppet? Jeg tror, at forskningen blev fortsat i hemmelighed, fordi de frygtede den opstandelse, der finder sted nu. De vidste, at folk ville debattere de moralske spørgsmål om at forsøge at "lege Gud" osv. Mit arbejde har overbevist mig om, at regeringen, især, har udført eksperimenter i mange år og har perfektioneret teknikkerne, som nu bliver annonceret. De er først nu ved at slippe nogle smuler, frigive små stykker information for at forberede en forbløffet verden på at acceptere det, der blev opnået for længe siden. Trods alt sagde de, at den succesfulde menneskelige klon ville fremstå som en hvilken som helst anden menneskelig, og der kunne være mange, der lever blandt os. Det samme gælder selvfølgelig for alienkloner og hybrider. Citat fra artiklen: "Folk vil sige til hende (klonen), 'Du ligner præcis din mor.' Men ingen vil vide det, i hvert fald ikke før barnet er 16 år og beslutter at sælge sin historie til tabloidene."

Mange mennesker (især inden for religionen) tror, at en klon ville være en form for tankeløs robot. Intet kunne være længere fra sandheden. Forskere har perfektioneret teknikker til befrugtning uden for menneskekroppen i mange år, og hundreder af perfekte normale børn er blevet født, som ikke kan adskilles fra andre "normalt undfangede" børn. Vi er alle kloner, der stammer fra en blanding af vores mors og fars gener. En præcis klon ville være resultatet af kun én persons gener.

The Custodians

Ved "normal" befrugtning skal moderens æg befrugtes af faderens sæd, uanset om det er inden i kroppen eller i et petriskåle i et laboratorium. Ved kloning er sæd ikke nødvendig, men ægget aktiveres på anden vis (kemisk eller elektrisk). Når ægget først begynder at udvikle sig, er det en masse celler, der er helt identiske. Efter flere dage når cellerne et punkt, hvor de begynder at differentiere. Nogle af cellerne vil blive til knogler, nogle vil blive til visse organer, nogle vil blive til hud osv. Noget dybt inden i cellen udløser denne respons og fortæller cellen, hvilken del af menneskekroppen den vil blive. Så forskerne kan arbejde med cellerne, før de differentierer, før de instinktivt ved, hvad deres rolle skal være, og producere en klon. Men den udviklende embryo skal indsættes i en kvindes krop for at vokse til fuld udvikling.

Alt dette lyder meget bekendt i forhold til de oplysninger, jeg har modtaget fra aliens i over ti år. Sæd- og ægprøverne, skrabningen af celler fra forskellige dele af kroppen. Genindsættelsen af embryoner i den menneskelige krop, og fjernelsen af embryoner, når de skønner, at de har nået fuld udvikling. En vigtig forskel er, at aliens også har udviklet metoder til at inkubere den udviklende foster uden for menneskekroppen. I Legacy From the Stars blev celler taget fra væsken i det menneskelige øje, og barnet udviklede sig i kunstige livmoder i laboratorieforhold ombord på laboratoriefartøjer. Der har været mange eksempler i mine bøger på folk, der har set alien-forskere arbejde med celler i skåle i laboratorier.

Vore forskere siger, at enhver celle fra en voksen krop kan bruges, fordi den indeholder DNA til at skabe en duplikatkopi. Men de påstår, at de endnu ikke har udviklet en metode til at udløse udviklingen, fordi en voksen celle allerede er blevet differentieret. Med andre ord, den har allerede fået besked om, hvilken rolle den skal spille i kroppen, mens en ny celle ikke har det. Men de påstår, at det kan gøres, så det vil blive gjort.

Artiklen sagde, at ingen klon ville være en præcis duplikat, bortset fra fysisk. Selv hvis man kunne få celler fra Einstein eller Shakespeare for eksempel, og skabe en klon, ville den så besidde den samme genialitet som den oprindelige? Hvor meget bestemmes af gener, og hvor meget bestemmes af miljøet og den kultur, personen vokser op i? En person, der bliver klonet, ville for evigt være adskilt fra den oprindelige person af mindst en generation. Den duplikerede person ville blive opdraget og påvirket af helt forskellige sociale, kulturelle og miljømæssige forhold end den oprindelige. De sagde også, at de ikke ved, hvor meget indflydelse moderen har på den udviklende barn, mens det er i livmoderen. Dette er præcist, hvad aliens sagde om Janice. De sagde, at der var to markant forskellige typer individer, der kunne blive produceret. En, der blev klonet fra moderens genetiske materiale, ville være en præcis duplikat. En, der blev båret i livmoderen, ville blive påvirket af, hvad moderen oplevede, mens hun gik gennem sin daglige liv, og dette ville skabe en anden type individ.

Et meget vigtigt punkt er ikke blevet nævnt som årsagen til, at klonen ikke ville være en præcis duplikat af donoren, bortset fra fysisk. Vi er ikke en krop. Vi har en krop. Den virkelige essens af et menneske er den evige sjæl eller ånd. Kroppen kan ikke have liv, før sjælen træder ind i kroppen. Uanset hvor meget videnskaben koncentrerer sig om at udvikle kroppen, vil den forblive en livløs skal, indtil sjælen aktiverer den. Denne sjæl bringer sine egne karmiske lektioner og sine egne mål for det nye liv, den er ved at begynde. Dette må skabe en anderledes person end donoren, fordi de er to individuelle sjæle. Selv aliens anerkender dette. I Legacy From the Stars havde folkene, der levede i en fremtidig verden under Jorden, mistet evnen til at reproducere. De genskabte en præcis kopi af kroppen i en sarkofagt-type beholder, men de vidste, at den ville forblive livløs, medmindre sjælen besluttede at træde ind. I den bog diskuterede jeg, hvordan vi alle har beboet alien-kroppe på et tidspunkt i vores lange livscyklusser, fordi vores sjæle eller ånder har været omkring for evigt og vil fortsætte med at være omkring for evigt, konstant indtræde i nye og forskellige kroppe for at lære lektioner af enhver tænkelig art. Jorden er en ung planet, når man tænker på kosmos' alder, så vi har haft mange eventyr i forskellige former, før vi besluttede at opleve de lektioner, som Jorden tilbyder. Aliens ved, at vi alle har en evig sjæl, og at vi oprindeligt kom fra Kilden (deres navn for Gud). Derfor sagde jeg i den bog, "De er os, og vi er dem. Vi er alle ét."

En grund til, at jeg tror, at regeringen allerede har perfektioneret disse teknikker, er på grund af rapporter fra folk, der har været i underjordiske hemmelige baser. De har set, hvad de beskrev som "mærkelige monstre," der blev udviklet. Dette ville antyde, at de har perfektioneret kloning, og har arbejdet på at kombinere genetisk materiale fra mennesker og andre arter. Sådant arbejde kunne kun

The Custodians

udføres væk fra dagens lys, i hemmelighed. Aliens sagde, at de har arbejdet sammen med regeringsforskere og har forsøgt at give råd, fordi de allerede havde perfektioneret teknikkerne. Men regeringen var gået videre uden at lytte til rådene og forsøgte at perfektionere det, der allerede var perfektioneret. Aliens vidste, at forskerne ville begå fejl, men de besluttede at lade dem finde ud af det selv. Aliens sagde også, at de havde udført sådanne eksperimenter med at kombinere forskellige arter, men af forskellige grunde. Det var ikke kun ud af nysgerrighed, men for at producere arter, der ville være egnede og i stand til at fungere på andre planeter i andre solsystemer. Hvad vi ville betragte som monstrøst og frastødende, ville være helt acceptabelt i et andet miljø. Derfor er der mange ting, der omhandler regeringen og ekstraterrestrielle, som aldrig vil blive afsløret for offentligheden.

Aliens sagde, at en anden planet blev forberedt til mennesker at bebo, i tilfælde af at vi ødelægger denne Jord. Den er meget lig med Jorden, og nogle af de genetiske duplikater, de har produceret, bliver allerede taget derhen. De sagde, at menneskeliv ikke må gå til grunde. Livet er for skrøbeligt og for dyrebart. Så vores menneskelige art bliver bevaret på denne måde. Disse ting har den gennemsnitlige UFO-abductee ikke nogen forståelse af. Deres gener er meget værdifulde og bliver brugt til at bevare liv, både her og på andre planeter i andre galakser. De kan uvidende bidrage til overlevelsen af den menneskelige race.

Jeg tror, at der vil komme en dag, det vil måske ikke være i min levetid, men jeg tror, det vil komme alligevel, hvor blindfoldene vil blive fjernet, og videnskabsfolk vil betragte disse radikale ideer som muligheder. Når de først mener, at noget er muligt, vil deres sind derefter være frie til at udforske og rejse ned ad ukendte og mærkelige stier. Sådan gøres nye opdagelser, af dem, der er villige til at forsøge det uafprøvede og forklare det umulige. Når den dag kommer, vil vi finde ud af, at der er meget, meget mere end den fysiske virkelighed, som kun er tilgængelig for vores fem sanser. Vi vil finde ud af, at der er andre eksistensplaner, andre dimensioner, andre universer, der eksisterer side om side med vores eget. Vi vil opdage, at rejse mellem disse ikke kun er muligt, det er ønskeligt. Vi vil finde ud af, at disse ikke blot er vanvittige teorier, men at de er forankret i fakta. Når vi har fjernet blindfoldene, der hæmmer vores fremgang, og undsluppet de begrænsninger, der pålægges af lineær tænkning, vil vi finde ud af, at det er sandt, at vi kun er begrænset af vores fantasi. Derefter vil vi kunne løsne lænkerne, der binder os til Jorden, og slutte os til vores brødre, vores forfædre, og sameksistere blandt stjernerne. Det er blevet sagt, at rummet er den sidste grænse, men andre dimensioner og parallelle universer (der eksisterer side om side med vores egen verden) kunne være den næste udfordring. Først skal vi forstå dem, så de kan udforskes.

Så jeg vil fortsætte med at søge og stille spørgsmål, og jeg vil tilføje mit materiale til den voksende mængde af beviser.

ODYSSEEN FORTSÆTTER.

Forfatterprofil

Dolores Cannon, en regressionshypnoterapeut og psykisk forsker, der optager "tabt" viden, blev født i 1931 i St. Louis, Missouri. Hun blev uddannet og boede i St. Louis indtil sit ægteskab i 1951 med en flådemand. Hun tilbragte de næste 20 år med at rejse verden rundt som en typisk flådekone og opfostre sin familie. I 1970 blev hendes mand udskrevet som en invalideret veteran, og de trak sig tilbage til bakkerne i Arkansas. Derefter begyndte hun sin forfatterkarriere og solgte sine artikler til forskellige magasiner og aviser.

Hun har været involveret i hypnose siden 1968 og udelukkende arbejdet med tidligere livsterapi og regressionsarbejde siden 1979. Hun har studeret forskellige hypnoseteknikker og udviklet sin egen unikke metode, der gjorde det muligt for hende at få den mest effektive frigivelse af information fra sine klienter. Dolores underviser nu i sin unikke hypnoseteknik over hele verden.

I 1986 udvidede hun sine undersøgelser til UFO-området. Hun har udført feltstudier af formodede UFO-landinger og undersøgt korncirkler i England. Størstedelen af hendes arbejde på dette felt har været indsamling af beviser fra formodede bortførte personer gennem hypnose.

Dolores var en international taler, der har holdt foredrag på alle verdens kontinenter. Hendes sytten bøger er oversat til tyve sprog. Hun har talt til radio- og tv-publikum verden over, og artikler om/af Dolores er blevet bragt i flere amerikanske og internationale magasiner og aviser. Dolores var den første amerikaner og den første udlænding, der modtog "Orpheus-prisen" i Bulgarien for de højeste fremskridt inden for forskningen i psykiske fænomener. Hun modtog også priser for fremragende bidrag og livslang præstation fra flere hypnoseorganisationer.

Dolores havde en stor familie, der holdt hende solidt forankret mellem den "virkelige" verden af hendes familie og den "usynlige" verden af hendes arbejde.

Hvis du ønsker at korrespondere med Ozark Mountain Publishing om Dolores' arbejde eller hendes undervisningsklasser, kan du skrive til følgende adresse:

(Du bedes vedlægge en selvadresseret frankeret kuvert for svar).
Dolores Cannon, P.O. Box 754, Huntsville, AR, 72740, USA
Eller send en e-mail til kontoret på decannon@msn.com eller via vores hjemmeside: www.ozarkmt.com.

Dolores Cannon, som forlod denne verden den 18. oktober 2014, efterlod sig utrolige præstationer inden for alternativ helbredelse, hypnose, metafysik og tidligere livsregression. Men mest imponerende var hendes medfødte forståelse af, at det vigtigste, hun kunne gøre, var at dele information. At afsløre skjult eller uudforsket viden, der er afgørende for menneskehedens oplysning og vores lærdomme her på Jorden. At dele information og viden var det, der betød mest for Dolores. Det er grunden til, at hendes bøger, foredrag og unikke QHHT®-metode stadig forbløffer, vejleder og informerer så mange mennesker rundt om i verden. Dolores udforskede alle disse muligheder og mere, mens hun tog os med på livets rejse. Hun ønskede, at medrejsende skulle dele hendes rejser ind i det ukendte.

Other Books by Ozark Mountain Publishing, Inc.

Dolores Cannon
A Soul Remembers Hiroshima
Between Death and Life
Conversations with Nostradamus,
 Volume I, II, III
The Convoluted Universe -Book One,
 Two, Three, Four, Five
The Custodians
Five Lives Remembered
Horns of the Goddess
Jesus and the Essenes
Keepers of the Garden
Legacy from the Stars
The Legend of Starcrash
The Search for Hidden Sacred
 Knowledge
They Walked with Jesus
The Three Waves of Volunteers and the
 New Earth
A Very Special Friend
Aron Abrahamsen
Holiday in Heaven
James Ream Adams
Little Steps
Justine Alessi & M. E. McMillan
Rebirth of the Oracle
Kathryn Andries
Time: The Second Secret
Will Alexander
Call Me Jonah
Cat Baldwin
Divine Gifts of Healing
The Forgiveness Workshop
Penny Barron
The Oracle of UR
The Oracle of UR, Book 2
P.E. Berg & Amanda Hemmingsen
The Birthmark Scar
The Birthmark Scar, Book 2
Dan Bird
Finding Your Way in the Spiritual Age
Waking Up in the Spiritual Age
Julia Cannon
Soul Speak – The Language of Your
 Body
Jack Cauley
Journey for Life
Ronald Chapman
Seeing True
Jack Churchward
Lifting the Veil on the Lost
 Continent of Mu
The Stone Tablets of Mu

Carolyn Greer Daly
Opening to Fullness of Spirit
Patrick De Haan
The Alien Handbook
Paulinne Delcour-Min
Cosmic Crystals!
Divine Fire
Holly Ice
Spiritual Gold
Anthony DeNino
The Power of Giving and Gratitude
Joanne DiMaggio
Edgar Cayce and the Unfulfilled
 Destiny of Thomas Jefferson
Reborn
Paul Fisher
Like a River to the Sea
Anita Holmes
Twidders
Aaron Hoopes
Reconnecting to the Earth
Edin Huskovic
God is a Woman
Patricia Irvine
In Light and In Shade
Kevin Killen
Ghosts and Me
Susan Linville
Blessings from Agnes
Donna Lynn
From Fear to Love
Curt Melliger
Heaven Here on Earth
Where the Weeds Grow
Henry Michaelson
And Jesus Said – A Conversation
Andy Myers
Not Your Average Angel Book
Holly Nadler
The Hobo Diaries
Guy Needler
The Anne Dialogues
Avoiding Karma
Beyond the Origin
Beyond the Source – Book 1, Book 2
The Curators
The History of God
The OM
The Origin Speaks
Psycho Spiritual Healing
Kelly Nicholson
Ethel Marie

For more information about any of the above titles, soon to be released titles,
or other items in our catalog, write, phone or visit our website:
PO Box 754, Huntsville, AR 72740|479-738-2348/800-935-0045|www.ozarkmt.com

Other Books by Ozark Mountain Publishing, Inc.

James Nussbaumer
And Then I Knew My Abundance
Each of You
Living Your Dram, Not Someone Else's
The Master of Everything
Mastering Your Own Spiritual Freedom
Sherry O'Brian
Peaks and Valley's
Gabrielle Orr
Akashic Records: One True Love
Let Miracles Happen
Nick Osborne
A Ronin's Tale
Nikki Pattillo
Children of the Stars
A Golden Compass
Victoria Pendragon
Being In A Body
Sleep Magic
The Sleeping Phoenix
Alexander Quinn
Starseeds What's It All About
Debra Rayburn
Let's Get Natural with Herbs
Charmian Redwood
A New Earth Rising
Coming Home to Lemuria
David Rousseau
Beyond Our World, Book 1
Beyond Our World, Book 2
Richard Rowe
Exploring the Divine Library
Imagining the Unimaginable
Garnet Schulhauser
Dance of Eternal Rapture
Dance of Heavenly Bliss
Dancing Forever with Spirit
Dancing on a Stamp
Dancing with Angels in Heaven
Annie Stillwater Gray
The Dawn Book
Education of a Guardian Angel
Joys of a Guardian Angel
Work of a Guardian Angel

Manuella Stoerzer
Headless Chicken
Blair Styra
Don't Change the Channel
Who Catharted
Natalie Sudman
Application of Impossible Things
L.R. Sumpter
Judy's Story
The Old is New
We Are the Creators
Artur Tradevosyan
Croton
Croton II
Jim Thomas
Tales from the Trance
Jolene and Jason Tierney
A Quest of Transcendence
Paul Travers
Dancing with the Mountains
Nicholas Vesey
Living the Life-Force
Dennis Wheatley/ Maria Wheatley
The Essential Dowsing Guide
Maria Wheatley
Druidic Soul Star Astrology
Sherry Wilde
The Forgotten Promise
Lyn Willmott
A Small Book of Comfort
Beyond all Boundaries Book 1
Beyond all Boundaries Book 2
Beyond all Boundaries Book 3
D. Arthur Wilson
You Selfish Bastard
Stuart Wilson & Joanna Prentis
Atlantis and the New Consciousness
Beyond Limitations
The Essenes -Children of the Light
The Magdalene Version
Power of the Magdalene
Sally Wolf
Life of a Military Psychologist

For more information about any of the above titles, soon to be released titles,
or other items in our catalog, write, phone or visit our website:
PO Box 754, Huntsville, AR 72740|479-738-2348/800-935-0045|www.ozarkmt.com

www.ingramcontent.com/pod-product-compliance
Lightning Source LLC
Chambersburg PA
CBHW050828230426
43667CB00012B/1920